2 在路上

见46页

全面的目的地指南
深入的调研、详细的内容以及贴心的提示

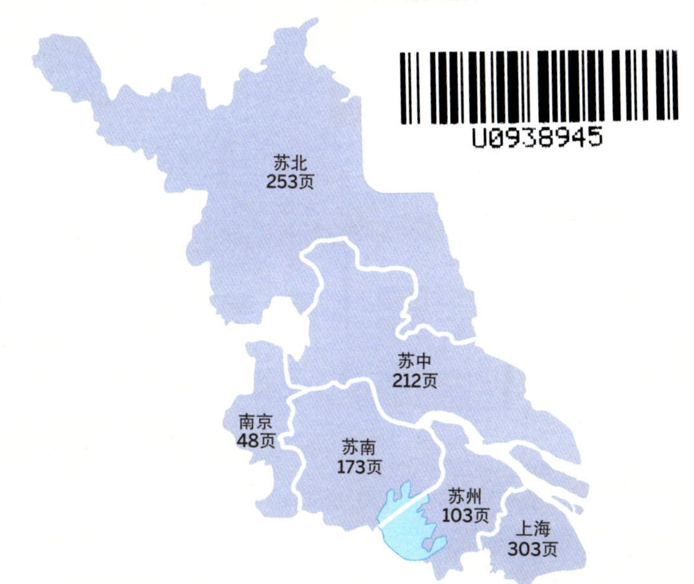

U0938945

4 生存指南

见357页

重要的实用信息助你旅途顺利

出行指南 358
交通指南 366
索引 378
如何使用本书 381

本书作者：
钱晓艳/蔡理/孙澍/沈明笃

欢迎来 江苏

每个人都有江南梦

也许你从未踏足过江苏，然而这并不妨碍早已在脑海中形成的江南印象。你想必知晓“上有天堂，下有苏杭”的赞誉，那么一半的天堂就逗留在此，千年来不曾挪过脚步。你想必将“烟花三月下扬州”背得滚瓜烂熟，那么就挑一个春光明媚的日子，来到这片草长莺飞、柳绿花香的诗书之地。你想必从小就听闻许多才子佳人的佳话，那么就拿出倜傥的姿态，或婀娜的身段，做一回江南的客人，品一壶新茶听上一段好戏，等一场新雨撑起一把油纸伞。的确，每一个中国人几乎都有一场江南梦，是时候跌入这片无法抵御的温柔富贵乡了。

一段水绘的旅途

“江南水乡”是江苏最好的名片。小桥流水、枕河人家、东方威尼斯……古今中外多少人都为苏州、周庄、同里、无锡等地的河道水巷着迷。搭一舫手摇船，从一座座石拱桥下穿行而过，早已是游走苏南的必修课。左摇右晃，就弹拨起了江苏的曲韵。

除了长流的细水以外，烟波浩渺的太湖、物产富饶的洪泽湖，以及玄武湖、瘦西湖、石湖、云龙湖等城市山林的湖水，都是让人心动的一汪汪秋波。这段水绘的旅途同样

Gettyimages 提供

听着吴侬软语，漫步在雨巷；泛舟五湖，登小岛采新茶；面朝大江东去，遥想历代人物；早上“皮包水”，晚上“水包皮”；探访汉代墓葬，为金缕玉衣而赞叹……江苏，能给你带来无比丰富的体验。

（左）苏州拙政园雪景
（下）南京夫子庙灯会

蔡理 摄

可以敞开几分豪情胸怀——别忘了江苏横跨扬子江，牵引着大运河，濒临苍茫黄海。

你可以忽略江苏的山。然而江苏的水，是它的根脉，更是你在江苏的难忘所在：有江有湖，有河有溪，有泉有海，更有泡着碧螺春的那一盏茶水，回香十足。

精致的中国式享受

水酿的江苏，更濡染出精致之至的文化。这个富饶的平原大省，三百六十行名人辈出，对生活精致的追求早已渗入民间，你也定会在旅途中遇见。

注重刀工华丽和食材精美的淮扬菜、苏帮菜会让你惊叹，琳琅满目的小吃同样令人垂涎三尺：尤其是漂亮的江南甜点，有一种让人舍不得张口的怜惜。

除了必游的江南园林，许多颇有情调的民居客栈也是要尝试的内容。做一晚灰瓦白墙、雕花漏窗下的江苏人，听水乡古镇的安静，或是秦淮山塘的繁华。

能让你花下血本的还有令人爱不释手的工艺品：苏绣、丝绸、云锦、紫砂壶、蓝印花布，等等。更有浪漫不已的时光：寒山寺钟声迎新年、二十四桥的明月夜、栖霞山红枫正烂漫……

江 苏

山东省
单县
丰县
沛县
微山
枣庄
市中区
苍山
赣榆
海州区
东海
郯城
台儿庄区
贾汪区
邳州
新沂
徐州
铜山区
萧县
商丘
虞城
砀山
河南省
夏邑
淮北
杜集区
濉溪
烈山区
永城
亳州
宿州
沭阳
宿迁
宿豫区
睢宁
泗阳
淮阴区
淮安
淮安区
灵璧
泗县
泗洪
涡阳
蒙城
安徽省
固镇
五河
洪泽
洪泽湖
太和
利辛
阜阳
蚌埠
凤阳
盱眙
金湖
明光
天长
颍上
凤台
淮南
寿县
长丰
来安
六合区
滁州
仪征
全椒
浦口区
栖霞区
明孝陵
南京
江宁区
句容
合肥
肥东
六安
肥西
和县
马鞍山
巢湖
溧水区
当涂
舒城
霍山
无为
芜湖
高淳区
庐江
繁昌
桐城
狮子山区
铜陵
宣城
岳西
池州
白马尖
天堂寨
湖北省
微山湖
昭阳湖
骆马湖
成子湖
女山湖
瓦埠湖
城西湖
城东湖
响洪甸水库
龙河口水库
巢湖
石臼湖
固城湖
南漪湖
菜子湖
石梁河水库
小塔山水库
徐州
在博物馆和汉墓之中穿行，忘记时间的存在(256页)
扬州
烟花三月窥见昔日繁华与风雅(213页)
镇江
被香醋围绕的城，留下千年传说的地方(201页)
南京
六朝古都留下风云变幻的历史(48页)
无锡
穿城而过的运河为小城更添风姿(176页)
东西洞庭
太湖孕育了美丽仙山，常年湖光山色，四季硕果累累(150页)
0 30 km

连云港
爬花果山找找猴哥，游连岛沙滩拾拾贝壳(270页)
淮安
探寻市井街巷，追忆属于"运河之都"的往昔(285页)
盐城
沿着海堤公路看风景，这里是神鹿仙鹤的家园(297页)
常州
专门为孩子们打造的乐园(194页)
苏州
见识真正的江南(103页)
周庄
清晨与黄昏才是最有魅力的时刻(157页)
海拔高度
2000m
1500m
1000m
500m
200m
50m
0m
图例
铁路
高速
国道
省道
高铁
黄海
东海
达山岛(达念山)
车牛山岛
海州湾
秦山岛
临洪口
连云区
东西连岛
云台山
连云港
灌云
响水
灌南
滨海
废黄河口
扁担河口
射阳河口
新洋港口
斗龙港口
涟水
阜宁
射阳
建湖
盐城
盐都区
宝应
大丰
兴化
东台
高邮湖
高邮
邵伯湖
海陵区
海安
蜀冈瘦西湖
江都区
泰州
姜堰区
扬州
邗江区
如皋
如东
川腰港
镇江
扬中
高港区
泰兴
丹徒区
丹阳
靖江
南通
通州
狼山
海门
启东
江阴
张家港
常州
金坛
武进区
戚墅堰区
惠山区
虞山
常熟
崇明岛
崇明
长兴岛
横沙岛
佘山
无锡
锡山区
太湖
马迹山
太仓
嘉定区
宝山区
昆山
相城区
苏州
苏州古典园林
吴中区
溧阳
宜兴
缥缈峰
吴江区
西洞庭山
莫里峰
东洞庭山
周庄
青浦区
上海
闵行区
松江区
上海市
奉贤区
金山区
长兴
广德
湖州
浙江省
G204
G15
S327
S18
S331
S231
S229
S226
S29
G2
S28
G40
G4011
S38
G204
G104
G25
G312
G50
G318
G320
G60

12 TOP 顶级旅行体验

苏州园林

1 不去苏州的园子看看，怎能感受士大夫们隐逸江南的情怀和造园大师巧夺天工的设计？拙政园（见110页）的大气正统，狮子林（见111页）的妙趣横生，网师园（见114页）的花园夜游，留园（见127页）的“吴歈兰薰”，这些大名鼎鼎的园林，自然可以让人在移步换景之中领略每一个精妙的所在。但若想真正感受苏州园林的精髓又不受打扰，不妨找一个小园子待上半天，沧浪亭（见115页）、耦园（见115页）、艺圃（见123页）、怡园（见124页）都是值得细细探访之处。还有更多隐在深巷的园子，会在不经意之间闯入你的视线。

梦里水乡

2 江南丰富的水网，造就了无数水乡泽国，藏在水道深处的小镇一个个被发掘出来，为的是让都市人暂时停下快节奏的紧张生活，到这里“慢生活”一番。也许越来越多的游人会让最初的雅兴稍稍打些折扣，不过这绝不会妨碍人们在水乡来一场对儿时的怀旧和追忆。起个大早，看看平日喧闹的周庄（见157页）在晨雾里的宁静模样；夜晚行走同里（见164页），发现退思园在夜里的大不同；在锦溪（见171页）的上下塘找个美人靠歇歇脚；在甪直（见170页）寻找故事里的一座座桥……水乡何处不温柔？水乡何处不相逢？

1

CFP 提供

2

Sino Images RM / Gettyimages 摄

随行长江

3 长江东流，成为自然的天堑。江苏段的长江，更是水深流急江面阔。1968年第一座江苏的长江桥——南京长江大桥建成，在很长时间里成为南京的著名景点。第二座长江大桥——江阴大桥于1999年建成，在之后的短短13年里就建成了9座长江桥，有的一跨过江，有的两桥联袂。当穿越江面时，那些造型各异的桥梁，也成为眼前的一道道风景线。通过一座座大桥便可穿梭于两岸，在扬州与镇江之间，还有便宜的汽渡（见208页），让人们在短短数分钟之内，感受长江的雄壮与宽广。

骑车环蠡湖

4 凭借近在咫尺的太湖，无锡先声夺人获得了“太湖明珠”的美誉，而蠡湖（见184页）——太湖伸入无锡的内湖，传说中范蠡和西施的隐居之地，如今真正开始绽放光彩。围绕着“Y”字形、拥有9.1平方公里水域的38公里湖岸线，镶嵌其中的15个设施齐备的开放式公园，相映成趣的古朴栈道与现代化设施，太湖古往今来的美集中于此。租上一辆公共自行车（见191页），在蠡园（见184页）走完千步长廊之后，开始由西至东、由北至南的骑行。20公里的里程恰到好处，可以随时停下来，赏湖听风。

形形色色的展馆

5 历来富庶繁华而又不失风雅的江南，有着讲不完的故事和传奇，林林总总的展馆便是见证，其中，既有见证历史的博物馆，又有当代气息浓郁的美术馆、科技馆。充满设计感的四方当代美术馆（见97页）坐落在南京城郊，展品之外，建筑的本身就是一件艺术品。现代与传统元素巧妙融合的苏州博物馆（见110页）位于苏州城内，细致入微地体现了吴地风貌。除此之外，始建于1936年、拥有数十万藏品的南京博物院（见56页），集中呈现两汉文化的徐州博物馆（见256页），以及江苏境内几十座各具文化主题的博物馆，都会为旅途添上亮点。

4

Gettyimages 提供

5

蔡理 摄

6
7

8

蔡理 摄

紫金山麓的陵墓

6 虎踞龙盘的金陵，有紫金山的好风水。南麓平缓，视野开阔，左有青龙山，右是玄武湖，南面的方山，遥遥的像个供桌。难怪皇帝看上了这里，难怪打倒了皇帝的革命家也看上了这里。就连民国的蒋先生，也将墓址选定在紫霞湖畔。文武双全的石人和狮马象驼的石兽，在明孝陵（见63页）前排队。烈士墓和名人墓，在中山陵（见63页）旁伴随。春风里，梅花山花开争艳；秋色中，植物园枫叶似火。最令人仰视的就是中山陵，392级的台阶上，走过了历史上的大人物与现在的众平民。

瘦西湖

7 不到瘦西湖，怎知"烟花三月下扬州"的妙处？不上五亭桥，怎能欣赏"春风十里扬州路"？春雨细蒙中，湖边垂柳是水墨画里的前景。夜色静默里，廿四桥旁的箫声是场景中的画外音。从大虹桥走到大明寺，便可以说"不虚此行"。从钓鱼台的圆门洞里看白塔，就知道了"借景"的妙趣。最好还是乘坐一回游船，请掌舵的船娘唱上一曲"拔根芦柴花"，不知不觉中，画舫便来到了小金山。

南京总统府

8 南京的历史，也浓缩在这个大院里。从明朝到民国，一幕幕历史大片在这里上演。这里曾是明代王府和清代官府，这里曾有太平天国的烈火焚城和"中华民国"的总统就职。当城头变换大王旗时，这里也更换了主人。那些过往的一位位风云人物，换成了眼下的一拨拨游客。历朝历代的得失兴亡，在闪光灯一亮一亮中明灭。来到总统办公室的门口，却觉得那些历史大人物的遥远。总统府隔壁的1912街区（见86页）里，那灯红酒绿的夜晚，更是将历史转变得眼花缭乱。

9

10

海上云台山

9 江苏的海滨在全国并不算出名，不过陇海铁路东端的连云港还是可圈可点。挑一个晴好天气，登上海上云台山（见273页）的二梳尖，连云港最美的一面无法不让你壮思飞扬。如果你再多一点联想，会明白这里是亚欧大陆桥的起点，10,800公里的路程够你神往；这里还是一片深海大洋的起点，进港船舶稍作停顿，便开足马力迎接新的旅程。附近还有一片宝石的海洋——东海水晶城（见280页），全球最大的水晶宝石集散地之一，挑个农历逢四逢九的日子去赶集吧！

大江南北的佳肴

10 据说当北方人还只习惯一天两顿的时候，江苏人已经一日三餐甚至更多了。此地云集南北美食，一次旅行绝对吃不过来。北有刀工精细、用料讲究的淮扬菜（见290页），一碗大煮干丝便见功夫；南有斩获时令、香甜口味的苏锡菜（见188页），松鼠鳜鱼色味俱佳。春有浓汤腌笃鲜，夏有盱眙小龙虾（见295页），秋有大闸蟹（见345页）解馋，冬有山羊肉（见139页）进补。江河湖海鲜四季不断，小吃大菜处处可见，记得努力协调味蕾和胃的关系才好。

11

蔡理 摄

12

Glowimages / Gettyimages 摄

兴化油菜花

11 中国最美的油菜花海，不用众里寻他千百度，就在江苏兴化的千岛菜花（见243页）。千百块大大小小仿佛漂浮于水中的垛田上，云蒸霞蔚，满目金黄，铺天盖地的油菜花香扑鼻而来。乘坐船娘所撑的一叶扁舟，在这比威尼斯更错综复杂的水道中缓缓前行，每一处转角都是迎面而来的生机盎然。举起你的相机尽情按下快门吧，每一张随手拍下的图片都是色彩丰富到令人惊叹的油画。

穿行大运河

12 在没有高速公路的古代，船运便是最靠谱最舒适的快速通道。穿行在大运河边，苏南有苏州的古镇、古桥（见128页）和无锡的河边南长街（见179页），苏中有扬州的古渡古寺（见226页）和高邮的古驿站（见235页），那掌管漕运的总督公署却坐落在苏北的淮安（见285页）。如今扬州古城的琼花，还在春季里盛放；那城区里的游船，还在效仿古人的浪漫。来到镇国寺塔旁的运河古渡口（见236页），看那大运河的流水，带来了一列列驳船队，在南北之间航行。

行前参考

简称

» 苏

何时去

旺季

（1~2月，3~5月，7~8月，10月）

» 十一黄金周人满为患，住宿涨价，至少提前1个月预订为好。

» 暑假，江南和沿海一带都是热门地，景点经常人满为患。

» 春季百花竞放，赏花踏青活动众多，形成一个小旺季。

» 春节长假，也有不少游客涌入。

正常季

（6月，9月）

» 住宿价格较为合理，游人也不算多。

» 6月江南进入梅雨季节，不利出行，却适合观赏园林。

» 9月太湖开捕，有不少湖鲜上市。

淡季

（11~12月）

» 住宿价格合理，冬天有些湿冷。

» 11月底，千百只丹顶鹤从北方飞往盐城湿地。

» 各地大闸蟹已经到了最肥腴之时，再不上蒸笼就待明年了。

每日预算

经济

100~200元

» 青旅床位40~60元

» 小吃每餐10~20元

» 利用公共交通和自行车

» 不去一线景点

» 淡季出行省门票

中档

200~400元

» 连锁酒店标间120~220元

» 能吃到些当地特色菜

» 公交车和包车相结合

» 去一线景点需酌情增加预算

高档

500元以上

» 度假酒店标间450元起

» 基本以打车、包车为主

» 可进行泡吧、看演出等娱乐活动

语言

» 普通话

» 苏南：吴方言
苏北：江淮官话

现金

» 高度城市化的江苏尤其是苏南，大多数城市都遍布四大银行与24小时开放的ATM，信用卡的使用也比较畅通。所以在旅行时无需带太多现金，借记卡和信用卡便可在此地通行无阻。

通讯

» 手机信号覆盖很全，甚至在很多电梯里也没问题。

» 如果需要长时间停留，买一张当地电话卡或者使用长途优惠套餐更实惠。

交通卡

» 如果停留时间比较长，可以凭身份证购买当地交通卡，便于乘坐公交。

» 目前，江浙沪的交通卡正逐步实现通用。

网络资源

» **江苏旅游政务网**（www.jstour.gov.cn）江苏省旅游局官方网站。

» **苏州旅游资讯网**（www.visitsz.com）非常详尽而实用的旅游官方网站。

» **西祠胡同**（www.xici.net）想了解南京，必然要到此胡同逛逛。

» **扬州旅游网**（www.yztour.net）包含了扬州的吃喝玩乐。

重要号码

在拨打报警电话时，记得加上区号，能帮助警方更快定位。

» **报警求助**（☎110）

» **医疗救护**（☎120）

» **江苏省旅游咨询电话**（☎12301）

多种交通方式

» **公路**：目前江苏高速公路通车里程已达4000公里以上，2015年将达5200公里。

» **铁路**：每天都有100班以上的列车穿越江苏。

» **航空**：江苏共有10个民用机场，苏南更可以倚靠上海的两大国际机场。

» **地铁**：南京、苏州、无锡已建成地铁，徐州、常州正在建设中，并正与上海共建跨省地铁。

抵达江苏

» **南京禄口国际机场**（见93页）至市区：机场大巴20元；出租车110元

» **无锡苏南硕放国际机场**（见190页）至市区：机场大巴30元；出租车40元 至火车站：机场大巴5元

» **扬州泰州机场**（见232页）至市区：机场大巴25元，持登机牌免费至泰州；出租车150元

» **徐州观音机场**（见268页）至市区：机场大巴20元；出租车100元

» **连云港白塔埠机场**（见278页）至市区：机场大巴20元；出租车80元

江河湖海，汇聚苏地

江苏何以成为钟灵毓秀之地？造物主早就以江河湖海为它布局。

中国第一大河长江在入海之前，于江苏境内绵延了400多公里，不但造就了镇江的三座名山，还能看到从南京、江阴到南通逐渐开阔的江面。更重要的是，长江把江苏一分为二，形成了苏北和苏南，也让豪放派和婉约派的生活方式得以在省内共存。分割中国南北的是著名的“秦岭—淮河一线”，淮河便是流经江苏的另一条重要的大河。

中国第三大淡水湖太湖坐镇苏南，鼋头渚、蠡湖、东西洞庭是湖光山色中的佼佼者，围绕着太湖的丰富物产更是琳琅满目。太湖的诸多潟湖和水道，在周边形成了许多水乡古镇，成为人们寻找儿时记忆和品味江南的最佳去处。苏北的洪泽湖是中国第四大淡水湖，著名的盱眙小龙虾便出自于此，水下重现的明祖陵也令人称奇。

沿着黄海，江苏有长达954公里的海岸线，从连云港的沙滩到盐城的湿地和南通的滩涂，从赶海戏水到迎接仙鹤，总有那么多新鲜有趣的事情等着远道而来的人们。

新线报

在这一版《江苏》中，我们的作者为你搜罗到了江苏最新鲜的景点、最热辣的资讯与最新涌现的潮流。以下就是作者们的推荐：

大运河申遗

1 联合8个省35个城市的大运河申遗（www.chinagrandcanal.com）活动正在紧锣密鼓地进行，江苏境内就有苏州、无锡、常州、镇江、扬州、淮安、宿迁和徐州8座城市参与其中。畅游运河的梦想，或许不用等太久就可以实现。当然，有些申遗点的门票也必然会水涨船高，但历经千年的运河终于盼到了重新登上舞台的机会。

公共自行车系统

2 骑行爱好者在江苏旅行定然游刃有余。苏州（见103页）和无锡（见176页）都有十分便利的公共自行车系统，即便是游客也可以办卡享受本地低廉的租车服务，让骑行游老城和太湖变得更加轻松。最近，徐州（见256页）、淮安的公共自行车系统也已经投入使用。

地铁通苏沪

3 2013年10月17日，国内首条跨省市地铁——上海地铁11号线花桥段通车，从上海市区到达昆山花桥只要1小时，也是沟通苏沪的又一种交通方式。

苏州新贵

4 位于苏州工业园区的金鸡湖正成为苏州最新锐的地带，李公堤上汇聚了各国餐饮，摩天轮旁可尽享夜景之美，苏州文化艺术中心和一众私人博物馆、美术馆荟萃于此，更有设计感十足的高端度假酒店。它正成为新苏州的标志，与古老的苏州形成鲜明对比（见129页）。

更多高铁

5 2013年7月1日，宁杭高速铁路正式通车，从南京到杭州只需1.5小时左右，沿途经过的溧阳、宜兴、长兴、德清都是不错的旅行地。

江苏境内的连淮扬镇高速铁路已经于2013年8月获得立项，将于2014年动工，2018年竣工，届时将成为江苏中部贯通南北的重要通道。

扬州高邮游船

6 扬州古运河游船公司预计在2014年4月下旬开通古运河到邵伯湖、高邮湖水上游览线。这是一条扬州到高邮的享受型水陆一日游和二日游的线路，古人“烟花三月下扬州”的情形如今也能体验了。

青奥新风

7 2014年即将召开的青年奥林匹克运动会为南京城带来许多新面貌，南京将会开通4条地铁新线路，同时会有更多公园景点免收门票，对旅行者而言可真是福音（见93页）。

诚品来了

8 台湾著名的诚品书店是爱书人和小资青年的心中所爱，2011年在苏州金鸡湖畔正式奠基开工，预计将于2014年与广大粉丝见面。届时，它将为苏州打造一个创意平台，也会为文化苏州添上浓重一笔。

无锡南长街

9 藏在无锡南门外的南长街因为清名桥历史街区的建设而成为无锡闹市中最新的亮点，围绕着古运河的江南水乡风格建筑和一座座古桥吸引人们前往。一些个性店铺和餐饮休闲店已经开始入驻，街口也常常举办活动，未来此地必将成为阳春巷之外又一个小资情调之地（见179页）。

如果你喜欢

古镇

有了太湖与运河，江南密布的水网形成一个个水乡古镇，有些开发多年人气很旺，有些藏在深处尚未有人识，但一样都有“小桥流水人家”的魅力。

周庄 这个因陈逸飞的油画而蜚声世界的小镇，以布局紧凑的河道与古桥而著称，虽然常常人满为患，但依然可以找到避开人潮、独享宁静的好地方。（见157页）

同里 拥有开阔的水面和民居，生活气息更为浓重，保留的明清建筑不少，还难得有退思园这样入选世界遗产的江南园林。（见164页）

甪直 几十座古桥形态各异，格局也不尽相同。建于唐代的保圣寺里的泥塑和水乡妇女特有的头帕，都是让人大开眼界之处。（见170页）

锦溪 站在古莲长堤上远望，在莲池禅院里看陈妃水冢，或者在上下塘街边的美人靠上歇歇脚，才能发现这水乡的妙趣。（见171页）

窑湾古镇 见证了千里大运河的繁华，同样承担了它的落寞。挑一个“夕阳西下奈何天”的傍晚，在南哨门附近的运河岸边坐坐吧。（见269页）

惠山古镇 规模不大，因此游客并不算多。古色古香的两三条翻新的街道上，倒是有不少美食可寻。（见182页）

溱潼古镇 除了将几个有历史意义的院落圈起来做了景点，这个古镇还没有做很多的商业开发，至今还保留着古朴的一面。（见243页）

美食

到了江苏，吃货们有福了！毗邻江河湖海的地理位置，决定了此地丰富而各异的美食。既有精致佳肴，又有多样小吃，只为饕餮一番而来此的旅行者大有人在呢。

扬州早茶 早上“皮包水”，说的就是到茶社里来一顿早茶。一杯清茶，配上包子、面条、干丝、肴肉，吃得心里头很舒坦。（见230页）

苏州小吃 抛开大馆子，钻入街头，几十种小吃等着吃货们去发现。（见138页）

无锡小笼包 尽管是甜口，但小笼包到了无锡可是跟上海有着天壤之别，个头大、味道浓，配上一碗三鲜馄饨才是正道。（见348页）

南京盐水鸭 本地鸭子体型健美肥瘦合适，培养了南京人吃鸭子的传统，也让盐水鸭成为当仁不让的南京特产。（见84页）

太湖三白 银鱼、白鱼和白虾，是太湖特产“三白”。9月太湖开捕后这三种产品更多，不过只有白鱼才有可能吃到活的。（见150页）

大闸蟹 每到西北风刮起的10月，阳澄湖、太湖、洪泽湖出产的大闸蟹，都到了膏黄肥腴之时，慕名而来的吃客无数。（见345页）

小龙虾 盱眙的招牌十三香小龙虾，地球人都知道。赶在“龙虾节”前来，加入万人宴吧。（见295页）

天目湖鱼头 原来常被丢弃的鱼头在偶然的机会里成为佳肴，也算一段传奇。（见199页）

碧螺春 层层绒毛包围的碧螺春，是东西洞庭山的名物，又以明前为贵。游到苏州，不仅能品尝，还能作为礼物带回家。（见153页）

博物馆

虽然不是中国历史最悠

久之地，但博物馆之多却令人欣喜。如果你没有太多时间游览景点，去博物馆便能了解一个完整的江苏。

南京博物院 1936年就开始建起辽代风格的展馆，也是民国时候的中央博物院。如今40余万件藏品中，达到国宝级的就有10件。（见56页）

苏州博物馆 被亲切地誉为贝聿铭先生的“小女儿”。从外观设计、展品布置到配套产品，无一不让人由衷感叹。（见110页）

扬州双博馆 由中国雕版印刷博物馆与扬州市博物馆共同组成。在这里可以自己动手，用雕版印刷技术印一页纪念文字。（见221页）

中国淮扬菜文化博物馆 展示了淮安对于淮扬菜系的贡献以及其作为“开国第一宴”的渊源，单看菜品模型就让人垂涎三尺。（见290页）

镇江醋文化博物馆 就在恒顺醋厂隔壁。不仅能闻到浓浓醋味，还可以自己动手参与醋的制作。（见204页）

徐州博物馆 “两汉文化看徐州”。这家地级市博物馆带给旅行者的震撼，绝不输于省级博物馆，也是历史爱好者的必去之地。（见256页）

汉画像石艺术馆 租一个导览器好好研究，在600多块画像石中神游汉朝，一时间仿佛穿越到了1800年前。（见261页）

中国宜兴陶瓷博物馆 在陈列了紫砂、均陶、青瓷、精陶、美陶的五朵金花馆里，可以领略到漫长岁月中陶瓷的变迁。（见193页）

中国昆曲博物馆 坐落于苏州全晋会馆中，每周日都会在精美的古戏台上演昆曲名段。（见111页）

中国古砖瓦博物馆 在锦溪古镇的老宅子里，展示了许多古代瓦当墙砖，很令人意外。（见171页）

书店

在这历来的文人士大夫隐逸之地，藏在民间的文化之气自然十分浓郁，尤其在苏南一带。受到文艺青年们青睐的个性书店不少，喜欢书店的游人也可以借此稍作停留。

先锋书店 这家兴起于南京的书店，在圈内颇有口碑，不仅有满目人文类书籍，还有一个开放式的小咖啡厅。书店也常常举办各种文化交流活动，如它的名字一样，充满了先锋感。（见87页）

杨公井古旧书店 曾经是中华书局的南京分店，仍然保留了民国风格的建筑。二楼是古旧书店收购部，对于旧书有特别偏爱的人，常常能在此得到意外收获。（见90页）

蓝色书屋 苏州爱书人的第一选择。这家经营了许多年的书店藏在小街上，不仅经营文史哲类图书，三楼还可以挑选旧书，一切都在舒缓的音乐中进行。（见145页）

百花书局 是中国昆曲博物馆的附属书店。这里有各种与昆曲甚至其他戏曲有关的书籍、明信片和CD，一些小小的折子戏唱本很值得收藏，也可以作为旅行纪念品。（见145页）

猫的天空之城概念书店 这家初创于苏州的咖啡馆兼书店，用无数教科书叠起了前台，出售旅行、艺术、绘本、文学四类书籍，还推出申请了专利的“寄给未来”明信片墙，可以在店里处处看到正在写明信片的文艺青年。（见142页）

老书虫 木制书架上放满了各种书，在白天这里就是一个安静的书吧。它由美国人经营，从北京到了江南，周末还有各种交流活动。（见142页）

诚品书店 预计在2014年于苏州金鸡湖畔开设内地第一家诚品书店。

历史街区

年代悠久的园林，明清的宅第，民国的老房子，曾经沿着运河的渡口，这一切都在江苏留下了无数历史街区。

平江路 平江路位于闹市，却隔绝了闹哄哄的空气。小资青年纷至沓来，将此地作为自己表演的舞台，古建筑爱好者则可以挖掘到不少名人故居和精巧园林。（见124页）

山塘街 唐代之后，这里就逐渐成为苏州城外的商业中心，直到清末才因为战火而退出舞台。从阊门到虎丘，古桥老街之外，老苏州们的生活状态历历在目。（见127页）

民国公馆街区 找寻民国遗迹须到南京，到了南京必然要去颐和路。200多座民国时期的官邸和使馆散布在这片街区之中，每一处院落，每一栋小楼，都有说不尽的故事。（见78页）

南长街 沿着从京杭大运河分岔而来的古老运河，南长街的石板路绵延了很长一段，从跨塘桥到清名桥这一段街区为精华部分，被称为“江南水弄堂、运河绝版地”。（见179页）

双东历史街区 古街的一头通向大运河的码头，两侧商铺老宅林立。走进扬州的双东历史街区，曾经的繁盛还可以感受出一些

端倪。(见220页)

西津渡 长江与京杭大运河交界处的千年古渡口，留下石板地弯弯曲曲的小码头街和沿街居住的上百户人家，在拆迁到来前苦苦支撑着历史的痕迹。(见203页)

连云小镇 山海间的民国街道，仿佛还停留在20世纪80年代。就在你一步步登高时，身后传来了轮船的鸣笛声。(见276页)

水上游

处处与“水”有关联的江苏，江河湖海齐备，坐船游览成为小菜一碟。不仅如此，还可以在不同的水道体验不同的水上感受。这样随意地驾驭水路，恐怕只有江苏才有吧。

夜游秦淮河 暮色降临之后，从夫子庙前的泮池码头登上画舫，在秦淮河中看两岸风貌，赶上白鹭洲的水景灯会，感受朱自清先生笔下的桨声灯影。(见60页)

瘦西湖游船 夜间的瘦西湖流光溢彩，坐上画舫夜游，感受与白日里截然不同的风光，想见昔日扬州明月夜的美好。(见223页)

无锡环城古运河游船 进入古运河围成的护城河，经过从前的四个城门地带，途经从前民族工商业的许多厂房旧址、时尚的艺术中心和清名桥历史街区。(见185页)

扬州高邮大运河线 2013年底刚刚开通的古运河到邵伯湖、高邮湖水上游览线，是大运河上舒适的高端游产品，包括享受型水陆一日游和二日游的线路。(见223页)

水乡古镇手摇船 坐上遮着蓝印花布的木头船，穿着蓝印花布的船娘一边摇船，一边亮嗓唱着吴侬软语的船歌，是水乡不可错过的体验。(见171页)

连云港出海 在海上漂浮2.5小时，来到前三岛海钓或者观鸟；或者从赣榆乘船，随着潮汐登上秦山岛，走一走奇妙的神路。(见277页)

镇扬汽渡 日夜通航的汽渡连接镇江和扬州，摆渡的时候可以看到卧于长江上的润扬大桥，也可以学学古人，感受“京口瓜洲一水间”的气势。(见208页)

当地人推荐

陈志文

中国户外徒步著名人物，《中国国家地理》合作摄影师、旅行作家。

请推荐几个江苏的非著名景点。

扬州的小盘谷，地处深巷里，周围老街巷，幽静游客少，很适合闲坐聊天。在那里待上半天一天的挺惬意。泰州的兴化市也很有味道，那里地势较低，是苏中地区的水乡。土地一小块一小块地被水围绕，成为特有的垛田，下地干活要撑船，农民也成了船民。

江苏有哪些不错的摄影点？

最能表现江苏特色的摄影点，就是苏州古城区了。景点景区多，风格和类型也很多。那里有江南水网的“人家尽枕河”，还有已经是世界文化遗产的古园林。无论在园林花窗拍小品，还是到太湖旁去拍浩渺，都有很多的题材可供选择。如果赶上每年太湖的开渔节，那可是出片子的好机会。

还有南京的东郊，论风景有山有水，论建筑有历史沧桑，论植被更是春花秋叶颜色各异。并且最好的是，虽然是著名风景区，却总可以找到没有游人走来走去干扰的摄影点。

旅行者用什么方式来感受南京最好？

找一家城南的小旅社住下，最好靠近菜场，附近的小吃很多。选几处南京的著名景点看看就可以了，多下来的时间，去老城南的老街里走走，或者去颐和路的民国公馆区看看。还可以参加夜走玄武湖和晨登紫金山，一路上与南京人搭个伴，可以知道不少的故事。

还有一条路线，就是从神策门一直走到紫金山上，那一带有山有水有历史，集中了南京城最好的风景。

叶兆言

著名作家，生于南京。

江苏境内，最喜欢哪里？

个人很喜欢宜兴的竹海。江苏境内无高山，到这里就像是青藏高原了。

请说说南京人和这个城市的特色。

南京的位置不南不北，南京的天气又冷又热，南京的生活没有太大压力，也就造成了南京人的特色。南京人不仅宽容，而且淳朴，不排外，没有太强的竞争意识，天生的不着急。

来南京之前，应该做些什么准备？

读一点历史书，就知道南京是一座摆脱不了历史气息的城市。走到哪里，都是走在历史的阴影里。是地方就有典故，是地方就有来头，是地方就能让人一番感慨。

数朝为时不长的古都，给南京带来了什么影响？

人们已经习惯了逐鹿中原，更愿意认同在中原称帝的君王。南京这地方注定了只能偏安，它的直接后果就是，人们把“金陵王气”看得很淡，什么事都无所谓。

薛冰

南京市作家协会副主席，南京市藏书家协会主席。

您最喜欢江苏哪里？

还是苏州和扬州。因为这两个城市，尚能于“千城一面”的大潮中，多少保留下了一些自己的本来面目，或说个性特色。尤其扬州，生活节奏相对较慢，更适宜于生活。

南京人和这个城市的特色在哪里？

南京人最重要的特色就是宽容、宽厚。宽容是博爱的基础，又源于文化多元。南京城市文化，是一种多层面、多中心的多元文化。城南的市民文化，城东的宫廷文化，城西的精英文化，与城市历史发展中功能分区始终明确的特点紧密相关；三大文化区域并存共生，相互交融，形成了独具一格的南京特色文化。

同时，南京是中国四大古都中，唯一具有海洋文化元素的，从东吴建都，就面向大海，扬帆远航，交通邻邦，发展商贸。这对于南京人宽广胸怀的形成，同样具有重要意义。

请推荐几个南京有特色的非常规景点？

先锋书店号称中国最美的书店，青果里有装修最有特点的茶社和宿处，书衣坊位于美丽的南师大红楼校园中，为图书做美丽的衣服。

在南京如果想要安静地走走看看，应该去哪里？

一、东郊，灵谷寺、谭延闿墓、中央体育场一带；二、微雨天，上鸡鸣寺或覆舟山；三、石头城，除盛暑之际；四、清凉山；五、东水关；六、菊花台。

高松

网络论坛“南京城市记忆”发起人，着力于发现和保护散落民间的古建和古物。

江苏给你印象最深的地方是哪里？

苏州太湖西山，除了湖光山色之外，岛上还有几个古村，与附近旅游的喧闹相比，在那里好像到了世外。

江苏的哪个县城或者乡镇给你留下了最深的印象？

南京高淳的漆桥村，那是个南京仅存的古村，保持了原有的风味，并且尚未被开发得商业化。

怎样才能体验老南京的感觉？

中华门西边的糖坊廊、六角井、大小百花巷、旋子巷、煤灰堆一带，有南京仅存的河房，还有会馆和几座大宅院。在那一带名称很民俗的小巷子里绕来绕去，特有老南京的感觉。

有朋友来，最喜欢去哪里坐坐？

东郊风景区里的几处水面，靠近中山陵的水榭，城墙旁的前湖和琵琶湖。近看湖水远观山色，游人不多很清静，聊天也有通畅的感觉。

张夷

民国元老陈去病先生的外孙，国家高级盆景艺术师。

应该如何欣赏苏州园林呢？

苏州园林要“品”，它的移步换景、移步换影都很有讲究。园子同时又是住家，就融入了很多生活情趣、人文元素。所以要慢慢地走才行，加入旅行团只能看到框架和皮毛而已。

请推荐一些苏州园林。

上小园子才能领略苏州园林的妙处。一定要去环秀山庄看看石头；艺圃以墙为绘的方式，苏博的设计也借鉴了它；装驾桥巷的残粒园，只有140多平方米；另外曲园、鹤园、听枫园和耦园都是不错的园子。每个园子都体现了主人的思想，都能写出一部小说来。一个小园子也能待上一天。

来苏州的朋友应该怎么玩？

我会建议他们走走小巷子，看看老苏州。上东西山的村落，还能看到些过去苏州的样子，也能吃到地道、新鲜的苏州美食。

在江苏，还有什么地方的园林值得一看？

扬州的几个园子还不错，其他地方都破坏得比较厉害。要不然就是造新的“暴发户园林”，过分张扬，失去了园林本来的人文意义。

还有什么特别推荐的旅游路线吗？

个人推荐南社人文路线。在游玩虎丘的时候拜谒陈去病墓，然后坐船来到山塘街后半段的南社会馆，在充满人文气息的地方喝茶，了解南社。

也可以去周庄（迷楼）、同里（南园茶社、陈去病故居）、黎里（柳亚子纪念馆），甚至一路跑到西塘、乌镇及上海金山去，一路都有南社人的遗迹。

李旭东

扬州人，江苏省烹饪协会常务理事，从事餐饮行业已有30多年。

江苏境内的美食有什么特色？

从菜系而言，属于全国四大菜系之一"淮扬菜系"。在省内还划分为苏锡风味、镇扬风味和徐海风味。其特点为刀工讲究、制作精细、口味多样、擅长炖焖、原汁原味、南北皆宜。

扬州和淮安，哪里的扬州菜正宗？

扬州与淮安同属淮扬菜之乡。淮扬菜的概念，淮指的是淮海、扬指的是扬州，历史上早期就有"淮海唯扬州"和"扬一益二"的说法（扬州和成都）。真正淮扬菜的发源地指的是扬州。

扬州城哪里的早茶最受当地人喜欢？

扬州早茶分茶点和小吃。茶点最著名的要算百年富春和冶春，小吃要算共和春。

请推荐一些江苏境内值得一试的馆子。

南京的江苏酒家、永和园、绿柳居；扬州的富春和共和春；苏州的得月楼、松鹤楼；无锡的王兴记、聚丰园；镇江的宴春和镇江大酒店。

如果想在江苏以美食作为主题旅行，可以推荐一条路线吗？

江苏物产丰富，是美食大省。各地都有明显特色。重点的特色还是围绕苏南、苏中、苏北三大风味。

省钱妙计

门票越来越贵？酒店又涨价了？没关系，精明的旅行者总能找到各种兵来将挡的办法跑赢物价，少花钱多办事。以下就是我们的作者精心总结的各路省钱妙计。

住宿

» 品牌连锁酒店在官网上预订的价格，往往比订房网站更惊喜。品牌酒店，直接致电前台或许能订到更好的房间，官网上也不时提供优惠套餐，如住几晚送一晚，或者赠送景区门票等。

» 团购网站也会给出优惠30%～50%的价格，但房型就不能有所要求了。

» 可以通过办卡来给住宿带来优惠，譬如YHA卡、连锁酒店卡，等等。

» 如果荷包不足，那么可以住到高校周边，有许多面向学生的小旅店。

» 遇上春节、十一黄金周时，预订越早，心痛后悔越少。

餐饮

» 关注餐馆的微博，使用签到，或者临时抱佛脚加入微信会员卡，都有机会获得折扣。

» 有些青旅、酒店公寓提供自炊厨房设施，自己动手自然丰俭由人。

» 江苏各种小吃很多，足够应付各种大胃王，不贵也能吃好。

交通

» 尽量选用公共交通，或骑自行车出行，一些城市已经有公共自行车系统，一些青旅也会提供出租自行车服务。

» 江苏境内交通发达，可以根据自己的需求选择合适的交通工具，用性价比高的组合，替代一味为了省钱而耽误行程的方式。

» 如果在当地待的时间久，可以考虑办理当地交通卡，以获得优惠。

门票

» 在旅游网站或者淘宝网上购买门票，常有意想不到的折扣，有时还赠送景点接送服务。

» 青旅、客栈的前台能拿到折扣门票，班车或出租车司机不时有打折甚至逃票门路。

» 购买联票、套票和年票等方式，会获得不小的优惠，譬如周庄、同里包括交通在内的套票。

» 跟着晨练的当地人，赶在开门售票前进入景区。

» 参加一日游的散客团，一般比自己前往要便宜，当然需要牺牲一些自由的时间。

购物

» 如果要买当地土特产，大超市比旅游区更为靠谱。

» 购买比较贵的手工艺品，譬如玉器、紫砂壶等等，尽量找懂行的人帮忙参谋。

» 有些比成本价还低的东西，一般都是假货，譬如100元的蚕丝被。

旅游淡季

» 淡季出行是不变的省钱真理。除了常规的淡季，在黄金周后房间价格一般也会暴跌，此时正适合“抄底”。

» 旺季适合户外，淡季适合室内。可以在淡季游览一些位于室内的景区，譬如博物馆及人文类的景点。

» 善用时间差，在旺季快要到来前或刚刚结束后前往，把淡季优惠用到刀刃上。

» 寻找最有特色的季节，不受传统淡旺季左右。譬如丹顶鹤飞来的季节却实行淡季门票；在深秋之际，为了吃顿美好的大闸蟹也能来一趟江苏。

每月特色

最佳节会

1 **秦淮灯会**，正月十五

2 **兴化千岛菜花**，3月中下旬至4月中下旬

3 **溱潼会船节**，清明次日至5月上旬

4 **盱眙小龙虾节**，6月中旬

5 **寒山寺钟声**，12月31日

1~2月

虽然是冬季，却一片热气腾腾。一年之初的节日，都围绕着春节展开，江苏各地几乎都进入迎春模式。

新年登高

南京人有元旦前往紫金山登高的习俗，上山路上常常挤满了人。

玄妙观迎财神

农历正月初四夜里，苏州玄妙观财神殿前已是人头攒动，大家都用点红烛和财神灯来祈求来年财运好。一直到正月初五清晨，这里的祈福活动一轮高过一轮。

秦淮灯会

每年的元宵节夜，南京夫子庙举办一年一度的秦淮灯会，灯会已经从夫子庙扩展到了白鹭洲、老门东和中华门及城墙上，届时处处人山人海。

梅花节

2月下旬至3月上旬，是梅花盛开的时节，江苏著名的赏梅地都会举行梅花节。南京梅花山、苏州西山林屋、光福香雪海、无锡梅园都是一片花海。

3~4月

春天来临，百花齐放，樱花、桃花、油菜花……一路看不够，这时候的江苏分外美丽，旅行者也可以在这里随意赶上一场花会。

春季旅游节

南京、苏州、扬州等主要旅游城市纷纷推出春季旅游节，常常伴随着几十个项目与活动。

云龙山庙会

农历二月十九的云龙山庙会，在徐州地区很有名望，许多民俗手工业者都会前来赶集，可以看到许多平日少见的手工艺品。

樱花节

江苏境内的赏樱之地纷纷举办樱花节，包括无锡鼋头渚、苏州穹窿山、太湖湿地等都可以观赏到樱花，当然要赶早才好。

琼花节

伴随着扬州旅游节开放的便是扬州市花——琼花，烟花三月中的扬州这小小的白色花朵也变得动人起来。

杜鹃花节

3~5月举办的拙政园杜鹃花节颇为有名，因为园中门票本不便宜，有了这个附加值，便显得物有所值一些了。

兴化千岛菜花

3月中下旬至4月中下旬，乘坐当地船娘划的扁舟穿行于千百个大大小小被油菜花渲染成金黄色的垛田之间，水路赏花的体验可是十分罕有呢。

虎丘艺术花会

花会常在3月下旬开幕，以郁金香、洋水仙、杜鹃、牡丹、芍药等为主，形成数个赏花高潮，一直持续到5月上旬。

溱潼会船节

这一起源于宋朝的节日是特大型水上民俗节日，属于国家级非物质文化遗

产。从清明节的第二天开始，每周六、日便有上千条会船、上万船民聚集在泰州的溱湖上载歌载舞，一直持续到五一劳动节后。

园林特色游

3月中旬，网师园开放夜游，每晚有8个传统节目在厅堂水榭中上演，一直持续到11月中旬。4月上旬，留园的“吴歈兰薰”吴文化表演开幕，一直到10月下旬。

碧螺春上市

品尝江南名茶洞庭碧螺春的新茶，就在这个时候，茶文化节的帷幕也因此拉开。明前茶的价格可是不菲。

江鲜美食节

江苏境内沿着长江的城市——张家港、江阴等地，都会在春天举办这个节日。除了著名的“长江三鱼”之外，还有更多当地特色美食。

5～6月

各地花节仍在上演，太湖之中，东西洞庭的瓜果也开始源源不断地产出，时令美食也开始崭露头角。江南的梅雨季可能会为出行带来些小麻烦，不过也是游园的好季节，古镇的雨巷也别有一番滋味。

轧神仙

这个有趣的习俗最初由吕洞宾引发，农历四月十四是他的生日，相传他会混迹人群济世度人。苏州人纷纷跑到南浩街神仙庙挤来挤去，为的是能蹭蹭纯阳真人的仙气。

端午时节

赛龙舟、吃粽子，江苏的端午节与别处并无大差别，各地也会组织龙舟活动，譬如南京的莫愁湖、苏州的金鸡湖和太湖等地。苏州城的端午习俗里还有一项是祭拜伍子胥这位建城人，届时在盘门景区的伍相祠会举行盛大的端午祭祀仪式。

盱眙小龙虾节

洪泽湖里的小龙虾早就肥美出笼，6月12日左右开始的小龙虾节把盱眙变成美食战场，最具特色的当属轰轰烈烈的万人龙虾宴。

洞庭瓜果秀

5月，东西山枇杷率先上市，有白沙、红沙、白玉等多个品种；6月，杨梅树上硕果累累，最讲究新鲜即食；早桃也开始有了踪影。各类采摘活动此起彼伏，农家乐开始红火起来。

7～8月

暑假高峰来临，前往长三角地带旅行的人潮忽然大增，江苏境内也迎来年中大客流。苏州博物馆门口领票的长龙一直排到百米开外，这个时候去海边避暑，也许是更好的方式。

连云港之夏

7月15日左右开始的夏日狂欢，持续一个月。连岛沙滩上会有各种表演，为暑假前来赶海的人们助兴。

中元节

农历七月十五的“鬼节”，如果恰好路过苏州西园戒幢律寺，那么法会上的打鼓很值得一看一听。

荷花节

荷花盛放季节，江苏境内但凡有水道之处，都是“映日荷花别样红”。园林中的水榭里，水乡里的荷塘边，都能见到不同品种的荷花。小到拙政园，大到淮安金湖都会举办荷花节。

徐州伏羊节

徐州人有吃羊肉的习俗，每年三伏天更是极致。顶着热汗吃羊肉，据说是彭祖养生之法。

亚洲户外用品展览会

7月底，南京会举办目前中国顶级的户外用品展，可以在展会上看到从普通旅游到专业户外登山的各类用品，还有从自行车到房车的专业装备。

9～10月

又一个出行的好季节，美食也集中于此时。不过十一黄金周不由得让人担心住宿问题，尽量提前计划，及早预订房间和车票吧。

中秋赏月

“天下三分明月夜，二分无赖是扬州。”说到赏月，扬州必然列于榜单首位。在苏州，也有“石湖串月”的习俗，农历八月十七、十八，据说可以看到行春桥的九月连环。苏式月饼赫赫有名，路过苏州别错过了胥城和长发的鲜肉月饼。

桂花节

南京灵谷寺景区的桂花树有40多个品种和上万株的规模，每年9月下旬至10月中旬的金桂飘香时节，这里会举办桂花节。同样，苏州光福的秋天也有桂花节。糖桂花是苏式甜品中不可或缺的调味。

徐州汉文化国际旅游节

9月下旬举行，短短几天内，民俗表演、国学文化讲坛、传统戏曲等各种文化活动轮番上演。

虎丘庙会

庙会于每年9～10月举行，民间小吃和表演汇聚于虎丘一带。不仅是虎丘秋天的一大盛事，也是苏州人心目中的大事。

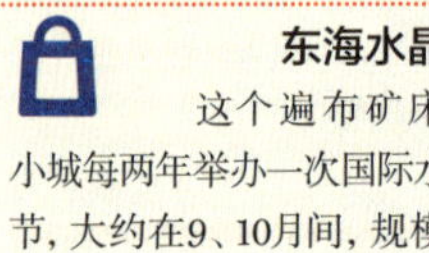

东海水晶节

这个遍布矿床的小城每两年举办一次国际水晶节，大约在9、10月间，规模盛大，各种水晶令人目不暇接，吸引很多商人和游客前来。

太湖开捕

9月，太湖张开臂膀，迎接着等待多时的渔民，届时苏州会举办大型的“太湖开捕节”，预示着水产丰收，吸引很多摄影爱好者前往，吃货们当然是最有福的一群。

品尝大闸蟹

农历九月就有蟹陆续上市，但十月才是蟹季真正到来之时。昆山阳澄湖大闸蟹名不虚传，太湖、洪泽湖里的蟹一样肥壮可口。就着黄酒，赏菊吃蟹，每家都飘出阵阵醋香。

11～12月

虽然是旅游淡季，但也不缺看点。江苏的冬季有些湿冷，也许会让北方人望而却步，但跟着当地人过冬，也会让寒冷的日子变得温暖起来。

红枫节

全国四大赏红叶之地，江苏独占其二。每年10月中下旬，南京栖霞山和苏州天平山都会陆续举办红枫节，不过枫叶最红艳的时节是11月。

仙鹤归来

不怎么出名的盐城，因为仙鹤到来而绽放光芒。一般首次霜降之后就有丹顶鹤飞来，最多时会聚集全球半数以上的丹顶鹤。此时前往观鹤还能享受淡季票价呢。

羊肉季

冬天吃羊肉进补，苏州的藏书镇和东山都是吃羊肉的好地方。跟着苏州人吃着羊肉，喝着冬酿酒，全身都暖融融的。

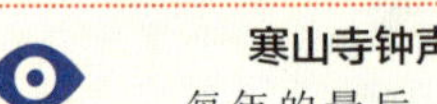

寒山寺钟声

每年的最后一天，无数海内外游客和当地人一起来到姑苏城外寒山寺，一起聆听108下新年钟声，也是代表新一年平安吉祥的声音。同一天，南京栖霞寺也有新年撞钟活动。

旅行线路

江苏不比西南，并没有太多令人惊艳的美景，发达的经济令本地城市化水平很高，但厚重的历史文化却是此地瑰宝，由此衍生的旅行也一样绚烂多姿。

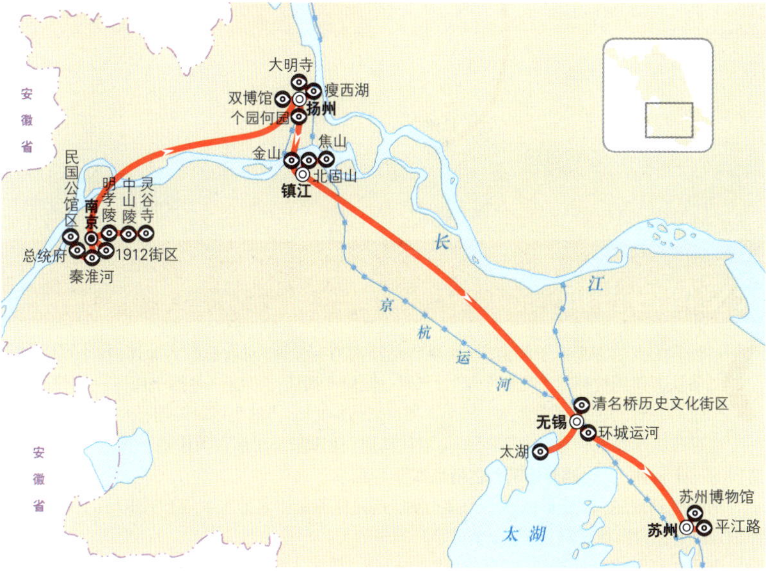

7天

黄金线路

南京—扬州—镇江—无锡—苏州，这条涵盖了省内精华的路线，是江苏旅游的黄金线，初来此地的旅行者大多会选择这条线路，或者走其中的一部分。一年四季都适合，但春、秋两季仍是最美的季节。

省会**南京**是六朝古都，在市内走走**总统府**、**秦淮河**、残留的**城墙**和**民国公馆区**，在东郊风景区，将**明孝陵**、**中山陵**和**灵谷寺**看遍，夜里就到**1912街区**去消遣。下到**扬州**，先游览**瘦西湖**和**大明寺**，再赏**个园**和**何园**，别忘了去新城区的**双博馆**看看。当然还得体验**“皮包水”**和**“水包皮”**，以及**“三把刀”**的乐趣。长江对岸就是**镇江**，**金山**、**焦山**、**北固山**是民间传说和历史故事的发生地，自然要去看一看。**无锡**的看点在太湖和运河，沿着**蠡湖**骑行一段，沿着**环城运河**和**清名桥历史文化街区**坐一程**游船**。最后一站是**苏州**，也是苏南重头戏。各挑一个著名和非著名的**园林**走一趟，到**苏州博物馆**去欣赏吴地好风物。在**平江路**的咖啡馆和甜品店里消磨些时光，或者一路从**山塘**走去**虎丘**。若有时间，听一次**昆曲**或者**评弹**，夜游一次花园。

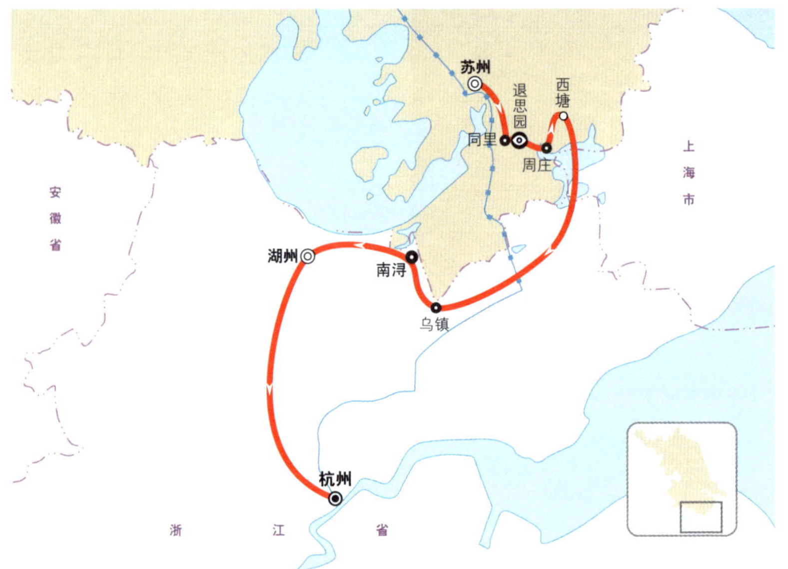

10 天

天堂间的古镇

江苏的古镇多集中于苏南，但如果你对江南情有独钟，对古镇颇为痴迷，那么可以走一条从苏州到杭州的"天堂之旅"。苏州—同里—周庄—西塘—乌镇—南浔—杭州，江南值得一看的古镇尽收眼底。每个古镇可以待1~2天，当然也可以根据喜好自由分配。

在苏州火车站北广场汽车站可坐车前往**同里**，**退思园**是江南古镇中唯一被列入世界文化遗产的一座园林，其他**明清建筑**和**古桥**也值得一看。

从同里到**周庄**，公交车也只要20多分钟。这是江苏最出名的水乡，避开团队游游客，在晨昏时分行走在青石板路和古桥上，便可领略周庄的美。

由周庄打车或转两次公交可以到达西塘。因"桥多、弄多、廊棚多"而闻名的**西塘**，虽然有些小小的变味，仍保留了生活气息和小资味道。重金改造的**乌镇**独具水乡的每个细节，到了夜晚灯火阑珊时更美，只是少了些烟火气。

继续往湖州方向去，曾经丝绸业巨头辈出的**南浔**，有着不少有别于其他水乡的中西合璧的建筑。最后，坐上汽车来到杭州，开始另一个天堂的旅程。

10天

环游太湖

太湖流域孕育了江南。沿着三万六千公顷的太湖，不仅可以用短短的三四天时间骑行，也值得花些时间探访。太湖也是连接江苏和浙江的纽带，环湖路线为苏州—无锡—宜兴—湖州—苏州，不仅能游览当地美景，也能吃到不错的湖鲜呢。

第一站是**苏州**，在市内游览1天后，可以前往太湖边。**东山**的**雕花楼**、**紫金庵**，**西山**的**明月湾**、**缥缈峰**，都是不错的景点。当然最棒的是各季的**水果采摘**与**农家菜**。还能坐船前往**三山岛**，享受更为宁静的日子。

第二站是**无锡**，**骑行蠡湖**时，可以将**鼋头渚**、**蠡园**这些传统景点一并走遍，也能看到沿岸**湿地公园**的新面貌。如果喜欢朝佛，那么高达88米的**灵山大佛**及其巨大的景区可以耗去一天时间。

第三站是**宜兴**，在两个**溶洞**中择一参观，**云湖**和**竹海**的风景也都不错。这里是紫砂壶的故乡，去趟**中国宜兴陶瓷博物馆**必然可以长不少知识。

第四站是**湖州**，除了去**湖笔博物馆**开开眼界，还能到周边的**南浔**、**莫干山**、**安吉**游玩。若是深秋，也不可错过八都岕的**十里银杏长廊**。

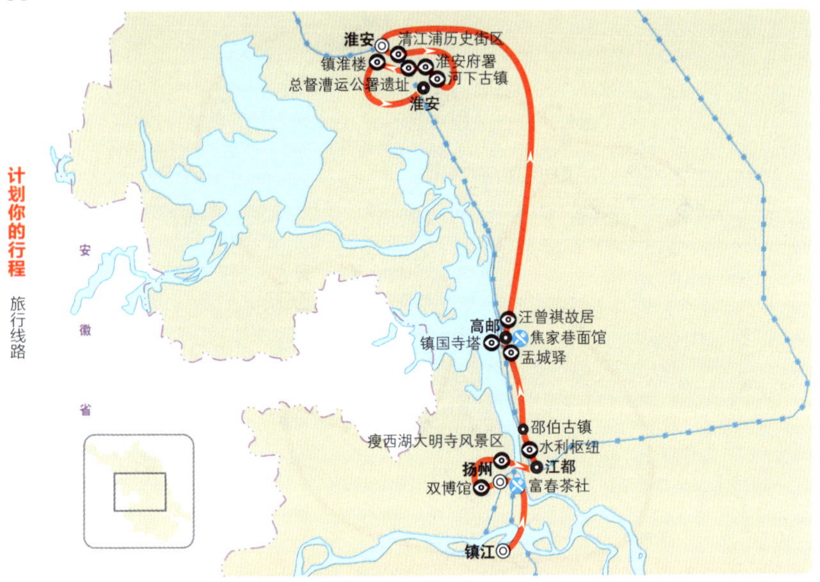

6天

行走大运河

大运河的**扬州**到**淮安**一段，既有知名的游览景点，也有丰富的人文内容，更有正宗的**淮扬菜系**，而且游客不多。

第1天从镇江经轮渡过长江，感受“京口瓜洲一水间”，在扬州城内外的运河边，寻找那些运河带来的古城景点和民俗。第2天上午去**富春茶社**品尝早茶，参观**双博馆**和**瘦西湖大明寺风景区**，晚上坐运河里的游船。

第3天经**江都**去**高邮**，途中可以看南水北调的**水利枢纽**和**邵伯古镇**，傍晚在高邮湖边欣赏落日里的**镇国寺塔**。第4天，先到**焦家巷面馆**吃鱼汤面，再去运河边看保存完好的**盂城驿**，寻找老街上的**汪曾祺故居**和游览**文游台**。

第5天和第6天在淮安，这里的名人故居很多，**清江浦历史街区**孕育了很多运河历史，而城里的**镇淮楼**和**总督漕运公署遗址**，在无言地诉说着曾经的辉煌。还有**淮安府署**与**河下古镇**，也值得一游。

在沿着运河旅行的途中，不妨去河边，看看那些船闸、船队和渡口，还有河西的湖水与河东的田地。

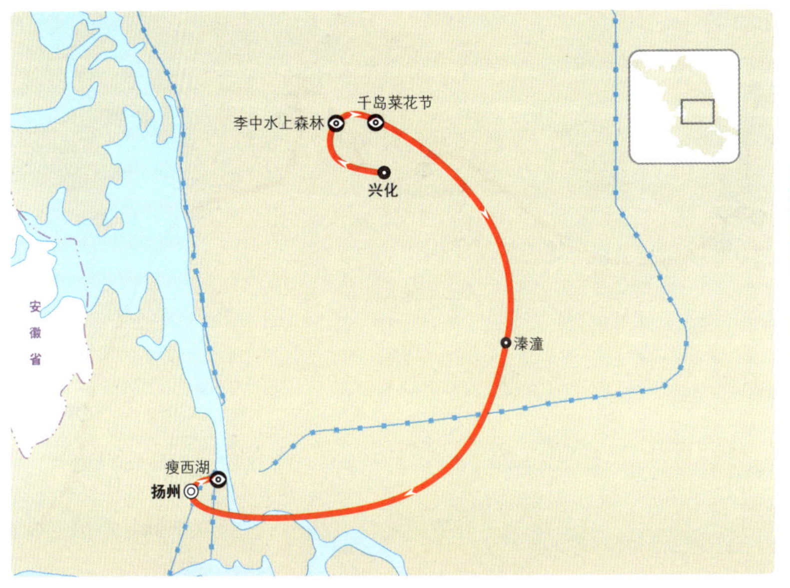

6天

行摄苏中

每年4月，兴化**千岛菜花节**、**溱潼会船节**和**扬州烟花三月节**先后开幕，选择其中的交集时段，但尽量避开清明节和开幕时游客众多的那几天。

在**兴化**，入住在垛田附近的农家乐，在一早一晚拍摄，既可以避开人流，更可以获得美丽的光影色调。等到游客多了，就去附近的**李中水上森林**拍片。

到了**溱潼**，在盛大的会船云集之前，不妨去参赛船队所在的村庄，去看他们充满乡土气息的赛前赛后过程，有选拔和试水，有喝酒与送头篙。如果沟通得好，也许可以获得跟船去会船赛区的惊喜。

扬州的景点太多了，选择园林里的景致，选择老街巷里的生活，选择**大运河**的船队，都是不错的题目。如果恰逢溟濛春雨里的**瘦西湖**，更会带来摄影技术上的挑战。

这3个地方，耗费在路上的时间很短暂，每地停留两天就可以拥有充分的时间去选择最好的拍摄点，还有余地在晨昏时段里进行精心构思。

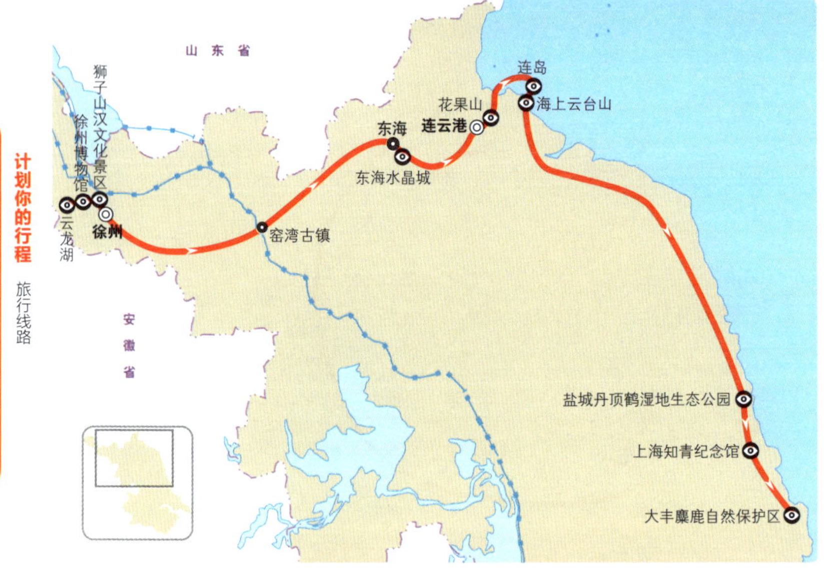

5天

驰骋苏北

并非热门旅游地的江苏北部，正好避开了旺季的人潮涌动和价格飞涨，深藏的历史瑰宝和曼延的海岸，是对于暑假自驾出游者的最好馈赠。

这条从徐州开始，经连云港到盐城的自驾游路线，共需行车600多公里，路况很好。如今，神州租车、一嗨租车都已进驻徐州火车站旁，十分方便。

徐州是增长历史知识的好地方。**狮子山汉文化景区**和**徐州博物馆**相当经典，**云龙湖**的壮秀风光还会带来意外惊喜。

前往连云港的路上可绕道**窑湾古镇**，或先去**东海水晶城**淘淘宝。连云港会更讨小孩子喜欢，有**花果山**的传说和猴群、**连岛**的沙滩和大海，**海上云台山**更适合家长们玩转相机。

之后沿**海堤公路**一路向南：黄海、滩涂、渔港、湿地、风车……从窗外闪过。夏季的**盐城丹顶鹤湿地生态公园**看不到野生鹤类，不过在芦苇栈道中玩玩也挺开心。**大丰麋鹿自然保护区**可以一游，**上海知青纪念馆**则会让同行长辈感慨良多。

负责任的旅行

参考网站

» **中国民促会绿色出行基金**（www.cleanair.net.cn）教你如何绿色出行。

» **世界自然基金会中国网站**（www.wwfchina.org）关注环境保护问题。

» **自然之友**（www.fon.org.cn）中国最早在民政部门注册成立的民间环保组织之一。

» **国际中国环境基金会**（www.ifce.org/indexcn.htm）支持和帮助民间环境组织发展。

» **洁净地球**（www.laji.org）关注于“行动起来，清洁地球”的公益组织。

» **江苏环境**（www.jshj.org）当地环保志愿者交流平台。

旅行不只是看世界赏风景，如果同时能对当地文化、环境及居民有所裨益，你走的每一步都会更有意义。下面的一些小贴士可以帮助你保护和支持江苏的环境与社区。

» **多了解信息** 多读一些关于江苏的读物，更加理解当地的文化、习俗、经济等各方面的特色。有备而来，才能对旅途中的所见所闻有更好的了解，也能和当地人更好地沟通。

» **关照老城区** 江苏拥有诸多历史文化名城名镇，能看到成片的老房古街。这里依旧住着许多上了年纪的白发老人，街头巷尾也总有一些当地人时常光顾的实惠小店。选择在此就餐或购买一些必需品，不仅价钱公道、口味地道，更能关照到原住民的日常经营。

» **照相前先询问** 老城区中总有许多迷人的民居院落，里面的生活场景充满人情味，十分上镜。如果想要拍摄记录，最好先获得主人的允许。

» **尽量节约能源** 使用水、电和燃料要节俭，特别是住进酒店时，不要“顺其自然”地用水奔放起来。外出时尽量步行、骑车或者乘公共交通工具——请善用南京、苏州、无锡、徐州、淮安等城市的公共自行车系统。

» **不要到处扔垃圾** 使用可降解的产品。不要把城市垃圾带到乡村和自然环境里，更不要把垃圾扔到污染已经很严重的黄海、富营养化严重的太湖，以及作为南水北调东线水道的大运河。

» **多角度关注水生态** 江苏有许多游船项目，如果可以请选择人工船，以减少污染排放对水质的破坏。江苏最重要的濒危物种也是水中的特定生物。由于各种原因，“江刀”等以前常见的鱼类已经濒临消失，端到餐桌上的也是价格令人咋舌。请勿消费，要知道它们在长江生存的历史要比人类久很多，这里本是它们的家园!

» **走进农家** 江苏尤其是苏南地区有丰富的农家乐。在这里用餐、住宿不仅会有更高的性价比，原生态的食品、环境更让你在旅途中身心健康。购买茶叶等土特产也可直接走进茶场等。

» **拒绝导游不负责任的引导** 摩崖石刻、雕塑神像等文物是不应该随便触碰的。有些导游为了迎合、增加游人的趣味，会说触摸特定的部位能带来运气、财气等。请不要轻信他们的这些建议。

» **鼓励自助旅行** 有些全包型旅行团，80%的费用付给了航空公司、旅馆和固定商家，很少是支付给你所遇见的当地人。不过也有一些责任意识高的旅行团，旅行前可以多搜集些相关信息。

» **带着家什去旅行** 带上自己的牙刷、毛巾、一个坚固的水壶和环保筷子去旅行。别小看这个举动，一趟旅行下来，你会少用不少一次性消费品。

» 南京的民国时期老建筑

蔡理 摄

沿着运河走

江苏大运河之最

最美的沿河历史街区
» 无锡南长街

古镇最多的地区
» 苏州市

皇帝们停留最多的地方
» 扬州市

最响亮的钟声
» 苏州寒山寺

最惬意的骑行路段
» 高邮到宝应的S237公路

古桥最多的地段
» 苏州吴江区

最长的古桥
» 苏州宝带桥

行程最长的游船
» 扬州到高邮

船闸最多的地方
» 扬州邵伯镇

最壮观的水系立交桥
» 淮安运河立交桥工程

最大水利枢纽
» 江都水利枢纽

大运河南北贯穿了整个江苏，也让江苏成为京杭大运河中最主要的组成部分。跟着运河的流向走一趟江苏，是不少怀古控的梦想。

沿河地段

沿着运河走，有园林的美景，有众多的沿线申遗点。沿着运河走，有著名的美食，还能看一座座古城的前世今生。

苏州—无锡—常州段

如果由南往北沿着大运河，进入江苏的第一站，就是盛泽镇，曾以丝绸闻名于世。接着还可以经过**同里镇**和**枫桥镇**。在苏州段，有大运河上仅存的古纤道，还有很多跨越于运河上的古桥。南北七星桥在古纤道的两端，三里桥跨拱高达15米，接着就是最长的宝带桥。在有名的**枫桥**附近，还有始建于唐代的江村桥。石湖景区里的九孔连环的行春桥和单孔石拱越城桥，两桥并肩联袂。

接着到了无锡，这里曾借助大运河的航运，在河边开创了面粉和纺织的民族工业。去**运河公园**（见181页），看建于1910年的九丰面粉厂和光绪年间的储业公会。走河边的**南长清名历史街区**，这里被称为“江南水弄堂、运河绝版地”，眼下更是成为大运河申遗的示范点。

京杭大运河的前世今生

与长城一同并存于中国的京杭大运河，用人力完成了一个惊艳的大地构造。早在春秋时代的吴王夫差，在江苏开凿了大运河的最早雏形——古邗沟。可是长江与淮河的沟通，并没有帮助他实现霸主的梦想。历史上评价并不高的隋炀帝，开通了中原与长江之间的水路。到了元代，才最终完成了从杭州到北京的大运河全程贯通。

从隋代到元代，国家的京城在黄河边与燕山下轮回，大运河的终点，也在两地之间交替。江南的粮食与金银沿运河北上送往京城。自从大运河成为了京城的生命线，历朝历代便将维护运河的畅通当成了要事。康熙和乾隆的屡次南下，并不是为了让后人去想象皇帝的浪漫，而是为了保持运河的畅通与王朝的兴旺。

通畅的大运河，成为了过去的高速运输通道；兴旺的大运河，也使得扬州成为了东方的国际大都市。作为最重要的运河流经地域，江苏的运河沿线，出现了许多重镇要地，比如战略要地徐州，经济重镇苏州。

20世纪铁路的出现，使得运河沿岸的城市发生了变化。同样的古城扬州和苏州，由于距离铁路和海洋的远近不同，一个渐渐衰退，一个愈加发达。

时至今日，虽然眼下的京杭大运河，不再是从前的国家命脉，可还是承担了南北水运的重要任务，新使命赋予了运河新的活力。

来到常州城东运河边的**东坡公园**，穿过正在打牌下棋的人们，走到运河边。看看传说中苏东坡11次在此上岸的地点，看看乾隆皇帝题写匾额的舣舟亭。沿着运河，穿过常州城，来到怀德桥旁的**篦箕巷**。小巷的尽头有个水码头，码头上曾经发运过小巷里产出的梳篦。

镇江—扬州段

距离运河5公里的丹阳荆林镇，那一带有六朝时期的**兴安陵**、**建陵**和**修陵**。虽然现在的镇江城距离大运河有段距离，但**西津渡**也是长江边的重要码头，客商来往繁盛一时。

从长江边的瓜洲古渡，沿着大运河一路往北，岸边有**高旻寺**、**文峰塔**和**东关古渡**，扬州古城里更有盐商的大宅和富豪的园林，在古码头旁可以走进**双东历史街区**，**古邗沟**边就是**二王庙**。离开古城继续往北，高邮的古驿站讲述运河历史，江都的现代水利枢纽让运河焕发新生。

淮安—徐州段

在**清江浦**历史街区里，重点打造了**里运河文化长廊**，那里记录着淮安过去的辉煌。**清江大闸**，是大运河上的“咽喉锁钥”。**总督漕运公署遗址**，曾经掌管过历史上皇城的粮食生命线。名人故居里，走出了历史上有影响的人物。

在大运河的宿迁和徐州段，可以去运河边的**皂河古镇与窑湾古镇**一游。皂河的**龙王庙**当过乾隆的行宫，窑湾则是从前的水路要冲。这两个古镇里，古风犹存，还有几家老宅大院可以游览。

乘船游

在大运河上乘船泛舟，应该是理所当然的事情。不过，旧日里的客运船，已不符合当今的高速需求，早已退出了客运市场。如今的乘船，就是悠悠地坐在游船里去观赏运河边的景色。沿河的城市，已推出了一些大运河的游船路线。

苏州的**夜游护城河**，目前最长的路线是从南门附近到**山塘街区**（见127页）。

无锡的**环城古运河游船**，由北至南经过从前的四个城门地带——临江门、靖海门、望湖门和试泉门，途经从前民族工商业的许多厂房旧址（见185页）。

常州的**古运河水上游**，西起运河五号创意街区，东到**东坡公园**，途中游船会停靠在**篦箕巷**码头让游客上岸游览。全程往返约10公里，行程1.5小时（见196页）。

扬州有**城区大运河线**，分为两条。一条是从**便益门码头**到**大王庙**，另一条是从**南门遗址码头**到通扬桥后返回（见223页）。还有2013年年底开通的**扬州高邮大运河线**，是一条享受型的水陆一日游或二日游线路（见223页）。

淮安的**古运河游船码头**位于运河南岸，从这里上船，可以参与**清江大闸**到**河下古镇**的往返游船线路（见287页）。

乘坐游船，虽四季皆可，倒不妨选择夏季的夜晚，河面上的习习凉风会带来更加自然的感受。

自驾车

大运河江苏段的全程约有800公里。因为选择的是尽可能靠近运河的道路，所以基本上全程不是高速路。在全是平原的江苏，路况很好，什么车型都可以自驾着走运河。坐在车子里，虽说无论寒暑，可也需避开冬季的冰雪和夏日的雨季。

可以参考以下的路线进行从1日游到7日游的选择和安排：

» **第1天** 从苏州盛泽镇到无锡，看苏州的古镇和古桥，看无锡的**南长清名历史街区**。行程约100公里，行车约2小时。

» **第2天** 从无锡到镇江，在常州看**东坡公园**和**篦箕巷**，到镇江游览**金山**、**焦山**和**北固山**。行程约150公里，行车约3小时。

» **第3天** 坐镇江汽渡过江到扬州，一路从**瓜洲古渡**到高邮，看扬州运河沿线的景点，还有高邮的**盂城驿**和**镇国寺塔**。行程约90公里，行车约2小时。

» **第4天** 从高邮到淮安，游览淮安古城。行程约100公里，行车约2小时。

» **第5天** 从淮安到徐州，途经**皂河古镇**与**窑湾古镇**。行程约300公里，行车约5小时。

» **第6天** 游览徐州，驱车前往沛县的赵庙乡，看离开了江苏的大运河流淌进入微山湖。行程约300公里，行车约5小时。

» **第7天** 返回。

自行车骑行

骑车上路，虽然一路皆是平原，但最好还是避开冬夏，还要避开江苏6月的梅雨时节。与其他的旅行路线不一样，骑行道路的选择会更有余地和更加地自如，骑行在乡道上，可以更靠近运河。

介绍一个8天的骑行计划，每天的距离不算远，也有足够的时间看运河边的风景。如果更看重每日的骑行，可以将150公里作为每天的距离，那么，这条路线就只要5天了。

» **第1天** 从苏州的盛泽镇到枫桥镇，沿途看古镇、古桥。骑行距离约60公里。

» **第2天** 从苏州枫桥镇到常州东坡公园，看无锡的南长清名历史街区和常州的运河景点。骑行距离约90公里。

» **第3天** 从常州到镇江，主要看镇江三山和西津渡。骑行距离约90公里。

» **第4天** 从镇江到扬州邵伯镇，看扬州运河边的景点。骑行距离约60公里。

» **第5天** 从扬州邵伯镇到淮安，沿途看高邮的景点。骑行距离约120公里。

» **第6天** 从淮安到洋河镇，主要看淮安的景点。骑行距离约80公里。

» **第7天** 从洋河镇到窑湾镇，看皂河古镇与窑湾古镇。骑行距离约80公里。

» **第8天** 从窑湾镇到徐州，游览徐州。骑行距离约90公里。

1

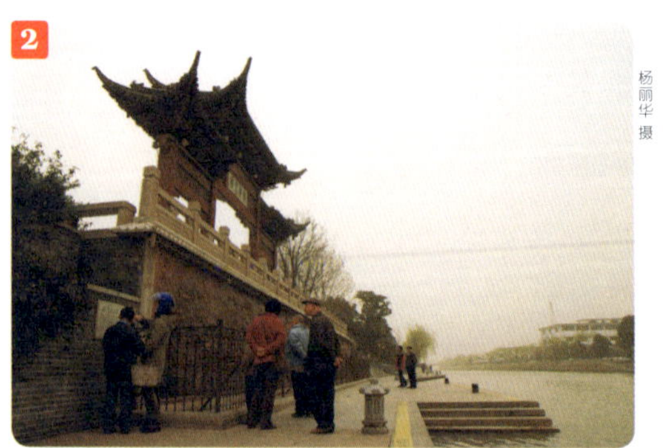

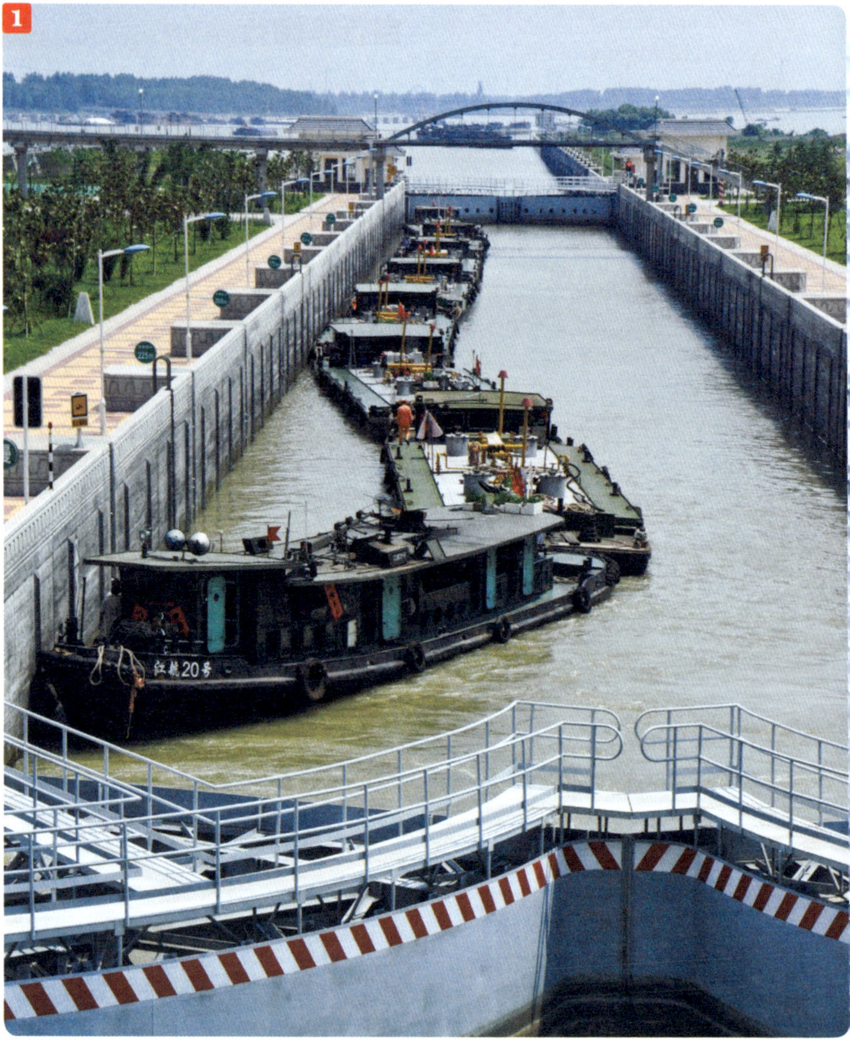

2

杨丽华 摄

» （上）邵伯船闸是大运河上最重要的船闸之一，每天有成百上千的船队通过

» （下）大运河边的东关古渡是唐代扬州城最繁忙的交通要冲

寻找江南

最佳江南体验

» **最古老的园林** 沧浪亭

» **最有人气的水乡** 周庄

» **最小资的街巷** 平江路

» **最有历史感的街区** 民国公馆区

» **最特别的手工艺** 宜兴紫砂壶

» **最华丽的戏曲** 昆曲

» **最时令的美食** 阳澄湖大闸蟹

» **最惬意的生活** 扬州三把刀

江南到底在哪里？长江把江苏一分为二，一边是江南，说的是不太能听懂的吴侬软语，一边是江北，讲的是北方人也能听懂的江淮官话，这样的划分似乎最合情理。

然而，翻开中国历史便会发现，“江南”的概念一直在变。秦汉时期，江南主要是长江中下游以南，大约是今天湖北南部和湖南，皖南、苏南一带则成为江东，才有了西楚霸王那句“愧对江东父老”。到了唐代，江南已经是天下富庶地带，其范围也延伸到了长江下游以南。到了经济发达的宋代，将镇江以东设为两浙路，其中又以苏州、松江、常州、嘉兴、湖州最为富庶，相当于今天的苏州、上海、常州、嘉兴、湖州，恰好是太湖流域全境。

今天，人们眼中的江南基本以“两大天堂”苏州与杭州为核心，覆盖了周边区域。这个江南为历代诗词所歌颂，也是人们心中向往之地。如今的苏南，便是江南的一部分，在此地的旅行中，自然也可以捕捉到江南的各种片段。

江南园林

毫无疑问，如今江苏留下来的各个园子，是对江南最好的诠释，其中以苏州园林最为著名。苏州的四大名园，分别是建于宋代的**沧浪亭**（见115页）、元代的**狮子林**（见111页）、明代的**拙政园**（见110页）和清代的**留园**（见127页），后三者常年都有团队游游客，喧闹之

江北还是江南?

扬州虽然地处江北，但直到唐代都被归入江南之地，更留下“烟花三月下扬州”、“二十四桥明月夜”这样生动的画面，何以到了今天却渐渐失去了江南的地位呢?

这还得要看历史。汉代以后的扬州，指的是长江下游和淮水中游以南，辖区主体都在江南，治所始终是南京。隋代，扬州才迁往江北，并以江都(今扬州)为治所。因为运河和长江，盐业兴盛，漕运发达，令扬州经济迅速发展，文化上也与江南相通，一时间莺歌燕舞、诗词歌赋，无处不见繁华盛景。这种情况一直延续到清代。

然而明清时代，运河另一端的苏州以手工业和工商业崛起，逐步取代了扬州的地位。到了清末和近代，铁路的修建，更让扬州进一步失去了优势，在“江南”的舞台上渐行渐远。不仅如此，一江之隔同操江淮官话的镇江，竟然也一度被认为是江北。然而，那些过往让它们长久以来都拥有江南气质，无法因地域而割裂，虽然今非昔比，却也依然是江南大地上无可取代的重镇。

间便难以静心欣赏。倒是环水的沧浪亭，清雅秀丽又颇有故事，值得探寻一番。

入选世界遗产的还有几处园林，**网师园**(见114页)是苏州城里唯一开放夜花园的地方，8个传统节目在不同的厅堂水榭中上演；三面临水的**耦园**(见115页)藏在平江路的巷子里，以东花园为精华；**环秀山庄**(见123页)由名家叠石而成；**艺圃**(见123页)则受到苏州本地人推崇。除此之外，一些**小园子**(见124页)门票便宜却不失美好。

游赏园林的一个秘诀是“慢”。那些隐逸的士大夫们完全将政治抱负化作了造园热情，设计者常常是书画名家，叠石手法也出自大师之手。不夸张地说，每一步都是精妙，光听导游词肯定不够。暂时把园子当做自己的地盘，找到最为适宜的一处，歇下来喝杯茶，听个曲。若是此时再有些蒙蒙细雨，便是上天特别眷顾，让你发现园子最美的一面。

再往北一些，扬州也有几个不错的园子，**个园**(见219页)与**何园**(见220页)是其中的代表。扬州园林，与苏州的文人园林不同，大多由繁盛时期扬州盐商巨头斥资修建，虽也有儒雅风范，但更多追求大气豪华。

江南水乡

水乡是江南最鲜活的标志。太湖流域的港港汊汊带来了大大小小被水道包围的古镇。时光在这里渐渐慢下来，青石板路、老房子、廊棚下聊天的老人家、水上的木船，只有儿时才见的理发店、馄饨摊。清晨起个早，跟着当地人在小馆子里吃早饭，边看看晨雾里斑驳的房子。在白天人群出没高峰，躲进一家临河的茶室，倚着美人靠喝茶。夜里在水边，点上白水鱼、阿婆茶、蹄等特色菜，就着些小酒便是舒坦的一餐。最后坐上手摇船，在流光溢彩中听船娘柔软而清亮的歌声和船桨划过的水声，沉醉在水乡夜色之中。

周庄(见157页)因为陈逸飞的油画而最先为人所知，开发了将近30年，虽然被人诟病商业化，但也不会令人失望。**同里**(见164页)的生活气息更浓郁，还有著名的退思园。如果只想欣赏小桥流水人家，不如在夜里潜入小镇歇一晚，省了景点门票，又能看到特色的一面。

江南街巷

虽然说什么都无法阻挡现代化的大潮，高楼林立仿佛成了每个城市发展的目标，但在江南，仍有一些保留了旧时格局的小街小巷。它们的命运各不相同，有些被改造成休闲娱乐为主的场所，有些也许还能维持现状很久，有些则面临被全部抹去的悲哀。

在苏州，**平江路**(见124页)和**山塘街**(见127页)成为两条标志性街道，都有水道伴随，前者深受小资文艺青年的喜爱，后者则在恢复昔日手工艺商业街的面貌，但它们后半段的市井生活更令人着迷。无锡的**南长街**(见179页)正在因为运河申遗示范点而走红，在清名桥上看风景，自己也会成为风景。扬州的**东关街**和**东圈门**一带的老街(见220页)也在改建后成为游客逛街购物、游园寻古之地。到了南京，便不可错过颐和路的**民国公馆街区**（见78页），200多座民国时期的官邸和使馆，诉说着那个风云年代里的故事。

江南手工艺

明清时代，苏州手工艺迅速发展起来。直到如今，中国工艺美术24大类，苏州就占了22席，包括宋锦、缂丝、丝绸、刺绣、桃花坞木刻年画、苏扇、玉雕、金银器，等等。在整个江苏境内，扬州玉器和漆器、南京云锦、宜兴紫砂陶器、无锡惠山泥人等手工艺品也远近闻名。

想见识巧夺天工的手艺，上博物馆是最简单的方式。**苏州博物馆**（见110页）的吴中风雅展厅展示了当年的手工艺绝技，**苏州工艺美术博物馆**（见111页）也有上千件珍品。**中国苏绣艺术博物馆**（见111页）、**苏州丝绸博物馆**（见111页）、**桃花坞木刻年画博物馆**（见111页）则是分门别类的主题博物馆。紫砂器是宜兴丁蜀镇的特产，其中以紫砂壶闻名于世。无论是否购买，都可以到**中国宜兴陶瓷博物馆**（见193页）瞧一瞧。另外，在**南京博物院**（见56页）、**云锦博物馆**（见70页）、**中国泥人博物馆**（见182页）等地也能欣赏到当地的手工艺品。周庄贞丰街上的“贞丰十二坊”则集中体现了水乡的各色作坊，游人还能参与其中。

江南戏曲

打开放在眼前的唱本，原来《游园惊梦》的唱词如此艳丽华美，一词一句都经过斟酌，并不逊于任何诗词歌赋。如果你的江南之行不那么匆匆，那么不妨留些时间给“百戏之祖”——昆曲。谁能想见，已有600年历史的昆曲竟然发源于昆山一带的码头上，一开始只流行于苏州，到了明代向北扩展，一直到了京城。

昆曲唱腔华丽婉转、念白儒雅，在简单的桌椅摆设间创造着一个个叙事空间。曲文则秉承唐诗、宋词、元曲的文学传统，令今人无法比拟。《牡丹亭》《长生殿》《桃花扇》都是古代戏曲文学中的不朽之作。苏州城内有不少昆曲演出的地点（见143页），有一些加入了不少注解，让阳春白雪的昆曲更贴近大众。

除此之外，江苏各地都有自己的地方戏曲，评弹、锡剧、扬剧、淮剧，等等，有些甚至拥有相关主题的博物馆。

江南美食

每年秋天，江苏人民都在翘首等待西北风刮起来，这个时候每家每户都飘起醋香，蒸笼上的大闸蟹就快好了，季节的馈赠如期而来。“青背、白肚、金爪、黄毛”的**阳澄湖大闸蟹**（见142页）华丽登场，连千里之外的北京甚至海外都做足了广告。10~12月间，很多江苏人会驱车前往阳澄湖，享受最新鲜的美味。更多精明的主妇则挑选黄满膏肥的湖蟹——太湖和洪泽湖里都产蟹，只要季节对，味道一样美。古人对这道美食更为尊崇，还特别制造了“蟹八件”来对付螃蟹难啃的壳，配上一壶黄酒，既解蟹的腥与寒，又让吃蟹变成一件风雅事。

自古江南就有“天下粮仓”之说。坐拥江河湖海的地理位置，物产之丰恐怕别处难以匹敌，江南人对食物的讲究程度也更高。淮扬菜横空出世，以用料新鲜和功夫地道著称，更成为“开国第一宴”，江南各地菜系皆由它发展而来。苏锡菜是其分支，更偏鲜甜，也讲究时令。精雕细琢的菜肴，令食客们的味蕾也如逛园子一般，移步换景中处处有惊喜，令人流连忘返。单为了美食而到江南一游，也未尝不可。

江南生活

外地人来到江南，常常将当地人的生活归结为两个字——精致，其实这背后还有两个字——惬意。到了此地，必须要找到当地人指点迷津，方能体会融入生活点滴的江南意境。

即便是普通苏州人家，也可以利用很小的空间来做个小景，哪怕只是几株细竹，几个盆景，都能为生活添些滋味。跟着苏州人吃时令（见139页），会发现他们不仅跟着四季的物产来定义家里的餐盘，每一样食物也会因春夏秋冬而有不同的做法。老苏州会专门起早赶一碗“头汤面”，喝着茶听着书消磨半天时间。甚至有怀恋旧日的文化人至今还在造园，并常常开展听戏、雅集等活动，让江南变得更为具体。

扬州人最为骄傲的**“三把刀”**（见228页）都与享受生活有关。“早晨皮包水，晚间水包皮”，说的是早上到茶社吃一顿早茶，夜里到澡堂泡上一回。与之相关的厨刀、修脚刀、理发刀已经成为一种文化，不仅在本地形成特色，更走向了省外乃至全国。

» （上）昆曲

» （下）苏州评弹

带孩子旅行

孩子们的江苏

» 南京

古生物博物馆、红山动物园、海底世界、科技馆、国防园……南京有这么多增长见闻又有趣味的好展馆！还可以带孩子去南大、东大等校园，提早感受一下大学之道。

» 苏州

为孩子铺展一堂传统文化的洗礼，将苏州园林的中国美学植入心底。周庄、同里等水乡古镇更会在幼小的心灵中编织出美丽的回忆。太湖东西山和三山岛充满了农家野趣。

» 扬州

瘦西湖坐坐船，富春茶社吸一只汤包，何园的复道回廊上捉迷藏，双博馆里学学历史。

» 常州

中华恐龙园、淹城春秋乐园、动漫嬉戏谷……这么多游乐场，一家人玩出了几身汗？再去溧阳天目湖，在竹林中泡泡温泉，尝一尝鲜美的鱼头汤。

» 徐州和连云港

看完徐州博物馆的两汉国宝，前往花果山找找猴哥，再去连岛玩玩大海。

带着孩子到江苏旅游是一件轻松快乐的事情，不需要过多的专门准备。作为全国经济最发达的省份之一，便利的交通网络和完备的生活设施使举家出行没有难度，城里的医疗条件也足以让家长没有后顾之忧。江苏的美食同样出彩，小朋友一路上的伙食自然不用担心，长江沿岸的苏南、苏中地区更盛产精美的点心、湖鲜，非常适合加进孩子们的餐单。江苏水系发达，伴着内河、湖泊的又常是秀丽柔和的丘陵、古镇等美景，许多地方提供的游船项目能满足孩子们的亲水天性。一些城市拥有国内顶尖水平的主题乐园，有水准的科学馆、博物馆等在江苏这个文化大省也较为常见。美食、美景，加上优质的文化娱乐资源，玩在江苏，不仅仅让孩子们乐不思归，更会让大人们觉得旅途很有价值。

计划行程

制定旅行计划时，最好先征求孩子的意见，尽量满足他们的兴趣。可以先让孩子做一些相关阅读，或者给他们讲一些跟江苏有关的民间故事，在旅途之初就培养起孩子的兴趣，并让他们通过兴趣有一些自主选择。另外，行程不宜匆忙，每到一个地方，最好有一两天的停留，让孩子适应周边的环境。游玩景点，不要安排过密，也不要一味追求教育意义，尽量维护孩子的旅行兴趣。

Lonely Planet出版的《带孩子旅行》一

书，有很多实用的旅行建议，教你如何玩得健康、安全而又尽兴。

在路上

住宿

江苏的星级酒店数量位居全国前列，设施过硬，大床房基本上都是一张1.5米宽或者1.8宽的大床，双床房大部分都是1.2米宽，一般三口之家入住都不成问题。有需要的话，大城市里很多酒店还可以提供带护栏的童床。带孩子入住，如果不需要在房间加床，按常规是不会加收费用的。江苏很多酒店房间都会附带免费的早餐，如果增加一名儿童用早餐的话，一般1.2米以下儿童是免费的，超过这个身高可能会加收一些费用（通常是一份成人早餐价的半价）。

如果预订的是双床房或大床房，最好先了解一下床的宽度。三口之家入住，大床房最好是1.8米的，双床房如果床中间没有控制台的话，也可以要求把两张床拼合起来。

就餐

江苏的菜式以淮扬菜为根本，依据每个地方稍有差异的口味，细分为苏帮菜、扬州菜等。整体来说，江苏的菜肴比较清淡，苏州、无锡等地会有些偏甜。当然，川菜、湘菜等偏辣的菜系也能在江苏经常见到，这里的就餐条件能满足几乎所有人的要求。

江苏的小吃点心以汤包、生煎和糯米制品为主，大多做得精致小巧，口味更是香浓可口，小朋友们会非常喜欢。另外，旅途中应该多吃一些蔬菜和水果，可以帮助营养平衡。

交通

江苏不同城市的公交车儿童免票线会有所差异，大多数城市为1.2米以下儿童免票，省会南京则为1.3米以下。在南京和苏州坐地铁，每位乘客都可带一名1.3米以下的免票儿童，超过身高、人数都要购买全票。

带孩子坐客运班车，不单独占座的身高1.2米以下的儿童免票。江苏还规定一辆车上怀抱免票儿童的数量（核定载客数的10%），因此最好在购票时向售票员声明。身高1.2至1.5米（含1.5米）的儿童可买儿童票（有座位），儿童票按照执行票价的50%计算——为了享受这一政策，尽量在客运站里买票，上车买的话，有时候司机会不愿意。

坐火车的话，1.2米以下的儿童免票（不占座位或铺位），1.2至1.5米的儿童可买半票。但儿童如果要单独占铺位的话就要另收全价卧铺票。

飞机票的儿童折扣政策是全国统一的。2至12周岁的儿童，可自行决定是购买全价票款50%的儿童票还是成人打折机票，但相应的退改签政策也会有所不同。同时，儿童票免收机场建设费，减半征收燃油附加费。

门票

儿童的门票优惠政策因景区而异。一般来说1.2或1.3米以下的儿童可以免门票，超过规定身高的孩子，可以购买半价的学生票，所以大孩子最好带上学生证。

健康和安全

在江苏完全不用担心物品供应。商店、超市遍布城市乡镇，许多大中城市还有24小时便利店，新鲜的牛奶和食品都能买到。旅行中儿童面临的很多健康问题，其实和大人相似。

安全方面，江苏大部分地区治安良好，当地人也比较和善。不过在人多的公共场合或交通繁忙的地方要照看好孩子。另外，养狗的习惯也在江苏比较普遍，无论是城市里的宠物狗还是乡间看家护院的狗，都要避免孩子成为被它们攻击的对象。

1

沈明笃 摄

2

CFP 提供

» （上）淹城春秋乐园是个寓教于乐的好去处

» （下）中华恐龙园，常州最老牌的主题公园

请留心如下标志:

首选 作者的大力推荐

免费 不需要任何费用

查询本书全部目的地请见索引（378页）

在路上

南京 48
南京市 51
江宁 96
浦口和六合 97
高淳 100

苏州 103
苏州市 105
太湖周边 150
东山 151
三山岛 152
西山（金庭） 154
光福 155
水乡古镇 157
周庄 157
同里 164
角直 170
锦溪 171
千灯 172

苏南 173
无锡 176
宜兴 192
常州 194
溧阳 199
镇江 201
茅山风景区 209
宝华山 209
丹阳 210

苏中 212
扬州 213
邵伯 234
高邮 235
泰州 239
溱湖湿地公园 242
溱潼古镇 243
兴化 243
南通 244
吕四 250
圆陀角 250
如皋 251

苏北 253
徐州 256
窑湾古镇 269
沛县 270
连云港 270
东海水晶城 280
前三岛 280
秦山岛 281
宿迁 281
淮安 285
盱眙 292
洪泽湖大堤 296
盐城 297

门户：上海 303

南京

包括»

南京市……51页
江宁……96页
浦口和六合……97页
高淳……100页

最佳餐饮

» 南京大排档（见88页）
» 绿柳居（见85页）
» 马祥兴菜馆（见88页）
» 芳婆糕团店（见85页）
» 1912街区（见86页）

最佳住宿

» 心之旅国际青年旅舍（见77页）
» 南京JASMINE国际青年旅舍（见82页）
» 南京时光青年旅舍（见75页）
» 益大宾馆（见76页）
» 中央饭店（见76页）

为何去

来到南京，就走进了历史。上午前往东郊，从大明到民国，山林里静卧着多少图谋与梦想。下午漫步在台城边，六朝的烟柳里摇曳出几回帝王州。夜色里的秦淮河，灯影荡漾，画舫凌波，八艳临近王谢，风流随同水流。只有夫子庙前的游客来往，才是亘古不变的景致。走进中华门，城头上变换了多少回大王旗。登上阅江楼，看南征北伐中渡过的长江。进入总统府，这里曾经风云变幻，开场与闭幕之间，也就那么几十年的光景。走进那些尚存的老街巷，听老南京韶叨些过往。来到幽静的民国公馆街，依然还是今天的高尚住宅区。

也许是那些众多的殉难处和墓葬，让文人评论说南京是最伤感的城市。可是那些短暂的王朝却带来了薪火相传的文化、南北兼容的民风，使得南京有大气和豁达来包容南来北往的人们。走进南京大学的百年校园，看那些年年涌入的青春面孔。坐在1912的酒吧，夜生活里的新潮又将历史变得眼花缭乱。

何时去

坐落在长江南岸的南京，四季皆有应时的风情。从2月中旬的梅花，到4月里的海棠花和樱花，许多景点里的各色花卉会在春风中顺序开放。夏日里的南京，有遮天蔽日的林荫道，有湖面上绽开的8月荷花，还有东郊幽静的山林。这些绿色让人们远离了阳光，享受绿荫下的清凉。秋季的林荫道和东郊的山林，则会在11月换装，披挂上枝叶的缤纷色彩。

就算在6月的梅雨季节来到南京，也会感受到别样的情趣。沉浸在细雨蒙蒙中的台城柳，更加翠绿的林荫道，还有那些颜色鲜艳的雨伞，都在提醒你，所谓的江南，其实更需要雨水的滋润。

需要提醒的是，在夏日里可以给南京降温的法桐树，却会在4月扬起漫天的飞絮，给易于过敏的人带来不适。

南京的地理

南京有着天然的山水形胜。长江从西面和北面绕过南京，玄武湖和448米高的紫金山又紧靠着坐落在城东，雨花台一带的丘陵构成城南的屏障，而绕过城西的秦淮河沟通了城内城外的水系。有了江、河、湖、山的环抱，南京城墙并不如同北京和西安那样的方正，而是随着山水的地势，环绕出了一个据称是“北斗七星”的形状。

南京的主城区，就在明城墙以内。民国时期的规划，以“中山”命名的大道，给南京留下了延续至今的主要干道。近年来的高速发展，又给南京增添了内环的快速通道。

南京城区现有200多条公交线路，可以通达所有的地段。位于市中心的新街口，如今成了交通最拥堵的地区，也成了出租车司机想要避开的路段。好在有两条十字形交错的地铁线路，承担了路面拥挤车辆的分流，而更多的地铁线路正在紧赶着在2014年的夏季青奥会前完工。

今天的南京，在千城一面的建筑群里，还留下了城墙圈内的历史留存街巷地名，而秦淮河西与江宁的大片新建筑，成就了南京的新城区。交通的枢纽，位于玄武湖北和雨花台南；一贯的商业中心，集中在新街口的附近；历史悠久的高等学府，沿着鸡笼山和五台山一线展开；紫金山那里的东郊风景区，则成为南京的绿肺。

在南京，你要知道

阿要辣油啊——可不要一厢情愿地听成“I love you”，因为这句话多半出现在馄饨摊上。

多大事啊——不精明的南京人，喜欢挂在口头的一句话，小事一桩，没有什么大不了的。

一塌糊涂——不是贬义，说好吃可以“好吃得一塌糊涂”，说好玩也可以“好玩得一塌糊涂”，甚至可以将“糊涂”简化掉，那就是“好笑得一塌”。

来斯——这是夸奖你的意思，“你好棒啊”=“你来斯哦”。

韶叨——年纪大了，说说家长里短，有点啰唆，有点家常，电视台还专门设立了“听我韶韶”栏目。

阿晓得——上面介绍了这么多，“你阿晓得啊”。如果还不清楚，就是“不晓得”了。

一得儿——当然了，应该多少还是知道一点点。如果还能说“一得儿”，就可以让南京人觉得你很亲切。

快速参考

» 人口：635万

» 电话区号：025

如果你有

» 1天

上午先去**明孝陵**（见63页）景区，然后再去登300多级的台阶，拜谒**中山陵**（见63页）。下午去总统府（见53页），累了就在旁边的**1912街区**（见86页）喝喝咖啡。晚上到**夫子庙**（见54页），上画舫游船感受桨声灯影里的秦淮河。

» 2天

第1天白天在东郊风景区，将**明孝陵**、**中山陵**和**灵谷寺**（见62页）慢慢地一并看过。晚上去**1912街区**，换成完全不同于白日里的感受。第2天看**南京博物院**（见56页）的收藏和**总统府**的变迁，然后走进**中华门**（见59页）的三重瓮城，登上城门俯瞰城墙内外，晚上到**夫子庙**夜游秦淮河。

» 3天

三日游，前2天可以同上，第3天，从**步行游览路线**（见80页）或者**34路公交车游览线**（见68页）中选一条。

阅读南京

» **《南京人》**，叶兆言著。南京人叶兆言写南京人。

» **《家住六朝烟水间》**，薛冰著。细说着南京的风景和故事。

» **《情调南京》**，蔡玉洗主编。汇集了民国时期众多文人关于南京的游记。

南京亮点

1 来到**东郊风景区**（见62页），在山林间感受历史的积淀。

2 走进**南京博物院**（见56页），看看前人给我们留下了什么。

3 要看中国的百年历史，就去**总统府**（见53页），近代史上的四次政权更迭，就发生在这里。

4 登上玄武湖边的**南京城墙**（见59页），看山水环抱的古都。

5 **34路公交车游览路线**（见68页），沿着奉安大典路线，看沿途民国建筑，还有明清朝代的遗留。

6 **1912街区**（见86页）的夜晚，灯火阑珊，在经过了100年后，青春的革命激情已经变成了青春的欢乐激情。

南京市

南京并不满足于“六朝古都”的称谓，那些六朝的古代遗存如同春天烟雨那般消散了，只留下了传承的文化和精神。如今将称谓扩展为“十朝都会”，可触摸的历史就靠近了很多。明代的城墙、清代的江南织造，还有太平天国的血与火，至于最接近的民国，又给南京留下了太多的鲜活记忆和建筑。

如今在经济发展上排在江苏前列的省会南京，改变了明清和民国留下的城区格局。除了还剩下那奠定了如今南京城区的城墙，从前的古都已经被林立的高楼所覆盖。城南的老民居被一片又一片荡平，变换成要仰望的楼宇。就算是保存风貌的开发，也是新建了要招商引资的仿古店铺。常更换的决策者也常更换对于南京的规划，从充满想象的“国际大都市”变成了“东部中心城市”。虽然经济和收入比不上太湖边的城市，可是与南京周边的城市们抱团，也能够成为这个圈子里的老大。

至于南京的景点，可是太多了。除了像中山陵这样必去的景点以外，完全没有必要跟随众多的游客拥挤在像夫子庙那样的地方。去城西的清凉山，会发现城里居然也有这样的清静；去民国公馆区，看看当年的小区规划；登上城墙走一回，俯瞰城墙内的拥挤和城墙外的湖光山色。

走在这样的地方，也会多出来与南京人沟通的时间。那么多朝代的轮换，一拨又一拨的移民，让南京包容了很多很多。靠近秦淮河的城南一带，还能够听到老人们说着地道的南京话。虽然将卷舌音变成了平舌音，虽然“n”和“l”永远分不清，虽然南京话把“男男女女喝牛奶”说成了“蓝蓝吕吕喝流来”，可基本上如果你能听懂普通话，就可以听懂南京话。

历史

朱自清游历南京之后，写出了这样一段评价：“逛南京像逛古董铺子，到处都有些时代侵蚀的痕迹。你可以揣摩，你可以凭吊，可以悠然遐想……”那些曾经代表过南京的地名，不经意间就会出现在经过的路上，有建邺路、建康路、白下路和应天大街，有上元门和集庆门，有湖熟镇、秣陵镇和江宁区，就连短命的太平天国，也留下了城外的天堂村。

古人说：六朝金粉地，金陵帝王州。其实，在南京这个地区，中国历史上曾经有十个朝代在这里建立了管辖着或大或小地域的国都。在公元前333年，楚国打败了越国，在长江边上的石头城一带建立了金陵邑。南京也有了第一个至今还在沿用的别称。在以后的几千年里，南京迎来了王朝的不断更迭，南京这个城市的名称也随之不断变换，曾经有过金陵、秣陵、江乘、湖熟、建邺、建康、江宁、升州、白下、上元、集庆、应天、天京等如此多的名称，这恐怕也成了中国古都中绝无仅有的情形。

三国时的诸葛亮来过这里，对山川地貌感慨道：钟山龙盘，石头虎踞。这样的赞许吸引了孙权在此建都，将石头山建成了石头城，开创了南京的建都之始。随后在此的东晋与南朝时代的宋齐梁陈，也皆是频繁变更的地区性小朝廷。这些短命的偏安小朝廷虽然并没有给南京留下什么辉煌的政绩来夸耀，可是却成了中原华夏文化的避难所。那些躲避北方战乱的衣冠南渡者，给地处江南的南京带来了一直延续到如今的北方语音和民风，也给南京留下了宽厚包容的传统。同时，江南的鱼米富裕了这些偏安的小王国，江南的烟雨浸润了那些时代的文风。文人们给南京留下了许多典故和诗赋，也给南京留下了“六朝烟雨台城柳”的气韵。可南京也有过成功的抵抗，东晋的谢安坐镇南京，指挥了淝水大捷。南宋的岳飞和韩世忠在此建立了抗金的营垒，维持了南宋的一度繁华。

过往的小王国，“恰似一江春水向东流”。一直到朱元璋进入这座古城，他高筑了长达35公里的城墙。他派遣军队远征云南，在完成了大一统后，还在贵州的屯堡里，留下了直到今天还穿着明代服饰的“应天府”人。朱皇帝建立了统一中国的明朝后，将这个古都首次赋予了“南京”这个地名，让南京第一次有了真正的国家首都的规模和气势。南京城区的格局，在以后的几百年里，也一直在明城墙圈起的范围内。

南京还有过短暂的“天京”名称，那些创立了“拜上帝会”的起义者，在攻占了这座城市后，就只顾得在这里称王和腐败享乐。在江南

南京城区

0 2 km

A B C D

1 2 3 4 5 6 7

夹江
南京长江二桥
尧新路
长江
8
滨江大道
太新路
至栖霞山(9km);
萧景墓石刻(3.7km)
27
大桥北路
幕燕风景区
和燕路
燕尧路
下燕路
栖霞大道
绕城公路
南京长江大桥
幕府东路
迈尧公路
万小路
中央北路
迈皋桥
幕府西路
和燕路
红山路
4 18
热河路
大桥南路
建宁路
红山动物园 3
南京站
玄武大道
16
28 14 29
福建路
新模范马路
热河南路
25
玄武湖隧道
新模范马路
中山北路
玄武
九华山隧道
龙蟠路
板仓街
钟山风景区
虎踞北路
玄武门
玄武湖公园
紫金山索道
23
中央路
湖
定淮门大街
秦
5
鼓楼
北京西路
北京东路
草场门大街
富贵山隧道
虎踞路
江东北路
1
15 13
上海路
中山路
太平北路
珠江路
24
至汤山温泉(20km);
阳山碑材(12.5km)
淮
12
汉中门
长江路
大行宫
西安门
沪蓉高速连接线
汉中路
中山东路
莫愁湖
河
2
新街口
19
汉中门大街
洪武路
龙蟠中路
御道街
明故宫
苜蓿园
中山门大街
孝陵卫
9
水西门大街
虎踞南路
太平南路
7
张府园
云锦路
22
集庆门大街
20
集庆门大街
升州路
大光路
21
凤台路
三山街
中华路
光华路
兴隆大街
江东中路
应天大街
中山南路
白鹭洲公园
中华门
龙蟠南路
梦都大街
奥体东
凤台南路
11
雨花西路
雨花东路
大明路
秦
17
奥体大街
雨花南路
安德门
G25
河西大街
10
卡子门大街
安德门大街
中胜
小行
花神庙
绕城公路
天隆寺
软件大道
淮
油坊桥
宁南大道
宁芜公路
6
26
南京南站
双龙大道
绕城公路
双龙大道
河
机场高速
宏运大道
宏运大道
秦淮新河
河定桥

大地饱尝战火蹂躏之后，"天国"、"天京"与他们梦想的"天堂"，一同在火焰中覆灭了。

孙中山先生在南京就职大总统后，中国进入了追求宪政的新时代。20世纪里代替了封建王朝的民国，让南京又一次成为国家首都。在30年代的"黄金十年"里，民国政府拟定了"首都规划"，准备让城区突破明朝的城墙。那时建成的主干道，现在还车水马龙；栽种的法桐林荫道，南京人至今还在享用。抗战的血火，中止了国府的计划。1937年12月13日开始的大屠杀，将民国的首都淹没在血海中。中国现代史留下了许许多多关于南京的故事，那些关于牺牲和杀戮的事件，给南京留下了多处墓葬地。

1949年以后的南京，又回到了一个省会地位，工业化进程带来了许多大企业和大工厂。在建成国家区域中心城市的规划下，南京的老街区越来越小，新建成的楼宇越来越高，虽然经济发展似乎还不如省内的苏州，可是城市圈建设的规划却气势庞大。当下的南京，有河西、仙林、江宁和江北几个新区，半径一个比一个大的绕城公路和绕越高速还在扩大着城区。虽然建成了环绕城墙的绿化带，城区绿地的面积也在增长，可也抵不过满城的大开挖和雾霾。才建成十几年的城西高架路被壮观地炸毁后改挖隧道，不成功的雨污分流开挖工程更是拥堵了道路。每天的上下班时段和周末，南京城会陷入交通中的"慢生活"。2014年青奥会的许多在建工程，让南京人在无奈中也对未来的南京城满怀希望。

景点

市中心

总统府 历史建筑

（见54页地图；☎8457 8718；www.njztf.cn；长江路292号；门票40元；⏲8:30~17:30；🚇大行宫站）在这个大院落里，浓缩了中国近代史上众多风云变幻。一座民国特色的高大门楼立在街边，"总统府"三个金色大字镶嵌在门楼上。在很多电影中，都可以看见一队士兵冲进了这座门楼。当一面"青天白日"旗落下来后，"中华民国"结束了，南京作为首都的历史也结束了。总统办公桌上的台历，也就始终翻开在这一页上。

这里在清代曾经是江宁织造府和两江总督府，在太平天国将南京命名为"天京"后，这里被改建成了"天王府"。当曾国藩的湘军攻克这里后，"天王府"被焚毁，只剩下西花园里停在水中的一条石头船。曾国藩重新恢复了两江总督府，也留下了今天还可以看到的东朝房、西朝房和大堂、中堂。

南京城区

景点

1 国防园 A4
2 汉西门 B5
3 红山森林动物园 C3
4 静海寺 A3
5 龙江宝船厂遗址 A4
6 民间抗战博物馆 B7
7 莫愁湖 B5
8 幕府山燕子矶滨江风光带 C1
9 侵华日军南京大屠杀遇难同胞纪念馆 A5
10 南京科技馆 B6
11 七桥瓮湿地公园 D6
12 清凉门 A4
13 清凉山 B4
14 神策门 B3
15 石头城 A4
16 天妃宫 A3
17 雨花台 B6
18 阅江楼 A3
19 云锦博物馆 A5

就餐

20 成诚烧饼店 A5
21 绿野香踪 C5
22 瑞金路第一蜜汁藕 C5

娱乐

23 南京艺术学院音乐厅 A4

购物

24 东鼎照相器材城 C4

实用信息

25 南京青年国际旅行社 B3

交通

南京客运南站 （见26）
26 南京南站 B7
27 南京桥北客运站 A2
28 南京长途汽车总站 B3
29 南京站 B3

新街口与大行宫

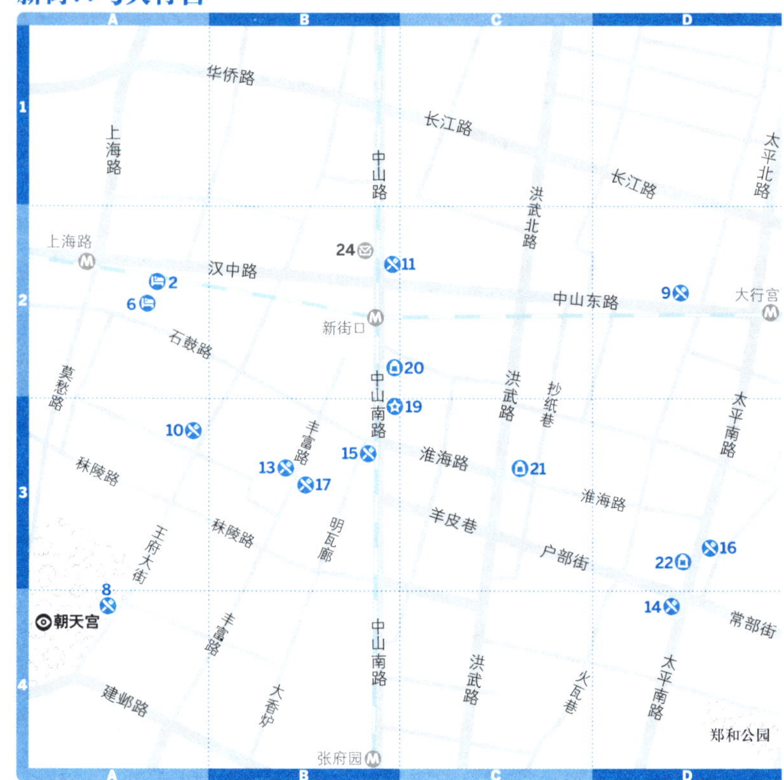

到了清末，西风东渐，两江总督又建起了西式模样的建筑，最终却成为了**孙中山**先生的临时大总统办公室。随着民国的建立，有了更多的现代建筑，安排了现代政府所需要的大总统就职典礼场地、接待外国使节来宾的会晤场地，还有行政院的办公部门以及附属警卫宿舍和交通科。

在总统府里，最重要的就是“子超楼”。这座西式的带有电梯的五层楼里，第二层就是总统和副总统的办公室。按照原样布置的总统办公室里，虽然还有些上个世纪里的民国意思，可是却怎么也想象不出当年蒋委员长端坐着运筹国事的模样。在这里和附近的**梅园新村纪念馆**（见54页地图）里，国共两党的风云人物们，在各自的旗帜下演出了一幕幕历史剧。

夫子庙 街区

（见58页地图；www.njfzm.net；🚇夫子庙站）这是一片很大的街区，里面有古建筑的存留和历史的传说，更多的则是熙熙攘攘的游客人流和热热闹闹的店铺。元宵节期间这里举办的灯会，是全年最热闹的时候。

在贡院街的北侧，有曾经作为全国最大的科举考试场所的**江南贡院**。经过多年变迁后，那20,000多间的考试号舍已经不复存在，现在只剩下明代的**明远楼**（见58页地图）和一些碑刻。不过，眼下的江南贡院，却被施工的围墙遮挡。规划中要建设的古码头、大牌坊和中国科举博物馆，正在紧锣密鼓地施工中。虽然计划中要呈现的考生赶考盛况眼下还看不见，可是透过工地围墙，还是可以看看那硕果仅存的明远楼三层飞檐。如果有兴趣，也可以进街对面临时的**江南贡院展览馆**（门票25元；⏲8:30~21:00）参观。

“天下文枢”牌坊一带，是夫子庙地区的中心地带。棂星门后，便是**夫子庙**（门票30元；

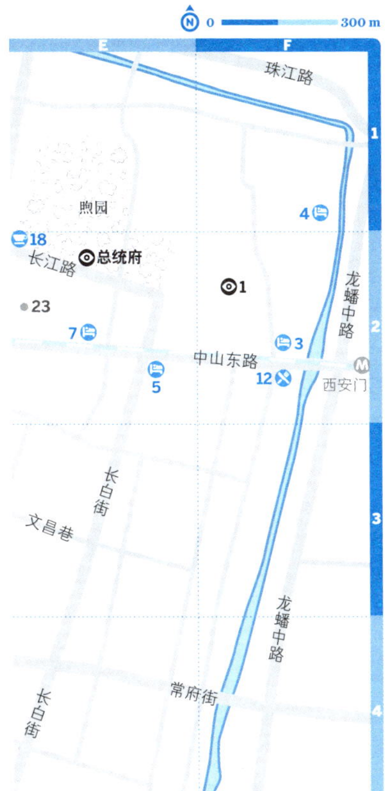

新街口与大行宫

重要景点

朝天宫……A4
总统府……E2

景点

1 梅园新村纪念馆……F2

住宿

2 艾森时尚商务旅店……A2
3 龙盘大酒店……F2
4 南京时光青年旅舍……F1
5 速8酒店总统府店……E2
6 益大宾馆……A2
7 中央饭店……E2

就餐

8 安乐园菜馆……A4
9 川味观……D2
10 芳婆糕团店……A3
11 鸿霖多国料理……B2
12 刘长兴（逸仙桥店）……F2
13 龙梅肥肠鱼……B3
14 绿柳居……D4
15 明瓦廊美食一条街……B3
16 四川酒家……D3
17 鸭得堡……B3

饮品

18 1912街区……E2

娱乐

19 大华大戏院……B3

购物

德基广场……（见11）
20 苏宁商茂超级店……B2
21 淘淘巷……C3
22 杨公井古旧书店……D3

实用信息

23 南京市图书馆……E2
24 新街口邮局……B2

9:00～22:00）的入口大成门。大成门内分列着四块古碑，其中最珍贵的就是在“文革”中被毁后仿制的“孔子问礼图”碑。大成殿前的丹墀上，立着孔夫子的青铜像。孔夫子与周围的浓厚商业气氛混搭在一起，也验证了“书中自有黄金屋”的论断。其实，如今这一片里剩下的明代遗迹，也就是泮池码头那一带石栏杆和南岸那一面长达百米的赭红大照壁。

穿过秦淮河上的**文德桥**，对面就是著名的**乌衣巷**。那篇朗朗上口的《乌衣巷》唐诗，让人们不由得不走进去看看。虽然“堂前燕”早已远离了城市，“寻常百姓”也搬离了这寸土寸金的地段，这里却重新建起了想象中的**王导谢安故居**（见58页地图）。门旁有一口乌衣巷的古井，封闭井口的铁丝网上散落着几片枯叶。出乌衣巷口向左，便是李香君的**媚香楼**（见58页地图）。这是将原先某道台的私宅改头换面而命名的，游客们可以来此感受一回旧时的秦淮红灯区风情。当年考试结束后的那些考生们，总是要来这里的温柔乡畅游一番。从那时的“秦淮八艳”到现在张艺谋的“金陵十三钗”，都变成了挂在导游嘴边津津乐道的青楼文化，与孔夫子和科举文化并存在这个街区里。虽然夫子庙是南京著名的旅

南京地铁线路

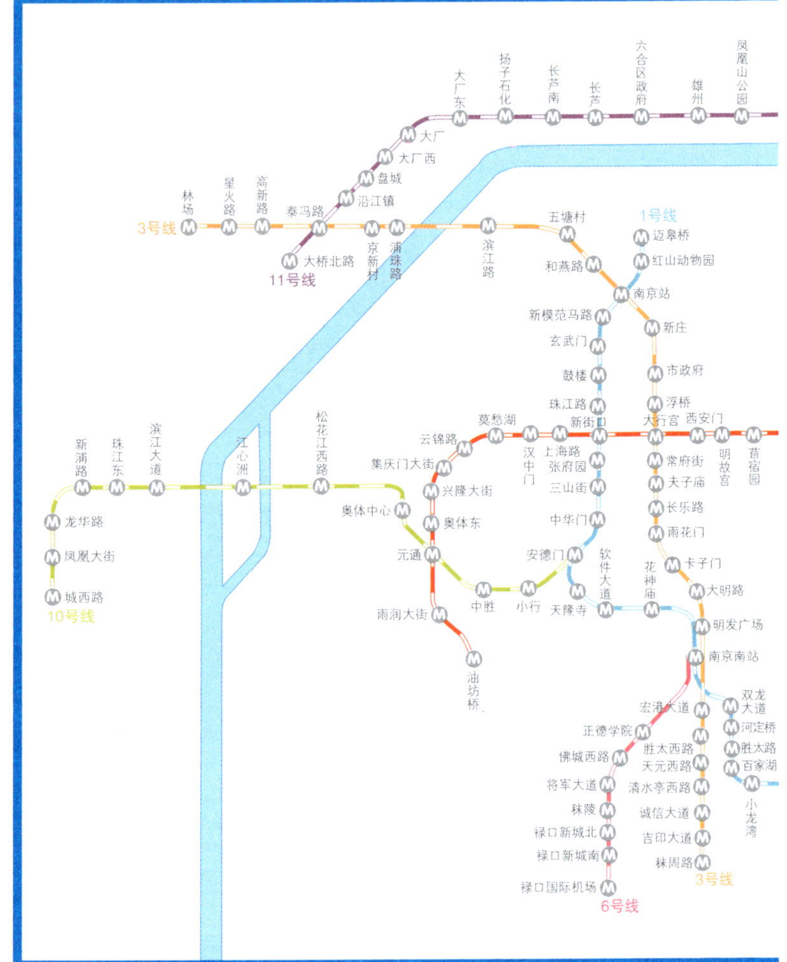

游景点，可是眼下混杂的商业氛围很令当地人失望，认为失去了老南京的味道，只拥有吸引游客的虚名。

南京博物院 博物馆

（见66页地图；☎8480 2119-2320；www.njmuseum.com；中山东路321号；免费；⊙9:00~17:00，周一闭馆；Ⓜ苜蓿园站）南京博物院的前身是民国时的中央博物院，1936年建起了一座辽代风格的展馆，后来因抗战而停工，到了1948年重新恢复时，博物院迎来了第一次开展。

现在的南京博物院，有各类藏品40余万件，其中达到国宝级的就有10件，如战国时期的“**错金银铜壶**”、东汉的“**广陵王玺**”、南朝的“**竹林七贤**”模印砖画、明代的“**釉里红岁寒三友梅瓶**”。

2013年底前完成了改扩建，使博物院的“一院六馆”全面开放，六馆包括**历史馆、艺术馆、非遗馆、民国馆、数字馆**和**特展馆**。历史馆和艺术馆，陈列展出馆藏的精品文物。在非遗馆里则有剧场和茶馆，进行口头非遗表演、民俗集市表演和手工坊传统手工艺制作。

民国馆里面有民国一条街，展示了当年很多实物。数字馆分为落地实体馆和网络虚拟馆，整合了全省文物资源，以网络参观和现场体验相结合的方式，给参观者带来全新体验。而特展馆一些临时性展览，会给参观者带来意外的惊喜。

朝天宫（南京博物馆） 历史建筑

（见54页地图；☎8420 0177；www.njmm.cn；朝天宫4号；门票20元；⏲8:15~16:00）南京虽然是十朝古都，可是古建筑却往往损毁在战火中，留下来的并不多。朝天宫作为江南规模最大的明清古建筑群，能够完整保留，实在是难得。早在北宋，这里就是文庙，到了朱元璋的大明王朝，他命名为朝天宫，用于皇室的祈福祭天和演练朝贺天子礼节的场地。到了清代，这里又成了文庙和学府。

在中轴线上，排开了**万仞宫墙、泮池、棂星门、大成门**和**大成殿**，这一连串的建筑格局，也是所有的文庙都要遵循的。有意思的是，在棂星门前的石阶上，有四条长长的条石斜坡。在每根条石上，都有着深深的两条凹痕，那是孩子们将这根条石当成滑梯的结果。

棂星门后的庭院内，有大树多株，铺展得遮蔽了甬道。过了大成殿，一侧楼房就是南京博物馆。由于这里也是文庙，所以进博物馆参观也需要买门票。这里每日限制参观人数，可以在江苏文惠网（www.jswenhui.com）提前预约门票。

在博物馆里，最主要的就是**《南京城市史展》**。第一层是从远古到明清，第二层则是民国时期的南京。第三层是馆藏精品**《玉堂佳器》**，博物馆的镇馆之宝就在这里。那是一尊**梅瓶**，青花描绘出萧何追韩信的图画，时代定为元末明初。在大成殿后的崇圣殿里，还有一个特展《圣塔佛光——金陵长干寺地宫出土文物特别展》（另收门票40元），陈列的是从**长干寺**（又称**大报恩寺**）地宫里出土的国宝级珍贵文物。

在朝天宫后面，有一处隆起的山丘，那就是**冶山**，吴王夫差曾在这里开办冶金厂和兵工厂。在朝天宫东边一侧，是现在的省昆剧院。那里面曾经存放过故宫南迁的文物，现在的库房里，还存有2000多箱留下来的南迁文物。

瞻园 园林

（见58页地图；☎8662 3024；瞻园路128号；门票30元；⏲8:00~17:00）瞻园的大门牌匾上，写着“金陵第一园”。这座源自明代的园林，当年是中山王徐达的私家花园，曾经被美誉为“江南四大名园”之一。后来又成为了太平天国的东王府，所以这里也成了**太平天国历史博物馆**，保存下当年那些起义造反者的遗迹。

这座曾经的名园，却在战乱中屡屡被毁。现在的瞻园，大多是20世纪80年代重修。园中的假山石堆砌颇多，据称其中的“倚云峰”

夫子庙与城南

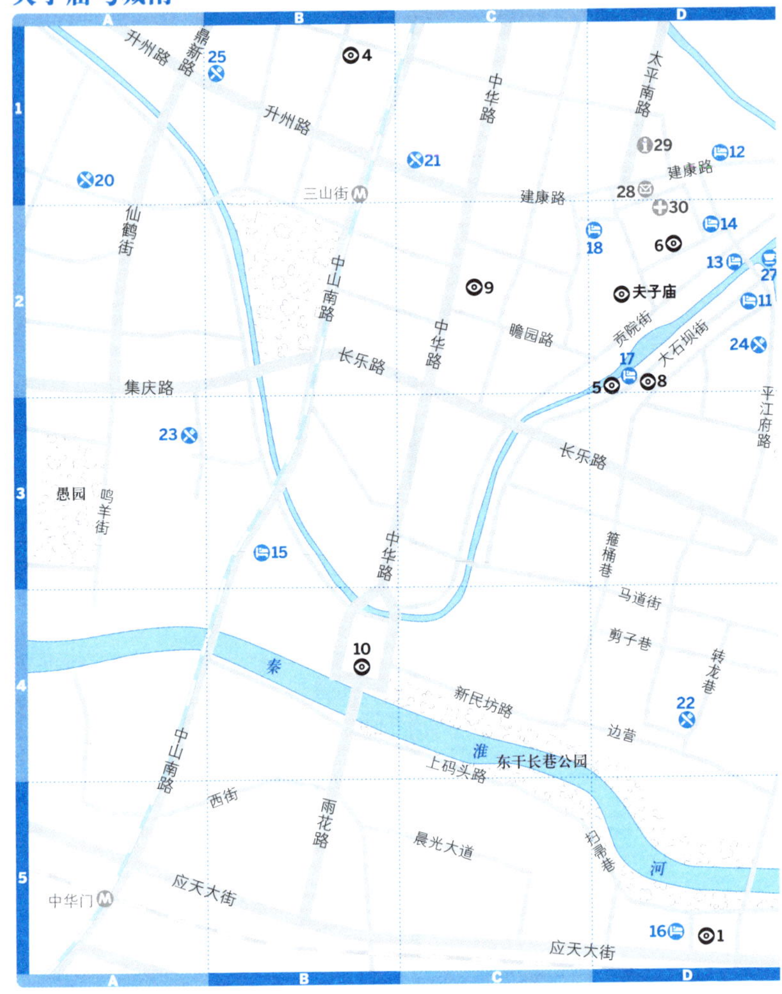

还是北宋"花石纲"的遗留。位于中央部位的静妙堂三面环水，曲折的长廊将假山和水池蜿蜒串联。在旁边夫子庙的喧闹后，到这里来坐坐，欣赏一回江南园林的妙处，也是一个放松的好地方。

甘熙故居　　名人故居

（见58页地图；☎5223 7361；南捕厅19号；门票20元；⏲9:00～17:00；🚇三山街站）甘熙，晚清时期的南京著名文人和藏书家。他的故居甘家大院，布局严谨、主次分明，体现出传统家庭结构的等级分明长幼有序。这样左右对称前后五进的大院，房间众多难以分清，所以百姓们将这里称为"九十九间半"。在以"九"为最大数的习惯中，"九十九间半"也就是传统中民间允许盖屋的极数。

除了欣赏这晚清年代的庭院布局、房屋结构和精美的砖雕、木雕和石雕外，这里也是南京民俗博物馆和非物质文化遗产馆，包括了传统民俗的介绍展示和民间工艺传人的现场制作。老艺人现场手工制作那些灯彩、葫芦、面人、绒花、剪纸的过程，细细地看去，是很

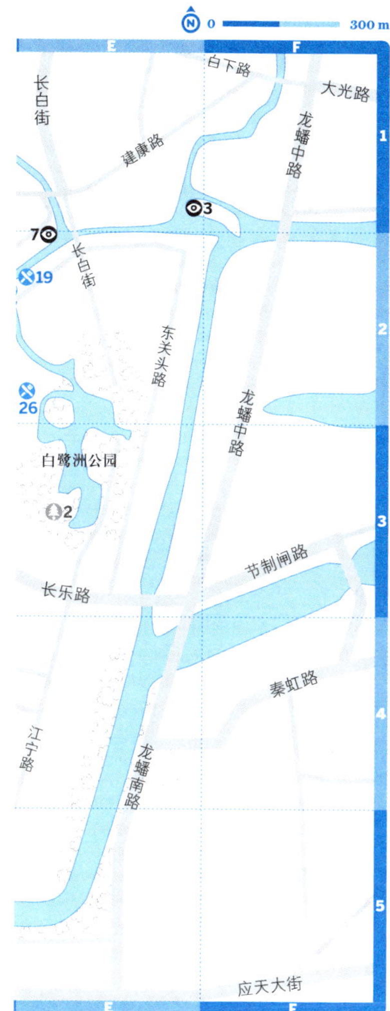

夫子庙与城南

重要景点

夫子庙……D2

景点

1 1865创意园……D5
2 白鹭洲公园……E3
3 东水关……E1
4 甘熙故居……B1
5 媚香楼……D2
6 明远楼……D2
7 桃叶渡……E2
8 王导谢安故居……D2
9 瞻园……C2
10 中华门……B4

住宿

11 白鹭宾馆……D2
12 城市国盟酒店……D1
13 夫子庙国际青年旅舍……D2
14 南京万里路青年酒店……D2
15 青果里.六角井……B3
16 心之旅国际青年旅舍……D5
17 瞻园国际青年旅舍……D2
18 状元楼酒店……D2

就餐

19 8号苑主题餐厅……E2
20 蓝老大糖粥藕……A1
21 清真奇芳阁三山街店……C1
22 汪家柴火馄饨……D4
23 小瞻园面馆……A3
24 玉荷塘……D2
25 章云板鸭……B1
26 珍宝坊……E2

饮品

27 青果……D2

实用信息

28 建康路邮局……D1
29 南京国际旅行社……D1
30 南京市中医院……D2

有意思的事。这里还陈列有甘家历史介绍，著名黄梅戏演员严凤英也曾经到过这个大院。

在故居里的梨园雅韵茶馆，每周六下午14:30有京剧、昆曲折子戏，周日下午14:30有南京白局、白话表演。

城墙一带

有着600年历史的南京城墙，虽然在为了建设的号召下被拆除了若干段，可是现存的部分仍然可称为世界第一。沿着城墙的一周，也有很多的景点，多少古往今来的故事，也似乎被块块城砖筑造进了城墙。

中华门

城墙

（见58页地图；8662 5435；门票25元；8:00~21:00）作为朱元璋建都的朝南正门，那时被称为“聚宝门”。这个名字传说与富豪沈万三有关系，如果遇见有导游讲解的团队，不妨跟

不要错过

桨声灯影里的秦淮河

要想领略秦淮河所特有的风景，就不妨乘坐画舫游船。从夫子庙前的泮池码头上船，往东到**东水关**（见58页地图），这是流入城墙的内秦淮河入口，城墙上还残留着几个藏兵洞。往西到**中华门**（见58页），沿途经过**桃叶渡**（见58页地图）和**白鹭洲公园**（见58页地图；门票20元；⏲6:00~17:00；🚇长乐路站），来回50分钟，船票60元（每天8:30~17:30）。在秦淮河流水里，看看两侧风貌，听听沿途风景和故事的语音解说。

当然了，乘坐游船最好是在夜色的灯火阑珊里，热闹处可以观看白鹭洲一带水景灯会（夜间船票80元，17:30~22:00），于静谧朦胧中可以产生一些想象。不妨回忆一下朱自清先生所写的《桨声灯影里的秦淮河》，以当年之文对比眼前新景，寻觅其中的相似和相异。游秦淮河还有摇橹船。有人摇动桨橹的小船也许更有情调，路线是泮池码头到东水关往返，全程35分钟（白天50元，晚间60元）。

着听听这个神奇的故事。到了民国，蒋介石大笔一挥，题写了“中华门”，这个名字延续至今。

有着三道瓮城四座城门的城堡，很是壮观。城门的两侧，有斜坡状的马道可以登城。站在城门上看南京城，眼下就是门东门西一带尚存的老南京低矮房屋，还有背景上那些林立的高楼大厦。虽然瓮城上的13个藏兵洞完好，可是城楼却在抗战时的**南京保卫战**中被炮火轰毁。一直有提议要复建形象化的巍峨城楼，幸好到目前还是保留了原状，只有那些石柱础在面对着蓝天。曾经有法拉利在这片场地上玩起了“漂移”，这样的商业活动引发了南京人的众怒，最后是法拉利大区总裁来道歉和城堡管理者被免职。

玄武湖 园林

（见62页地图；✆8361 4286；玄武巷1号；免费；⏲6:00~20:00；🚇玄武门站）是南京最大的城市休闲公园，从**南京火车站**一出来就可以看见那开阔的水面。如果不赶时间，从这里坐船进入南京城区，也是一个别致的方式。

这片湖水中散布着五块绿洲，民国时被称为“亚欧美非澳”，现在是梁、樱、菱、翠、环五洲，互相有长堤连通。洲上绿树成荫，小径纵横，有园林建筑，有四季花开。湖中还有各式的游船，可以乘坐可以自驾。湖边的城墙隔开了城市的喧闹，湖水也抚平了日常里的急急忙忙。自从免票以后，越来越多的南京人将这里当成了散步的场所。就算在夜色里，也会看见漫步其间的很多人，并且感受到那浓浓的生活气场。

神策门 城墙

（见52页地图；门票5元；⏲8:30~17:00；🚇南京火车站）在南京众多的城门里，却只有**中华门**、**清凉门**和**神策门**是明代留下的。而在神策门的城门上，还留下了唯一的古时城楼。这样的留下，却是由于这里曾经作为存储危险品的油料仓库。要留意城门的那两扇大门，看上去很不起眼，陈旧得似乎只能靠在墙上，可那却是南京古城门中的仅存。虽然被当成油库大门使用了很多年，却总比打造两扇崭新的红彤彤大门要好。

神策门还有一座特别设计的L型瓮城，这里城墙的基石也不同于别处，断面显得很粗糙。也许，由于这个城门地处不是要冲，所以不很精细。在维修过的登城甬道一侧，特意将有文字的城砖集中排放。不妨留意去看看，有没有自己的家乡或者自己姓名的文字。神策门就在南京火车站西边，走过去也就10分钟。如果是徒步爱好者，就可以背着行囊在城墙上徒步，从这里一直走到太平门。

鸡鸣寺 寺庙

（见62页地图；✆8336 1123；鸡鸣寺路1号；门票10元；⏲7:30~17:30）曾经的“南朝四百八十寺”中，现存最为有名的就是鸡鸣寺了。多少年的晨钟暮鼓之后，现在香火依然兴旺。每年农历二月十九和六月十九，为观音菩萨的诞生和成道日。届时香客众多，很是热闹。

鸡鸣寺里有座**豁蒙楼**，从前的文人们喜欢来此静坐喝茶，凭窗可看近处的台城和远处的湖光山色。如果登上**药师佛塔**，更可以观看城内高楼城外风景。就在鸡鸣寺山下的入口旁，有一口**胭脂井**。在传说中，躲在里面的陈后主与他的两位妃子，被一条绳索从这口井里扯了上来。那井栏上留下的一抹胭脂红，也结束了南京的六朝时代。

莫愁湖

园林

（见52页地图；☎8666 1790；水西门大街94号；门票30元；⊙8:00~17:30；Ⓜ莫愁湖站）传说中的**莫愁女**，有些悲凉的愁意。现在定义的莫愁女，成了善良和忠贞的代表，也一如那尊水池中洁白的雕塑形象。园里还有一座"**胜棋楼**"，传说中下棋胜了朱元璋的徐达，由于将棋子摆放成了"万岁"二字，从而赢得了这座楼房。倒是曾经重修了莫愁湖和胜棋楼的曾国藩，他的那处"曾公阁"却不见了踪影。在公园里，环湖一圈皆是亭台长廊，有花木掩映，有堤岸垂柳，湖水荡漾，碧波照人。可惜一侧的座座高楼太煞风景，用倒影将湖水遮去了一半。

在莫愁湖附近，还有一座**汉西门**（见52页地图），这座城门曾经有很壮观的两道瓮城三座城门，现在侥幸留下来的只剩下百米的瓮城墙和东西两座城门。

石头城

城墙

（见52页地图；免费；⊙6:30~20:00）孙权建于清凉山西壁的石头城，也成了南京这个十朝都会城池的创始。那时的长江，还在用潮水拍打着石头城墙。一江隔开的南北，引来了陆续在此建都的王朝。

现在的石头城，有在红色山岩上筑起的城墙，还有附近的明代**清凉门**（见52页地图）。这座山丘，曾经被南京的城西干道一分为二。西边的一片，建起了**国防园**（见52页地图），里面有男孩子喜欢的飞机坦克和大炮。而东边的**清凉山**（见52页地图）上，大树遮蔽景色清幽，有"城市山林"的美誉。那"驻马坡"、"南唐古井"、"清凉寺"、"崇正书院"及龚贤的"扫叶楼"等古迹，散布在山丘的起伏之间。在那条城西干道再次被改建为隧道后，原先被分隔为东西两部分的清凉山又合并连接在一起，可以方便地将石头城和清凉山一并游玩。

清凉山的西侧崖壁中有一块突起的岩面，上边坑坑洼洼，凹凸不平，很像一张面目狰狞的"鬼脸"。因为这般形象，这石头城又被称为"鬼脸城"。山脚有一个池塘，恰好映照出那"鬼脸"模样，俗称"鬼脸照镜子"。

阅江楼

园林

（见52页地图；建宁路202号；门票40元；⊙8:00~17:00）在《古文观止》里有一篇《阅江楼记》，说的就是当年想象中的阅江楼。也许是朱皇帝觉得应该将银子花在更重要的地方，所以就没有修建这座形象工程的阅江楼，形成了"有记无楼"的结果。而准备建楼的**狮**

大报恩寺和地宫

南京中华门外，曾经有过一座**大报恩寺**，历史悠久，被称为"江南佛寺之始"。到了明代永乐年间，在大殿后又建起了一座高达80米的九层八面琉璃宝塔。这样的高度，当年在长江上就可以看见。也被后来进入中国的老外们称为"世界奇观"，扬名到了欧洲。

到了太平天国在天京出现内讧时，大琉璃塔被彻底炸毁，仅存下一些被博物馆收藏的琉璃构件。在2008年，为了复建大报恩寺，在施工时发现了琉璃塔底下的地宫，出土了一个铁函。当多层的铁函被打开后，极其精致的**七宝阿育王塔**出现了。在阿育王塔内安放有许多供奉用品，包括水晶杯、鎏金净瓶、香薰和香炉等。其中，最珍贵的是一套金棺银椁和一套金银函，内藏**佛顶真骨**和**诸圣舍利**。

如此珍贵的发现，更加促进了大报恩寺的复建。可是投资额的不断攀升和招商对象的不确定，再加上复建地点的变动，一直到了2012年，才最终确定要将大报恩寺复建在牛首山风景区里。当几年后复建完成时，又是一座很壮观的新大报恩寺会再次出现。

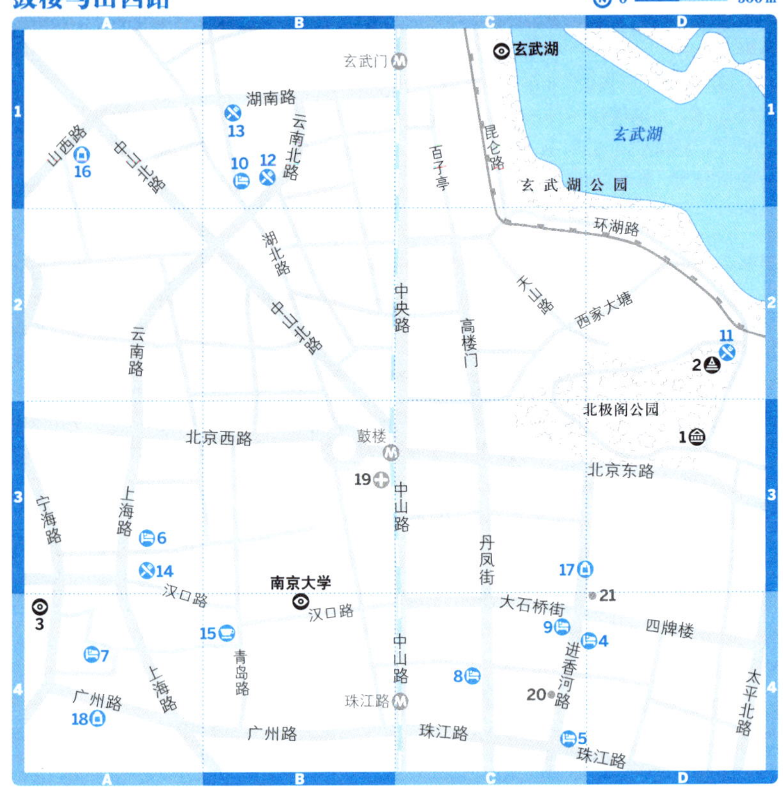

子山，也变成了保卫城池的重要地点，在后来建起了炮台和炮兵阵地。

2001年建起了现代钢骨水泥的阅江楼，完成了从前朱皇帝的设想。登上狮子山顶，登上阅江楼，便是观赏长江的好去处。最好的就是在太阳西下时，那满江泛起的金波，让长江温柔了起来。

城墙围绕着狮子山，生生地拐了一个急弯，形成了南京城墙的西北角。在城墙根那里，立着一块石碑，上面有“城之角”三个字。在城墙外的建宁路边，还有两座寺院，均是近年来的复原之作。其中一座是**天妃宫**（见52页地图），始建于明永乐五年（公元1407年），是为了郑和第一次从西洋航海归来而建。可惜郑和的航海也就是昙花一现，也导致了这天妃宫的没落毁损，只残落了一方天妃宫碑流传到今。

另一座院落就是**静海寺**（见52页地图）。在这寺院里，在闭关自锁几百年后，原先希望风平浪静的海上却狂飙般地卷来了各国军舰大炮，自奉为“天朝”的大清国与不是文明古国的洋人们进行了战败后的谈判，第一次在屈辱条约上签了字。由此开始，这个城市就在中国的近代史上留下了知名的一页——《南京条约》。

东郊风景区

东郊风景区，应该为南京人最值得骄傲之地。400多米高的紫金山，紧靠着城市，漫山遍野的绿色，使这里成了南京的“绿肺”。占地面积很大的那几个著名景区，总能容纳节日里的众多游客。并且还有很多僻静的去处，静悄悄地隐在只有南京人才知晓的山林之间。

鼓楼与山西路

重要景点

南京大学……B4
玄武湖……C1

景点

1 古生物博物馆……D3
2 鸡鸣寺……D2
3 南京师范大学……A4

住宿

4 贵友宾馆……D4
5 金一村旅店……C4
6 凯文宾馆……A3
7 南京JASMINE国际青年旅舍……A4
8 南京丹凤国际青年旅舍……C4
9 儒家宾馆……C4
10 狮都快捷酒店……B1

就餐

11 百味斋……D2
12 马祥兴菜馆……B1
13 南京大排档……B1
14 香草天空……A3

饮品

15 半坡村……B4

购物

16 长三角图书市场……A1
17 进香河户外用品一条街……C3
18 先锋书店……A4

实用信息

19 南京鼓楼医院……B3

交通

20 超速自行车店……C4
21 山地情怀车行……D4

首选 中山陵

陵墓

（见66页地图；www.zschina.org.cn；时间8:30~17:00；每周一中山陵的祭堂部分关门）中国的墓葬，从平地上的隆起高丘，到广场上的庄重建筑，形式多样，也成了国粹文化的一种代表。南京的孙中山先生陵寝，以其独特的“自由钟”形式，成为了中国墓葬中最有气势的一座。

中山陵属于来南京的游客几乎必到的景点，尤其是在免票以后。到了节假日里，那密密麻麻的人群，会将那300多级的台阶遮蔽得不见了踪影。在黄金周里，最多曾达到一天20万人的流量。要想避开这样的人流，最好是在刚开门后就进入。走在大队旅行社游客前面，才可以慢慢地观赏。在一路登上那392级台阶时，可以顺便留意一下，在接近顶端平台时，有一对刻有“**奉安大典**”的铜鼎，其中的一个，被抗战中的日军炮弹击穿了两个洞。从入口牌坊上的“博爱”，到陵门上的“天下为公”，最后到祭堂门额上的“民族”、“民生”、“民权”，一路上来，也可以体会孙先生的抱负和理想。

在中山陵广场的东南方，有一个**音乐台**（见66页地图；门票10元；⏲6:30~18:00），作为中山陵的配套建筑。一座中西合璧风格的舞台，背后是一个弧形的回音壁，面朝也是弧形扇面的斜坡展开。这个绿草茵茵的斜坡在演出时是观众席，而平时就成为游客们放松休憩的场地。从中山陵广场往东，在通往灵谷寺的道路旁，会看到落在山坳里的一个池塘。在池塘的西侧，有一座建在水面上的亭阁。这座飞檐高翘歇山顶的亭子，是1932年国民党中央陆军军官学校的校友们捐资兴建的。南京人习惯性地将这个临水的亭子称为“水榭”，反而“**流徽榭**”（见66页地图）这个拗口的文化名称却不太为人所知。从“流徽榭”旁往山里走，200米后在道路的右方有一栋仿喇嘛庙建筑，那是**藏经楼**（见66页地图），是中山陵附属纪念性建筑物，专为收藏孙中山先生的物品而建，并展出奉安大典的珍贵史料。藏经楼前广场上，立着一尊孙中山先生铜像，是由孙中山先生的日本好友梅屋庄吉先生赠送的。这尊塑像曾经立在南京的新街口广场上，从民国一直到“文革”，当时为免遭破坏，而搬迁到了中山陵园管理处。

明孝陵景区

陵墓

（见66页地图；门票70元；⏲6:30~18:00）也不知道当年的朱皇帝是怎样想的，将到达

另辟蹊径

南京最美的校园

南京大学（见62页地图；汉口路22号；Ⓜ鼓楼站）的前身是中央大学，学校里那一片包孕中西古朴典雅的校舍里，曾经走出过许多名人和大师。看着布满青藤的北大楼，总会让人产生敬意。到这楼房的墙根部去找找看，那刻着1919几个字的基石已经安放了近百年。除了北大楼、东西大楼和小礼堂、大礼堂这些校舍外，校园里还有何应钦公馆、孙中山居所和拉贝故居、赛珍珠故居。这里春季雪松苍郁，秋季银杏金黄，南大也成了游客们观赏和摄影的好地方。

在大礼堂里，不定期上演由影视专业学生创作并主演的小剧场话剧，既有很先锋的创意，也有很经典的话剧式冲突。其中以蒋介石曾经当过中大校长而展开的《蒋公的面子》，一票难求。要是想看学生们的演出，可以去影视系的网站（www.njuys.org）看看预告。

相距不远的**南京师范大学**（见62页地图；宁海路122号）的前身是金陵女子大学。这所由美国教会创立的校园，让"首都规划"的主持者墨菲和中山陵的设计者吕彦直担当了设计师。校园内以草坪为中心，东西分布着9座中国古典风格的大屋顶建筑，彼此之间有长廊相通。座座雕梁画栋，处处林木扶疏，片片池塘倒影，可谓南京最美校园。这如画的校园培育着如花的年岁，自1919年到1951年间，这里共培养出999名毕业生，人称999朵玫瑰。

虽然如今这两所大学新入校的青春靓丽学子们皆在城外的新校区里，可是老校区里却更多优雅的身影。

自己陵墓的道路设计得拐弯抹角，于是使得现在的明孝陵景区的范围很大，有了5个入口。最正宗的进入方法，就是从**下马坊公园**（见66页地图）开始，这里有文武官员到此下马的牌坊。穿过下马坊公园，来到**大金门**（见66页地图），这里也是进入明孝陵景区需要买票的入口。大金门的对面是俗称的"四方城"，在四面墙体和四个拱门的里面，立着恭维朱元璋的神功圣德碑，在最近新添了一个方方的屋顶后，也许这"四方城"会改称为神功圣德殿。穿过四方城后往左，就走上了石像路。在一连串的一对对石兽的右方，便是在春季里花开似海游客如云的**梅花山**（见66页地图），那里还有参照史书记载而建起的**孙权墓**（见66页地图）。在石像路之后，神道再次拐向右方，这一段就是立着文官武将的翁仲路。最后一次向左转后，终于到了陵墓入口处的金水桥。在一连串的门、殿、桥后，便是**明楼**（见66页地图）了。穿过明楼下幽深的甬道，那长满了树木的山丘，就是保存完好的、埋葬了朱元璋的宝顶。

在陵墓的东侧，还有**明东陵遗址**（见66页地图）。遗址以北的山坡上，还有一个四季有人游泳的**紫霞湖**（见66页地图），湖边有一座被蒋介石看中地点而建起的**正气亭**（见66页地图）。

灵谷寺景区 园林

（见66页地图；门票35元；⏲6:30~18:00）南朝时就有了的寺院，几经兴废，到了民国时被改建为阵亡将士公墓。一条中轴线，从南面大门外的万工池，一直到山坡上的灵谷塔。

呈品字形的三处公墓，安葬了北伐战争和淞沪抗战中牺牲的将士。位于中轴线上的第一公墓，半圆弧形的墓墙，围拢了一片茵茵绿草。当时用抽签方法，从每一军阶牺牲将士中抽一名代表安葬，共有1624位。

在第一公墓的前面，就是现存最古老的一座纯砖石结构的**无梁殿**（见66页地图）。原先供奉无量佛的殿墙内壁上，嵌入了刻着33,224位北伐战争中阵亡将士姓名的石碑。东边的第二公墓后来改建为农工民主党创始人**邓演达**墓地，而西边的第三公墓则很少有人前往，隐在中轴线西侧的树木茂密深处，那里曾经还有过戴笠的墓。

不妨登临山坡上的**灵谷塔**（见66页地

图)，在九层之上环顾，南京的东郊风景区尽在眼中。也不妨去无梁殿东侧的**灵谷寺**(见66页地图)，这个被景区占用了名号的寺院，比较委屈地偏居一侧。寺院里最珍贵的就是玄奘法师顶骨舍利，从南京九华山移来。寺院旁有家深松居素菜馆，可以尝尝素面和素菜。

在灵谷寺景区里，还有几个较偏僻的景点。曾任民国政府主席的**谭延闿墓**(见66页地图)，就是从“灵谷深松”碑往北进去，墓地依山带水曲折幽深。谭墓那里值得一看的还有那些从清朝王公大臣那里拆迁而来的石雕，比如那汉白玉的牡丹花坛和祭台，有说是来自圆明园，也有认为原主人是郑亲王。如果沿着指向“**桂林石屋**”(见66页地图)的路牌走去，在穿过桂花树林和登上石阶后，会看到一栋二层石屋的遗迹。这石屋在建造时，给嵌入了一些明清时代的石雕，如柱头、角螭、碑额。每到秋色里，南京的摄影爱好者便常常来此，拍下别具情调的作品。

美龄宫

历史建筑

(见66页地图；中山陵路9号；门票15元；⏲8:30~18:00)在明孝陵之东的小红山上，茂密的高大法桐掩映着一座三层重檐的宫殿式建筑。外观雕梁画栋，飞檐高翘，汉白玉雕栏，可是内部却为西洋风格的装修。这里原为“国民政府主席官邸”，后来成为来中山陵谒陵的高级官员休息室。在抗战胜利后，蒋介石与宋美龄常来此休憩和度假。在房檐的琉璃瓦上，均有凤凰造型的装饰，民间遂称这座建筑为“美龄宫”。如今在门前还停着那辆标着“宋美龄专车”的别克老爷车。

中山植物园

园林

[见66页地图；☎8434 7036；www.cnbg.net；前湖后村1号；门票15元(北园)、45元(南园)；⏲8:30~17:00]位于明孝陵以西，1929年建立，当时是总理陵园纪念植物园，后来成为中国科学院植物研究所之一，是全国四个重

南京的城墙

南京的筑城史，从吴王夫差的冶城开始。在一轮轮的改朝换代中，这块地面上的城池大大小小忽东忽西。一直到了明代洪武年间，才将南京城墙固定下来，并且留到了今天。这条距今600多年的古城墙，形状不规整，没有中轴线，可却依山带水，将山、水、城自然融合。城墙长度为35公里，有13座城门，平均高度14米，由石条奠基，大城砖包砌。这些城砖由长江中下游的各府州县烧制，均在城砖上留下了地名和姓名等信息，至今清晰可见。

在古城墙之外，东有玄武湖、琵琶湖、前湖和月牙湖，一连串缀在城墙的沿线。而在南面和西面，则有秦淮河流过。再加上城北的金川河，南京城又添加了城墙之外的水系保护。虽然穷尽了心思和人力，虽然有虎踞龙盘天然形胜，可是在过去的600多年间，却多次被破城被屠戮，那既有国内的战乱也有侵略者的罪恶。

南京的城墙自从明初筑成后，自清代到民国，为了方便交通，又陆续地新增添一些城门。到了1956年，为了顺应当时形势，成立了拆城委员会，开始大规模拆除城墙。南京最大的有着船型三重瓮城的通济门被拆除了，与中华门同样壮观的三山门被拆除了，那十几公里城墙被拆下来的城砖用于盖房屋，拆下来的条石被敲碎后用来修马路。

2000年后，又开始了对于被拆除城墙的复建。用钢筋水泥建起了框架结构，将原先用城砖盖起的房屋拆除，取回城砖再来包裹复建城墙。虽然新城墙像模像样，可是表面的鲜亮却与经历了600年的风霜相距甚远，就像在老奶奶保存的旧衣上缀上了簇新的补丁。还曾有要在城墙上建电梯的规划，但是在市民们反对的声浪中偃旗息鼓。

现在存留下来的明城墙还有二十几公里，仍然为世界的第一长度。在城墙的沿线，建起了绿化带。在山川湖泊绿树芳草的陪衬中，南京城墙中最美的地段有：中山门到太平门、九华山到解放门、狮子山到小桃园、鬼脸城到清凉门。沿着这几段城墙走走，南京的山水城林也就尽在眼中了。

东郊风景区

点植物园之一。

现在的植物园分为南北两区。北区依山，植被繁茂，有专类园区10个，分门别类地种植了各种树木。南区临湖，分为禾草园、水生园、城市景观植物区、竹园和盲人植物园几个部分。最值得进去看看的是三座叶片造型的钢架玻璃温室，面积很大的温室坐落在前湖边，在湖光山色中发出湛蓝的色彩。那三个温室里，分别是热带观赏植物、热带雨林植物和热带干旱植物。走上一回，也算游历了距离我们很远的热带。由于植物园里的植物品种繁多，四季皆有出彩，所以也成了南京摄影人喜欢来的地点，尤其是秋季，红枫岗上的相机似乎比红叶还密集。

在植物园的西侧，还有**廖仲恺、何香凝墓**（见66页地图）。

国际抗日航空烈士公园 纪念馆

（见66页地图；8547 7129；蒋王庙街289号；免费；9:00~16:30，周一闭馆）位于紫金山北麓的烈士公园，分为**抗日航空纪念馆和航空烈士公墓**两部分。纪念馆由“奋战抗敌”和

东郊风景区

重要景点

中山陵……C3
明孝陵……B3
南京博物院……A5

景点

1 藏经楼……D3
2 大金门……B4
3 桂林石屋……D3
4 国际抗日航空烈士公园……C1
5 廖仲恺、何香凝墓……B3
6 灵谷寺……D3
7 灵谷塔……D3
8 流徽榭……C4
9 梅花山……B4
10 美龄宫……C4
11 明东陵遗址……B3
12 明楼……B3
13 孙权墓……B4
14 谭延闿墓……D3
15 田径赛场……D4
16 无梁殿……D3
17 下马坊公园……C5
18 徐达墓……A2
19 音乐台……C3
20 正气亭……B3
21 中山植物园……B4
22 紫金山天文台……B3
23 紫霞湖……B3

活动

24 海底世界……C4

住宿

25 桦清商务宾馆……C5
26 金杏仁宾馆……C5
27 丽锦花园酒店……B5
28 中山陵国际青年旅馆……B4

就餐

29 富春大酒楼……B5
30 龙宫大酒店……B4

交通

31 南京客运东站……A1
32 江苏民航售票处……A5

"国际援华"等4部分组成，三面锥体状的玻璃大厅里，安放了一架仿制的原尺寸驱逐机模型，而烈士陈怀民的一副航空手套或许更会引起人们的缅怀。

从纪念馆往前100多米，就是始建于1932年的航空烈士公墓。走过牌坊、碑亭和祭堂，沿山坡的台阶往上，两侧是烈士的墓碑。在高处的平台那里，有飞行员的雕塑和纪念碑。在纪念碑的两侧，排列着一块块的黑色石碑，上面镌刻着在蓝天上牺牲的3305位飞行员的姓名。这处公墓曾经两次被毁。一次是在日军占领时，而另一次则是"文革"期间。

在抗战的初期，以弱敌强的中国空军，在先后牺牲了870名飞行员后，也拼光了所有的飞机。当苏联航空志愿队牺牲了237位飞行员后，却由于苏日之间的条约而撤出。在日军飞机肆虐天空的时候，先有陈纳德指挥的"飞虎队"的到来，接着就是"驼峰航线"的运输。在2197位美国军人付出生命后，在中国战区的天空上，盟军飞机终于取得了压倒性优势。这些在中国蓝天上英勇折翅坠落的勇士们，被安葬在了这里，成为了唤起抗战真实记忆的场所。

乘313路公交车到终点站即可。

紫金山天文台　历史建筑

（见66页地图；☎8444 0768；www.pmo.jsinfo.net；门票15元；⏲8:30~16:30）1934年，在紫金山的西峰上，建成了我国的一座现代的天文研究机构天文台。整体设计朴实厚重，既有中式建筑的牌楼和平台栏柱，也有符合天文仪器观测要求的圆形活动屋顶。各个建筑散布在山峦起伏间，有梯道和栈道互相通连。眼下的夜间天空已经被城市的灯光映亮，紫金山上的天文台就将科普变成了主要任务。进来参观，可以看到600毫米的大型天文望远镜，在天气好时还可以看到太阳色球望远镜里的太阳黑子活动。在室内有图片资料的展览和天文科普录像，到室外可以看到国宝级的明清古代天文仪器（天球仪、浑仪、简仪和圭表）。进行完与天文有关的参观以后，还可以登上天堡城，俯瞰山下全景。

上天文台，除了靠两条腿，也可以乘坐索道（上山索道票35元）。

公交游览

34 路公交车游览

在1929年，为了迎接孙中山的灵柩，南京完成了从中山码头到中山陵的中山大道建设。在这一线沿途，有众多的民国建筑，其中包含商业建筑、公共建筑和政府部门建筑。这些形态各异的建筑物，也是那个时代建筑美学的典范。新开通的公交34路车，就是沿着这条路线行驶，那半个世纪的历史也会从车轮下流过。

首先要去中山灵柩到达的 1 **浦口火车站**（见99页），从那里乘轮渡过江，江面上可以看到长江大桥，还可以看见江南岸边排列成风帆状的红色造型，那里是渡江胜利纪念馆。

过江到了民国建筑风格的中山码头，从起点站乘坐34路“博爱号”公交车。车子经过一个中间立着渡江胜利纪念碑的广场，然后穿过 2 **挹江门**，1937年成千上万的难民和士兵曾穿过这道城门逃到江边后被日军屠杀。

到盐仓桥站下车，对面有座中西合璧风格的门楼，那是清代的江南水师学堂，鲁迅先生曾在这里上过管轮班，民国后成为了 3 **原海军部**（现某研究所）。

继续上车，1站后到萨家湾站下，路南是平顶的四层大厦，在回廊和扶栏等处有中式的细部装饰，这里是 4 **原交通部**。路北则是琉璃瓦的重檐庑殿顶的宫殿式建筑，抗战后曾经是 5 **原行政院**所在（现在这两处皆是政治学院）。当34路车在大方巷站停下后，旁边就是中式建筑的 6 **原华侨招待所**（现议事园宾馆）。在斜对面，是纯粹西洋气派色调厚重的 7 **原外交部大楼**（现省人大）。车站的附近，还有涂刷成黄色的 8 **原最高法院**。

车到鼓楼站，这里有建于明代的地标性建筑 9 **鼓楼**，还有眼下暂时高度排名世界第七的紫峰大厦。接着在最热闹的新街口下车，这里当年建起了 10 **原国货银行**（现邮局）和 11 **原交通银行**（现工商银行），附近还有 12 **大华大戏院**。从新街口往东，在大行宫站斜对面，有延续至今的 13 **中央饭店**（见76页），在附近的长江路上，有 14 **原国民大会堂**（现人民大会堂）和

⑮**原国立美术陈列馆**（现省美术馆）。

到了西安门站，车站旁是明代皇城的⑯**西安门**，在斜对面是⑰**原中央医院**（现南京军区总医院）。医院旁边是黄浦路，这条路的尽头是⑱**原国防部**（现南京军区），在大礼堂曾经举行过抗战胜利日军受降仪式。穿过黄浦路，可以看见⑲**原励志社**（现钟山宾馆），曾经审判过南京大屠杀的战犯谷寿夫。

继续往前，有⑳**原国民党中央党史史料陈列馆**（现第二历史档案馆），还有㉑**午朝门公园**，里面有明故宫残留的午朝门和内五龙桥。再往前路北的琉璃瓦大屋顶建筑，是㉒**原国民党中央监察委员会**（现南京军区档案馆）。在对面的一条巷子里，有南京明代宫城仅存的一座㉓**东华门**。接着就是中山门，这座城门是为了孙中山先生的奉安大典而开通的一个城门。中山门旁就是㉔**原国立中央博物院**（现南京博物院）。

出了中山门后，34路车不再沿着当年奉安大典路线开到中山陵，要想严格地继续走下去，就要在卫桥站下车，在苜蓿园地铁站附近有开往中山陵的明中线，可以沿着陵园路一直来到㉕**中山陵广场**。

步行游览

老城南

乘坐公交车到殷高巷站下，走进鸣羊街。街里有座❶**愚园**，号称“南京狮子林”，曾多次被毁，现为复建（作者调研时开放时间尚不明确）。

来到殷高巷的孝顺里，可以看见❷**刘芝田故居**，他当过盐运使和驻外大使的官员。从殷高巷走到大百花巷，11号是❸**程先甲故居**，这位清末民初举人的家前后七进。再往前是15号❹**泾县会馆**，当年徽商很能经营，置办下这一片房产作为学子们考试所用。如果能从隔壁13号的铁门进去后转左，有雕花门楼，很是精美。

在糖坊廊61号有一栋被认为是南京市内秦淮河边仅存的❺**清代河房建筑**，屋内有精美的木雕。现已年久失修。

沿着糖坊廊来到❻**中华门城堡**（见61页），以此为界，老城南分成了门西和门东地区。顺着城墙下的路走进去，就看到了最新开发建成的“老门东”街区。这一带曾是明代驻军的边营和三条营，如今保留了几处有价值的古屋，建起了大片的仿旧新房。首先可以看到一处百度也查不到的❼**骏惠书屋**，被称为南京第一雕花楼。附近还有❽**傅善祥故居**，据说她是中国唯一的女状元，可还是充当了太平天国东王的猎物。参考史料新建的还有❾**上江考棚**和❿**提调公馆**，又新建了从前秦淮河边老茶馆中的⓫**问渠茶馆**，这里有南京民间曲艺表演。在三条营里，有着两路七进的⓬**蒋百万故居**，在搬出了近百户居民后维修复原，成为了这一带仅存的大宅院代表。

沿着三条营继续往前，就走进充满生活气息的老南京居民街巷。在转龙巷有汪家柴火馄饨（见87页）。从剪子巷走进小心桥东街，街尽头的几级台阶上方有个门楼，上边写着⓭**“周处读书台”**几个字。周处曾经属于“问题少年”，可是后来幡然悔悟，上山下水除害。他的故事曾经被收入初级中学语文课本。

东郊风景区的交通

整个风景区的面积非常之大，除非有体力的习惯徒步者，否则还是需要各个景点之间的公共交通工具。乘坐公交车，可以到达灵谷寺和明孝陵的大门口，而去中山陵就只能到达外围的东沟停车场。

至于各个景点之间的交通，可以乘坐有6条线路的电瓶交通车，票价均为5元。其中距离较远的是：苜蓿园地铁站到中山陵站的1号线；中山陵东站到灵谷寺站的4号线；苜蓿园地铁站到明孝陵（紫霞湖）站的6号线。

在苜蓿园地铁站附近还有10分钟一班的专1线公交车，专门来往于苜蓿园地铁站到中山陵之间，停靠站点有：苜蓿园地铁站、四方城站、美龄宫站、海底世界站、中山陵站，票价2元。

自驾车前来的要注意，虽然在东郊风景区里分散着不少的停车场，可是往往车位数不多。在节假日里，如果不能早点到达，恐怕就会坐在车子里排队，将游玩的时间耗在漫漫的等候中。

城南和城西

在南京的城南，散布着一些丘陵，这一带曾经是战争中进攻南京的必经之地，也诱发了历代以来许多战事。至于城西，也就是现在秦淮河与长江之间的那一片。当长江渐渐西移后，这里留下了大大小小的滩地和池塘。虽然有江景和山景的美好，可是战争和屠杀也为南京的西南一带留下了历史的阴影。

侵华日军南京大屠杀遇难同胞纪念馆 纪念馆

（见52页地图；☎8661 2230；www.nj1937.org；水西门大街418号；免费；⏲8:30~16:30，周一闭馆；🚇云锦路站）现在每年的12月13日，南京城上空都会飘荡着凄厉的警报声，这是为了悼念在1937年12月13日开始的南京大屠杀中的受难者。

大屠杀纪念馆的建筑，以线条造型和强烈对比的黑灰素白色，营造出“杀戮”、“抗争”与“祈望和平”的主题。毫无绿色的广场上，铺满了白色砾石，一面墙上“遇难者300000”的大字触目惊心。人们在肃静中走进了史料陈列厅。史料厅分成两个部分，“侵华日军南京大屠杀史实展”里有大量资料和实物、照片及影像，更有还原的现场实景和发掘出的遇难者遗骸坑，那满墙死难者姓名和幸存者照片，都在实证着那场发生在南京的大屠杀。“胜利1945展”则回顾了14年的抗战艰苦历程，18次的大规模会战，4大同盟国的协力合作，1945年的胜利受降和人类正义的法庭审判。

在中国当下的周边氛围中，有越来越多的人走进这座纪念馆，往往需要在门口排队一批批地进入。沉痛的静默，是参观中的必须；而凝重的思考，更是参观后的必须。

云锦博物馆 博物馆

（见52页地图；茶亭东街240号；免费；⏲8:30~17:30；🚇云锦路站）云锦是南京最著名的特产之一。这一古老的纺织工艺因其绚丽多姿，美如天上云霞而得名，至今已有千年历史。云锦在元、明、清三朝均为皇家御用品，所织成的龙袍为最高水平的代表作。清代江宁织造府也是督造云锦的专门机构，曹雪芹在幼时也应该常常见到这样绚丽的锦缎，也许由此就编织出了《红楼梦》里那些精美服饰的初稿。

云锦研究所开办的云锦博物馆，就位于侵华日军南京大屠杀遇难同胞纪念馆的后面，有一幢大红色的门楼。馆里陈列并销售各式云锦，包括对于历代丝绸文物的复制。还有云锦生产工艺展示大厅，里面有许多台大花楼木织机在现场进行生产展示。这种高达二层楼的木织机由两人操作，一人在上提花，一人在下织造，一天只能织出五六厘米，并且至今无法用机器来取代。

雨花台 园林

（见52页地图；www.travel-yuhuatai.com；雨

花路215号；免费；⏲8:00~17:00）在传说中，这里曾经天降花雨，落地为石。那些晶莹彩色的雨花石子铺满了山冈，这里也成了雨花台。

除了载负着美好的传说，雨花台也遍染过历代义士的鲜血。南宋有岳家军在此大战金军，清代有太平天国军队在此抵抗曾国藩湘军的进攻，辛亥革命的枪声曾响彻这里的山冈，而抗战中保卫南京城的国民革命军有6000人牺牲在这片丘陵间。这片城南的起伏山丘也是枪毙犯人的刑场。那些为了信仰而牺牲的先驱们如今有了**烈士纪念碑**的告慰。每年清明节，都会有一队队的学生被组织前来举行纪念活动。除了在中轴线上的一系列革命烈士纪念建筑外，在雨花台还有抗金的**杨邦义剖心处**和因坚持正统而被诛十族的**方孝孺墓**。

这里面还有一个**雨花石博物馆**（门票10元），欣赏一下从质地上来说是玛瑙的雨花石，那五彩的颜色和图纹，却与雨花台上曾经的血色牺牲相距甚远。

七桥瓮湿地公园

湿地

（见52页地图；宁杭高速友谊河路出口处；免费）走过600年前的一座石拱桥，便跨越了秦淮河，这桥长90米，桥拱的两侧各伸出了15只面目狰狞的螭兽头。由于拱桥有七个桥孔，所以被称为七桥瓮。秦淮河与运粮河在这里汇合，水泽之后，留下来一片湿地。

湿地公园内水网交错，众多植被物种丰富，蜿蜒的木栈道贯穿公园，路旁有潺潺的跌水池，树上有别致的木鸟屋，公园里大量的太阳能、污水净化、热泵技术的应用体现了节能环保的现代理念。现在的七桥瓮成为了南京新的城市绿肺和科普、文化、休闲公园。

29路和93路公交可以到达湿地公园。

龙江宝船厂遗址

公园

（见52页地图；漓江路31号；门票30元；⏲8:30~17:00）郑和下西洋，一直是引以为自豪的历史。其实郑和也与南京有着紧密联系，他率领的那支数量众多的船队中那些体型庞大的宝船，就是在南京建造的。

在河西的龙江，发现了当年的宝船厂遗址。有宽70米的船坞，还出土了长达11米的舵杆。虽然一直到了现在，历史学者还在争论为什么要郑和下西洋，虽然一直到了今天还没有发现郑和最终提交的科学考察报告，可是这样规模的造船厂遗址，还是可以引发对于当年造船技术的景仰。现在的遗址公园里，船坞成为了绿树环绕的水面，一只参考资料建起的不能开动的仿真宝船显得很是巨大。还有郑和塑像、浮雕墙、出土铁锚和陈列馆。如果带孩子来好好参观一番，无疑可以增加历史的现场感。

47、72、133路公交车可以到达宝船厂遗址公园。

城北

城北的沿江一带，延伸着栖霞山与幕府

值得一游

历史上最大的半吊子工程

在距离明孝陵以东15公里的丘陵里，横卧着一块没有完工的碑材。如果那块碑材能竖立起来，那近40米的高度，不仅现在的**明孝陵**"神功圣德"碑将显得极其渺小，也将成为世界奇迹。因为，那准备从一座石山上整体切下的碑材，仅仅一个底座就达到16,250吨，何况还有同样巨型的碑身和碑额。天知道，当时的人们想用什么样的方式，将它们搬运和装配。不妨去看看，那史上未完成的最大形象工程，是怎样令人惊诧的气势！也不妨揣摩一回朱棣的心思，怎么就有了这样宏大的创意？

这个景点被称为**阳山碑材**（见98页地图；宁杭公路坟头村北；门票50元；⏲6:30~16:00），景区里的那个明文化村里每天上午下午各有3次表演。游5路公交车可以到达阳山碑材，1小时1班。

不要错过

民国时的中央体育场

在1949年之前，民国政府一共举办过7届全国运动会。为了举办第5届全国运动会，在1931年建成了当时远东最大的体育场。这座中央体育场，就在现在的南京体育学院里。

正对着学院大门的就是**田径赛场**（见66页地图），正面是传统的中式牌楼设计，下方三个高大的拱形门洞为入口，装有镶铁艺花纹的大铁门。进了体育场，除了绕场一周的高大法桐树遮蔽了看台外，比赛的场地上依然还有学生们在进行专业训练，当然现在的塑胶跑道跑起来会轻快了很多。完整保留下来的还有**国术场**，朝北的牌坊式正门与对面的篮球场相对称。沿阶梯上了正门，就看见了形似盆地的看台和场地。眼下的看台成了长满树木杂草的土丘，原先八卦形的国术比赛场地也成了方正的网球场。

另外，从灵谷寺到体院的路很值得漫步其间，那可是一条号称“南京最美的林荫道”。两排法桐不是修剪成横向铺展的样式，而是直直地往高处生长，形成了哥特式尖拱形绿荫长廊。两人携手，在一早一晚的时间里，这条绿荫长廊会带来别样的浪漫。

山，漫山的植被郁郁葱葱，山顶是观江景的好地方，秋季还可以在这里观赏到红叶。至于燕子矶和田野里伫立的石刻，已不知从古至今迎来过多少游客。

栖霞山　　山

（见52页地图；8576 1831；www.njqxs.com；栖霞街88号；门票20元；6:30~18:00）秋色浓重时，也是南京人涌向栖霞山的时间，那里的枫叶红了。除了短短的一个月红枫外，栖霞山还有很多别的景致可看。这里的**栖霞寺**为佛教界知名寺院，香火旺盛信众云集，寺院里还设有佛学院。在每日的晨钟暮鼓中，传出僧人们虔敬的诵经声。

栖霞山的全国重点文物有三个。唐代的**明征君碑**在寺院山门外左侧的一个亭子里，正面的“栖霞”二字为唐高宗所题，并且碑材上还保存了大量海洋生物化石。南唐的**舍利石塔**位于寺院后面，八面五层的石塔上，刻了许多浮雕，飞天飘逸，力士孔武。后山纱帽峰上的**千佛崖**，建于南北朝时期，可惜约300个佛龛内，原有的佛像几乎全部被毁，后又被人用水泥重塑得有些拙劣，好在那三圣殿里的三尊大佛像还算保留完好。要注意那偏在一角里的一个石窟，里面是一手举锤、一手拿錾的“石公佛”像。山上还有禹王碑、乾隆行宫、万松山房、般若台、太虚亭、话山亭、陆羽茶庄等建筑，登顶则可以俯瞰长江。

南京火车站广场西有南栖线公交车，坐到栖霞寺站下车即可。

幕府山燕子矶滨江风光带　　公园

（见52页地图；幕府山景点门票30元，燕子矶门票10元，套票35元；8:30~17:00）城北原先皆是厂区的滨江一带，现在成了风光带。幕府山脚下沿江开阔地带，是放风筝和观看江景的地方。古时就有名的**头台洞、二台洞、三台洞**和**观音阁**景点被重新修复，亭台楼阁散布，小径通幽池塘点缀。如果登上幕府山，也是健身观景两相宜的好事。在半山腰处，有一个**达摩洞**，一位老居士住在里面。他会给过路人提供些方便，也常有人给他送去一些生活用品。

在风光带东端，就是号称“万里长江第一矶”的**燕子矶**。山岩从江水边陡然突起，登临矶头，看江水惊涛拍岸，岩石三面凌空，似燕子欲飞。乾隆留下的“燕子矶”碑，也代表了历代文人对于这里的欣赏。倒是**陶行知**先生有些不顾这里的风景，反而写下了“想一想，死不得”的石碑，劝诫那想不开来此轻生的人。

节日和活动

元宵节秦淮灯会　　春节

每年的元宵节夜，南京**夫子庙**（见54页）一带人山人海拥挤不堪，皆为前来夫子庙观看一年一度的秦淮灯会。春节期间夫子庙最热闹的就是花灯市场，而最走俏的就是当年的属相灯，还有经久不衰的荷花灯。现在的元宵灯会已经从夫子庙扩展到了白鹭洲、门东和中华门及城墙上。如果不是喜欢严格遵守传统节日规矩，其实也可以在元宵节之前去看灯，将会看得更加尽兴。

梅花节

赏花

每年2月下旬到3月中旬，南京市总是要举办梅花节。有着400多亩、200多品种的**梅花山**（见64页），也总是成为赏梅的主要地点，并且还会有门票的优惠。最好赶在清晨来，在清静中感受清香，或者干脆在夜间来，在芳香静谧中自有别样意境。

桂花节

赏花

在**灵谷寺**（见64页）景区的无梁殿后，有一棵桂花树，枝叶繁茂已有400多年树龄，被称为“金陵桂花王”。由这棵桂花王而引发了灵谷寺景区众多桂花树的栽植，形成了有40多个品种和上万株的规模。每年9月下旬到10月中旬的金桂飘香时节，灵谷寺景区也会适时举办“南京桂花节”。

红枫节

赏花

枫叶使得秋色更美，南京枫叶最好的地方在**栖霞山**（见73页）。虽然10月中旬就开始了南京栖霞山红枫节，不过等到11月份，枫叶就会更加红艳。占地面积更大的栖霞山景区里，也能容纳比梅花山和灵谷寺更多的游客。

汤山温泉

温泉

南京城东的**汤山**（见98页地图），向来以温泉著名，在早年间就是历代达官显宦和文人雅士们游览沐浴的好去处。现在的南京人，也很喜欢前去泡在从地底深处涌出的温泉里，并且可以用团购的形式来节省费用。比较好的温泉有**汤山一号**，除了泡温泉外，还可

当 地 知 识

明功臣墓

朱元璋在南京建立了他的大明王朝后，那些协助他打天下的文臣武将们，一般也会论功行赏，给个什么“国公”之类的封号。当然了，被呼为“万岁”的也会手辣心狠，打倒几个犯了事或者不顺眼的。而那些侥幸活到了寿终的功臣们，就会给追封个什么“王”，安排个墓地，立上几对石人石兽。

在这些功臣墓中，**徐达墓**（见66页地图；板仓街100号；门票5元；⏲8:00~17:00）规模较大，位于大街旁，容易到达。墓地面对钟山，入口处立“明中山王神道”牌坊，神道长约300米，现尚存神道碑1块，石马、石羊、石虎、武士、文臣各1对。“御制中山王神道碑”是明代功臣墓中最大、最有代表性的一块，刻有朱元璋亲自撰写的碑文，有2000余字，碑文中居然标有句读符号，这可是在古碑中极为罕见的。

其余的明功臣墓地位置如下表：

名称	地点	备注
李文忠墓	蒋王庙街6号	在徐达墓东不远处路边，门票5元
常遇春墓	紫金山索道口附近	隐在山林里，不太好找
仇成墓	紫金山索道口附近	隐在山林里，不太好找
吴良墓和吴桢墓	板仓街新世界花园小区里	要准备通过保安的盘问
康茂才墓	白马公园里	是搬迁而来的
李杰墓	雨花台公园里	搬迁而来
宋晟墓	雨花西路113号雨花中医院院内	搬迁而来，只剩两块石碑
邓愈墓	雨花南路	就在路边，保存尚好

这些明功臣墓，作为明孝陵的附属组成部分，作为**中国明清皇家陵寝**的扩展项目，一起成为了世界文化遗产。

当地知识

伟大的南京保卫战和幸存老兵

曾经，人们只是知道南京被屠城的悲情，可是却不清楚有血性男儿拼死抵抗的南京保卫战。在上海失陷后，日军逼近南京，在城外丘陵地带和南京城墙前，遭遇到了准备仓促装备不足的国民革命军的顽强抵抗，也遭受到近万人的伤亡。

在雨花台上的88师，抵抗日军1个师团，3位旅长牺牲2位，8000人的部队仅存2000人。在光华门内，87师与日军反复争夺，城门几回易手，门洞内火焚日军，易安华旅长牺牲。在紫金山上的教导总队据险抗敌，损失大半，旅长阵亡，却一直坚守到南京城失陷。在这场惨烈的抵抗中，从12月6日到12月13日，先后有17位将军殉国，在他们身旁，更是倒下了数万浴血抵抗而牺牲的战士。

岁月荏苒，当年的艰难变成了如今影视里轻而易举的神话。那些侥幸生存下来的南京保卫战老兵，在南京城里只剩下3位。他们是：88岁的李高山（154师的娃娃兵）、92岁的骆中洋（156师）、90岁的程云（教导总队排长）。而整个南京现在还生活着抗战老兵54人，最年轻的已经89岁。

由于种种原因，这些曾经搏命报国的老兵们一度生活困苦，得不到承认，直到2013年才被列入优抚名单。于2005年成立的“**1213志愿者同盟**”（www.xici.net/b1244435/），为了不使遗憾继续，为了告慰那些逝去的英灵，也为了那些仍陷入生活困苦的英雄，展开了多年的关怀老兵活动。通过走访和资助，让生活艰难的老兵每月有了500元补贴，让无依无靠的人住进了养老院。**民间抗战博物馆**（见52页地图；免费；☎5289 2739；安德门大街48号；⏲9:00~16:00，周一闭馆；Ⓜ天隆寺站）收藏了许多的抗战资料和实物。民间创办的**《山河记忆》**杂志，开始了老兵们的口述历史记录。虽然风烛残年的老兵们已时日不多，可志愿者们所做的这一切，最起码能让他们知道，老兵们付出的一切至少还有后人会记住。

以去看看附近**蒋介石温泉别墅**。还有**汤山颐尚温泉**，现在是人气最旺的温泉，有70多个露天温泉浴和30间高档特色温泉屋。

南京火车站西有南汤线可以前往汤山，车票4元，40分钟一班。

住宿

南京城区的住宿点很多，从个性化的青年旅舍到享受型的星级宾馆，从自助公寓到连锁酒店，给出了很大的选择余地。有不少比较热门的住处，会在周六和周日将价格上浮10%左右，到了节日里，更有可能上浮20%。为了避免到了城区还要背着行囊一家家地寻找，在旺季时还是先电话或者网站上预订为好。

如果想省事，还有许多类似如家、七天和汉庭这样的全国连锁酒店，服务和设施皆比较统一规范，从众多的分布点中挑选合适的地点即可。

新街口、大行宫一带

作为南京最主要的商业圈，有地铁1号线和2号线经过。交通和购物消费皆方便，可是住宿的价格也会高一些，同时也要承受喧闹。最好选择位于闹市区的支路小巷的住处，可以闹中求静。

首选 **南京时光青年旅舍** 青年旅舍 ¥

（见54页地图；☎8556 9053；梅园新村雍园6-5号；铺60元，标双220元；Wi-Fi ❄）这一带有许多民国时期建筑，尤以公馆为多。小巷里第一家就曾经是白崇禧一级上将的公馆。旅舍的招牌很小门脸也很小，可是进了门后就会觉得公共区域很大，除了室内的桌椅之外，还有在树荫下露天的桌椅。铺位有的位于阁楼上，也有专门给女生的铺位房间，不过浴室和卫生间却是共用的。洗衣机10元一次，租自行车30元一天。除了标间的房价高了些，Wi-Fi房间里效果不好外，这里还是很惬意的。虽然从公交车站走过来有一站路远，可是有一路的林荫道和那些老建筑相伴，也就不觉得远了。

益大宾馆

酒店 ¥

（见54页地图；☎8470 6949；汉中路129号；标单/双160元，家庭间200元；@❄P）这家宾馆的正式地址虽然是汉中路，可那是健康职业学校的入口，而宾馆的大门却是在一条名字很有意思的路上，这条路叫“螺丝转湾”。原来是学校的招待所，房间内的装修和设施简单而齐备。房间大，入住的客人不杂乱。在这样的地段，能有这样的价格，应该说性价比很高了。只是去之前最好先电话联系，因为逢到有医护人员培训时，恐怕房间会紧张。

艾森时尚商务旅店

酒店 ¥¥

（见54页地图；☎5878 0999；汉中路129号；标单/双228元；📶❄P）这家旅店距离地铁2号线的上海路站出口往东也就30米，门前的那条街也是“螺丝转湾”。门旁就有火车售票处。这家旅店也与益大宾馆一样，会有医护人员培训来入住的情况。而不一样的，就是更靠近喧闹的主干道，还有就是装修设施与价格都更高一些。

龙盘大酒店

酒店 ¥¥

（见54页地图；☎8679 1616；中山东路297号；标单/双260元，家庭房298元；📶❄P）酒店开业不久，房间里装修简约。虽然地址属于交通要道的中山东路，可是酒店却离道路还有二十几米，所以在房间里也感觉不到嘈杂声响。酒店的一层还有餐厅，菜肴有从海鲜到土菜，人均80元的消费。

速8酒店总统府店

快捷连锁酒店 ¥¥

[见54页地图；☎8586 9888；中山东路412号；标单/双248元（含早）；📶❄P]介绍这家酒店是由于太容易找到了，大大的黄底红字招牌就在路边，想不注意也不容易。靠近总统府，交通方便，设施标准。要是注册个会员，那房价还可以便宜下来。

中央饭店

精品酒店 ¥¥¥

[见54页地图；☎8315 0999；中山东路237号；标单/双498元（含早）；@❄P]能有这样的名字就觉得不凡，当南京还是中国的首都时，这家饭店就迎来送往过许多的当年风云人

从金陵制造局到1865创意产业园

李鸿章担任两江总督以后，深感屡战屡败的天朝必须要实现兵器的西化。1865年，在南京中华门外，修起了一片青砖墙、木房梁、黑鳞瓦的建筑，这就是金陵制造局，也就是从这里开始了当时的“中国梦”。

从现存的产品清单上，可以看出当时的制造局已经能批量生产出那个时代的先进武器：1874年，制造出三尺喷筒；1888年，仿制成功马克沁单管机枪；1894年，建立子弹厂，采用无烟药装弹；1896年，十门连珠格林炮、四门神机连珠炮相继开造。1883年底，中国与法国在越南发生冲突。在长达一年多的战争中，金陵制造局的先进武器，从秦淮河运出，直接送往西南前线，帮助中国军队在镇南关战役中打败了法军。

到了民国，这里成为金陵兵工厂。抗战期间，兵工厂搬迁到了重庆，继续生产，是当时中国规模最大的武器工厂。

如今，金陵机器制造局的原址已经变身为“南京晨光1865科技创意产业园”。园区内共有清朝、民国、新中国不同年代里各具特色的建筑60余幢。所有清代、民国建筑的墙上，都有标牌，显示建成的具体年代。其中，最早的是同治五年(公元1866年)建好的“机器正厂”。

现在的**1865创意园**（见58页地图）中，分成了时尚休闲区、工艺美术创作区、科技创意区和商务区等部分。时尚休闲主要是餐饮娱乐，科技创意区里有创业团队，商务区里有宾馆和青年旅舍，工艺美术创意区里进驻了工坊、雕塑和动漫，其中凡德艺术街区安排在那间锯齿形屋顶的老厂房里，里面有艺术工坊、艺术品展示和艺术品收藏。

值得一游

六朝石刻

南京的市徽中间，是一只昂首挺胸的猛兽，那是古代传说中的一种带有飞翼的神兽，被称为辟邪。在南京城的周边，还留存有六朝时期的许多石雕辟邪，立在墓道两边。

要去看那些六朝石刻，到十月村最为方便。南京火车站广场西乘坐南栖线到十月村站下车，前面往右就是十月村路。走进去100米，就可以看见在道路左右田间的辟邪和神道石柱了，那是南朝时梁朝的**萧景墓石刻**（见52页地图）。辟邪形象威猛，成为了市徽上的象征物。石柱上端的额文有趣，将文字反刻在上面。继续乘坐南栖线，一站路后下车，左边的一个公园里，有**萧恢墓**的两尊辟邪石刻和**萧谵墓**的辟邪与石碑。

其他一些六朝石刻位置如下：

名称	地点	备注
萧融墓	南京炼油厂小学内	现存石刻2种3件，其中石辟邪两只
萧秀墓	栖霞大道附近甘家巷小学内	现存石刻3种8件，其中有石辟邪两只和石柱、石碑、龟趺
陈文帝永宁陵	栖霞大道友谊路中段永安公墓附近	现存石麒麟两只，东为双角麒麟，西为独角麒麟
陈武帝万安陵	上坊镇万安北路的东端	一对石辟邪，被亭子保护
萧正立墓	江宁大学城江苏海事学院	现存石刻2种4件，其中石辟邪两只；神道石柱两个

物。饭店前两年刚刚装修过，楼房的外观一如民国时的风范。内部风格也恰如其分地厚重内敛，可是用材和精致的豪华程度，却是与国际接轨远高于当年了。在走廊两侧，悬挂了许多老照片。那些民国年间的人们，隔着相框玻璃与你对视。每当这时，便会想起这座饭店的过往历史。

夫子庙、城南

临近旅游热点，也是老南京的所在，所以热闹是肯定的，公交车经过这里的线路也很多。正在施工的地铁3号线将穿过这个地区，因为要在2014年的青奥会前通车，所以由于施工而目前的交通不畅会很快结束。不过，自驾车的游客需要注意，这一带备有停车场的宾馆不是太多。

首选 心之旅国际青年旅舍 青年旅舍 ¥

[见58页地图；✆5188 5858、5188 5218；应天大街388号晨光1865创意产业园B7幢；铺50～60元，标双160元（和式140元）；Wi-Fi 空调 P]从**1865创意园**（见76页）写着“金陵制造局”的大门楼下进去，右侧那个长满了绿树的山坡上，就是心之旅的所在。由早年间办公室改建成旅舍，虽然面积并不能说很大，可是房间的高度却高于现在一般房间，显得宽敞。多人间也有空调，不过卫浴却是在外公用。这里有意思的是，一楼是青年旅舍，而楼上却是**心之旅花园客栈**。心之旅的后缀一变，房间也大了，装修和设施的档次也高了，当然房价也跟着高了起来，标间要358元。楼上楼下的价格差了很多，可是却一同享有着同样的公共区域。有大面积的景观设计和水池金鱼，楼外还有大面积的庭院，摆放着供人闲坐的桌椅。周围绿树成荫，远离了城市的喧闹。

夫子庙国际青年旅舍 青年旅舍 ¥

（见58页地图；✆8662 4133、8662 5133；平江府路68-4号；铺50～60元，标单/双150元；Wi-Fi 空调）位于平江桥边上的这家旅舍，门面小得几乎让人找不到。拉住一根绳子将门打开，就进入了通道有些窄的旅舍。一楼是很个性化的装修，有酒吧和桌球室，秦淮河边的露台上放着几组桌椅，茂密的夹竹桃挡住了秦淮河，有懒洋洋的大黄猫陪坐。不提供一次性洗漱用品的房间里，装修一般般。6人、8人和10人

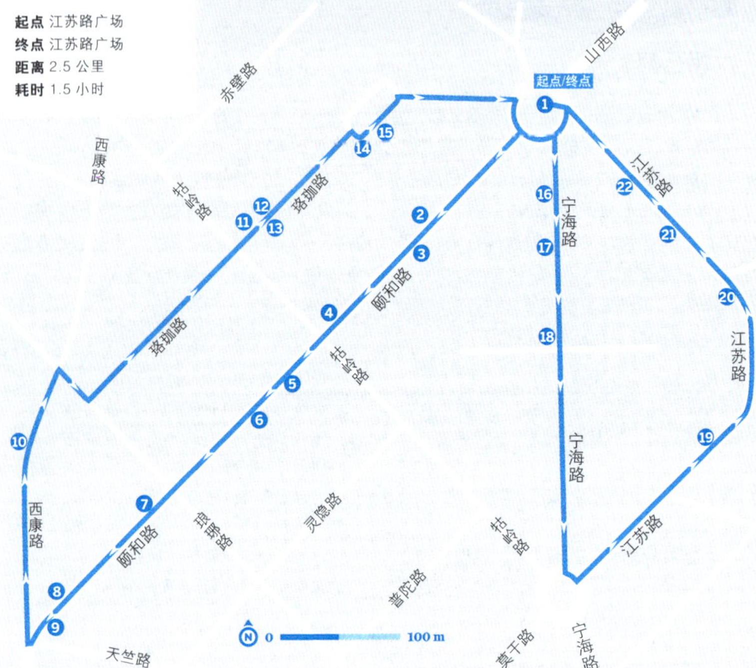

步行游览

民国公馆街区

当南京又一次成为了中国的首都后，在1929年，由墨菲和吕彦直完成了《首都规划》，那也是在革命结束了帝制后的动荡岁月里的又一次光荣与梦想的设计。

那是一个很具想象力的科学规划，设想了人口的扩大和功能的布局，既要保留古城风貌，又要具有现代行政气象。在《首都规划》的指导下，南京出现了以中山大道为代表的林荫大道和中西合璧的近代建筑，形成今日城区的总体格局。还建成了上层阶级的几个住宅区，其中就有保存至今的颐和路、江苏路一带。这个完全按照规划建设的住宅区，有平坦的道路、整齐的行道树、完善的供排水系统。在吸取了当时欧洲最流行的建筑理念后，建成了外形和风格无一雷同的200多座官邸和使馆院落，如今成为了南京很特别的历史风景街区。可是，当那些达官显贵们还没有顾及其他的规划设想时，抗战的炮火便结束了这个宏伟的《首都规划》。

公交车3、8、42、74、78路可以到达。这片特别的街区有200多座民国时期的官邸和使馆散布，街道名称皆能引起风景的联想。

起点从江苏路广场开始，在广场中立着一座小楼，是当年的❶**第六区公所**，也就是管理这一片公馆的区政府。区公所后面，就是两侧皆为槐树的颐和路。首先看到❷**8号**，这里分配给“山西王”**阎锡山**，他只住了7天就又搬家了。对面❸**9号**（现在是省慈善总会）曾经住过**吴铁城**，那时他是国府委员和警察总监。走到靠近牯岭路时，路右❹**18号**院落里，一栋两层的小洋楼，国民党常委**邹鲁**在当上中山大学的校长前住在这里。穿过牯岭路，左边一个充满绿色的院子，就是❺**15号原菲律宾公使馆**旧址。接着就是❻**19号蒋梦麟旧居**，他曾经在南京当过教育部长。穿过琅琊路，颐和路右边有一片很大的院子，34号里面一栋3层的黄色法式风格楼房，是官位最高当到了陆军总司令的❼**顾祝同公馆**。再往前走，还是在路右边38号，是名气更大的❽**汪精卫公馆**。汪公馆对面是39号，那是蒋介石的老乡兼侍卫长❾**俞济时公馆**。

颐和路到头后就是西康路，往右走100多米，路左33号的西康宾馆里，便是当年的❿**美国大使馆**。右拐弯到琅琊路，再左拐弯到珞珈路。往前200米路左边48号，是⓫**竺可桢旧居**。隔壁46号曾经是⓬**瑞士公使馆**。48号对面则是国画家⓭**亚明纪念馆**。再往前100米，便是一个街边小花园，路右边5号，便是从前的⓮**汤恩伯公馆**，曾被河南人称为"水、旱、蝗、汤"之一。隔壁3号，是接替戴笠当上了保密局长的⓯**毛人凤公馆**。

从这里往前，又回到了江苏路广场，绕着小广场走到颐和路东边的宁海路。路右边2号是当过"宁夏王"的⓰**马鸿逵公馆**。稍稍往前几步，路左边宁海路5号，是一栋独一无二的中国式古典建筑，在变换过很多主人后，在1945年住进了美国特使马歇尔，在他的调停下，国共双方也在这栋房屋里进行过台面上的交锋。从此以后，这里被称为⓱**"马歇尔公馆"**。宁海路11号是最大只当到了交通警察总局长的⓲**蒋锄欧旧居**。

走到宁海路的小广场后，往左一拐就是江苏路，靠右的一侧便是新旧建筑交错的非公馆区。往前不到200米，左侧⓳**15号**小门楼旁挂着一块牌子，抗战胜利后，号称蒋介石"文胆"的陈布雷住了进来。附近的23号院内曾经是一级上将⓴**薛岳公馆**，他是消灭日军最多的中国军队指挥官。隔壁院子里，是当过北平市长的㉑**熊斌旧居**。33号则是㉒**张笃伦旧居**，他当过汉口市长、重庆市长和湖北省主席。

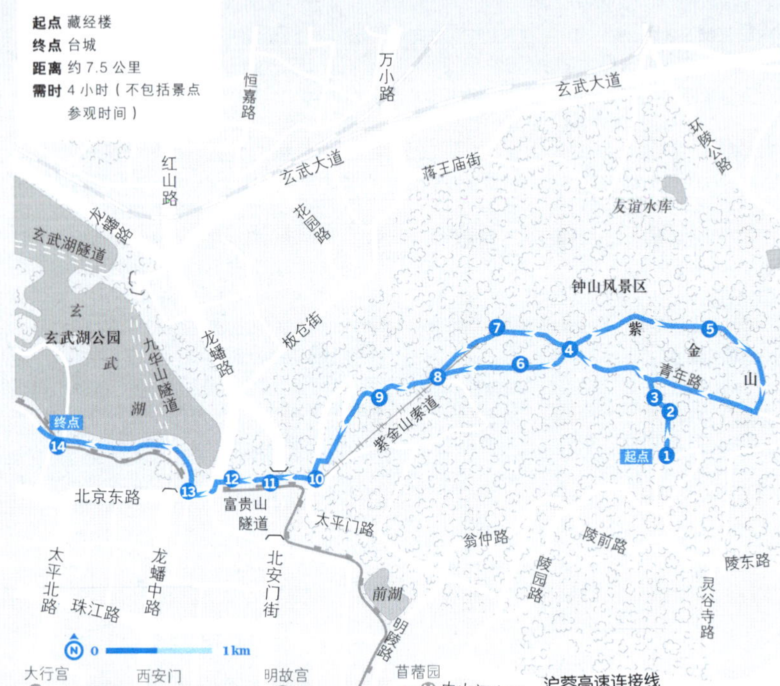

步行游览

山水城林

这是一条领略南京山水城林风貌的路线，也是一条需要登山的路线。

先来到中山陵东❶**藏经楼**（见63页）旁的路上。从这里开始，往上登高约100多米后，路边的小院子是❷**永慕庐**，当年是宋庆龄女士为中山先生守灵住宿处。离开永慕庐不远，路左有❸**万福寺遗址**。继续往上到青年路，往左走上500米，就是紫金山脊中部的❹**中马腰**。

这时可以沿着野道去探寻❺**南京保卫战工事遗迹**。在中马腰东有一个小亭子，亭子后有一条基本沿着山脊线的山径。沿着小路走约1000米后，会陆续看见抗战时期修造的观察站、堑壕、工事、碉堡和坑道。往下可以回到青年路上，这一段路约3公里。

从中马腰往西则有两条岔路，往左的一条可以路过❻**六朝祭坛遗址**，然后到达西马腰。往右的一条路，到达440米高的紫金山顶，那里有❼**头陀岭公园**（门票4元），再沿着台阶路下山也能到达❽**西马腰**。

从西马腰沿着山脊上的路往西，可以到达❾**紫金山天文台**（见67页）大门。从这里可以到山下的❿**索道口**。附近有隐在竹林里的明功臣常遇春墓和仇成墓。

从索道口附近的木栈道走，左侧是600年历史的明城墙。城墙中有一段很整齐的墙面，与旁边的残破有明显的不同，中间还嵌着一块“修复碑”，那是1864年进攻太平天国的⑪**“湘军破城处”**。沿着行人木栈道走到⑫**白马公园**（门票10元；⏲8:30~17:00），公园里散落安放着从周边收集来的古代石刻。从公园广场继续往西，登上⑬**九华山城墙**（门票15元；⏲8:30~17:00）。从这里到台城的一段可以说是在南京城墙上看风景的最好一处。当走到⑭**台城**后，城墙上便是**南京城垣博物馆**（www.njcitywall.com），陈列了一些关于南京城墙的资料。

的房间里，虽然回归到了学生时代的上下铺，可是有空调和独立的卫生间。旅舍还有投币的洗衣机和仅有的一辆自行车。

瞻园国际青年旅舍　　青年旅舍 ¥

（见58页地图；☎5226 6858；大石坝街142号；铺50~60元，标双180元起；📶❄）这家迁址全新开张的青年旅舍位于李香君的媚香楼与文德桥之间，一楼的一米阳光杂货铺也是这家老板的。旅舍的房间很多，铺位间有10人、8人和4人的，公共浴室里有很多分隔的淋浴位。由于无论是铺位间还是标间，都会有无窗或者很小窗的房间，所以最好要问清楚。这里的公共活动区域有室内和室外，还有可以看到夫子庙风景的屋顶平台。旅舍还配有投币洗衣机。

城市国盟酒店　　酒店 ¥

（见58页地图；☎8320 7599，13951735559；建康路253号京隆国际花园一楼；标双160元，家庭间200元；📶❄）这家公寓式的酒店位于夫子庙公交车站旁的一个小区里，房间进门的一侧是个厨房的台面，有水槽和排油烟机，可以借用电磁炉进行简单的烹调，卫生间里还有台洗衣机。房间的面积较大，装修也较新。这家酒店更欢迎两天以上的客人来入住，但是停车就只能在小区外的路边。

白鹭宾馆　　酒店 ¥¥

（见58页地图；☎8687 9999；夫子庙大石坝

带孩子游南京

在南京，孩子们可看的地方太多了，最好根据孩子的兴趣选择一下。要不然，你在南京的时间里，就要全部陪着孩子，在他（她）的开心中度过几天。

位于城北的**红山森林动物园**（见52页地图；zoo.njyl.com；和燕路168号；门票30元，成人可免费带一位1.3米以下的儿童；⏲8:30~16:30；🚇红山动物园站），有280种3000多只包括世界各地的动物，还有动物表演馆。看着这些珍稀生灵，在兴奋之余，也要告诉孩子遵守动物园的规则和善待动物。

还有生活在海洋里的动物，要到明孝陵东边的**海底世界**（见66页地图；门票150元，1.2米以下儿童免票；⏲8:30~17:00）里去看。走过海底隧道，各种海洋动物就在自己的周围。在每天的上午和下午，各有4种动物的表演。

要看已经在地球上消失了的动物，就要去**古生物博物馆**（见62页地图；北京东路39号；门票20元，1.1米以下儿童免票；⏲周六、日及节假日9:00~16:00；🚇市政府站）。这是一个集展览、收藏、研究和教育于一体的现代化博物馆，里面有恐龙天地、化石奥秘、澄江生物群和科考特展，这些展览兼有科学性、知识性、观赏性和趣味性。由于这里是与中科院南京地质古生物研究所共建的博物馆，所以这里的专业性是国内首屈一指的。

要是喜欢看打仗的武器，那就去**国防园**（见52页地图；进园免费，园内的展馆门票10元；⏲8:30~17:00）里看看，那里露天展列的有飞机、坦克和大炮，还有火箭和一艘快艇，总之海陆空军齐备。

如果觉得你的孩子还需要更多科技知识，那就去**南京科技馆**（见52页地图；www.njstm.org.cn；紫荆花路9号；门票40元，18岁以下免费，影院另购票；⏲9:00~15:00、除法定节假日外的周一周二闭馆；每月第4个周五，可凭证件领取免费门票）。馆里设置了主题展区、动漫体验馆和公共安全教育展馆。主题展区里的展品中有70%是参与性项目，可参与体验感受科技的神奇。动漫体验馆里有新颖独特的互动体验、时尚炫目的动漫表演。公共安全教育展区由生产生活安全和地震体验等10个展区组成，通过互动体验方式，提高应急自救互救技能。附属的科技影院分为IMAX球幕影院、4D立体动感影院和3D数字影院。

当然，要想更好地了解南京的历史和文明进程，**南京博物院**（见56页）则是不该漏掉的地方。

街68号；标单/双290元；🛜❄🅿）白鹭宾馆是经营多年的老宾馆，虽然大堂的装修较为新派，可是房间里的装修有些过时，付押金可以借无线猫。房间面积较大，床具干净整洁，服务中规中矩。宾馆还有地下停车场，虽然要收费，可是在这个地段也实属难得。

青果里.六角井

精品酒店 ¥¥

（见58页地图；☎8664 6286、15380995113；site.douban.com/138129/；中山南路555号，世界之窗茶艺园7号楼；标双388元；🛜❄🅿）这恐怕是南京很奇特的客栈，初看上去很有青年旅舍的范儿，可是房价却达到了三星级。不过，从那11个房间各自不同的设计风格，从大量使用拆迁后的老木料旧砖瓦来装饰，从11个由“一”到“百”的南京老地名来命名房间，可以看出，这可是个极文艺的客栈。住在个性化的房间里，推窗可见下方的老城南小瓦屋顶。与砖墙生长在一起的古树绿荫下，有露天的庭院来冥想。仓房式的咖啡厅，巷道里的酒吧间，很适合在这里聊天和发呆。这里还有自行车出租，骑行到附近的门西老街巷里，看看老南京的生活。

南京万里路青年酒店

青年旅舍 ¥

（见58页地图；☎8687 9188；平江府路18号6楼；标单/双150元；🛜❄）万里路酒店就位于如家酒店的楼上，房间不大，设施也一般。要注意挑选Wi-Fi信号好的房间。再往上一层就是楼顶平台，平台的面积较大，闲坐下来会觉得比待在房间里好得多，晚上还会放放电影。平台上还有一家森活主题餐厅，有咖啡和简餐。那里的Wi-Fi没有问题，凭住宿证消费可以9折，咖啡20元一杯。

状元楼酒店

精品酒店 ¥¥¥

（见58页地图；☎5220 2555；夫子庙状元境9号；标单/双658元（含早）；🛜❄🅿🏊）作为五星级酒店来说，虽然周围环境显得杂乱，虽然酒店设施作为五星有些勉强，但是价格确实不高。房间里的装修很符合状元这个名字的中式风格，虽然时间久了一些，可是保护得还不错。如果在夜间俯瞰夫子庙，那一带的流光溢彩尽收眼底，这是在夫子庙的街上走来走去看不到的。还有免费的游泳池、健身房和自行车出借。

鼓楼、山西路一带

这一带有南京大学、南京师范大学和东南大学，选择靠近这些古老名校的住处，便可以去勾起回忆的校园。

首选 南京

JASMINE国际青年旅舍

青年旅舍 ¥

（见62页地图；☎8330 0517；www.jasminehostel.com；上海路83号合群新村7号；铺60元，标双155元；🛜❄）从公交车的五台山北站西站台旁的巷子走进去，约百米后就看到院墙里一栋尖顶民国小楼，那就是旅舍。在蛮大的院子里建起了公共活动区域，为了让大家来

当地知识

旱八仙

“三天不吃青，两眼冒火星”，“南京人不知好，一口白饭一口草”，民间厨王包爷说着这样的南京俗语。南京人对于蔬菜和野菜有着与生俱来的喜好，也将那产自大地的野菜命名为“旱八仙”。所谓的“旱八仙”是马齿苋、苜蓿头、马兰头、豌豆叶、菊花脑、枸杞头、荠菜、芦蒿这八样，其中很多是春季萌发的时令野蔬。在大地回春的季节里，在人们踏青时，妇女们总喜欢去采摘那些碧绿的野菜。

碧绿的豌豆叶，南京人称为“安豆头”，往往在过年时炒上碧绿的一盘，端上桌时还要说上一句“平平安安”。一把菊花脑，再打上一个鸭蛋，便是南京人在夏季喜欢的菊花脑蛋汤，认为最能清凉败火。还有清炒芦蒿和荠菜圆子，更是成为了许多饭店里菜单上的菜肴。包爷说，由于人们的喜爱，野菜也进入了大棚的种植，所以现在也可以常年地吃到，但是却少了些野菜特有的清香味。

明瓦廊美食一条街

明瓦廊（见54页地图）是一条南京的吃货们必去的小街，几乎一家接一家的小吃店小饭店，散发出了各种诱惑人的香气。这条街上在民间美食客中名气较大的有：**易记皮肚面**、**旺点鸡鸣汤包**和**老头盖浇饭**。除此以外还有从冰饮甜食、烧烤麻辣到咖啡西点等等诱人美食，并且还有不可小看的推车摊点，那里往往拥挤着一群人在买**小鱼锅贴**。当眼花缭乱失去了主意后，也许，闭上眼睛只靠着嗅觉，反而是一种比较好的选择。反正，只要50元，就可以吃到几家的经典美食。从明瓦廊继续往西，在平行的丰富路和王府大街上，也是饭店多多，既有小吃也有大餐选择多多。

这里互动交往，还特意让房间里没有电视，没有网络。由于是老式公馆小楼，所以客房大小不一，安排得也很不一样。有原主人卧室的豪华大床房，有连卫生间也没有的简单大床房，所以选择房间时要问清楚。洗衣机10元一次。附近就是南京大学和南京师范大学，晚上可以去那里回味校园生活，顺便看看90后的美女。旅舍有简餐供应，附近的宁海路、上海路、汉口路也有很多的饭店酒吧咖啡屋。

凯文宾馆

酒店 ¥

（见62页地图；8880 9168；上海路南秀村14号；标双120元；）位于南京大学附近的一条小巷子里，周围是南大宿舍区，入住人士也往往是与南大有关。房间不大，收拾得很清爽，安静是这家宾馆的特色。由于南大留学生多，小巷里有好几家咖啡馆，至于经济实惠的餐馆在附近就更是选择多多。

儒家宾馆

酒店 ¥

（见62页地图；8322 1188；进香河路31号；标双160元；）这家宾馆就在户外店一条街上，旁边就是有名的三夫户外。开张没几年，房间里的设施成色不错，就是临街的一面会吵闹一点。宾馆临近东南大学，每当学校召开会议时这里也会住满，所以最好先电话预订。

贵友宾馆

酒店 ¥¥

（见62页地图；8319 0567；进香河路22-1号；标双208元；）就在儒家宾馆对面，开张才1年，设施和装修都很新，房间面积较大。需要注意的问题与儒家宾馆一样。

狮都快捷酒店

酒店 ¥¥

（见62页地图；8326 8088；云南北路28号；标双248元；）位于狮子桥美食街东头牌坊旁，周围大饭店小饭店众多，适合追求美食的人们。房间宽大，床也宽大，适合美食后的美美一觉。要注意选择不面临美食一条街的房间，免得被溜进来的香气打扰得又想去吃上一顿。

南京丹凤国际青年旅舍

青年旅舍 ¥

（见62页地图；8321 9327；鱼市街59-1号；标双140元；@）这栋楼宇在闹市区，靠近珠江路地铁站。这里有多人间但是要整个房间地包下，有公共活动区但是很小，有青年旅舍的牌子但更类似一个普通的宾馆。有不少房间没有窗户，在选择时要注意。

金一村旅店

酒店 ¥

（见62页地图；8310 2999；珠江路205号；标双178元；）位于珠江路电脑一条街上，交通和购物很是方便，不过吵闹也是必然的。这家旅店经营很久了，所以陈设也显得陈旧。临街的房间会吵闹，如果想睡个安稳觉，也可以选择没有窗户的房间，价格也会便宜一些。

城东

这一带地处南京的城墙以外，也就是南京人从前说起的"城外"，住宿的选择余地并不多。东郊风景区作为南京的绿肺，能够就近住下，也可以享受附近的清新与清静。

中山陵国际青年旅馆

青年旅舍 ¥¥

（见66页地图；8444 6688；www.zsl-qnlg.com；中山陵石像路7号；标双200元；）南京东郊风景区里的宾馆，一般都是国宾级的或者打出什么国际级的牌号。可是在紧靠着明孝陵景区的旁边，居然还有一家青年旅馆，实在是有点儿出乎意料。令人诧异的还有，这家号称青年旅馆的格局，彻底颠覆了大家习以为常的形式。这里主打的是浪漫婚纱照、草坪婚庆典和户外婚礼宴。不过，虽然这青年旅馆另类的有些奇怪，虽然这地点有些偏，可是，喜欢浪漫情调的，喜爱窗外东郊风景的，选择了这里就是正确的。要注意的是，由于房间不多，最好预订。并且由于这里交通不便和只有旅馆本身经营餐饮，故最好自备交通工具。

金杏仁宾馆

酒店 ¥¥

[见66页地图；8322 2200；中山门大街99号君临紫金商业街6栋；标双230元（每天前20间190元）；]这是一家开张不久的宾馆，房间内的陈设齐全。宾馆面对商业区，后面就是高档住宅区，晚间并不吵闹。这里靠近地铁2号线下马坊站，交通方便，商业网点多。

桦清商务宾馆

酒店 ¥

（见66页地图；6666 5588；小卫街229号；标单/双188元；）就在地铁2号线下马坊站旁边，除了那几家位于东郊风景区里的高档宾馆外，这一家宾馆应该是距离中山陵最近的一家。如果早晨6点起床，就来得及赶在6:30景区开门前进入明孝陵景区，省去那70元的门票钱。至于房间的情况，也就只能说一般般了。好在刚开业才几个月，还有很崭新的感觉。

丽锦花园酒店

精品酒店 ¥¥

（见66页地图；8427 0666；苜蓿园大街33号；标双300元；）位于苜蓿园大街和月牙湖之间，从沪宁高速连接线下来后，很短的距离就到了酒店。酒店内有面积较大的庭院，近观月牙湖，远看紫金山，属于闹中取静的好地点。酒店房间里设施完备，也有附属餐厅。这里也临近附近住宅区的商业网点，所以购物和交通也还可以。

就餐

南京并没有属于本地的菜系。如果从烹调的习惯上来说，倒是更靠近淮扬菜一些。在作为民国首都的那时，曾经创立过"京苏大菜"的酒席。可是，随着国家级官员的离开，"京苏大菜"也就式微了。如今，南京的餐馆进入了菜品混搭的局面，大部分的餐馆都可以端出从清淡广式到麻辣川味的菜品，宽容的南京食客们也很是乐于享用南甜北咸的各地风味。要问南京的地方美食特色，除了冠以夫子庙名号的种种小吃外，也就只有盐水鸭是最南京了。

当 地 知 识

南京人与鸭子

当家里来了客人，出门去剁一碗盐水鸭回来待客，这是南京人经久不变的传统。要是问南京人有什么好吃的特产，最共同的答案也会是盐水鸭。

这里地处江南水乡，养鸭历史悠久，所培育出的鸭子，体型健美肥瘦合适。这样的鸭子，也培养出南京人吃鸭子的传统。盐水鸭清香适口，春夏合适；烤鸭味浓，秋冬相宜。还有酱鸭和香酥鸭，滋味与口感各有好处。在早年间，南京板鸭由于可以长期保存，所以名气很大，可是由于一般人不会制作，往往导致又咸又硬。而现在的盐水鸭，现做现卖，新鲜细嫩，肥瘦相间，不油不腻，待客送礼皆可。

南京人还喜欢关于鸭子的其余各种，比如鸭油烧饼，取其鸭子特有的香味；比如鸭血粉丝汤，将鸭子剩余的鸭杂烩成一锅，热气腾腾的鲜香味充斥了满屋。甚至还有人专门喜好臀尖，并美其名曰"松子香"。

南京人喜欢鸭子，也就不分本地与外地了，周黑鸭来到了南京，绝味鸭脖也来到了南京。可见，只要是鸭子，无论口味南北，都是可以打动南京人的舌尖。

奉安大典

奉安大典指的是孙中山先生的安葬仪式。在他辞世后，遗体一直暂放北平，一直等到南京中山陵建成，并且完成了从中山码头到中山陵的中山北路、中山路和中山东路后，才于1929年5月，用专列将遗体沿津浦铁路送到了浦口。在用军舰送过长江后，灵柩安放在湖南路中央党部礼堂公祭3天，供各界人士及外国使节前来瞻仰悼念。

在1929年6月1日，举行了移灵典礼。从凌晨5时开始，灵车在亲属和政要们陪同下，沿着中山路缓缓前行。沿途群众极多，皆肃立路边迎送。上午9时，灵车到达中山陵前广场，在这里换由108位杠夫将灵柩抬上中山陵的墓室内。

在举行过隆重的奉安典礼仪式后，所有参与人员入墓室环绕瞻仰告别。12时，由宋庆龄率孙科夫妇将墓室门封闭，完成了奉安大典的最后仪式。

新街口、大行宫一带

首选 绿柳居 清真菜 ¥¥

（见54页地图；☎8664 3644；太平南路248号；人均70元；⏲11:00~14:30，17:00~20:00）这是一家有许多分店的老字号总店，经营清真和素菜两种系列菜肴，绿柳居制作的卤菜还进入了南京的许多超市。一楼是对外零卖的卤菜和点心（⏲7:30~19:30），二楼是各种小吃，三楼是散客的大厅，四楼就是包间了。作为南京的老字号，有几道传统菜肴一直受到欢迎，比如素菜“罗汉观斋”和“素火腿”。不过老字号的国营老传统，有时也会让人觉得受到怠慢。

四川酒家 川菜 ¥¥

（见54页地图；☎8440 2038；太平南路171号；人均80元；⏲11:00~14:30，17:00~20:30）作为南京老字号，吸引了很多老顾客，他们往往坐在一楼的小吃区里，来品尝习惯了几十年的四川小吃口味。小吃区的价格平民化，人均30元就可以吃上好几种了。现在为了吸引更多的非四川顾客，开发了很多不够麻不够辣的“新派川菜”。

芳婆糕团店 小吃 ¥

（见54页地图；王府大街50号；人均20元；营业时间7:00~18:00）要不是那些排队的人，小小很不起眼的门面很容易让人忽视。如果只是想尝尝，那就无需排队。店里面空间不大，也就只能坐下来吃了赶快走。至于想陶醉于舌尖上的滋味中，那可会招来等候者的白眼。这一家居然还经营桂林粽子，很不同于江南粽子的广西粽子被包裹成长方形。还有酒酿、小元宵和酒酿元宵，还有乌饭、老卤蛋和麻团、南瓜饼，算起来居然一共有20几个品种，也真难为这家小店和初次品尝者。

龙梅肥肠鱼 中餐 ¥

（见54页地图；☎8446 9909；丰富路181号；人均40元；⏲10:00至次日1:00）正如店名，招牌菜就是肥肠鱼，其实就是由酸菜鱼改造出来的一个菜品。不过，口味还是有特色的，口感也不错。48元一个中份，足够两人吃。还有锡纸包鸡翅，一些小菜品在10元之内，属于经济实惠型饭店。

鸭得堡 小吃 ¥

（见54页地图；丰富路134~4号；人均15元；⏲8:30~21:00）南京的鸭血粉丝很有名，可是到底哪一家最好，却是众口不一了。位于丰富路上这一家的大红色门面很吸引人，吃饭时间往往要排队。最贵就是15元的全套，有鸭肫、鸭肝、鸭肠和鸭血，再加上豆腐果和粉丝。当直径足有20厘米的大碗端上来时，白色浓汤里的那些鸭杂碎和粉丝，可真是诱人。这里还有鸭油烧饼和鸭杂汤泡饭，所以除了当小吃外，也可以当做正餐来吃饱。

刘长兴（逸仙桥店） 小吃 ¥

（见54页地图；☎8441 1031；中山东路506号；人均20元；⏲6:00~20:30）作为老字号的刘长兴面馆，开有很多的分店。这家开在交通要道边的店铺，在吃饭的时间，总是很热闹，也许要站着等候有人给你让出座位。这里的薄皮小笼包排在价目单上的首位，一笼7元4个。再加上价目单上其他的各色面点，显得很丰富。

川味观

川菜 ¥¥

（见54页地图；☎8446 1777；中山东路147号；人均70元；⏲11:15~21:00）位于新街口与大行宫之间的主干道路边，一般来说不要排队。虽然主打的是川味，可是只点菜单里不麻不辣的菜也有选择余地。如果是正宗川味爱好者，那就需要格外提出给予重口味。服务的效率不算高，上菜也会有间歇期，给出了慢慢品味的时间。

安乐园菜馆

清真菜 ¥¥

（见54页地图；电话：8420 0227、8420 6466；王府大街138号；人均80元；⏲7:00~13:30、17:00~20:00）这是一家位于朝天宫附近的清真饭店，店堂分为两个部分。一是小吃，有各种包子、面条和砂锅，其中牛肉包、牛肉汤包和牛肉馄饨是特色。另一部分就是在菜单上点菜了，个头很大的牛肉圆应该是首选，试试并不是那种纯粹的牛肉口感，还有葱爆羊肉、烤羊排和烩鱼肚。老字号的老店了，清真特色很浓郁，就是服务态度一般。

鸿霖多国料理

自助餐 ¥¥¥

（见54页地图；☎8476 3368；中山路18号德基广场L601；人均178元；⏲11:00~14:00、17:00~21:00）这里的自助餐，并不是自己去挑选了端回来，而是根据菜单点好了由服务员给端过来，这样可以有效地避免可能产生的大量剩余。可供选择的品种很多，从刺身、三文鱼到大虾、烤鳗鱼，从生蚝到奶酪焗扇贝，从火锅到烧烤，有中式菜肴西式美食，有甜点饮料，总要点上好几轮才能尽兴，还可以吃到好几国的口味。周末时人会很多，避开为好。

夫子庙与城南

在夫子庙的那条街上，小吃太多了，还全是老字号的名小吃。比如，蒋有记的锅贴、莲湖的糕团、六凤居的豆腐脑，还有晚晴楼、奇芳阁、永和园这样老字号饭店，甚至还有将各种小吃全部纳入一套套供应的秦淮小吃城。不过，这几乎全部都是面向游客的餐饮，只能保证有同样的名称和形状，而不能指望拥有南京人的口碑。

章云板鸭

卤味 ¥

（见58页地图；升州路236号；⏲8:00~18:00）南京人对于鸭子，除了情有独钟，还会百般挑剔。所以，如果在一家鸭子店前能够有人排队，那就是说，也跟着去排队是没错的。他家的盐水鸭，皮白肉红骨头绿；他家的烤鸭，皮脆肉香卤汁纯。要是买整只，就可以不排队，要是想带着走长途，还可以要求真空包装。

蓝老大糖粥藕

小吃 ¥

（见58页地图；双塘路66号；⏲7:00~18:00）一看见摆放在门口的那两口大紫铜锅，就有了尊敬的感觉。锅里的糖芋苗，被熬成透亮的暗红色，一丝丝桂花融在其中，香气扑鼻而来。4

1912街区

1912街区（见54页地图）位于总统府院墙之西，是一片民国时期的老旧建筑。由于在1912年南京成为了民国首都，所以这片紧邻总统府的街区也被以此命名。如今这一带被改建为酒吧餐饮娱乐一条街，足足有40多家吃喝玩乐店家。白天这里颇为安静，可是一旦进入夜色阑珊，便霓虹闪烁，人影纷乱，衣着时尚的俊男靓女们，让这个街区进入了灯红酒绿时光。

这里有各国各地风味的就餐场所，民都荟的民国私房菜，鹿港小镇的台湾风味，芳满庭的上海本帮菜，还有韩国风味的庆善园和泰煌的泰式菜肴。此外还有各种类型的酒吧。往事吧里怀旧、苏荷吧里听歌，Enzo CLUB是音乐酒吧，T-Rex CLUB为视听酒吧，坐吧里喝喝清酒、杰森里品品葡萄酒，茶客老站还是很国粹的饮茶。要想劲爆更嗨，还有通宵达旦的夜店，菲芘、玛索、瑞奇娱乐到2:00关门，棒棒堂能歌舞升平到天快亮的凌晨5:00。

先锋书店

“大地上的异乡者”，这是**先锋书店**（见62页地图；☎8371 1455；www.xf1996.com；广州路173号；⏰10:00~21:00）对于自身的标注。“南京的文化地标”，这是读者对于书店的标注。只要你对于墨香味还是有所留恋，那么，到了南京，你就应该去先锋书店看看。这是个地下车库改建的书店，走进来，就看见那斜坡上层层叠叠满目书籍。这里位于南京大学和南京师范大学之间，来看书买书的以学生为多，而书籍除了文史哲、社科、财经之类外，还有大量的一般书店难以见到的电影、美术、建筑、摄影、戏曲、音乐、舞蹈、广告等艺术类的书籍。这里有开放式的小咖啡厅，有供看书的桌椅，还有可以进行交流座谈的一块场地，书店常举办各种关于书籍和文化的交流分享活动，在网站上有活动的预告。书店浓厚的人文气息正符合南京这座古城的传统，开放式的经营方式也有图书馆的味道。

元一碗的糖芋苗（又称为芋仔、芋艿）吃了不过瘾，但是不到季节就没有糖粥藕供应。老板告诉说，作为原料的藕段，必须要选用8月份出产的深水老藕，这样才能保证糖粥藕的软糯可口，而不能随便采购坏了自家名声。

成诚烧饼店

小吃 ¥

（见52页地图；水西门大街127号；⏰6:40~18:00）在这家烧饼店前，几乎每天从早到晚都有人排队。这不是什么百年老店，而是一对曾经学过美术而又改行做了30年烧饼的夫妻店。当他们那不大的烧饼得到了人们舌尖上的承认后，却出现了每人限购20只的规定。询问有什么诀窍时，不善言辞的主人说，“用做点心的方式来做烧饼”。肉烧饼2.5元、豆沙烧饼1.5元、普通甜咸烧饼1元。

汪家柴火馄饨

小吃 ¥

（见58页地图）位于江宁路旁的转龙巷里，没有门牌号，没有电话，可是只要看见了那被燃烧柴火熏黑的门面，就找到了这家馄饨小店。从早上6点到晚上7点，炉灶上总是在翻滚出袅袅热气。3.5元一碗16个薄皮馄饨，清汤上漂浮着点点韭菜末，一股特别的香味飘散。大树下安放着两张桌子，大树根旁堆满了将要变为柴火的废旧木器。

清真奇芳阁三山街店

小吃 ¥

（见58页地图；升州路30号；人均20元；⏰6:30~19:30）小店的旁边是净觉寺，这个寺院也是南京伊斯兰教活动中心。小店干净清爽，6元5只的牛肉锅贴是小店的主打，青菜包子和赤豆元宵也为人称道。

玉荷塘

土菜 ¥

（见58页地图；☎5231 0707；平江府路156号；人均50元；⏰11:00~14:00、17:00~24:30）大厅内装修出来几株粗大的树干，枝枝叶叶就悬挂成了吊顶。在形式上的大树下，摆放开来桌椅和条凳，就有了些乡间的情趣。不但装修是乡土，品种很多的菜肴中不少也是常见的乡土菜，似乎家里也可以做出来。这里主推的是平民的消费和习惯，至于口味，那更是东西南北混搭，反正乡土菜没有很多讲究。

小瞻园面馆

小吃 ¥

（见58页地图；殷高巷水斋庵43-5号；人均20元；⏰6:00~13:30）用骨头来熬汤，便没有味精的味道。张老板说，反正做小排面要剔下来一些骨头。细细的面条很有劲道，汤汁也很香鲜。鳝鱼面也是这家的招牌面。

8号苑主题餐厅

火锅 ¥

（见58页地图；☎5221 6968；大石坝街26号；人均45元；⏰11:00~1:00）一进店堂，最引人瞩目的就是满墙的奖状，还都是中小学发的那种奖状。营造出给80后怀旧的气氛，倒也别树一帜。可是进来后不能只是感受气氛，还是要讲究火锅的口味和用料。据老板说，这火锅底料都是从四川进来的，保证是正宗的麻辣川味。人均45元就可以很好地将肚子填得满满。

珍宝坊

中餐 ¥¥

（见58页地图；☎5230 0777；平江府路135

亚洲户外用品展览会

从2006年开始，每年的7月底，都要在南京举办目前中国顶级的户外用品展（入场票40元）。这个展览里包括了从普通旅游到专业户外登山的各类用品，还有从自行车到房车的专业装备。在展览的几天里，可以看到各厂商展示的最新产品，穿在那些模特们身上的著名行头会激起购买的欲望。还有攀岩、扁带和自行车骑行等表演和体验活动。到了展览的最后一天里，会有很多人涌去抢购那些由于撤展而打折的心仪商品。

如果提前在亚洲户外网站（www.asian-outdoor.com）上进行观众登记，在符合要求后就可以成为专业观众，可以得到专业观众证免费进入参观。

号；人均100元；⏲10:00~21:30）珍宝坊就在玉荷塘对面，看着店名就能觉出差异，而经营的菜肴和价格，也是奉行了与对门截然不同的高档路线。装修是中式宫廷样式，用餐环境很好。这里是多种菜系并存，有江南的河鲜与南海的海鲜。

鼓楼、山西路一带

这里有餐饮集中的狮子桥美食街，酒楼饭店比邻，菜系口味众多，价格高低全面，韩国、泰国、日式、西餐皆有，走进去就可以方便挑选适合自己口味的美食。

首选 南京大排档
江浙菜 ¥

（见62页地图；狮子桥2号；人均50元；⏲11:00~14:00、17:00~24:00）一进门就有几位身着旧时衣衫的老者，引导食客进入大堂。大堂里的饭桌和条凳，也流露出怀旧气息。桌旁总是满员的食客，带来闹哄哄的气氛。这里有小吃和主菜，小吃可以直接到排档前去查看着要。这里的糖芋苗、烤鸭包、虾黄豆腐、臭豆腐、一桶鲜，等等，都有特色并且价格不高。

马祥兴菜馆
清真菜 ¥¥

（见62页地图；云南北路32号；人均100元；⏲11:00~13:30、17:00~20:30）南京传统的清真老字号，以"美人肝"、"凤尾虾"、"蛋烧卖"和"松鼠鱼"四大镇店名菜传名。民国时期李宗仁、白崇禧、孔祥熙、邵力子等无不在此闻香下马，中央大学教授胡小石即兴之创的"胡先生豆腐"也曾名噪一时，书法家于右任先生，酒食余味，欣然题写"百壶美酒人三醉，一塔秋灯映六朝"。今天的马祥兴，在众多的新兴餐饮中，依然沿袭老店传统。人均百元也可以品尝到四大名菜中的一二。

百味斋
素食 ¥¥

（见62页地图；☎5771 3690；鸡鸣寺路1号；人均80元；⏲10:00~20:00；Ⓟ）百味斋分为两个部分，一部分是在鸡鸣寺的豁蒙楼里，经营些简单的素食素面。而饭店却是在鸡鸣寺外的山坡下，有很多的素菜可以点选。有的菜品名称很有意境，比如：紫气东来、鸡鸣春晓和逍遥自在。而更有特色的就是可以将素菜做成荤菜的模样，比如：糖醋鳜鱼、东坡肉和羊肉串。虽然仿真外形并仿不出口感，可是口味却可以称赞一番。

香草天空
西餐 ¥

（见62页地图；汉口路陶谷新村4-4号；人均50元；⏲11:00~21:00）不大的门店，如果不是因为蓝色的色调粉刷，这店铺想必早已淹没在周围数家经营风格近似的小资店铺之中。由于毗邻南大，所以客源以学生为主，价格中等，招牌当属肉酱焗面配蔬菜（35元）和芝士焗薯泥（15元），尤其是后者，劲道十足的芝士层让人回味无穷。店内还提供免费Wi-Fi，让吃饭的时间可以延长很多。

城东

富春大酒楼
淮扬菜 ¥¥

（见66页地图；☎8485 5577；苜蓿园大街88号；人均60元；⏲7:00~21:00）如果你不准备去扬州，如果你想在南京品尝到经典的扬州菜，那么不妨来这一家饭店。这里早点的拌干丝和富春包子，是完全的扬州特色。中餐和晚餐的扬州菜，也很好地保持了扬州的风味特色。还有那些厨师和服务人员的扬州口音，也让人会确认这里口味传统地道。人均50~60元，就可以品尝到几品扬州传统菜。

瑞金路第一蜜汁藕

小吃 ¥

（见52页地图；瑞金路6号；⏲7:00至卖完关门）挂着“南京第一”牌子的店面，在瑞金路菜场的大门旁，来买菜的大妈会顺便排队买点带回家。藕片入口很绵软，可并不是烂乎乎的没有脆感，再加上糯米的实在和香糯，两者结合后的口感相得益彰。最后加上去的一勺蜜汁浓而纯，要是不喜欢太甜的可以要求不添加。

龙宫大酒店

淮扬菜 ¥¥

（见66页地图；☎8444 7777；卫岗55号；人均100元；⏲9:00~21:00）对于小龙虾情有独钟的南京人，每到了小龙虾肥美的季节（5~9月）里，总喜欢扒开包裹在细嫩白肉上的大红外衣，品尝那有弹性的口感。龙宫大酒店在龙虾季节里，也是将龙虾作为了主打菜品。口味多样，从有名的十三香龙虾到原味盐水龙虾，有十种口味之多。一份168元20只。另外，小鱼锅贴28元和清汤鱼圆38元，也是这家的招牌菜。

绿野香踪

素食 ¥¥

（见52页地图；☎6661 9222；御道街56号正阳大厦1楼；午餐68元、晚餐88元；⏲11:30~14:00、17:30~21:00）这是一家提倡无烟、无酒、无肉、无蛋的全新素食理念的餐厅，有中式、日式、西式、火锅、中点、西点等多国菜点。为了保证蔬菜的有机品质，据称是有机蔬菜农场专门提供。只是习惯了肉食的食客们要细心地品味这里的特别。

饮品

在南京难得见到茶馆，而最常见的就是“蓝湾咖啡”和“猫空咖啡”，每个品牌都有几十家的连锁店。虽然它们的出生和来源不同，可是打出的内容却是一模一样，“咖啡、茗茶、棋牌、简餐”。其实，南京很多别的咖啡馆也是差不多的内容，只是装修和服务形式上有所差异。而可以肯定的就是，来这里喝茶的比喝咖啡的更多。要想寻找有特色的咖啡馆和酒吧，就要到南京大学附近或者去1912街区。

首选 青果

酒吧 ¥¥

（见58页地图；☎8458 6867；大石坝街32-3号；人均50元；⏲10:00~24:00）文青味道很浓郁的酒吧，装修也带着淡淡的怀旧意味。将一层楼面分割成了很多空间，除了容纳很多人的大厅外，还有清风/洗心、他与她/邂逅、街坊/剧场、想不想/禁闭室、创作/车间、荒岛/图书馆和老唐/书房等大小不一的房间，里面会安排一些饶有趣味的内容。在周五、六的20:00~22:00，会有驻场歌手演出，那是一周内最嗨的时光。这里还供应西点、奶昔、鸡尾酒和简餐。在青果的隔壁，就是雕刻时光咖啡馆，那里比较安静些。

半坡村

咖啡馆 ¥¥

（见62页地图；☎8332 4627；青岛路32号；人

当地知识

省门票钱秘籍

用200元买一张南京园林的年卡，便可以免票去南京的几十处景点。如果准备在南京停留3天，那么买一张年卡还是划算的。在很多景点的售票处有出售，有效期为购买日后的一整年，准备一张1寸照片就可以了。在东郊风景区里，如果买包括明孝陵、灵谷寺和音乐台的套票，只要90元。

有些景点还有一年一度的免费时间，如每年5月18日的世界博物馆日，朝天宫（南京博物馆）、甘家大院（南京民俗博物馆）、瞻园（太平天国历史博物馆）等都是免费开放的。如果不贪图睡懒觉，可以赶在6:30上班前，与晨练的人们一同进入明孝陵和灵谷寺，用勤快节省门票钱。

均50元；⏲10:00~24:00）咖啡馆有两层，平时白天只是一层营业，从傍晚开始，二楼也会坐满了人。咖啡28元一杯，套餐20~30元不等，有免费Wi-Fi，服务员不少是旁边南大的学生。每周五19:00开始在二楼有肚皮舞表演，喜欢艺术氛围的老板还不定时开办艺术沙龙和音乐演出。由于南京大学的留学生较多，在南大附近的汉口路、汉口西路、上海路和南秀村一带，还有许多大大小小的酒吧和咖啡屋。

☆ 娱乐

南京艺术学院音乐厅（见52页地图；虎踞北路15号）可以容纳100多人的交响乐团和200人的合唱团，是国内外高雅艺术在南京演出的首选地。要想看演出预告和订票，可看永乐票务（www.228.com.cn/venue-481214-other.html）。

南京的影院很多，在新街口就有**德基国际影城和金陵工人影城**。不过，去新街口的**大华大戏院**（见54页地图；中山南路67号），除了看电影外，还可以看看开业于1936年的老戏院。从首映的第一部米高梅歌舞片开始，一直到近期改造完毕后的4D电影，这里成为了南京人享受银幕艺术最长久的地点。在入口的门厅里，有12根粗大的大红柱子，老式的气派中式的典雅。在二楼的一间屋子里，还陈列了7台老式电影放映机和这个大戏院的历史展示。

购物

南京新街口商圈，其商贸店铺的密集度甚至超过了北京王府井。从**德基广场**（见54页地图；中山路18号）的一线大牌商品到**淘淘巷**（见54页地图；洪武路135号中山电子城4~5楼）的网络实体店，汇集了恐怕你能想到的所有商品。至于日常生活用品，南京开设最多的连锁超市是**苏果**，顶级的家电商场是**苏宁商茂超级店**（见54页地图；中山南路49号）。

长三角图书市场 书店

（见62页地图；☎8323 6900；中山北路105号大院内；⏲9:10~17:00）这是一处规模很大的图书批发零售市场，书籍种类之多，恐怕没有哪家书店能比。在这里就算只是购买一本图书，也可以得到打折的价格。最不好办的，就是面对那众多经营点，不免有些眼花缭乱。

杨公井古旧书店 书店

（见54页地图；太平南路220号；⏲9:00~18:00）早年间这里是中华书局的南京分店，建筑的民国风格依然保留。进门处的一楼是文史、美术、收藏和鉴赏，二楼则是古旧书店的收购部。眼下的古旧书籍越来越珍贵，这收购部也难以轻易收到什么好书了。不过，在书店里还是有多年前出版的老书供人选购。没准也可以收获到普通书店里再也找寻不到的书籍。

进香河户外用品一条街 户外用品

（见62页地图）在这条街上，有十几家户外用品店，还有几家专业自行车店。这些户外店提供能满足从一般背包客到职业户外运动者的专业用品，还常有打折的商品出售。规模较大的有三夫和土人，三夫的品牌和价格都比较高档，而土人的价格就如同商店名字一样经济。

东鼎照相器材城 摄影器材

（见52页地图；珠江路699号；⏲9:00~17:00）在这栋楼里汇聚了几十家摄影器材商店，从卡片机到专业机，从配套镜头到辅助装置，可以说是各种品牌各种规格齐备。这里有老旧型号的二手器材，还有专门的照相机和镜头的维修店铺。来这里，就算不买器材，打听一下关于南京的摄影秘诀，也会有所收获。

ℹ 实用信息

危险和麻烦

南京总体来说，还是个很安全的城市，但是由于流动人口太多，免不了有些要注意的地方。比如说在初来乍到时，最好排队乘坐出租车，而不要去乘坐那些很热情的拉客车辆，因为这些车大多属于没有营运资格的黑车，出了任何问题就会无处投诉。

还有一些在地铁站出口处等候的车子，他会告诉你要去的景点很远，可是当你到达后就会发现，其实走路的距离也很短。还会有介绍住宿的，这更需要注意，不要只是想着便宜而忘记了安全。

医疗服务

药店在南京的大街小巷都很常见，但是如果需要处方药，还是去医院请医生诊断后再购买药品更好。以下两家都是三级甲等医院：

南京鼓楼医院（见62页地图；☎8330 4616；中山路321号）

南京市中医院（见58页地图；☎5227 6666；夫子庙金陵路1号）

邮局

新街口邮局（见54页地图；☎8470 2392；中山路19号）

建康路邮局（见58页地图；☎5230 4217；金陵路15号）

旅游信息

南京旅游咨询（☎5226 9008）

江苏省旅游咨询投诉（☎8341 8185）

南京市旅游局投诉（☎8360 6085）

南京旅游质量监督管理所投诉（☎5226 0123）

南京市工商局消费者申诉举报（☎12315）

南京市价格举报（☎12358）

旅行社

虽然跟旅行团会有种种不如意，可是在较短时间里想看较多景点，还是参加旅行团会方便一些。在到达南京和住下来以后，恐怕就会有很多来介绍旅游的。想要靠谱些，直接找大牌的旅行社总部，最起码会相对放心一些。

南京国际旅行社（见58页地图；☎8311 2969；www.njlxs.com；太平南路589号）和**南京青年国际旅行社**（见52页地图；☎8360 4980；www.nyts.com.cn；中央路264号9号楼1楼），均有南京一日游和南京周边城市和景点线路。

旅行社除了南京本地和江苏城市线路外，还会提供皖南和浙西一带的很多线路，比如宏村、西递古村落和著名的黄山，从南京过去很方便。

网络资源

西祠胡同（www.xici.net）得名于南京“西祠堂巷”，这个虚拟社区是南京人最扎堆的空间，看看有什么喜欢的，报名参加感兴趣的活动，就可以与南京人一起玩了。比如，**“南京城市记忆”**版（www.xici.net/b950270/），在每周六都要进行关于南京的探访活动。

南京旅游网（www.nju.gov.cn）作为向来南京旅游者提供服务的官方网站，分项目给出了很多资讯。

E美食（www.517515.com）吃货们看了要流口水的页面，给出类别、区域和人均消费，就会得到一长串店名。

南京民国建筑网（www.njmgjz.cn）喜爱民国建筑的，可以在这里逐一搜寻。

图书馆

南京市图书馆（见54页地图；☎8435 6000；www.jslib.org.cn；中山东路189号；⏲9:00~17:30，全年开放）为国家一级图书馆，藏书近千万，古籍就有160万册。馆内有报纸阅览室、少儿书刊借阅室、视

当 地 知 识

南京的绿道

新近完成的紫金山南部绿道，是专门提供给自行车爱好者的道路。绿道由西至东串联了紫金山南一带的众多景点，起于琵琶湖公园入口，经前湖、燕雀湖、下马坊遗址公园、博爱园、灵谷寺(体育公园)，一直到紫金山风景区的东入口（仙林大道）。主线绿道长约12.5公里，可供游客们步行或者骑行，并且计划在其中9个点建立自行车租赁处。

在游人们骑行或步行在风景如画的环紫金山绿道上时，也计划在中山陵核心景区禁行机动车。按照南京的绿道规划，今后还将完成包括明城墙绿道、环紫金山绿道等10条绿道，总长度将达到100公里。

障人书刊借阅室、借阅区；阅览区；数字化区和古籍研究区。办理图书借阅证需要交100元押金，而阅览证则免费办理，这些证的办理均需要本人身份证原件。在负一层还有用玻璃地坪保护的六朝时期梁代建康城内皇城遗迹，免费开放。

媒体

作为一座文化底蕴深厚的城市，看报纸也是南京人的习惯，手持一份报纸，是每天上班时的必须。在地铁站上，每天早晨还有免费派发的《东方卫报》。作为外来者，看看当地报纸，可以让自己更快地了解这座城市。

南京的报纸很多，除了发行量排行全国前列的《扬子晚报》(www.yangtse.com)外，还有《现代快报》《金陵晚报》《南京晨报》等，现在的价格都是1元一份。

车次时刻表

南京长途汽车总站

站点	发车时间/班次	票价(元)	行程(小时)
镇江	7:00~18:40，12班，约1小时1班	26	1
无锡	7:00~19:00，17班，约40分钟1班	60	2
苏州	7:00~19:00，15班，约40分钟1班	75	2.5
南通	5:40~18:10，30班，约25分钟1班	100	3.5
盐城	6:40~19:00，22班，约30分钟1班	95	3.5
徐州	9:00、10:30、12:00、12:30、14:30、16:00、17:30	120	4
新浦(连云港)	7:00~18:20，20班，约30分钟1班	100	4
上海	7:30~18:00，11班，约1小时1班	88	3.5
杭州	6:40~19:00，32班，约20分钟1班	123	4
绍兴	7:10、8:20、13:50、15:10	145	6
宁波	6:40~17:20，9班，约1小时1班	180	7
青岛	8:00、10:00、13:00、17:00、18:40、21:00	200	7.5
合肥	6:45~18:40，24班，约30分钟1班	53	2.5
泾县	8:30、12:20、14:20	60	3
九华山	7:40、14:00、14:50	84	3.5
黄山	7:30、19:30	121	4.5

南京客运东站

站点	发车时间/班次	票价(元)	行程(小时)
扬州	6:20~19:30，48班，约20分钟1班	37	1小时15分钟
高邮	6:30~18:00，16班，约45分钟1班	65	2
宝应	6:50~18:00，12班，约40分钟1班	80	2.5
泰州	7:00~18:40，21班，约30分钟1班	55	2
兴化	7:00~18:00，12班，约1小时1班	71	2.5
镇江	6:20~18:40，28班，约20分钟1班	18	1
常州	7:15~19:15，16班，约40分钟1班	47	1.5
无锡	8:15~19:15，16班，约40分钟1班	59	2
苏州	7:45~19:15，18班，约40分钟1班	77	2.5

正在建设中的地铁

南京有宏大的地铁和轻轨计划，计划达到20条线路，总长度将达到700多公里。好在眼下只有6条线路正在施工中，只是引起了南京地面交通的局部不畅，还造成了若干公交车改道。

如此大规模建设，主要是为了2014年的夏季青奥会。赶在青奥会开幕前，会有**地铁3号线**（又一条南北方向位于1号线以东的线路，从江北开始，经过南京火车站、南京市政府、大行宫、夫子庙和南京南站）、**地铁10号线**（一条东西方向的线路，沟通长江的两岸）、**地铁6号线**（从南京南站到禄口机场）、**地铁11号线**（从大桥北路到六合金牛湖，与3号线相交）投入运行。

届时南京的地铁交通，将是更靠谱更准时的公共交通方式。不过，那时的地铁票价也会有所调整，并拟推出3日7日票。

到达和离开

飞机

南京禄口国际机场（见98页地图；www.njiairport.com；禄口国际机场站）拥有通往54个国内主要城市、20个国际和3个地区城市的130余条航线。正在建设的二期工程结束后，将增加一条可以起降宽体客机的高等级跑道和一座新的候机楼，达到满足年客流量3000万的目标。

24小时订票热线（8660 2902）

江苏民航售票处（瑞金路营业部）（见66页地图；8449 9410；瑞金路50号）

南京禄口机场24小时问询服务（968890）

长途汽车

作为省会，南京的公路交通不但要辐射全省，也要兼顾附近的安徽和浙江，甚至还有更长途的卧铺班车通往东南西北的省区。

为了避免城市交通的拥挤，南京市的长途客运站分布在离开市中心的地方，设置的这几个客运站，可兼顾各个方向的客流。这几个客运站并没有严格的区分各自的方向，也会有所重叠，或者前往同一地点却可以在两个客运站上车。

可以在**江苏道路客运综合信息服务网-南京**（www.jslw.gov.cn）进行网上购票，现在已经包括了南京地区所有客运站。网上还可以购买孩童票，但是要注意，现在网上不能进行退票。在网上买票成功后，需要到所购车票的车站去取票。除了网购外，南京的一些邮局和南京市商业银行的一些网点也进行长途车票的代售。

江苏的高速公路网已经到达苏南所有县和苏中、苏北绝大部分县，只是买票时先要问清楚是不是走高速。走高速可以很快到达，不走高速就可以在沿途乡镇下车。

一般来说，前往县市一级的班车约半小时到一小时一趟，有的甚至间隔时间更短。省内由于皆是平原，就算是最远的徐州，4小时也可以到了。

交通服务热线电话（96196）

南京长途汽车总站（见52页地图；建宁路1号；8553 1299）即南京中央门站，是目前南京最大的客运车站。

还有班车开往这些省份：江西、湖北、湖南、广西、广东、河南、河北、山西、陕西、辽宁、贵州和福建。

在南京火车站北面，小红山客运站即将建成。南京长途汽车总站将搬迁到那里，那时的客运总站设施将全面提升，还会与南京火车站和地铁1号线、3号线相通，可以方便快速地换乘，同时班车进出客运站也避开了原先的交通拥堵。在作者调研期间了解到将在2014年进行搬迁。

南京客运东站（见66页地图；花园路17号；8547 7436）这个客运站在省内主要发往苏中的扬州和泰州地区，还有沪宁线一带，共有70个地点。

另外，这里发往浙江的班车很多，可以到达48个地点，发往皖南方向的有11处。还有开往福建10个城市的班车。

这个客运站还有合乘桑塔纳轿车去扬州的方式，4人一车，可以送到乘客指定的地点，55元一人。

南京客运南站（见52页地图；南京高铁南站一层西

北角；☎8677 8366；🚇南京南站）由于客运南站就是设置在铁路南站的建筑里，所以目前客运站的设施和服务均是南京地区一流，接待咨询的服务人员就有6人，在大厅里还配备了几台无人售票机和自助式小件寄存柜。

客运南站还有发往江苏、安徽很多县的班车。

南京桥北客运站（见52页地图；大桥北路22号；☎5885 0742）这个客运站位于南京长江大桥的江北出口外百米，主要是发往苏北和皖北的客运班车。公交车可以到达。其主要目的地班车见下表。

江宁客运站（见98页地图；天元东路388号；☎5217 9437；🚇龙眠大道站）主要发往沪宁线上各大城市和扬州、淮安、盐城、南通、徐州、连云港等地，还有开往杭州、合肥、六安、泗县的班车。毕竟是乘客数量不多的客运站，所以虽然去的地点不少，可是每天却只有一两班次车。地铁1号南延线在龙眠大道站下车。

火车

南京市区现有南京站和南京南站，另外还有江宁和溧水两个小站。除了可在12306网站和火车站购买火车票之外，南京市区也有很多代售点，全部联网预售，只要多付出5元钱的代办费就可以了。可以在**南京火车站网站**（www.njstation.com）里查到南京的售票网点。要注意，在网站预购车票的话，如果逢到节假日，最好提前到火车站的自助取票机前取票，因为如果遇见排长队，就可能来不及取票。

南京站（见52页地图；☎8582 2222）南京最主要的火车站，注意与南京南站区分开，免得跑错了车站。南京站承担除了高铁和动车以外所有的始发、经过和到达南京的列车，包括Z字头、T字头、K字头的列车，还有数量不多的开往北京、上海、杭州、宁波、温州、合肥的动车。

车次时刻表

南京客运南站

站点	发车时间/班次	票价（元）	行程（小时）
溧水	6:30~19:40，约15分钟1班	15	50分钟
高淳	6:20~19:00，约15分钟1班	25	1小时20分钟
常州	7:35、9:10、13:20	45	1.5
无锡	8:50、14:30	57	2
苏州	8:20、9:50	60/70	2.5
泰州	7:40、9:30、11:00、13:30、15:00、16:30、17:30	55	2
南通	7:30、11:30、13:15	70/80/95	3.5
盐城	6:50、8:00、9:00、10:00、11:35、14:20、16:20、18:00	93	3.5
楚州	8:00、11:10、13:10、14:20、16:40	58	2.5
马鞍山	6:45~20:00，约20分钟1班	20	1
滁州	7:00~19:10，约30分钟1班	26	1.5
黄山风景区	9:45	97	4.5
九华山	6:40、11:20	80	3.5

南京桥北客运站

站点	发车时间/班次	票价（元）	行程（小时）
扬州	7:00~17:20，约每1小时1班	34	1小时15分钟
淮安	6:30~18:30，约每30分钟1班	66	2.5
楚州	7:00~18:00，约每1小时1班	60	2.5
滁州	7:00~18:30，约每30分钟1班	20	1.5

公交车的游1路到游5路

为了方便来南京的游客，有专门的旅游线路公交车，从游1到游5，分别串联起沿线景点。

线路	停靠的景点和交通要点
游1路	中山陵、南京博物院、明故宫、总统府、鸡鸣寺、鼓楼、玄武湖、中央门长途站、南京火车站
游2路	灵谷寺、南京博物院、明故宫、总统府、夫子庙、雨花台
游3路	明孝陵、植物园、白马公园、红山动物园
游4路	雨花台、莫愁湖、大屠杀纪念馆、阅江楼
游5路	阳山碑材、航空烈士纪念馆、长途东站、南京火车站

南京南站（见52页地图）位于南京市南部的雨花台区，是铁路系统的特等站，2011年投入运营，为京沪高速铁路五大始发站之一。

南京南站是专门发送、停靠高铁与动车的车站。有前往北京、上海、杭州、合肥、武汉、长沙、郑州和宁波、温州、宜昌、青岛、厦门方向的高铁或动车。2013年7月1号开通的宁杭铁路，给南京增加了江宁和溧水两个铁路站。

南京火车站与南京南站之间有地铁1号线相通，乘坐需要35分钟。

江宁站（见98页地图）位于江宁大学城东樵歌路，是宁杭高铁的一个中间站。现有开往北京、上海虹桥、徐州、杭州、宁波、温州、合肥、淮南、福州、厦门的过路停靠车。

江宁区22、29、31、137路公交车可以到达江宁站。

当地交通

抵离机场

从禄口机场前往距离36公里外的南京市区，如果打的要110元。机场大巴共有2条线，1号线开往南京火车站东广场，中途停靠雨花广场、秦淮区政府和西华门，运行时间从早上第一个航班落地开始，至当天最后一个航班结束为止；2号线开往南京火车南站，停靠翠屏山宾馆，运行时间为9:30~22:30。此外机场还有到江苏民航瑞金路营业部的大巴，从8:00~19:00，30分钟一班。

市区到机场的话，大巴起始站也在火车站东广场和火车南站。前者从5:40~21:00，20分钟一班，票价20元，约90分钟到达，中途停靠龙蟠路（对面就是金润发大卖场）；后者从6:15~20:15，约20分钟一班，票价也是20元。瑞金路到机场的大巴，问询8449 9220，6:00~18:00，30分钟一班。

南京禄口机场承诺，如果在起飞前两个半小时乘上火车站至机场班车，两个小时乘上南京南站至机场班车，因班车责任原因导致误机，机场将赔偿机票改签或退票的差价损失。当然我们希望你不要经历这种情况。

禄口机场还设立了20个包括江苏和安徽周边城市候机楼（包括扬州、无锡、常州、镇江等），有直接来往的定点定时班车，让那里的旅客一站式到达机场。在2014年夏季青奥会之前，还将开通南京南站到禄口机场的轻轨线路。

公交车

南京的公交车除了郊区线外，已经全是无人售票了，需要投币或者刷卡。公交车型分成空调车与非空调车两种，空调车票价2元，非空调车票价1元。据介绍，在一两年内，大部分的公交车上还将开通4G网络。打开手机的无线网功能，搜索“CMCC—4G”，不需要输入密码，就能“蹭”到不要钱的网络。

南京的公交车编号，如果是3位数的话，其中以1开头的为市区路线，3开头的为市区小型巴士，8开头的为夜间车，6开头的是江北的浦口区和六合区。而“区”字开头的是江宁区内路线，纯文字的则是城区与郊区连接班车。

8684公交网（www.8684.cn）上可以查询南京的公交线路和车站信息（在切换城市后，还可以查到江苏其他城市的公交信息），如果输入起点和终点，还可以给出几种不同的乘车和转车方式供选择，这些方式里也包括了地铁线路。

地铁

至2013年，南京已经开通了两条地铁线。1号线为南北走向，2号线为东西走向。位于城区中心的新街口，就是1、2号线的最拥挤换乘站，另外在城西还有元通站可以进行1、2号线的换乘。乘坐地铁实行2元、3元、4元的分段收费。地铁网站（www.nj-dt.com）上可以查找需要的信息。

出租车

南京的出租车起步价为11元，3公里后按照2.4元/公里收费，夜间23:00后会加价至2.7元/公里。根据车型的不同，收费会略有差别。由于南京出租车计费还没有实行等待收费，所以司机们对于去易于拥堵的新街口一带不太愿意，可能会遇见拒载情况。同样，在那些地方也不容易等到出租车。司机们往往选择在下午的17点到19点之间进行日班和夜班的交接班，到了这个时间往往只接纳顺路的客人。

如果要提前预约出租车，叫车电话是96520。

轮渡

虽然在长江上已经建起了4座桥，可是南京对于跨江的交通依然还需要轮渡的补充。现在有下关中山码头到浦口、燕子矶到八卦洲、棉花堤到江心洲的几个渡口。其中尤其以中山码头到浦口的轮渡为最繁忙，每天5:30~23:00，票价2元。不过，每当天气情况不好时，可能江面上的渡船也会停运，不要贸然赶到码头去。

自行车

也许是南京的公共交通太发达了，所以想租到一辆自行车也成了难事。好在位于进香河的户外一条街上，有好几家的自行车专卖店，在其中两家可以租到带变速的山地车，去看看他们的讨论版，还可以报名参加他们的单车骑行活动。要注意在骑出去前仔细检查车辆，免得最后归还车子时有说不清的情况。

超速自行车店（见62页地图；☎8321 1885；进香河路9号）山地车押金1000元，租金50元1天。

山地情怀车行（见62页地图；☎8361 5657；进香河路26号）山地车或折叠车押金2000元，租金100元1天（品牌为Trek）。

江宁

江宁这个地名，曾经代表过江南这一片的府郡。这里既有大片的山林绿野，也有正在连绵崛起的新楼群。如今作为南京的一个新城区，正在努力地靠拢和融入都市的繁荣。

景点

牛首山　山

（见98页地图）春游牛首，是南京人的习惯。这座200多米高的山离城区较远，也就有了更加郊野的乐趣。在山上有**宏觉寺塔**（门票10元；⏲9:00~17:00），在山腰有传说中的岳飞抗金故垒，在山脚有**郑和墓**（门票20元；⏲9:00~17:00）。这些近年来修整得很好的古迹，在周围道路和绿化的陪衬中，虽然少了些野趣，却可以吸引更多游客前来春游。

宏觉寺塔在牛首山，可是早年间的宏觉寺却荡然无存。现在新建的**宏觉寺**，却建在距牛首山南面不远的祖堂山上，这座寺院规模颇大，成片的建筑群铺满了山腰。祖堂山的南麓，还有**南唐二陵**（见98页地图；门票20元；⏲9:00~16:30），就是那“能有几多愁”的文艺皇帝李煜的父亲和爷爷的墓地。虽然曾经被盗，可是还有偷不走的砖石构筑墓室，墓门两侧有披甲持剑武士石雕像，墓门上砌凿出柱、枋和斗栱，上有彩绘。

南京155路公交可以到牛首山，江宁游1路可以到达南唐二陵。

方山　山

（见98页地图）方山的顶部很平整，也就由此得名，其实这里在千万年前曾经喷发过地底涌出的岩浆。在后来的传说中，这座山被秦始皇修理了一回，泄去了金陵的王气，难怪在南京建都的王朝都无一例外的短命。

如今满山的绿树，掩映着上山的道路，平坦的山顶，遍铺着低矮的茶园，在几家茶社里，可以啜茗新茶。大胆走上外挑出悬崖的玻璃地面观景台，观看南京的南郊风景。山上还残余的火山痕迹，以凝固的形态呈现出岩浆的初态。这里还有抗战时期的**国防工事**，钢筋混凝土的浇筑，迷宫般的结构，有路牌引导前往（免费；⏲9:00~11:30、14:00~17:30，周一休息）。

在方山的山腰，有一座**定林寺**，这是一座有1500年历史的古寺。千年的变迁后，现在只是一些新建的殿堂。在寺院东的场地上，立着一座南宋时期建筑的砖塔。塔高15米，为7层8面的仿木楼阁式。值得关注的，这还是一座**斜塔**，一座曾经倾斜了7.6度后来被扶正为5.3度的斜塔。也许5.3这个数字并不能令人注意，可是要知道，著名的比萨斜塔在多年的扶正后，现在倾斜3.99度。

江宁12路终点站就是方山景区，乘坐地铁则到1号线的南京交院站下。

南京江宁博物馆

博物馆

（见98页地图；江宁竹山路88号；⏲9:00~17:00，周一闭馆）这是一座建成不久的新博物馆，也称为东晋博物馆。有“**千秋江宁**”和“**东晋风流**”等展馆。博物馆的馆藏，以东晋时期为主，分为瓦当、墓志铭、金玉和青瓷4个部分。由于南京已经有了两座更加高规格的博物馆，所以这里馆藏的文物有些低调。馆里还有一个4D环幕影院，放映“淝水之战”，也算纪念当年在江宁东山指挥了这场经典之战的谢安。

江宁区3、4、6路公交车竹山桥站下车。

就餐

新东新

土菜 ¥¥

（☎5218 9777；江宁金箔路298号；人均70元；⏲11:30~14:00、17:30~21:00）这家饭店以江宁老鹅和大骨头而闻名，老鹅一份99元，大骨头汤一份89元。城里的老饕们常常赶过去豪迈地大碗吃肉。就是那一份的量太大，需要多几个人来吃方好。

到达和离开

从南京城区前往江宁，最方便快捷的就是乘坐地铁1号线的南延线，还有即将在2014年开通的地铁3号线。在中华门有101、106路，在雨花台南门有102、105路公交车前往江宁。乘坐地铁或公交车在途中均可换乘江宁区公交车到达江宁的上述各个景点。

浦口和六合

江北的一带，在古远的年代里，曾有许多喷发的火山。那些火红的颜色凝固后，变成为大自然的遗产。后世人们的进一步开掘和造就，使得这片大地上有了许多景点。这里虽然与南京隔江相望，可是交通很是方便，当天就可以来回。

景点

四方当代美术馆

美术馆

（见98页地图；☎6819 0784，6851 5088；www.sifangartmuseum.org；浦口区珍七路9号；美术馆和园区联票60元；⏲周三至周日10:00~17:00）这个充满现代气息的美术馆由著名美国建筑师斯蒂文·霍尔（Steven Holl）设计，于2013年11月开馆，位于一个山水之间的艺术园区内，建筑具有丰富的空间层次变化和视角转换。美术馆不定期地举办各种当代美术展，具体可以通过网站获得资讯。

美术馆所在的园区，可以看做是一个国际建筑艺术实践展，由20多位世界知名建筑家联袂设计建造完成，包括了公共建筑和别墅建筑。这些与青山绿水直接对话的建筑形态各异，随着山坡，依着湖边。根据各位建筑大师对于中国山水的理解，运用了当代的设计理念和建筑手法，将中西文化演绎在极具现代风格的25栋建筑上。

乘坐到珍珠泉的168路，在底站下车后，前方左侧就是珍七路，走进去1.8公里后到达。

珍珠泉风景区

公园

（见98页地图；☎5860 1545；www.zhenzhuquan.com.cn；浦口珍珠街178号；门票40元；⏲8:30~17:00）长江之北，东西方向横贯着老山。在老山的东端，一股泉水从石缝中涌出，如珍珠般喷洒，泉边的石壁上古人刻下了“万斛明珠”四字。在泉池一旁，有开阔的水面，游客常乘坐竹筏赏景游玩。现在的珍珠泉，也是一处风景优美的度假区，除水边的亭台楼阁等山水园林建筑外，景区里还有鳄鱼养殖、野生动物园和跑马、烧烤等游乐项目。景区的后山丘陵起伏，妙高峰、狮子峰、芙蓉峰

南京周边

0 10 km
屯仓水库
川桥水库
马鞍
竹镇
冶山
冶山矿山公园
金牛湖
桂子山石柱林
来安
八百桥
扬州市
马集
安徽省
六合区
滁州
仪征
瓜埠
便民河
珍珠泉风景区
栖霞区
四方当代美术馆
宝华
浦口火车站
北山水库
汤泉
玄武湖
阳山碑材
浦口区
南京
汤山温泉
雨花台区
江宁区
江宁客运站
江宁站
句容
南京江宁博物馆
牛首山
镇江市
南唐二陵
方山
乌江
江宁
东善
湖熟
二圣水库
秣陵
铜井
禄口
天王
和县
马鞍山
横溪
南京禄口国际机场
东屏
东屏湖
石湫
溧水区
中山湖
洪蓝
白马
当涂
博望区
石臼湖
常州市
安徽省
漆桥
漆桥村
桠溪
沧溪戏楼
阳江
高淳区
高淳老街
固城
东坝
东坝戏楼
固城湖
滁河
来安河
向阳河
清流河
新河
秦淮河
天生桥河
姑溪河
运粮河
长江
胥河
胥浦河
G25 G205 S247 S333 G40 G104 G36 G2501 G312 G42 S337 S124 G4211 S55 S123 G205 S341 S246 S239

联袂于北侧，最高峰为海拔250米的妙高峰。

168路从鼓楼到珍珠泉，票价2元，车程1小时。

浦口火车站

历史建筑

(见98页地图)建于1914年的浦口火车站，是当年津浦铁路的终起点，历来为南北交通要点。孙中山先生的灵柩从北京运达这里，朱自清先生《背影》一文中的站台，即为这车站。在浦口火车站停止运营后，这里也成为以民国为背景的电影及电视剧的重要外景基地。虽然眼下候车大楼关闭，可是站台却成为了摄影爱好者和婚纱摄影的热门。浦口火车站旧址现在也成了全国重点文物保护单位。中山码头坐轮渡过江即是。

冶山矿山公园

矿山

(见98页地图；六合区冶山镇；目前免费；⏲8:00~12:00、13:30~17:00)冶山铁矿在开采多年后，正转型成为国家矿山公园。开放的首批景点包括博物馆、窄轨小火车展示、铁矿资源雕塑、工业设备展示馆、铁匠铺、主碑广场、二号斜井、人工大峡谷遗址等，还有亲身下矿井体验的项目(票价30元)。而最吸引人的，则是计划在2014年夏季前开通的窄轨小火车项目。窄轨小火车的路轨宽度还不到1米，而时速更是仅有20公里，会成为“最慢的火车”。

从南京汉中门坐汉六线到六合南站，转到冶山镇的628路车(票价3元，车程1.5小时)，终点站旁就是矿山博物馆。在作者调研时，宁天城际轻轨(11号线)正在施工，预计2014年夏开通。届时，从南京城区可以搭乘地铁到八百桥站下车，然后乘坐小火车去矿山公园。

桂子山石柱林

地质景观

(见98页地图；☎5757 7818；六合区六冶路旁；门票15元；⏲8:00~17:00)在江北的六合区内，有多座火山遗迹。那些曾经在亿万年前地底的喷涌，将玄武岩浆溢出地表，随之均匀冷却和缓慢收缩裂开而成的柱体，就是在地质学上被称为“柱状节理”的地质奇观。桂子山是隆起在公路边的一座小山，由于过去的石料开采，将壮观的石柱林露出了地表。那些六边、五边形截面的石柱紧密排列，垂直于岩层

当地知识

跳五猖与大马灯

高淳虽然是南京的一个区，口音却完全属于“吴语”。由于地处江苏的西南一角，从前的交通不便也带来了这里独有的特别文化。这里有古老的目连戏和其他的民俗表演，其中最具代表性的便是“跳五猖”和“大马灯”。

“跳五猖”源于楚文化的傩戏，是驱鬼逐疫祈福的祭祀仪式。高淳的“五猖”人数众多，道具、面具、服饰都以红、蓝、黄、黑、白五色相配，分别代表东、南、西、北、中的五方天帝，又符合金、木、水、火、土五行之色。表演时，先由5个手持华盖的壮汉入场站定，接着四名衣着袍服、头戴面具、步态不一的表演者排成一字上场。他们分别代表道士、土地爷、和尚、判官4位“地神”，而随后入场的身穿铠甲、肩插金翎、手持双刀的5位才是真正的主角“五猖”。他们在场上行、舞、卧、跃，跳着各种寓意的舞蹈。最多时上场表演者达100余人。

“大马灯”起源于唐朝，盛行于明清，至今在东坝镇一带仍然流传。“大马灯”是由两人组合表演一匹马，前面一人戴道具扮马头，后面一人曲身紧抓前面人的腰带，披戴道具作马身，两人互相默契配合，表演时还要分别乘坐由孩童扮演的刘备和五虎将。在锣鼓声中，“大马灯”排成队列，来回穿插。“马儿”昂首奋蹄，“战将”稚气可爱。

现在的“跳五猖”和“大马灯”表演，只是在节日期间才可以看到。

淳溪镇

景点

1 观乐台戏楼 B2

住宿

2 东方客栈 B2
3 玉泉宾馆 A1

就餐

4 六朝居 B2
5 一品斋 A2

实用信息

6 人民医院 B1

层面，构成半壁密密的石林，恢宏壮观。

可以在六合南站乘坐628或629路车，票价2元，车程1小时，在石柱林站下。

到达和离开

从南京去六合，最方便的就是乘坐将要在2014年开通的地铁3号线，过江后转乘11号线。如果搭乘普通的公交车，则从汉中门乘坐汉六线较为方便，可以直达六合南站。汉中门6:20~20:30，六合4:40~18:20，空调车2~6元，每隔15分钟1班。

至于去浦口，可参见浦口各景点的介绍。

高淳

作为离南京城区最远的一个区，反而有着山清水秀的优势。固城湖和石臼湖一南一北，带来了丰富的水产品。湖边的水网地带展现出典型的江南水乡地貌特色。东部散落着一些小丘陵，产出的花木水果四季皆有，也成了高淳近年来努力打造的“慢城”农家乐区域。

景点

老街　　街区

（见98页地图）一条青石板的长街，拉出了800米弧线。早年间这条街是县城里最主要的大街，在辛亥革命后被命名为中山大街，而如今被称为高淳老街。现在的老街上，两侧基本上全是老房屋建筑，保存了原有的风貌。只是现在的老屋都变成了店铺，经营土特产和饭店的为多。老街上有**关王庙**、**雕刻展示馆**和**杨厅**（套票35元；⏲8:00~17:00），里面展示了老街的建筑艺术、商家历史和民俗物品。老街上还有**新四军司令部旧址（吴氏宗祠）**和**民俗表演馆**，在支巷里有**乾隆古井**和**耶稣教堂**。在**高淳非物质文化遗产展示馆**里，集中地展示了当地特有的文化类型、宗教仪式和民俗活动。

从客运站坐108路公交车可以到老街。

漆桥村　　古村落

（见98页地图）高淳老街虽然还较完整地保存了旧时的风貌，可是商业化的气氛很浓厚。在离老街15公里处的漆桥村，却还是一副衰老古村景象。进村也是一条石板路，可是在条石的中间，有一道深深的凹痕，那是乡间特有的独轮车，在年复一年的碾压后留下的痕迹。这条老街的两旁，大部分也是老屋，可是除了乡民们需要的小店外，没有别的店铺。打铁的老人还在敲打红红的铁块，街边的奶奶还在一针一线地缝补，失去了屋顶的墙壁独自面对蓝天，小巷里的野草旺盛得覆盖了小径。这里也要开展旅游，修整了沿街的房屋，安装了统一的仿旧木窗。这里的孔氏后代很多，也曾经繁荣一时。在看过高淳老街后再来这里，便看全了这一带古集镇的前世今生。

从高淳客运站乘坐到桠溪镇的公交车，在双牌石下车后，往南沿S246走1公里，右拐即可到达漆桥古村。

古戏台

戏台

高淳的地方戏曲有悠久的传统，在乡间的戏台上，逢到年节便大戏开场。如今在高淳，还留下了几处古老的戏楼。这些古戏楼大都是寺庙、道观或祠堂的附属建筑。戏楼分为上下两层，戏台朝前凸出，面向主殿，在造型上将功能与装饰巧妙地结合在一起，使整座建筑物呈现出雕饰华丽、色彩缤纷的特色。在高淳老街的吴氏宗祠里，有**观乐台戏楼**（见100页地图），飞檐高翘，80多块木雕精美。在阳江镇的三元观里，有**沧溪戏楼**，正面团龙木雕，匾额上“沧浪一曲”四字，左右及藻井上均有彩画。在东坝镇政府的院子里，有**东坝戏楼**，戏楼修缮油漆一新，倒是在戏楼背面的门前，还有老乡们来烧香的香炉和堆积的香灰。

这几处戏楼，只有沧溪戏楼在每年三月初六庙会期间演戏。

住宿

高淳的住宿点很多，有大宾馆和连锁酒店，有小宾馆和小旅社，分布在高淳的老城和新区，寻找起来不会麻烦而只有选择的费心。

东方客栈

民宿 ¥

（见100页地图；☎13912918077、5730 3587；中山大街83号；标双80元；❄）在旅游热点的老街上，只有这一家住处。那是由住家的小楼改建而成，房间不多，标间的床也不算宽大。最大的好处就是位于老街上，一早一晚会有比别处更多的时间来感受没有游客时的原来味道。

玉泉宾馆

酒店 ¥

（见100页地图；☎5731 6893；天河路10号；标双100元；❄@P）位于老街北入口广场的对面，房间不算大，可是收拾得清爽。附近商店很多，交通也方便。宾馆的楼下就是家小饭店，菜单也放进了房间，点菜后可以躺在床上等着喊吃饭。

餐饮

在老街上就有十几家的饭店，在老街外还有更多。来到高淳，就应该吃这里的特色，藕尖、鸡头菜、白芹、菱母早头、菱茎、菱米、老菱和藕，被称为这里的“水八仙”，这样的水产品做出的乡土菜别有风味。

六朝居

土菜 ¥

（见100页地图；☎5732 9997；迎薰门17号；人均30元；⏲10:00~14:00、17:00~20:30）迎薰门这条不长的街上有好几家饭店，而六朝居最为显眼，门前挂了好几个值得夸耀的牌子。虽然面积和排场显得很大，可还是属于经济型消费，藕圆子、干豇豆烧肉和红烧小杂鱼值得品尝。

一品斋

土菜 ¥

（见100页地图；☎5732 6279；中山大街110号；人均30元；⏲10:00~14:00、17:00~20:30）饭店就在一栋老屋内，这里原先是家酱园店。在青石的门槛上，开出了两道深深的槽，那是从前为了方便进出的车轮。这一家的鲶鱼豆腐和咸鹅河蚌不错，还可以点选“水八仙”烹调的素菜。

高淳客运站车次时刻表

站点	发车时间/班次	票价（元）	行程（小时）
南京	5:30~18:30，约15分钟1班	25	1.5
镇江	7:20、12:50	40	1小时20分钟
常州	5:50、6:45、7:30、8:45、10:30、12:00、14:10	34	2
无锡	6:00~14:00，共9班，约50分钟1班	55	2.5
苏州	6:30、12:10	70	3
上海	5:45、8:40、12:55	92	3.5
杭州	7:40、13:10	95	1小时40分钟

购物

固城湖的**螃蟹**名气不算大，不过口感并不差，还往往被收购后放入名气更大的水域网箱里，在洗澡后就变成了高价的大闸蟹。到了金秋时节，可以前来品尝，还可以上淘宝网购，价格可是很有优势哦。

老街的**豆腐干**也很有名，分为香干、臭干两种。香干咸淡适宜，香味纯正；臭干呈淡绿色，名臭而实香，鲜味独特。这两种干子凉拌配菜皆可。

手工布鞋在老街上有几家销售，那一针针纳出的鞋底板扎结实，如今难得一见，往往只存在于记忆中。

实用信息

高淳人民医院（见100页地图；淳溪镇淳中路9号；☎57311232）为二级甲等医院。

高淳旅游局（www.gcu.gov.cn），上面有关于高淳的很多信息，也有在线咨询等服务。

到达和离开

高淳只有一个客运站（见100页地图；☎5733 5208；淳溪镇丹阳湖北路39号），班车主要发往南京和沪宁线一带的城市。

当地交通

高淳目前有7条公交线路，开行在城区及其附近地区。在客运站前，就有停靠101、102、105、108路公交车的站台。在客运站东边一个停车场里，还有开往桠溪、东坝等乡镇的公交车。

要去阳江镇的沧溪，就要先坐105或108路到城西客运站下车，斜对面就有写着"高淳一龙潭"的面包车，可以到达。

苏州

包括»

苏州市……105页
太湖周边……150页
周庄……157页
同里……164页
角直……170页
锦溪……171页
千灯……172页

最佳餐饮

» 哑巴生煎（见138页）
» 松鹤楼（见139页）
» 吴门人家（见140页）
» 琼琳阁面庄（见140页）
» 同得兴精品奥面馆（见140页）

最佳住宿

» 明堂国际青年旅舍（见132页）
» 平江客栈（见136页）
» 中茵皇冠假日酒店（见137页）
» 花间堂·周庄季香（见161页）
» 正福草堂同里店（见162页）

为何去

古人早已定义了苏州，既是人间天堂，自然必去无疑。苏州有藏起来的美丽，一如苏州人内敛谦和，不事张扬却逍遥自在。它丝毫不为各地拆旧建新的风潮所动，把姑苏古城守得好好的，到了今天这"东方威尼斯"依然水道相连，适合行走。登上古塔便能将老城收入眼底，哪个一线旅游城市还有此等风貌？

散落各处的苏州园林是归隐文人的心头爱，移步换景中仿佛在提示我们：不必远赴清苦之地，只要心存高洁，隐于市中也能得风花雪月。到平江路和山塘街走走，便可以在文艺范儿里窥探凝结了几百年的旧时光。在复古情怀里抽身，苏州博物馆是对古老的现代派诠释，金鸡湖畔更是时尚得超出想象。太湖边的仙山是苏州得天独厚的后花园，水乡古镇也为这鱼米之乡添了几分秀美和市井味道。

乾隆皇帝六下江南，焉知不是为了吃得好点儿？苏州的美食当然不能错过。若能配上软糯的弹词、婉转的昆曲，再品上一杯碧螺春，只怕游人们都要在姑苏城中醉上一回了。

何时去

苏州气候温和，年平均气温15.7℃，是"一年四季总相宜"的旅行目的地，不过春季（3~5月）和秋季（9~11月）依然是最好的时节。春季赏花、秋季赏枫，也有不少合时令的美食，此时来旅行可谓完美，当然你得避开长假。6~7月梅雨时节会令出行稍有不便，但是不期而遇的细雨却可以为园林增色。夏天气候闷热，也会有极端高温的日子，譬如2013年的烧烤模式。很多人可能会受不了江南冬季的阴湿潮冷，跟着当地人吃吃藏书羊肉，喝喝冬酿酒，就会让你充满温暖。

逛苏州园林，你要记得……

» 去园林前补补功课，看看譬如《苏园六纪》、《苏州水》等纪录片，会很有帮助。

» 最好不是用逛景点的心态，而是抱着在自己家里走走停停的心，这样或许才能体会当年主人造园的匠心，也能真正了解苏州园林。

» 避开人声鼎沸的大园林，找点儿小园子慢慢地逛，细细地看。

» 如果你对园林不甚了解，跟团或蹭团十分必要。

» 不要一心二用，不要忙于掏出相机和手机，尽量仔细听讲、多多询问。

» 听完典故，寻一处自己喜欢的院子多作逗留，用通俗的话说就是发发呆。

» 在园中茶室点上一杯碧螺春，也许还能听上几段评弹。

» 等上天眷顾，来一场雨，让园林之旅彻底升华。

听听苏州话

在老城坐着公交车，忽然报站的声音变成了苏州话，听起来倒像是在唱小调。苏州话属于吴语太湖片区，却比周边的上海话、无锡话都要来得“软”。语调平和而不失抑扬，语速适中而不失顿挫，说起来有低吟浅唱之感。另外在词汇上，苏州话也带着浓浓古意和书卷气，“不”为“弗”，句末语气词不用“了”而用“哉”， 所以江南才会有“宁愿听苏州人吵相骂，不要听宁波人讲闲话”的老话。

想要听苏州话，就在茶室、书场多泡一会儿。或者先读读著名的吴语文学作品《海上花列传》，苏州电视台也有像《施斌聊斋》这样用苏州话讲新闻的节目。当然，最好听的苏州话莫过于初夏的街头——“小姑娘，阿要买朵白兰花？”

老苏州与新苏州

偶尔会听见旅行者说，苏州似乎没什么发展，怎么还是一副古旧的样子？殊不知这正是苏州的聪明之处。护城河内无高楼，古城区限高24米，完全是为了保留住昔日的古城格局。如果对比宋代《平江图》，便可发现城内变化并不太大。人们依水而居，过的日子也是一样精致可人。

“留住老城，另辟新城”这个曾经对北京城的构想，实实在在地被用到了苏州。如果你想看崛起的苏州，那么东部的工业园区和西部的高新区便是它如今的面貌，尤其是前者——围绕金鸡湖的一切设施齐备，到了夜里霓虹彩裳，堪比浦东陆家嘴。

快速参考

» 人口：642万

» 电话区号：0512

如果你有

» 1天

早上去**苏州博物馆**（见110页）了解苏州，逛逛**拙政园**（见110页）或**狮子林**（见111页），中午在**吴门人家**（见140页）吃个饭，下午走完**平江路**（见144页），晚上在**伏羲会馆**(见143页)听一场昆曲。

» 3天

第1天同上。第2天从**城北**徒步（见134页），经过桃花坞来到阊门外，从**山塘街**（见144页）一路徒步或者坐船看七里山塘一直到**虎丘**（见126页）。晚上去**网师园**（见114页）夜游。第3天，去**周庄**（见157页）或**同里**（见164页），领略一下水乡古镇的魅力。

» 5天

前3天同上。第4天往**太湖**周边（见150页）去，吃吃“太湖三白”，看看古村落。第5天回到城里，到十全街大快朵颐，或找个咖啡馆坐坐，然后坐地铁前往**金鸡湖**（见129页），坐上摩天轮感受现代的苏州。

阅读苏州

» **《浮生六记》**，沈复著。这部清代的自传体随笔，用率真的笔触道出了夫妻间的生活点滴。

» **《美食家》**，陆文夫著。美食家写美食家，把几十年前古城的风土人情全部融入书中，有些场景现在还能瞧见。

苏州市

相比另一个天堂的“放”，苏州更多的是“藏”。藏起了古城，藏起了园林，藏起了私房菜，一心只做自己。如果撩开苏州的面纱，你会惊异地发现这座城不可小觑。2012年它的GDP排名全国第六，工业总产值超越上海，位列全国第一。原来当年工商业萌芽的地方，从来没有停止过奋进。尽管苏州人抱怨因此换来的代价是“十个人里只有两个苏州人”，但不可否认城市的公共设施做得相当完善细致。地铁的站台、公共自行车系统、公共文化中心……不仅惠及市民，也为旅行者带来方便。

所有人都会爱上苏州的调调，因那是真正的江南味道。匆匆而来的过客很容易在此地找到所谓的“吃、住、行、游、购、娱”的所在——建城2500年了，还搞不定这些？可是江南，绝不只是走马观花的符号，在苏州园林、小桥流水、雨后深巷之中，看到的只是苏州的皮毛。找个苏州人聊聊，看看他们如何将琐碎的生活过得精细有致。几时去吃头汤面，几时去听书，几时要熬笋油，几时要吃点心，几时要去登山，几时要去观赏串月，分得清清楚楚。你能想象如今仍有人在精心造园，促成雅集么？这才是活着的江南。

历史

历史学家顾颉刚认为苏州是中国最古老的城市，这里的故事自然特别多。

商代末年，就有泰伯放弃王位“奔吴”一说，他建立的勾吴国，国都具体位置在哪里尚无定论。不过苏州阊门附近的泰伯庙，就是为了纪念这位吴之鼻祖。

春秋时代是此地最辉煌的一章，历史上最纠结的吴越之争也发生在此时。公元前514年，吴王阖闾重用楚国叛臣伍子胥，建成阖闾大城。令人惊异的是直到现在苏州还基本保持着古代“水陆并行、河街相邻”的双棋盘格局，规模、位置几乎没有发生改变。随后吴王重用孙武，一路灭楚伐齐，成为春秋一霸。到了阖闾的儿子夫差即位，在勾践卧薪尝胆的一系列活动中，伍子胥力谏无用、惨遭离间，被夫差赐死。他要门客挖下自己的眼睛放在东门上，看着吴国灭亡。公元前473年，吴为越所灭。如今苏州还有很多与阖闾、夫差、西施、伍子胥等有关的景点。

秦汉六朝时期，这里称为吴县。隋代大运河的开通，正式置“苏州”。唐朝，苏州作为江南地区唯一的“雄州”，先后成为江南道、江南东道治所。诗人张继的一首《枫桥夜泊》，让“姑苏城外寒山寺”迅速风靡开来。825年，苏州刺史白居易开凿了山塘河，将苏州城与虎丘以河连通，七里山塘因此开始走向繁华。

北宋时期，范仲淹在苏州建立文庙，创办府学，遂令苏州成为历代文人雅士辈出之地。政和三年（公元1113年）苏州升为平江府。南宋绍定二年（公元1229年），现存最早的苏州地图《平江图》制成，如今它还被安置在苏州碑刻博物馆（文庙）里，而在平江路干将东路口也有一块仿制品。“上有天堂，下有苏杭”这句俗语也开始流传。元代，苏州得到了世界级的认可，被马可·波罗惊叹为“东方威尼斯”。

到了明代，太湖流域已经成为全国人口密度最高的地区。周庄富豪沈万三因为在皇帝朱元璋面前拍错了马屁，竟要“替皇帝犒劳三军”，正中皇帝下怀，朱元璋顺势抄了他的家将其发配云南。在原来丝绸业的基础上，苏州手工业得到了长足发展，也有了资本主义的最初萌芽。此时，苏州人民因反对阉党滥杀东林党人而发生民变，有五人投案被杀而葬于虎丘，便是如今“五人墓”所在——虽然说着吴侬软语，但苏州男人也是响当当的汉子。

清代，苏州更是进入了前所未有的繁盛，成为全国的工商业和文化中心。许多私家园林也在此时兴建，大多体现了士大夫隐逸文化。然而1860年太平军攻入苏州，整个阊门商业区全部被焚，这一事件令苏州退出了经济重心的位置。大量难民涌入上海，全国的经济中心也开始转向上海。

民国时期，此地在“苏州”与“吴县”之间转换多次，1940年苏州成为汪伪政权的江苏省省会。抗战期间，苏州经济再次遭到重创。难民与富商纷纷逃亡湖北与重庆，一些生意人甚至在重庆打出陆稿荐、采芝斋等牌子继续营业。

1949年以后，苏州的发展一直是不温不火。但20世纪90年代开始，通过“招商引资”

苏州亮点

❶ 在**苏州博物馆**(见110页)看看苏州的宝贝,还有贝聿铭先生的新园林。

❷ 走在**平江路**(见144页),在小巷子里寻找自己心仪的宅院厅堂。

❸ 登上九层楼的**北寺塔**(见125页),姑苏城就在你脚下。

❹ 夜里闪进**网师园**(见114页),也学学古人在园子里看戏听琴。

❺ 从**山塘街**(见144页)一路游玩到**虎丘**(见126页),"一二等富贵风流之地"等着你。

❻ **十全街、凤凰街**,苏帮菜的饕餮之夜,就在这里开始。

❼ 在晨昏之间细细品味**周庄**(见157页),捕捉江南水乡的种种灵气。

❽ 想同时领略悠闲的生活气息和园林宅第的静美，**同里**（见164页）便是个好去处。

苏州城区

至苏州火车北站(14km)
至苏州汽车西站(7.5km)
至苏州新区高铁站(2.5km);无锡市区(45km)
见苏州古城西北地图122页
江日路
人民路
新苏路
城北东路
城北西路
江星路
平河路
江月路
官渎路
苏站路
虎阜路
十字洋
东汇路
平齐路
北环西路
齐门路
广济路
虎丘路
东北
西北街
桃花坞大街
西环路
东中市
白塔西路
西中市
临顿路
中街路
人民路
枫桥路
外城河
观前街
金门路
桐泾北路
广济南路
阊胥路
景德路
临顿路
养育巷
乐桥
五卅路
干将西路
学士街
养育巷
滨河路
西环路
道前街
十梓街
运河公园
三香路
侍其巷
书院巷
乌鹊桥路
桐泾南路
东大街
狮山路
京杭运河
枣市街
新市路
玉山路
运河路
劳动路
胥江路
盘门三景
盘门路
胥江
人民路
竹园路
桐泾公园
解放东路
南环西路
横山路
文化北路
解放西路
盘胥路
友新路
横山
吴中西路
青石路
晋源路
福运路
东吴北路
宝带东路
宝带西路
太湖西路

0
900 m
E
F
G
H
1
2
3
4
5
6
7
G2
G42
312国道
上高路
扬东路
蠡塘路
跨阳路
莳亭大道
至苏州工业园区高铁站(2.1km);昆山市区(32km);上海市区(82km)
扬清路
北环东路
新苏路
312国道
江
娄
娄门路
苏虹西路
至苏州洲际酒店(1.5km)
北园路
见苏州古城东北地图112页
街
星明街
G15w
现代大道
7
白塔东路
苏绣路
星汉街
东方之门
星都街
中央公园
星湖广场
湖滨公园
金
5
鸡
湖
外
莫邪路
东环路
苏州大道西
苏惠路
干将东路
相门
东环路
星海街
星港街
星州街
凤凰街
城
庄先湾路
中新大道
苏桐路
李公堤路
8
十全街
葑门路
葑
门
塘
带城桥路
河
金鸡湖大道
竹辉路
东振路
高和路
桂花公园
杨枝塘路
葑谊街
南门路
通园路
见苏州古城南部地图126页
南园路
独墅湖大道
南环东路
11
星红路
东兴路
独
墅
湖
通达路
吴中东路
迎春路
吴东路
东方大道
太湖东路
澹
台
湖
斜
港

苏州城区

◎ 景点

1 枫桥景区……A4
2 虎丘……B2
3 留园……B3
4 西园戒幢律寺……B3
5 金鸡湖地区……H3

住宿

6 冠云大酒店……B3
7 中茵皇冠假日酒店……H3

就餐

8 五观堂……H4
9 胥城大厦……C4
胥城月饼……(见9)
10 北门饭店……B4

交通

11 苏州汽车南站……E6

的苏州模式，工业园区和高新区迅速崛起，近十年来地区生产总值节节攀升。苏州的面积也不断扩大，似乎又复兴了当年的盛景。

苏州并未将旅游业放在最重要的位置，但旅游设施和配套服务却做得非常好。如今苏州不仅在老城对一些街区进行翻修，建造地铁，还在工业园区的金鸡湖一带，打造了一片新天地，不同喜好的游人可以在这里各取所需。

◎ 景点

古城内

拙政园 园林

[见112页地图；☎6753 7002；www.szzzy.cn；东北街178号；门票旺季70元(4月16日至10月30日)，淡季50元；⌚7:30~17:30（3月1日至10月30日），其他时间7:30~17:00，闭园前30分钟停止售票]毋庸置疑，这里确实配得上江南级和国家级的各种美丽头衔，当然旅行者为此付出的代价也不小：苏州园林里最贵的门票、最拥挤的人群都集中于此。强烈建议你起个大早来逛，先在园子里细细品味一番，然后在9:00跟上第一场免费讲解再走一遍，这样便不枉与这江南名园的亲密接触了。

拙政园于明正德年间由御史王献臣所建，但之后几易园主和园名，既成为过苏州将军府，也曾是晚清八旗奉直会馆，现存园貌大多是清末形成。全园分东、中、西三部分，布局以水为主。中园是最精华的部分，以主体建筑**远香堂**为中心，周边围绕着诸多亭、馆、堂、轩，既有曲径通幽又有流水飞廊，很容易让人迷路，也是最值得停留之地。西园为原来补园的一部分，布局更为紧凑，以**卅六鸳鸯馆**闻名；东园更为开阔，适合避开游人。游客中心每天9:00~15:30每隔半小时就有免费讲解，大约40分钟，尽量跟上多听些典故为好。

春夏是拙政园最美的时候，先有杜鹃后有荷花，让这江南名园更显风姿绰约。门票还包含了**园林博物馆**。乘坐游1、游2均可到达拙政园，从观前街、平江路步行不过10来分钟。

首选 苏州博物馆 博物馆

[见112页地图；☎6757 5666；www.szmuseum.com；东北街204号；免费，中文讲解50元，语音导览20元；⌚9:00~17:00，16:00停止入馆，每周一闭馆（法定节假日除外）]撇开展品不谈，苏州博物馆（以下简称苏博）本身就是一道建筑盛宴——兼顾了姑苏城粉墙黛瓦的色泽，又融入了原木、钢架、玻璃等现代设计元素，中庭的片状假山与水景则和一墙之隔的补园相得益彰。由著名华裔设计师贝聿铭先生担纲设计，苏博的建成让整个博物馆界都为之一震，何况是旅行者。

五代越窑秘色瓷莲花碗和**真珠舍利宝幢**是苏博的镇馆之宝。特别值得一观的是吴中风雅系列展厅，你可以在此看到苏州鼎盛时期的各种手工艺品，每一件都展现着巧夺天工的技艺。在展厅穿梭的时候，还能不经意发现苏州园林之美，六角形玻璃窗层层叠叠；坐在展厅的休息软椅上望向窗外，便是依依翠竹和中庭花园。

影视厅里每天9:15~16:15播放四场短片，吸引了不少建筑迷和博物馆迷。每天9:45、13:30、13:45和14:15有免费讲解，很多志愿者参与其中。

苏博内的纪念品商店商品丰富，很具设计感。标志徽章、书签、行李牌等小物件都会让人爱不释手。若有时间，就在东廊巨大的紫藤树下喝杯茶歇歇脚吧。

除了“名师设计”这个金字招牌之外，苏博更成为古城苏州“新”化进程的典范。你可以留意一下城北的**新三馆**（见111页）或是**苏州地铁1号线**（见149页）站台，会觉得它们都在“不经意间”成为了苏博的延伸，也能借此窥到姑苏城的未来结构。

苏博隔壁就是太平天国忠王府遗址，可以一并免费参观。在暑假及长假，苏博门口的队伍会一直排到临顿路，每天限3000人，记得早点去。个人也可以在网上预约参观时间。乘坐游1、游2可以到达苏博，也可以从平江路步行而至。

狮子林

园林

[见112页地图；☎6727 2428；www.szszl.com；园林路23号；门票旺季30元(4月16日~10月30日)，淡季20元；⏲7:30~17:30]任何人到了这个园子，都会展露童心未泯的一面——穿行在水假山和旱假山的9条道路和21个洞口之间，尽情享受寻找的乐趣。

这座始建于元代的园林，原为天如禅师

姑苏城内博物馆拾遗

苏州城里还有很多博物馆隐藏在苏式老宅之中，大多免费开放，从市中心步行都可以到达。

中国昆曲博物馆（见112页地图；平江路张家巷14号全晋会馆；⏲8:30~16:30）展示了有关昆曲的很多资料，其中楼阁式的“堂明灯担”很有意思。每周日在馆内精致的古戏台上还有昆曲表演（见143页）。

苏州评弹博物馆（见112页地图；平江路张家巷3号；⏲9:00~17:00）这里最大的乐趣便是每天下午的评弹演出（见143页）。不过博物馆从2012年年底开始整修，我们调研时还未开馆。

苏州碑刻博物馆（见126页地图；人民路45号；⏲8:30~16:00，周一闭馆）也是苏州文庙所在地，其中以四通宋碑《天文图》、《地理图》、《帝王绍运图》、《平江图》最为宝贵。此外，每逢双休日白天，文庙外面会有各种摊位组成的古玩市场。

苏州工艺美术博物馆（见112页地图；西北街88号；门票5元；⏲9:00~17:00）建在乾隆年间的“尚志堂”吴宅之中，几进院落里展示了玉雕、木雕、缂丝、刺绣等近千件工艺美术珍品，虽然收费，但很值得。

中国苏绣艺术博物馆（见122页地图；☎6522 5756；景德路274号；门票5元；⏲9:00~11:30，13:00~16:30）在这里不仅能了解苏绣艺术发展史，还能欣赏到苏绣佳作，观看到现场的飞针走线，购买到精美的绣品。不过6~8月可能因为梅雨而不开门。

苏州丝绸博物馆（见122页地图；人民路2001号；门票15元；⏲9:00~17:00）分古代馆、蚕桑居、织造坊和姑苏锦苑四个展厅，桑蚕居里真的养殖了很多蚕宝宝，织造坊里则有现场织布表演，周边还有些不错的丝绸专卖。

桃花坞木刻年画博物馆（见122页地图；☎6751 2397；校场桥路8号；⏲9:00~17:00）桃花坞年画是中国四大年画之一。博物馆坐落在小小的朴园之内，也是苏州版画院所在地，同时销售木刻年画。只是斑驳的大门不常开，需要电话联系一下。

苏州新三馆（见122页地图；人民路2075号；⏲9:00~17:00，周一闭馆）这是苏州公共文化中心的一部分，由**苏州美术馆新馆、文化馆**和**名人馆**三部分组成。建筑风格延续了苏博的灰白色调，又有各自不同的功能。

苏州民俗博物馆（见112页地图；园林路潘儒巷口；⏲9:00~16:00）与狮子林仅一墙之隔，是苏州博物馆的一个配套场馆，在最后的展厅里还可以用耳机聆听苏州特别的声音，包括昆曲、评弹和童谣，等等，后院的建筑也值得留意。

园林博物馆（包含在拙政园门票内；⏲8:00~17:00）以照片、文字和模型来剖析苏州园林的造园艺术，看完拙政园必须来此地长些知识。

苏州古城东北

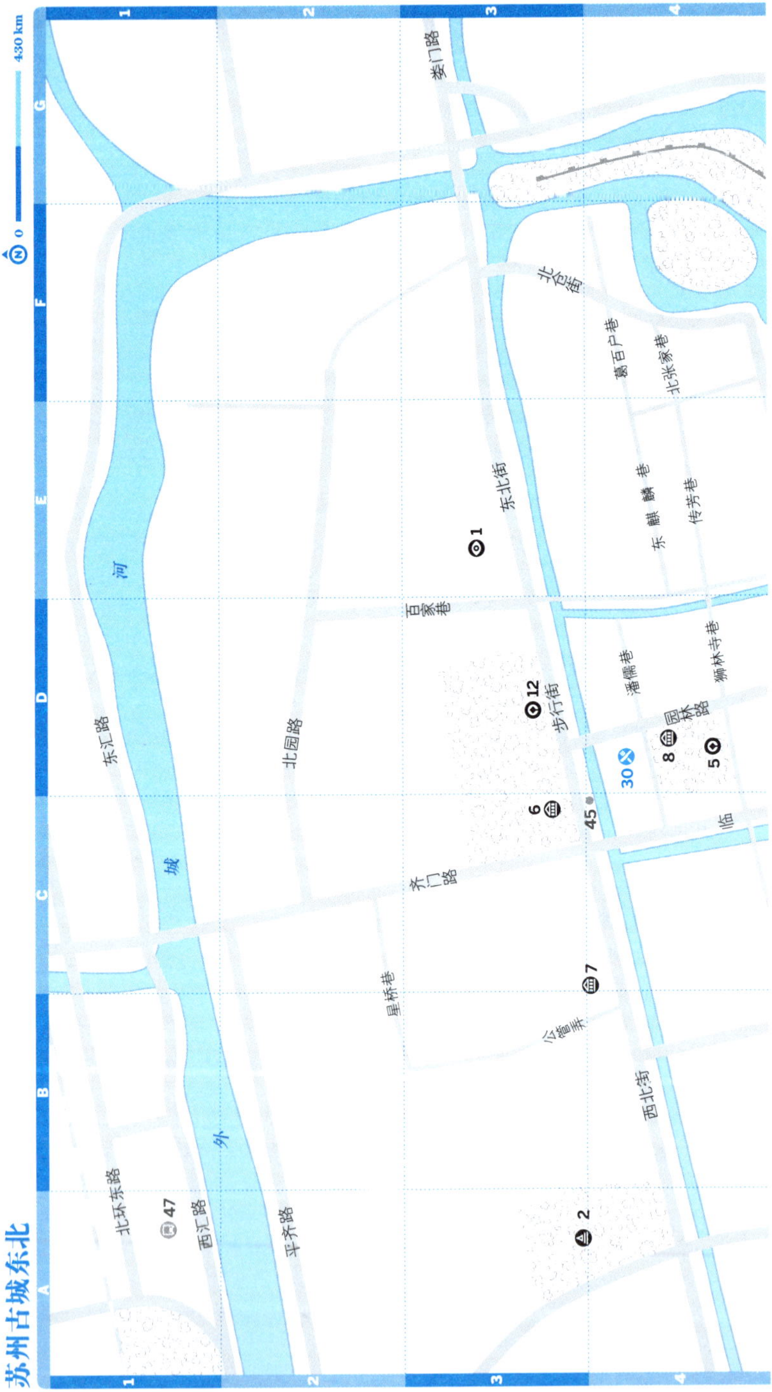

0 430 km

北环东路
47
西汇路
外城河
东汇路
平齐路
北园路
星桥巷
齐门路
百家巷
娄门路
1
东北街
6
12
步行街
北仓街
公管弄
2
7
45
30
潘儒巷
葛百户巷
西北街
东麒麟巷
8
园林路
北张家巷
传芳巷
5
临
狮林寺巷

外城河
莫邪路
东园
仓街
胡厢使巷
大柳枝巷
大新桥巷
混堂巷
卫道观前
中张家巷
邾长巷
平江路
白塔东路
东花桥巷
曹胡徐巷
蒹葭巷
悬桥巷
南石子巷
大儒巷
肖家巷
钮家巷
建新巷
干将东路
凤凰街
相门
临顿路
碧凤坊
旧学前
平江花鸟市场
西花桥巷
史家巷
谢衙前
皮市街
观前街
太监弄
宫巷
富仁坊巷
因果巷
乔司空巷
装驾桥巷
白塔西路
祥符寺巷
闾邱坊巷
人民路
东中市
砂皮巷
蒲林巷
范庄前
景德路
永定寺弄
3
4
13
46
17
18
44
9
11
37
29
26
34
41
19
23
14
36
15
21
35
42
16
32
40
39
24
43
31
38
22
10
28
20
27
25
33

苏州古城东北

景点
1 北半园 E3
2 北寺塔 A3
3 耦园 F6
4 平江路 E5
5 狮子林 D4
6 苏州博物馆 C3
7 苏州工艺美术博物馆 C3
8 苏州民俗博物馆 D4
9 苏州评弹博物馆 E7
10 玄妙观及观前街 C7
园林博物馆 （见12）
11 中国昆曲博物馆 F7
12 拙政园 D3

活动
13 平江路手摇船 E5

住宿
14 明堂国际青年旅舍 E7
15 平江客栈 E7
书香世家平江府 （见1）
16 苏州人家大酒店 D7
17 小桥流水客栈 E6
18 小雅国际青年旅舍 E6
19 筑园会馆 E7

就餐
20 得月楼 C7
21 顾亭酒家 F8
22 好人民间小吃 C8
23 鸡脚旮旯 E7
24 绿杨馄饨 C7
25 潘玉麟糖粥 C6
26 品芳茶社 E7
27 水天堂西餐咖啡厅 C8
28 松鹤楼菜馆 C7
29 苏妃奶酪 E6
30 吴门人家 D4
31 新聚丰菜馆 C7
32 哑巴生煎 C6
33 杨招娣糕点 B5
34 鱼食饭稻土灶馆 E7
35 长发西饼 D7

饮品
36 猫的天空之城概念书店 E7

娱乐
37 伏羲会馆 E6
38 光裕书场 C8

购物
百花书局 （见11）
39 采芝斋 C7
40 黄天源糕团店 C7
41 卢福英刺绣制作中心 E7
42 陆稿荐 D7
43 三万昌苏州茶叶专卖店 C7
苏州檀香扇厂门市部 （见7）
44 缘杨裁缝铺 E6

实用信息
45 东北街主中心站 C4
46 平江路分中心站 E5

交通
47 苏州汽车北站 A1

的弟子为其师所建，又因禅师得法于天目山狮子岩，而取名“狮子林”。乾隆皇帝特别偏爱此园，不仅在此题名，还在圆明园和避暑山庄引入了两座狮子林。当然，为园子添上浓重一笔的是上海颜料巨商贝润生（贝聿铭的叔祖父），他斥巨资改造了此地，不但搜罗了古董，还在其中加入了钢筋水泥、彩色玻璃等近代元素。顾名思义，这里的“狮子”特别多，游园时莫忘细数看看。

燕誉堂、**九狮峰**、**真趣亭**值得停留，**暗香疏影楼**后面一进楼房有些展馆，**狮子林历史陈列馆**里讲述了更多贝氏家族的故事，留意那些历史照片。另外还有**太湖石展览馆**和**四大年画展**。

很多人喜欢在**湖心亭**里小坐，若是你有时间，倒可以去园中的两个茶楼，一个在暗香疏影楼，一个在**听雨楼**。边品茶边从二楼俯瞰狮子林，精巧的“假山王国”尽收眼底。

狮子林毗邻拙政园、苏州博物馆等热门景点，可以与它们串起来游玩。

网师园 园林

[见126页地图；☎6529 3190；www.szwsy.com；带城桥路阔家头巷11号；门票旺季30元(4月16日至10月30日)，淡季20元；夜游100元（3月中旬至11月中旬）；⏲7:30～17:00，（夜游）19:30～21:00]藏在小巷之中的网师园，是苏州园林中最小巧精致的一座，面积不到0.6公顷，但却

保留了私家花园的宅园一体的特色。也许正因如此，网师园成为城内唯一一座开放夜花园的园林。

园子始建于南宋时期，原本只是取名“渔隐”的小园，在清代易主继续修建，改名为网师园。东部为宅院，其中**藻耀高翔门楼**雕刻十分精细；中部是围绕着池水的花园，据说月圆之日在月到风来亭能看到三个月亮；西部则为内园，**殿春簃**小院曾为国画大师张大千和张善子养虎、作画之处，这里还有张大千亲题的虎儿墓碑。殿春簃的园中园结构独特，1979年还被仿制成“明轩”落户美国纽约大都会博物馆。

夜游网师园由导游带领进入一个个院落，每一处便有一种传统艺术表演，昆曲、评弹、民族舞蹈、笛、箫、古筝一个接一个，虽然只是演些皮毛，也足以让每位游客都兴致盎然。夜间园林特别宁静，临水的园子因为夜灯的倒影而显得分外迷人，对于一些重要景点，也安排有讲解。夜游以一曲《太湖美》收尾，每个人还能得到一件小礼物作为纪念。夜游从19:30开始，循环上演，不过能赶上第一拨儿当然最好。

市区乘坐游2到网师园西站下，即可到达。

沧浪亭 园林

[见126页地图；☎6519 4375；www.szwsy.com；人民路沧浪亭街3号；门票旺季20元(4月16日至10月30日)，淡季15元；⏲7:30~17:30]沧浪亭早在五代时期就有雏形，是江南园林中年纪最大的一个，却有种小清新的味道。一汪清水绕园而过，前有荷塘后有合欢，没有高高的山墙，只有一片楼阁和廊檐，这种通透是沧浪亭独有的魅力。大多数时候这里游客不多，你可以在此独占一方天地，比在热门园子里挤破头要自在多了。

与沧浪亭相关的人物不少，北宋诗人苏舜钦在此建亭，取名“沧浪亭”；南宋韩世忠曾居此地，称“韩园”； 康熙年间，江苏巡抚宋荦移亭土阜之上；沈三白与芸娘又在此地演绎了《浮生六记》。加入一场免费讲解游，听听各处典故，看看园内108种不同的窗花、特别的乌哺鸡竹和一些厅堂的特殊结构，最后上台阶入沧浪亭，体会楹联上“清风明月本无价，远水近山皆有情”的意境。8:20~16:30之间有12场免费讲解，讲解员非常认真，由于沧浪亭与网师园属一个单位管理，你甚至可以问他们关于网师园的问题。

沧浪亭隔壁是**颜文梁纪念馆**，而隔着人民路便是碑刻博物馆，可以将三者连起来游览。对面便是可园，据说即将对外开放。乘坐游2、游4在工人文化宫下车，便可到达。

耦园 园林

[见112页地图；☎6727 2717；仓街小新桥巷6号；门票旺季20元(4月16日至10月30日)，淡季15元；⏲7:30~17:30]据说这里最适合情侣、夫妇前来，找一找墙上那副“耦园住佳耦，城曲筑诗城”的楹联。同治年间，苏淞太道道台沈秉成偕妻隐居于此，才有了“耦园”的名字。而“耦”不仅指“佳偶”，也道出了宅邸东西花

园林种种榜单

苏州城园林多，各种名头也令人眼花缭乱。以下列出几个通常的排名，协助你判断。

世界文化遗产——拙政园、留园、网师园、环秀山庄、沧浪亭、狮子林、艺圃、耦园、退思园（同里）。

中国四大名园——拙政园、颐和园、避暑山庄、留园，也有把留园换成扬州个园的说法。

江南四大名园——南京瞻园，苏州留园、拙政园，无锡寄畅园。

苏州四大名园——分别建于宋、元、明、清的沧浪亭、狮子林、拙政园、留园。

苏州私家园林——沧浪亭、狮子林、拙政园、留园、网师园、艺圃、环秀山庄、耦园。

苏州佛教园林——北寺塔（报恩寺）、西园、寒山寺、双塔、瑞光塔。

苏州王家园林——虎丘（吴王阖闾墓）、灵岩山（吴王行宫）。

1

CFP 提供

CFP 提供

虎丘

1. 苏东坡先生曾说："到苏州不游虎丘，乃憾事也。"

西津渡

2. 西津渡位于长江和大运河交界处，是镇江的精华所在。

扬州东关街

3. 扬州东关古街市井繁华，是感受老扬州风情的最佳去处。

南京老建筑

4. 金陵大学旧址北大楼，建于1917年，现为南京大学标志性建筑。

蔡理 摄

1

CFP 提供

2

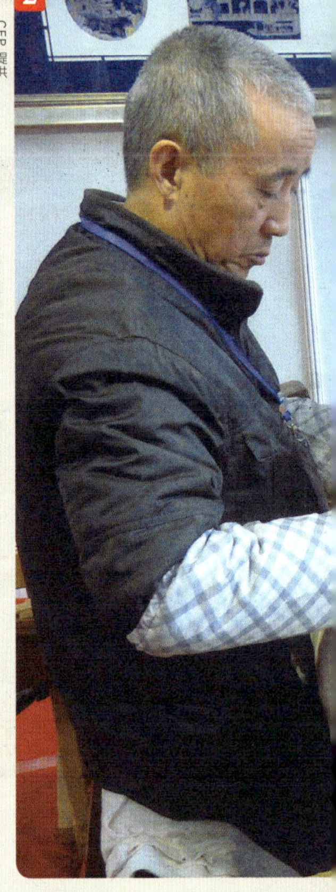

4

CFP 提供

桃花坞年画

1. 桃花坞年画是中国四大年画之一，产地在苏州城郊。

云锦

2. 南京的云锦因色彩灿烂状若云彩而得名。

苏绣

3. 苏绣原产苏州，最能体现江南手工艺的细腻雅致。

无锡泥人

4. 惠山泥人是无锡特产，圆滚滚，胖乎乎，十分可爱。

CFP 提供

杨丽华 摄

扬州大煮干丝

1. 大煮干丝是淮扬菜系中的看家菜，原料主要为淮扬方干，佐以春笋、开洋、火腿等。

小龙虾

2. 小龙虾红遍大江南北，以江苏盱眙所产为最上品。

苏州糕团

3. 苏州糕团大多以天然颜料染色，美味又健康。

苏式面

4. 一碗过桥浇头的苏式面，价廉物美，来苏州不可错过。

CFP 提供

园相对应的格局。

东花园是耦园的精华部分，采用浑厚的黄石假山造园，与一般苏州园林的太湖石假山不同。池边山水阁内的鸡翅木透雕“岁寒三友”也是精雕细琢的精品。耦园三面临水，进门便是水道，沿河坐上一会儿也不错。园内有码头可以乘坐**手摇船**（10元/人，3人起坐），绕着园子的高墙一直摇到护城河绿化带，还能看到一段新城墙。

到耦园需要步行一段路，从平江路沿着

苏州古城西北

大新桥巷走到底，过仓街继续前行便到。仓街口有民国时期的双眼井百龄泉，可以一观。耦园北面是东园（并非古典园林）和动物园，若有兴趣可以一并游玩。

环秀山庄 园林

（见122页地图；☎6522 5756；景德路272号；门票15元；⌚8:30~16:30）就在刺绣研究所内，就像研究所里的私家花园，也恰恰合了园林的本意。小小的环秀山庄，一会儿就能走完，却位列世界文化遗产名录，只因这里的假山特别有名。清代著名造园大师戈裕良在园中叠有一座假山，叠山手法巧妙，为镇园之宝。在假山湖石间的小径行走，看池中锦鲤悠游，平心静气地体会苏州园林的妙处，便是这小园子的好处。请注意自律，不要攀爬假山。山庄边上便是**中国苏绣艺术博物馆**（见111页）。

市区乘坐游1到儿童医院下车，步行可以到达。

艺圃 园林

（见122页地图；☎6727 1614；www.gardenly.com；天库前文衙弄5号；门票20元；⌚7:30~17:00）若问苏州人哪个园子最好，大多数不会回答拙政园而是说“艺圃去看看蛮好”。艺圃有几代高风亮节的园主——明代袁祖庚于强仕之年，弃官退隐，始建“醉颖堂”，并题门楣“城市山林”，为当时之胜；文徵明之孙文震孟购得后更名为“药圃”；清初名士姜如农更名为“颐圃”，又名“敬亭山房”，后由其子姜实节易园名为“艺圃”。如此这般，艺圃成为典型的文人园林，在明末清初便名声在外，不过今天却是清幽静雅的去处。园子是池水、石径、绝壁结合的方式，既多变又自然，而且保存了不少明代遗存，很值得一游。

市区乘坐游1到儿童医院，204路到宋仙洲巷，步行便可到达，也可以从环秀山庄徒步前往。

玄妙观及观前街 街区

（见112页地图）先有**玄妙观**（门票20元，⌚7:30~17:30），后有观前街。这座始建于西晋的道观，历经数次损毁重建，是苏州香火最旺的地方之一，相当于夫子庙之于南京，城隍庙之于上海。在最鼎盛时期，这里不仅有主殿和副殿，还有二十四座配殿，周围遍布小吃、书

苏州古城西北

景点
- **1** 环秀山庄 …… C4
- 朴园 …… （见8）
- **2** 曲园 …… D4
- **3** 山塘街 …… B2
- **4** 苏州丝绸博物馆 …… D2
- **5** 苏州新三馆 …… C2
- **6** 桃花坞木刻年画博物馆 …… C2
- **7** 听枫园 …… D5
- **8** 五峰园 …… B3
- **9** 怡园 …… D5
- **10** 艺圃 …… B4
- **11** 中国苏绣艺术博物馆 …… C4

活动
- **12** 山塘街手摇船 …… A2

住宿
- **13** 明涵堂国际青年旅舍 …… A2
- **14** 桃花坞国际青年旅舍 …… C2
- **15** 小巷子青年旅舍 …… B4
- **16** 御苑精品酒店 …… A2

就餐
- **17** 阿坤卤菜 …… A1
- **18** 荣阳楼 …… A1
- **19** 湘城人和园麻饼 …… D4

娱乐
- **20** 山塘昆曲馆 …… A2

购物
- **21** 琴川书店 …… B1
- **22** 桃花坞木刻年画专卖 …… B1
- **23** 玉露春茶庄 …… B4

实用信息
- **24** 察院场邮政支局 …… D4
- 火车站主中心站 …… （见27）
- **25** 山塘街分中心站 …… B2
- **26** 苏州旅行社 …… C1

交通
- **27** 苏州火车站 …… C1
- **28** 苏州火车站北广场汽车站 …… C1

值得一游

逛逛小园更怡情

明清时期，小小的苏州城内竟然有200多处园林，可以遥想当年的鼎盛——园主多为文人和隐居的官宦，应着时节设宴听戏，借着酒意吟诗作赋，或于清静处秉烛夜读，与周边园主常来常往，荟萃文章。如今城里仍然有70多座园林，只开放了10多处而已。以下的园子都不大，可看性却也不弱，通常当地人比游客多。对旅行者很关键一点是，门票超值。

怡园（见122页地图；☎6524 9317；人民路1256号；门票15元，含评弹茶资45元；⏲7:30~17:30）据说是苏州园林中建造最晚的一座，因此博采众长，布局紧凑，有较高的欣赏价值。常有人在此进行古琴交流，茶室很受当地人欢迎，亦有评弹演出。

曲园（见122页地图；☎6522 1406；人民路马医科43号；免费；⏲7:30~17:00）是俞樾故居，他是清末探花，自号曲园居士，辞官后安居苏州，潜心于学术，被尊为朴学大师。著名红学家俞平伯是其曾孙，他将此园捐给了国家。

罗汉寺双塔（见126页地图；凤凰街定慧寺巷22号；门票8元；⏲7:30~17:00）建于北宋年间的砖制双塔（舍利塔和功德塔）相隔不过两三米，是建筑史上的奇迹，罗汉寺遗址的石雕也十分精美。佛教园林本是清净之处，定慧寺也近在咫尺。

五峰园（见122页地图；☎6727 5866；阊门西街五峰园弄15号；门票2元；⏲7:00~17:30）俗称“杨家园”，位置有些难找，如果正往阊门去山塘街，可以一探。它是苏州现存明代园林中的一处上乘之作，园子很小，但五座石峰却是太湖石中的佼佼者。

另有**听枫园**（☎6522 2626，庆元坊12号）间或开放，**可园**（沧浪亭隔壁）正预备开放，**北半园**（白塔东路60号）则有部分在书香世家平江府（见“住宿”）内，**朴园**则是**桃花坞木刻年画博物馆**（见122页）。

场、集市、杂耍摊，熙熙攘攘，热闹非凡。三清殿是玄妙观主殿，也是江南最大的宋代木结构古建筑，另有历代文人之碑刻留存。观前的棂星门牌坊前，总是有留影的游人。

观前街是苏州最著名的商业街，不过改造后的大街已然是现代步行街的模样，一些百年老店还撑住了门面，大多数成了苏州人戏谑的“黄眼皮”——黄金店、眼镜店和皮鞋店。不过来苏州，总要来观前街看看，至少这里的太监弄、碧凤坊仍然有许多美食可寻（见“就餐”部分）。游1、游2等多辆公交车均经过观前街地区。

首选 平江路 街区

（见112页地图；www.pingjiangroad.com）游客们都对平江路情有独钟，这里与观前街离得不远，但一条条小巷子隔绝了商业气。风格不同的咖啡馆、小吃店、个性店铺和藏在高墙之中的精品酒店，让小资青年们将此地作为文艺风向标；爱好古建筑的朋友，当然少不了在此走走十多座古桥，在各条巷子里找找老宅子和名人故居（可查询官网“概况”部分）。

平江路比较重要的一段北至白塔东路，南至干将东路，临着平江河，起始两端皆有区域地图，不过干将东路那头有《平江图》碑刻，告诉你从宋代开始平江路的格局就没有很大变化。我们在住宿、就餐、饮品等部分介绍了不少平江路上的店铺，当然还有很多妙趣横生的地方。

郏长巷口的**驿站**（咖啡馆）占据了临水的绝佳位置，从前是彼岸咖啡，一楼露台的美人靠常被人占满；卫道观前的**礼耕堂**做的是老宅子的私房菜；近大新桥的**停云香馆**环境雅致，不仅有香还有关于平江路的书籍；靠近北头的**狐狸家酸奶酪**和开在汪氏义庄里的上下若（咖啡馆）也广受好评。

街头流行的两大小吃是奶酪和鸡爪，还有形形色色的饮料瓶子也很抓眼球。有关手摇船的信息，请参见“活动”部分。白天的平江路游人渐多，看到有姑娘穿成民国女学生的模样摆造型可别见怪，也很容易在下午碰到名为憨憨的明星狗。但夜里的平江路更值得一走，一切凝固在昏黄的灯下，仿佛只有脚步才是真实的。

北寺塔

塔

（见112页地图；天库前文衙弄5号；门票25元；⏲7:45~17:30）登上北寺塔看古城，被列为到苏州必做的事之一，确实没错。这座高76米的九层宝塔始建于梁代，又在南宋重建，峻拔雄奇为吴中诸塔之冠。因为古城内的所有房屋都不得超过北寺塔三层，所以从三层以上逐层而观，便能一览姑苏风貌——向西望见斜在虎丘上的云岩寺塔，向东远眺金鸡湖畔的高楼，城内一片青砖白墙，层层叠叠绵延至远方，丛丛绿色便是一个个苏州园林点缀其中，令人不禁感叹苏州将古城保留得如此完美。

塔下的**北塔报恩寺**相传是孙权为报恩母亲而建，历经了1000多年。佛殿之外，寺外廊檐下的大幅《姑苏繁华图》按原图比例缩小而成，描绘了200多年前繁盛的姑苏，后园的山水小园林也是一处幽静的所在。可以从市中心步行前往，也可以从火车站乘坐游4到平门站下。

盘门景区

城门

（见126页地图；☎6526 0004；www.panmen.net；东大街1号；门票40元；⏲7:30~17:00）为了让"全国仅存的水陆城门"盘门更加吸引人，旅游部门将瑞光塔和吴门桥一并加入，再加上一些园林，变成了盘门三景，确实也让景区多了些看头。

盘门的水城门和陆城门是这里最大的看点。始建于春秋吴国阖闾元年，是伍子胥所筑八座城门之一。不过现存的城门和瓮城是元代重建，城楼则是1986年修缮时重建。沿着跑马道登上陆城门，可以看到整个陆门、水门及瓮城的全貌，也能发现射孔、闸口、关石等古代防御设施。两道水城门是沟通西南角城内外的唯一水路通道，并与大运河连通，在伍相祠的码头乘坐**手摇船**（免费，约10分钟）可以体验水上过城门，也能感受水陆城门的气势。

瑞光塔（登塔6元）是城南的制高点。这座七级宝塔最早建于宋代，但晚清时期毁于战乱，仅剩砖塔，之后再行修复。最珍贵的是塔内文物，苏博的镇馆之宝、北宋时期的真珠舍

另 辟 蹊 径

桃花坞里桃花庵

从北寺塔往西，便到了桃花坞地界。早在宋朝，梅宣义在这里建了一座五亩园，后来大败西夏的章楶在五亩园南边建造了"桃花坞别墅"，也许是桃花坞这名字最早的由来。宋末金兵南下，桃花坞亦在劫难逃，几近成一片废墟。到了元明时期因为乡村野趣又为人们所爱，桃花油菜花开时，游人络绎不绝，还有了"姑苏城北桃花坞，日日敲门去问春"这样的诗句。

到了明弘治年间，四大才子便登场了。跟民间传闻与电视剧里的不同，"江南四大才子"指的是祝允明（枝山）、文徵明、唐寅（伯虎）、徐祯卿（周文宾只是杜撰的人物）。科举失意的唐伯虎喜欢桃花坞的清闲幽静，便在双鱼池西买地建宅，其间还问徐祯卿借过银两，后者也囊中羞涩便以诗回复。当然园子还是顺利建成，他从此也过上了逍遥快活的日子。自称桃花庵主的唐伯虎对桃花坞最大的贡献便是留下多首诗词，其中《桃花庵歌》最为大家所知——"桃花坞里桃花庵，桃花庵下桃花仙。桃花仙人种桃树，又摘桃花换酒钱。"而那句"别人笑我太疯癫，我笑他人看不穿"是不是也勾起了你对某部电影的回忆呢？

清代开始，桃花坞尽是百姓民居、作坊商铺，等到太平军火烧山塘，那一带的手工匠人纷纷迁入城内，桃花坞成为硕果仅存的年画产地。历经改朝换代，桃花坞依然保留着旧时民居格局，到20世纪90年代，这里还不通公交。今天，此地正大兴土木，兴建一片休闲娱乐文化场所，唐寅故居也在整修之中。趁着还未完全变样，在桃花坞的小巷子里兜兜转转，应该是个不错的游乐方式（见134页"步行游览，古城北线"部分）。

苏州古城南部

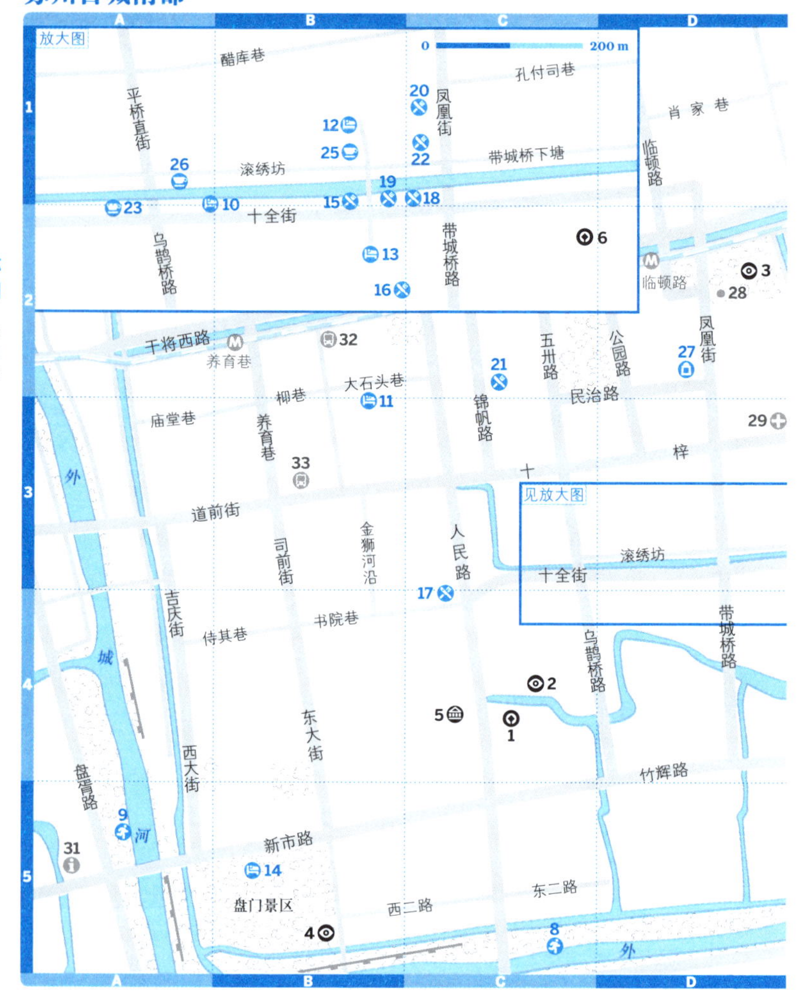

利宝幢便出自于此，据说还是1978年时一群顽童的意外发现。

吴门桥是初建于北宋的古桥，曾经是三桥和三孔石拱桥，直到晚清才改为单孔石拱桥。桥高约10米，是江苏省内最大的单孔石拱桥，也是大运河上的重要桥梁。站在桥上拍盘门，角度很不错。

伍相祠是为纪念伍子胥而建，由厅堂、廊亭和花园组成，东院还经常有评弹等演出。

景区在古城西南角，乘坐游2可以到达。

古城外

虎丘

园林

[见108页地图；☎6532 3488；www.tigerhill.com；虎丘山门内8号；门票旺季60元(4月16日至10月30日)，淡季40元；⏲7:30～18:00]据说2500年前，虎丘就是吴王阖闾的离宫，大约900年前有人免费为它做了个大广告——“到苏州不游虎丘，乃憾事也！”此人便是北宋著名文学家兼美食家苏东坡先生。若是你在春秋两季来到苏州，倒是真别错过正值盛会（赏花与庙会）的虎丘。

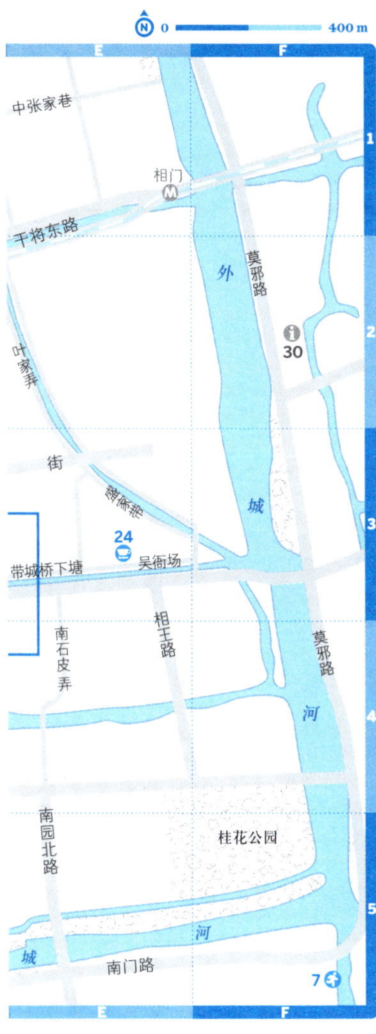

一般游客会从南山门进入虎丘，一路上坡经过一些小景点来到**剑池**。相传吴王夫差将战死的父亲阖闾葬于此地，并以“扁诸”、“鱼肠”等三千柄宝剑陪葬，而剑池很可能是墓穴入口。这一猜想2000多年来一直是难解的谜题。继续向上便到了山顶，矗立此处1000多年的**云岩寺塔**是著名的斜塔，也是苏州城的地标之一。一些亭台楼阁散落在周边的园林中，在**望苏台**、**致爽阁**可以远眺古城风貌。沿着五十三参的台阶下山可到万景山庄，虽是新造园林，却别具一格地以盆景为胜。

景区推出**游览车**(环山一圈15元/人，北门到山顶20元/人)和**马车**（北门到南门，单程10元/人），不过我们建议你往北门方向的后山和环山路走一走，野花、竹林和茶园藏在林间，游人稀少，分外清幽。

虎丘有南北两个大门，均有停车场，可以乘坐游1、游2到达南门，8路、949路可到达北门。虎丘婚纱一条街和山塘街就在附近，可以连成一线游览。

首选 山塘街

街区

（见122页地图；www.shantang.com.cn；街区免费，景区联票45元；⏲8:30~17:00）“这东南一隅有处曰姑苏，有城曰阊门者，最是红尘中一二等富贵风流之地”，《红楼梦》第一回里便有如此描写。乾隆皇帝对此地也青睐有加，特地在颐和园仿照山塘街的模样造了一条“苏州街”。

景区收费景点包括**玉涵堂**、**古戏台**、**山塘阁**、**安泰救火会**、**江南成衣馆**等，不过山塘街更值得一看的是街道本身。自从唐代白居易在此疏通河道，开凿了从阊门到虎丘的山塘河，沿河一带便繁盛起来，河上有轻舟画舫，河边有民居商铺。如今山塘街作为景区的部分是从阊门外到新民桥，河之北以手工艺店铺居多，河之南以休闲娱乐为主，一些百年老店也在此地落户。

可以坐**游船**（见“活动”部分）体验当年盛景。我们更推荐你看看山塘街的后半段，这里未经开发，仍然保持着旧貌，菜市场、小吃店、民间生活场景一一呈现，一些老苏州的照片也常常出自这里。一路走到虎丘，才知“七里山塘”之真谛。别忘了走走山塘街上的古桥，7座跨河而卧，8座越堤而过，其中山塘桥、半塘桥、望山桥和桐桥四座始建于宋代以前。共有7只石狸被安放于跨河的7座桥上，有兴趣可以找一找。

在市区乘坐游1、游2、游3，可以到达山塘、半塘及虎丘。

留园

园林

[见108页地图；☎6533 7903；www.gardenly.com；留园路338号；旺季40元(4月16日至10月30日)，淡季30元；⏲7:30~17:30]留园的格局有点儿类似拙政园，规模当然稍小些，城外的位置也不会让这里游人爆满，又同样名列四大

苏州古城南部

景点

1 沧浪亭 C4
2 可园 C4
3 罗汉寺双塔 D2
4 盘门景区 B5
5 苏州碑刻博物馆 C4
6 网师园 C2

活动

7 觅渡桥花园码头 F5
8 人民桥码头 C5
9 新市桥码头 A5

住宿

10 布丁连锁 A1
11 浮生四季国际青年旅舍 B3
12 南林宾馆 B1
13 南园宾馆 B2
14 吴宫泛太平洋酒店 B5

就餐

15 老苏州茶酒楼 B1
16 南园宾馆荷花轩 B2
17 琼琳阁面庄 C4
18 素人记素食馆 C1
19 同得兴精品奥面馆 B1
20 熙盛源 C1
21 祥鑫饮食店 C2
22 协和菜馆 C1

饮品

23 I Lost Cafounge A2
24 啡舍 E3
25 静思书轩 B1
26 老书虫 A1

购物

27 蓝色书屋 D2

实用信息

28 凤凰街主中心站 D2
29 苏州市第一人民医院 D3
30 苏州青年旅行社 F2
31 中国康辉苏州国际旅行社 A5

交通

32 上海方向机场大巴 B2
33 硕放方向机场大巴 B3

名园，于是更受散客欢迎。

留园始建于明代，几代主人都十分爱石。第一任主人徐泰时请叠石名人周时臣设计建造了东园；清代刘恕改建后，命名为寒碧庄，也称“刘园”，他布置了十二太湖石，还邀请画家王学浩绘制了《寒碧庄十二峰图》；清末，盛康、盛宣怀父子扩建整修，令此园成为吴中著名园林。如今留园北院的**冠云峰**是历史上“留园三峰”之一，也是江南园林中最高的一块湖石，在边上的二楼茶室小坐一会儿，便可观峰赏园。

留园的另一大特色是**“吴歈兰薰”吴文化表演**（4月1日至10月30日），让人们游园时在不同厅堂欣赏到古筝、笛子、二胡、琵琶演出。常常可以循声而去，寻到意外惊喜，甚至还有舟上弹唱。入园时可以向工作人员咨询一下表演时间。

从城内乘坐游1、游3都可到达留园，也可以和附近的西园寺串起来游玩。

西园戒幢律寺 寺庙

（见108页地图；☎6531 6034；www.gardenly.com；西园弄18号；门票25元；⏲8:00~17:00）留园第一任园主徐泰时建了“东园”，便将西边的建于元代的归元寺收为宅院，名为“西园”，其子又将宅归寺，直到清代，才有了如今的正名——“西园戒幢律寺”。

西园寺面积很大，是江南有名的律宗道场，里面的五百罗汉和放生池中一只400岁的斑鼋是古寺之宝，而此地农历七月十五法会上的打鼓被形容为“如雾如电”。寺院的西园是一处围绕着水景的园林，放生池畔的古树到秋季很绚丽，宛若漂于水上的月心亭十分别致。在园中茶室一边听着佛乐，一边享受茶点（双人套餐58元，含四种点心），是别处园林无法可比的清净。西园寺与留园隔了一条桐泾北路，两处园子都是城外的好去处。

枫桥景区 古镇

（见108页地图）千年前落第而归、路过寒山寺的张继怎会想到《枫桥夜泊》会流行那么久？虽然如今镇守大运河出口的大多是新景物，但以**寒山古寺、江枫古桥、铁铃古关、枫桥古镇**和**古运河**“五古”为主的枫桥景区，仍然是运河上不可或缺的重要景点。

寒山寺（☎6533 6634；寒山寺弄24号；门票20元，新年钟声时门票380元；⏲7:30~17:30）始建于梁代，唐代时天台山国清寺高僧寒山来此住持，后改为寒山寺。张继的《枫桥夜泊》让寒山寺扬名千年，寺内就曾有好几通题写此诗的石碑。

寒山寺的新年钟声特别有名，不是当年那口钟，却也是年纪过百的老钟。每年12月31日夜里，无数游客云集此地，听那108下祈福的钟声。

枫桥、铁铃关、枫桥古镇（☎6557 5100；枫桥路底；门票25元，评弹游船45元；⏲8:00~17:00）运河开通之后，枫桥古镇渐渐热闹，开辟出一些厅堂园林，也形成了仿古商业街，汇聚了江南的手工艺品，当然是否货真价实还得自己判断。不过，著名的枫镇大面便是出自枫桥古镇。枫桥卧于运河上，此桥于同治年间建造。如果购买游船票便可以穿行桥洞，体会"到客船"的意境。

铁铃关是枫桥敌楼，是明代抵御倭寇的关隘，与附近的枫桥形成水陆要塞。与其同期建造的还有葑门与木渎的敌楼，均已不存，于是铁铃关便成为苏州唯一保存完好的抗倭关楼。

从市区可以乘坐游3、30路、9路等车到达。

金鸡湖地区

街区

（见108页地图；☎4007 558 558；www.sipjinjilake.com）还没去过新加坡？就来这里看看吧。金鸡湖地处苏州工业园区，这里借鉴新加坡模式发展，街区格局与其相似，也是与苏州古城氛围截然不同的"高端洋气国际化"的地段。如果你对"江南Style"审美疲劳，那么可以来这里换换口味。

围绕着金鸡湖，大致可以分为三个区域。

湖东以文化区和购物区为主。**苏州文化艺术中心、国际博览中心**两栋现代化建筑坐落于此。大型商业区**圆融时代广场**每天夜里都有天幕（19:00开始）在空中开启，**久光百货**就在对面。**月光码头、摩天轮乐园**（金鸡湖东右岸街99号；门票80元；⏲9:30~17:30）临湖而建，沿湖有一些休闲娱乐场所，北部还有红枫林可供休憩。

湖西是以**湖滨新天地**为中心的**城市广场**，每周五、周六晚上20:00~20:30都有大型音乐喷泉，北部**香樟园**则是都市绿色空间。

湖南是美食天堂，光绪年间就建成的李公堤由三座桥相连，网罗国内外各大品牌美食，同时还有**1912酒吧街**及南岸的大量私人艺术馆、博物馆。

金鸡湖的玩法众多，环湖骑行是不少背包客喜欢的方式，当然漫步也很好。**金鸡湖水上巴士**（单程20元，往返30元）往来于月光码头与李公堤之间，周末及节假日约有4~5班，平时3班。还可以从摩天轮乐园乘坐**班船**（10元）到湖心的桃花岛。

目前在地铁1号线文化博览中心站出口及国际博览中心都设有**游客中心**，而园区正在加紧建设各个区域的游客中心。金鸡湖位于古城东面，从市区乘坐地铁1号线可以到达金鸡湖地区，也可以搭乘园区环湖专线到达金鸡湖各处。

苏州爱情故事

提到剑池，便不可不提吴国著名的铸剑师夫妇干将和莫邪。相传，干将为王铸剑三年而不得，莫邪便舍身投炉，制成干将、莫邪雌雄双剑，而最终双剑又化为白龙而去。干将莫邪剑被称为挚情之剑，他们夫妇的故事在苏州城家喻户晓、流传至今。古城中心的东西向主干道干将路与城东护城河边的莫邪路是对他们忠贞爱情的纪念。

小桥流水、园林簇拥的姑苏城，才子佳人的故事自然不会少。沈复与芸娘在沧浪亭边，将柴米油盐的日子过得充满情趣；唐伯虎科举失意后原配离他而去，倒是得到名妓沈九娘鼓励，在桃花庵相伴一生；董小宛在半塘初见冒辟疆，三年后一路从苏州追到如皋，最终成就恩爱夫妻；洪钧把14岁的赛金花娶进了悬桥巷，带着她出使西方，也造就了她日后的传奇。走在姑苏城中的这些地方，不妨回想一下这些缠绵悱恻的爱情故事。

三忆江南，打造“天堂”第一人

《忆江南》其一：“江南好，风景旧曾谙。日出江花红胜火，春来江水绿如蓝。能不忆江南？”写下这首诗的白居易先生不仅是唐代诗歌的大家，还是一位勤政爱民的好官。虽然总被朝廷“下放”远离长安，但从未忘记为百姓做实事。江南的两大“天堂”苏州与杭州，都留下他的功绩，也为今天的旅行者带来无穷乐趣。

《忆江南》其二：“江南忆，最忆是杭州。山寺月中寻桂子，郡亭枕上看潮头。何日更重游？”白居易担任杭州刺史时，遇上大旱，他动员杭州的老百姓疏浚西湖，灌溉田地，人民为纪念他把“白沙堤”改成了“白堤”。

《忆江南》其三：“江南忆，其次忆吴宫。吴酒一杯春竹叶，吴娃双舞醉芙蓉。早晚复相逢？”吴宫临虎丘，白居易担任苏州刺史仅仅一年半时间，就挖通了从阊门到虎丘的山塘河，让城内前往虎丘游玩的百姓再也不必为难行的道路烦恼，山塘街旧称便是“白公堤”。如今在山塘街口有白居易纪念苑，虽然看点不太多，但进去聊表敬意也不错。

木渎古镇 古镇

（见107页地图；☎6625 3688；www.mudu.com.cn；木渎镇山塘街188号；景区联票78元，游览古镇免费；⏲8:00~17:00）严格来说，木渎的特色并不在古镇本身——远不如其他古镇（见“水乡古镇”部分）来得美，而在于镇上几处颇有来头的园子。

联票景点包括严家花园、虹饮山房、古松园和榜眼府第，各处也单独售票。

严家花园（40元）建于清代，经过三代主人——苏州名士沈德潜、木渎诗人钱端溪和木渎首富严国馨的奋力造园，让此地成为备受建筑学家推崇之处。历经400多年的楠木大厅尚贤堂颇为罕见，一些围墙的布局、厅榭合一的建筑方式及爬山廊都是此园的别致之处。

虹饮山房（40元）离严家花园不远，是木渎文人徐士元故宅，以占地广阔，建筑大气为特色。乾隆皇帝每次下江南必在此地游园听戏，于是当地人都把它称作“民间行宫”。园中有很多皇家遗迹，虹饮山房也因此闻名，这里还藏着二十道皇上的圣旨呢。

古松园（20元）是清末木渎富翁蔡少渔旧宅，除了门口明代的罗汉松，最大的亮点是楼厅，檐枋下端雕了16只倒挂花篮，楼上轩梁又雕了16只凤凰，雕花师傅是当时著名雕刻艺人赵子康，东山雕花大楼也是他的大手笔。

榜眼府第（10元）是洋务运动先导冯桂芬故居，以江南三雕（砖雕、木雕、石雕）而著称。

在木渎，你也可以登上手摇船（10元/人，3人起）在河道漫游。附近还有白象湾生态园（60元），据说苏州政府有意在白象湾的另一边打造集休闲、娱乐于一体的场所。木渎美食当然要数石家饭店（见“餐饮”部分），既然来了一定要尝尝鲃肺汤。

古往今来，木渎都是古城通往太湖的门户，地铁1号线已经通到木渎，不过要到古镇还要打车或者换乘公交。游4以及前往东山、西山的公交线路（见“太湖周边”部分）都可以到达。

活动

夜游护城河 游船

苏州的环城河曾经是京杭大运河的一段，后为了疏通才改了河道。城西和城南的码头都开放了夜游项目（⏲18:30~20:30；120元，约1小时），包含导游、评弹表演和茶水。在本书调研期间，并没有开放环护城河一周的路线，目前最长的路线是从南门附近到山塘景区。

可从三个码头出发去游古运河，经营路线相同，条件差不多，主要走城西一带的护城河。

人民桥码头（见126页地图；☎6520 8484；人民路8号）除了夜游还经营白天游船，但要20人才开船，需要提前联系。在这里还可以包船前往同里、周庄，价格在600元/船左右。

新市桥码头（见126页地图；☎6811 8088；盘胥路798号）

觅渡桥花园码头（见126页地图；☎6753 9985）

河道游船

游船

平江路和山塘街拥有保存完好的水路，水上有手摇船，可以游览街区，也可以将游船作为交通工具到达另一个景点。

平江路手摇船（见112页地图；☎6754 8906；⊙150元/船）从保吉利桥码头出发，有三条路线：保吉利桥—苑桥，保吉利桥—观前街，保吉利桥往返，时间为8:30~18:00。

山塘街手摇船（见112页地图；☎6531 5614；80元/人，3人起，40分钟）路线为古戏台—观音阁，**电瓶船**（50元/人，15人起，30分钟）路线为古戏台——虎丘，时间为8:00~21:00。

节日

苏州的节日数不胜数，有民间传统节日，也有官方的旅游节。单是每年3~5月的苏州国际旅游节就有五六十个项目，不仅有赏花、采摘，也有美食、文化，你可以在旅游咨询中心（见170页）了解到全面信息。以下列出一些节日，仅供参考。

玄妙观迎财神，农历正月初五，届时观前街一带热闹非凡。

太湖梅花节，3月上旬，视梅花开放程度而定，西山林屋梅园为主会场。

虎丘艺术花会，3~5月，海内名花遍布山间，人们纷纷赏花游园。

拙政园杜鹃花会，3~6月，园内杜鹃花盛放，开过之后接着就是荷花节。

轧神仙，农历四月十四，大家在南浩街神仙庙挤来挤去，为的是蹭吕洞宾的仙气。

石湖串月，农历八月十七、十八，据说可以看到行春桥的九月连环。

虎丘庙会，9~10月，民间小吃和表演会聚于虎丘一带。

天平红枫节，10月开始，人们赶往中国四大观枫地之一天平山赏红叶。

寒山寺新年钟声，元旦前夜，108下的新年钟声是苏州人的平安吉祥之音。

住宿

苏州的住宿地众多，建议旅行者以古城内为首选。城里的青旅不少，大都由老房子改建，隔音可能会差些，有些店热水和空调的使用会有时段限制，房间最好提前一个月预订。大家熟知的连锁商务酒店遍布观前街、临顿路以及拙政园周边，房间过得去而且位置很便利，精品酒店及星级酒店也藏在市区各地。如果你想享受宽敞的房间和广阔的视野，那么国际连锁的高档酒店纷纷抢占了金鸡湖畔

到了运河说运河

近年关于大运河最大的事儿，莫过于8个省35个城市联合申请世界文化遗产。近期，中国大运河申遗文本正式定稿，并通过联合国教科文组织世界遗产中心审核。作为运河沿线重要的文化古城，苏州成为运河沿线35个地级市中唯一以古城概念进行申遗的城市。

除了城区运河故道（山塘河、上塘河、胥江、环古城河）、现京杭运河苏州至吴江段等河道之外，苏州申报的运河遗产主要有：唐代以来就是苏州大运河航道之一的**山塘河及其历史街区**；大运河苏州段地标性建筑**虎丘云岩寺塔**；连接大运河与城内水系、连通内外城的**盘门水陆城门**；明清漕粮仓储地**平江历史文化街区**；见证古代大运河南北经济文化交流的**全晋会馆**（中国昆曲博物馆）；集水利、交通、景观于一体的古代桥梁杰作**宝带桥**；江南运河水利工程的杰出范例**吴江古纤道**。苏州政府对此十分重视，在网站上专门辟出大运河苏州段申遗的栏目，在2013年6月底还开放了**大运河遗产展示馆**（苏州规划展示馆内，阊胥路32号）。若是有兴趣，可以查询www.suzhou.gov.cn/zt/dyhszdsyzt。

轰轰烈烈的大动作会为历史超过1500年的大运河带来怎样的变化？也许有一天，我们可以沿着古人的足迹行舟运河之上，遥想当年繁华。

另辟蹊径

想爬山，看过来

若你从多山的地区过来，一定会小看这里的山。江南鲜有高山，概以丘陵为主，即使是苏州地区最高的穹窿山也不过340米出头。但是，江南的山更多在于历史与人文内涵。来到这里并不一定能体验登山乐趣，但沿途一定会令人浮想联翩。

灵岩山（门票20元；⏲6:30～17:00）才182米，却是吴越之争的见证地，夫差得了西施便在此建立"馆娃宫"、山顶花园供她享受，但勾践大败吴国后一把火将其烧了个干净。位于馆娃宫遗址的灵岩寺（1元）则以奇石和宝塔闻名。韩世忠墓也在此地。

天平山（门票30元；⏲7:30～17:00）201米高的天平山不高却有些险峻，爱爬山的人往往会离开主道，循小路登上顶峰，确实有些攀爬的乐趣。范仲淹的高祖葬于此地，天平山便成了他的"家山"。天平山与北京香山、湖南岳麓山和南京栖霞山并称为中国四大赏枫胜地，每年10月初至12月初的天平红枫节是这里最热闹的时候。

穹窿山（门票80元；⏲8:00～16:30）身为"吴中之巅"，这里是苏州人的"大氧吧"。不仅如此，孙武曾隐居于此，写出了《孙子兵法》；朱买臣曾在此地读书；韩世忠曾在山中赏月；乾隆皇帝也六临穹窿山。只是门票稍贵，有空就团一个吧。

天平山和灵岩山相距不太远，离木渎镇也挺近，可以在火车站搭乘69路到达，也可以坐地铁到木渎后继续转当地公交。穹窿山比较远，公交不便，自驾更为合适。

的好位置，那里的住宿条件更为舒适。

大多数住宿地的房价分为平日、周末和节假日三档，黄金周长假时涨幅也可能达到30%～50%。

观前街及平江路一带

首选 明堂国际青年旅舍 青年旅舍 ¥

（见112页地图；☎6581 6869；平江路28号；铺55元，普单120元，标单/双165元；❄📶）位于小资青年混迹的平江路南段，是苏州城中最为舒适便利的青年旅舍，提前预订十分必要。门前是小桥流水，步入其中便是一片古色古香的天地，只是房间稍小。两栋明清建筑隔着小巷而立。北区面积更大，公共区域是一个江南风格的水景庭院；前台在南区，这里二楼有两个普通单人间，一个面向平江路的一个横跨巷口，是很多客人点名要住的超值之选。Wi-Fi只在南区有，无自行车出租。出门左拐，便是著名的"猫的天空之城"（见112页）。

小雅国际青年旅舍 青年旅舍 ¥

（见112页地图；☎6755 1752；大新桥巷21-1号；铺60元，标单/双180元；❄📶）离耦园很近，前身是近300多年的庞宅，目前整理了其中一部分作为旅店。在小小的庭院里就能看到当年的假山园林之景，公共区域看起来也颇有家庭气氛——有真正的自助厨房。不过地方略显狭窄，只有十间房，多人间占了不少比例，房间偏暗。这里可以租自行车（2元/小时）。

小桥流水客栈 客栈 ¥¥

（见112页地图；☎6731 7199；平江路136-1号；标单/双 200/230元；❄📶）门面不经修饰，看前台觉得是招待所，但走进去别有洞天。因为2011年才开业，房间宽敞又配以浅色木制家具，所以显得很新，大排漏窗带着些古意，卫浴设在大玻璃房中。虽然没有什么特色，但这个价格在平江路上也算很不错了。

苏州人家大酒店 酒店 ¥¥

（见112页地图；☎6777 8888；临顿路落瓜桥下塘66号；标单/双380元起；❄📶🅿）这家酒店的位置非常便利，门前是小桥流水，出门左转几步便是观前街，离临顿路地铁站也只有一两分钟的路程。虽身居闹市，但过了前厅之后，便是一个苏式园林，亭台水榭与外面的喧闹隔绝。只是房间普遍不大，设施稍显陈旧，但居然有个小停车场。

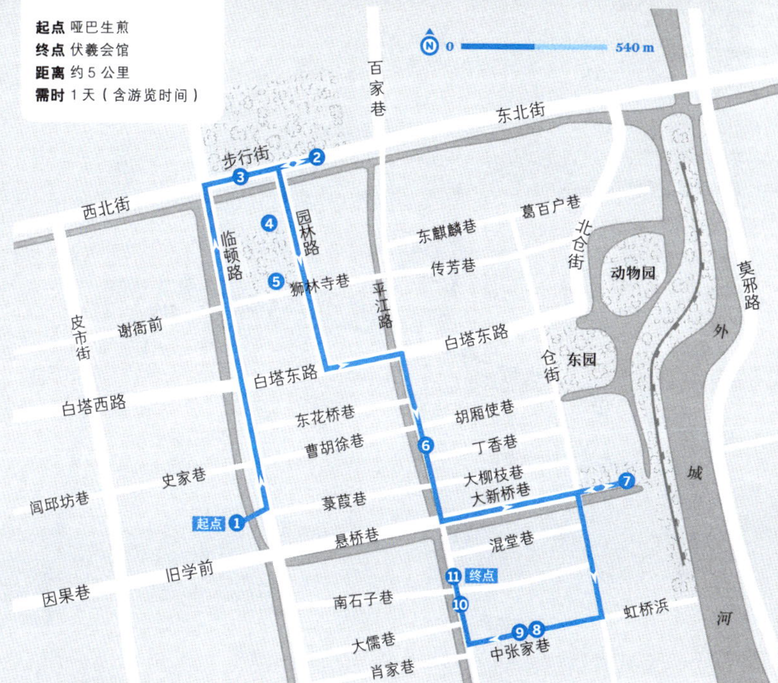

步行游览

古城中心

❶**哑巴生煎**（见138页）开得早，7:30左右去美美地吃上几个生煎，然后往北走。到了东北街，当然先去7:30开门的❷**拙政园**（见110页），游客少光线好，跟上9:00的免费讲解再听一遍。出来之后，便去❸**苏州博物馆**（见110页）长长见识。出来之后沿着园林路走到潘儒巷，可以在❹**吴门人家**（见140页）解决午餐，这里本身也是个不错的园子。

午餐后，可以选择去隔壁的❺**狮子林**（见111页）钻假山，也可以直接往南走到白塔东路平江路口，开始徒步平江路。古桥、巷子可以看见喜欢的就走一走，午茶可以在丁香巷的❻**猫的天空之城概念书店**（见142页）解决。接着，可以沿着大新桥巷一直往东走，到达❼**耦园**（见115页）。然后可以沿着仓街一直走到中张家巷里的❽**昆曲博物馆**（见143页），如果是星期天还能听到昆曲，别忘了去隔壁的❾**百花书局**（见145页）买点儿纪念品。差不多到晚饭时间，便到❿**品芳茶社**（见140页）吃吃苏州点心。夜里可以早些到⓫**伏羲会馆**（见143页），记得提前预约，看看表演者如何上头面，然后20:00准时开演，在近两小时的欣赏和笑声中结束一天的旅程。

步行游览

古城北线

清晨，从❶**平江路**（见124页）南头走到北头，颇为清静，最适合领略水城之美。然后沿着园林路到达潘儒巷的❷**吴门人家**（见140页）舒舒服服吃顿早茶，后面的路可有些长。先去❸**苏州博物馆**（见110页）看看，然后一直沿着东北街走到西北街，❹**苏州工艺美术博物馆**（见111页）里有不少好东西，隔壁就是❺**苏州檀香扇厂门市部**（见145页）。一路往西到人民路口，登一下❻**北寺塔**（见125页），俯瞰姑苏。过了人民路，可以先往北去往❼**苏州丝绸博物馆**（见145页），然后继续往北到达❽**新三馆**（见111页），从名人馆后面过桥，这一片桃花坞区域的一边已经开始整修新建，大部分还是老房子，可以体会一下市井生活，路上还会经过❾**桃花坞木刻年画博物馆**（见111页）。中午要辛苦一下，在路边馆子解决，或者在❿**桃花坞国际青年旅舍**（见137页）的小酒馆随便吃一点儿。

午饭后，沿着桃花坞大街往西，到阊门西街向南，便是⓫**五峰园**和⓬**泰伯庙**（见320页），继续沿着西中市往西，便看到⓭**阊门**，过了渡僧桥，到⓮**白居易纪念苑**膜拜一下，然后开始⓯**山塘街**（见127页）之旅。

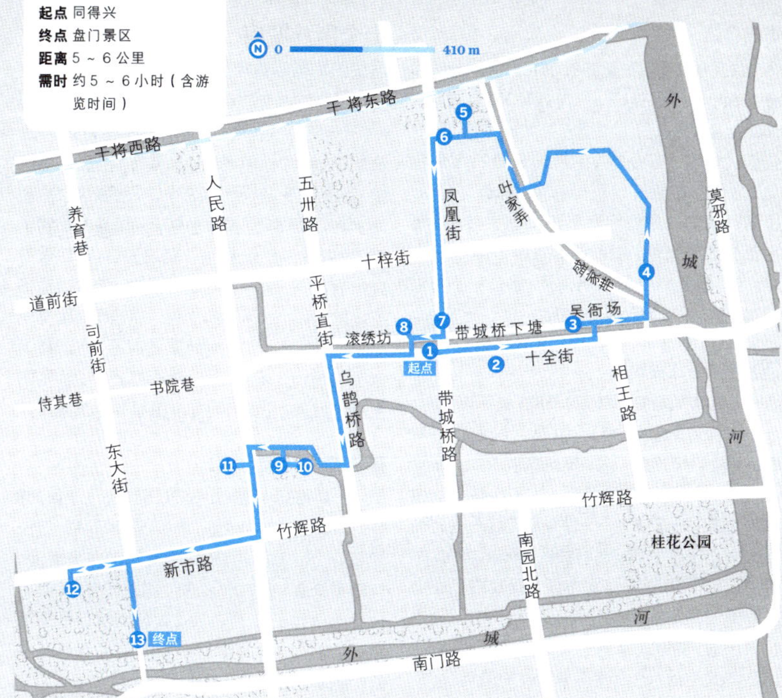

步行游览

古城南线

早点起床，到❶**同得兴**（见140页）吃碗头汤面(6:30开始)，慢慢吃完走几步，便到了巷子里的❷**网师园**（见114页）。逛完出来，沿着十全街一直往东走，过桥就到了吴衙场一带，别错过❸**异托邦**这样的个性店。继续往东过桥，就到了❹**苏州大学**，校园里有东吴大学旧址，还有一些好看的楼房。逛一圈出来往北，沿着叶家弄到达定慧寺巷，这里的❺**罗汉寺双塔**（见124页）是建筑史上的奇迹。出来往西，路口有❻**旅游咨询中心**，顺便进去看一眼。出来后沿凤凰街往南，可以到❼**协和菜馆**（见141页）吃顿实惠的午餐。

饭后到❽**静思书轩**（见143页）一坐，然后继续向西到乌鹊桥路，转入沧浪亭街，水道围绕的❾**沧浪亭**（见115页）十分清静，旁边就是❿**颜文梁纪念馆**。出来过人民路，对面红色的文庙是⓫**苏州碑刻博物馆**（见111页）。出门向南，沿新市街往西不远便是⓬**吴宫泛太平洋酒店**（见137页）的巨大仿瓮城大门。转入东大街，便进入了⓭**盘门景区**（见125页）。如果有时间，可以在附近解决晚饭后，到人民桥轮船码头开始夜游。

筑园会馆

精品酒店 ¥¥¥

（见112页地图；☎6581 0618；www.archi-garden.com；平江路31号；标单/双400元，豪华间500元；❄📶）这里由中德专家共同参与，将清代张氏老宅"三合堂"的一部分进行了现代化改造，并在建筑界获得殊荣。4间以白色为主基调的简约风格客房不仅充满设计感，还有很高的私密性，厕所与卧室的分隔很是有趣。平日也需要提前一周预订，路过时不妨进门喝一杯咖啡，欣赏一下画廊。

首选 平江客栈

精品酒店 ¥¥¥

（见112页地图；☎6523 3888；钮家巷33号；标单/双450元起；❄📶）走在平江路看小河对面，斑驳的墙连成一片，里面藏着玄机。这里的名字和门头都非常低调，其实却是一间由当地望族"方家大宅"和"董氏老宅"改建而成的文化主题酒店。拥有42间典雅的客房，室内以传统苏州民居样式布置。就着夜色在书桌前读书，推窗见明月照小庭，仿佛穿越到古代。中餐厅的苏式菜肴也不错，服务很高效。体验苏式生活，恐怕就得来这样的酒店。

书香世家平江府

精品酒店 ¥¥¥

（见112页地图；☎6777 5670；白塔东路60号；标单/双638元起；❄📶）这一间园林式酒店有些特别，它是在旧厂房和仓库的原址上改建而成的。照壁竹影相连，勾勒出一个粉墙黛瓦的庭院。有些楼前有清浅水道，锦鲤嬉戏其中，坐在临水的美人靠上很是惬意，房间还配备了胶囊咖啡机。酒店连着半园的一部分，在清代园子里喝个下午茶（128元）也不错。

十全街及城南一带

浮生四季国际青年旅舍

青年旅舍 ¥

（见126页地图；☎6521 8885；www.watertownhostel.com；人民路大石头巷27号；铺40~60元，标单/双140/170元；❄📶）单从官网上《浮生六记》的图文和骑行苏州的建议，便知这家旅舍的主人细心周到。旅舍坐落于人民路的小巷子里，位置并不是最好的一家，公共区域却做得有声有色——马头墙下的小庭院，带着落地格子窗的阅读区，小小的水吧，确实是个偷得浮生半日闲的地方。房间的采光都不错，跃层大床房（200元）还有顶窗，厕所和公共卫浴则刚刚翻修过。这里的自行车出租服务也很到位。

布丁连锁（十全街店）

连锁酒店 ¥

（见126页地图；☎6530 5885；十全街758号；标单/双119~189元；❄📶）房间不大，但位置很好，出门就是好吃好喝好泡的十全街，而且房型众多，便宜的客房可能没有窗户。酒店位于滚绣坊的小河边，橘黄色的房门里面是整洁的客房，每间屋子的墙壁上都有些有趣的涂鸦（不是住客乱涂的那种）。

南林宾馆

酒店 ¥¥¥

（见126页地图；☎6801 7888；十全街滚绣坊20号；标单/双550~590元，套房1080~1280元；❄📶P）这是苏州真正意义上的园林宾馆，曾与对面的南园宾馆同属一家国宾馆，并保留了古城内难得一见的七层楼房，整个酒店按准五星建设。2008年新建的园中楼占据了一片好位置，房间配置更新，所有套房都有面对花园的阳台。

带孩子游苏州

毫无疑问，苏州是适合孩子们游玩的地方。城中博物馆众多，首先就可以去**苏州博物馆**（见110页）看看，然后**留园**（见127页）里的"吴歈兰薰"和**网师园**（见114页）夜游不仅能满足他们的好奇心，也是一次传统文化洗礼。坐一次**平江路**（见124页）或**山塘街**（见127页）的手摇船，当然也必不可少。

如果想玩得"现代"些，那么金鸡湖的**摩天轮乐园**（见129页）和**苏州乐园**（新区狮子山麓；成人票160元，儿童票80元）够他们疯玩一天。要是自驾的话，还可以带上他们去**太湖国家公园**和**苏州海洋馆**（见154页），亲近一下大自然。

苏州美食众多，原汁原味，调味料也毫无刺激，很适合孩童；住宿有很多家庭房可供选择，配套服务也不错。

南园宾馆
酒店 ¥¥¥

（见126页地图；☎6778 6333；带城桥路99号；标单/双998元，套房1198元，复式套房1398元；❄📶P）五星级园林酒店，有六栋小楼分布各处，皆按标准建设。这里的套房比别处宽敞许多，尤其是复式套房特别适合家庭入住。南园宾馆的中、西餐厅品质都不错，即使不住也可以考虑来这里观景吃饭。

首选 吴宫泛太平洋酒店
酒店 ¥¥¥

（见126页地图；☎6510 3388；www.panpacific.com；新市路259号；标单/双588~1080元；❄📶P）这无疑是苏州城里最美的五星级酒店，最早开业时是喜来登酒店，几经易手但品质仍保持高端。门口巨大的仿瓮城式设计配上后面的瑞光塔，会让人以为是不是到了个新景点。高耸的楼房采用苏式格调，气势磅礴，内里却依然是小桥流水、曲径通幽，各样设施一应俱全，一些豪华套房还自带小庭院。这里的后花园则是盘门景区，拿着房卡就能免费进入水陆城门观赏一番，也是为酒店加分之处。

山塘街一带

明涵堂国际青年旅舍
青年旅舍 ¥

（见122页地图；☎6583 3331；广济路新民桥堍，山塘街口；铺60元，标单/双200元；❄📶）这是苏州城最早的一家国际青年旅舍，被用来改建的老房子有着400多年的历史，虽然不在市中心，但就处在山塘街热闹的地段上。入口就有个小花园，公共区域比较大，酒吧、咖啡馆、露台一应俱全。多人间和房间分布在三个区域中，都还不错，只是价格比其他青旅稍高一些。

桃花坞国际青年旅舍
青年旅舍 ¥

（见122页地图；☎6772 0007；桃花坞大街158号，创意园内；铺60元，标单/双150/180元；❄📶）这家旅舍并没有建在老房子里，不过足足四层楼保证了更多入住可能，房型也很多。房间的样子更像年轻化的商务酒店，一些房间可以看到北寺塔。不过底楼的公共区域还是挺有青旅气氛的，还有个同名的小酒馆就在旁边。就在桃花坞区域，在这里走街串巷可以看到古城老风貌。

小巷子青年旅舍
青年旅舍 ¥

（见122页地图；☎6720 3522；景德路406号；铺55元，太空舱65元；❄📶）这不是YHA旗下的国际青旅，不过特别适合经济能力有限的学生和背包客，感觉更像一个学生宿舍，都是多人间和沙发床，主人也热情好客，当然你需要习惯一些不便之处。此店特色太空舱（胶囊式床位）设施齐备，好奇的客人很喜欢体验。出门不远就是艺圃。

御苑精品酒店
精品酒店 ¥¥

（见122页地图；☎6296 9258；山塘街通贵桥下塘33号；标单/双248~488元；❄📶）山塘河边的地理位置很好，一面斑驳老墙和一座老旧骑楼便是这个酒店的门面，里面却别有洞天。建议住二楼的景观房，可以见到山塘河的景色和古戏台，夜里上灯之后当然更美。不过因为是老房子便也避免不了隔音效果差的问题，临街的位置意味着你会早早被团队游游客们吵醒。

冠云大酒店
酒店 ¥¥

（见108页地图；☎6801 6088；桐泾北路538号；标单/双258~488元；❄📶P）这家老牌酒店经过按照四星标准的改造后，各方面设施都不错，还带有一些园林特色的景观，房间也中规中矩，并无特色但干净整洁、设施齐备。地理位置挺好，就在留园与西园寺之间，离虎丘也不太远，是古城外西北边一个比较理想的住宿地。这里的中餐厅味道很不错，值得一尝。

金鸡湖周边

首选 中茵皇冠假日酒店
酒店 ¥¥¥

（见108页地图；☎6761 6688；工业园区星港街168号；标单/双1200元起；❄📶P）金鸡湖畔，一艘耀眼的“巨轮”泊在水边，便是这家五星级酒店。酒店以航海为主题，两栋主建筑设计成帆船形状，夜色中分外迷人，而内部也让人有种船舱内的感觉。如此奇思妙想，自然让它成为皇冠旗下价格最高的酒店之一，也在苏州的住客人气榜上常常摘得头牌。想象一下在湖景房中推开窗的感觉，抛开了苏州的古色古香，进入了高端度假天地。

苏州洲际酒店 酒店 ¥¥¥

（见108页地图；☎6285 8888；工业园区旺墩路288号；标单/双1200元起；❄📶🅿）也是挺新的一家五星酒店，一边可以看见金鸡湖和月光码头，另一边则是摩天轮和圆融时代广场，一如既往秉承了洲际的品质，人气也与前一家酒店不相上下，是金鸡湖畔度假的好去处。

当地知识

苏州小吃"小全"

因为苏州美食太多，因篇幅所碍难以尽列，可是当地人不辞辛劳地推荐，又怎能辜负？不敢说大全，只能来个小全，更多美味在民间，走过路过别错过。

绿杨馄饨（见112页地图；碧凤坊86-88号，观前街口）老字号的馄饨店，在各地都有分店，苏式小馄饨（5元）被称作泡泡小馄饨，比较特别，而鲜肉汤圆比小笼要美味。

哑巴生煎（见112页地图；临顿路温家岸12号）无论几时总要排队，不过总能保证新鲜出炉，为了"苏州第一好吃"的生煎（皮弹肉紧、底脆汁鲜），值得一等。12元8个算一客，胃口小的食客也可以按照1.5元/个（两个起卖）来买。

熙盛源（见126页地图；凤凰街43号，十全街十梓街间）店面不大的无锡小笼专卖店，也只有几种馄饨相配，皮薄多汁，味道很正宗，当然会偏甜。小笼8元4个一客，馄饨8~12元。记得一定要吃刚出炉的。

荣阳楼（见122页地图；山塘街329号）很多人从小吃到大的店，环境不怎么样，但生煎（8元4个）、小馄饨（4元）、油氽团子（4元）都很受追捧，早点儿来吃，下午的品种少很多。

阿坤卤菜（见122页地图；山塘街331号，荣阳楼对面）口碑很好的卤菜店，店小名气大，招牌产品猪头肉是此地独有产品，肥而不腻，不过需要清早就去买。酱鸭和猪耳朵也是下酒好菜。

潘玉麟糖粥（见112页地图；皮市街172号花鸟市场北门外）爷爷奶奶夫妻档出场的小摊，所有粥品都是4元一份，鸳鸯桂花糖粥和赤豆糊小圆子最受欢迎，从中午卖到下午三四点就结束，雨天不出摊，队伍很长，想吃请早。

杨招娣糕点（见112页地图；皮市街277号）只有赤豆糕和猪油赤豆糕两种，一大块圆糕按分量卖，一整块大约在100元左右，韧劲十足，很合苏州人胃口。14:00开卖，卖完即止，夏天停业。

湘城人和园麻饼（见122页地图；景德路王天井巷）据说这里有苏州城最好吃的麻饼（3.8元/个），不仅超大个，里面还有猪油，微波炉里微热，便是香到让人感动的味道。

祥鑫饮食店（见126页地图；锦帆路通关坊对面）店面很小，人却很多。大家都冲着鸡爪（2.5元/只）和赤豆圆子（3元）而去，单看着众人猛啃鸡爪的场面就让人忍不住多买几个。

鸡脚旮旯（见112页地图；平江路郡长巷）平江路头上一段，往平行巷子里一瞧，"鸡脚旮旯"的幌子就出现了。主打鸡爪（10元4个）口感十分酥软，香鲜入味，在微博上很红火，老板竟是上海人。

苏妃奶酪（见112页地图；南石子街，青石桥西侧）青石桥边的大幌子可是要比店面大，**原味奶酪**（10元）和**芒果班戟**（20元）确实味道都很好，还有大约七八种甜品供应。一个私房秘籍是，坐在河边露天座位，配上隔壁**皇城秘制鸡爪**同吃，自创混搭美味。

鲜肉月饼，本地人最爱去**长发西饼**（见112页地图；临顿路108号长发商厦内）和**胥城月饼**（见108页地图；胥城大厦内及遍布古城的专卖点），都是3元一个，肉嫩汁多，外层酥皮融入肉汁更是可口。

你哪季来，便吃哪季

苏州人的“吃时令”不用赘述，只看看他们怎么吃肉便知。春天要吃酱汁肉，肉色要红，就加入红曲米成为樱桃肉；夏天要吃荷叶粉蒸肉，新鲜荷叶包肉来蒸，清香扑鼻；秋天要吃扣肉，用豇豆干或菜花头干垫底，很有收获味道；冬天则少不了一块酱方，整块大肉酥而不腻，真是寒冬一大补。在这里，吃饭不是为了果腹，精致不是为了“端着”，一切都很自然，皆因苏州人与生俱来骨子里的对生活的热爱。

春天，腌笃鲜、塘鲤鱼、香干拌马兰头、炒菜简，精致点儿的有碧螺虾仁，再加上青团上市，色彩丰富之极；夏天，洞庭瓜果薪露头角，到太湖边吃农家菜，或是自家做些糟货、酸梅汤，虾籽白肉也很清爽；秋天，鲜肉月饼特别好吃，大闸蟹是这一季的当红主角，红菱和鸡头米一配，养生又美味；冬天，藏书羊肉下肚，什锦大锅一炖，配上一壶冬酿酒，一季都暖意融融。跟着苏州人，还怕找不到好吃的时令菜？

就餐

在苏州，没有什么比谈吃更让人兴奋了。苏州人爱吃、会吃、讲究吃，恐怕江南别处难比。懂吃的人“吃厨师”，匆匆而过的旅客就先“吃饭店”吧。

市内主要的餐馆集中在几个区域：太监弄、碧凤坊是游客们最容易品尝到苏帮菜的地方，这里老字号云集，各种档次饭店齐备；凤凰街、十全街纵横相交，街巷中藏着本地人爱吃的实惠餐馆，选择也不少。苏帮菜中，松鼠鳜鱼、清炒虾仁、响油鳝糊、蜜汁酱方等都是代表菜。如果乐意跑远一些，金鸡湖边的各国餐厅、太湖边的新鲜船菜和水乡古镇的特色菜（见162页）会给你的味蕾更多享受。

虽然当地菜是首选，但如果你天生不爱甜，那么这里也有各国、各地佳肴，甚至你的家乡菜。放心吧，爱吃的苏州人自然深深懂得“抓住你的心，先要抓住你的胃”。

观前街、太监弄一带

首选 松鹤楼菜馆

苏州菜 ¥¥¥

（见112页地图；☎6770 0688；太监弄72号；人均130~150元；⏲10:30~13:30，16:30~20:30）有着200多年历史的松鹤楼鼎鼎有名，连《天龙八部》中的结义之地都选在此。再挑剔的食客也会告诉你，“松鼠鳜鱼”（188元）还得要去松鹤楼吃。鳜鱼橘红的色泽、松鼠外形和酸甜的口味，都让吃客食欲大开。据说此菜是为乾隆爷而创，如今又和古时“鱼藏剑”搭上些关系。名店菜式自有质量保证，只是价高，如果此地人多，也可以考虑选择山塘街及其他分店。

得月楼

苏州菜 ¥¥¥

（见112页地图；☎6523 8940；太监弄43号；人均130~150元；⏲10:30~13:30，16:30~20:30）所谓明代创始只是套用了古代菜馆的名字而已，得月楼开业于1982年。恐怕70后都会记得《小小得月楼》里的苏州话和刁钻的“白娘娘”，电影里说的倒真是这个得月楼。虽然年代不久，但这里的苏帮菜很老牌，味道也很不错，不过比起松鹤楼，总是差那么一点点。

新聚丰菜馆

苏州菜 ¥¥

（见112页地图；☎6521 9940；太监弄9号；人均80~100元；⏲10:30~14:00，17:00~21:00）由金牌厨师倾力打造的老店，自然与一般店家不同，据说苏州文艺界人士都喜欢往这里跑。新聚丰菜单上的十一道招牌菜，名副其实，尤以鱼虾类菜肴为妙。清炒虾仁（88元）料实且新鲜，上浆手法是秘诀；糟溜鱼片（48元）的鱼片大而不散，着实要些功夫。这里热衷开发新菜式，所以点菜也可以走走偏锋，跟热情周到的服务员多多打听吧。

水天堂西餐咖啡厅

各国风味 ¥¥

（见112页地图；☎6521 0550；观前街富仁坊65号金鼎中心2楼；人均60~80元；⏲10:00~23:00）这家开业很久的馆子在苏州有很多分

店，有些是茶馆，有些是家常馆子，有些甚至是大酒店。如果你想尝尝苏帮菜以外的味道，可以到这个大众化西餐厅来试一试，以东南亚及基本款西餐为主。在十全街、园区等地也有分店。

好人民间小吃 小吃 ¥

（见112页地图；富仁坊巷雅戈尔富宫大酒店西侧；人均25~30元；⏲9:00~21:00）观前街一带的餐馆价格自然不便宜，这家做川菜小吃的馆子便是其中能算上价廉物美的一家。担担面、酸辣粉、“好人炒饭”都是10元出头，开胃小菜几块钱而已。如果你是一个人来，又或者不那么看重吃苏帮菜，那么这样的馆子最能满足吃饭要求。

平江路一带

首选 吴门人家 苏州菜 ¥¥

（见112页地图；☎6728 8041；潘儒巷31号，近狮子林；人均70~90元；⏲早茶6:30~9:30，11:00~13:30，17:00~20:30）藏在小巷子的宅院，正厅坐满散客，八仙桌个个热闹；后厅的包厢外，一汪池水、一圈廊檐、两个半亭，在这样的苏州园子里享用一餐，价钱很公道。几样苏帮菜都很地道，樱桃肉（68元）、响油鳝糊（68元）点单率颇高，糖粥（5元/碗）据说每天卖掉不下200碗。这里还是民俗博物馆（见111页）的小吃展示厅。最贴心的是，早茶时段，20元可以吃十几种苏式小吃，让人吃得很是舒心。

鱼食饭稻土灶馆 杭州菜 ¥¥

（见112页地图；☎6770 8777；平江路68-77号；人均70~90元；⏲10:30~21:00）这家馆子的人气可能更多因为它的环境——一道白墙上的“鱼食饭稻”几个毛笔字，一楼临街的落地玻璃窗和木头门，颇为清雅。这里经营的是偏江浙口味的农家土菜，可根据一楼的外间的食材来点单，大骨煨萝卜（28元）、鱼头汤（140元）都是热门菜，点些时鲜即可，苏帮菜则稍弱一些。

品芳茶社 点心 ¥

（见112页地图；☎6728 8816；平江路94号，近大儒巷；人均25~30元；⏲9:00~22:00）连上在观前街的历史，品芳茶社已经有130年的苏州味道，据说周作人当年还是观前街品芳茶社的常客。茶社占据了临河的好地段，装修古朴，点心精致，虽然未必比得上民间小吃价廉物美，但对于在平江路的游客来说，错开饭点来个中式午茶还是不错的。

顾亭酒家 粤菜 ¥¥

（见112页地图；☎6521 3888；干将东路甲辰巷6号，苏大北门旁；人均50~80元；⏲早茶8:30~14:00，17:00~22:00）这家老饭店的粤式早茶非常有名，周末经常人满为患。餐厅本身就是园林式建筑，前有临街大窗，后有亭台楼阁，能看着护城河就餐。虾饺皇、榴莲酥、鲜虾腐皮卷是热门，其他小吃也不错。就在地铁相门站边，可以在这里吃个早茶后逛苏大，然后坐地铁去其他一些景点。

十全街、凤凰街一带

首选 琼琳阁面庄 面条 ¥

（见126页地图；☎6520 7355；书院巷20-4号，近十全街；人均20元；⏲6:30~9:30，11:00~13:30）这家是当地人推荐，据说目前可算是苏州人眼中最好吃的面馆。虽然开业时间不长，但已声名鹊起，秘密全在一碗汤。单是看看此地师傅用来吊汤头的原料（猪肉、火腿、土鸡、鱼头、鳝骨等）和家什（传统杉木桶），就让人不由自主地咽口水了。白汤面和红汤面皆为5元，面质爽滑劲道有弹性，加上醇香肉排浇头（10元），就是一碗招牌面。当然，隔壁苏州阿姨会告诉你，现炒浇头（12~15元）最好吃。做过午市就结束，记得早点儿来排队。

同得兴精品奥面馆 面条 ¥

（见126页地图；☎6516 5206；十全街624号，近凤凰街；人均30~40元；⏲6:30~13:30）一碗枫镇大肉面（22元，6~9月供应）上桌，青花大碗，面汤清澈，葱花与酒糟青白点缀，加上一块酥烂入口即化的焖肉，白汤面的精华全出来了。凭这碗金奖面，就让同得兴出名了，因此面价比别处高一些，点心小菜也不便宜。这里的就餐环境很不错，二楼的店面宽敞，小河之上的座位视野更好。同样的，过午市就歇了。

老苏州茶酒楼

苏州菜 ¥¥

（见126页地图；☎6529 1988；十全街658号；人均60～80元；⏲11:00～13:30，17:00～20:00）苏州人都知道这是作家和美食家陆文夫先生开的饭馆，确实能在这里感受到陆老笔下的人物和场景。正如陆老所言“无豪华装修，有姑苏风情；无高级桌椅，有文化氛围”，临河窗边有雅致的好位子。响油鳝糊、田螺塞肉、碧螺虾仁、豆腐花都有好口碑。

协和菜馆

苏州菜 ¥¥

（见126页地图；☎6511 7830；凤凰街15号；人均50～70元；⏲11:00～13:30，17:00～20:00）如果你不太在乎环境又想一尝苏帮菜，那么这家很有苏帮菜馆氛围的餐馆可以一试。进门处的十几个小灶是熬制浓汤所用，一楼是散座，二楼有大桌，这里出品所有苏帮名菜。即使一个人就餐，老师傅也会建议你要一块酱方（15元）、半份清炒虾仁（78元/份）和一个素菜，吃得非常舒服。

素人记素食馆

素食 ¥¥

（见126页地图；☎6777 5111；十全街648号；人均60～80元；⏲10:00～21:00）这家素菜馆同时也是咖啡馆，主打口号为“每周一天素，环保又惜福”。素菜以仿荤为主，刺身由蒟蒻做成，肉品则由大豆纤维制作，蔬菜则源于自己的蔬菜基地。京都排骨、杂粮包都挺受食客欢迎。

南园宾馆荷花轩

苏州菜 ¥¥¥

（见126页地图；☎6778 6778；带城桥路99号南园宾馆1楼；人均70～150元；⏲11:00～14:00，17:30～22:00）别被老牌园林宾馆的五星名头吓到，建议你避开大菜，来几个时鲜小菜，看着窗外的荷塘用餐，性价比很不错，别忘了点一份原汁原味的鸡头米糖水。如果你来自上海，定会觉得此地性价比颇令人惊喜。

其他地区

胥城大厦

面条 ¥¥

（见108页地图；☎6828 6688；三香路333号；人均50元（仅指面）；⏲6:30～9:00，10:30～14:00，17:00～22:00）四星酒店，此地的奥灶面从昆山原版引进的配方，每天吸引无数老苏州来尝碗头汤面。红汤/白汤面20元，熏鱼、卤鸭、焖肉浇头10元/份，当然也有更为娇贵的浇头可选，据说配上胥城鲜肉月饼滋味更佳。另外，此地由潘御厨主掌的苏式菜肴也让食客趋之若鹜。

北门饭店

苏州菜 ¥¥

（见108页地图；☎6827 1178；三香路160号；人均60～80元；⏲10:30～13:00，17:00～21:00）最出名的当然是肠肺汤，大肠肺头汤不带一点儿腥味，只有鲜香，乳白色汤水加点儿白胡椒继续提味，据说一些不爱内脏的客人尝了汤头也大吃一惊呢。店面挺大，不过苏帮

当 地 知 识

阿要来碗头汤面？

“哎！来哉……红两鲜末两两碗，轻面重浇，免青宽汤。硬面一穿头，浇头过桥。”据说这是很久以前苏州面馆里堂倌的“响堂”，可见吃面对于老苏州来说是一天中头件大事。

头汤面，不是第一碗汤面，而是第一锅清水煮出来的面。每天早晨谁赶得最早，谁就能抢到面馆下的第一碗面条。老苏州们解释为：锅里的沸水愈清澈，面条的口感愈佳。如果晚起，只能吃“混汤面”，那味道可是差得远了。早晨四五点钟，面馆里的大师傅就吊好了汤，做好了浇头，六点多钟，赶早吃头汤面的客人便推门而入。仿佛在寺院上到了头香，头汤面一下肚，嘴巴很“刁”的食客便安了心。看到这里，作为外来客的你愿意早起来碗头汤面吗？

所有苏式面馆都清晨开业，当然同得兴、胥城大厦的头汤面更受老饕欢迎，大约在6:30开卖。若讲究些，就随着“夏吃白汤、冬吃红汤”的风俗来。苏州的百年面馆非常多，以焖肉面、爆鱼面、猪肝面等为代表。如果要判断某家面馆好不好，只要看看他们是一天到晚在卖面，还是卖过午市就收，若是后者，恭喜你，找到正宗馆子了！

姑苏城外的美食

奥灶馆（☎昆山亭林路155号；人均20元；⏲5:30~20:00）这家最著名的奥灶面馆是两层楼的老房子，5:30~9:00供应单浇面9元；7:30~9:30供应早茶38元；9:00~20:00则供应18元起的双浇面。

老庆泰羊肉馆（☎6624 5058；吴中区穹窿路85号；人均80元；⏲8:30~21:00）供应红烧羊肉、羊杂汤，吃藏书羊肉是苏州人在冬天必须要干的事儿，这家老馆子则非常红火。

石家饭店（☎6626 1351；木渎古镇中市街18号；人均80元；⏲8:00~21:00）于右任先生的一句"多谢石家鲃肺汤"，便让石家饭店从此闻名，当然肺不是鱼肺而是鱼肝，十分肥嫩细腻。

阳澄湖大闸蟹，上海人、昆山人在湖西的巴城吃，苏州人在湖东的唯亭、相城吃，又以莲花岛为胜。大闸蟹的"九雌十雄"说的是农历，所以10~11月是吃大闸蟹的好时节，一对蟹大约120~150元。另外，农历六月上市时间很短的"六月黄"也是一道美味。

菜的价格都还挺实惠，服务质量稍显一般。

首选 五观堂 素食 ¥¥

（见108页地图；☎6873 3556；工业园区李公堤三期15号楼；人均70~90元；⏲10:00~21:00）与李公堤上其他饭店不同，虽然也是大门面，里头却是古雅色调，从桌椅到餐具、食具都花了心思。这家素菜馆在上海的同名馆子已经做了近10年，坚持使用有机蔬菜，不做仿荤食物只做纯正素食，不放味精，不供应碳酸饮料，因此价格并不便宜，但品质很有保证。烤土豆（20元）、碧螺春厚味菇（35元）、一品鲜（35元）都是不错的选择。店里每逢换季便会组织员工和客人同抄菜单，这是此店坚持的特色。

饮品

到了苏州，首先要喝茶。观前街的茶叶店几乎都有茶楼，园林里也总有一两家茶室，通常一杯碧螺春10~35元。

说到咖啡馆，苏州近几年的小资之地越发多起来，平江路和十全街的滚绣坊、吴衙场一带都有了不少有情调的小店。我们列举其中一些，更多留给你自己去探索，必能找到心仪的一家。

首选 猫的天空之城概念书店 咖啡馆 ¥¥

（见112页地图；☎6755 7912；site.douban.com/110435；平江路25号；人均30元；⏲10:00~21:00）如今这家深受文艺青年追捧的咖啡馆兼书店已经迅速覆盖江南（包括周庄、同里、上海等）并向全国扩展，本书调研时已经达19家之多。店内主推丝袜奶茶（18元）和木糠布丁（20元）。这里出售店家设计的将近1000种明信片，还推出了一面名为"寄给未来"的明信片墙。经营旅行、艺术、绘本、文学四类书籍，只是这里太过热门，能不能静心读书得看你的修炼程度。平江路近菉葭巷也有一家分店（丁香店），占据街角的二层店面宽敞许多。

啡舍 咖啡馆 ¥¥

（见126页地图；☎6573 0083；十全街吴衙场25-1号；人均40元；⏲10:00~23:00）隔着小河便是繁华热闹的十全街，可以坐在室内靠窗的座位，也可以坐在屋外欣赏河边风景，最重要的是进门就有咖啡香。二楼的空间很大，适合朋友聚会，据说这里是豆瓣同城活动的据点。拿铁30元，主推的玫瑰拿铁35元，有糖浆垫底，口感独特。

I Lost Cafounge 咖啡馆 ¥¥

（见126页地图；☎6299 6669；十全街852号；人均35元；⏲10:00~23:00）附近的小资咖啡馆不少，这家胜在环境与味道。店主对咖啡似乎特别钟情，从奶泡到拉花都十分地道。鸡尾酒也做得很认真，据说只要顾客能点的便都可以做。建议你坐在窗边晒太阳，或看细雨氤氲，又或是夜里在昏暗的灯下喝一杯，让心和店名一样迷失一会儿才好。

老书虫 咖啡馆 ¥¥

（见126页地图；☎6526 4720；十全街滚绣

坊77号；人均50元；⏲10:00~23:00）以北京为起点扩散各处的咖啡馆，由老美经营，环境自然也偏美式。木制书架上有各种书本，以外文居多，白天是一个安静的书吧，到了夜里摇身一变成为人头攒动的酒吧。周末这里常常举办各种交流活动，也有乐队现场表演。

首选 **静思书轩** 茶馆 ¥

（见126页地图；☎6581 6171-3102；滚绣坊41号；人均15元起；⏲9:00~21:00）这个真正宁静平和的所在，是我们调研时的意外发现。大屋的原址是吴氏继志义庄，后来曾是沧浪区少年宫，这里常常举办与育儿有关的公益讲座（周六19:00~20:30），还倡导大家做义工关怀老人。饮料品种不多，除了茶水、咖啡以外，还有自家产的五谷粉（15元），工作人员总是颔首微笑，十分友善。边上有许多关于人生哲理的书，拿一本《静思语》翻翻，会得到很多启示。后院还有个小草坪，绝对是个能让人在闹市中暂且放下浮躁的地方。

☆ 娱乐

苏州的娱乐项目绝对是混搭型，宛如那"双面绣"。一边是"百戏之祖"昆曲华丽婉转的唱腔，吴侬软语、娓娓动听的评弹说唱，一边却是"越夜越野"的午夜场。当然，我们推荐的是前者，因为"此曲只在姑苏有"嘛。

昆曲

昆曲流行到京城之前，是从昆山的小小码头上发源的。欣赏唱段时，都会有唱本给观众，建议你注意几点：一是"清柔婉折、一字数转"的唱腔；一是演员手脚眼眉间的动作神态，这都是严格传承的表演方式；一是发挥想象力，跟随演员在几张桌椅之内感受戏里的时空背景。

中国昆曲博物馆 戏曲

（见143页）这里的古戏台上，每周日14:00都会有昆曲演出，基本上都以市级表演团体为主要阵容，唱演都很华美。剧目也多为《牡丹亭》、《长生殿》等经典，也有不错的折子戏，票价30元，堪称价廉戏美。

山塘昆曲馆 戏曲

（见122页地图；☎6531 3936；通贵桥下塘45号；⏲8:30~21:30）开业时间不算久，好处是天天都有昆曲传统折子戏演出。昆曲馆在新民桥畔一个爬满绿色植物的老房子之中，仿古戏台和明清座椅齐备，演员比较年轻。票价100元起含茶水，不过可以在网上团购50~88元的各种套票。

首选 **伏羲会馆** 戏曲

（见112页地图；☎6581 2905；平江路97号；⏲9:00~22:00）好地段上的好声音。每天下午和晚上，自学成才的草根明星吕成芳便在这里与大家分享昆曲的乐趣，特别是晚上（20:00~21:30）她带妆出演，边演边讲，仿佛昆曲界的海派清口，总引得平江路上的过客在窗外驻足。她把阳春白雪的昆曲演绎得寻常百姓都能够沉浸其中，而且基本上每次都会超出演出时间。门票含茶资88元起，这样的一场演出着实令人难忘。

评弹

评是评话，单人开讲；弹是弹词，双人说唱。如果不懂苏州话，要听懂评弹可是难上加难。不过在琵琶和三弦的伴衬之下，听上几曲简单的评弹也不失为享受。在很多园林的茶室里都有点唱评弹的项目，路过不妨一试，若觉得过瘾就去书场里听一把好了。

苏州评弹博物馆 评弹

（见143页）这里的后院就是书场，过去茶资5元便能听台上的评弹演出，超值。可惜，博物馆停业整修已有一段日子了，本书调研时，开业时间尚未确定。

首选 **光裕书场** 评弹

（见143页地图；☎6523 3735；宫巷第一天门8号；⏲13:30~21:30）苏州城里老牌的书场，前身是创建于1776年的光裕社，门楼还是光绪年间的产物呢。表演者中不乏名家，哪怕听不懂评弹，就当是体验当地人生活，也值得一去。建议你赶在13:30入场，5元一杯茶，评书、弹词一直讲到15:30。若是夜里，消费价格就高了，茶水20元起，评弹点唱50元起。要是真对评弹有兴趣，就再跟着当地人去一趟他们超喜欢的**和平里书场**（马大箓巷）听听。

酒吧和夜店

苏州城的酒吧集中在以下几个区域，一是十全街一带，大多是比较轻柔的小酒吧；一是阊胥路运河边一带，大型的酒吧夜场很厉害；一是金鸡湖李公堤一带的酒吧区，玩起来更疯狂。当然，三者的消费价格也是层层递进，人均消费从几十到几百。看准你的路子，随便找一家，领略一番现代苏州夜色吧。

购物

在苏州，就怕你买不够。在明清时期，各类货物只要有个"苏"字便会成为畅销货，到了今天仍然如此，从大量工艺美术品到碧螺春茶，从手绘地图到书画藏品，真是包罗万象。也许你可以从一盒**津津豆腐干**（10元3盒）开始，尝尝70、80后小时候在火车站的怀旧味道。

土特产

几经改造后观前街俨然是一条洋气的现代商业街了，但一些百年老店依然稳稳地在闹市中守住阵地。虽然如今美味很多元，但苏州人仍会在这些老店里寻味，特别是年末岁尾时节。

洞庭碧螺春是本地名茶。如果是老茶客，那么就在明前去东山、西山的洞庭碧螺春产地亲自品尝和购买新茶，据说农家的更为正宗；如果是观光客，那么深受苏州人推崇的两家老店的茶叶也很值得信赖。明前茶不便宜，等级高的在2000元/斤以上。

采芝斋 特产

（见112页地图；☎6522 8079；观前街91号；⏲8:30~21:30）供应传统苏式糖果、蜜饯等，品种有300样之多，有些产品如贝母贡糖还有养生的功效。这里的枣泥麻饼很受欢迎，粽子糖也很经典，也有虾子鲞鱼、酒酿饼等特产。采芝斋在山塘街等地也有连锁店。

黄天源糕团店 特产

（见112页地图；☎6522 8079；观前街86号；⏲8:30~21:30）苏州人都爱的老牌糕团店。如果你是江南人，就一定要去买几个糕团尝尝，譬如猪油糕、赤豆糕。要是你对甜糯之物无好感，那么就买海棠糕或者梅花糕，尝个鲜足矣。黄天源也有很多连锁店。

陆稿荐 食品

（见112页地图；☎6727 0158；观前街8号，近长发商厦；⏲8:30~18:00）过了醋坊桥，观前街口一天到晚有人排队的，便是百年老店陆稿荐。这里的五香酱肉（38元/斤）和酱汁肉（38元/斤）是招牌产品，还有将近五十种熟

条条大街逛不够

在苏州购物，便能体验姑苏生活的情趣，下面的几条街都值得一游：

观前街——最著名的地方，100多年来向来是吃喝玩乐的一条街，周边能观光的地方也不少。

平江路——如今是市中心最小资的一条街，个性咖啡馆和店铺林立，值得走几遍。

山塘街——城西最有历史的闹市，沿着水路走七里，吃喝听戏做全，不然怎可罢休？

十全街——本地人气餐馆集中于此，手工艺店也不少，到了夜里更是酒吧和夜宵一条街。

石路步行街——盛宣怀所建的石路如今是商场集中地，只是调研时附近在修地铁有点儿破坏心境。

枫桥大街——文化旅游商业街，各种手工艺品在这里都能见到，就看你识不识货。

虎丘婚纱一条街——大大小小五六百家婚纱店，就算你不是准新娘，恐怕也要立刻恨嫁了。

食产品。江南游客到此，都要打包带些回家。不过味道都是苏式，不爱食甜的人就点到即止吧。

三万昌苏州茶叶专卖店 茶叶

（见112页地图；☎6777 5878；www.sanwanchang.com；观前街观东商城1-121号；⊙9:00~20:00）苏州人有"吃茶三万昌"之说，这家1855年就创立的老牌子，在西山有自己的茶叶基地，观前街周边也有好几家分店。这里还有一家三万昌茶楼，点一杯碧螺春（35元），听段评弹（点唱），可以让你在逛街路上好好歇一歇。

玉露春茶庄 茶叶

（见122页地图；☎6583 0966；阊胥路797号；⊙9:00~20:00）也是一家有名的茶叶店，光瞧街口的店面感觉就很老派。除了碧螺春之外，还有其他很多品种的茶叶，价格不便宜但质量有保证。营业员多为阿姨，会很热情地招呼客人。

手工艺品

中国工艺美术24类，苏州占了22席，宋锦、缂丝、丝绸、刺绣、桃花坞木刻年画、苏扇、玉雕、金银器，等等，样样美不胜收。不过大多数旅行者是门外汉，可以随意买些苏绣、各类扇品，如果你对手工艺颇有研究，那么也可以深入其间（参见155页方框：苏州的"手艺圈"）。

卢福英刺绣制作中心 纺织品

（见112页地图；☎6691 6040；www.lufuying.cn；平江路近郸长巷；⊙10:00~20:00）这家平江路上的制作中心，可以让你在短时间内对苏绣有所了解，同时也有一些刺绣作品展览和出售。在镇湖绣品街上也有一家同名艺术馆。另外，**中国苏绣艺术博物馆**（见111页）和**苏州兰莉园刺绣商品部**（☎6533 1166；虎丘路518号）也有比较高档的苏绣制品。

苏州檀香扇厂门市部 工艺品

（见112页地图；☎6753 6992；西北街90号；⊙9:00~17:00）檀香扇厂就在工艺美术博物馆之内，门市部就在街面上。从便宜的团扇、普通檀香扇到制作精美的工艺品都有出售，不同类型的扇骨就很有讲究。即便不买，也可以在此了解苏扇的特色，周边也有很多扇庄。另一家值得一看的是**香洲扇坊**，产品更为高端，就在东北街和临顿路口。

苏州丝绸博物馆 服装

（见111页）市区有很多小店打出几十元一件的"丝绸"衣服，都是低等货或者假货。博物馆里有几家丝绸专卖，品质有保证，但是价格不低。**江苏省丝绸研究所商场部**（☎6531 9999；西园路636号）也展览和出售丝绸制品。美女们若忽然来了兴致想做旗袍，那**缘杨裁缝铺**（☎6729 7025；平江路122号）是平江路上不错的铺子。

桃花坞木刻年画专卖 工艺品

（见122页地图，山塘街190号）桃花坞的年画在清代非常兴盛，也是南方年画中心，与天津杨柳青相互辉映，世称"南桃北柳"。专卖店里不仅有年画出售，还有机会看到现场刻版、印刷。在**桃花坞木刻年画博物馆**（见111页）及其**专卖店**（东北街263号）也有年画销售。

书店

逛园子是种风雅，逛书店更是种享受。连台湾诚品也看中了苏州这块宝地，预计在2014年于金鸡湖畔开设内地第一家**诚品书店**。观前街上的新华书店也许过于平淡，以下这些小店是当地人比较推崇的地方。

蓝色书屋 书店

（见126页地图；☎6519 7956；民治路4-1号，近凤凰街）这家开了将近20年的老店一直是苏州爱书人的第一选择，经营社科文史哲类图书和文人书画作品，店内常播放舒缓的轻音乐。如果喜欢旧书还能直接上三楼挑选。这里有Lonely Planet的一些旅游书籍出售。

百花书局 书店

（见112页地图；☎6522 5627；平江路中张家巷16-2号）如果你对昆曲、评弹颇有兴趣，在逛昆曲博物馆和评弹博物馆的时候一定不要错过这家小小的附属书店。这里有各种戏曲类的明信片、CD和书籍，买一本小小的折

你选哪张地图？

苏州地图的版本众多，有些还是值得收藏的纪念品，手机上的导航又哪里比得上？

苏州旅游导览图（免费），在旅游咨询中心（见170页）可以获得，标注很有重点。

苏州交通旅游图（6元），密密麻麻的正统地图，在书店和报刊亭都可以买到。

印象苏州手绘地图（10元），牛皮纸上的淡彩绘地图，集中标注了古城内的信息。

苏州手绘骑行地图（10元），牛皮纸上的手绘地图，被许多青旅招贴，但买到的机会不多。

苏州手绘旅行（15元），最贵但是最值得购买的地图，由猫的天空之城概念书店出品，光插画就花了一年多功夫，内容更是详细得令人吃惊。

后三张手绘地图，在一些咖啡馆和书店、青年旅舍里可以买到。

子戏唱本便很有纪念意义。这里也卖《苏州杂志》。

琴川书店　古玩

（见122页地图；山塘街）这家古色古香的小书店曾经几经迁移，经营的是古旧书籍，如果你爱好线装书，自然要来看看。在平江路和临顿路之间的钮家巷有一家**文育山房**，也以经营旧书、绝版书为主。

实用信息

作为老牌旅游城市，所有的旅游设施都比较完善。城区里的银行众多，ATM24小时开放；几乎所有的住宿地、咖啡馆都提供免费Wi-Fi，有些信号已进入房间，十分便利。

危险和麻烦

苏州城区的治安不错，当地人也谦和，但在人多的景点、交通站点、餐馆，需要看护好自己的贵重物品。男士特别注意：街头常有掮客招揽你去看美女脱衣舞表演，这是骗局，如果你真的进了那些场所，会面对天价的账单，不付就无法脱身。一些热门景点的门口会有人拿着宣传单跟你说有低价门票，但往往有"后手"——只有参加某某团之后才会获得如此价格，一步步诱你深入。你完全可以在网上找到折扣票，不要轻易落入圈套。另外，在我们调研期间，城区一些路段正在修建地铁，譬如人民路、石路一带，会对出行造成一定影响，需要注意。

医疗服务

市区药店非常多见。**苏州市第一人民医院**（见126页地图；☎6522 3637；fyy.sdfyy.cn；十梓街188号）即苏州大学附属第一医院，就在市中心。

邮局

古城里的邮局不少，一些书店、咖啡馆和青年旅舍也有代寄服务。**察院场邮政支局**（见122页地图；人民路1401号近观前街西头）离观前街很近。

旅游信息

苏州的旅游服务很周到，在古城的一些知名景点附近都设有比较大的旅游咨询服务中心，可以咨询关于苏州旅游方面的任何信息。满墙的免费资料可供取阅，还有制作精美的地图，有些服务中心还提供可以查询信息的电脑。苏州旅游咨询热线（☎12301）很有帮助。

同时苏州市区还有100多个咨询点，遍布景区、超市、停车场、社区和酒店等地，为旅行者提供方便。当然，青年旅舍也是一个很好的咨询窗口。

东北街主中心站（见112页地图；☎6753 1318；东北街221号）就在苏州博物馆斜对面，门面很大，这里可以DIY明信片，还有一本小资旅游读物《情调苏州》（58元）出售。

凤凰街主中心站（见126页地图；☎6521 2273；凤凰街276号）

火车站主中心站（见122页地图；☎6757 5807；火车站地下北出口）

平江路分中心站（见112页地图；☎6916 3907；白塔东路65号）

山塘街分中心站（见122页地图；☎6533 3131；山塘街北浩弄3-4号）

旅行社

跟所有的著名旅游城市一样，苏州的旅行社多如牛毛但良莠不齐，你要谨慎选择。挑选比较正规的旅游公司通常没问题，如**中国康辉苏州国际旅行社**（☎6855 0338；www.szkanghui.com；胥江路54号），**苏州青年旅行社**（莫邪路分部）（☎6512 8300；www.szcytsxh.com；莫邪路804号），**苏州旅行社**（☎6757 2800；www.suzhoutravel.com；平四路4号）。

从苏州出发的一日游有多条线路，包括市内景点、太湖周边、江南水乡等，也有江苏、浙江、上海的几日游。

网络资源

苏州旅游资源丰富，一些景点都推出了官网（见文中），以下另有一些网站可供参考。

苏州旅游资讯网（www.visitsz.com）苏州旅游局官方网站，不花哨且非常实用，方便你很快找到想要的旅游资讯。

太湖旅游网（www.taihutravel.com）有丰富的太湖周边旅游信息的介绍。

姑苏美食网（www.512ms.com）苏州的门户网站大多很冷清，但这个美食门户网站却火爆得很。

苏州人（www.szr.com）民间的苏州人生活网站，可以到论坛里看看美食和出游的消息。

媒体

《**姑苏晚报**》是苏州最大的平面媒体，可以借此获得时事信息。

《**苏州旅游口袋书**》由苏州市旅游局独家出品，全面涵盖苏州当季特色旅游信息和最新的打折优惠资讯，十分方便旅行者使用。全年分春、夏、秋、冬四期，截至2013年7月已经发行了13期，在苏州150余家旅游咨询服务点及长三角旅游同类机构免费发放。

《**苏州杂志**》是由陆文夫先生创办的苏州本地纯文化类杂志，双月出版，1988年创刊，对于了解苏州文化很有帮助。可以在书报亭购买，也能在百花书局（见145页）买到，超值。

到达和离开

飞机

离苏州最近的是无锡苏南硕放国际机场（离市区约20公里），虽然在无锡境内，但现由江苏省、无锡市和苏州市三方共同建设。如果要搭乘更多国际航线，则需要取道上海虹桥机场、上海浦东机场，以及其他苏浙城市的机场。

长途汽车

苏州的公路交通十分发达，苏汽客运集团下属7个汽车站，其中以苏州北站、苏州火车站北广场站、苏州南站、苏州西站为主，另外吴中汽车站也有开往一些古镇的班车。购票系统也很方便，可以通过**苏州汽车客运集团官网**（www.szqcz.com）查询和购买各个汽车站的车票，同时也可以在市内网点提前购票，譬如一些邮局，可拨打**苏汽热线**

苏州汽车北站车次时刻表

站点	发车时间/班次	票价（元）	行程（小时）	备注
无锡	6:40～19:20，30～50分钟1班	22	1	
南京	7:40～19:45，1～1.5小时1班	72	2.5～3	
镇江	10:40～15:35，共5班	57	3	丹阳转
扬州	7:15～19:07，1小时1班	80	4～4.5	
南通	6:40～19:30，30～40分钟1班	48	3	
上海	7:30～19:10，20～45分钟1班	34	1.5～2	到上海南站
嘉兴	6:45～18:15，30～60分钟1班	30	2	
杭州	6:30～19:00，30～45分钟1班	74	3～3.5	有些到杭州中心站
昆山	6:00～21:40，流水发车	16	1	
周庄	7:05～18:05，20～40分钟1班	17	1.5	
同里	6:55～17:55，45～60分钟1班	8	1	

旅游套票

旅游集散中心推出的优惠，在汽车北站与火车站北广场汽车站都有前往周庄和同里的旅游套票出售，票价为100元，包含门票与单程车票。而两地的门票原价100元，单程车票分别为周庄17元和同里8元。

（☎6577 6577；6:00~20:30）咨询。

苏州汽车北站（见112页地图；西汇路29号）离火车站一两站地，一样具有园林风格，是苏州旅游交通集散中心的主站场。除了江苏境内线路，这里还有苏州发往皖、鲁、鄂、豫、浙、粤、晋、闽、沪等八省一市的长途班车。

苏州火车站北广场汽车站（见122页地图；☎6935 5905；车站路27号）作为旅游集散中心的一个站场，有发往**同里**（6:00~19:00，每隔20~30分钟，8元，1小时）和**周庄**（7:05~18:05，每隔20~40分钟，单程17元，1~1.5小时）的班车。这里还有**古镇专线班**（6:40、8:20、9:20、10:30、11:50、13:00、14:20、15:30、17:00）途经**甪直**（11元）、**锦溪**（14元）而后到达**千灯**（19元），每天还有4班发往**乌镇**（8:15、10:30、14:15、16:30，36元，约3小时），对旅行者来说非常便利。还有发往**昆山**（6:20~22:00，16元）、**无锡**（6:55~18:45，22元）的班车。

苏州汽车南站（见108页地图；南环东路601号）是苏州市规模最大的汽车客运站。几乎有前往所有的周边城市的班车及省际班车，北至南京、扬州、淮安、宿迁、连云港，南至上海、嘉兴、湖州、杭州、宁波、温州。不过此地没有到周庄和同里的班车。

苏州汽车西站（见108页地图；金山路78号）位于苏州新区，邻近苏州乐园，有发往河南、湖南、山东、河北、四川、辽宁、安徽、福建及省内苏北、无锡等地的客运班车。但是江苏境内邻近城市及上海的车次很少。

火车

苏州有4个主要的火车站，分别是苏州火车站、苏州北站、苏州工业园区高铁站和苏州新区高铁站。另外，沪宁高铁所设阳澄湖站、昆山南站、花桥站也在苏州境内。到达火车站的方式可参见“公交车”部分。可以通过12306网站来预订车票，市内也有一些网点，譬如**观前街代售点**（观前街175号，⏲7:30~17:00）。铁路订票、问询、投诉热线☎9510 5105。

苏州火车站（见122页地图；www.szhcz.com.cn；车站路27号）的褐色几何形钢架与苏州园林相辅相成，京沪铁路线上经过苏州的列车几乎都停靠此站，包括一部分高铁与动车。

从苏州到**无锡**（11元，约30分钟，动车8.5~12.5元，约15~20分钟；高铁19.5元，约15分钟）、南京（32.5元，约2.5小时；动车63.5~72.5元，约1.5~2小时；高铁99.5~104.5元，约1.5小时）、**上海**（包括上海虹桥；14.5元，1~1.5小时；动车24.5元，约30分钟至1小时；高铁39.5元，约30分钟）每天约有150班列车经过；到**杭州**（36.5~41.5元，约3.5小时；动车65.5~75.5元，约2小时；高铁110~117.5元，约1.5小时）每天约有30班列车经过。

另外，这里还有发往河北、河南、东北、陕西、湖北、福建、四川、重庆等地的列车，上海出发往北的列车基本都会经过苏州。

苏州北站（见108页地图；相城区澄阳路以西）是

机场大巴时刻表

线路	上车地点	发车时间	票价（元）
苏州—虹桥/浦东	干将西路115号东航营业处（☎6523 1774）	6:20~10:50，30分钟1班；11:30~16:50，40分钟1班。虹桥约1.5小时，浦东约2.5小时	53（虹桥） 84(浦东)
虹桥—苏州	P1停车楼B1层东侧（长途客运站；☎021-6834 5743）	10:00~19:50，30~40分钟1班	53
浦东—苏州	虹桥机场T2长途客运西站	11:10~21:00，30~40分钟1班	84

京沪高铁专用车站，经过此站的均为高铁与动车。每天约有20班列车经过此地，往北途经镇江、南京、徐州、济南、天津到达北京，往南途经昆山南或阳澄湖到达上海。从苏州火车站北广场搭乘80路，从观前街附近搭乘811路均可到达，2元，约1小时车程。

苏州工业园区高铁站（见108页地图；唯亭镇至和路）和**苏州新区高铁站**（见108页地图；浒墅关镇）是沪宁高铁路线上的途经站，停靠高铁与动车。

当地交通

抵离机场

苏州的机场巴士（见126页地图）很方便。如果需要前往上海虹桥机场、上海浦东机场、无锡苏南硕放国际机场，可以参考以下时刻：

前往苏南硕放机场的巴士，上车地点为道前街100号会议中心，票价30元，约1小时。在苏州的发车时间大致为5:40、8:00、9:00 、12:10、14:10、17:00，可电话咨询☎6522 9688。硕放机场发车时间以机场大厅告示牌为准。

公交车

苏州公交的普通车票价为1元，空调车票价为2元，多为无人售票车。一些郊区线路按里程计价，一般为3~5元。可以通过苏州公交线路网站（www.szkg.net.cn ）查询，也可以拨打公交服务热线（☎96196）来即时问询如何乘坐公交。

如果在苏州待的时间长，可以办理一张苏州公交卡，在苏州线路上可以打六折。上海和无锡公交卡可以在苏州公交上使用，打九折，但有些线路可能刷不出来。

出租车

苏州出租车起步价10元/3公里，之后1.8元/公里（帕萨特2元/公里）；5公里以上租价为2.7元/公里（帕萨特3.0元/公里）。23:00至次日5:00租价为3.24元/公里（帕萨特3.6元/公里）。可以拨打☎6777 6777叫车和订车。

出租车数量并不多，在古城内高峰时段，很难打到车，而且最近出租车司机拒载的现象也时有发生，要做好准备。

地铁

苏州地铁1号线于2012年开通，起点为钟南街站，终点为木渎站，全长26.1公里，东西连通工业园区、古城和高新区。1号线经过最热闹的临顿路，方便前往观前街、平江路等地；往东可达金鸡湖；往西可在到达木渎之后继续游玩太湖地区。票价2~6元。苏州地铁站外观设计得很漂亮。

2013年年底南北走向的地铁2号线通车，同时约有7条线路正在规划建设，包括由上海地铁11号线延伸段一直铺设到昆山的地铁S1线。可以在**苏州轨道交通网**（www.sz-mtr.com）上查询具体情况。

自行车

苏州古城不大，交通也常常堵塞，有些路段

有用的公交线路

苏州的公交线路很为游客着想，有一些“游”字头线路可以到达各个主要景点和一些交通枢纽，下面以景点为主线列出它们的大致路线：

游1 火车站北广场—苏州博物馆—玄妙观—观前街北—广济桥—留园—虎丘首末站

游2 解放西路换乘枢纽站—唐寅园—盘门景区北—工人文化宫(沧浪亭)—南林饭店—网师园西—双塔—醋坊桥观前街东—苏州博物馆—汽车北站北—火车站南广场—山塘街半塘—虎丘首末站

游3 火车站南广场—山塘街半塘—西园路中—苏州乐园—水上乐园—金山路首末站

游4 火车站北广场—北寺塔(西)—工人文化宫(沧浪亭)—南门—唐寅园—木渎古镇—灵岩山东—天平山

502路太湖东山线 火车站南广场—木渎古镇—东山首末站

69路太湖西山线 火车站南广场—木渎严家花园（灵岩山）—太湖游客中心东—长沙岛—宝岛花园—叶山岛—金庭游客导向中心—古樟园—梅园—林屋洞—石公山首末站

尚有工程建设，但大多数路段都有自行车道，骑自行车游览是个不错的方式。一些青年旅舍提供租车，**浮生四季国际青年旅舍**（见136页），25元/天，第二天起20元/天，免费提供地图和一瓶矿泉水；**明涵堂国际青年旅舍、桃花坞国际青年旅舍**（见137页）20元/天；**小雅国际青年旅舍**（见132页）2元/小时。

苏州政府推出的惠民政策是**苏州公共自行车卡**（☎6589 2278；www.subicycle.com），绿色的自行车可供租用，前60分钟免费，之后1元/小时，网点遍布市区及园区等地。旅行者可以办一张游客卡（详见网上信息），便可开始骑行旅程。

人力三轮车

古城内小巷众多，景点也藏得深，出租车有时未必能到跟前，但人力三轮车就可以到达。在临顿路、平江路、山塘街一带都有这样的车，坐一趟车既可省力也能借此看看古城风貌。虽然都统一上牌，但价格却随车夫开，向游客要高价的现象较常见。一般3公里以内1人10元，2人15元，可以议价，需在在上车之前与车夫谈妥价格。

太湖周边

"太湖美呀太湖美，美就美在太湖水"，三万六千顷的太湖，三分之二在苏州境内。不到太湖边，你便无法感受到歌里所唱的白帆红菱、芦花稻香、肥鱼美虾，还有那洞庭山上的瓜果累累、茶香阵阵，也不会明白苏州人"好吃"的特性从何而来——若没有太湖鱼米之盛，哪儿来姑苏城的珍馐满席，落箸如雨？一些古村落隐藏在东西洞庭山之中，秀丽而古朴，常常被名导挑中成为影视剧的外景地。

由于离苏州城区尚有几十公里路程，远道而来的旅人很少会特别跑来看太湖，各景点的收费都不低，但太湖美景无需分文。苏南及上海的都市客都将太湖视为告别喧嚣的舒压之地，每到周末假期，便自驾而来，尝尽时鲜后才依依不舍地离开。如果你也想过几天面湖抒怀的日子，不妨从苏州城慢悠悠地晃到太湖之滨来。若是有车，那自然更不能放过到太湖边一品美味的机会。

洞庭四季皆有宝

缥缈于太湖之中的洞庭山，听上去便很有仙气，"仙"的不是人，而是此地丰富的物产。太湖三白——银鱼、白鱼、白虾是一年中都能吃到的湖鲜，而在洞庭四季都能尽享江南之花香果美。

2月底3月初，春寒料峭，正月庙会过后不久，去**光福香雪海**（见155页）和**林屋梅园**（见131页）赏梅是一大乐事。

3~4月初，**碧螺春**的嫩尖尖上市，茶文化节也拉开了帷幕。被当地人称为"蛳螺"的**螺蛳**此时也肥壮可人，一盘青壳螺蛳是餐桌上必不可少的美味，过了清明便瘦了。各生态农场里的**草莓**开始崭露头角。

5~6月，被拿来定义"梅雨"的**梅子**悄然出现，赏梅景区还能教你如何做脆梅；白沙、红沙、白玉、青种等诸多**枇杷**品种纷纷上市，端午时节还有热闹的太湖龙舟赛。

6~7月，储存难度远大于荔枝的**杨梅**上市，最讲究新鲜即食；**蜜桃**和**葡萄**也不甘落后。河道里，成片**荷花**竞相开放，各类采摘活动此起彼伏。

8~10月，太湖开捕，各式湖鲜滚滚来。稍后一些，秋天的收获便一一呈现，**石榴、洞庭蜜橘**、三山岛的**马眼枣、板栗、柿子**接踵而至。光福的**桂花**盛开，糖桂花是甜品必备的调味。

10~12月，西北风一吹，**太湖蟹**脚就硬了，农历"九雌十雄"的大螃蟹，不比阳澄湖的差。银杏叶转成一片金黄，**白果**也落了一地，椒盐一炒分外美味，一年的光景便过到了头。

记得查询太湖景区官网www.taihutravel.com，了解四季信息。

太湖周边

东山

东山又称洞庭东山，是延伸在太湖中的一个狭长的半岛，三面环水。沿着环太湖大道一直往东山镇走，一路湖光山色、帆影点点，特别是在环山公路的西侧，有些道路架于湖水之上，即便坐在公交车之中也会为美景赞叹。东山的景点沿着崭新的环山公路分布，可一一到达，想要了解更多景点信息，可以查询**东山旅游官网**(www.thdsly.com)，或拨打**咨询热线**(☎6639 9231)。

景点

除了下面所列的以外，东山上还有**雨花胜境**(50元)、**轩辕宫**(10元)、**明善堂**(10元)、**杨湾古村**等景点可看。

陆巷古村

古村落

(☎6639 4308; ⏲8:00~17:00; 门票50元)

因六条古巷而得名，此地更有名的是正德年间宰相王鏊，他连中解元、会元、探花，以此为名的三块木牌坊立于石板路之上，是古村的地标。不仅如此，连唐伯虎都是他的门人，并赞他“海内文章第一，山中宰相无双”。古村的后山曾是电视剧《橘子红了》的外景地。门票包含了参观王鏊故居**惠和堂**在内的几座明清建筑的费用，据说和当地人套个近乎(譬如在村边饭店就餐)可以获得门票优惠。

雕花楼

历史建筑

(☎6628 1001; ⏲8:00~17:00; 门票60元)

在这远离城区的地带竟有这样一栋“无处不雕，无处不刻”的精美木楼，令人称奇，当年的主人东山富商金锡之花费17万银圆、历经三年时间建成。雕梁画栋里镶嵌着吉祥图案、民间传说，还有特别机关防盗，若无人点拨恐怕只能见些皮毛，藏宝阁、暗道和孩儿莲尤其值得留意。你可以跟当地人学用苏州话念“雕花楼”三个字，若能一次念准，算你厉害。

紫金庵

寺庙

（☎6628 1126；🕘8:00~17:00；门票30元）丁点儿大的小庙堂却已有1400多年的历史，十六尊泥塑彩绘罗汉像是这里的至宝，相传为南宋民间雕塑名手雷潮夫妇的作品，至今依然栩栩如生。紫金庵里的书画、树木都有来头，还有一间茶室，是东山人公认的最好的品茗之地，尤以秋天为胜。

启园

园林

（☎6628 1236；🕘8:00~17:00；门票45元）当地人都称之为席家花园，是第一任主人席家为纪念祖上曾接待过康熙皇帝（1699年他曾巡幸东山）而建。其特色是将苏州园林置于烟波浩渺的太湖之滨，小景与大观结合，视野大不同。

住宿

东山的住宿选择不少，一些度假宾馆十分舒适，当然在古村之中也少不了农家乐，平日住宿价格都在100~200元。星级农家乐**碧螺山庄**（☎6858 0888；碧螺景区环山路1号；标单/双288元起；用餐配菜人均100元起）还是江南茶文化博物馆的所在地，可以满足你更高的要求。

在农家乐和宾馆便可以解决吃饭问题，而陆巷古村往南的沙滩山码头一带，集中了太湖船餐，都是在湖上的餐馆，规模比从前小很多，没有体验过的值得一试。

东山宾馆

酒店 ¥¥¥

（☎6628 1888；www.dongshan-hotel.com；启园路近环湖路；标间598元起；❄📶🅿🚭）这座老牌的国宾馆隐藏在太湖畔的山林间，边上就是启园，湖滨花园式美景非常美好。别墅与主楼里共有500多套房间，接待过无数政要名流。订房时请注意，另一个网址很相似的是山寨网站。

雕花楼宾馆

酒店 ¥¥

（☎6628 1001转7798；紫金路58号；标间398元起；❄📶🅿）就在雕花楼旁，房间古色古香，有的可以直接看到雕花楼，除了标间还有几套别墅，还可以分层出租，特别适合家庭旅行者。入住的房客可以获得雕花楼的门票优惠。

到达和离开

从苏州火车站南广场搭乘502路（4:50~20:00，20分钟一班，4元）可以直接到达东山，但至少需要1.5小时。可以考虑在市区搭乘地铁1号线到木渎之后再换乘502路，可以节省一半时间。

在东山镇搭乘500路（1元）公交分别从东西两路前往陆巷古村，沿途都经过东山主要景点；629路（1元）可以沿着西侧环山公路一直到达长圻码头，途经陆巷古村等景点；旅游旺季，镇上有环山线旅游小巴往返各景点，若在淡季可搭乘三轮摩托前往，起价5元。

三山岛

（☎6655 5665；🕘8:00~17:00；联票60元）三山岛是太湖中真正的岛屿，很多人将它视作世外桃源。早年间来到这里需要花费挺长时

另辟蹊径

好地方的好水

临着太湖，还怕没好水？如果你自驾到东山，在路上也许可以为了水而停留片刻。**苏州水文化展示中心**是国内第一座以“水”为主题建立的展示中心，就在太湖之滨的水厂内，通过展示天然矿泉水的由来为人们描绘了苏州人对水的眷恋。庭院中的“洞庭2号泉”来自地下180米深处，水龄已有2180年！喝上几口，便知大自然无需搬运，自有馈赠。若用此水冲泡碧螺春，想想便是极好的了。

袅袅婷婷碧螺春

仔细看看这茶叶就很美，“银白隐翠，条索细长，卷曲成螺，身披白毫”，像极了传说故事里的碧螺姑娘。产自洞庭东西山的碧螺春，“形美、色艳、香浓、味醇”，但却不失清雅，这点跟苏州人的性格倒颇为相似。冲泡的水温最好在70℃，最好用玻璃杯。烫杯之后放入茶叶，待沸水降温后倒入，便可窥见杯内的诸多变化，还被定义了“飞雪沉江”、“春染碧水”等溢美之词。据说上等的碧螺春带着果味，只因茶园与果园间作，茶叶里便带着洞庭山的果香了。

每年3月底4月初是碧螺春上市的季节，以明前为贵。此时洞庭山各处都会推出特色采茶体验游，譬如东山的雨花胜境、西山金庭缥缈峰下的水月禅寺贡茶院，等等，可以查询官网获得准确信息。当然，无论你何时到苏州旅行，都可以从点上一杯碧螺春（15元起）开始，要知道她的乳名可叫“吓煞人香”！

间，在此地住几天，赏湖景、吃三白、登高望远，更像一次疗养。近年来的开发将岛上的道路修整一新——全部柏油路面，沿途都装上了路灯，农家乐的规格也提高了，但除了上岛需要门票之外，三山岛还是很好地保留了其质朴的一面。

到这里来，便可以自己找到很多乐子。这里的天然石景比较有名，不过随处看看就好，不一定非要去景点。最好的方式是骑行，这里有很多类型的**自行车出租**（包括双人、三人、四人，价格从15~20元/次不等），环岛一圈大约1小时，还可以随时停下来闲逛，建议在黄昏时候出发，在岛的西侧看一场日落。如果喜欢登山，这里与岛名相符，有三座小山，任君选择。在清晨去登一下**板壁峰**，穿穿**一线天**，是比较容易的线路。攀岩爱好者也可以在这里找到些好岩壁。想要随意闲逛，最适合的一段在**先奇桥**到**姐妹桥**附近，不仅有杨柳拂面，路边还有摇椅条凳，在**长寿桥**附近还能通过栈道深入**湿地**探访。如果是自驾而来，随车带上烧烤用具，那么在指定地点来一场BBQ大餐也不错，露营更贴近自然。跟东西洞庭山一样，在各个季节这里都有瓜果产出，采摘活动也十分活跃。

夜里的三山岛特别安静，在这里我们甚至还能偶尔找到萤火虫的踪迹，不过十年前这里的水边更是萤火点点。

食宿

此地农家乐很多，每一个都有一所漂亮的小房子，稍微靠近内部的还带果园，平日大致价格从100~150元不等，水准差不多。最靠近先奇码头的**桥外桥农家乐**（☎6637 1280）是最便利的一家，但岛内还有很多看起来更美的住宿地。

所有的农家乐都提供餐食，太湖三白、墨驼鸭、当地土鸡是必点的农家菜，再配上些时鲜蔬果，便是很丰盛的一餐，人均约50元。夏天从井里拎上来的冰啤酒和冰西瓜，绝对让你吃得很爽。

到达和离开

到三山岛必须坐船，从东山出发可以乘坐629路（1元），沿着西侧环山公路一直到达长圻码头。这个小小的码头也是游客中心，有一些太湖旅游的介绍，还在候船室里循环播放短片，有免费Wi-Fi。

长圻码头发往三山岛先奇码头的**班船**（15元，25分钟），周一至周四：9:00、11:00、14:30、17:00，周五至周日9:00、11:00、13:30、15:30、17:00；8:00~17:00有**快艇**（100元/艘，限8人）对发。另外，东山的沙滩山码头也有部分班船和快艇发往三山岛东泊码头。西山石公山码头有不定期快艇发往三山岛，但无班船。

三山岛先奇码头发往长圻码头的班船，周一至周四：8:00、11:00、14:00、16:30，周五至周日8:00、10:30、13:00、15:00、16:30。景区有**环岛观光车**（10人座100元一辆）和**农家乐专车**（5人以下30元/辆，5人以上50元/辆），7:30~18:00运营。

西山（金庭）

西山又称洞庭西山，是太湖中第一大岛，现在又称金庭镇。打开西山地图，便觉仿佛有人在太湖中泼墨挥毫，西山是最大的墨点，周边20多个小岛便是飞溅出去的墨花。

太湖大桥（免费）是进入西山的第一个看点，它连接长沙岛、叶山岛和西山岛，由同济大学建筑设计院桥梁分院设计，于1994年建成通车。一号桥最长，1768米；二号桥最高，中心孔高22.5米；三号桥最精致，贴水而浮。大桥轻盈优美，蜿蜒于太湖之上，本身就是一道风景。本书调研之际，当地政府宣布将在太湖大桥旁复制一座同样的大桥，将进出岛车辆分流，缓解瓜果上市时候的拥堵。

景点

岛上山、洞、村、寺众多，除了下面所列的之外，还有包山禅寺（20元）、古樟园（25元）、绿光开心农场（48元）、牛仔风情度假村（160元）等景点，可以查询西山旅游官网（www.xsly.org），或拨打咨询热线（☎6197 2600）了解更多信息。

林屋洞 洞穴

（☎6627 1547；林屋路158号；⏲8:00～17:00；门票50元，梅花节会涨价）在2013年“江南烧烤模式”的压迫下，洞内常年保持18℃的温度，直教游客大呼过瘾。这个石灰岩溶洞展示了太湖的地质面貌，被道教誉为“第九洞天”，据说还是徐霞客出远门前的首游之地。更令人惊艳的是梅花盛开之际，此地4000多亩梅园如雾似雪，蔚为壮观，这里也是太湖梅花节的主场地。

明月湾古村 古村落

（☎6637 0098；⏲8:00～17:00；门票50元）在西山岛最南端，因形似一弯明月而得名。村内的石板街、湖边的古码头都是明月湾的招牌，相传夫差与西施曾在此赏月，在明月湾晒个月光定然不错。当然，在湖边一字排开的酒家中吃顿湖鲜大概更美。

如果不想破费，那么西山上还有不少古村，以“金屋藏娇”而闻名的东村古村、号称有“七十二堂”的堂里古村、古道古桥颇多的植里古村、岛上最西端的甪里古村，都以明清建筑和太湖风景为主，无需门票，可以一探。

缥缈峰 山

（☎6627 1164；石公村；⏲8:00～17:00；门票60元+观光车20元）海拔336.6米，为太湖七十二峰之首。登上峰顶瞭望塔，湖中群岛、古村人家以及三万六千顷湖光山色尽收眼底，无疑是太湖最佳登高之处，只是要价也不低。如果喜欢攀登，那么也可以试试西山南部三面环水的石公山（☎6627 2858；涵村坞；⏲8:00～17:00；门票50元）。

食宿

到达西山会经过不少湖滨之地，因此高

不要错过

东西山之间的太湖边

如果你喜欢玩得不那么大众化，那么东西山之间的环湖大道上，有一些比较特别的地方。

太湖国家公园（☎6656 7188；环太湖大道108号，免费）东起环太湖大道水风车入口，西至太湖新天地，全长两公里的公园内有栈道相通，可以在此体验自然野趣。

水星游艇俱乐部（☎6651 5099；环太湖大道81号），太湖国际高尔夫俱乐部（☎6621 8888；校场路，环太湖大道以北）适合喜爱此类运动的人士。

苏州海洋馆（☎6938 1000；环太湖大道28号；⏲9:00～17:00；门票成人/儿童130/90元）是国内第一座展示长江、太湖淡水生物的水族馆，当然也有海洋生物。这里还有铃兰国际潜水俱乐部（☎6638 3088，体验价800元/次）可以开展“开放水域潜水资格”的培训。

苏州的“手艺圈”

想来在苏州博物馆（见110页）你已经看到了苏州手工艺品的精粹，但来到太湖边上，才算到了苏州的“手艺圈”。

玉雕——玩玉的人都明白，苏州出雕工。光福玉雕是苏州玉雕的分支，在宋、元时代便开始生产玉器，到明、清时代更是发达，名家好手层出不穷。如今，光福的玉器一条街，业内行家都会集于此。

核雕——大家都读过《核舟记》，描绘的就是明代苏州人王叔远所雕核舟。舟山村是苏州核雕之乡，山水、人物、花鸟都在小小一枚广东乌榄核上打造，真真是“橄榄核上做道场”。

苏绣—— 集“平、齐、和、光、顺、匀”于一身的苏绣，发源于太湖地区，又以镇湖最为出名，如今镇上依然有8000绣娘。这里有一条绣品街，可以在这里观赏绣女们飞针走线，也可以购买苏绣作品。中国刺绣艺术馆也坐落于此。

除此之外，红木雕刻、佛雕、缂丝、砖雕、香山帮建筑等都源自苏州太湖周边，在明清时代达到鼎盛，至今仍在传承。

档度假酒店也不少。西山岛的村落多，不愁没有农家乐，价格都在100~200元。位于石公山景区的**西山宾馆**（☎6631 0058）可能是岛上观景最佳酒店，但是设施颇为老旧，让人产生“鱼与熊掌不能兼得”之遗憾。

西山岛上吃饭首选农家乐，明月湾是集中停车吃饭的一条街，边看湖边吃饭，哪怕只是喝杯茶也很自在。其中**锦湖饭店**（☎6637 4001）、**赏湖楼农家乐**（☎138 1262 0897）生意都不错。在岛上其他地方，也有**喜来春饭店**（☎6627 0903，阳坞）、**太湖渔村**（☎6627 1588，白塔湾）等受欢迎的餐馆。

宝岛花园酒店 酒店 ¥¥¥

（☎6651 5999；www.nobleresortsz.com；长沙岛18号；标双/湖景标双658/758元起；❄📶🅿🏊）虽然不在西山上，但这个紧邻太湖的五星级酒店颇受度假客欢迎，背山面水，正对着太湖大桥，景色十分优美。房间均含双份早餐，餐厅的价格在五星酒店里不算贵，而且量很大。服务人员的态度热情，服务到位，只是别墅房里没有Wi-Fi。

ℹ 到达和离开

苏州火车站南广场有旅游专线69路（1~5元，5:30~21:00，约2小时）前往西山岛，终点是石公山，途经长沙岛、叶山岛，以及西山梅园、林屋洞等景点。记得不要坐区间车。吴中汽车站开出的58路（1~4元，5:40~21:00，约1.5小时）前往西山岛，经过宝岛花园酒店，终点为金庭镇换乘枢纽站。

金庭镇换乘枢纽站有695、697、699路公交车发往西山岛各处，涵盖了岛上景点，票价均为1元。

光福

这个凸入太湖的小半岛，位于邓尉山麓，看点不多，但到了2~3月的梅花季，前来探梅的观光客经常爆棚。**光福景区**（☎6695 9608；www.szgfly.com；8:00~17:00；⏲套票50元）包括香雪海、司徒庙和铜观音寺三个景点，可以选择套票，也可以分别购票进入。

香雪海（20元，赏梅季30元）无疑是这里最热门的景区，不过只在梅花季。作为赏梅胜地这里已经鼎盛了300年，“香雪海”三字是清代江苏巡抚宋荦的题词，它后来还成为苏州产的冰箱的牌子，可见品牌力量之深。农历正月开始，白梅、红梅、绿梅、墨梅竞相怒放，形成一片素雅花海，历代文人墨客留下无数咏梅诗篇，今日的游客哪能不接着赞叹？

司徒庙（25元）是为祭祀东汉大司徒邓禹而建；**铜观音寺**（15元）又名光福寺，寺内有四面七级的光福塔。

景点之外，光福有个特别体验，便是“乘风破浪吃湖鲜”。渔港村的“渔家欢”

周庄古镇

至锦溪(10km);昆山市区(36km);
苏州市区(53km);上海市区(75km)
环镇西路
太史淀
37
全旺路
大桥路
11
淀南路
台湾老街
环镇水上游
云海塔
周庄大桥
白蚬淀
急水港
云海路
36
周庄旅游网络中心
周庄旅行社
北市街
蚬江桥
全功路
全福路
31
南
12
23
19
15
蚬江街
北
逸飞之家
3
30
17
油
市前路
车
漾
4
26
市
6
周庄博物馆
后港街
港
福洪街
29
后
城隍埭
怪楼
2
天孝德收藏馆
1
21
河
13
南市街
24
蚬园弄
16
33
8
5
贞丰路
9
20
14
18
中市街
34
中
市
河
28
25
谜楼
7
西湾街
22
叶楚伧故居
至莘塔汽车客运站(500m);
同里(16km)
32
27
南湖秋月园
全福讲寺
南湖街
全福长桥
10
南
湖

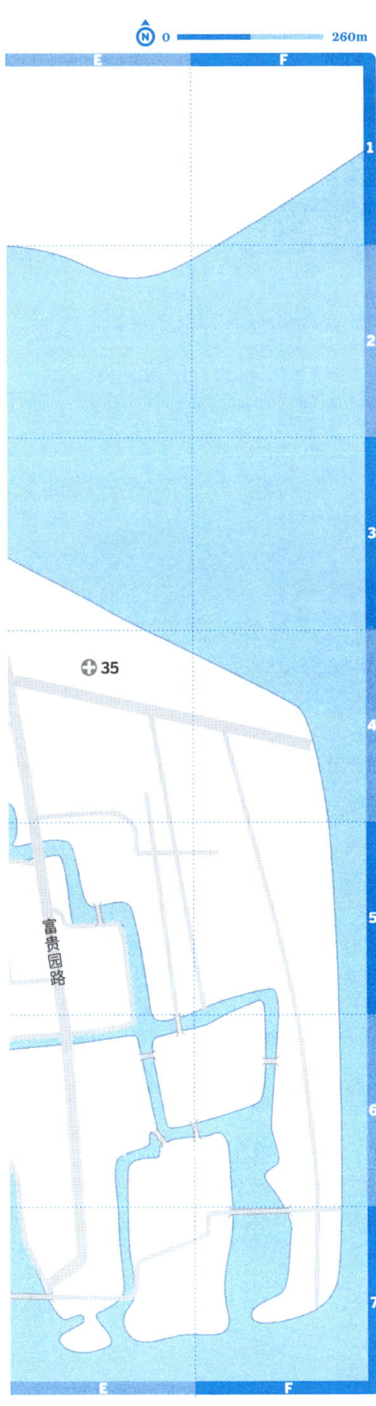

(☎6693 0238)，一听就知道是在太湖里扬帆吃鱼。船老大客串一把厨师，做出的菜都是平时闻所未闻，但味道确实地道。船费600元，渔家菜成套卖，可让渔民配，几百块可以提供一桌吃喝。在湖中看水天一色，也可以跟船老大学学撒网捕鱼行船。

在吴中汽车站乘坐63路(1~4元，5:35~19:25)或者在苏州汽车北站西乘坐64路(1~3元，5:50~19:30)都可以到达光福镇及各景点，约1.5小时。

水乡古镇

太湖流域的水乡古镇不少，一些早已声名在外，一些则藏在深闺。江南古镇哪个最值得去，自然是众说纷纭，最近更有了“十大”的提法。古镇的排名并不重要，只是开发早的自然各类设施齐备，还未开发的保留了原味却未必尽合都市人的要求。每个人心里都会有个“最美”，也许寻找和发现的旅途，远比景点和排名来得有趣。

周庄

无论是“四大”还是“六大”，周庄都是江南古镇里最出彩的重头戏。即使在许多旅行者眼里，它是团队游客簇拥且商业气浓重的代名词，却无人能否认它的秀美。周庄的特色更多在于它因河成街、傍水而居的格局——蜿蜒的巷子与河道布局紧凑，古老的石桥与墙头间或一现，再配上河上船娘的软语小调，此时若有小雨零星，绝对就是“小桥流水人家”的标准版本。

元末明初，富商沈万三让周庄成为江南巨镇。30年前，著名画家陈逸飞的一幅《故乡的回忆》，将小小的周庄忽然推上了世界舞台。虽然旧日淳朴留不住，但大多数店家和居民对旅行者仍算友好。主要景点集中在北市街和南市街一带，大约两三个小时可以逛完，但把古镇全部走遍，需要一天时间。很多时候这里游客如潮，但你只要多走几步，避开主要的厅堂和古桥，也可以找到几处清静地。周庄被喧闹层层包围，要发现它清雅的一面需要有些耐心，却仍然值得。

周庄古镇

景点

1 富安桥……D5
2 沈厅……D5
3 双桥……D5
4 太平桥……C5
5 梯云桥……D6
6 张厅……D5
7 贞丰桥……B6
8 贞丰文化街……C6

活动

9 古镇水巷游……D6
10 环镇水上游……D7
11 江南采珠游……B1
12 万三水上财道游……C4

住宿

13 碧水云居精品客栈……C6
14 花间堂·周庄季香……B6
15 隆兴客栈……D4
16 贞丰轩……C6
17 贞固堂……C5
18 正福草堂……B6
19 周庄国际青年旅舍……D4

就餐

20 桔梗餐厅……B6
21 沈厅酒家……D5
22 无名小吃店……C6

饮品

23 古戏台茶社……D4
24 猫的天空之城……C6
25 三毛茶楼……B6
26 左手后院咖啡……C5

娱乐

27 春江花月夜古筝会馆……D7
28 地平线酒吧……D6
古戏台……（见23）
29 南湖古琴社……B5
30 碰头吧……D5
31 四季周庄……A4
32 伊醉江南……B6

购物

33 手艺江南……C6

实用信息

34 微笑小屋……C6
35 周庄人民医院……E4
36 周庄邮政支局……B3

交通

37 周庄汽车站……C1

景点

周庄推出景区联票[⏲日游8:00~16:30，联票100元；⏲夜游16:00~20:00（冬季16:00~19:00），联票80元]，日游包括厅堂和古桥在内的16个景点，夜游的厅堂只有沈厅和张厅开放。随门票附送一张详细的周庄地图，十分有用。进入古镇的所有道路都设置了收费处，如果需要多次出入，可以在古戏台检票口（见156页地图）拍摄照片，免费办理门票三日内有效的手续。如果只想领略水乡风貌，那么需要在8:00前和20:00后进入古镇，无票无法进入景点，白天出镇后也无法再返回。

沈厅　　历史建筑

（南市街中段近富安桥）顾名思义，人们会猜想这是沈万三的厅堂，其实只是有些渊源而已。沈厅由沈万三后裔沈本仁于清乾隆七年(公元1742年)所建，是周庄保存最好的清代民居。

沈厅共分七进五门楼，但环环紧扣，院落并不宽敞，体现了水乡深巷的格局。门前隔着北市街的是水墙门与河埠，供家人停靠船只、洗涤衣物。进入沈厅中部便是接待宾客的厅堂，其中正厅松茂堂面积最大，在此处抬头望，便可以看到旧时供小姐挑选夫婿所用的暗窗；几个门楼上的砖雕也值得留意。后部的大小堂楼和后厅屋则是接待女眷与生活起居之地，第五进厅堂里则有沈万三坐像与传说中的聚宝盆。作为民宅，后院还有厨房和饭厅，出售青团子等小点心。

沈厅的所有厅堂之间均由过道阁楼相连，形成庞大的走马观花楼（9:00~16:30，另收费10元）。可以在二楼从后宅（有一些卧房摆设及家具陈列）一直走到临街的前厅，也能换个角度看沈厅各宅院与周围的粉墙黛瓦。另一个看点是沿着底楼侧边而造的沈万三铜壁画，人们可以在此看到这位江南富商传奇的一生。

张厅

历史建筑

（南市街中段近双桥）原名怡顺堂，建于明代，清代转与张姓人家，俗称张厅。与沈厅不同，张厅是典型的明代官宅（可以从廊柱下的木头柱基来判断），六进院落虽然在面积上比沈厅小，却有些属于官家的特质，譬如厅堂里一色的官帽椅。

张厅的正厅到后花园有一条长达47米的狭长备弄，是平日家人行走的通道。弄底的后花园有假山装饰和鹅卵石铺就的吉祥图案，还有一泓池水。箸泾河在此穿屋而过，正是正厅玉燕堂中对联所描绘的“桥自前门进，船从家中过”。此外，门厅的天井和通过屋顶留白采光的偏厅都是张厅独特的设计。记得，凭景区门票可以两次出入张厅。

古桥

桥梁

周庄河道密布，小桥众多，其中元、明、清时代的古桥尚有14座。沿着主河道，有几座别具特色的古桥。

双桥是周庄的标志，正是陈逸飞《故乡的回忆》中的主角。石拱桥世德桥与石梁桥**永安桥**联袂而建，看起来像一把古代钥匙的模样——不过看这钥匙的最好角度，是斜对面太平桥畔的住家院落，一时难以进入，大部分游客都拥在永安桥南边的平台上将双桥一并收入镜头。

太平桥据说能保桥上行走的人太平，它也因一幅画作而闻名。日本女画家桥本心泉20多年间数次造访周庄，她的作品《周庄的某一天》以太平桥为创作题材，并把自己也画到了桥洞边。如果你刚走过永安桥，便能看到河对面的太平桥，此时稍稍蹲下身子，便能看到“桥中桥”的奇景。

富安桥仿佛从楼房间飞跨而出，是江南水乡仅存的立体型桥楼合璧建筑。始建于1355年，后由沈贵（沈万三之弟，俗称沈万四）出资重建后成为石拱桥，同时改名为富安桥。桥头四座二层桥楼临水而立，有趣的是一楼与二楼并不相通，二楼必须通过石桥边的阶梯才可到达。桥上有五块罕见的武康石，同时有不少吉祥浮雕。

除此之外，以周庄古名而得名的**贞丰桥**，《摇啊摇，摇到外婆桥》的外景地**梯云桥**等，也是周庄古桥中很有特色的几座。

贞丰文化街

街区

就是中市街，这里的“贞丰十二坊”集中体现了水乡传统文化。雕刻年画的、纺织土布的、酿老酒的、缂丝的、制砖坯的、编竹器的……每一样都可以细细观摩甚至参与其中，如果带着孩子，那更要来体验一下了。

其他景点

景区门票上还罗列了不少小景点，其中

从首富到赤贫，传奇沈万三

沈万三（名富，字仲荣，家中排行老三而得此俗名）是周庄的大恩人，这里由村辟镇，完全是因为他在此开展对外贸易，并迅速成为“资巨万万，田产遍于天下”的江南第一豪富。

对于他的致富，有“垦殖说”、“分财说”、“通番说”等各种分析，却没有定论。但他的财富之盛连明太祖朱元璋都“羡慕嫉妒恨”，加上沈万三之前支持过苏州张士诚的大周政权，更让皇帝如鲠在喉。于是，沈万三被要求捐资建造三分之一的南京长城（现今南京城墙的中华门到水西门），之后又因他“要代皇帝犒劳三军”而令龙颜大怒，被充军云南。而沈家终于因为这次及之后的另两次沉重打击而几乎被满门抄斩，沈万三苦心经营的产业瞬间倾覆。历史上著名的政商之争，终于以富商的完败而画上了句号。

不过，这些在《明史》里有明确记载的史料，却受到一些学者的质疑。因为从另一些史料中推断，沈万三生死皆在元朝，与明朝毫无关系。若这才是史实，巨额的财富又是如何散尽了呢？你在周庄啃着万三蹄时，别忘了猜猜这道江南谜题。

古镇东边的银子浜畔有**沈万三水底墓**，相传是他的衣冠冢；镇外还有**沈万三故居**，当然是在原址新修，通过实景方式展示他的生平。若你爱“财”，不妨一探。

当地知识

在周庄，请特别注意

首先请你千万放弃在周末和节假日前来的念头，选一个工作日进入周庄，否则人潮会让你立刻游兴全无。最好是前一天傍晚进入古镇，欣赏一下黄昏和夜景，第二天起个大早，走走青石板路，然后把几个主要景点逛完后离开周庄。每天的11:00~15:00是游客最集中的时段，待在屋子里或找间茶馆听个戏都是打发时间的好办法。

离开双桥和厅堂所在的街，往贞丰文化街（中市街）后段、西湾街、南湖街和南湖周边走走，这些地方颇为清静，也可以让你驻足了解当地人生活，看到真正的水乡。当然，如果你要是穿着高跟鞋来摆造型，走路会很辛苦。

这里的吃喝玩乐一应俱全，景区管理也相对成熟，但吃饭、购物也要稍稍留意。铺天盖地的万三蹄，据说只有不以万三蹄做招牌的才正宗，最好多向当地居民打听；蚕丝被虽好，但价格很便宜的基本都是以假充好，需谨慎购买；本地吃鱼都论条卖，没有论斤卖的惯例；吃饭最好找有印刷品菜单的馆子；进入寺院不要随意求签，小心陷阱。

古戏台、逸飞之家、迷楼、叶楚伧故居、天孝德收藏馆、蚬江渔唱渔业馆、南湖秋月园和边上的**全福寺**，都值得一看。

景区联票以外还有一些单独收费的景点，如有特别爱好，可以前往。古镇以北的**爱渡风情小镇**（⏲8:00~17:00；130元）包括台湾老街和水月观音馆，拍艺术照的人经常前往；景区内的**怪楼**（⏲8:00~16:00；20元）由许多奇怪的屋子组成，适合爱刺激的年轻人。

活动

到水乡不玩水便是遗憾，周庄推出的水上游路线非常多，可以随意选择。

古镇水巷游（⏲日游8:00~16:00；夜游16:00~20:00；100元/船，可坐1~6人；约半小时）这是大多数人首选的水上游。坐的是遮着蓝印花布的木船，穿着当地蓝印花衣头戴帕子的船娘，一边摇橹一边哼唱着江南小调，穿过一座座石桥。

万三水上财道游（⏲8:00~16:00；180元/船，可坐1~6人，包含阿婆茶和茶点；约80分钟）船只与行船方式同上，路线为双桥—银子浜—万三园—富贵桥—田园风光带—天富博物馆—沈万三故居，沿路将为你讲解沈万三的传奇一生。

环镇水上游（⏲春8:30~16:30，冬8:00~16:00，每半小时发一班；50元）乘坐画舫，从南湖码头沿着周庄外围走，一直到爱渡小镇码头。

在小镇西北的太史淀还有找寻珍珠的**江南采珠游**（60元/船，可坐1~6人）。

住宿

虽然景区外也有一些不错的住宿点，但来到水乡，自然是住在古镇里更有味道。景区内有许多民居客栈，都统一管理比较正规，有很多家是旅游局核准的“周庄人家”。普通标间的价位大约在80~180元，如果是精品设计酒店或者景观房价格则会更高。每逢周末大约上涨50~100元，节假日则更多。古镇住宿点分布在各处，其中**福洪街**（见156页地图）又被称为民宿一条街，这里临街的客房都有落地玻璃窗，价格在180~230元，非景观房大约是此价的三分之二。

大多数民宿和酒店在网上都可以预订，价格会稍便宜，当然工作日的面议价则最优惠。

首选 **周庄国际青年旅舍** 青年旅舍 ¥

[☎5720 4566；北市街86号（古戏台旁）；铺45元，标单/双/大床 120/140/140元；❄📶]作为古镇唯一一家青旅，位置相当便利，就在离古戏台及检票口几步远的廊棚前面，离双桥也很近。旅舍由一座同治元年的老房子改造而成，住客区有个紧凑可爱、种满花草的小院子，房间不算很大，配备一体式卫生间。底楼临街是一个咖啡馆，提供饮料和西式简餐，住

店客人可以享受8折优惠，这里的住客推荐性价比高的9寸比萨。员工热情友好，能提供许多旅行资讯，也可以帮忙买到《四季周庄》折扣票。

隆兴客栈

客栈 ¥

（☎5721 2637；北市街80号；标单/双158～218元；❄📶）就在青旅往南走几步远的地方，离双桥50米。门面非常小，却有9间不同的房间。如果多花100元，便可以住进有雕花大床的临街景观房了。店主夫妇非常热心，有时还能开车去汽车站接客人，也会帮忙张罗门票事宜。

碧水云居精品客栈

精品酒店 ¥¥

（☎5721 7568；中市街14号；标单/双/主题房 288/380/480元；❄📶）门头不大，但走过小廊便可以看到一个铺着木板的庭院，放置了秋千和木制茶桌，在这里喝茶聊天、夜望星空都十分惬意。木质房间干净整洁，临着院子的主题房名字典雅，房间里也更为精致。底楼天井边有一个带雕花千工床的房间，我们曾在这里面谈到150元的超值价。所有房间都很紧俏，至少提前一周预订。他们还有一家云水谣客栈就在附近的城隍埭。

贞固堂

精品酒店 ¥¥¥

（☎5721 2009；后港街1号；大床/套间428/488元；❄📶）这间客栈由爱国教育家沈体兰先生故居改建而成，小院只有4间房，二楼的套房宽敞明亮，更有江南韵味。酒店就在太平桥畔，地理位置极佳，若住二楼的套间，推窗便见小桥流水，船家摇橹而过，当然也会传来游客的喧闹。

如果想住得更为标准化，那么同一酒店集团旗下的贞丰轩（见156页地图；☎5788 3333；蚬园弄8号；标单/双/ 580元；❄📶）有18个房间，隐蔽私密，房间内饮料免费。

首选 花间堂·周庄季香

精品酒店 ¥¥¥

（☎5722 0008；www.blossomhillinn.com；中市街110号；标双/景观房/亲子房/精品套房680/980/980/1280元；❄📶）这家由广告人参与打造的设计酒店最早在丽江和香格里拉开设并赢得好评，单从其清新雅致的网站主页就体现了主人的心思。这家酒店由民国初年富商戴家的旧宅改造而成，私密而且功能齐备，每间房都设计各异又具江南特色，在细节处也精准

当地知识

水乡食谱之当家花旦

» **万三蹄** 这是沈万三家宴上的招牌菜，如今满大街都有卖，大约45～65元/只。但吃客都知道现做的酥蹄才原汁原味。相传当年朱元璋见此菜，便出了两道难题为难沈万三，第一问他是什么菜，第二让他不得用刀却要把蹄髈分开。沈老爷的机智回答便是“万三蹄”和“骨刀”的由来。

» **白丝鱼** 有水便多鱼，银灿灿的白水鱼也算是本地名菜，它是江南河道中的美食，肉质鲜嫩，味道极美，著名的“太湖三白”中的白鱼也与其同宗呢。

» **鲃鱼** 对了，就是那著名的“鲃肺汤”里的家伙。活鱼巴掌大小，遇事儿就把身子鼓起来，绝对是萌物。有人说它是小河豚，其实它与河豚最多只能算远亲，而且无毒。此鱼做汤十分鲜美，但小小一尾就要三四十元。

» **三味圆** 用水面筋作皮，馅芯以鸡脯肉、鲜虾仁、猪腿肉剁细精制而成，在鸡汤内煮熟，皮薄馅嫩，集点心、菜肴、鲜汤于一盆。若是一个人前来也想尝尝特色菜，那么点个三味圆再来一碗米饭，也算价廉物美了。不习惯面筋制品者慎点。

» **阿婆菜** 这道菜在水乡甚至是江南都是最家常的小菜，将菜苋腌制而得，最好是下酒或者下粥。味道比雪菜入味，又比梅干菜鲜嫩，无论是凉拌、炒菜、做汤，都能吊出蔬味之鲜美。

到位。配套的餐厅（见“就餐”）、书苑、红酒吧、水吧和瑜伽馆，为前来度假的都市人提供了一片安养身心的天地，亦很适合家庭下榻。

正福草堂 精品酒店 ¥¥¥

（☎5721 9333；中市街90号；www.zfct.net；特色房间 480~1080元；❄📶）几乎就在花间堂隔壁，也是一处由老宅改造的设计酒店，在丽江和同里也各有一家。康宁、多福、喜庆、长乐、贞丰这五间房听名字都很吉祥，一派明清风格，有些房间甚至有软缎被面，着实令人回到儿时光景，也是度假的好选择。隔着中市街还有一间临水的艺术咖啡馆。

就餐

进了水乡，“吃”当然是一等一的大事。万三蹄扑面而来，单那浓油赤酱的颜色足以勾出馋虫；再看那水边凉棚，吃着阿婆菜和白丝鱼喝着当地老酒的吃客一脸满足的样子，谁还能HOLD住呢？

景区的菜价并不便宜，几乎每家馆子都能做些包括万三蹄、白丝鱼、阿婆菜在内的水乡特色菜，有些还推出58~168元的不同价位的套餐，比较实惠。很多餐馆临水而建，人们都能依河而食，也是水乡独有的就餐环境。有些酒家是团队游客指定集散地（譬如张厅酒家），中午饭点人满为患，散客也许避开为妙。南市街靠近南湖一带的餐馆，价格更低廉一些。依然要提醒你，如果在节假日前来，无论菜品还是服务质量都会大打折扣。

无名小吃店 面条 ¥

（西湾街蚬园桥旁；人均10元；⏲6:00~19:00）这是家当地人推荐的小馆子，没有招牌，也只有几张桌子，不过老板夫妇已经干了近10年。这里的万三面（万三蹄浇头）和奥灶面（鸭肉浇头）都做得挺好吃，10元一碗的价格在古镇内性价比很高，适合单身游客解决一餐。另外，早上的小馄饨（5元）也不错，但小笼就一般。

沈厅酒家 苏帮菜 ¥¥

（中市街富安桥旁；人均70~100元；⏲10:00~20:00）就在沈厅旁边，也占据了富安桥南边桥楼，是当地人口中“比较上档次”的饭店。店内有明清风格的装修和临水的优势，就餐环境不言而喻，菜肴也算味美量大，万三蹄小份68元，足够两三个人吃了。这里可以预订传说中的“万三家宴”。最近酒家已属松鹤楼管理，桥楼二层便写着“松鹤楼”的招牌，因此也能吃到许多苏州名菜。如果不把服务员的懒散放在心上，一切都还不错。

首选 桔梗餐厅 粤菜 ¥¥

（☎5722 0001；中市街110号；人均70~100元；⏲10:00~20:00）明黄色的椅子和漆黑的带有巨大中文字的桌子，这家充满设计感的餐厅给人小惊喜，也对得起花间堂的品牌。主打融合了粤菜的淡雅与本地菜特色的创意菜，价位比较高，但从菜肴到服务都很棒，适合颇讲究的食客。同时推出的桔梗面条系列（38元配三碟小菜）很适合单身食客，金牌牛肉面最值得一尝。这里还提供营养丰富的自助早餐（7:00~10:30；58元），作者调研时有第二位半价的优惠。

饮品

到了水乡，喝茶更能应景。本地茶馆的消费可比苏州贵不少，不过环境倒是很有几分怀旧之意。注意，本地主推的“阿婆茶”其实并不是指茶本身，而是指当年阿婆们闲来无事喝茶聊天的风俗而已。

古镇已经有不少咖啡馆，张厅斜对面的**星巴克**确实占据了很好的地理位置，让我们不得不提及一笔，而坐在**青旅咖啡馆**（见160页）的落地窗前看外面也很享受。

首选 三毛茶楼 茶馆 ¥

（中市街近普庆桥；茶水15~30元；⏲8:00~18:00）三毛曾在此驻足品茗，楼主张寄寒先生与三毛颇有渊源，这让茶楼多了一分文化气，也吸引一些粉丝慕名而来。下午游客稀少时分，适合坐在美人靠边点一杯茶消遣，若有三五好友，就再点上一份包含豆腐干、五香豆、云片糕等五六样小食的茶点（20元）吧。当你看到一位戴着眼镜的老人在店中静静地读书看报，便是找对人家了。

古戏台茶社

茶馆 ¥¥

(古戏台内；人均30元起；⏲8:00~18:00)古戏台每天都有昆曲或锡剧演出，坐在边上的茶室里品茗赏戏，再合适不过。这里的茶资20~25元，茶点12~15元，你也可以点上一碗鸡头米糖水(15元)，配上薄荷糕(12元)，吃得很舒服。当然，这里也有咖啡、果汁等饮品出售。

猫的天空之城

咖啡馆 ¥¥

(☎57202307；蚬园弄8号；人均30元起；⏲10:00~21:00)这家粉丝众多的咖啡馆在街上拥有一片窗明几净的宽敞之地，作者调研时他们已然在沈厅对面又开了一家小小的店面，在游客必经之道上抢占了有利位置，于是小资青年们又多了一个活动之地。

左手后院咖啡

咖啡馆 ¥¥

(☎186 1140 0774；后港街口18号；人均30元起；⏲10:00~21:00)很多网友感动于左手与张千里始终牵手旅行的故事，这里是他们打造的一处有关摄影和旅行的据点。虽然东家未必常驻，但藏在清静院落中的小店还是让人感到很亲切。

☆ 娱乐

周庄不大，娱乐项目却不少。喜欢古典文化的，在古戏台、聚宾楼里听听昆曲、评弹，在**春江花月夜古筝会馆**和**南湖古琴社**喝茶听琴；喜欢夜生活的便可以去蚬江街的**1086慢生活区**的几个酒吧坐坐，每个都有乐队的现场表演，也可以去几个古镇里的慢摇吧(**碰头吧、地平线酒吧、伊醉江南**等)发呆。

古戏台

戏曲

也是昆曲传习所，古戏台上除了周四的**锡剧专场**(⏲10:45~15:30)之外，每天10:30~15:30共有六场昆曲表演，曲目包括《牡丹亭》《长生殿》等。如果觉得坐在条凳上听戏不够雅致，那么就到戏台对面的茶室(见“饮品”)一坐吧。

四季周庄

实景演出

(近新牌楼；普通票150元，VIP票280元；⏲4月10日至11月10日，19:30~20:30)是表现江南水乡生活风韵的水上实景演出，分为“水韵周庄”、“四季周庄”和“民俗周庄”三个篇章。并没有著名的导演班子，但也颇具可看性，还有些互动环节(有时一哄而上的观众让人汗颜)，只是价格有些高，通过网络或者住宿地可以购买到折扣票。

购物

万三蹄随处可得，但建议你上馆子吃。古镇的主河道两边的街巷充满了各种商铺，大多数出处不明，不过如果你有砍价的本事，买几幅关于水乡的装饰画也还不错。

贞丰文化街上除了演示也出售江南手工艺品，包括土布、黄酒、缂丝品、木版年画等，大多数店家的营业时间是8:00~21:00。周庄特产铜质的庄炉和竹编制品，在**手艺江南**

自驾来周庄

周庄距昆山市区约30公里，距苏州市区约38公里，距上海市区约60公里，距杭州约160公里，公路交通四通八达，利用沪宁、沪杭、苏嘉杭高速都能方便地进入周庄，有些途中还能经过其他古镇。

苏州出发(经同里)：苏州工业园区—东方大道—苏同黎公路—同周公路—周庄

苏州出发(经甪直)：机场路—甫澄路—甪锦路—周庄

昆山出发：昆周公路—锦溪—周庄

上海出发：上海—G50高速公路(金泽出口下)—大观园—商埸—周庄

浙江出发：沪杭高速—乍嘉苏(周庄吴江出口)—苏同黎公路—同周公路—周庄

（☎5721 1119；⏲10:30~21:00）有一些品质不错当然价格也不低的工艺品。

实用信息

周庄的治安还不错，不过在游客众多的时候还是要做好防盗措施。景区内没有银行，在古牌楼检票口附近有农业银行和建设银行，都有24小时ATM。

周庄人民医院（☎5721 9828；全功路104号）是镇上条件较好的医院。

周庄邮政支局（⏲7:00~16:30；全福路115号）离古牌楼也不远，**猫的天空之城**（见169页）也提供代寄服务，邮资之外加收2元/件。

旅游信息

微笑小屋（中市街年画作坊对面；⏲8:00~21:00）提供各种有关周庄旅游的小册子，服务人员态度友好，还有免费Wi-Fi。

旅游咨询（☎400 828 2900；www.zhouzhuang.net）

到达和离开

苏州汽车北站、苏州火车站北广场汽车站都有发往周庄（见157页）的班车。

昆山新客站（www.ksqcz.com ；☎5738 6789；柏庐南路与312国道交叉路口）即昆山汽车南站，也有班车发往**周庄**（5:45~20:00，每隔10~20分钟一班，6元，约1小时），可以通过官网查询购票。

上海旅游集散中心（www.chinastbc.com；☎2409 5555；中山南二路2409号近漕溪北路；分站：东江湾路44号虹口足球场5号门）有发往周庄一日游（单程130元，往返150元，约1.5小时，包含门票、来回车费和导游）的旅游班车，有些返程会在锦溪稍作停留。可以通过官网查询、预订和购买。

上海长途汽车总站（www.kyzz.com.cn；☎6605 0000；中兴路1666号）也有班车发往**周庄**（7:05~10:20，共6班，29元，约1.5小时），可以通过官网查询购买。上海虹桥西站也有班车与周庄莘塔汽车站对发。

周庄有两个汽车站。**周庄汽车站**（景区以北约3公里处；☎5721 1614）每天有班车发往**苏州汽车北站**（6:45~17:50，16元）和**上海长途汽车总站**（7:20~16:30，25元）。同时还有少量班车发往上海南站、上海虹桥西站、青浦和嘉兴。

莘塔汽车客运站（景区以西约1公里处）又叫江泽汽车站，坐落在一片荒地里，每天有班车发往**苏州南站**（6:30~17:45，13元）和**上海虹桥西站**（6:55~16:50，20元）。另外还有公交263路发往同里（2元），约30分钟到达。

古镇新牌楼北侧有公交260路发往**锦溪**（1元，约1小时），道路非常绕，不过当作乡村观光倒是超值。周庄汽车站有公交133路发往**锦溪**（2元，约半小时），更为快捷。

当地交通

古镇中步行就可以到达各处，可以在周庄新牌楼北侧乘坐公交261路前往周庄汽车站（8:00~17:00，1元），打车则需要10元。

同里

一样是古镇，同里更为鲜活，这里的调子

如何获得低价门票？

如果你在同里留宿，有些店家（并非全部）可以帮你获得打折门票，大约在6~7折，凭身份证就可以了。你需要事先联系住宿地，让店主到景区门口来接你，便可以拿到折扣票。有些旅店的主人非常友善，会想一些办法帮客人免去门票，譬如帮客人拖行李入镇，让客人轻装进入等。

同里的门票查得不太严格，特别是非假日。如果你看起来很像本地人，那么也许可以无票一试，当然你就不可能看到退思园。万一不行，就乖乖买票，没必要为这个破坏你的游兴。

同里古镇

同里古镇

景点
1 崇本堂……B1
2 嘉荫堂……B1
3 三桥……B1
4 退思园……B2

活动
5 古镇水上游……A2

住宿
6 古风园客栈……B1
7 敬仪堂……B1
8 三谢堂……B1
9 同里国际青年旅舍（太平桥店）……A2
10 同里国际青年旅舍（竹行街店）……B2
11 万顺民居客栈……A2
12 正福草堂……C2

就餐
13 酒坛子饭桶……B2
14 状元居……A1

饮品和娱乐
15 古戏台……B2
16 猫的天空之城……B1
17 南园茶社……A2
18 同川书场……B2

购物
19 明清一条街……B2

实用信息
20 旅游咨询中心……B2
21 票务中心……B2
22 同里邮政支局……B2

交通
23 同里汽车站……D3

质朴归真，少了些商业气而多了些江南市井气和人情味。与周庄狭窄的水道和巷子相比，同里显得开阔许多。古镇四面环水，镇中被几条小河随意地划分出7个小洲，几十座古桥将彼此连接。这里并没有真正依水而建的房屋，大多都是与河道隔着一条石板路，这样的好处是一方面可以看到更多风土民情，另一方面也可以在游客大潮来临之时不会显得那么拥挤。

古桥是一大看点，除却最为著名的“三桥”，许多年代更为久远的朴素小桥等待你去踏足。得益于水上地理位置，这里有不少保存完好的明清建筑和园林，这也是让同里全镇都成为文物的缘由。退思园是江南古镇中唯一被列为世界文化遗产的一座园林，设计自然有过人之处，其余几座宅院也并不逊色。如果你“慢行走”，也会发现一些白底绿字的标牌，所标示的屋子便是还未经开发的古宅。游客一般在这里大约花半天时间，但能住上一晚更好。景点虽美，但美不过静静的水乡生活，剪着鸡头米的阿婆抬头冲你会心一笑，凉棚下的人们自在地闲聊，都让人不由想在这里放慢脚步。

景点

同里的**景区联票**（☎6333 3120；⏲5月至10月，7:30~17:30，11月至次年4月，7:30~17:15；联票100元），包括退思园、耕乐堂、嘉荫堂等10个景点，其中退思园还开放夜花园（18:30~21:30）。门票可以在同里汽车站附近的票务中心及古镇入口处购买。如需多次出入，可以在退思园边的投诉中心凭身份证件敲章，免费办理二日有效手续。17:30到次日7:30之间出入古镇，则无需门票。

一天之内看完10个景点会很累，而且同里的悠闲气氛更令人舒服。如果没有强迫症，那么就挑几个主要的景点看看，然后在古镇里穿街走巷看民情，也许更尽兴。

除了以下所列，在镇子西边的**耕乐堂**常年举办根雕展；北边的**珍珠塔**是锡剧《珍珠塔》的陈氏旧宅原型，注意免费讲解可能会带你去收费之处；**松石悟园**是松屏石展馆，有海量造型别具一格的石头；**古风园**则展示了明清各种式样的木床、木雕及古玩。古镇外围还有**陈去病纪念馆**和**罗星洲**——一处建在水上的寺院，需要坐电瓶车（5元）到达渡口，然后搭免费轮渡上岛。

古风园隔壁是**中华性文化博物馆**（20元，未成年人不得入内），与退思园一墙之隔，在著名的丽则女校旧址上建成，被社会学家费孝通题名为“五千年来第一展”。展品皆为私人收藏，博物馆从青浦到上海市区最后落户同里，经历了一番坎坷。2014年又传来博物馆要搬迁的消息，具体时间未定。

三桥 桥梁

三桥是同里人气最旺的桥，当然也是游客必经之桥。包括梁式的**太平桥**、圆拱式的**吉利桥**和**长庆桥**，呈品字形展开，都是明清时候建造，到了近代曾经改建。三桥是同里的风水宝地，同里人每逢满月、婚嫁、做寿都要来走三桥，祈求幸福平安。同里的热闹之处也以三桥为中心，沿着河岸开了很多茶室饭馆，一到夜里红灯笼亮起，很是一派好风光。

同里还有很多古桥卧于水上，以明清时代居多，可以与当地人聊聊它们的来历。

退思园 园林

“进思尽忠，退思补过”，以《左传》里的句子为宅院起名，让我们可以窥见任兰生这位遭到弹劾的晚清官员在隐退之后的心绪——颇感失望，低调而退，把生活重心全部放在了造园布景之上。于是这座当年花费10万雪花银打造的名园，在九亩八分的小地盘上做足了工夫，又请同里名师袁龙设计，能够在众多江南园林中脱颖而出也就不奇怪了。

退思园的建筑格局突破常规，改纵向为横向，自西向东，西为宅，中为庭，东为园，看似只有三进屋，步入其中才见乾坤。穿过**得闲小筑**的圆洞便进入最精华的部分——东园，建筑多贴水而筑，整个园子像浮在水上，被建筑学家誉为“贴水园”。直冲水面的船舫**闹红一舸**前有锦鲤点点，**菰雨生凉**里的榻后大镜面尽收园中景色，在**揽胜阁**与**坐春望月楼**一览佳境，对面的**天桥**又与之相呼应。如此楼阁相扣，水楼相融，令游人目不暇接。待到游完走出后门，才发现离入口不过几步路，这正是退思园的奇妙之处。

退思园的夜游与网师园相似，会推出一些弹词开篇及民族乐器的演出，若你那时在同里停留，不妨风雅地夜游一番。

崇本堂 历史建筑

这座建于民国元年的老宅就在长庆桥边，五进院落呈前低后高而建，是江南建筑纵

同里的街·弄·埭

同里的街巷非常古老，一看名字就有明清遗风。鱼行街，也许是过去的鱼市一条街；竹行街看起来像是卖竹器的街；上元街或许与灯笼有关。这里还有很多里弄值得一逛，**尤家弄、仓场弄**等，鱼行街的**穿心弄**不仅窄，脚下的石板下还是空心的，行人走过便会咣当作响。

说到同里特色的街巷，还要说“埭”，这是属于水乡特别的路名。“埭”的原意是坝，这里沿河一带还有东埭、南埭这样的路名，譬如竹行街原名就是竹行埭。镇上最气派的是**陆家埭**，两百多米的街都有廊棚为顶，还有几处可以歇脚的地方。到了夜里，同里流光溢彩，陆家埭一带却是隐在夜色之中，行走其间，看着对面桥中之桥的美景，自己却在暗处仿佛置身世外，别有一番滋味。

深扩展的范例。这里以雕梁画栋为特色，共有一百多幅木雕。正厅的梁头、梁侧和梁底均刻有“招财进宝”、“凤穿牡丹”等吉祥图案，长窗夹堂板上有《西厢记》木雕十四幅；堂楼木雕更为突出，从双面木雕花卉到《八仙图》，琳琅满目。崇本堂现在已经成为江南婚俗展览馆，还能在这里看到从前的八字帖呢。

嘉荫堂　　历史建筑

用现在的话说，嘉荫堂可真是一栋不错的水景房。前面临街，后面临水，从二楼**水秀阁**的高窗便能俯瞰水上小舟。从外面看并不算起眼，但步入其间，必然要细数正厅**“纱帽厅”**中的木雕。从花卉、吉祥图案到《三国演义》中的“三英战吕布”，占尽木梁各处，无不栩栩如生。堂楼浮雕也值得留意。后院被高墙围绕，分外幽静。

活动

古镇水上游（☎6332 0011；⏲7:30~17:30；每船90元，限坐6人）一条路线是从码头出发，经过长庆桥和太平桥后，沿着一个小洲走环线，最后穿过吉利桥后返回。另一条路线是从耕乐堂门口的码头出发走同样的环线，可以在耕乐堂购票上船。全程大约25分钟。

住宿

同里的住宿不少，镇内大多以民居客栈的形式出现，镇外则有比较高档的同里湖大饭店、同里湖度假村。在周末，大多旅店的房价大约上涨30~50元。

同里国际青年旅舍　　青年旅舍 ¥

（☎6333 5091；竹行街10号（林家铺子旁）；铺55元，标双/大床/标三 160/160/180元；❄📶）进了景区大门，过桥往竹行街上左拐就能看到了。底楼是可以用餐的公共区域，客房比较新，六人间的床很扎实，有独立卫生间，有的标间也用上了古典大床。在二楼的露台上可以看到一棵粗大的百年银杏，深秋便有好风景。致电前台来迎接，可获7折门票优惠。在鱼行街太平桥畔还有一间分店，只有三间房，但底下的餐厅值得一坐。

万顺民居客栈　　客栈 ¥

（☎6333 1608；鱼行街177号；标双/临河大床/家庭房120/150/220元；❄📶）在大多数不临水的同里民居中，这家颇具特色。二楼的客房在骑楼之上，跨街临水，又正好在游船线路上，推窗便能感受水乡风景。只是这样的客房只有两间，稍稍有些小。后院的客房则要宽敞很多，适合家庭入住。店主老夫妇非常好客，常常帮客人想省钱的办法，推荐的吃喝之处也很靠谱。旅店附近的穿心弄和天主堂都值得一去。

敬仪堂　　客栈 ¥¥

（☎6333 8805；www.jytkz.com；富观街5号；大床120~180元/套房260元；❄📶）这里是太湖水利同知署旧址，已有两百多年历史，如今是一处民居客栈。一共有8间房，院子东西两侧的两间比较宽敞，里间的客房稍小但价格也低，若是亲自找去，也能找到100元一间的单人房，照样是古典帐幔大床，一派明清遗风。这里地处同里中心，离三桥、崇本堂、嘉荫堂都只有两三分钟路程而已。

沿着富观街往西走，靠近游船码头的地方还有一家三谢堂（☎6333 6886；标双380元含早），也是老宅，有三间打造得颇为精致的客房。

古风园客栈 酒店 ¥¥

（www.catenainn.com/gufengyuan；☎6332 3388；东溪街55号古风园内；标双/豪华标110/170元；❄📶）被改建成古床、木雕展览馆的古风园，没有深宅大院，却有一个舒适的上千平方米的园林。客栈就在园内的三层小楼里，标准间十分普通但价格便宜（在隔壁楼的一层），各有6间的豪华标间和套间则用风格迥异的明清家具来打造，每间布局不同，在网站上有清晰的照片和房间介绍，便于入住前就选定房间。

首选 正福草堂 精品酒店 ¥¥¥

（☎6332 0576；明清街138-38号；www.zfct.net；特色房间 480~1380元；❄📶）同里的正福草堂经营多年，如今空间扩大了许多，不仅有园子还有长廊、天桥，一入其间便有移步换景之感。中式别院里有九间设计不同的客房，另在曲水别居打造了三间枕水而居的客房，从房间到院落每一个细节都体现了主人爱好典雅生活的品位，每一处都是一幅小品。喝茶、对弈、听琴、闲话，如果你喜欢这样闲适的日子，就到这里来寻个自己喜欢的房间吧。官网上对房间有详细介绍，任你挑选。

餐饮

同里的特色肘子是状元蹄，不过一些酱汁肉类也很好吃。本地主打也是水乡菜，如太湖三白（银鱼、白虾、白鱼）和以芡实入菜的芡实虾仁、芡实小圆子等。大馆子不多，明清街一带有几家因接待团队游客或人多聚餐而设，建议你和大多数散客一样，在三桥附近找一张临河的桌子，吃着水乡菜，看着手摇船，喝着小酒小茶，自然更悠哉。

同里还有一些特色点心糕团，如袜底酥、芡实糕、青团、酒酿饼，走在路上可以解解馋。

状元居 苏州菜 ¥¥

（蒋家桥下第一家；人均30~50元；⏲10:00~21:00）三桥一带尽是小馆子，这家需要沿着富观街往西多走几步，到饭点时候，别家的生意都不如它火爆。下午就能看到店家支着炉子在煮"柴扎卤肉"，10元一块的大肉配碗饭，再来个阿婆菜炒粉皮（15元），足够一个人解决一

当地知识

满镇同剪"鸡头米"

慢行古镇，发现很多老奶奶都在低头剪着"豆子"。上前一问，才知是"鸡头米"。在苏州地区，不仅有糖水鸡头米作为甜品，还有鸡头米参与的各类菜肴。鸡头米到底从何而来？同里的老奶奶说："它是长在水上的，一整棵从叶到花都有刺，要采下来很辛苦呢。这是隔年的果实，外壳很硬，需要用钳子般的大剪子剪开，里面红红白白的才是鸡头米。"接过剪子一试，虽然已经很小心，但还是剪碎了。老奶奶边说着不碍事，边把它们放进损坏的那一堆，只挑出好的来装袋。这样的干鸡头米，如今在同里卖20元一袋。

鸡头米的学名是芡实，有"水中人参"之美誉。它与睡莲一科，竟然也是一种观赏植物。鸡头米也是从类似莲蓬的果实里取出来，只因这莲蓬尾端有个鸡喙状的突起，人们便将里面的籽叫做鸡头米。爱吃时令的苏州人当然只爱新鲜的鸡头米，它在八九月成熟，最好便是与同期上市的嫩菱同炒，圆润爽滑又益气强身。珍贵的鸡头米难采难剥亦难剪，见到不妨捎一袋，也可以跟老奶奶商量，能不能让你也试着剪一个看看。

邹颂华，香港旅行者，2013年8月游览同里

餐。若是人多，一定得点同里小熏鱼（28元）、芡实炒虾仁（68元）等特色菜来尝尝。店家很客气，若是让客人久等，会主动拉去账单上的零头。

酒坛子饭桶

苏州菜 ¥¥

（☎13584400350；竹行街13号；人均40元；⊙10:00~21:00）是景区里性价比高的一家店，人气非常旺。将旧时水乡元素全部放入店内装饰之中，如青砖、渔船、渔网、雨伞，收银的是老账台，墙上还挂着算盘，自酿的酒论吊来卖（6~10元）。菜单直接放在大门口的墙上，大多为十字头，也都是家常小菜居多，边上还有各种留言题字和照片。菜品味道尚可，重在价格低廉气氛好，酒坛子土鸡（19元）挺不错，水鲜面疙瘩（38元）量很大。

饮品和娱乐

到了此地，当然要过过老日子，就找个茶社点上一杯茶消磨一会儿时间吧。

古镇内的小资咖啡馆也有几家，最近景区还着力打造了"暮湾尚"时尚街区，它就在从景区牌楼边拐过去的那一片，分布着一些咖啡馆和酒吧，大多临水而建，可以透过大落地玻璃窗看水乡，夜幕降临后建筑群本身也是风景。

首选 南园茶社

茶馆 ¥

（☎6333 2332；鱼行街86号；人均15元起；⊙7:00~17:00）这座建立于1898年的茶楼，坐稳了本地茶楼的头把交椅。踱入店中就见一长排柜台，上置20多年前才有的瓶瓶罐罐，旧账台、老虎灶，走在上面咿呀作响的老木梯，让人一下就穿越到了20世纪初。最惬意的是在二楼临窗找一张八仙桌坐下，边看水边喝茶，若是恰好有人唱上几句弹词，便是在同里最舒适的享受了。茶水从10元的熏豆茶到30元一杯的龙井、碧螺春，品种有二三十种。这里同时还有餐食供应，面点和小菜属中档，味道很不错。

猫的天空之城

咖啡馆 ¥¥

（☎6331 8317；新镇街171号；人均30元起；⊙10:00~21:00）在明清街的这家分店有两层楼，二楼也有一间小小的和式房。后门就临着水，一如既往的舒服。在三桥附近的富观街也有一家分店，虽只有一层，却是旅途中歇脚的好地方。

斜对面的**illy咖啡馆**咖啡种类繁多，同时占据了更好的地理位置，二楼风景绝佳，不过奶茶的味道很一般。

古戏台

戏曲

在周末和节假日推出固定戏曲演出，时间为10:00~11:00、14:00~15:00。平日夜里总会拉下大幅投影来放映影片，本书调研时大幅的《海贼王》动画片很令人震撼。古戏台前面的广场也是同里影视基地的标志，地上一块块石板上写的都是剧组名称，吸引很多人在此留影。

同川书场

评弹

（暮湾尚街区；⊙9:00~21:00）这家书场有评弹演出，周二至周五14:00~17:00、19:00~21:00；周六、日还加一场9:00~11:00宣卷（江浙一种民间说唱形式，几近失传）演出。本书调研时此店才开张，还推出一些优惠政策。

购物

明清一条街是当地特别打造的购物一条街，这里的建筑保留了明清风格，也有江南特有的上、下街格局，随便走走也有些乐趣。不仅出售芡实糕、酒酿饼等特色点心，也有各种扇面、字画、竹器等手工艺品店，可以在此逛逛。如果想买上京白酒，那么古戏台附近的**陈家糟坊**是专门的酿酒作坊，有海量白酒任君品尝。

如果喜欢收集地图，同里也出了一张手绘地图（5元），在青年旅舍（见167页）有卖。

实用信息

同里人很淳朴，一到夜里小镇几乎无人，却也没什么安全隐患。不过没有什么特别好的医疗条件，如果有需要只能到吴江或者苏州就医。**同里邮政支局**（⊙7:45~16:15；竹行街2号）就在景区内的中川北路尤家弄口，可以自己来寄明信片。这里还有**邮政储蓄**的24小时ATM。

旅游信息

旅游咨询中心（汽车站旁边和退思园景区门口；⏰7:30~21:00）提供各种有关同里旅游的资料，也有**同里地图**（3元）出售。

票务中心（汽车站旁边和景区大门口；⏰同开放时间）这里可以提供语音导览（20元，4小时，押金200元）和不同价位、景点的导游服务，也有轮椅、童车等租用。

旅游投诉/民居客栈咨询（☎6332 1999）

到达和离开

苏州汽车北站（见148页）、苏州火车站北广场汽车站（见148页）、苏州汽车南站（见148页）均有发往同里的班车。

上海旅游集散中心（见164页）、上海长途汽车总站（见164页）、上海南站长途客运站（见312页）也有发往同里的班车。

同里汽车站（景区以南约1公里处；）每天有班车发往**苏州火车站北广场汽车站**（6:15~19:00，约每隔15分钟一班，8元，1小时）和**苏州南站**（7:05~16:30）。

发往**上海**（6:10~15:20，共12班，32元，1.5小时）的班车大部分停靠上海长途汽车总站，其中6:10、7:20、12:30、13:35这四班停靠上海南站。同时还有一些班车发往杭州、无锡、青浦等地。

公交263路（2元）往来于同里汽车站与周庄莘塔汽车客运站，也有班车（7:10~17:20，4元）到达。

当地交通

从同里汽车站到古镇可以步行，也可以坐**电瓶车**（票务中心门口，5元）。电瓶车在汽车站、景区大门和罗星洲码头之间循环运行，单程都是5元。景区门口有黄包车，上车5元，逛古镇15元起。古镇内步行就可以了。

甪直

甪（读如“录”）直这个名字有些难读，却处在“五湖之汀”（澄湖、万千湖、金鸡湖、独墅湖、阳澄湖）、“六泽之冲”（吴淞江、清水江、南塘江、界浦江、东塘江、大直江），十足是一块风水宝地。

古镇真正意义上的景区（☎6900 7900；www.luzhi.com.cn；⏰夏8:00~17:00，冬8:00~16:30，游览时间结束前15分钟停止售票；联票78元，游览古镇免费）是在一个丁字形水道构成的范围之中。可以免费进入，游览景点才需要买联票。如果在官网上预订门票，则可以买到60元的优惠票。

最有历史感的看点莫过于跨于河道上的41座古桥，形式各异，位置集中，可谓“三步并

如果你是古镇迷

苏州周边的古镇不少，为免审美疲劳，选一个待一两天也许是最好的方式。但如果你对江南情有独钟，多去几个也无妨，虽然都是水乡却也各有千秋，细细品味便能感受到。周庄和同里在几个古镇中最值得一看，其他古镇可能是“青菜萝卜，各有所爱”了。若你有好奇心，一些更小规模的水乡，如震泽、黎里等，也可以一探。

环线1：苏州—同里—周庄—锦溪—千灯—甪直—苏州，基本上把所有已经开发的古镇全都走遍，大约需要5~7天。但一个问题是，你可能会有阵子不想再看小桥流水。

环线2：周庄—锦溪—千灯—周庄，从周庄出发，一天可以逛完两个小镇然后回来，然后加上周庄所需的时间，大约在2~3天。此路线比较休闲，几个古镇的差异也挺大。

环线3：苏州—甪直—锦溪—千灯—苏州，这条路线可以通过苏州火车站北广场的旅游专线车来完成，只要抓紧时间，1天也能完成，当然如果在锦溪住上一晚，则会更宽松。

另外，有些旅行者乐意把江南的几个古镇连在一起游玩，这样的话不妨连着苏杭，组成“天堂路线”，譬如苏州—同里—周庄—嘉兴—西塘—乌镇—南浔—杭州，这条路线上的江南，想必会令你永生难忘。浙江部分请参考Lonely Planet《浙江》。

江南十大古镇联合申遗

是的，你没看错，现在要开始说“十大”古镇了。早在2001年，周庄、同里、角直、南浔、乌镇、西塘便已被列入《中国世界文化遗产预备清单》。2003年，六镇还获得了“联合国教科文组织亚太地区文化遗产保护杰出贡献奖”。然而在漫长的等待中，古镇又有了各自为政的意思，每一地的经济又有差异，十多年来分分合合的传闻甚多。

就在本书调研之际，从江南水乡古镇申遗工作研讨会传来消息：江南十大古镇将抱团结盟捆绑申遗。在原来的六大之外，还增加了锦溪、千灯、新市、沙溪四镇。联合申遗是否会带来柳暗花明的前程？“重利益，轻保护”的中国式申遗会有所改变吗？当然，旅行者更关注的则是，会不会又有更多古朴之地被圈，门票是否又要上涨，商业化是否会让古镇失去本色。那么，拭目以待吧。

二桥”，就连周庄最值得骄傲的双桥，在此地同样格局的就有5处之多。另一个厚重的宝物是**保圣寺**，这座建于唐代的寺院，保存了当时著名雕塑家杨惠之所塑的九尊泥塑罗汉，至今已有1000多年的历史。而**沈宅**（沈柏寒先生故居）中的乐善堂，内设萧芳芳（香港影星）纪念馆的**萧宅**，都是角直明清建筑中的翘楚。叶圣陶先生与此地颇有渊源，这里不仅有**叶圣陶纪念馆**，还有其名作《多收了三五斗》中的**万盛米行**。角直妇女的头帕与服饰，与别处略有不同，在**水乡妇女服饰博物馆**中可以近距离观赏这些江南水乡特色物件。当然，这里也有**手摇船**(100元/船)可坐。

角直古镇外围有不少住宿地，不过此地花上半天已是绰绰有余，不必过夜。游玩之时也别忘了吃，甫里蹄、甫里鸭据说是唐代诗人陆龟蒙所创，河鲜则以河蚌为主，如果到了9月以后，不妨尝尝新鲜上市的八角红菱。另外萝卜干、青团等小食，也可以捎些回家。

角直与苏州之间交通便利，在苏州坐18、521、523等公交车就能到达角直，大约1.5小时；上海中山客运站、上海旅游集散中心也都有班车发往角直。我们最推荐的路线是，从苏州火车站北广场汽车站乘坐专线公交前往角直（11元，6:40~17:00，共9班，每隔1~1.5小时一班），此线途经角直、锦溪（14元），终点到达千灯（19元），可以将古镇串联起来游玩。

锦溪

小镇有了这样一个美名，不免让人产生遐想。乍一看锦溪地图，便觉是周庄的微缩版，但细细一游，便能发现它的独到风景。**景区联票**（☎5722 4656；www.chinajinxi.com.cn；⏲8:00~17:00；联票65元），包括莲池禅院、砖瓦馆、柿园等十几个景点，需要检票入镇。

首先映入眼帘的是五保湖上的**古莲长堤**，这座带着廊檐的长桥横卧水上，夏日里近处是荷远处是水，让人眼前一亮，这便是锦溪有别于其他古镇的第一道风景。要上这座长堤，必须经过**莲池禅院**，在寺院里可以登上**文昌阁**，也能看到漂在水上的**陈妃水冢**；若往长堤反方向走，则可以通过水上架起的栈道来到锦溪的招牌古桥**十眼桥**。

从莲池禅院门口便可以转入古镇主要河道，两边分别是**上塘街**和**下塘街**。特别突出的便是隔几步就有一个的依水廊亭，有的独立而建，有的连着一长条廊棚，这是锦溪又一个特色。靠近普庆桥一带的下塘街，有些茶馆会临河摆出小方桌，茶资10元，在这里坐下喝一杯，享受看着**游船**（100元/船，限坐8人）听着江南小调的乐趣。别错过了**柿园**，虽然园景一般，但找寻它需要穿过马路，走进小巷，过程本身就有些意思。

当然，这里最具名气的当属沿街而建的十几座民间博物馆。其中，以在丁宅基础上建立的**中国古砖瓦博物馆**、镇上篆刻书画好手唐志云创办的**金石人家**、**张省美术馆**比较有看头，如果你对古董有兴趣，那么**古董馆**里整整四层楼的私人藏品也会让你眼花缭乱。

锦溪用半天就能步行逛完，不过如果想住，这里的**锦溪国际青年旅舍**（☎5794 0991；上塘街11号；铺55~60元，标间160元起；❄📶）提供干净舒适的客房和一个小小的二楼露台，底楼还是一间小酒吧。袜底酥是锦溪特产，不妨买来尝尝。

锦溪旅游服务中心非常大，但对游客的作用不大。公交133路（2元）是往来锦溪与周庄最好的方式，而从苏州火车站北广场开出的旅游专线（14元）经过锦溪，这两班车都停在锦溪牌坊外的首庆路上，近镇政府，离景区后门更近一些。

千灯

走到景区门口，不免令人有些失望，门口那两座桥看起来太新了，水道似乎也有些平淡。景点集中的丁字形水巷街道很快就能走完，也没有什么适合大吃大喝的馆子。不过，这反而能让我们看到一些原汁原味的东西，譬如用毛笔字书写的茶楼布告，用小翻牌做的点心店菜单，路边出现的双眼井。当然最出名的还是省内保存最完整、最长的明清石板街，它贯穿南北大街，行走在狭窄的街巷中，逛逛老式店铺，比逛景点有意思。昆山腔创始人顾坚（约1368年出生，元末明初戏曲家）是千灯人，此地也理所当然地成为了昆曲发源地。

景区联票（☎5747 2152；www.chinaqiandeng.com；⊙春8:00~17:00，冬8:00~16:30；联票60元，游览古镇免费）包括**顾炎武故居**、**顾坚纪念馆**、**千灯灯馆**、**余氏典当**、**延福寺**、**世界第一大玉卧佛**（10元）等十几个景点。售票点对面就是游客咨询中心。如果想坐船，这里的**手摇船**（60元/船）是水乡中最便宜的。

如果想体验古镇的古老氛围，建议你在这些地方停留——靠近古镇入口处看起来很古老的**千灯茶艺馆**，要跨过一座小桥才到；南大街街口的**江南人家**，可以在屋门口直接看到旧时江南普通人家的布局；北大街的**四时春饮食店**（北大街30号），这里的小馄饨保留了多年前的风味，3元/碗，里面还有满满的蛋皮丝、紫菜和虾皮；在各种小巷子里停留，旧竹竿上晾着的衣服，理发店里的老座椅，都会让人联想到20世纪末的日子。

从昆山新客站坐112、113路公交就能到达千灯，从苏州火车站北广场开出的旅游专线，终点就在千灯（19元），大约1.5小时。

常熟

作为苏州下辖的地方，常熟只有几处风景可看。当地旅游部门做了不少努力，包括出版了详尽的《常熟旅游口袋书》。自驾去这些景点可能更方便，但对一般旅行者而言，苏州的风景已经足够。

常熟沙家浜·虞山尚湖旅游区包含了三处景点。红色旅游景点**沙家浜**[☎5250 4205；沙家浜镇；门票旺季（6~11月）100元，淡季80元]以水上和陆上的**芦苇荡**为特色，也仿照样板戏造了个**春来茶馆**。在**虞山**（☎5285 1604；虞山北路兴福寺路街8号；爬山免费，景点联票35元）上的**剑门**可以俯瞰尚湖，如果要去，别忘了在山脚的兴福寺广场吃一碗著名素面**蕈油面**、喝一杯茶。**尚湖**[☎5222 5000；海虞南路75号；门票旺季（3~5月，9~11月）80元，淡季60元]是一个不错的城市湿地公园，水面达800公顷，4月的牡丹花和9月的大闸蟹是亮点，钱谦益和柳如是在尚湖也有一处私家别院**拂水山庄**。

常熟城内还有**方塔园**、**曾赵园**、**燕园**、**翁同龢纪念馆**、**读书台**等古迹。说到美食，**王四酒家**（苏州观前街也有分店）便出自常熟，叫花鸡是一道名菜。如果有时间，倒可以去一趟**常熟服装城**。

苏州汽车北站、火车站北广场汽车站从清晨到夜间都有发往常熟的**班车**（15~17元，约1~1.5小时）。

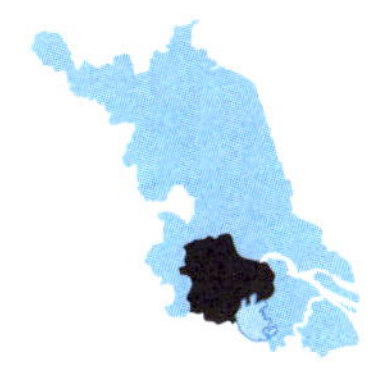

苏南

包括 »

无锡……176页
宜兴……192页
常州……194页
溧阳……199页
镇江……201页
丹阳……210页

最佳餐饮

» 熙盛源（见188页）

» 梁溪饭店聚星楼（见189页）

» 天目湖宾馆（见200页）

» 宴春酒楼（见207页）

最佳住宿

» 无锡徐霞客国际青年旅舍（见185页）

» 无锡壹时光旅舍客栈（见187页）

快速参考

» 无锡

电话区号：0510

» 常州

电话区号：0519

» 镇江

电话区号：0511

为何去

除却苏州，苏南没有太多令人瞩目之处，不过为了这里的大江大湖，你有必要来跑上一圈。

“苏湖熟，天下足”，自古以来太湖流域就是人口密集之地，沿岸物华天宝也造就了江南一贯的富庶。无锡虽然没有占据太湖更多水域，却拥有了鼋头渚这样的奇特地形，围成了“Y”字形的蠡湖是新兴的休闲之地，大片免费的湖光山色等着人们去发现。灵山大佛矗立在太湖之滨，让人们暂时有了心灵归属。再往北去，便是长江地界。因镇守江边而得名的镇江，不但拥有闻名的香醋和江鲜，更是历史故事和民间传说的高产之地，令人在“京口瓜洲一水间”浮想联翩。常州似乎为孩子们考虑更多，各种主题乐园，有些偏重历史文化，有些偏重狂欢节奏，总有适合你的一款。古老的京杭大运河斜穿苏南往北而去，在城市里留下昔日水运的痕迹。坐上画舫夜游运河，在徐徐微风中看今日流光溢彩，苏南的魅力也正需要这样细细品味。

何时去

苏南得天独厚的地理优势，也造就了温和适宜的气候，年平均气温基本在15.5℃左右，一年四季都可以出游。春天，梅花、桃花、樱花、梨花一路赏个不停，梅园、樱花谷这样的专门胜地不可错过，长江的江鲜此时也十分肥美；夏天先是梅雨再是高温，极端时候也要在40℃上下，不过暑假却是带孩子旅行的好季节，常州的主题乐园异常热闹；秋高气爽，太湖开捕美食多多，也很适合出行；冬天温度不低，却有些湿冷，北方人恐怕会觉得不适应。

苏南亮点

❶ 在**南长街**(见179页)看看无锡的老街区与古桥，体验尚存的江南风情。

❷ 沿着**蠡湖风景区**(见184页)徒步或者骑行，欣赏太湖的内湖风景和湿地公园。

❸ 古老的运河穿越苏南，在无锡(见176页)和常州(见194页)来一场**古运河水上游**，遥想彼时繁盛。

❹ 在长江沿岸的**金山**(见201页)、**焦山**(见203页)、**北固山**(见203页)彻底怀古一番。

❺ 带着孩子，在常州的各类**主题公园**(见195页)里畅游，又长知识又开心。

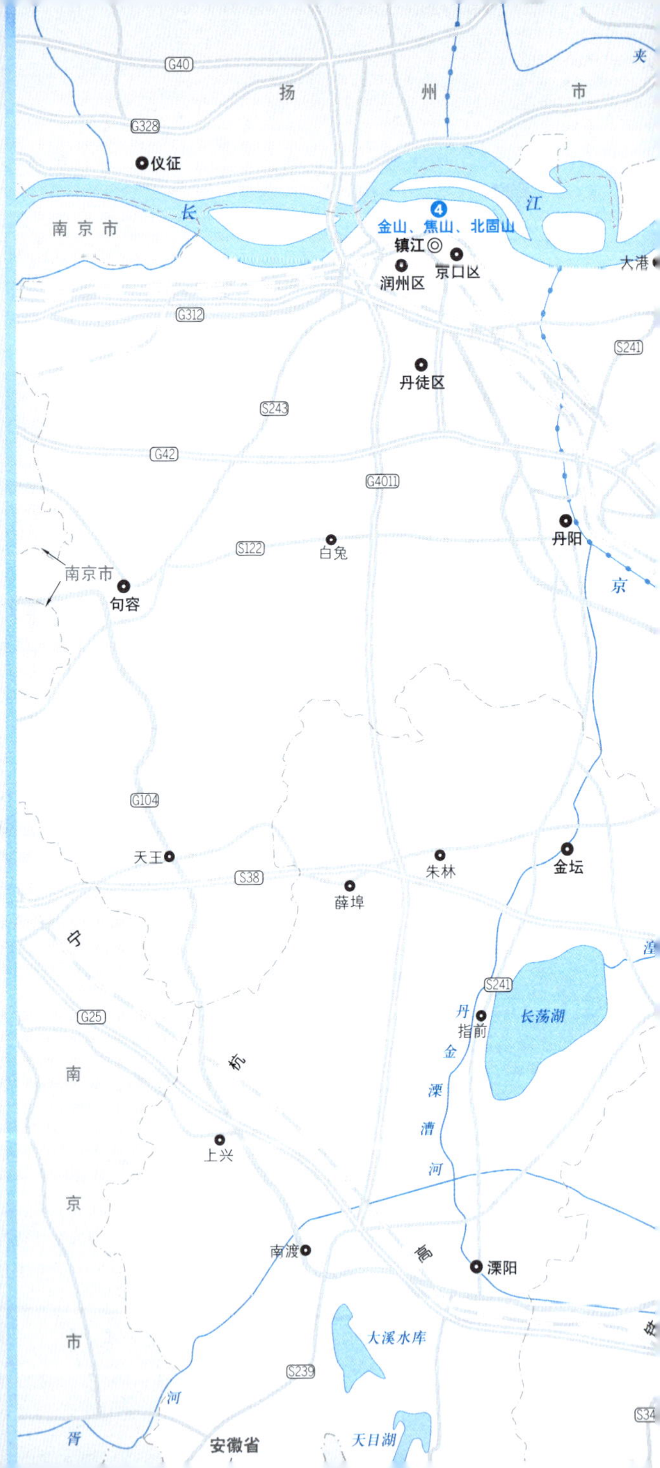

0 5 km
东姜黄河
泰州市
高港区
扬中
泰兴
季黄河
G40
长江
泰界河
靖
靖江
G2
S338
京沪
常州奔牛机场
春江
苏州
S338
申港
江阴
S312
沪宁高
杭
新北区
锡澄运河
◎常州
S38
皇塘
扁担河
钟楼区
S340
3 古运河水上游
青阳
天宁区
铁
常州主题公园 5
运
戚墅堰区
高
武进区
惠山区
里河
S239
孟津河
沪河
滆湖
S232
锡山区
北塘区
S48
崇安区
S240
古运河水上游 3
宁铁
G42
滨湖区
1 南长街
官林
雪堰
◎无锡
硕放
2 蠡湖风景区
马山
G312
S104
西氿
S236
宜兴
G25
太湖
苏州市

无锡

人口 469万

无锡市

藏在苏州隔壁的无锡，同为江南鱼米之乡，光芒要被前者遮去不少。不过，跟水网密布的苏州城不同，无锡与大江大湖有着更多接触。从古代的范蠡、西施泛舟湖上的传说，到郭沫若那“太湖佳绝处，毕竟在鼋头”的赞叹，让无锡获得了“太湖明珠”的称号——从市中心到太湖的距离确实要比苏州近得多。所以，无锡对太湖的开发早于苏州很久，沿湖那些公园的秀丽，影视城的噱头，灵山胜境的各种声势，都在太湖边争相呈现。京杭大运河斜穿无锡，河道非常平直，留下了古桥和老街区，也让城里的小资情调有了依靠。从地图上看，此地可能是长江与太湖最接近之处，旅行先辈徐霞客先生便诞生于长江之滨的江阴。

大多数旅行者只是在无锡匆匆停留，但就算时间再短暂，也别忘了到太湖边上走一走，这里的旅游设施齐备，特别适合骑行，甚至想环绕太湖也没问题。然后在城里逛逛故居，尝尝美食，在运河边喝上一杯咖啡，等华灯初上时坐游船欣赏一下无锡夜景，品品另一种江南味道。

历史

无锡的历史可以追溯到六七千年以前，早期就存在着马家浜文化、崧泽文化和良渚文化等长江文明的踪迹。商末泰伯奔吴，定居梅里——虽无定论，但大多偏向今无锡梅村地界。作为吴文化的发祥地之一，纪念泰伯的庙宇殿阁也不少。

西汉时期，无锡已有冶铁、铸铜、制陶等

金银铜铁，打一地名

谜底当然是无锡。“无”字打头的地名并不多见，有个说法是，西汉以前锡山产锡，至西汉锡矿枯竭，便有了无锡的地名。史上还有句“有锡兵，天下争；无锡宁，天下清”的老话。到了王莽建立新朝，把无锡改成了“有锡”，但这位篡权者最喜欢将前朝地名全部颠倒改过来用，所以也不知是否真的又产了锡。到了东汉年间此地又被改成了“无锡”，之后便成了定论。

来自语言学家的结论是，无锡地名可能来自古越族的称呼。“无”是发语词，没有实际意义，“锡”的原意因古越语佚亡已久，无从考证。如同姑苏、余杭一样，无锡也属于齐头式地名，并无实在意义。

有人说“无”字打头在风水上有些不妥，不过无锡还有些很不错的古称，譬如以河流为名的“梁溪”和以山为名的“金匮”。

手工业门类，农业生产已使用铁器农具和牛耕技术。隋朝大运河开凿之后，无锡凭借优越的自然条件、便利的水陆交通，逐渐成为江南农产品、纺织品通往华北乃至全国的集散地。

唐、宋时期，无锡农业生产迅速发展，不仅形成稻麦两熟制，还将太湖周围湿地改造成河渠纵横、湖塘棋布、排灌结合的水网系统。无锡桑蚕业发达，沿着运河的市场十分繁荣，成为江南的富庶之地。

明末，顾宪成重修东林书院，在此谈论国事的人则称自己为东林党人，无锡成为了明末清初江南谈论国事的舆论中心。清朝后期，无锡逐步形成了闻名江南的米市，为当时“四大米市”之一；纺织业也非常发达，有“布码头”、“丝市”之美称。辛亥革命前后，在无锡开始出现以纺织和食品为主的民族资本工业。民国时期，无锡的工商业更是迅速发展，产业工人数量仅次于上海，因此有了“小上海”之称，这也是近代无锡最辉煌的历史时期。

改革开放以来，长三角地区经济迅猛发展，无锡经济也在“苏南模式”下蒸蒸日上，更多保留了本地自主产业。近年来，无锡在旅游业上下了不少工夫，环太湖的道路及绿化都十分到位，沿太湖也开发了不同风格的景区。

景点

无锡的老城很小，如今的解放路便是围绕着从前的城墙所建，当然早已没有了城墙和城门。城内的崇安寺和南禅寺是两座古刹，两寺之间的商业区是无锡最繁华的地段，一些名人故居也分布于此。市区西部的锡山、惠山是无锡的标志，颇具可看性的人文景观汇聚于此。最大的看点当然是太湖沿岸，除了老牌景点之外，也有不少新鲜地，绕着太湖看一圈，便知明珠之美了。

无锡推出了一票通（170元），包含鼋头渚、蠡园、锡惠名胜区、锡惠公园、梅园五大景点，如果你有充足时间，可以考虑在上述各景点购买。

市中心

薛福成故居 故居

（见178页地图；☎8273 5309；www.wxxjhy.cn；学前街152号；门票 25元，夏季夜游30元；⌚8:30~17:00；夏季夜游开放到21:00）又称薛家花园，这是无锡城里难得的大宅院，游人却不多，适合在城里闲逛时过来在花园坐坐。

薛福成是清末著名的思想家、外交家和早期资产阶级维新派的代表人物，如今故居门额上仍有光绪皇帝亲题的蓝底金字“钦使第”。整座故居中西合璧，亭台、楼阁、水榭、戏楼和正厅里的雕梁画栋，体现了宅园一体的江南园林风格，**转盘楼**、**弹子房**和**东部住宅**却是西洋式的。最有意思的是，整座宅院由主人亲自设计，采用双剖双排柱把超过规制的九开间变成了三个三开间，把转盘楼也分隔到规定的五开间，戏台则用湖石叠于水上，处处都有奇思妙想。薛福成还著有一本《阳宅举要》，看起来跨界当建筑家他也很成功。

乘坐27、40、63路等公交车可以到达。故居附近就有**熙盛源**（见178页）总店，吃个早

无锡城区

至梦回江南演出地(13km)
兴源中路
惠钱路
盛岸路
凤翔南路
古华山路
钱姚路
见放大图
县前西
人民中
人民西路
外城河
五爱路
京杭
惠山国家森林公园
惠山隧道
惠河路
钱荣路
青山公园
青山路
大池路
梁溪路
梁清路
青祁路
湖滨路
梁溪河
鸿桥路
隐秀路
建筑路
红星路
蠡溪路
太湖大道
卧石醉波
渤公岛
南西路
中南西路
中南路
贡湖大道
环湖路
西堤
渔父岛
望山路
蠡湖大道
五湖大道
隐秀路
西湖门溢彩
金城西路
万浪卷雪
十里长堤
藕花深处
蠡湖中央公园
蠡湖公园
放大图
双虹桥
蠡湖大桥
东蠡湖
宝界山林公园
蠡湖大桥公园
解放北路
笔架山
长广溪国家湿地公园
太湖
山水东路
金石路
高浪路
解放西路
健康路
山水西路
缘溪道
环
苏南
无锡市

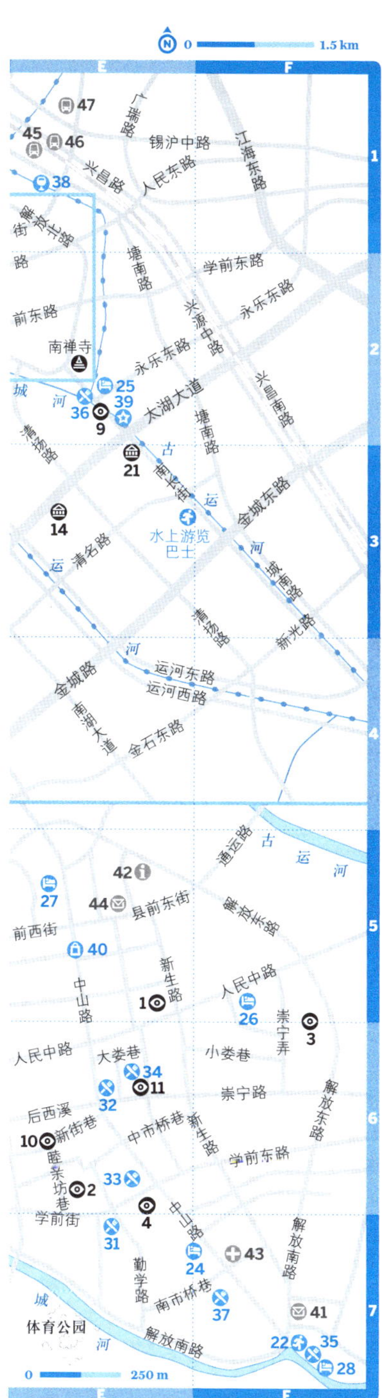

饭再来逛一圈吧。

东林书院

古建筑

（见178页地图；☎8270 6231；www.wxdlsy.com；解放东路867号苏家弄内；门票 旺季16元；⊙8:30~17:00）在教科书上读到的“风声雨声读书声声声入耳，家事国事天下事事事关心”，出处就是这里。这句话充分树立了知识分子的三观。

最早建立于北宋的东林书院，是知名学者杨时长期讲学的地方。到了明代万历年间，被革职还乡的顾宪成重修东林书院，倡导“读书、讲学、爱国”的精神，书院也成为江南议论国事的主要舆论中心。怀才不遇的文人、被罢黜的官员等知识分子形成了一股政治势力，被称为“东林党”。他们往往不畏强权、为民请命，后来与阉党势不两立，受到血腥镇压，直到魏忠贤自缢，对他们的迫害才告终。

穿过在绿地中的石牌坊，便是书院，虽然这里都是重修的建筑，但如果你是读书人，就来这里缅怀一下吧。乘坐3、15、57路公交可以到达，也可以从市中心步行到达。

首选 南长街

街区

绕开大建地铁的城南道路，来到南长街走走，是不可错过的体验。沿着南长街的是古运河，从京杭大运河分岔而来，以跨塘桥到清名桥这一段街区为精华部分，被称为“江南水弄堂，运河绝版地”。在本书写作之际，南长清名历史街区成为了大运河申遗示范点。

可以从南禅寺码头上游船，一路向南游览。先经过宝塔桥和阳春桥，可以看见在护城河汇入的左岸有很多时尚老建筑，那里是阳春巷休闲街区（见189页“饮品和娱乐”）。再往后是跨在永乐东路上的现代跨塘桥。之后，右边陆上的南长街口便出现了“运河古邑”的大牌坊，水上则是按原样重建的跨塘桥，开始真正进入了历史街区。

河两边的建筑大多通过旧房改造而来，白墙青瓦的屋子，做旧的木窗、门槛，屋檐上垂着红灯笼，一派典型的江南水乡风格。左岸的屋子里目前无人居住，间或还能看到近几十年的老房子，右岸却可以发现许多临水的美人靠、小露台。过了现代金塘桥之后，便是大公桥，这里的右岸是中国丝业博物馆（见

无锡城区

景点

1 阿炳故居 E5
2 碑刻陈列馆 E6
3 东林书院 F5
4 顾毓琇故居 E6
5 惠山古镇 C1
6 蠡湖风景区 C5
7 蠡园 C5
8 梅园横山风景区 A3
9 南长街 E2
10 钱钟书故居 E6
11 秦邦宪故居 E6
12 三国城 B7
13 水浒城 B6
14 无锡博物院 E3
15 锡惠景区 C2
16 锡剧博物馆 D5
17 薛福成故居 D6
18 鼋头渚 A4
19 运河公园 D1
20 中国民族工商业博物馆 D7
中国泥人博物馆 （见5）
21 中国丝业博物馆 E3

活动

环城古运河游船 （见19）
22 南禅寺码头 F7

住宿

23 湖滨饭店 C4
24 君来梁溪饭店 E7
25 日航饭店 E2
26 无锡国际青年旅舍 F5
27 无锡红豆柏雅居酒店公寓 E5
28 无锡南禅寺冷杉国际青年旅舍 F7
29 无锡徐霞客国际青年旅舍 C2
30 无锡壹时光旅舍客栈 D4

就餐

惠山老菜馆 （见5）
梁溪饭店聚星楼 （见24）
31 楼上楼 E7
32 三凤桥肉庄 E6
33 王兴记 E6
34 西新饭店 E6
35 熙盛源 F7
36 小峰饭店 E2
37 怡红园酒家 F7

饮品和娱乐

38 1912酒吧街 E1
39 猫的天空之城概念书店 E2

购物

40 中山路商圈 E5

实用信息

41 朝阳邮政支局 F7
42 旅游咨询服务中心 E5
43 无锡市第二人民医院 F7
44 县前街邮政支局 E5

交通

机场巴士 （见45）
45 无锡火车站 E1
46 无锡中央车站（沪宁高铁站） E1
47 无锡中央车站（无锡汽车客运站） E1

178页方框，20元）。继续往前看到高高的单孔石桥，便是清名桥，始建于明代，于清代重修。过桥后不久的左岸是**无锡窑群遗址博物馆**（10元），再往前过现代南水仙桥后，便到达终点**水仙道院**，这里的"棠树留荫"大牌坊标志着街区到此为止。如果继续坐船返回，可以在泊渎河上看到**祝大椿故居**（10元），然后一路回到南禅寺码头。

我们建议你坐单程游船在水仙道院上岸，一路沿着弹石铺就的南长街步行回去。可以沿途参观**水仙道院**、**运河文化艺术馆**（调研时正闭馆整修）、**坎宫救熄会**、**京杭运河泥塑展示馆**（调研时正闭馆整修）、**中国丝业博物馆**。水仙道院到清名桥一段尚有些待拆的旧房子。清名桥之后便是正在兴起的休闲娱乐街区，餐厅、咖啡馆、酒吧和个性店铺正在进驻。可以在到达北面牌坊后穿过永乐东路到阳春巷继续逛，也可以一直步行回到庞大的南禅寺商圈。如果觉得累，那么可以乘坐往来于南长街上的电瓶车（5元，跨塘桥与清名桥间）。游船信息，请见185页"活动"部分。

无锡博物院 博物馆

（见178页地图；☎8572 7600；www.wxmuseum.com；钟书路100号；免费；⏲9:00~17:00，16:00后停止入场）不愧是无锡最大的公共文化服务设施，由无锡博物馆、无锡革命陈列馆和无锡科普馆"三馆合一"而成，坐落于太湖广场，金色外观在夕阳时候看起来很漂亮。不过单从展出的内容和方式来看，似乎还与宏大外观有些差距，带孩子来一游倒十分适合。

七层楼的展区在布局上稍有些散乱，参观时候找不到合理路线。常设的文史展览有《吴风锡韵》《古墓珍奇》《紫玉金砂》《泥塑雅韵》《无锡人》《无锡革命简史》等，《徐悲鸿艺术展馆》里展出了一些真迹，入口的庙会泥塑也让人印象深刻。另外，还有一些与科技有关的主题展馆，倒是有些趣味。博物院还设有4D影院（30元，约15分钟），工作人员会好心地告诉你去团购一张票比较划算。

乘坐5、23、24、31等公交车可以到达。

锡山、惠山一带

运河公园

公园

地图上，无锡的运河有两条。京杭大运河进入城区一分为二，东边仍是主河道，西边则是古运河汇成的护城河。出了老城之后，他们在城北交汇，运河公园就建在三角小洲之上。

这个全新的文化主题公园，包含了一座音乐喷泉；两座保护建筑——建于1910年的九丰面粉厂和光绪年间的储业公会；三组艺术石刻，其中以临河的全长218米的汉白玉浮雕长卷《运河无锡图纪》最为醒目；四家特色展馆——何振梁与奥林匹克陈列馆、无锡书画博物馆、中国民族音乐博物馆（调研时仍在装修）和古运河模型展示馆，都是由从前的厂房改建。

运河公园里有亲水步道，码头还推出了环城古运河游船(见185页“活动”部分)。乘坐29、57路公交均可到达。

锡惠景区

公园

锡惠公园可真是无锡人的后花园，很多人一生的经历——春游、恋爱、唱戏、锻炼都和这公园有关。可惜的是，近年来为了旅游开发，这个公园被一分为三，包含了锡惠入口公园、锡惠公园和锡惠名胜区，也令前来游览的旅行者常常摸不清方向。

锡惠入口公园（免费）以开放式休闲健身为主。

锡惠公园（见178页地图；门票 10元），也称锡山休闲区，包含了锡山、惠山、映山湖、华彦钧（阿炳）墓等景点。高74.8米的锡山和高328.98米的惠山是人们登高之处，1958年开凿的映山湖沟通了两座山，也是人们休闲娱乐的所在。可以乘坐索道（☎8370 1817；往返28元；⏲8:30~16:30，16:00停止售票）往来于两山之间并远眺太湖。

锡惠园林文物名胜区（见178页地图；

苏南 无锡市

另辟蹊径

名人故居知多少？

如果你对历史文化情有独钟，那么一定也不会错过无锡的名人故居。我们为你找到一条不错的徒步路线，把值得一看的故居串联起来。

从东林书院出来，往北再往西走上人民路，在崇安寺内便可以找到阿炳故居（门票10元）。双目失明的阿炳却成为了民乐大师，《二泉映月》更是一代名曲。人民路往西到中山路往南，在三凤桥肉庄附近进入崇宁街，便是秦邦宪故居（崇宁路120号）。秦邦宪的另一个名字“博古”更为大家熟悉，他是中共早期的领导人。继续到中山路再往南，学前街路口是王兴记，斜对面便是顾毓琇故居（学前街3号）。顾毓琇是著名教育家、科学家和戏剧家，也是清华大学工学院和上海戏剧学院的创始人之一。沿着学前街往西，再向北拐入睦亲坊巷，便可以看到碑刻陈列馆（睦亲坊巷3号），这里也是无锡县学旧址。继续往北到新街巷，便到了钱钟书故居（新街巷30号）。读过《围城》、《洗澡》、《我们仨》的人，怎能不来看看呢？参观完毕后，从新街巷往西转入健康路向南，看到熙盛源，便到了薛福成故居。

除了阿炳故居，其他故居都免费，开放时间约为8:30~16:30。这条路线就在市中心，一路上美食不断，随时可以停下脚步尝一尝。

不要错过

景点边上的博物馆

如果你没有太多时间花在大型的博物院之中，那么有些小博物馆也值得一看。它们就在景点边上，路过时可顺便一游。

中国泥人博物馆（惠山下河塘8-1号；免费）就在惠山古镇，里面展出了从古至今1000多套彩塑泥人珍品，告诉你"大阿福"以外的故事。

中国丝业博物馆（南长街364号；门票 20元；⏲9:00~21:00）前身是创建于1896年的永泰丝厂，这里为人们展现了中国丝绸业的发展和无锡"丝码头"的来历。

中国民族工商业博物馆（振新路415号；免费；⏲9:00~16:30，周一至周五）利用原来荣家的茂新面粉厂的老厂房改建而成，其中民国商贸一条街给人印象深刻，也是了解无锡工商业发展的一个很好窗口。边上就是**无锡规划展示馆**。

锡剧博物馆（☎8276 6785；长大弄9号，大成巷步行街；免费；⏲9:00~11:30，13:30~16:30）就在市中心，这里二层的戏楼还经常有锡剧演出，可致电问询。

☎8372 2522；www.xhpark.com；惠山横街1号，门票 70元，⏲夏季8:00~17:30，冬季8:00~17:00）当然是锡惠景区里最值得游览的精华区。江南四大名园之一的**寄畅园**，有着500多年历史，还被乾隆皇帝看中，在颐和园里克隆了一座谐趣园。唐代就开凿的**天下第二泉**（惠山泉）不仅受到茶圣陆羽的推崇，还是那首著名的二胡曲《二泉映月》的灵感之源。另外，南朝古刹**惠山寺**、宋代古桥**金莲桥**、明代**二泉书院**、**二泉里祠群**、**泰伯殿**等景点都包含了无锡历朝历代的人文古韵。

这里每年4月举行传统的惠山民俗文化庙会，各季还推出花卉展览。景区位于市区西面，有多路公交经过周边。从火车站乘坐2路可以到达。

惠山古镇

古镇

说是古镇，其实基本由惠山直街与横街构成，整个街区也是拆了旧房之后的翻新之作，但游客并不爆棚，这样的气氛反而离原貌很近，何况又是免费开放。古镇的看点是有一些历代祠堂建筑，汇聚了唐代至今的80个姓氏，倒是可以在这里寻宗问祖。古镇的小吃当然也不能忽略，惠山横街上的**豆腐花**（5元）经常排队，**老菜馆**（见189页"就餐"部分）里有精致的无锡菜。连南京的**先锋书店**（见87页"南京"部分）也在这里开了个分店和咖啡馆，古朴的窗格大门内，弥漫着文艺调子。沿途还可以看看**中国泥人博物馆**，买些泥人作为纪念品。就在锡惠园林文物名胜区外面，所以可以在逛完景区之后，来这里消遣一下。

梅园横山风景区

园林

（见178页地图；☎8551 1676；www.wuximeiyuan.com；梁溪西路卞家湾13号；门票 60元；⏲夏季6:00~18:00）顾名思义，春节到3月左右的梅花季，如果你经过无锡，一定要来梅园瞧一瞧，这里40多个品种的梅花，定让你一饱眼福。这座园林由中国民族工业"首户"荣宗敬、荣德生兄弟于1912年建造，以梅饰山，故称"梅园"。我们看到的梅园二字，由荣德生先生于1916年亲自题写。

景区有三大看点，一是以梅文化为主题的**梅花景区**，一是洗心泉、天心台、读书处等众多的**"荣氏"人文古迹**，一是由古梅与奇石打造的园林**古梅奇石圃**，国内唯一的**梅文化博物馆**也在园中。自古以来梅花在中国人心中就有"高洁忠贞"之意，具有高度人格化精神。

除却梅花，春天里海棠、郁金香等花卉开放之时，这里也是春色满园。在火车站可以乘坐2路直达梅园，另有40、52、88路公交车也经过此地。

太湖周边

灵山胜境

佛教景区

（见176页地图；☎8568 9010；www.lingshan.com.cn；马山灵山路；门票 210元，免费赠送《吉祥颂》演出票，送完即止；⏲夏季8:00~17:30，冬季

8:00~17:00，梵宫夏季9:00~18:00，冬季9:00~17:30）景区建成不过十几年，但迅速超越了鼋头渚，成为无锡新地标。眼前景象的确震撼，但高额门票不禁让人怀疑有炒作之嫌。景区一共有20多处景点可看，如果全部逛完需要一天，也可以挑以下精华部分走。

九龙灌浴（10:00、11:30、14:45、16:45，黄金周加演9:00、13:00，节假日可能会调整时间）喷泉表演，根据佛祖诞生时那“天上天下，唯我独尊”的神奇景象制作，巨大的莲花铜瓣中，升起了初诞的太子佛像，下面的九龙一齐喷出水柱为太子沐浴，最后回复原位。观看表演的人非常多，需要提前安排时间。

灵山大佛高达88米，远远就能看到，但经过长长的台阶来到大佛脚下，才觉自己渺小。很多人都喜欢在这里抱抱佛脚。

灵山梵宫仿佛是一座混搭的艺术宫殿，糅合了佛教石窟和传统佛教的元素，但看起来还有些异域风情。灯光、浮雕、壁画及各地精美绝伦的手工艺品，都让行走其间的人们如置身梦境。豪华的圣坛每天有《灵山吉祥颂》表演（周一至周五10:35、11:30、14:00、16:00，周六、周日加演出13:00，黄金周暂停）。

五印坛城是一栋红白相间的藏族传统建筑，收藏了来自雪域的唐卡、壁画等宝物。

景区的配套设施做得很不错，也相当干净整洁。到了元旦和新年都会有盛大的撞钟活动。午餐可以在**灵山蔬食馆**（☎8568 0388；25元/人）和**梵宫餐饮**（☎8568 3777；45元/人；10:30~14:30）解决。因为景点众多，景区推出**电瓶车**（☎8568 5019；25元，任意上下）服务，确实很有必要。如果需要住宿，**灵山精舍**（见187页“住宿”部分）是不错的禅修之处。

从火车站可以坐88路直达景区，但至少需要1.5小时。旅行社推出的一日游路线，一般是**灵山胜境+太湖景区**（约360元），也可单独去**灵山胜境**（约190元，不包回程）。

鼋头渚

公园

（见178页地图；☎9688 9688；www.ytz.com.cn；鼋渚路1号；门票 105元，⌚夏季8:00~17:30，冬季8:30~17:00）这里很早就被誉为“太湖第一胜景”，是观赏太湖风景的最佳去处。据说是因为巨石凸入湖中，状如浮鼋翘首而得名。民国时期，许多社会名流在这块风水宝地上建造园林，新中国成立后统一为鼋头渚公园，20世纪80年代之后经过一系列建设，鼋头渚才有了今天的规模。

常规的游玩路线是：进入大门后乘坐免费大巴到**鼋头渚牌楼**，然后免费坐船去**太湖仙岛**（无锡三山岛），回来游玩太湖边的一些景点，最后回到牌楼，乘坐大巴回到大门口。鼋头渚包含了**充山隐秀、鼋渚春涛、万浪卷雪、广福古寺**等10多处景点，还能在途中看到清代无锡知县廖伦在临湖峭壁上所题的“包孕吴越”和“横云”两处**摩崖石刻**。除了湖光山色，最受人们喜爱的莫过于4月的**樱花谷**，大量樱花如雪盛放，配合着水榭亭台分外

无锡的望族

无锡历来就是江南富庶之地，名门望族也层出不穷。如果从近代来看，荣家是无锡最有名的家族。人们最为熟悉的是荣毅仁，身为百万富翁的他于1993年当选为国家副主席。

1892年荣毅仁的父亲荣德生与其兄长荣宗敬开设上海广生钱庄，6年后投资工业，至20世纪30年代就发展成拥有包括茂新、福新系统等12间面粉厂和申新系统的10间纺织厂，及开源机器厂等大产业，在旧中国开拓了民族工业的天地。如今无锡的梅园和太湖饭店，都曾是荣家的私家花园。上海在新中国成立前夕，不少资本家都跑到国外，但荣德生坚决留在祖国，他的儿子荣毅仁被誉为“红色资本家”。

无锡城内如今有不少荣氏遗迹，譬如建在厂房里的**中国民族工商业博物馆、荣氏梅园**，还有梁溪路南的**荣巷老街**，拥有从清代到民国的古建150多座，也是荣氏家族最初的聚居地。

另一个值得一提的家族是钱家，自民国以来拥有钱学森、钱三强、钱伟长三大科学家，钱基博、钱穆、钱钟书三大鸿儒，还出了许多院士级人物，为中国的人文精神贡献了不少力量。

范蠡与西施，不老的传说

同样身为大夫，范蠡的命运比伍子胥强多了。他协助越王勾践卧薪尝胆、打败吴国之后，立刻隐退，避免了杀身之祸。后来他隐居开始做生意，“商场如战场”，这位在大国之战中运筹帷幄的人物，在商场上又怎会落败？不久他便成了巨富，因此也被后世尊为“商圣”。传说他与西施泛舟太湖，来到五里湖，便流连于此，还著有《养鱼经》一部。当地百姓因此把五里湖改成了“蠡湖”，来纪念他们。

然而毕竟是传说，史料记载范蠡隐退的时候已经60多岁了，西施还在妙龄呢。范大夫确实有位夫人，还为他生了三个男孩，但一定不是西施。所谓双宿双飞，也许是文学家们为了同情西施，自作主张为她寻了个好归宿罢了。虽如此，到了人们怀疑爱情的今日，我们还是把这流传千年的故事继续讲下去吧。

迷人。不过赏樱也不一定要进入景区，到时在太湖沿岸也有不少樱花开放。

可以在中央车站乘坐1路到达充山大门（南大门），途经蠡园；在火车站东广场乘坐87路到达充山大门，途经锡惠公园、梅园和犊山大门（北大门）。注意，87路末班车到17:30，1路末班车到19:30。从市中心打车到鼋头渚大约30元。

蠡园

园林

（见178页地图；☎8510 1380；www.wxlihu.com；环湖路18号；旺季3月17日至5月27日、7月7日至10月22日，门票45元，联票含游船60元；淡季门票30元，联票45元；⏲夏季7:00~18:00，每周五、六、日开放夜游19:00~21:00，冬季7:00~17:30）这个沿着太湖的水景园林，相比其他湖边景区要低调古老一些，不过人们常常因为范蠡和西施的传说来到此地。而当年园子的主人王禹卿曾是荣氏企业的得力干将和合伙人，因“慨慕范大夫蠡之为人”而在家乡建造了蠡园，被传为一段佳话。到了1930年陈梅芳又在西侧建“渔庄”。新中国成立后，扩建了蠡园长廊与渔庄相连，后又逐步扩建景区至今日规模。

蠡园的门头仍然保持了原来的古朴，进去后才豁然开朗，2/5的水域面积更为其增色。在千步长廊上数80个不同的花窗，于亭台水榭上赏蠡湖风光，**搭船**（20元，⏲9:30~15:00）去往西施庄遥想完美的爱情故事，此处精华便尽收眼底。

蠡园的桃花和荷花也是一绝，夏季还会推出夜游。搭乘1路、82路等公交车可以到达蠡园。

首选 蠡湖风景区

公园

无锡对于太湖的投入可谓巨大，近年陆续投资近百亿元，将蠡湖这片太湖内湖水域的38公里湖岸线、9.1平方公里的水域打造成了风光带。这里有15个设施齐备的开放式公园，无论是漫步还是骑行其间，都能全方位地领略太湖之美。

如果从**蠡园**出发，往西经过**双虹园**、**蠡湖中央公园**、**渔夫岛生态公园**、**蠡湖之光**（百米喷泉），到达**渤公岛生态园**，如果继续向北还能到达管社山庄。然后回头沿着蠡堤回到双虹桥，过桥后向南来到**宝界公园**、**长广溪湿地公园**、**蠡湖大桥公园**、**金色港湾**、**金城湾公园**，沿着贡湖大道可以来到对面的**水居苑**、**蠡湖公园**（摩天轮60元），最后回到蠡园。如果你住在湖滨饭店，那以上就是一条绝好的观光骑行路线，全程约20公里。如果只是游玩蠡园，那么也可以随便沿着湖岸走一走，会是一次放松身心的享受。

中央电视台无锡影视基地

外景地

（见178页地图；☎8555 2687；www.ctvwx.com；大浮漆塘路1号无锡影视中心内；门票 三国城90元，水浒城85元，联票150元；⏲7:30~17:30）如果你实在对三国、水浒的故事很感兴趣，又或是影视迷，那么可以到此地一游。最好把这当成一场游园会，进来闹哄哄地穿越一下，看看表演，然后再回到现代来。当然票价不低，你得好好娱乐自己才行。

三国城更大一些，这里的大型实景马战演出**《三英战吕布》**（⏲10:00，16:00）很精彩，还可以乘坐古船游览太湖。**水浒城**大多是皇宫相府、街市店铺，很有大宋风情，这里的**《铁血丹心》表演**（⏲11:15、14:00）是全景式特技演出，威亚、爆破等手法让人大开眼界。这里到处有穿上古装拍照、合影的服务，据说也有可能碰上明星，看你的运气吧。

从火车站东广场可以搭乘82路直接到达三国城和水浒城。

活动

到无锡最重要的活动，莫过于在运河上畅游。目前，有两家旅游公司承运两条运河路线，前一种比较便利，后一种的性价比更高。

水上游览巴士 游船

（☎8282 3359；⏲日游13:00~17:30，夜游18:00~21:00，法定节假日9:00~21:00，每隔30分钟一班）从**南禅寺码头**出发，路线为南禅寺—跨塘桥—贺弄—大公桥—清名桥—水仙道院—古窑—祝大椿故居—清名桥—大公桥—贺弄—跨塘桥—南禅寺。

水上巴士有多种选择——景区通票100元，包含全程水上巴士及中国丝业博物馆、无锡窑群遗址博物馆、祝大椿故居门票；水上巴士联票60元；水上巴士站票5元一站，从南禅寺到水仙道院是25元。中文导游服务150元/次。

环城古运河游船 游船

（☎8280 6688；www.hcgyh.com；⏲日游10:00、14:30，50元，夜游19:00、20:15，56元，周末及节假日会相应增加班次）从**运河公园码头**出发，进入古运河围成的护城河，由北至南经过从前的四个城门地带——临江门、靖海门、望湖门和试泉门，途经从前民族工商业的许多厂房旧址，也有时尚的艺术中心。同时，每逢周三（只有周三）它在南禅寺码头向南一直走到清名桥，涵盖了水上巴士的行进路线。日游稍便宜，但夜游风光更美。

住宿

一出无锡火车站便可发现连锁商务酒店遍地都是，入住十分方便。青年旅舍不少，但YHA旗下只有一家，这些旅舍干净整洁，价格适宜，但不如一线旅游城市里的那些有青旅气氛。中心区域的中山路一带是出行最便利的地方，不过因为近两年在修地铁，所以景观和出行受到影响。高档酒店也不缺，如果有条件，不妨住到太湖边上，享受下湖光山色。

首选 无锡徐霞客国际青年旅舍 青年旅舍 ¥

（见178页地图；☎8588 1366；梁清路512号，西郊宾馆对面；铺50~60元，标单/双145元；❄📶）敢拿背包客鼻祖的名号来注册的青旅，当然有其拿得出手之处，同时也是无锡唯一

太湖蓝藻事件

“那时候水龙头里出来的水都是臭的，超市里的饮用水都一抢而空！”无锡市民杨瑛在谈到6年前的太湖蓝藻暴发时仍然一脸担忧。2007年太湖无锡水域的蓝藻集中暴发，70%的水厂的水都受到了污染，200万居民用水困难。从2007年至2011年年底，从太湖打捞的蓝藻竟达280万吨。如今水质已经得到改善，对蓝藻的监控也更有力度，但年年仍有暴发。

20世纪80年代，苏南经济迅速发展的代价就是太湖水逐渐受到污染。从1987年开始，太湖流域每年排入江湖的污水达360亿吨。水面有机物污染从1987年的1%上升至最严重的1994年的29.18%，1993年后的太湖则全部富营养化，便让蓝藻有机可乘。

早在1991年起，国家便启动第一期太湖治理工程，之后也花了大力气，但20多年来收效甚微。太湖地区重点污染的企业，是否真的实现“零点达标”也令人质疑。如今，“引江入太”工程正在进行，引长江水“以清释污”的尝试能否起作用还未可知。根据国外的经验，使富营养化的水质变清，至少需要20~30年。

如果你来到太湖风景区，在欣赏湖光山色的时候，请想到它潜藏的危机。同时注意自律，不要为太湖增加任何负担。

起点 无锡火车站
终点 无锡火车站
距离 约 320 ~ 400 公里
需时 3 ~ 4 天（不含游览时间）
最佳季节 春季、秋季
难度等级 初级

骑行游览

环太湖

环绕太湖主要有四个城市，江苏的苏州、无锡、宜兴和浙江的湖州，大部分地区都修了环湖路，尤其以苏州和无锡段更为赏心悦目。我们为你规划了比较轻松的4天行程，也可以顺便在沿途进入景区一游。如果单纯骑行观湖，3天也够了。

从❶**无锡火车站**出发，沿着门前道路右拐，到春申路左拐，不久便可以沿着❷**京杭大运河**骑上一段。然后到五爱路右转过桥，沿着梁清路一直经梅园立交，到达❸**梅园**。继续沿梁溪路进入S230，也是环太湖大道的所在，到马山左转进入马山半岛，半岛南部便是著名的❹**灵山胜境**。离开马山半岛继续沿太湖一直来到与S230交会处，左转向南转入S230，这里有一小段路经过常州境内，最后经方溪路、通蜀路进入宜兴市丁蜀镇，还能赶上参观❺**中国宜兴陶瓷博物馆**。然后继续沿G104往南进入浙江界，到湖州境内夹浦镇住宿，全天大约110公里。

第二天，从G104在环沉街一直往东，便可以看到太湖。沿滨湖路一直贴着湖边骑行。浙江段的大道只修了一部分，如果碰到无路，可以从村庄绕行。过七都镇后继续沿湖往前，进入江苏界，便可以看到太浦河，它沟通了太湖与黄浦江。过大桥后右转进入S230后左转向北，到东太湖路转左，一直到东山大道左转向南，可以沿着❻**东山**的环湖路骑行一圈，住宿在陆巷古村落附近。全天约130公里。

第三天，绕东山骑行，然后往北沿环太湖大道一直走，便可以到达❼**西山太湖大桥**然后进入❽**明月湾**。绕西山一周后沿太湖大道返回，然后进入X205，到❾**光福**住宿。全天约90公里。

第四天，往西北骑行，一路沿着S230经过望亭镇后进入无锡，沿着具区路向西，经盘龙路到达山水西路，可以到达❿**中央电视台无锡影视基地**、⓫**鼋头渚**、⓬**蠡园**等地，沿蠡湖进入金城路，到⓭**南长街**左拐，经过运河边的街区后来到⓮**南禅寺**。之后沿着解放东路向北，经过⓯**东林书院**，在县前东街右转过桥后左转到达无锡火车站。

的YHA。虽然从市中心过来有些距离，但是网站上很清晰地标明了各种到达路线。藏在校园里的民国别墅闹中取静，江南风格的公共区域包括了休息室、酒吧等，很有青旅气氛，推出的手绘地图也不错。房间干净宽敞，推荐带露台的四人间。服务人员十分热情，令出门在外的独行侠感觉很温馨。附近有不少公交车前往各个景区。

无锡南禅寺冷杉国际青年旅舍　青年旅舍 ¥

（见178页地图；☎8282 6852；南禅寺步行街115-201；铺 35~40元，标单/双 138元；❄📶）位于闹市中心的青旅，不是YHA旗下的，但性价比还是很高。2012年开业，各项设施非常新，每一间房的风格和色调都略有不同，公共卫浴的瓷砖和标间里的大床，令人联想起伊斯兰风格。周边吃喝玩乐很方便，当然也会有些吵。

无锡国际青年旅舍　青年旅舍 ¥

（见178页地图；☎8275 5990；人民中路49号；铺 45元，标单/双 100元；❄📶）很老牌的一家青年旅舍，门面很小，看起来更像一家招待所。硬件设施也比较普通，价格也很便宜。但店主夫妇多年来的诚挚待客得到了旅行者的信赖，很适合经济条件有限的人群。离东林书院很近，要去中山路商圈也很方便。

首选 无锡壹时光旅舍客栈　客栈 ¥¥

（见178页地图；☎13912370543；水居苑小区；标单/双 130~178元；❄📶P）在网上广受好评的一家旅店，以“壹屋壹时光”作为口号，确实实至名归。入住时令人很有MIX的感觉——8间不同的客房更像是主题酒店；上下铺的双人间（130元）和公共区域则有些青旅味道；店主和家人热情的服务和坐落于小区的位置，让人仿佛到了朋友家度假。店家为客人提供各种路线推荐，也会亲自下厨做些简餐供大家解馋。离太湖风景区很近，出门步行不远就是蠡湖。房间不多，建议提前在淘宝搜同名旅店预订。

君来梁溪饭店　酒店 ¥¥

（见178页地图；☎8868 3888；中山路177号；标单/双 298元起；❄📶P）梁溪饭店在20世纪50年代就开业了，是无锡的老牌饭店，也成了如今市区少有的花园酒店。地处市中心的位置，出入十分便利。这里原本是王禹卿旧宅，比设施略显陈旧的客房更值得一看的是园内旧宅——英式的齐眉居、法式的天香楼和美式的春晖楼。另外，此地聚星楼（见189页）可以吃到正宗美味的无锡菜。

无锡红豆柏雅居酒店公寓　酒店式公寓 ¥¥

（见178页地图；☎8113 8688；中山路531号；标单/双 420元起；❄📶）这家楼层很高的酒店公寓抢占了极端市中心的位置，装修按四星酒店而来，临窗的浴缸应该是特别之处。前台有些简单，房间则符合公寓的一切设施，拥有厨房、洗衣设备等，每一间都是套房，特别适合前来度假的家庭入住。

日航饭店　酒店 ¥¥¥

（见178页地图；☎8508 8888；永乐东路9号；标单/双 600元起；❄📶P）离小资情调非常近，阳春巷就几步路，南长街也就在边上，许多房间可以俯瞰街区和运河，所以这里最突出的便是地理位置。当然也秉承了日航一贯的细致到位，房间和服务都符合五星标准，只是前台人手有些捉襟见肘。

湖滨饭店　酒店 ¥¥¥

（见178页地图；☎8510 1888；环湖路1号，蠡园旁；标单/双 498元起；❄📶P）如果想要到太湖边好好享受一番，这家开了30多年的饭店可是抢占了当时最好的地段。一切符合标准，服务也好，而且房间之大常常令入住的客人大感惊喜。蠡园就在隔壁，离太湖风景区也很近，只是周边没有什么吃喝玩乐的地方，只能在酒店解决。

灵山精舍　精品酒店 ¥¥¥

（☎8537 6888；马山灵山路1号，灵山景区内；标单/双 400元起；❄📶P）既想与佛国靠得更近，又想要舒适的住宿条件，那么选择灵山精舍是明智之举。挑高的大堂，充满禅意的房间设计，工作人员的服装，无一不与禅有关。推出的餐饮也是素食，早餐的过堂饭甚至会有师傅教导如何食之不语。单床只有1.1米，也许是为了让人们充分体验佛家的清修。酒店出售的门票可以多次进入景区。

就餐

苏帮菜其实也就是"苏锡菜"，虽然一样"嗜甜"，无锡人似乎更盛，譬如酱排骨、梁溪脆鳝，只有无锡人把它们做成甜的。难怪《舌尖上的中国》第6集《五味的调和》中，无锡菜当仁不让地成为"甜"的代表。虽然有人要质疑高糖不健康，可是对于无锡人而言，少了甜味是多么无趣的事情。

当然，无锡菜也不是只有一个"甜"字，口味其实挺丰富，而鱼虾一类的湖鲜根本不甜，只有浓油赤酱时才会加糖。无锡小笼和馄饨是不可不尝的点心，很多新晋的店比老字号美味。如果你愿意为美食跑远路，那么江阴的江鲜自然也很美。

城中美食大多集中在崇安寺的**皇亭美食城**和南禅寺的**穆桂英美食城**。位于市中心的崇安寺，自明代起就是小吃天地，如今规模渐小；而位于城南的南禅寺，由非常庞大的商圈包围，**南禅寺素菜馆**里也有不少好吃的。

首选 熙盛源 小吃 ¥

（见178页地图；☎8223 0037；南禅寺步行街112-5号；人均 15元；⏲7:30~19:00）这是无锡最受欢迎的小笼店，只做无锡小笼和馄饨，饭点常常排起长队。小笼（一客8元4个）的皮挺薄，轻咬上一口，满满的汤汁滑入口中，鲜甜紧实的肉馅让人停不下来。馄饨馅料很细腻，开洋馄饨、红汤辣馄饨、拌馄饨各自都有不少拥趸。对旅行者而言这里是最方便到达的一家，但最受当地人认同的却是薛福成故居边上健康路上那家。目前熙盛源在无锡有5家店，苏州（见105页）有2家，上海有1家。

王兴记 小吃 ¥

（见178页地图；☎8272 6484；中山路223号；人均 20元；⏲8:00~20:00）刚好跨进一百年历史的老店，游客大多是来吃名气（店堂常充满了上海人），馅料的糖量也减了一些。它的创始人王庭安率先把馄饨和小笼这两样东西放进一家铺子卖，冲这个也要来纪念一下。中山路店是王兴记总店，建议你在大众厅尝尝小笼（10元4个）和三鲜馄饨（8元）即可。另一边的贵宾厅里有高端的虾仁馄饨（18元）和蟹粉小笼（16元）。无锡小笼本属民间，原味的更地道。

楼上楼 面馆 ¥

（见178页地图；☎8272 7288；学前街27号无锡高等师范学校内；人均消费 15~20元；⏲6:30~20:30）如今能吃到阳春面的地方实在不多了，何况还是老字号。"楼上楼"是本地人推崇的苏式面店，非常实惠，虽然也有不少分店，但水准还是保持得不错。面汤也分红汤、白汤，点上一碗筋道的阳春面，配个浇头，吃着真舒服！京酱肉丝面、老式面、鱼汤面都颇受欢迎。

首选 三凤桥肉庄 卤菜 ¥

（见178页地图；☎8270 0605；中山路240号；人均消费 25元；⏲7:30~18:30）说到无锡酱排骨，尽管如今牌子非常多，但无锡人多年以来都爱光顾三凤桥。除此以外，这家总店还

苏锡菜为什么那么甜？

到了苏州、无锡吃饭，便要替上海菜平反了。北方人都说上海菜甜，如果来尝尝苏锡菜，那可真是小巫见了大巫。苏锡菜为什么那么甜呢？一些分析说，因为江南阴湿需要补充糖分（为啥不是辣呢？），又因苏锡盛产大米，对淀粉的甜味熟悉，便都爱甜。听起来似乎都有些牵强。

另有一说，是古有"富吃甜，穷吃咸"的说法，苏州无锡都是富足之地，鱼米之乡，大家为了斗富就斗了甜。虽然只是博大家一笑，倒也有些合理。生活得好了，一切都是甜的，饮食当然也不例外。譬如现代都市人忙得累了，不也要来点儿甜品滋润一下吗？

苏州最甜的地方是东山附近，无锡最甜的也是西郊太湖一带，嗜甜与太湖之间会有联系吗？甜之谜题似乎有些无解。你且得尝尝无锡菜，也许能从甜的各种层次中悟出些道理呢。

供应虎皮凤爪、熏鱼、梅汁翅中等特色小菜，也可以坐下来堂吃。酱排骨有盒装的、真空装的、新鲜堂吃（50元5块）的、新鲜外卖的（58元/斤），以后者味道最美。《舌尖上的中国》中说到无锡肉骨头，就是在三凤桥厨房取的景，还用我们多说什么吗？

怡红园酒家

无锡菜 ¥¥

（见178页地图；☎8271 7477；南市桥巷6-1号；人均消费 60元；⏲10:00~14:00，17:30~20:30）这家藏在小巷子里的饭店，若不是本地人带领，恐怕很难找到，口碑却传得又远又好。虽然黑底上的三个红字令人有些联想，里头的位子也稍显拥挤，但菜却实在是大众化的无锡菜，价格又实惠。干煎带鱼（20元）很香脆，酸甜的梅汁排骨（38元）其实是排条，开片基围虾（58元）色味俱佳，老板娘的招呼也很热情。最好预约或早一点儿去吃。

西新饭店

无锡菜 ¥¥

（见178页地图；☎8279 8777；崇宁路文渊坊27号D座；人均消费 60元；⏲11:00~22:00）这家开业将近有15年的饭店，依然受到大家的追捧，竟然还是靠螺蛳出名。"一只丝螺抵只鹅，西新丝螺赛肥鹅"是主打标语，丝螺便是螺蛳，这里的菌菇汤丝螺（35元）无论什么季节都很肥美，汤头也很鲜，很多食客都两份起点，引得满店都是"嘬嘬"之声。另外，量多实在的太湖一锅鲜(39元)端上来就让人惊喜，有些菜还半份起卖。

小峰饭店

无锡菜 ¥¥

（见178页地图；☎8505 7576；南长街151号；人均消费50元；⏲11:00至次日凌晨2:00）如果你深夜想在市内吃点儿东西，来这家就对了。别去想大馆子里的各种齐整周到，图的就是个热热闹闹、乱哄哄的气氛和吃起来的痛快劲儿。这家位于南门的小馆子，以超级鲜美的骨头煲（45元）吊足了大家的胃口。大多以家常菜为主，一个菜二三十元，很符合夜宵标准。就在南长街和永乐路口，很容易就看到了。

惠山老菜馆

无锡菜 ¥¥¥

（见178页地图；☎8358 1177；惠山古镇绣嶂街3号；人均消费 80~100元；⏲11:00~21:00）坐落在惠山古镇的老宅子里，红底金字的门头简简单单，但里面便是精雕细刻的楼房和天井。这里给我们的感觉是像苏州人那样精致地在做无锡菜，每一个步骤都很讲究。那道秘制太湖熏鱼（78元）吃起来就像早年江南人自家做的那样一遍遍氽出来，而非一炸了事。无锡的传统味道，在这里都可以吃到，价钱不低，又吃气氛又吃好菜，偶尔为之就好。

首选 梁溪饭店聚星楼

无锡菜 ¥¥¥

（见178页地图；☎8868 3888；中山路177号；人均消费 100~120元；⏲10:30~21:00）当地人纷纷只说，这家饭店不太实惠，但他们的潜台词是，味道相当好。星级饭店里的菜自然要精致些，用料也讲究些，面筋塞肉的肉糜是手工剁出来的，红烧肉用的是最好位置的，酱排骨不输三凤桥，梁溪脆鳝不放一点儿面粉，奥灶面和老式面各有千秋，就怕你选不过来。作为点心的桂花糖芋艿用足了红糖桂花，小笼包是超越了民间的精品。如果你是老饕，想吃精心烹制的无锡菜，千万不能错过此地。

饮品和娱乐

无锡并没有太多夜生活，却也有自己的小资情调。藏在南长街附近的阳春巷，看起来有些像上海新天地的微缩版。一众临河的民国老房子，白天适合来个闲散午茶，夜间则是酒吧上场，不过节奏比较慢和静，适合文艺青年。

南长街的各色铺子也纷纷开张，一些苏州老牌甜品和咖啡馆率先进入此地。**猫的天空之城**（☎8501 1286；南长街339号；⏲10:00~23:00）没那么多人，在临河的小条桌边看书最是舒服。

另一条是1912酒吧街，就在火车站对面，是老牌的酒吧街，更加动感喧闹，一到夜间便灯红酒绿起来，适合喜欢夜场气氛的年轻人。

梦回江南（☎8358 3333；堰桥镇西高山下；票价 120~350元；⏲19:45入场，20:00开演）2012年刚推出的山水实景演出，是无锡民营企业在文艺领域的大手笔。类似"印象"系列，以六幕故事演绎吴文化主题。售票地点则在边上的**华美达广场酒店**（吴韵路589号），不过可以试试团购。

如果爱听古韵，那么**锡剧博物馆**（见182页方框）里也有些传统剧目上演。

购物

无锡声名在外的特产很多，“无锡三绝”包括肉骨头、油面筋和水蜜桃。酱排骨新鲜吃更美味，可以在**三凤桥肉庄**（见188页）买新鲜的或者抽真空带走，油面筋此处也有。从5月底(特早熟)到9月初（特晚熟），各种品种的**阳山水蜜桃**纷纷上市，能到产地采摘最妙。如果爱吃**无锡小笼**，那么一般店里都会有竹制扎笼外带（40个一装）。

除了吃以外，著名的**无锡大阿福**自然要买两个回去讨喜，锡惠公园附近都可以买到。**太湖淡水珍珠**可在南禅寺内或者沿太湖一带购买。若是想收集**手绘地图**（10元），本地有两张，在咖啡馆和青旅里有出售。

无锡人说的市中心就在**中山路商圈**，从崇安寺到南禅寺，是无锡最繁华的地段。离火车站大约三四站路，有时间可以一逛。

实用信息

作为江苏第三大城市，这里的旅游设施也不错。银行和ATM遍布市区各处，在一般住宿地和咖啡馆都会配备Wi-Fi。不过近年无锡城内在修建地铁，中山路及南禅寺一带都受到不少影响，堵车的情况也时常发生。

无锡市第二人民医院（☎6668 1222；中山路46号，近南禅寺）就在市中心，**县前街邮政支局**（县前东街188号）和南禅寺附近的**朝阳邮政支局**（解放南路708号）比较方便。

无锡在多处设立了**旅游咨询服务中心**（☎8283 1667；解放北路113号），在中央车站北广场出口和崇安寺也有分点，但大多时候是为旅行者推荐旅行社和旅行路线，并没有太多资料。可以拨打**旅游热线**（☎12301）。

太湖明珠网（www.thmz.com）是本地门户网站；有关旅游咨询可以查询**无锡旅游局官网**（www.wuxitour.gov.cn）和**无锡旅游网**（www.wuxitour.com.cn）。发生任何问题可拨打**旅游投诉热线**（☎8505 2599）。

到达和离开

飞机

无锡苏南硕放国际机场（☎9688 9788（24小时）；www.wuxiairport.com ）距离市区约12公里，于2004年开通民用，现有包括北京、广州、成都、香港、澳门、台北、东京、大阪、曼谷等在内的30多条国内和国际航线。

长途汽车

2011年6月，无锡原三个汽车站整体搬入铁路以北的新汽车站，和沪宁城铁无锡站共同组成了无锡中央车站，这对旅行者来说确实方便很多，而且火车站与汽车站通过天桥和地下通道都能够互通。无锡的公路四通八达，可以在**无锡汽车客运站官网**（www.wx8s.com）查询、购买各个汽车站的车票，可拨打**24小时热线**☎8258 8188咨询。

火车

从铁路车站来看，中央车站与无锡火车站并没有割裂，只是占据了原来火车站的北广场。无论乘坐什么列车，都可以从南北两个广场进站，但是乘坐到达中央车站的列车（大多为高铁和动车）下

无锡汽车客运站车次时刻表

站点	发车时间/班次	票价（元）	行程（小时）	备注
苏州	6:40~19:20，30~50分钟1班	23	1	苏州北站
南京	7:30~18:30，40~50分钟1班	59	2~2.5	南京中央门站
镇江	8:20~17:00，共6班	44	2	
上海	7:20~19:00，1~1.5小时1班	49	2~2.5	上海南站
杭州	6:50~18:35，30~50分钟1班	88	3.5~4	杭州北站
宜兴	5:40~19:50，15分钟1班	23	1	

苏南 无锡市

通往景区的公交

从无锡火车站出发，有几条通往景区的公交线路。

1路 无锡中央车站—鼋头渚，途经蠡湖大桥、蠡湖公园、蠡园到达鼋头渚。

2路 火车站东广场—梅园公交总站，途经锡惠公园、梅园。

82路 火车站东广场—三国城，经过蠡园后，到达唐城、水浒城和三国城。

88路 火车站西广场—灵山胜境，途经梅园，是前往灵山大佛最方便的公交。

环蠡湖观光专线 [河埒口站—鼋头渚（充山），7:00~16:00]，每逢双休日和法定节假日运行，经过蠡湖风景区（见184页）的各个景点。

车是在北广场，需要走地道才能到南广场。可以通过12306网站来预订车票，铁路订票、问询、投诉热线（☎9510 5105）。

无锡火车站（见178页地图；车站路1号）是老车站，京沪线上的普速列车几乎都经停这里。每天都有近百班列车经过，并可以通过它们就近到达**南京**（28.5元，2~2.5小时）、**镇江**（18.5元，1.5小时）、**苏州**（11元，约30分钟）和**上海**（19.5元，约2小时）等地，也可以到达东北、西北及华南等地。

无锡中央车站（见178页地图）是沪宁城铁专用站，因此外观到内在都很现代。所在的北广场比南广场漂亮许多，公交车环岛设计十分合理，指引也更为清晰。从天桥和地道都能到达对面的无锡汽车客运站。这里每天都有大量高铁和动车经过，到达**南京**（动车56.5元，1.5小时；高铁79.5元，约1小时）、**镇江**（动车40.5元，50分钟；高铁79.5~94.5元，30~50分钟）、**苏州**（动车12.5元，约15~20分钟；高铁19.5元，约15分钟）、**上海**（动车38.5元，1小时；高铁59.5元，45~55分钟）等地，买票上车都很方便。

无锡东站（见176页地图）是京沪高铁的停靠站点；**新区火车站**（见176页地图）离机场不远，和**惠山火车站**（见176页地图）一样都是沪宁城铁专用车站。三者离市区都比较远。

当地交通

抵离机场

机场离市区并不太远，可以在火车站南广场的最东面（公交卡充值处旁边）乘坐**机场巴士**（6:00~23:20，约40分钟/班，每天24班，5元），途经无锡新区到达机场。机场乘车点则在候机楼一楼国内到达门外北侧，发车时间为7:00~次日00:30。另有机场巴士往来于苏州、常熟、江阴、张家港，可查询机场官网（见190页，“飞机”部分）获得信息。火车站也有前往南京禄口机场的小航站楼。

市区有一些公共汽车到机场，但都在离机场1.5公里左右的地方，建议搭乘机场专线为好。打车的话白天从市区打车到机场大约20分钟，约40元。

公交车

公交的普通车票价为1元，空调车票价为2元，多为无人售票车。无锡公交车可以打6折，上海和苏州公交卡也可使用（有时可能因为版本问题刷不出）。可以通过wuxi.8684.com.cn查询，也可以拨打**服务热线**（☎8258 8088）。

出租车

无锡出租车起步价10元/3公里，之后1.8元/公里。订车电话☎8800 8800。

地铁

无锡正在建造地铁1号线与2号线，预计于2014年年底通车。1号线纵穿城区，2号线横穿城区，建成之后旅行者可以领略更多美景，可查询www.wxmetro.net。3号、4号线也在规划当中。目前市区一些路段可能因为此项工程而发生改道、拥堵，出行需要注意。

自行车

无锡在市区和鼋头渚、蠡湖一带都设有公共自行车租车点，游客可以办一张**无锡公共自行车卡**（☎8516 1059；www.wuxibike.com），凭有效身份证交人民币200元押金，充值100元即可，办理网点可查询网站。每天累计1小时内免费使用，超时后按1元/小时收取，不超过5元。

宜兴

这个小城并没有太多旅游人群，大多是江浙一带的团客或自驾旅行者到访，对于他们来说，善卷洞和张公洞便是宜兴的代表。如今旅游业兴旺，远游过西南一带的人们，会觉得这样的溶洞不值一提，不过在江南确实不多见，何况这两个洞早在民国时期就已经开发了。如今让人们颇为惊喜的倒是宜兴的自然风光，云湖和竹海都得到了不少口碑。

宜兴的另一个看点是闻名遐迩的紫砂壶，它的陶土只产自丁蜀镇。逛逛博物馆和市场，倒是件乐事，当然要出手的话需要请教内行。高铁开通后，宜兴开始着力于旅游业，在本书写作之际，宜兴已推出了属于自己的旅游手绘地图。

景点

宜兴市区干净整洁，但没有太多看点，可以去**徐悲鸿纪念馆**（☎8791 7536；www.yixingart.com；公园路1号；⏲8:30~11:00，13:00~17:00）缅怀这位杰出的画家和美术教育家。其他景点都在城外几十公里处，可以方便地安排一日游。

善卷洞 溶洞

[☎8739 1169；www.shanjuandong.cn；善卷镇祝陵村螺岩山；门票 70元（不含缆车、滑道及表演项目），联票 100元，含所有项目；⏲夏季7:30~17:00，冬季8:00~16:00]中国最著名的民间故事《梁山伯与祝英台》被很多地方用来打造景区，善卷洞也是其中的一个，据说最早关于梁祝的文字记载从宜兴开始。不过，夏日溶洞带给人们的丝丝凉意更令人向往。

景区入口在中洞，这里的狮象大场是面积达1000平方米的天然大厅，挂满了各种象形的钟乳石，以两旁的青狮、白象巨石更为逼真；更大一些的上洞常保23℃，典型的冬暖夏凉；下洞则以飞瀑为主要景观。在水洞上船，穿越地下河，便可以来到后洞，这里打造了梁祝化蝶园。如果购买了联票，便能乘坐缆车观赏三国时期的**国山碑**等景点，坐滑道下山到**陶吧**，参观陈列馆，DIY陶器。

善卷洞位于宜兴西南约25公里处，在宜兴汽车站乘坐202路（旅游二线）便可直达善卷洞，约45分钟到达。

张公洞 溶洞

[☎8747 8808；汉镇张阳村；门票 70元（不含漂流、地下河探险），联票 100元，含所有项目；⏲7:30~17:00]这里也是洞中有洞的格局，每个洞的温度都不同，夏日游览时，会有如临四季之感。汉代张道陵和唐代张果老都在此逗留，于是称为张公洞，也是道家第五十三福地。

溶洞本身打造了一个海洋世界，**海屋大场、海底、海王厅**，配上怪石嶙峋，仿佛西游记的龙宫模样。除了文化碑廊等人文景观，景区为人们准备了各种玩法，洞内地下河探险、洞外漂流、陶吧制作陶品等，把张公洞打造成了一个大公园，更适合家庭出游。

张公洞位于宜兴城南约22公里处，在宜兴汽车站乘坐201（旅游一线）便可直达，大约30~40分钟。如果对溶洞还有兴趣，那么继续乘坐201便可到灵谷洞一游。

云湖风景区 湖泊

（西渚镇；免费）云海原本是横山水库，但风景十分秀美。爬上大坝，眼前是广阔的山水，远处是连绵群山，若能赶上一场日落、一片晚霞，也会令人难忘。

面湖背山的**大觉寺**位于半山腰的高台之上，从南宋始建至今已700多年历史。禅门临济宗第四十八代传人星云法师在此剃度，并于2005年复兴佛光祖庭；2008年，中国国民党主席吴伯雄也曾在此地为汶川地震罹难者祈福。新建后的大觉寺占地广阔、气势雄伟，是典型的佛教园林，却很有佛门的清净，会带给旅行者惊喜。

云湖边的湿地公园则是鸟的天堂，吸引了不少观鸟、摄鸟者。周边还有不少茶园围绕，一派田园风光。大坝下的横山村是农家乐聚集地，产自水库的横山鱼头是道名菜，据说天目湖的鱼头很多由云湖特供。

从宜兴汽车站乘坐202（旅游2线），终点就是云湖景区，约1.5小时。

宜兴竹海风景区 自然景观

（☎8747 0614；汉镇竹海新村；门票 80元；⏲8:00~16:30）如果你看看地图，便知道宜兴竹海与安吉竹海一脉相承，地处苏、浙、皖交界，一片竹海绵延八百里，形成了一片绿色海洋。竹海的好处多多，夏天的温度可以和外界差6度，又提供了大量新鲜空气，不过付出的代价也不低。

建议先在入口的镜湖逛一下，8~10月是桃花水母出现最多的时期，不过它们最多也就一元硬币那么大小。然后乘坐缆车（上程40元，下程30元）到达山顶，大约25分钟时间，可以感受行走于竹尖之上的乐趣。到达山顶后，沿着竹林一路往下走，可以省些力气，也能尽情拥抱竹林。景区也有观光车（单程10元，往返20元）可供乘坐。若能赶上雨后，那么山、水、竹都被笼在雾气之中，风味更佳。

从宜兴汽车站可以乘坐201（旅游一线）到达竹海景区，约1.5小时。

中国宜兴陶瓷博物馆 博物馆

（☎8718 8255；www.yxtcbwg.com；丁蜀镇丁山北路150号；门票 20元；⏲8:00~16:30）这座建了近50年的博物馆，坐落在一栋有着飞檐翘角的大楼里，规模还真不小。这里展示了从新石器时代中期至今7000多年的漫长岁月中宜兴陶瓷的变化。原来此地不仅出紫砂，还有古往今来的各种陶瓷制品。

汉代的陶器、两晋的青瓷、宋明的均陶和明清的紫砂，以及当代的彩釉陶、美术陶、精陶等一一呈现，虽然展出方式并不出彩，不过如果你愿意细细品赏，确实可以学到很多知识。其中陈列了紫砂、均陶、青瓷、精陶、美陶的五朵金花馆最为可看。

别忘了看看博物馆里的数十个工作室，具备职称的工艺美术师们正在精雕细琢，若有兴趣可以购买。陶瓷博物馆外围也形成了市场，可以慢悠悠地逛逛。可以从宜兴汽车站乘坐201（旅游一线）到达博物馆。

食宿

宜兴离无锡很近，长途车的班次很多，时间也挺晚，因此完全可以安排一日游而不必住宿。如果需要在宜兴待上一晚，那么汽车站

宜兴紫砂壶

紫砂壶有什么特别之处？

紫砂壶泡茶“色香味皆蕴”，既不夺茶香气又无熟汤气；砂质茶壶通气性比一般陶壶更好，能吸收茶汁，使用一段时间即使空壶注水也有茶香，而且“暑月越宿不馊”；冷热应变强，注入沸水也不烫手。

泥料分为几种？

别以为紫砂壶只有一种颜色，它的泥料本身也是“五色土”，现在一般分为三种。一是紫泥，烧制出的颜色为紫棕色、紫黑色；一是绿泥，夹在紫泥之中，一般多用于胎身外面的粉料；一是朱泥，含有氧化铁而使成品为朱砂色、海棠红，不过烧制难度大，出品良率只有70%。

旅行者应该买什么壶？

作为纪念品，可以买成套的茶具，价格从几十到几百元。如果是自己买来喝茶，那么需要看看泥色是否纯正、壶体是否周正、盖与壶是否紧密、出水是否顺畅，也可以看看是否合眼缘、手感，将其作为把玩之壶，大约在500~1000元。如果要收藏，水就很深了，大多以古董壶、名家壶为主，最新拍出的紫砂壶最高价超过1400万人民币呢！

哪里可以买到紫砂壶？

无锡境内甚至苏南一带都可以买到，但品质未必有保证。有兴趣可以去逛逛**宜兴陶瓷商城**（宜兴市宜北路449号）或是陶瓷博物馆周围的市场（丁山路附近），多看多听，然后再下手为妙。

去一趟徐霞客故里？

身为中国背包客的鼻祖徐霞客出身于江阴，不过这位大侠是靠行走更为奇诡的西南而成名。虽然江阴借着他的名头也做了不少文章，不过本地确实看点不多。

如果你想去徐霞客故居（☎8652 3903；江阴马镇南岐村；故居门票12元；联票35元；⏲8:30~17:00）膜拜一下，从无锡出发坐上到马镇的班车（6:00~18:30，每隔20~30分钟，7.5元，约40分钟）便可到达。联票包括徐霞客故居、仰圣园、徐霞客碑刻文化园、徐霞客旅游博览园，当然，建筑本身并无新意，但这位旅行界的祖师爷确实值得我们尊敬。

除此之外，长江边的江阴要塞文化遗址（免费）和具有传奇色彩的华西村（150元），是江阴的另外两处景点。前者可以从无锡坐开往江阴的班车（5:30~22:00，11元），后者则可以直接坐无锡开往华西的班车（6:00~19:15，10元）。

比景点更有名的是江阴的江鲜，其中更以“三鱼”——河豚、刀鱼和鲥鱼为最。河豚有毒，刀鱼多刺，鲥鱼鳞肥，都是鱼中极品。每年3、4月间，江阴“春季江鲜美食节”开幕，会在青果路美食街推出各色江鲜。不过坊间也有提示大家慎食长江鱼，因其可能有重金属超标之嫌，如果你有机会开上江阴长江大桥看看两边，确实也会有此一忧。

附近和人民中路上有很多知名连锁商务酒店，也有高档宾馆，选择还不少。如果想要住得舒服些，可以在第一天经善卷洞前往云湖，湖边的云海间度假酒店（☎8737 8888；标间368元起）是不错的度假之地。第二天再走另一条线游玩竹海等地。

宜兴的口味跟无锡接近，也有太湖的湖鲜。不过这里有用特产紫砂锅炖制的食物，譬如排骨汤、鱼头汤等，可以试试味道是不是独特。靠近人民中路的茶局巷是美食汇聚之处，不妨在这里解决一餐。

ℹ 到达和离开

从无锡中央车站乘坐往宜兴的流水班车（见190页，无锡“到达和离开”）便可以到达宜兴，宜兴汽车客运站（☎8794 5031；氿滨路15号）又称金三角客运站，也有很多班返程车前往无锡。同时这里还有发往江苏各地及上海、浙江的班车。

宜兴高铁站是高铁与动车专门停靠站，往来于南京和杭州的列车都经过此地。

从宜兴汽车站到达各个旅游景点的交通非常方便，你也可以很容易地规划出宜兴旅游的两条线——善卷洞、云湖风景区一线，可以通过202（旅游2线）到达，陶瓷博物馆、张公洞、竹海风景区一线可以乘坐201（旅游1线）到达。

常州

人口 363万

常州市

常州位于沪宁铁路的中间位置，在南京—上海的城市链里，它的旅游资源是最弱的。常州对城区周边进行经济开发的方式也较为独特，围绕市区兴建了好几个超大型主题公园，它们使常州成为一个特别适合带孩子旅行的地方。这里南接天目山，西连茅山，与山脉相连的丘陵地带可开发旅游的同时，林地上茂密的竹林也成为常州梳篦、留青竹刻等特色工艺的最佳原材料。作为苏锡常经济圈的一部分，小生意做出大名堂是常州一大特色。为叫卖梨膏糖而发展出的“曲艺常州小热昏”近期被列为非物质文化遗产；从小本买卖起家的大娘水饺、丽华快餐现在风靡全国；本地一些经营小吃的百年老店也开起了遍布全城的连锁店。

👁 景点

淹城春秋乐园 主题公园

（☎400 188 0005；www.cn-yc.com.cn；武宜南路588号；门票 成人/儿童 160/80元，竹筏50元，门票和竹筏联票200元，7~8月16:00以后入场80元；⏲9:00~17:00，7~8月开放夜场至22:00）

以春秋战国为主题的公园，除了诸子百家园、2700多年历史的淹城遗址、淹城博物馆、春秋王宫等主题景点以外，更有以现代科技为依托的影院、剧场、水影秀等，在游乐中多少会对春秋时期的历史有所了解，对小朋友来说是个寓教于乐的好机会。

可以先在游客中心的节目单上找一下自己感兴趣的表演（不要错过“梦回春秋”），再沿着游览步道看有没有感兴趣的项目，夏天去的话不妨随身带泳衣体验百灵水世界的超长滑道。公园很大可以玩上一整天，进门左手边有电动车（单人/双人25/40元/半小时）、双人自行车（30元/小时）出租。带些食物和水很有必要，园内购买性价比不高。

淹城野生动物世界 动物园

（☎6888 1111；www.yczoo.com；春秋乐园大门右侧；门票 成人/儿童 150/75元，16:00以后60元，白天可以自驾车进入，每车150元；⏲9:00~17:00，7~8月至22:00）这是一个游客被关在车里，动物自由自在奔跑的大型动物园，凶猛的动物隔河相望以确保安全，温顺的动物可以近距离接触投喂。园内的动物表演和大马戏深受小朋友们欢迎，进门时记得看一下经常变更的表演节目单。要注意的是夜场时公园大部分区域将关闭。园区内有四轮电瓶车可以租来代步，比较方便。从常州市区乘坐B1和14路可以到达以上两个公园。

动漫嬉戏谷 主题公园

（☎400 186 8888；www.ccjoy.cn；太湖湾旅游度假区太北路1号；门票 成人/学生/儿童 200/150/100元，16:00以后100元；⏲9:00~17:30，11至次年2月至17:00，7~8月至22:00）大型动漫主题公园，《生活大爆炸》的主角进入会激动到发疯的那种，2014年水上项目也将投入使用。地理区划仍在常州境内，但距市区近40公里却让不少游客却步。看有利的一面，就是使用游乐设施基本无需排队。有游客的情况下8:30有专线车从常州火车站北广场和无锡客运站前往公园；接驳车每天15:30、16:30、17:00、17:30从武进区湖塘乐购店门口始发，19:30~22:30有4班车从公园发回市区，间隔为1小时。

中华恐龙园 主题公园

（☎400 616 6600；www.konglongcheng.com；汉江路1号；门票 成人/儿童 200/100元，16:00以后100元；⏲9:00~17:00，6月28日至8月31日期间至22:30）以恐龙为主题的公园，里面有过山车、特效影院等十几年前看来很新鲜，而现在已经是明日黄花的游乐设施。不过作为名气最大的主题公园，游客仍然很多，使用游乐设施经常需要排队。市区可乘坐302、B12、29路公交车前往公园。

中华孝道园 主题公园

（☎8669 2018；太湖湾旅游度假区；门票 成人/儿童 100/50元；⏲8:45~17:00）以孝道文化为主题的公园，园内的蓼莪禅寺为纪念二十四孝之一的王裒而建，是我国唯一一座孝子寺。公园背山面湖，风光秀丽，不过从常州出发前往太过偏远，距离无锡灵山大佛倒是只有8公里。从常州火车站公交中心站乘坐66-1、66-4路可抵达公园，路上约需两小时，返程车班次很少，要留意游览时间。

天宁禅寺 寺庙

[☎8817 2552，8817 8011；www.tianningsi.org；延陵中路636号；天宁禅寺门票 20元，天宁禅寺+天宁宝塔联票 80元；⏲天宁禅寺7:00~17:00，天宁宝塔8:30~17:00（10月11日至4月10日），至17:30（4月11日至10月10日），提前半小时停止售票]天宁禅寺始建于唐朝贞观年间，至今已有1350多年历史，是禅宗四大丛林之一，乾隆皇帝下江南时曾三次到这里拈香礼拜。天宁寺同时也是梵呗的发源地，对汉传佛教音乐产生了深远的影响。现存寺庙的特点是五大：殿大、佛大、钟大、鼓大、宝鼎大。看到天王殿和大雄宝殿以后你就会知道这说法不是空穴来风。

位于寺院南门附近的天宁宝塔2007年建成，由来自世界各地的108位高僧和万余僧众共同举行开光典礼，是当年佛教界一大盛事。宝塔共分13层，每层分不同主题供奉了很多佛像。其中第五层使用数吨沉香雕刻而成的法界源流殿、第十二层供奉有历代名贵香樟木古佛的**古佛殿**和第十三层供奉镇塔之宝**天然水晶佛**的**十方圆融殿**值得一看。塔高150多米，寺院里不定时会派出讲解员，听着讲解

不要错过

天宁梵呗

梵呗指佛教活动中赞颂佛菩萨的声乐作品，是汉传佛教音乐的重要组成，其主体为"唱赞"和"诵经"两大部分，还包括偈、咒、真言、礼佛号等。天寺梵呗起源于南北朝时期，现已入选国家级非物质文化遗产名录。它的曲调一直保持着较为统一的规范，节奏沉稳扎实，唱腔悠扬潇洒，韵味古朴清雅，向来是全国汉传佛教寺院公认的典范。1923年，徐志摩到陆小曼的家乡常州做客，随她前往天宁寺听过梵呗唱诵后，写下著名散文诗《常州天宁寺闻礼忏声》，有兴趣的不妨去读读看。

天宁寺梵呗唱诵团曾灌录过三盒装录音带《天宁寺唱诵》，重大佛教节日前往天宁寺的话可以听到现场念诵的梵呗之音。

游览宝塔约需2小时。

天宁寺素斋馆的素面便宜好吃，有机会可以尝试一下。

舣舟亭（东坡公园） 公园

（延陵中路9号；免费；⏲5:00~21:00）舣舟亭位于京杭大运河畔东坡公园内，相传始建于南宋，苏东坡先后11次来常州，数次在此泊舟登岸。乾隆皇帝曾在此亲题"玉局风流"匾额，后毁于太平天国战乱。现在的亭子为1984年重修，本身只是一个靠近大运河岸边的凉亭，不过东坡公园内绿树成荫，芳草覆盖，很多当地老人坐在树下下棋聊天，闲逛一圈，很是能体现这个城市的市井民风。

红梅公园 公园

（☎8810 8020；www.redplumpark.com；罗汉路1号；公园免费进入，文笔塔、红梅阁门票 各5元；⏲公园6:00~18:00，文笔塔、红梅阁9:00~17:00）红梅公园原来是天宁寺林园旧址，后来逐步扩建成了现在的规模。它是常州城内最大的公园，内里种植很多梅花，冬末春初红梅绽放的时节景致很美。公园内的**文笔塔**是常州现存最古老的建筑（南朝时期），塔顶有一只重达1.5吨的铜葫芦，常有高考前的学生到这里来烧香请愿。

圩墩遗址公园 遗址

（☎8877 8897；劳动东路18号，巡警大队对面；免费开放；⏲全时段开放，博物馆9:00~16:00，周一闭馆）圩墩遗址是常州地区发现的最早的原始社会村落遗址，据估算有五六千年的历史，是太湖流域一处重要的新石器遗址。公园大门右侧有一个绿树环绕的小湖泊，沿着小路步行可以走到博物馆门口。

设计精巧的博物馆共三层，它重现了一部分原始人生活场景，并有很多文物资料展出，通过现代化声光电设备可以进行互动环节，学习测量头骨、拼接陶罐等。这里知名度不高，但很值得一去，能够了解到很多马家浜—崧泽—良渚文化的知识——出土骸骨显示，圩墩原始人要按男左女右把健康的正齿和侧切齿拔去，猜猜这是什么原因？

乘坐8路公交车可以到达公园。

活动

古运河水上游 游船

（☎8680 0021，8881 3618；单程/往返 50/60元；运河五号创意街区）京杭大运河从常州穿城而过，上千年的漕运史给这座城市留下了丰富的人文资源和古迹。可惜的是，大拆大建风卷过常州的时候人们还没有尊重历史的意识，老房子被拆迁一空。等大家回过味来想开发旅游资源，只能在原地复建仿古建筑，配合导游讲解来引导游客怀古了。

古运河水上游线路西起运河五号创意街区，东到东坡公园，途中船会停靠在篦箕巷码头让游客上岸游览，全程往返约10公里，行程一个半小时，值得一看的东西不多。你也可以从篦箕巷码头半路上船，单程40元，往返50元。常设班次为运河五号创意街区8:45和13:30，蓖箕巷9:10和14:10，东坡公园10:30和15:00，节假日和4~10月班次会酌情增加。

乘坐258路可以到达距离主城区几公里的运河五号创意街区（☎8687 9555；www.yunhe5.cn；三堡街141号），街区旧址原属常州第五纺织厂，是一处试图利用工业遗存保护来吸引文化创意企业入驻的景点。整个设计和想法还不错，不过街区内仍然略显冷清，游览项目的知名度也不高。

住宿

常州运河五号青年旅舍 青年旅舍 ¥

（☎8806 6688；三堡街141号；四人间铺 75元，标单/双 258元；❄📶@）从价格就可以看出来这是一个奢华版的青年旅舍，配备滚筒洗衣机和烘干机的自助洗衣房更从侧面证明了这一点；加上甚至有包厢的中餐厅，说它是一个青旅式的精品酒店也不过分。2012年才开张的旅舍一切都崭新干净，四人阁楼房采取的是挑空阁楼设计，空间利用合理，仿古楼梯爬起来很有感觉。

毗陵驿·翔航空主题酒店 精品酒店 ¥¥

（☎8919 8000；博爱路35号，妇产医院对面；标单/双 368元；❄@）以航空为主题的酒店，内部装修得很有特色，酒店大堂、餐厅和有些房间都设计成飞机舱样式，别有一番趣味。房间干净，附近交通便利，从火车站步行过来只需10分钟，靠近天宁寺和红梅公园。附近公交车站很多，酒店门口可以乘29路直接到恐龙园。对价格有些犹豫的话不妨搜一下此店的团购，折扣力度相当大。酒店楼下是机场大巴始发站。

春秋水岸 酒店 ¥¥

[☎8899 3113；www.seasons-hotel.com.cn；春秋淹城旅游区常乐坊（中医街）60号；标间338元，水景房 368元，含双早；❄📶@]这家刚开大半年的酒店外面看起来是仿古设计，内里却很现代化。它距离春秋淹城乐园景区只有5分钟步行的距离，十分方便夜场的游玩。房间不算大，但很干净，设施也都很新。水景房包括一个中式走廊风格的小小阳台，可以坐着看河水从下方缓缓流过。因为酒店空间有限，没有餐厅，早饭是送到房间里享用的。最好提前1~2天预订。

汉庭常州湖塘乐购店 连锁酒店 ¥

（☎8119 3088；定安东路武进购物中心E区；特价房 149元起，大床房/标间 199元起；❄@P）这家汉庭距离嬉戏谷接驳班车的上车点步行只需5分钟，距离淹城春秋乐园和春秋野生动物世界10分钟的车程，打车只需起步价。附近有八佰伴和乐购，楼下就是水果店和便宜干净的小饭馆，交通、购物、用餐都十分方便。免费地下停车库对自驾的游客更是福音。

餐饮

常州餐饮业十分发达，你要是跟本地人说找不到东西可吃，他会一分钟内就让你收回

另辟蹊径

繁华不再的篦箕巷

《红楼梦》中曾提到，贾政在毗陵驿最后一次见到贾宝玉。毗陵驿位于常州的篦箕巷。由于靠近大运河码头，又处在驿站附近，篦箕巷曾经十分繁华，古时，巷中大多数店铺工场主营著名的常州梳篦和宫花，入夜家家悬灯赶工干活，光线映在运河水里，与船上灯火交相辉映，一片盛世光景，"篦梁灯火"也曾被列为常州西郊八景之一。

清朝后期，由于运河年久失修，长江流沙淤塞严重，影响行船，漕粮无法从常州转运。1825年起，漕粮改走海道进京，常州这个中转站逐步被弃用，篦箕巷也因此不复旧日荣光。

现在去篦箕巷，看到的只是一段不足百米的简陋小巷，里面卖传统梳篦的店铺也只剩一两家。对面开张了一个巨大的商业中心，喧闹的音乐与繁华不再的篦箕巷构成强烈的反差。

这个说法。常州本土特色美食有：加蟹小笼包、银丝面、豆腐汤、大麻糕等。饮食选择集中的地方包括：古方路和常武北路交界的一段，马路两侧全是烧烤、龙虾、川菜湘菜等小饭馆；从39路车的五星公园站到勤业家园附近的勤业路上，整条街都是各种口味和档次的饭店；上档次的饭店莱蒙都会及其步行街一带较多，特色小吃都集中在对面的南大街。

银丝面馆

小吃 ¥

（☎8816 7177；麻巷公寓1号甲单元102室；银丝面 4元，人均 10元；⏲6:00~13:30，16:30~19:00）常州著名的百年老店，在城区有好几家分店。银丝面分为红汤、白汤和干拌三种，你可以点一些配菜，或自己动手加香菜小葱等佐料，面汤清香，面细如银丝却口感柔韧。店里的小馄饨、麻团等小吃味道也很不错。同样开了很多连锁的百年老店还有迎桂馒头店、常州糕团店和马复兴，路边看见了可以进去品尝一下。

长兴楼饭店

各国风味 ¥¥

（☎8515 9999；晋陵北路388号；人均150元左右；⏲10:00~14:00， 17:00~21:00）常州餐饮业的一块牌子，据说经营年头很久，不过环境装修都很现代化，颇具江南特色，店堂宽敞而幽雅，包房超大。中西餐食都有，同一个楼面上还可以吃铁板自助餐（晚餐 188/人），虽然有点儿贵但海鲜和其他菜都非常新鲜，三文鱼和扇贝吸引了众多海鲜爱好者。中餐菜品里天目湖鱼头汤和榴莲酥点击率最高。节假日要加收10%的服务费。

大城小爱

各国风味 ¥¥

（☎6789 7676，6789 7879；延陵西路6号万博百货三楼；人均 70元左右；⏲10:00~21:00）常州本土情调餐厅，里面什么菜系都有，中西合璧的口味倒是挺符合本地人的喜好。环境很好，菜品精致，适合约会。手撕鸡拌面是公认的好吃，“会跳舞的蜗牛”这道菜很有创意。

席家花园

中餐 ¥¥

（☎8667 7717；篦箕巷1号；人均 100元左右；⏲10:00~13:30，17:00~22:00）这家不大的私房菜馆位于篦箕巷中。环境幽静，可以一边品尝江南风味美食一边欣赏古运河在窗外缓缓流过。各种菜品都很精致，价格略贵但分量还可以，有一些别处没有的特色组合，比如牦牛肉炖仔鹅、野猪肉蒸春笋、黄金菜头炒虾仁。

猴王比萨

西餐 ¥¥

（☎8653 3367；武宜南路698~13号，淹城长兴华美达酒店旁；比萨 68~88元；⏲10:00~14:00，17:00~22:00）现烤现卖的意大利纯手工比萨，个大馅料足，主厨兼合伙人号称是意大利人，顾客也有很多老外，这在二线城市颇为罕见。有眼光的老板把店铺开在了淹城春秋乐园隔壁，另有一家分店（☎8511 1627，新北区河海东路83~89号），距离中华恐龙园不远。

实用信息

常州第一门户网（bbs.hualongxiang.com）

天目湖旅游官方网站（www.tmhtour.com）

到达和离开

飞机

常州奔牛机场（☎8325 6259，8325 6245；新北区罗溪镇）有往返北京、广州、哈尔滨、沈阳、深圳、重庆、成都、西安等城市的航班。

火车

常州火车站（☎8506 0222；关河中路1号）是京沪、沪宁线上的重要一站，列车众多，每天停靠的高铁和动车近两百车次，可去往南京[66元，1.5小时(高铁)；45元，2小时(动车)]、上海[74.5元，1小时（高铁）；50.5元，1小时15分钟（动车）]、苏州[34.5元，0.5小时（高铁）；24.5元，45分钟（动车）]、镇江[34.5元，25分钟（高铁）；21.5元，0.5小时（动车）]、无锡[24.5元，15分钟（高铁）；11.5元，0.5小时（动车）]、杭州[149元，2.5小时（高铁）；97.5元，3小时（动车）]、北京、武汉、合肥、兰州、徐州等多个城市。运行时间为总体估算，具体车次会有所不同，相差在15分钟以内。火车站南广场主要运营的是K或者T开头的普通火车；北广场大多是高铁和动车，隶属于常州客运中心。

常州汽车总站车次时刻表

站点	发车时间/班次	票价（元）	行程（小时）
扬州	6:40~18:30，30或40分钟1班	48	2
溧阳	5:30~20:00，20~30分钟1班	27	2小时15分钟
上海	7:00~17:40，共15班	62	2.5
南京	7:00~17:00，共20班	43~47	2

常州北站（新北区新桥镇）也有去往北京、上海、南京、徐州、郑州、青岛、武汉、济南等城市的三十多个车次的动车和高铁经停。前往常州北站可以乘坐B1或B19到终点站下。

汽车

常州汽车总站（☎8812 3550，8811 0710；www.czqcz.cn；竹林西路51号）就在常州火车站北广场，与城际列车站合称**常州客运中心**。因火车班次众多非常方便，长途客运主要发往周边扬中、金坛、溧阳等地和苏中苏北其他城市。

当地交通

抵离机场

奔牛机场的**机场大巴**（☎8326 6000；15元/人）从博爱路35号毗陵驿·翔航空主题酒店（原民航大厦）始发，发车时间为4:40、8:30、9:30、11:00、13:00、14:00、16:30、17:30、18:30，路上约1小时，除4:40的第一班车外都经停飞龙中路金百国际46路公交站。从机场始发的班车根据航班情况调整。从市区打车到机场约70元，可以选择不打表跟司机讲价到50元左右。

常州每天有6班车前往南京禄口机场，从粤海之星酒店（☎8699 5099；关河中路38号，可咨询订票）发车，时间分别为4:45、7:00、9:40、11:10、13:10、15:10，开出15~20分钟后经停清潭路102号（体育场南大门进30米），票价55元，运行时间约2小时。

公交车

常州公交网络发达，空调车票价1元，刷卡6折。普通公交车以外还有快速公交的BRT线路，票价也是1元。

出租车

常州出租车的起步价为9元，燃油附加费1元，3公里以上每公里1.8元，6公里以上加收50%的空驶费。

溧阳

溧阳距离天目湖仅8公里，因天目湖而著名，周边旅游市场开发相当成熟，形成了一整套围绕天目湖的吃住游娱项目，消费档次也因而更上一层楼。除了天目湖鱼头之外，特产溧阳风鹅、溧阳水芹也值得尝试。

景点

天目湖山水园　湖泊

（☎400 188 8588，8798 3333；天目湖旅游度假区；门票 120元，游船 60元；⏲8:00~17:00）天目湖的主要景区，入园后先乘双层豪华游船去**龙兴岛**。这是景区的精华部分，除此之外亮点不多，但是必须另外付钱乘游船前往。**蝴蝶馆**出门后可乘坐两段其他地方不多见的**露天长电梯**上山，登顶欣赏天目湖全景，往返约1小时。游览完毕后在原码头乘船前往**茶岛**（可以另外付费体验摩托艇和高空滑索），最后步行出园。总游览时间约4小时。

溧阳市区可乘坐9路公交直达景区，溧阳汽车站出来的公交站台就有，2元，45分钟，末班车17:40。打车需要40~50元。

南山竹海　自然景观

（☎400 188 8588，8793 5078；天目湖旅游度假区；门票 90元；⏲8:00~17:30）南山竹海景区刚进门的那一段风景还算优美，湖面波光粼粼，远处是生满竹林的山峰。步行约45分钟后到达山脚下（有小火车可乘，往返60元）。**熊猫馆**位于只能乘坐地面**缆车**（往返70元）上去的山顶上，里面只有一只熊猫，不感

另辟蹊径

瓦屋山

瓦屋山距离溧阳约40公里，地理位置与句容交界，素有江南小九寨之称。因为与四川瓦屋山重复，句容领导拍拍脑袋就将其改名为九龙山（这个名字几乎不为人知），后来又并给了茅山风景区。溧阳则坚持将他们那边的山头叫作瓦屋山，还为它申请到了一个宁杭高铁的瓦屋山站。两地争相认为这块风水宝地属于本市，这影响了它的旅游开发，也因此保留了森林大部分的原始风貌。

瓦屋山自然风景由五山四湖组成，方圆约30平方公里，山间植被茂盛，峰峦奇秀。李塔湖、上杆湖水面辽阔，波光粼粼，水质清冽，湖面上不时有水鸟飞过。春天时分，山脚下村庄中油菜花盛开，衬托着满山青翠，美不胜收。海拔约400米的山顶还有一座始建于唐代天宝五年（公元746年）的**宝藏禅寺**，相传为安徽九华山金地藏菩萨的二弟子道明和尚所创，近代经过重修，暮鼓晨钟，禅意十足。

因为旅游开发还不成熟，瓦屋山目前没有公共交通前往，也不收门票，不过预计2014年年底就要划成售票的风景区了。自驾车的游客可以从溧阳市沿着G104开车约40公里或从茅山风景区沿S340开车约30公里，到山脚下的李塔村，正对着李塔湖的地方，然后步行上山游览。李塔村周边有采摘、烧烤、农家乐等项目，晴朗的周末十分适合郊游。

兴趣的可以忽略。**吴越第一峰**可以步行上山，两千多级台阶往返需1~2小时，峰顶可以俯瞰大片竹海，吹吹山风很是惬意。乘坐索道的话也是往返70元。可步行前往的其他景点都是最近造的，只有**寿星广场**还算壮观。

可在溧阳汽车客运站直接乘坐109路公交直达景区，8元，1.5小时。山水园门口也有到竹海的专线车，5元，1小时。

御水温泉

温泉

（☎400 188 8588，8593 8888；南山竹海景区向东500米；温泉 218元/人；⏲10:00~22:00）这里其实是投资数亿打造的一个五星级度假酒店，由于条件、服务和氛围实在太好，以至于本身成了一个景点。这里有52个露天户外泡池，周边绿树环绕，山间竹林掩映，置身温暖的池水中，真是一种享受。

泡累了可以换上浴袍去位于二楼的休息厅，有免费的水果和饮料（每人一份），还有足疗、按摩、SPA等多项服务。白天游客较多，晚上则只有住在这家酒店的客人前来，如果你自己开车前来，不用担心回程问题，可以试试享受独占某个安静泡池欣赏满天繁星的感觉。

住宿

溧阳城区不大，住宿选择以连锁酒店为主，位于育才路98号的**汉庭汽车总站店**（☎8069 5888）和育才南路1号的**如家天目湖汽车总站店**（☎8098 3333）是距离景区最近的两家，而且距离汽车站步行都只有几分钟的距离。

南山竹海一带住宿选择较多，大多是景区周边居民利用自家房屋改造而成的宾馆，一般都算得上干净舒适，平日里150元左右就能找到一个合意的标间，到了黄金周则上涨到400甚至500元，而且还需要提前预订才比较放心。注意：楼下同时开有饭店的宾馆大多有油烟和噪音问题，看房的时候可不要被推开窗户看见竹林的安静景象所欺骗。

山水园景区附近镇上住宿选择有限而且条件不好。

来到天目湖，大部分人会尝尝闻名遐迩的鱼头汤。景区你能看见的所有饭店都有鱼头汤可点，标价大多在168~248元区间内，有还价空间。山水园景区出门的那条街上饭店林立，自驾车的游客可要小心了，他们往往会不顾自身安全骑着电瓶车追上来拉你去吃饭，如果不想在某家店吃饭，请注意不要把车停在人家店门口。

天目湖宾馆

中餐 ¥¥¥

（☎8716 8888）就在山水园景区正对门，是天目湖鱼头汤这道菜的首创之地，这里的鱼头最是正宗鲜美，当然五星级宾馆的价格不便宜，鱼头汤398元/份，还要另加15%的服务费。

碧波园大酒店 中餐 ¥¥

（☎8716 8899）就在天目湖宾馆对面，舌头不那么刁钻的游客可以选择这里，鱼头汤358元/份，味道也相当不错。

快乐家园酒店 农家菜 ¥

（☎8793 5788）位于南山竹海景区大门旁边，家常菜便宜，分量也足，还提供包餐宿的农家体验活动。你可以在这里填饱肚子，回到溧阳城区再品尝鱼头——城里价格比景区饭店要便宜，100多元就能喝上同样美味的鱼头汤。

到达和离开

常州汽车总站5:30~20:00都有开往溧阳的班车，发车间隔半小时或20分钟不等，最后两班车分别为19:00和20:00，27元/2小时15分钟。**溧阳市长途汽车站**（☎8720 4201；燕山中路16号）到常州的班车5:50~18:00每15分钟一班。

2013年7月刚通车的溧阳火车站共有宁杭铁路段的五十多个班次经停，可到上海[150元，2.5小时（高铁）；98.5元，3小时（动车）]、南京[45元，0.5小时（高铁）；30元，1小时（动车）]、杭州[74元，1小时（高铁）；49元，1.5小时（动车）]。火车站距离市区约35公里，可乘坐6、22、23路公交车到达，2元，40分钟。

镇江

人口 272万

镇江市

镇江是长江上第三大港口，长江和京杭大运河在此交汇，因运河行船需通过船闸，故有"江河立交桥"的美誉。悠久的历史和重要的地理位置给镇江留下了数不清的名胜古迹：金山寺、焦山定慧寺都有一千多年的历史。这个城市还是很多家喻户晓的民间故事的发生地，北固山下，甘露寺刘备招亲；金山寺里，白娘子水漫金山。这里人文也同样丰富多彩，《梦溪笔谈》、《文心雕龙》、《昭明文选》都写作于镇江境内。

历史

"京口瓜洲一水间，钟山只隔数重山。春风又绿江南岸，明月何时照我还？"王安石的《泊船瓜洲》脍炙人口，却很少有人知道京口就是现在的镇江。也难怪，镇江这个名字已经被叫了800多年。在这之前，它的名字有宜、朱方、丹徒、京口、南徐、润州，每个名字背后都是一段长达数百年的历史。

镇江可以文字考证的历史已有3000多年。1954年丹徒县出土的西周青铜器"宜侯矢簋"铭文记载此地为宜侯的封地，故名宜。春秋时期，吴国在这片改名叫"朱方"的土地上兴盛发展。吴国被灭后，新的占领者越国、楚国将其改称"谷阳"（因位于京岘山谷之南）。不久后秦始皇经过此地，发现这里"因山为垒，临江望海"，特派着赭衣的囚徒凿断京岘山以破王气，地名遂改"丹徒"。三国时期孙权将这里作为吴国的京城，迁都后因其位于长江口，又曾经作为京城，改名为"京口"。东晋初北方战乱，当局渡江南迁，在江南设置南徐州，京口又改称"南徐"。隋朝改丹徒县为延陵县，并在延陵县内设置润州府。直到宋朝，徽宗认为此地形势雄险，为镇守江防之地，给它取名"镇江"，这个名字一直沿用至今。

民国时期，南京是国民政府首都，镇江是江苏省省会所在地，那个年代的众多风云人物都曾在镇江逗留或居住，留下多处有故事的建筑。

景点

镇江市区的景点除了南山国家森林公园以外全部集中在江边一片狭长的区域内，133路公交车串联了金山、焦山、北固山三个风景区。如果这三个景区都想去的话可以在景区售票窗购买三山联票(120元)。

这里所说的淡旺季没有明确的时间分段，何时改变售票品种镇江市物价局会统一向各景点下发通知。一般来说春秋属于旺季，冬夏属于淡季。

金山公园 山

（见202页地图；☎8551 2992，8551 1631；

镇江城区

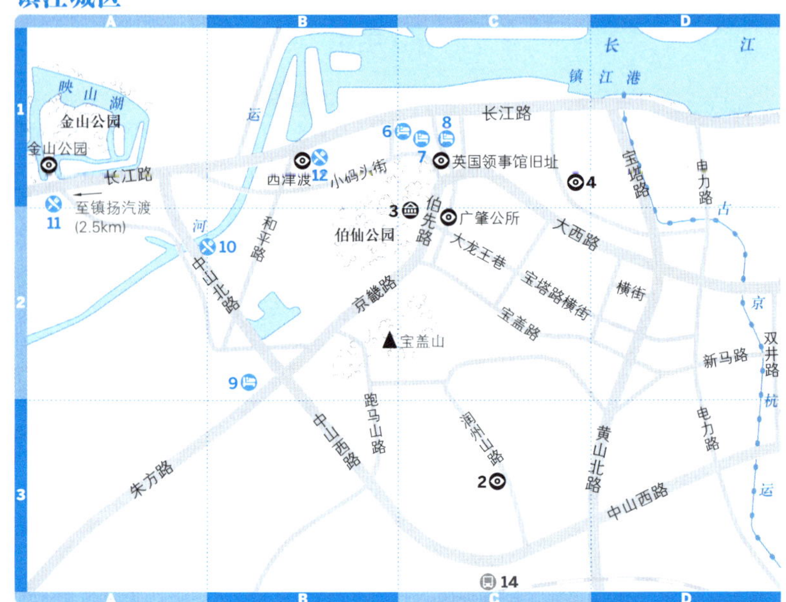

镇江城区

重要景点

- 北固山 F1
- 金山公园 A1
- 西津渡 B1

景点

1 梦溪园（沈括故居）........ F3
2 赛珍珠故居 C3
3 镇江博物馆 C2
4 陆小波故居 C1

住宿

5 锦江之星解放路店 E1
6 渡客INN客栈酒吧 C1
7 小山楼国际青年旅舍 C1
8 镇江雅狮精品度假酒店 C1
9 颐景主题酒店 B2

餐饮

10 毕世荣江鲜 B2
11 宴春酒楼 A2
12 镇江菜馆 B1

交通

13 镇江南徐汽车站 E3
14 镇江汽车客运站（镇江火车站）........ C3

www.jspark.cn；金山路62号；门票 淡季/旺季 50/65元；⏲6:00~18:00，江天寺至17:30，法海洞至16:00，慈寿塔至16:30）金山原先是长江中的一个江心岛，曾被称为"西浮玉山"，海拔仅43.7米。由于长江改道北移，金山便逐渐与南岸相连。《白蛇传》虽然是一个故事，但从这样的地理特点来看，水漫金山事件历史上可能有过。历史上梁红玉击鼓战金山的故事倒是千真万确发生在这里，当年她登高击鼓的妙高台还在金山寺后侧沿石阶而上的山上。

金山寺依山势而建，层层殿宇将整座山遮蔽，故有"金山寺裹山"的说法。登上金山寺中的慈寿塔，可俯瞰镇江全景。在《白蛇传》的故事当中，法海是破坏他人美满婚姻的罪魁祸首，但事实的历史中，法海是唐朝宰相裴休之子，著名的得道高僧。现在金山寺慈寿塔西侧的悬崖上还有一个洞穴，其中供奉有法海塑像，又名裴公洞。为了配合传说故事，法海洞附近有大型彩色浮雕画《白蛇传》，值得一看。

每年6~8月金山公园会举办荷花展，从公园大门口往长江路方向有大约200米的步行道，可以免费看到水面上荷叶田田，芙蕖盛开。公园游览约需2小时。

乘坐市区公交8、49、102、104路到金山公园站下，可到达景点。

焦山

山

（见202页地图；东吴路；门票 淡季/旺季50/65元；⏲7:15~18:00，16:45停止售票；渡船夏季7:30~18:00，冬季至17:30）焦山因东汉时期隐士焦光曾隐居于此而得名，又名“东浮玉山”，是三山当中唯一还浮于江面上的绿色岛屿。景区内的定慧寺被掩映于山荫竹林之中，故有“山裹寺”的美誉。

焦山碑林是江南第一大碑林，摩崖石刻举世著名，《瘗鹤铭》被誉为“大字之祖”，据考证其年代可追溯至东晋年间。入口处魏法师碑对面的陈列室内，有一幅雕刻在石板上的禹迹图，被认为是世界上最早的地图。但景区将大部分石碑用水泥砌入墙中方便游客观看的展示方式很是遭人诟病。

沿着古炮台出门右转的小径上山步行约20分钟，山顶的万佛塔处可以俯瞰长江与镇江市区。景区游览一圈1.5~2小时。焦山码头可乘坐**快艇**去往**北固山**（50元/人）和**西津渡**（60元/人），3人起送。

公交线3、4、104、133路可到达景区门口，其中4路可从火车站换乘。

北固山

山

（见202页地图；☎8885 8088；www.zhenjiang33.com；东吴路3号；门票 30元；⏲7:30~17:30）“何处望神州，满眼风光北固楼。”辛弃疾的《登京口北固楼怀古》就写作于北固山中，不过景区中现存的北固楼是2010年新建的宋式仿古建筑。北固山历史悠久，三国演义中刘备甘露寺招亲的故事就发生在山顶的甘露寺，故而有“寺冠山”的说法。山上景点大多与孙刘联姻的故事相关。

北固山景区入口有点难找，在江苏大学附属医院对面停车场的凤凰居饭店后方，需从小径步行进入，游览约需1小时。

4路、8路公交车可直达景区，在甘露寺或江滨医院北站下车即可。

南山国家森林公园

山

（见202页地图；☎8442 3090；www.nsfjq.com；竹林路98号；门票 淡季/旺季 30/40元；⏲7:30~17:30）南山风景区由招隐景区、竹林景区、鹤林景区和文苑组成，绿植掩映，森林覆盖，人文内涵十分丰富，很多文人名士曾在此居住并留下古迹名篇。梁朝昭明太子曾在此召集天下贤才编撰了中国文学史上第一部诗文总集《昭明文选》；北宋大书法家米芾在这附近居住四十年；周敦颐在此写下《爱莲说》。南山是典型的“古寺名泉”风景区，里面的招隐寺、竹林寺、鹤林寺都始建于东晋时期，虎跑泉、鹿跑泉、林公泉流水潺潺，很有禅意。

乘坐15路公交车可到达景区门口。

西津渡

街区

[见202页地图；☎8528 8555；www.xijindu.com.cn；进入景区免费，景点联票 30元（但我们调研的时候景点建设还未完成）；⏲9:00~16:30]西津渡位于镇江主城区西北部，地处长江和京杭大运河交界，史载其形成于三国时代，唐代开始成为重要渡口，曾是我国南北水上交通和漕运的重要枢纽。千年古渡口因为长江改道和泥沙淤积已经不再存在，留下石板墁地弯弯曲曲的小码头街，和沿街居住的上百户人家，形成具有独特历史感的文化氛围。

瘗鹤铭

《瘗鹤铭》是焦山江心岛上的摩崖石刻，原文160字左右，记述了作者埋葬家养仙鹤的事情。书写者众说纷纭，目前尚无定论，以“王羲之说”和“陶弘景说”接受度最高。但公认的是此铭文书法造诣极高，点画灵动，字形开张，连笔圆润，落笔超逸，“大字无过瘗鹤铭”，影响了后世很多著名的书法家。北宋书法家黄山谷临摹和学习《瘗鹤铭》石刻，形成了“中宫内敛，横竖画向四周开张”的“山谷书”。

石刻大约雕刻于东晋时期，唐代左右山石崩塌，失落长江中。宋朝因修建运河，工人先后打捞出五块铭文残石。明洪武时期，这些石刻又落入江中。后康熙年间镇江知府陈鹏年花巨资雇人打捞，终于在距焦山下游三里处将这五块残石捞了出来，移置定慧寺。现在你去焦山碑林看到残存93字的《瘗鹤铭》石刻已经被砌入室内的石壁，很难想象当年江边行船，远远看到俊美大字时的感觉了。

西津渡距离火车站约2公里，可乘坐17路在和平路站下，或乘坐2路在伯先公园站下，再步行至西津渡，打车10元左右。从南门汽车站出发无直达车，打车12元左右，约4公里。

英国领事馆旧址（见202页地图；镇江博物馆售票处买门票，20元/人）就在西津渡街区的小码头街尽头处。

镇江博物馆 博物馆

（见202页地图；☎8527 7143；西津渡小码头街尽头右转；免费；⏰9:00~17:00，16:00停止进场，周一闭馆）馆内展示的都是从镇江地区出土的文物，从西周时期的青铜器到晚清、民国的手工艺品。从唐朝开始，镇江作为南方金银器的中心产地，打造出非常精美的首饰器具，1982年在丁卯桥一次性就出土了950件，故二楼的金银器展厅很值得一看。

韦岗温泉 温泉

（☎8582 2222；www.zjwgwq.com；镇江西南韦岗铁矿内；门票 浮玉池/江天池 38/88元/人，1.4米以下儿童半票；⏰8:00~17:30）不同于其他很多地方号称温泉，实际上是人工加热的自来水，韦岗温泉的泉水源头在韦岗铁矿井下约200米处，水温恒定在50℃左右，内含非常多的矿物质，是真正的天然地热温泉，略有发黄，水质很好。目前的开发程度还不高，有大大小小十几个池子，包括儿童乐园、室内室外游泳池、小型户外泡池等。因温泉水的侵蚀作用，设施看起来有些陈旧。浮玉池暑期常有特价活动，泡温泉有时可低至15元/人。

温泉距离镇江市区约20公里，乘坐22或42路公交可到达。

镇江醋文化博物馆 博物馆

（☎8530 7755；丹徒新城广园路66号；门票30元）这个博物馆由知名老字号的制醋企业恒顺集团投资兴建，就在厂区隔壁，远远就可以闻到浓浓的醋味。馆内展示醋的发展和制作，游客可以在老作坊展区内自己动手翻动醋醅并现场品尝手工醋，9:00~10:00有糯米蒸饭制酒表演（一周三次），10:30~13:30有煎醋杀菌的生产流程演示（一周三次），颇具趣味。博物馆有免费的讲解，可跟着旅行团或买票的时候询问，他们会尽量为你安排。

博物馆地点相对偏远，散客自己过去不是很方便。可先坐公交到丹徒新城（丹徒区政府）再换乘118路；或先坐车到三山镇，再换乘132路到恒顺厂区大门口，下车后步行20分钟。从镇江市区打车前往约需60元。最好跟司机商量让他等你1小时左右，否则回程的车很难打到。

住宿

镇江的住宿行业跟其他城市相比不算发达，连锁酒店集中在大市口附近，有点特色的选择聚集在西津渡及其周边。

首选 小山楼国际青年旅舍 青年旅舍 ¥

（见202页地图；☎8528 6708；www.zjyha.com；西津渡利群巷11号；铺 50元起，普双 120元

起，标双200元起；❄📶）符合你对青年旅舍的所有想象，有特色的建筑（一栋二层砖木结构的明清式江南民居），绝佳的地理位置（西津渡景区），友好的员工和老板娘，公共区域（美中不足是夏天没有空调）有台球桌，来自天南海北的背包客聚集在院子里喝着啤酒（5元/瓶）聊天。旅舍还提供简餐、自助厨房、自行车租借（20元/天）和洗衣机服务（10元/桶）。二楼的Wi-Fi信号有时较弱，木质房屋隔音效果不是太好。房间有点小，不过很干净，对于这个地理位置来说是个相当实惠的选择。

镇江雅狮精品度假酒店 酒店 ¥¥¥

（见202页地图；☎8559 6888，8558 0777；迎江路43号；标间578元起，含双早；❄📶@P）距离西津渡非常近的五星级豪华酒店，大部分房间可以看到整个西津渡街区的夜景。酒店外景古色古香，很有江南风韵，内里现代化装修，配有酒店房间不常见的电动窗帘。房间很大，床也同样又大又舒服。入住赠送免费水果。通过携程等网站预订有幅度不等的优惠。

渡客Inn客栈酒吧 精品酒店 ¥¥

（见202页地图；☎8596 2877，8596 8955；西津渡街2~6号；标间 平时/周末 238/278元；❄📶）一家只有9间客房的雅致小客栈，雕花梁柱，天井院落，房间里布置有精心淘到的各种老物件，煤油灯、留声机、拨盘电话、印着牡丹花的搪瓷开水瓶等。现代卫浴设施和各类复古装饰混搭在一起，既舒适又引人怀旧。楼下的酒吧（人均50元；⏲9:00~00:00）是个跟人交流的好地方。

颐景主题酒店 精品酒店 ¥¥

（见202页地图；☎8188 0111；朱方路70号，东方伟业向南20米；标间188元起，主题房间298元起；❄@）开张不到一年的新店，地理位置很好，距离西津渡和金山公园步行不到十分钟路程。51间客房中有8间是主题房，虽然价格略高，却值得尝试。主题房间内用纱幔、壁画、浮雕、灯光营造出特别的气氛，适合情侣居住。公交线路123、130、K201、K226二道巷站下车就是。

锦江之星解放路店 连锁快捷酒店 ¥

（☎8881 7766；解放路305号，江滨医院对面；标间149元起；❄📶@）地理位置非常好的连锁酒店，2013年3月刚开业，游玩、出行、用餐都十分方便。

就餐

镇江的餐馆大多开门晚而关门早，下午还会有一个长长的打烊时间，这个城市的悠

正在变质的街区

我们调研的时候，整个镇江都在进行大规模的施工，城区内随处可见建筑工地，西津渡街区改造工程就是众多施工项目中的一个。

为了打造旅游景点，政府计划将附近居民全部迁出，目前仅剩下几户人家还在坚守，巷子里的老房子绝大多数已变成断瓦残砖。你再去西津渡将再也看不到黄昏时分用木炭引燃煤球炉的老爷爷，阁楼窗口晾晒着的衣服，还有经营了几十年的锅盖面小摊了。居民搬走后不再富有生活气息的街区，再怎么精心装修仍是缺少了什么，虽然沿街房屋进行的是整旧如旧式翻盖，据称尽可能使用旧宅拆出来的砖瓦木料，但已完工的大部分都租给了饭店、酒吧、工艺品店。有人指着小码头街的另一端告诉我们，那边出去几百米处的工地，正在建设小高层住宅楼。8月，一个长达百米的游客长廊即将竣工，里面大概会摆摊设点。在可预见的未来，巨大的商业利益驱动之下，西津渡会变成一条毫无特色的仿古商业街。

正在经受同样命运考验的街区还有伯先路、京畿路，那边有保存完好的民国建筑群，现在只剩下居民搬走后略显残破的老宅，关门闭户的旧日商铺台阶上积满了尘土和落叶；润州山路因为有赛珍珠故居，政府已经开始将周边3800户人家全部搬迁；大西路宝塔路一带的巷子里现在还有居住着人的民国甚至更早期古宅，但据称拆迁方案也正在制定中。

步行游览
西津渡

先进❶**金山公园**（见201页）去看看传说中的金山寺，出来后沿着长江路直行，穿过一座大桥后就可以看到千年古街❷**西津渡**。沿着小码头街的石板路，上行可以看到❸**昭关石塔**和❹**观音洞**。爬台阶的时候不要忘记留心右侧脚下，标记❺**"一眼千年"** 的玻璃下方才是真正有上千年历史的石板石砖。小码头街的尽头是❻**英国领事馆旧址**（见204页），入口在右转方向❼**镇江博物馆**（见204页）的隔壁。

参观完博物馆出来，请放慢你的脚步，到马路对面去找❽**广肇公所**，那里是清朝广州、肇庆商人洽谈会晤的地方，旁边还有伯先路民国建筑群的简介。看完介绍后回到马路对面去，你可以看到镇江商会旧址。再往前走有一座漂亮的黄色小楼，那就是❾**蒋怀仁诊所**。蒋怀仁是蒋介石的叔叔，蒋宋新婚时曾住在这栋小楼的二楼。黄色小楼隔壁，你可以看到一栋也很气派的楼房，门楣上有❿**"屠宅"**二字。这座宅子的主人是屠家骅，国民党时期曾任苏皖邮务管理局邮务长。屠宅和金山饭店之间有个一米宽的巷子，巷子门头上有石刻"楚径"二字，系民国元老于右任手书。⓫**金山饭店**的窗户是五彩玻璃，现在看起来不起眼，当年可是镇江最高档的饭店呢。

再往前走，经过⓬**镇江老邮政局**和⓭**红十字会江苏省会旧址**，你就看到了⓮**伯先公园**，这是为纪念民主革命先烈赵声而建的纪念性公园，免费向公众开放，公园内绿茵遍地，古木参天，是城市中不可多见的氧吧。

还想继续访古探幽的话，不妨朝大西路上的巷子深处走走，那里还保存着老镇江人的传统生活方式。趁着拆迁之前，赶紧去体验一下平易近人的古老气息吧。

闲从容可见一斑。如果你住在西津渡附近，一定要在21:00之前解决晚饭，否则就只好在房间里吃泡面了。

本地美食集中在大市口夜市一带，中山东路近三五九医院，乘坐公交4、5、104路可到达。金山公园对面宴春酒楼后的那条街上也有很多小吃。

首选 宴春酒楼（金山店） 镇江菜 ¥¥

（8551 6877；金山公园对面；人均 80~150元，蟹黄汤包 10元/只；7:00~10:30，11:00~13:30，17:00~20:30）1890年就开始经营的老字号饭店，以镇江地方特色菜肴为主，非常有名，这里的水晶肴蹄和蟹黄汤包制作工艺甚至列入了省级非物质文化遗产保护项目。根据长江特产和地方口味，他们研制出著名的“三鱼两头”，即清蒸鲥鱼、清蒸刀鱼、白汁回鱼、拆烩鲢鱼头、清炖蟹粉狮子头，长期以来广受食客欢迎。

宴春酒楼在镇江市还有两家，**大市口店**（8501 0477；解放路87号）和**东吴店**（8885 1777；九里街市委党校内）。大市口店是总店，不过附近停车不太方便，装修环境等也不如金山店；东吴店距离游客活动的区域有点远。

毕世荣江鲜 镇江菜 ¥¥

（8591 7777，8589 7777；中山北路翠堤春晓267号，金山桥旁；人均 100~150元；9:30~13:30，16:30~20:30）原先金山路侧“江鲜一条街”上最火的一家，原址拆迁，近期才搬到现在的地方。这家店一直以来都以江鲜为主打产品。288元的“周游世界”内含10种鱼类菜肴，装在一米长的椭圆形大盘子里端上来，果真色香味俱全（需提前预订）。还有小杂鱼拼盘（40元），附送大饼，经济实惠，也是高点击率的菜品。这家的厨师还做得一手好河豚（需预订），就看你敢不敢吃了。

镇江菜馆 镇江菜 ¥

（8527 8777；西津渡景区正门口；人均 30~50元；7:00~10:30，11:00~13:30，17:00~20:30）经营镇江本地菜的餐馆，仿古建筑颇显雅致，环境很好，价格却相当实惠。早餐时段的包子供不应求，菜馅包子里居然还能吃出不止一个白果。小笼汤包很好吃，锅盖面、肴肉味道也不错。

永康羊肉馆 镇江菜 ¥¥

（丁卯桥左侧；全羊席 380/480/580元起；10:30~13:30，17:00~20:00）东乡羊肉也是镇江名吃，这家店到了冬天吃羊肉的旺季每天都要杀7~8头羊，可见生意的火爆程度。羊肉汤、羊蝎子、羊杂碎、羊头肉，各种部位各种做法的羊肉让人吮指回味。吃不惯羊肉的人也能尝尝他家的羊汤，几乎没有腥膻气。东乡羊肉产区在丹徒区大陆镇、姚桥镇和大港一带，那边也有很多做羊肉的餐馆。

镇江的名人故居

镇江人杰地灵，历史上出过很多名人，城区也因之留下了很多名人故居。其中对外开放且**免费参观**（开放时间均为9:00~11:30，13:30~17:00，16:30停止入内，周一闭馆）的有：

梦溪园（8442 5561；梦溪园巷21号）北宋著名科学家沈括在这里居住8年，其间撰写了笔记体巨著《梦溪笔谈》。梦溪园几易其主，原址已毁弃，现有故居为2012年在原址附近重修，里面有介绍沈括生平的展览。

赛珍珠故居（8527 7143；润州山路6号A栋）赛珍珠是唯一同时获得普利策奖和诺贝尔奖的女作家，她生于美国，3个月后即被身为传教士的双亲带到中国，在镇江生活前后长达18年之久。其故居是一座青砖木结构的两层楼房，用以收存陈列赛珍珠的著作和相关物品、资料。

陆小波故居（中华路打索街68号）陆小波是著名实业家，一生创办了百余家企业、数十所学校，为镇江近代工商业的兴起与教育事业的发展做出了巨大贡献。他的故居为清代传统民居建筑，前后共五进，修复保存十分完好。

镇南面馆 小吃 ¥

（☎8440 3398；解放路4号5-1，天桥下面自由领地小区门口；人均15元；⏲10:30~13:30，17:00~20:00）镇江随处可见"锅盖面"的招牌，这家店则是把锅盖面这种小吃做到了极致，浇头品种多得数不过来，辅料也特别美味。点一份面，再加块肴肉，淋点香醋，集镇江三大怪于一碗的美食保证让你吃了还想吃。面馆的环境和口味都是多年未变。

实用信息

东吴路上集中了多家银行网点。

梦溪论坛（www.my0511.com）是当地社区门户网站。

到达和离开

长途汽车

镇江汽车客运站（☎8523 2762；中山西路67号，镇江火车站广场东侧）共有营运线路50条，发车方向为沪宁高速和往苏北方向快客、普客，还有扬州、仪征、江都、扬中专线。班次信息见下表。镇江公交17、25、35、118路都经过汽车站门口。从火车站步行十分钟即可到达。

南门汽车客运站（☎8502 9860；官塘桥路2号）车次和目的地比汽车客运站要少。到丹阳6:25~18:55每隔15分钟一班；到茅山的车每天两班，分别是8:35和15:10。

镇江南徐汽车站（☎8572 2983；南徐大道）主要始发镇江本地和扬州及下属区县的班车，也有班车去南京中央门汽车站。

镇江所有汽车站同属江天汽运集团，可登录www.zjjtqy.com查询班次及在线订票。

火车

镇江是京沪、沪宁高铁线上重要的一站，目前共有247趟列车经过镇江，其中一半是高铁和动车。从镇江可乘坐高铁去往北京（468.5元，4.5小时）、上海（109.5元，1.5小时）、南京（34.5元，24分钟）、苏州（69.5元，1小时）、无锡（49.5元，45分钟）、**常州**（34.5元，30分钟）、青岛、宁波、合肥、六安；乘坐动车可去往上海（72.5元，2小时）、南京（22.5元，30分钟）、苏州（46.元，80分钟）、无锡（33.5元，50分钟）、常州（25.5元，48分钟）、温州、徐州、郑州、武汉等城市。

整个**镇江火车站**分为**北广场**（老火车站，中山西路上）和**南广场**（高铁站，又称城际镇江站☎9510 5688；黄山西路上），两站之间有步行地下通道连接。普通列车一般在北广场上车，动车和高铁都在南广场上车，请看清票面上注明的南北广场，以免弄错。市区有多路公交车可抵达火车站南北广场，打车不超过15元。

镇江南站位于丹徒区解巷村东侧，距离镇江市中心5公里，主要停靠京沪、沪宁高铁列车。公交线路D5、39、100、131、202、208等以镇江南站为首末站发车。

镇扬汽渡

镇扬汽渡连接镇江和扬州，日夜通航，一般白天过渡的等候时间约3分钟，航程8分钟左右。散客3元/人，过渡时可以看见横跨长江的润扬大桥。目前没有公交车停靠汽渡站点，不过汽渡距离西津渡仅3公里多，打车也只要十多元钱。到扬州后交通参见234页。

当地交通

抵离机场

镇江没有自己的机场，不过南京禄口机场在镇江火车站南广场设置了**城市候机楼**（☎8523 3898；⏲5:10~18:30），离镇江高铁站和汽车客运站都很近。机场班车5:30~18:30，除7:00和8:00之外，每隔1.5小时发车，票价55元。乘客可以直接在候机楼领取登机牌，然后乘坐约90分钟的机场班车前往禄口机场。

公交车

线路以D字母开头的大运量公交车是镇江一大特色，这种公交车的车身长达13.7米，核定载员多达130人，车厢内安装液晶电视、GPS、LED显示屏，设备十分先进。因车辆采购价格接近豪华轿车，车票却很便宜，被戏称为"1元钱坐宝马"，

镇江汽车客运站车次时刻表

站点	发车时间/班次	票价（元）	行程（小时）
丹阳	6:10～18:40，15分钟1班	9元或11元	1
茅山	7:55、8:50、9:50、14:25、15:25、16:45	15	1.5
扬州	6:20～20:30，约10分钟1班	17	0.5
上海	7:50、9:00、11:40	83	3.5
南京	6:10～18:40，共32班	18	1.5
无锡	7:50～17:30，共8班	42	2
常州	7:50～17:30，共12班	30	1.5
苏州	7:50～17:30，共8班	56	2.5

冬夏季空调车票价也才2元。目前镇江共开通了5条大运量公交线路，顺路的话不妨体验一下，镇江城铁站是D1和D2始发站，焦山风景区门口有D4。

出租车

镇江的出租车起步价为8元/3公里，后续每公里1.8元（我们调研时正在进行调价听证）。看起来并不高，但实际操作中超过4公里就要开始加收50%的返程费，即4公里后为每公里2.7元，所以较长距离打车费用并不低。

茅山风景区

（☎400 1089 996，8782 7158；门票 7～9月、11月至次年1月90元，2～6月、10月120元，必须乘坐景区内交通车，车费 25元；⏰7:00～17:30）茅山位于镇江以南79公里。提到茅山首先想到的就是茅山道士，这里是道教上清派的发源地，被称为“上清宗坛”。景区位于茅山北坡，山清水秀，遍布道观，香火十分旺盛，合称“茅山道院”的九霄万福宫和元符万宁宫是其中最大的两间，著名道士葛洪、陶弘景等都曾在元符万宁宫结庐修炼。但现存的茅山道观绝大多数是近十几年间修建的。

如果你是自驾车游客，又对宗教文化没什么兴趣，不是非去茅山道院不可的话，还可以选择从常州境内的常金路（X206）上山，路口处会看到一个“茅山风景区”的指示牌，距离茅山景区大门绕行约6公里，沿途有好几个新修建的不出名小道观可看（目前还不要票）。崇寿观旁边的**徒步登山点**（门票 20元）上山，要爬1～2小时，游览的是茅山南坡，青翠可爱的山间风景与北坡无异（此地无路通往北坡）。从那里也可以乘坐长约800米的金牛岭索道直达九霄万福宫，往返50元，索道终点处还是得买茅山景区大门票，也不方便游览其他景点，并不合算。X206向山上多走几公里，与X305交叉的地方是茅山风景区的后门，跟门卫商量一下也许他会同意你开车经过那条被景区圈起来的公路，但沿途不能停车，被抓住会因为逃票被罚款。

南京中华门客运站和马群客运站、常州北站、镇江汽车站（直达茅山的班车见本页）和南门客运站都有发往句容的班车，句容直达茅山景区的旅游专线每30分钟一班，票价6元，约20分钟车程。

宝华山

（☎025 8581 8499；宝华镇杨柳泉路，312国道边；门票 50元，区内观光车往返10元；⏰8:00～17:00）宝华山位于镇江以西41公里处，本身并不很出名，但山中的**隆昌寺**却是律宗祖庭，有1500多年的历史，在佛教徒心中享有崇高的地位。

传说中济公活佛的原型梁代高僧宝志和尚最初在此开坛讲经，香火日盛，经逐朝扩建，有记载称鼎盛时期的隆昌寺有房999间半。无梁殿和铜殿是寺庙的精华所在，雕刻细致精美，但房子很小，慕名而去的游客也许会略感失望。隆昌寺还是国内为数不多具有放戒资质的寺院，取得隆昌寺发放戒牒的僧人在佛教界很受认可，许多东南亚国家寺院的住持都在这里受戒。不要错过看一眼放置在后殿位置的石刻戒坛，清朝以来，有数以十万计的僧众在这上面受戒。

4月下旬宝华山会举办**泡山节**，目前已经成功举办了七届。每年的泡山节会选定一个主题，并举行相应的户外活动，如烧烤、野营、瑜伽、歌舞、茶艺、交友、亲子互动等。

到达和离开

宝华山位于镇江、南京之间，距离两市主城区都是30公里左右。**宁镇公交专线**（15元，40分钟，6:00~19:00每20分钟一班，连接南京长途东站和镇江高铁站）和南京栖霞区的**隆栖线**（2元，1小时）可直达宝华山景区的北大门。

景区附近有宝华山高铁车站，每天有从南京、上海始发的过路车停靠，车次为G7125、G7032，到站时间分别为8:53和7:46。到南京/镇江车程12/14分钟，票价9.5/14.5元。车站到宝华山约3公里，没有公交，只有当地称作马自达的三轮车，到景区20元/车。自驾车前往比较方便，景区可以开车进入，10元/车。景区还没有怎么开发，建议自带些食物饮料。

丹阳

丹阳，取丹凤朝阳之意，有王者之地的称号，是春秋吴国的发源地，一座历史悠久的古城，境内保存着悠然古朴的农村风貌，文物古迹很多。

景点

天地石刻园 主题公园

（☎400 800 0033；www.tdskpark.com；丹阳开发区凤凰湖畔；门票 80元；⏲9:00~16:00）以石刻为主题的游乐园，园中搜集了8000多件各种各样的历代石刻，号称亚洲最大。配合声光电影等技术，向游客展示石刻艺术和齐梁文化。室外展区按照陵墓类石刻、宗教类石刻和其他石刻三大类进行布展，各式各样的石塔石佛、石兽碑碣，小的几十斤，大的二三十吨。石刻均为加拿大籍华人吴杰森先生捐赠，馆藏之多，规模之大，令人叹为观止，在世界上也算罕见。这是丹阳近几年才开发的景点，目前游客还不是很多。

九里风景区 古迹

（☎8684 8061；延陵镇北环路；门票 20元；⏲9:00~18:00）九里风景区距离丹阳市区约20公里，因距离古延陵县城九里路而得名。主要看点是祠堂建筑群和季子庙的沸井。季子庙为纪念春秋时期季子而建，现存古沸井六口，三清三浊，井内水面翻腾鼎沸，滚浪有声。这种现象为何会出现目前还没有科学定论。坐落在九里村附近南季河上的季河桥始建于明代，现在仍然坚固耐用，桥面上的拱角狮石刻古朴可爱。

丹阳汽车站有专线车前往景区，也可以搭乘去往九里村的镇村公交。

另辟蹊径

丹阳的六朝石刻

丹阳是梁朝萧姓皇帝的故乡，按照落叶归根的传统观念，梁王朝所有的皇帝都在身故之后归葬故里，所以丹阳境内有六朝时期的皇帝陵墓13座，墓前石刻因造像精美、形制巨大（2~3米高）而远近闻名。但历经战乱及时光湮没，现存的石刻作为保护文物，既不可能移入博物馆或天地石刻园这样的景点，也没有得到应有的重视和保护，仍然散落在丹阳周边农村的各个角落。对古迹有兴趣想要前往凭吊的游客，只有自己包车前往寻找了。

陵墓石刻主要在以下几个地方：荆林三城巷一带（华莱士西服附近）有**兴安陵**、**建陵**和**修陵**；建山乡前艾东路田家村附近有**景安陵**，在丹阳北站京沪高铁的高架桥下面进去几公里的地方；还有几处分布在胡桥乡周边和陵口镇。

购物

丹阳眼镜据称占中国眼镜产业总量的80%，城区附近全是生产眼镜及其周边产品的工厂。由于靠近产地，规模效益明显，价格十分低廉且选择范围大，经常有人专程前往配眼镜，一口气买好几副，即使加上往返车费仍然可以便宜不少（前提是会还价，略懂行）。

丹阳眼镜城位于丹阳老火车站对面，这座五层建筑，包括眼镜城所在的车站路，全部都是做眼镜批发零售业务的店铺，加起来有上百家。镜框、镜片、镜盒、太阳镜、隐形眼镜、护理液，与眼镜有关的产品和配套都能找到，配一副眼镜最便宜只要40元。各店铺都提供选镜、验光、配镜一条龙服务，速度也很快，一小时之内就能取货。

到达和离开

丹阳跟镇江一样，位于沪宁、京沪高铁线上，过路列车众多，交通十分方便。到上海乘坐高铁只需1.5小时，到南京是34分钟。注意**高铁站**和**老火车站**（☎8657 9367；车站路；只停靠普通列车）不是同一个地方，出高铁站右转直走，看到转盘时右转过桥洞，上车站路，就可以看到眼镜城和对面的老火车站了。**丹阳北站**距离市中心约6公里，南侧有前艾东路，北侧有荆林集镇，想探访六朝石刻的不妨在这里下车，不过每天只有13个车次，不是很方便。市区公交9路可抵达丹阳北站。

镇江汽车客运站到丹阳的汽车6:10~18:40间隔15分钟一班，票价9~11元不等，运行时间约1小时。

丹阳客运中心（南门站）到镇江的汽车6:00~18:20间隔10分钟一班。

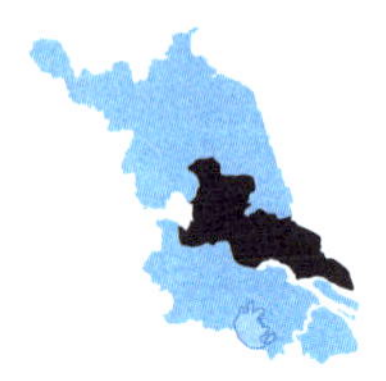

苏 中

包 括 »

扬州……213页
邵伯……234页
高邮……235页
泰州……239页
南通……244页

最佳餐饮

» 富春茶社（见229页）

» 怡园饭店（见229页）

» 冶春茶社（见229页）

» 新富春大酒店（见241页）

» 吕四杏花村大酒店（见250页）

快速参考

» 扬州

电话区号：0514

» 泰州

电话区号：0523

» 南通

电话区号：0513

为何去

早在两千年前，广陵潮还在拍打着扬州附近的江岸，泰州还紧靠着海岸，南通还在等待浮出海面，长江带来的泥沙就已经逐渐沉积形成了今天的苏中大地。

贯通南北的大运河成就出扬州古城，古时的繁华给扬州留下一座座融会南北风格的园林，或大或小精致典雅，还有许多古老街巷。最好沿着大运河走上一趟，无论是河边的古镇，还是河里的船队，都可以让人从中感受到这条运河的重要。

走出被凤城河环绕的泰州城，还有更多的湿地和水网在乡间铺展，阔大的水面引来千船聚会，成为当地一道民俗景观，密如蛛网的河网上盛开出菜花的垛田，就连森林也生长在水中。在苏中最后浮出海面的南通，却成了"近代第一城"，清末就诞生了开启民智的师范学校和博物馆，发生在那些中西合璧的建筑里的故事曾经引领过近代民族教育和工业的发展。

爱好美食的朋友，更应该来这里，物产的丰饶加上厨师手艺的高超，使得无须口味强烈的调料，便有了淮扬菜的美誉。到扬州的茶社吃早点，到泰州的江边尝河豚，到南通的海边大啖"第一鲜"，就算不看美景，这许多的美食也足够回味很久。

何时去

最好的季节，李白在1300年前就确定了，他说："烟花三月下扬州。"春季来到苏中，既有天然的景色，也有传统的节日。就算在夏季前来，白天有园林里的绿茵遮阳，而夏日夜间的船游更加精彩。扬州有瘦西湖和大运河，被誉为占了天下三分之二的月光；泰州有环城的凤城河，夜色里呈现出的一道阑珊灯火，宛如一条璀璨的夜明珠项链；南通的濠河夜游更是城市的亮点，精彩纷呈的"濠滨夏夜"系列活动会带来怡人的清凉。

此外还可以在金色的秋天来，那是物产最丰盛的时节，不妨将行程定为美食之旅，一路搜寻各种小吃大餐。

扬州

人口 460万

扬州市

也许，作为一座古城扬州应该庆幸。当许多别的古城在轰轰烈烈地成片推平古老街区时，扬州却在推平城西的农田。扬州的老城区留下来了，而在古城的西部出现了一个新城区。

当新城区里毫无特性的高楼在越来越多地扎堆时，老城区的扬州却更加的安宁。被古运河环抱的那些古老的园林，垂柳在清静中翠绿，翠竹在安宁中拔节。古老宅院旁的小巷里，脚步声却显得更加幽静。

历史悠久的商业城市，也传承下来关于生活的技艺和营生。玉雕和漆器，在手中创造出精致的美；刻制雕版的利刃，在将方块的汉字传承；厨刀在案板上发出诱惑舌尖的声响，理发刀和修脚刀舒坦了头与脚。

扬州是一座适合老百姓居住的城市，有习惯的早茶，有淮扬菜的口味，早晨到瘦西湖畔漫步，傍晚在运河边纳凉。虽然有越来越多的游客进入了他们的生活，可悠悠的日子还是一如那大运河里的流水，一去不返又周而复始。

历史

“扬州”是一个古老的名字。在中国还处在上古九州的时代里，“扬州”就成为九州之一的名号。吴王夫差掌控这片土地后，为了继续争夺中原，下令开挖了沟通长江淮河的邗沟。在那个纷乱的战国年代里，扬州也有过广陵和江都这两个名字。

那时的长江口可是很靠近扬州，喇叭形的江口掀起了一波又一波的广陵潮，跟起伏的潮水同样，管辖扬州的朝廷也在一轮又一轮地更换。当轮到了那位曾经在扬州当过几年总管的隋炀帝时，他给扬州带来了大运河，有了运河的扬州，从此确定了在历史上的地位。

大运河的航运带来了人气和财富，也带来了众多的文人墨客，将扬州的美好倾注在流传至今的诗赋中。交通便利带来的商业活动，不仅导致城市的繁华，也使之成为古代中国对外交往的窗口，就连意大利和韩国的老外，也在扬州当过官员。

经济地位和地理位置都很重要的扬州，在享受了流金淌银的昌盛后，却也在改朝换代的战争中被一次又一次地破城和毁城。唐宋元明清历代，重新建起的城池位置总在移动，又总是离不开大运河的滋养。

清代的盐运将扬州带到了历史的鼎盛期，也留下来那些至今仍然吸引游客的园林和古宅。然而更快速便利的铁路却抛弃了扬州，眼看着昔日的辉煌不再，江南城镇作为后起之秀将自家取代，扬州人只好安于苏南和苏北之间，过起自家的小日子。

1949年后的扬州，跟随着国家命运经历了所有的起起伏伏，又一次的快速发展是在1990年以后。此时铁路修通、跨江大桥耸立，天时、地利加上人和，就连原先拟定的“镇扬大桥”也被题写为“润扬大桥”，扬州又一次滋润起来。

景点

瘦西湖一带

位于扬州城北的蜀岗，曾经一直是古代扬州城池的所在。蜀岗坡上的大明寺和附近的瘦西湖，是扬州最重要和最著名的景区。5A级景区的授予，也代表着这里的规范和设施的齐备。每遇节假日，这山这水之间充斥着人流和车流。

瘦西湖 园林

(见216页地图；☎8735 7803；大虹桥路28号；门票150元；⏲5:30~17:00)原来是一条自然的河流，婀娜地漫流千古。在扬州城形成后，这里也成了园林的景致，借来西湖的名字，却又添加了一个曼妙的“瘦”。来到了扬州，怎能不来瘦西湖。在湖边柳枝的轻扬中，**小金山、钓鱼台、凫庄、白塔**和**五亭桥**，沿着水边次第展开，宛如拉开了一幅如画的长卷。

在这些旧时造园艺术之旁，沿着瘦西湖的水道，又陆续建起了**二十四桥景区**和**万花园景区**。这些现代的古典建筑，可以使众多游客更加流连忘返，也算是对如此高门票的一种回报。

苏中亮点

❶在扬州的**老街巷**（见220页）中悠游，感受古城的市井生活。

❷欣赏扬州的**园林**（见219页），兼有南北情调。

❸游船驶过**大运河**（见223页），河水曾带来扬州的千年兴盛。

❹在三把刀的故乡，品尝**淮扬菜**（见229页）的精髓。

❺千船云集，一年一度的**溱潼会船**（见242页）实为罕见。

❻坐船游南通**濠河**（见247页），欣赏这座城市的璀璨夺目的项链夜景。

盐城
盐都区
大丰
盐城市
黄海
通榆运河
东台
溱潼
5 溱潼会船
海安
通扬运河
姜堰
泰州
如皋
通扬运河
如泰运河
泰兴
靖江
江阴
张家港
长江
6 濠河景区
南通
常州
无锡市
苏州市
上海市
G15
S226
S18
G204
S332
S229
S233
S29
S333
S28
S221
S334
G40
G2
S225
S223
S336
S338
S32
G42
S38

扬州城区

0 500 m

至五亭龙国际玩具礼品城(3.1km);
扬州客运北站(3.8km);
扬州泰州机场(43km)

4
平山堂东路
保障湖
3
13
大明寺
平山堂路
28
扬子江北路
平山堂西路
12
平山堂路
相别路
友谊路
黄金坝路
竹西公园
竹西路
三里路
邗沟路
邗沟路
2
史可法路
老虎山路
老虎山路
高桥路
友谊路
漕河西路
漕河东路
五台山路
长春路
凤凰桥街
17
瘦
西
梅岭西路
梅岭东路
桑园路
瘦西湖公园
扬子江北路
友谊路
北门外大街
史可法西路
史可法东路
高桥路
江都路
湖
念四桥路
瘦西湖
20
长征路
史可法路
46
45
41
安康路
大虹桥路
52
43
10
8
36
盐阜东路
泰州路
古
淮
汶
盐阜西路
解放北路

翠岗路
四望亭路
东关街
国庆路
江都路
文昌西路
文昌中路
海路
河北路
大学北路
二道河
石塔南街
淮海路
汶河南路
甘泉路
广陵路
湾子街
皮市街
泰州路
运
解放南路
立新路
运河西路
维扬路
至扬州双博馆(3.3km);
扬州火车站(5.4km)
至扬州客运东站(4.5km);
江都水利枢纽(15km)
新城河路
秋雨路
秋雨东路
扬子江中路
文汇东路
文汇西路
渡江路
徐凝门大街
南通东路
南通西路
荷花池公园
荷花池
荷花池路
大学南路
施井路
河
徐凝门路
江阳东路
渡江南路
东花园路
东花园东路
兴城西路
兴城东路
江阳中路
里
七
联谊路
汤汪路
至扬州客运西站(0.9km)
至高旻寺(8.7km);
瓜州古渡(15.6km)
文峰路

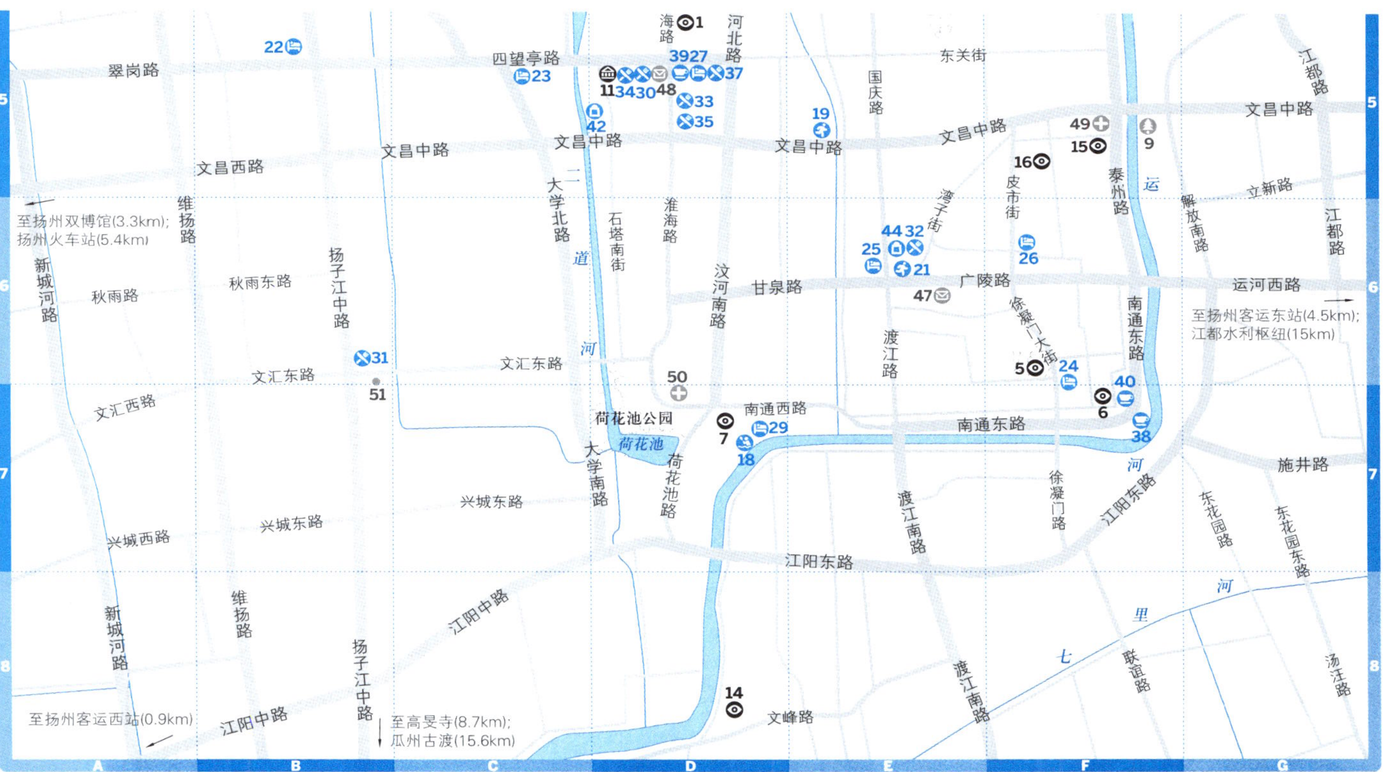

扬州市 苏中

扬州城区

重要景点

大明寺 B2
瘦西湖 C4

景点

1 八怪纪念馆 D5
2 大王庙 F2
3 观音山 B2
4 汉广陵王墓 D1
5 何园 F6
6 卢氏盐商大宅 F7
7 南门遗址公园 D7
8 盆景园 D4
9 普哈丁园 F5
10 史公祠 E4
11 宋大城西门遗址博物馆 D5
12 宋夹城遗址公园 C2
13 唐城遗址博物馆 C2
14 文峰塔 D8
15 吴道台府邸 F5
16 朱自清故居 F5

活动

17 便宜门游船码头 F3
18 南门遗址游船码头 D7
19 陆琴脚艺珍园店 E5
20 瘦西湖游船码头 D4
21 永宁泉 E6

住宿

22 八月人客栈 B5
23 背包客青年旅舍 C5
24 福客都（何园）国际青年旅舍 F6
25 绿杨旅社 E6
26 小舍艺术客栈 F6
27 星语城市酒店 D5
28 扬州画舫风情酒店 B2
29 永乐客栈 D7

就餐

30 吃得开茶餐厅 D5
31 大明寺素食坊 B6
32 富春茶社 E6
33 骨色骨香 D5
34 老土灶 D5
35 三香碎金 D5
36 冶春茶社 D4
37 怡园饭店 D5

饮品

38 老啤酒厂 F7
39 星语雅集自助咖啡馆 D5
40 扬州1912街区 F7

购物

41 漆器厂门市部 F4
42 石塔菜市场 D5
43 天宁寺古玩市场 E4
44 扬州三把刀 E6
45 扬州书局 E4
46 扬州玉器厂 E4

实用信息

47 广陵路邮局 E6
48 四望亭路邮局 D5
49 扬州市第一人民医院 F5
50 扬州苏北人民医院 D7

交通

51 禄口机场发车点 B6
52 扬州泰州机场发车点 D4

二十四桥景区中有很多桥，还有一座长24米、宽2.4米、桥上下两侧各有24个台阶、围以24根白玉栏杆24块栏板的“廿四桥”，又在一旁建起了一个“吹箫亭”，取的是“二十四桥明月夜，玉人何处教吹箫”的意境。至于杜牧诗中的二十四桥，究竟是一座桥还是二十四座，还是“二十四娇”的演绎，说法不一，没有定论。

在瘦西湖景区之外，还有建在大虹桥旁的**盆景园**（见216页地图），这里由于不要门票，也是导游常喜欢带团队前来游览之处。

大明寺

寺庙

（见216页地图；☎8730 8999；平山堂东路8号；门票30元；⏲7:45~17:15）高居在蜀岗上的大明寺由三部分组成，一是**寺院**，二是**鉴真纪念堂**，三是**平山堂**。始建于南朝时期的大明寺，在清代为了避嫌，一度改名为栖灵寺。在寺院的东部，前些年恢复重建了四面九层的“**栖灵塔**”，上塔还要另外购票（20元）。

这里最有名的人物就是唐代的鉴真大和尚了，他矢志不渝东渡日本，送去了当时的先进文化，也使得现在的日本还保留了比我国更多的那个时代的建筑。为了纪念鉴真，由梁思成先生主持设计，在1973年建起了唐代风格的纪念堂，安放了鉴真楠木雕像。

寺院以西是园林，这里有平山堂，取“远山来与此堂平”之意，为欧阳修在此当扬州太守时始建。现在来到平山堂后，并不能看见那些远在江南的诸山，却可以在没有雾霾时看见现代扬州城的景象，那些新城区里的高楼也算比远山更为壮观吧。

观音山 寺庙

（见216页地图；☎8734 0946；平山堂东路18号；门票10元；⊙6:30~17:30）观音山就在大明寺的东边，这里最先曾立着隋炀帝的“迷楼”。在成为寺庙之后，也有着与大明寺不一样的风格，上山的路曲折，两侧有黄色的矮墙。进了寺院，建筑也不是按照中轴线那样的逐一排列，而是左右贯通前后交错，进了这山庙一体的观音寺，颇有些迷宫的感觉。

每逢农历六月十九，会有大量的香客前来，给观音菩萨进香。那时的山上山下，人头攒动，香烟缥缈。

汉广陵王墓 陵墓

（见216页地图；平山堂东路98号；门票30元；⊙8:00~17:00）这座从高邮天山乡出土拆迁而来的汉广陵王墓葬，是国内同类墓葬中规模最大和最复杂的。这位汉武帝儿子的陵寝属帝王级的“黄肠题凑”式木椁墓，规模宏大，结构严谨，全部以金丝楠木为构件，共有856块，每块题凑大小尺寸都不相同，四面企口高低错落有序，全凭榫卯相连。这里还展出了一些出土文物和相关的历史背景资料。

老城区

在扬州富庶的往日，“腰缠十万贯，骑鹤下扬州”的官员和商贾们打造出了自家的府邸和庭院。融江南园林的清秀雅致与皇城的奢华壮丽为一体，南北风格兼具的扬州园林应运而生，形成老城区雍容繁华富甲一方的特色。

个园 园林

（见222页地图；盐阜东路10号；门票40元；⊙7:15~17:45）个园的主人，肯定很欣赏“不可居无竹”这句话，将竹叶的形状“个”字，来作为自家园子的名字。而个园里最为别致的，便是叠石假山了。取不同石材的颜色，加上叠石生成的造型，便生生地堆砌出春夏秋冬四个区域的不同意境。这样的造园格局，使得个园在众多的园林中别出一格。再加上房屋厅堂的配合，更有了透窗借景和移步换景，面积不算大的这座清代商人私家园林，也成了来古城必到的景点。

只是要注意，打听一下游园的路径，免得不按季节顺序地行走，领悟不到其中的妙处。

在扬州，如果你有……

» 1天

到冶春茶社（见229页）吃扬州早茶，然后从蜀岗上的大明寺（见218页）开始，登塔居高观城。下山后游览瘦西湖（见213页）和个园（见219页），最后逛逛双东历史街区（见220页），晚饭后看“千秋粉黛”（见231页）的演出。

» 2天

第一天同上面一样。第二天换个饭店和品种吃早茶，然后先去新城区的双博馆（见221页）参观，再回老城区走一趟步行游览路线（见224页）。然后看时间和体力，是继续看何园（见220页）或者卢氏盐商大宅（见220页），还是参观吴道台府（见220页），或者干脆就泡在1912街区（见86页）的咖啡馆里，等着晚上坐船去看运河水与城市的光影交辉，或者去享受一回“水包皮”。

要注意，如果准备在2天里看完瘦西湖、大明寺、个园与何园，就值得购买套票，只要180元，便宜了80元，何况这张套票里还另外包括了大运河的游船票。

阅读扬州

《二十四桥明月夜》，韦明铧著。收录了这位本土作者记述的关于扬州的种种古往今来不太为人所知的掌故。

《扬州古巷风情》，王喜根著。介绍了扬州的老行当、老玩意、老吃刮和老民俗，这些久存在老街巷中的民风民俗，也是平民生活中最不可或缺的精华。

《老扬州》，王鸿著。书中展现了很多记录扬州的老照片，再加上对于过往生活的文字描述，活脱脱的老扬州便呈现眼前。

何园

园林

（见216页地图；徐凝门街66号；门票40元；⏲7:30~17:15）何园又称为“寄啸山庄”，这个园林有些中西合璧，除了中式园林必有的亭台楼阁外，晚清时代的园林建筑里还大量使用了西式的结构设计。

何园里修建了迂回曲折的**复道回廊**，这长达数百米的高低错落的长廊将主要景点和建筑串联起来，走在长廊中，免去了日晒雨淋，还可以高低观景，沿途的一扇扇漏窗，借来了一块块景致，天光云影和鸟语花香尽在移步换景中慢悠悠地呈现出来。

也常有扬剧、清曲票友们在此相聚，你很有可能在游园的赏心悦目之后，还有机会在这里听上一段戏曲。

吴道台府

古建筑

（见216页地图；泰州路45号；门票30元；⏲8:00~17:30）站在围墙外看去，中式房屋的马头墙与西式建筑的围廊一同出现。晚清时期的吴道台，聘用了来自浙江的设计人员，建成既有扬州宁波风格，又是国粹西洋并存的独具一格的自家大院落。除了规模、结构和雕饰的种种铺陈外，这里最值得留意的就是**测海楼**了，想仿效天一阁而建起的这座藏书楼，在鼎盛时曾经收藏了24万卷书籍。虽然时代的变迁导致藏书散佚，可是重视文化的传统却使得吴氏门里走出许多的文人和名人。

卢氏盐商大宅

古建筑

（见216页地图；康山街22号；门票15元；⏲9:00~11:30、14:00~16:30）这座盐商的大宅院很奇特，那位卢氏在耗费了近8万两白花花的银两后，建起了前宅后院达到11进的长条形豪宅。当然有古建的砖石木雕，当然有厅堂楼舍大红灯笼，不过不同于别的景点的是，现在这里面还兼营饭局。一天三餐皆可，但必须是人均200元的套餐。

紧靠着盐商大宅的是一座三进院落，这里原先是盐宗庙，当后来也管理过盐运的曾国藩去世后，这院落就改成了曾公祠。如今这里面成为**淮扬菜博物馆**，开放时间与盐商大院同步，不同的是不要门票。也许，在学习到淮扬菜的知识后，会觉得更需要到隔壁去品尝。

普哈丁园

陵墓

（见216页地图；解放南路17号；门票12元；⏲8:00~12:00、13:30~17:30）运河一头通江海一头接京城，扬州也成为通往世界的口岸。在南宋时，相传是穆罕默德16世孙的普哈丁前来传教，在扬州建起了仙鹤寺。他卒后安葬于此，按照他的要求，将墓园的大门面朝西方。

整个墓园建筑分三部分：第一部分为墓地，内有普哈丁墓及其他阿拉伯人的墓碑；第二部分为清真寺，是教徒们做礼拜的活动场所；第三部分为公园。此外，墓园里还集中保存了一些我国元代遗留下来的阿拉伯文墓碑。

双东历史街区

街区

双东指的是东关街和东圈门一带的老街。东关街的东头是扬州的东门，出了城门就是东关渡口。在旧日里，东关街上市井繁华，有许多店铺，沿街还有一些大宅院和私家园林。如今岁月荏苒，这条老街风光不再，变成了市民生活气息浓厚的街道，现在还保留下来的“东关街百货商店”门楼，就曾经是东关街上最大的商店。

经过这几年的打造，东门和东圈门都进行了重建。如今在双东街区的老街上又恢复或重建了许多老屋老院落，如**胡仲涵故居、长**

乐客栈、街南书屋、华氏园、熊成基故居、逸圃、武当行宫、壶园等。而其中最著名的，当属个园（见219页）和汪氏小苑（见222页地图；地官第14号；门票25元；⏲8:00~17:30），汪氏小苑是保存完整的盐商住宅，有老屋近百间，前宅后院，后花园里还有一座剪纸博物馆。

东关街上除了恢复那些古建外，还将搬迁后的居民房屋进行改建，变成了店铺的门面。将一些老字号搬了回来，又迎进了一些新的店铺，有餐饮有旅游纪念品。眼下的双东街区，一派热闹繁荣，游客们来来往往，在逛街购物，在游园寻古。

东关街并没有被完全推平了重建，让游人多少感受些老扬州的风情。可惜老居民们却被打断了一代代延续着的生活而离开，使得眼下只有游客和商家的东关街失去了老扬州的魂。要想进一步地感受，可以走进这条街两侧的小巷里，与那里的老居民们聊聊这里的过往故事。

朱自清故居

故居

（见216页地图；安乐巷27号；门票10元；⏲8:30~17:00）这处扬州典型的民居三合院里，走出了民国时的文人朱自清。位于小巷里的小小故居陈列了朱家的过往，透过那些旧日的家具文具，也能看出他文风的缘起。相比于那些高官富商的大宅院，这座小院透出了更加浓厚的儒雅气息。

史公祠

古建筑

（见216页地图；广储门外街24号；门票20元；⏲8:30~17:00）祠门朝南，东墓西祠，春日梅花秋季银杏，染得史公祠里满是肃静。当大厦将倾，史可法明知不可为而为之，孤军坚守扬州城，奋力抵抗清国大军。史可法不幸兵败被俘不屈被杀，扬州城也被清军大肆屠虐了整整10天。后人寻史公遗体不得，只好葬衣冠于城外的梅花岭下。敬仰其节操的后来者也在这里留下了“数点梅花亡国泪，二分明月故臣心”的楹联。

扬州双博馆

博物馆

（见216页地图；文昌西路416号；www.yzmuseum.com；免费；⏲9:00~16:00；周一闭馆）双博馆是由中国雕版印刷博物馆与扬州市博物馆共同组成的，博物馆地处新城区，空旷开阔，湖水与绿地相互映衬，博物馆的建筑造型为从空中俯瞰才能认出的荷叶状。目前馆内设有中国雕版印刷、扬州雕版印刷、扬州历史、八怪书画、明清书画、国宝馆、古代雕刻艺术等展厅。

在雕版印刷博物馆里收藏了30万片古籍雕版，除了系统地介绍中国传统的文字雕版印刷历史外，还以“仓储”的形式陈列了20万

当地知识

新的私家园林

扬州过去的辉煌，留下来许多的园林，也陶冶了扬州人的情操，虽然平民们不能建造园林，但也喜欢在家中养花种草整出些小盆景。如今的扬州，由于生活条件的改善，又引发了在自家院子里建造微型园林的潮流。在东关街上的一条小巷口，安放着一块很不醒目的木牌“祥庐”，这表明，一私人小园子就隐藏在深巷的尽头。

其实这“祥庐”并不是什么别墅豪宅，而只是一个占地面积仅120平方米的普通老民居院落。当原先拥挤的房屋空出来后，主人杜先生便拆除了一排旧屋，腾出了40平方米的院子。经过数年的精心设计和燕子衔泥般的施工后，小院子里有了亭台楼阁和水池小桥。曲线构成的园门，两面墙之间的三角亭子，无不显示出当过瓦工的主人独特的造景借景构思。有人评价说，这是扬州最早、最小、最精致、最有特点的新时代私家园林！

杜先生说，这首先是普通平民的家，是有生活气息的庭院，所有的费心尽力，都是为了追求自家生活的美好。如今类似杜先生家这样的私家小园林，在扬州已经有几十户。

杜先生家在东关街157号，在客气地征得主人许可后，便可以进去观赏和听他讲述园林的故事。

双东历史街区

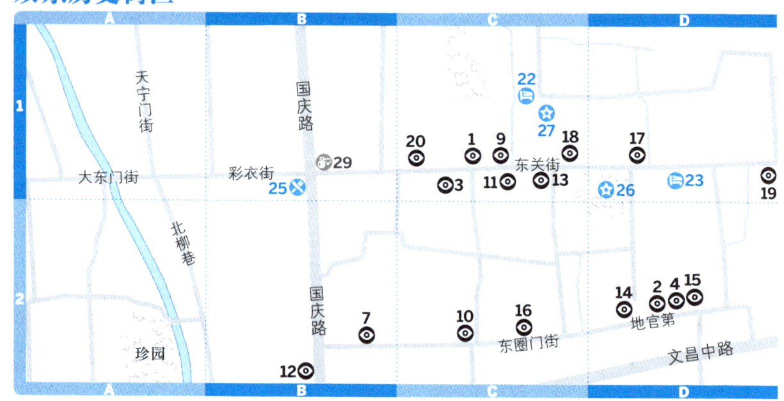

双东历史街区

景点

1 个园 C1
2 汪氏小苑 D2
3 长乐客栈 C1
4 丁姓盐商住宅 D2
5 东关古渡 F1
6 东门遗址 E1
7 东圈门 B2
8 冬荣园 E1
9 胡仲涵故居 C1
10 壶园 C2
11 街南书屋 C1
12 两淮都转盐运使司衙署门厅 B2
13 林氏故居 C1
14 马监井 D2
15 马氏盐商住宅 D2
16 清溪旧屋 C2
17 山陕会馆 D1
18 武当行宫 C1
19 许氏住宅 D1
20 逸圃 C1

活动

21 龙飞休闲 F1

住宿

22 个园国际青年旅舍 C1
23 同福客栈 D1
24 运河国际青年旅舍 E2

就餐

25 蒋家桥饺面店 B1

娱乐

26 千秋粉黛演出 D1
27 花局里 露天音乐 C1

交通

28 自游单车俱乐部 E2
29 租车点 B1

片雕版。来参观后，还可以在互动演示厅里看现场的雕刻制版过程，看着反写的汉字被利刃刻画后，成为可以印刷的模子。还可以自己动手，印出一页留作纪念的文字。

国宝馆藏有镇馆之宝元代霁蓝釉白龙纹梅瓶。这件产于景德镇的梅瓶造型端庄，釉色纯正，在传世仅三件的元代梅瓶中品相最好。

扬州八怪纪念馆 纪念馆

（见216页地图；驼岭巷18号；门票25元；⏲8:30~17:00）扬州自古多俊才，文人墨客们也居留在这里张扬着他们的个性，其中扎堆抱团的当属“扬州八怪”了。这八位是清代中期活跃在扬州的书画大家，其中名气最大的就是郑板桥先生，他的“难得糊涂”四个字成为了至理名言，至今还在被制作成各种旅游纪念品。要看关于他们的介绍，可去“八怪纪念馆”，那座明代建筑的楠木大殿，就是现在的主展厅。

在八怪纪念馆以东50米处，一圈围栏护

住了一株古槐。那是“南柯一梦”的故事发生地。唐人写的《南柯太守传》里的那位主人公，就是大醉于广陵城东的这株大槐树下。

活动

游船

瘦西湖线 游船

（见216页地图；8736 4849；大虹桥旁；船票120元；周五、六19:00~21:00）瘦西湖有画舫夜游，那时的灯光全部打开，可以观赏与白日里截然不同的夜景。可以坐大船，也可以选择乘坐船娘摇橹的小船。

城区大运河线 游船

（8732 1666；船票60元；15:00~21:00，逢整点时开船）扬州的大运河观光游船线路由于跃进桥在重建，现在分为两段。一条是从便益门码头（见216页地图；观邸酒店旁）开始，往南到普哈丁墓，再往北到大王庙后返回。另一条是从南门遗址码头（见216页地图）开始，往东到1912街区，再往西到通扬桥后返回。

扬州高邮大运河线 游船

扬州古运河游船公司预计在2014年4月下旬开通古运河到邵伯湖、高邮湖水上游览线。这是一条扬州到高邮的享受型水陆一日游和二日游的线路，游客将乘坐很舒服的游轮沿大运河抵达高邮。

一日游起点设在扬州东关古渡，途经茱萸湾、凤凰岛等，经停江都邵伯古镇，上岸游览，终点在高邮。可游览镇国寺、盂城驿等景点，晚餐后乘坐旅游大巴返扬。

二日游第一天行程与一日游相似，其中，游览镇国寺、盂城驿等景点列为第二天行程。二日游第二天为参与体验高邮湖区生态观光休闲度假活动，考虑到不同季节环境条件，会相应设置不同节目。目前预设了“傍晚看高邮湖日落”、“生态果园采摘”、“扁舟游弋芦苇荡”、“品赏湖鲜和农家野味”等节目。

水包皮和足艺

水包皮是将通常的洗澡更加民俗化的说法，而足艺则是要将传统的修脚提升到享受的境界。无论怎样，是水包皮和足艺还是洗澡和修脚，是豪华高价还是平民低价，肯定都是给予自己的一次享受。

永宁泉 洗浴

（见216页地图；三义阁68号；10:30~24:00）这是一家建于清末的老浴室，现在浴池门两侧还留有清代的石刻“身离曲水精神爽，步上瑶池气象新”。这里的价格很平民，洗澡5~9元，擦背10元，修脚10元。进来的也往往是老顾客们，躺在习惯的铺位上，泡澡后也习惯地聊天和睡上一觉。

龙飞休闲 洗浴

（见222页地图；8734 8600；泰州路107号；12:00~24:00；P）靠东关街很近，位于东关古渡的北边。洗浴有桑拿、大池和淋浴。洗浴30元、擦背20元，修脚、刮脚和捏脚各20元。喝茶10~40元，可以奉送一碗阳春面。

陆琴脚艺珍园店 足艺

（见216页地图；8734 0505；文昌中路492号；12:00~24:00；P）这家店位于市中心地带，节假日里会客人较多。这里有多项的服务内容，被选择较多的是108元的陆琴特色足浴（全套90分钟）。如果只是想处理一下双脚，也可以选择修脚大师的修脚、刮脚和捏脚68元全套。这里是“点单式”消费方式，需要顾客签字后生效，可以避免隐性收费。

步行游览

扬州

徒步从新胜街的❶**绿杨旅社**（见228页）开始，这条街在民国年代曾经繁盛一时。绿杨旅社对面的28号是清代的❷**景氏宅院**，26号是当年的❸**大陆旅社**，在日据时期曾经作为“慰安所”。街上的22号、16号、15号、7号与5号，也均是老屋，其中的7号是从前的❹**寄售行“古善记”**。

从新胜街出去，穿过国庆路，就是三义阁。进去约20米，路左68号是老浴室❺**永宁泉**（见223页）。65号是❻**寄园旅社**，民国时的串楼式建筑结构。12号是祭祀刘关张的❼**古三义阁**，为当年的山西盐商所建。

从“古三义阁”前往右，经湾子街走到广陵路，路对面有条犁头巷，经过这条斜巷，就是渡江路，往左走20米，路左就是苏唱街。在明清时，扬州流行昆曲，说着吴侬软语的苏州艺人们往往居住在这街上。走进苏唱街，路右就是❽**扬州浴室**，是民国时建起的带有洋派风格的浴室，现在依然开门经营。17号是民国时的❾**金氏住宅**，院子里有一口井，低矮的井栏为少见的方形。在苏唱街上，还有一口❿**古井**，井栏上被整整地磨出了20条绳槽。苏唱街往前，就与丁家湾相连接了。

丁家湾118号是⓫**四岸公所**，为清代湖南、湖北、江西、安徽四省大盐商会商经营事宜的地方。到了116号的⓬**孙氏住宅**，门楣上有被泥灰覆盖的砖雕，那是“文化大革命”期间不想被砸毁而采取的方法。孙氏住宅的对面，有一片新的私家会所，对面是大武城巷。这里有一座⓭**贾氏盐商**的大宅院，深巷常有披着雪白婚纱的新人前来拍照。

从大武城巷返回丁家湾，继续向东，可以看到102号、94号、92号和88号的老民居，这一片都是⓮**许家盐商**的老屋。然后看到右侧的一条小巷，名字很有趣，叫“如来柱”，走进如来柱，拐上两个弯，来到大树巷。从大树巷往西，便是⓯**小盘谷**（门票20元；⏲9:00~11:00、14:00~16:00），为清光绪时期的两江总督所建，地处僻静，游客不多。

从小盘谷的门口往西，又回到了丁家湾，就在路口处，有一口⑯**滚龙井**，现在依然有居民们前来提水洗衣。沿着丁家湾往南，可以看到9号、3号和1号，都有饱经沧桑的门楼，在1号院内还有座⑰**楠木厅**。20号是⑱**张亮基故居**，主人是极力邀请曾国藩出山的湖南巡抚。

丁家湾的南边是东西方向的新仓巷，从4号到16号，是清代的粤人在此会聚的⑲**岭南会馆**，高大的门楼和完整的规模可称扬州会馆之最，调研时正在闭门维修。新仓巷往西走到头，就是引市街。引市街往南，33号是⑳**方尔咸故居**，有精彩的砖雕门楼，均被水泥覆盖，虽然逃过了“破四旧”，却难以恢复精美的原貌。

走出引市街，就是东西方向的南河下，往左走几步，是㉑**廖氏盐商**大宅，走进去可以探个究竟。沿着南河下继续往东，约百米后，在路左侧的南河下88号，一座门楼里是清代的㉒**徐氏住宅**。再往前50米，就会看到㉓**湖南会馆**的门楼了，四个大字由曾国藩题写，可惜除了壮观的门楼，其余已荡然无存。

公交游览

搭公交游大运河

贯穿扬州地区南北的大运河，很值得沿着河边去走一趟。河边的那些景点，也是大运河历史上的一个个片段。无论是借助公共交通工具的背包客，还是骑着自行车或者自驾车的出行者，都可以用一天时间来完成。

就从长江南岸的❶**镇扬汽渡镇江站**开始吧。3元的船票就可以过江了，从江面上看润扬大桥，会觉得格外雄伟。"京口瓜洲一水间"，过江就到了扬州的瓜洲镇。坐16路车，到瓜洲古渡站下车，往东走上800米，古渡口就在❷**古渡公园**里。一座门楼上写着"含江口"三个大字，旁边有刻着"瓜洲古渡"的石碑。还有"沉箱亭"和一座塔。不过，登塔也看不到被大树遮挡的江口，也更不用去寻找杜十娘扔下的百宝箱了。

从古渡回来，继续坐16路车，在冻青铺下车，转37路到❸**高旻寺**。高旻寺一直是佛教禅宗的重要所在，乾隆来扬州时也曾将这里当作行宫。寺前正在新建一座很高大壮观恐怕会是全国第一的钟楼，寺里的建筑也高敞宏大。高旻寺原先的古老建筑，如今成了僧人们的住处，参观者不得入内。

大运河从高旻寺的天中塔旁流向了扬州城的❹**文峰塔**（宝塔路16号；⏲7:30~16:30），转乘2路车可以到这里。这座七层八面的宝塔，据介绍是为了"文风昌盛"而建。在运河边的亭子里，有一块刻着"古运河"的石碑。据记载，鉴真大和尚与乾隆皇帝都曾经在这里上船，一个出国传授先进文化，一个去视察建设盛世天朝。

转坐旅游专线公交，到何园站下车，沿着南通东路往前走，路左就是❺**卢氏盐商大宅**（见220页）。

继续乘坐旅游专线车，到第一人民医院下车，从运河上的解放桥走过去即可到达❻**普哈丁园**（见220页）。

看过普哈丁园后，走到❼**东关古渡**并不远。那里有一座高大的牌楼，新建的石阶码头旁有大型的浮雕，展现了当年大运河的盛景。

从东关古渡坐25路车可以到❽**大王庙**（竹西路与高桥路十字路口的东南）。有了大运河才有了现在的扬州城，人们也没有忘记运河的创始人。大王庙里供奉着吴王夫差和另一个汉代的吴王刘濞，夫差最早开挖了大运河的前身邗沟，而刘濞则开挖了向东通往如皋的运盐河。就在大王庙的附近的桥旁，一个亭子里立着一块刻着"古邗沟"三个字的石碑，那条古老的人工河流，依然还在流淌。

坐25路去转4路，就可以到江都。在引江桥站下车后，向右走进❾**江都水利枢纽**。进门后就是一条两侧有高大银杏树的大道，这里每逢秋季，会有许多摄影人来追逐金黄的色调。在大路尽头的左边绿地上，有一块巨石，上面刻着"源头"二字。巨石后面的运河河床中，可以看见涌出的水流。这里不是天然河流的源起，而是南水北调的源头。来自北方的游客应该来此，看一看这四座巨大的抽水机站，它们轰响着引入长江水，输送到干渴的北方。

乘坐江都的5路车，可以去❿**邵伯古镇**（见234页）。这里的大运河船闸，是船运从扬州北上的第一个重要关口。如果不吃那里很有名的小龙虾，用2小时就可以看过古镇和船闸。如果还要继续北上，沿着运河去高邮或者宝应，那就去237省道上等班次很多的过路车。

图片 / 苏州评弹　摄影 / 蔡石

lonely planet

“只要决定出发，最困难的部分就已结束。那么，出发吧！”

托尼·惠勒（Tony Wheeler），Lonely Planet 联合创始人

JS007274

住宿

毕竟是老牌的旅游城市，扬州的住宿选择很丰富。虽然城市不大，但更推荐住在扬州的老城区，吃喝玩乐方便些。需要提醒的是，春节、十一黄金周与"烟花三月"节期间，需要提前预订才可放心。

东关街一带

首选 个园国际青年旅舍
青年旅舍 ¥

（见222页地图；8734 8333；盐阜东路个园院外花局里6号；铺50元，标双149元；）来到个园的停车场，就可以看见指示去青年旅舍的路牌了。旅舍位于一片仿古建筑群中，周围有着各种消费商店，走出去50米就到了东关街。公共区域很适合坐下来聊天。房间还算宽大，装修的时间不长，房内设施完好。6人间和8人间里均有独立的卫生间，在走廊上还有个人的储物柜。可以提供订早餐、请足疗、购优惠门票等服务项目。有洗衣服务，每次10元。

星语城市酒店
酒店 ¥

（见216页地图；8793 3577；四望亭路15号；标双138元；）在四望亭以西50米，位于扬州的美食街，交通方便，周围饭店也很多。房间的面积较大，并且可以免费拨打国内长途。这里还有和式的房间，价格128元，大床房只要100元。在不想出去的时间里，到楼下的咖啡厅去坐坐也是很好的选择。

运河国际青年旅舍
青年旅舍 ¥

（见222页地图；8733 8885；泰州路宋城名都196号；铺位60元，标双210元；）这是一家新开张的青年旅舍，与个园青年旅舍是同一个老板。12人间的上下铺房间，有独立的卫生间和空调。也许是为了与原先的旅舍有差异，这新开张的青年旅舍很不类似常见的，标间皆是高档欧式装修，一层的公共活动区装修也很气派。有酒吧、咖啡和简餐。

同福客栈
客栈 ¥¥

（见222页地图；8732 9968；东关街159号；标双260元；）客栈位于东关街的中段，由东关古渡那里走进来会更近一些。是由老民居改建成的客栈，客房位于第二进。客栈里有个小小的庭院，花木扶疏，很有雅致的情调。房间并不大，每间房间都安排了与老房子

值得一游

扬州城的前世今生

扬州城，是从蜀岗开始的。吴王夫差在这里筑起了邗城，有了邗城，又开挖了邗沟，有水来护卫着城池，也就将水绕城的关系固定了下来。细看蜀岗一周的水道，细看瘦西湖一带河流的走向，再看看古邗沟和后来大运河的走向，便可以看出扬州这个城池的变迁。

现在的蜀岗上，有唐城遗址博物馆（见216页地图；平山堂东路20号；门票25元；8:30~17:00）。当然那唐代的城池只是在博物馆里还有介绍，可是馆内的唐杜佑题名八角石柱、唐咸通十四年（公元873年）经幢、唐三绝碑等数百件唐代出土文物也都值得一看。

大唐的城池并不满足只是在蜀岗上，后来又迁移到了南面的平地，出现了罗城，诗人们咏唱的二分明月，便照耀在罗城上。唐末的战乱，毁了罗城，宋代又在罗城的基础上建起了宋夹城和宋大城。在瘦西湖的东侧，便是宋夹城遗址公园（见216页地图）。

现在位于四望亭路上的宋大城西门遗址博物馆（见216页地图；免费；8:30~17:00），那里揭开了被掩埋的历史，让五代、北宋和南宋时期的城墙、瓮城、马道和进出城门的道路等几个不同时代的城池建筑，层层叠叠地出现。

扬州城的历史，可以用"屡毁屡建"来形容。位于南通路上的南门遗址，也是将那历代城池的演变，一层层地覆盖在地表下。在前几年由于城建而被揭开后，便建成了"唐宋元明清，一路看到今"的南门遗址公园（见216页地图；免费；9:00~16:30）。无论扬州的前世今生如何变化，被层层叠加的各朝各代，却都是将城池的南门固定在这里。

当 地 知 识

扬州三把刀

商业城市的扬州，离不开关于享受的行业，有道是：早晨皮包水，晚间水包皮。皮包水指的是餐饮，水包皮说的是洗浴。餐饮需要厨刀，洗浴后需要修脚，附带着给自己的头脸美容一回又离不开理发刀。

早年间扬州的兴盛精炼了三把刀，也使得古老商业城市的三把刀师傅们走向了大上海这样的新兴商业城市。就在几十年前，上海的浴室、理发和餐饮行业里，还有很多说着扬州口音的大师傅。

很协调的中式家具。在二楼只有一间大床房，住在那里可以居高观看眼前的一片老城区。

何园一带

绿杨旅社 招待所 ¥

（见216页地图；☎8734 1590；新胜街23号；双人间100元、标双120元；❄）一家保留着民国风貌的老牌旅社。在新胜街上观赏过旅社建筑的中西合璧外观后，便可以在进门旁的曲尺柜台上登记入住。踏入中庭的通天舞池后最好仰望那高高的天棚，登上有点吱吱作响的木楼梯，与墙上照片里的民国人物打个招呼，然后走进现在算是很简陋的不带卫生间的双人间。坐在或者躺在老式的家具上，会体验到几十年前的感觉吗？要是觉得夏日里的电风扇还是不够爽，那也可以入住主楼旁平房里的标间。毕竟是老旅社了，没有网络，附近也没有停车的地方，但住在老街巷里，能更贴近扬州城的家常生活。

小舍艺术客栈 民宿 ¥

（见216页地图；☎8723 5586；皮市街58号；铺位40元、标双158元；❄📶P）客栈是一栋独立的小楼，从广陵路走进去，100多米后就到了。客栈安排在二楼的房间不多，面积也不大。4人间只有一个，两张上下铺放下后，就没有多大的空间了，卫浴也是公共的。在一楼的公共空间里，虽然没有空调，可有些艺术的氛围，墙上满是文字、图画和照片。坐上去很舒服的椅子，可以聊天和品尝咖啡与茶水。客栈有3辆自行车出租，20元一天。

福客都（何园）国际青年旅舍 青年旅舍 ¥

（见216页地图；☎8555 8100；徐凝门大街31号；铺位45元、标双138元；❄@P）这家青年旅舍就位于何园的斜对面，房间都在楼上，公共区域比较简朴。这旅舍经营得久了，无论房间里的装修还是设施，都显得有些陈旧。这里的交通方便，附近的餐饮选择也很多。自助洗衣一次2元，如果要烘干，就再加2元。

其他地区

永乐客栈 精品酒店 ¥¥

[见216页地图；☎8731 5666；南门广场15号楼；标双328元（含早）；❄📶P]位于南门遗址旁的广场上，门口附近就是运河游船码头。新建的民居式宾馆，内部的装修和家具也是典雅的中式。一楼均为面积很大的标间。而二楼的复式房间很有特色，在一层有中式的卧榻和一张大大的书桌，还有两把待客的太师椅，从楼梯上去就到了西式布艺装饰的卧室。

八月人客栈 酒店宾馆 ¥

（见216页地图；☎8511 6111；四望亭路418号；标双80元；❄@P）就在扬子江路与四望亭路的十字路口西北，门前距离道路还隔着一道绿化带。是原来招待所升级改建的宾馆，房间里的设施简朴而实用。这里位于新城区，交通方便，附近的餐饮店也很多。离旅游点也就远出了5站路，可是房价却变得更加经济。

背包客青年旅舍 青年旅舍 ¥

（见216页地图；☎8736 8717；柳湖南苑9栋305室；标双90元；❄📶）这家旅舍位于扬州大学师范学院大门对面的一栋居民楼里。除了那些挂在走廊墙壁上的照片外，并没有常见的青年旅舍场面，也没有公共活动区。房价很便宜，当然也不要指望房间里的设施怎么好。

扬州画舫风情酒店

精品酒店 ¥¥¥

[见216页地图；☎8212 1177；平山堂东路33号；标双428元（含早）；❄@P]位于蜀岗旁的瘦西湖畔，临水的一组古典建筑，初看以为是瘦西湖的一处景点，走进酒店后觉得这里面也可以算是一个景点。过道里陈设着收集来的古物，庭院里竹枝扶疏，走到外面的水上平台上看过去，对面就是瘦西湖的景区。一共30多间的住宿房间，按照一个房间一个主题，设计出中式和欧式的不同装修，由自己的喜好选择罢了。入住这里最好是开车来，否则交通不是太方便，附近的餐饮选择余地也不大。

就餐

首选 富春茶社

淮扬菜 ¥¥

（见216页地图；☎8723 3326；得胜桥35号；人均70元；⏲6:30~13:30、15:45~20:30）这是一家可以说代表了扬州美食传统的老字号。富春以花局起家，继以茶座兴旺，发展到淮扬大餐，富春包子也成为扬州所有包子的代表品牌。现在虽然在扬州已经有很多类似的茶社，可是到国庆路上的富春茶社老店，却还是很多人的选择，这里也是旅行社常带游客前来的地方。无论是早茶的点心包子，还是正餐的菜肴，都值得坐下来慢慢享用。早茶人均30元就可以了，中晚餐则要贵些。

冶春茶社

早茶 ¥

（见216页地图；☎8736 8018；丰乐下街8号；人均30元；⏲6:30~10:00；P）虽然也是茶社，可是这里有独特的风景。临水的房屋和长廊，随着河道弯曲。几栋铺着稻草屋顶的建筑，在垂柳相衬下，平添了几分乡情。从御码头开过来的游船，也成为画面中的动态。所有的一切，使得这里成了最具扬州情调的早茶处。建议来这里坐坐，要上一壶清茶，慢慢地悠闲半天；点上几味小吃，将美景伴着美食，一同领略。

怡园饭店

淮扬菜 ¥¥

（见216页地图；☎8510 1222；四望亭路1号；人均60元；⏲6:30~13:30, 17:30~20:30；P）早茶是传统的扬州早点，包括各式包子、面条、馄饨，还有相应的冷盘菜肴。中餐和晚餐，是主打淮扬菜。在扬州人的眼中，怡园可以作为消费者的首选，这里的消费标准也适应不同的人群。早茶可以是扬州传统的拌干丝和点心，人均20元就可以。而中餐大厅里的点菜，人均60元也可以了。如果想坐包厢，那就需要人均100元。

蒋家桥饺面店

小吃 ¥

（见222页地图；彩衣街1号；人均20元；⏲6:00~22:00）作为扬州的老字号，蒋家桥有3家店铺，这一家位于国庆路上的东关街口斜对面。蒋家桥最有口碑的是虾籽饺面（5元）、虾籽馄饨（5.5元）和锅贴（1元1个）。将饺面或者馄饨吃完后，就可以看见铺在碗底的一层虾籽。吃面条还有干拌的选择，就是在碗里不放汤汁，而是多放一些油，干干地与调料

当地知识

在扬州，如果被请客吃饭，请记住……

顺——就是吃的意思，人家“顺”吧，你就可以开吃啦。

紧干——主人问口味“紧干”，就是口味怎么样。

趣咯咯——做客人，要随和些，如果有人说你“趣咯咯”的，那就是说你太做作，摆架子。

不得说项——当然了，也会有人帮你解释，“不得说项”，这就是没什么大不了的。

一说大三光——酒喝多了，难免会“一说大三光”，这等于说了白说。

乖乖隆地咚啊——酒足饭饱后，在准备感谢和夸奖之前，如果再加上一句“乖乖隆地咚啊”，这表示惊讶和赞叹的扬州话，就会更加让主人开心。

崭——就不要用很多的语言来夸奖了，很简单，“崭”，一个字就可以了。

当地知识

扬州的早茶

一碟烫干丝，几色点心，一杯清茶，便是扬州人最喜欢的早茶了。看上去很简单，费用也合适平民们，可扬州人一天的舒心舒适就此开始了。

烫干丝，先将豆腐干横劈成16片，再立刀切成细丝。用开水将干丝烫几遍，去除豆腥味。然后浇上酱油和麻油，撒上一撮姜丝，一碟口感绵软而有嚼头、口味鲜香而不厚重的烫干丝就完成了。在品种众多的点心中，除了各种馅料的包子和蒸饺外，最为人称道的是馅心碧绿的翡翠烧卖、绵软甜美的千层油糕和三鲜一体的三丁包子。就是那杯魁龙珠清茶，也是很有讲究的，那茶叶是由浙江龙井、安徽魁针和江苏的珠兰三种配制而成，取龙井之味、魁针之色、珠兰之香，调和出来称为“三省茶”。

拌和，吃进去纯粹的面条和滋味。这里还有各色的面条、点心和盖浇饭，到蒋家桥来吃小吃固然很好，就是当作正餐饭店，这里也有经济的菜点可以选取，人均30元就可以放满桌面了。

大明寺素食坊

素食 ¥

（见216页地图；8778 3877；文汇东路180号；人均40元；6:00~14:00、16:00~20:30；P）在蜀岗的大明寺里有素食饭店，可是进那里要买门票。这一家也经营着同样的素食，一楼供应的点心别具一格。有与其他扬州包子不一样的馅料，比如素五丁包、豆腐皮包、山药茯苓包和松子烧卖。还有面条、馄饨、炒饭和冷菜，30元一位的套餐可以有10个品种。在楼上就是吃素餐了，当端上来东坡肉、狮子头和排骨时，可不要大惊小怪，这几道“荤菜”可完全是纯素菜肴，被厨师的妙手以假乱真。吃素餐，人均40元也就可以了。

三香碎金

淮扬菜 ¥

（见216页地图；淮海路103号；人均30元 10:00~21:30）作为一种世界性的中餐品种，扬州炒饭已经走向了世界。在扬州，供应炒饭的店家很多，可是专门以炒饭作为主打品牌的就只有这一家了。店里有七八种炒饭，除了最标准的扬州炒饭（15元）外，还有创新的翡翠炒饭、宫保鸡丁炒饭和培根杂粮炒饭等。这里还有几元到二十几元的各色菜肴，可以佐餐。

吃得开茶餐厅

小吃 ¥

（见216页地图；四望亭路53号；人均25元；6:00~23:00）这是一家标榜为“新一代”的茶餐厅，推门进去，首先感觉到这是一家快餐店，明快简练的装修，窗明几净卫生好。可是列出的供应却是扬州传统的早点内容，再加上港式的茶点和饮料。在这样的混搭后，就可以适应老扬州和新一代了。吃扬州传统，人均20元足够，吃港式特色，那就要30元才行。

老土灶

川菜 ¥

（见216页地图；四望亭路55号；人均50元 9:30至次日2:00）也许是想改变习惯了的清淡口味，麻辣的川菜在扬州也有很多爱好者，火锅沸腾出火辣辣的气氛，不过老板娘会加上一句，“也可以要不辣的”。的确，当你要求微辣时，服务员也就心领神会了。

骨色骨香

湘菜 ¥

（见216页地图；淮海路117号；人均40元；10:00至次日2:00）这里有火锅和炒菜，在火锅里添加各种肉滑是个特色。主打湘菜，招牌菜有烤鱼和口水鸡。可是在菜单上也有淮扬菜可以选点，比如狮子头和上汤干丝。

饮品和娱乐

老啤酒厂

酒吧 ¥

（见216页地图；8721 5225；人均最低50元；9:00至次日0:30；P）这片地皮原先是啤酒厂，可现在是紧邻运河边的仿古建筑。有两排不锈钢的罐子，现场酿造啤酒，有黑啤和黄啤，口感极爽，一扎80元。每晚20:30，有驻场外籍歌手和乐队的演出。

其实，老啤酒厂所在地区被称为**扬州1912街区**（见216页地图；南通东路128号），由南京的1912集团开发，因此得名。街区位于运河的拐弯处，若干仿古的建筑里，容纳了十几家风格各异的餐厅、酒吧和休闲娱乐场所，夜晚尤其热闹。

星语雅集自助咖啡馆　咖啡馆 ¥

（见216页地图；四望亭路15号；☎8736 9977；⏰9:00至次日0:30；🅿📶）位于星语城市酒店的楼下，28元一位，宣称无限量供应。多种小吃和饮品包含在价格中，但简餐和烤串需要另外付费。这里虽然品种不算少，可是并不适合讲究咖啡口味的客人。倒是来此长时间地聊天打牌上网比较合适。

花局里　现场音乐

（见222页地图）花局里就是个园青年旅舍所在的地段，这一片的房屋里，预留了一片空地，可以安排露天音乐酒吧。最好是在气温合适的夜间，那些高耸的水杉，撑开了浓密的绿荫。捧上一杯酒，坐在原木的桌椅前，随意听听歌手的演绎，或激情或抒情，花局里的小情调，往往会被歌声调制得趣味盎然。

千秋粉黛　歌舞表演

[见222页地图；☎8731 3790；东关街243号（馥园内）；票价78元，时间20:00~21:00]演出内容包括扬州的扬剧、清曲和评话，还有琵琶独奏、独舞和轻歌曼舞旗袍秀。这些曲艺和舞蹈，呈现扬州风情，讲述扬州美女，地方特色浓厚。

购物

大运河畔的扬州，始终是个商业城市，“扬一益二”说出了昔日的繁盛。到了眼下网购繁盛的时光，来到扬州，还是可以享受一回逛街购物的乐趣。在国庆路上，在东关街里，会看见那些扬州的老字号店铺，**大麒麟阁**的点心、**三和四美**的酱菜和**谢馥春**的鸭蛋粉，不妨买上一些。

在盐阜路以北的一带，东从马太路开始，西到友谊路，沿着河边一线，有许多工艺品商场和企业，还有一栋**工艺坊**大楼。就算不想购买，进去看看那些妙手天成的工艺品，也是一次美的享受。

在富春茶社所在的**得胜桥**（见216页地图）这条小巷子里，两侧皆是销售“三把刀”的小铺子。虽然还是以厨刀、理发刀和修脚刀为主，可是还有更多实用且贴近现代居家生活的器具可供挑选。

漆器厂商场部　漆器

（见216页地图）展示了本厂生产的螺钿

当 地 知 识

逛菜场

作为联合国人居奖的获选城市，普通的市民是最有代表性的，而每日里的菜市场，其实也可以看出这个城市的人居状态。作为淮扬美食的来源，菜市场也提供了丰富的选择。**石塔菜市场**（见216页地图）恐怕是扬州最大的了，摊点一直铺到离大门外很远的路口，那份鲜活的气息总让人想起那餐桌上的美味。

跟上一位热情的大嫂或大妈吧，听她用扬普话介绍来自扬州土地上的特产，向她请教如何做扬州菜。买青菜要选扬州青，叶片肥大菜梗壮硕。下锅只需油盐，却端出来满眼的翡翠白玉，这样的炒青菜入口清爽鲜嫩。喜欢烫干丝吧，那就要买专门的干丝豆腐干，自己没有那份刀工手艺，也可以去买切好了的干丝，无论怎样的细丝，下锅后也绝不会碎成一截一截。这里还有各种小吃可以拎回家。在菜市场的南门，总有人在排队等候，卖凉粉的大嫂总喜欢指责顾客，顾客们看着那诱人的凉粉也只好老老实实地不吭气。扬州人的生活，就是从每日的菜市场里开始的。

漆器、镶玉漆器、彩绘漆器和雕刻漆器中的精品。

扬州书局 书店

（见216页地图）展示和销售扬州广陵古籍刻印社用雕版印刷技艺制作的线装书。

扬州玉器厂（玉器博物馆） 玉器

（见216页地图）北京奥运会上的冠军，佩戴的就是扬州玉器厂精心制作的“金镶玉”奖牌。玉器厂的门市部在大门旁，各种式样的玉石件琳琅满目。博物馆在大门内的左侧楼里，收藏了该厂历年来的玉器精品。

天宁寺古玩市场 古玩

（见216页地图）在寺院中轴线建筑的两侧，排开了两长列一家家的古玩铺子。那些五花八门的古董古物古玩，让人眼花缭乱。只是看看倒也可以长点见识，要是准备购买，那就要靠自身的识货水平了。

五亭龙国际玩具礼品城 玩具

（见216页地图；扬子江北路828号）扬州地区生产长毛绒玩具很有历史了，产量占了全国的一多半。到五亭龙玩具城，在三层楼里，有几百个专门经营长毛绒玩具的店铺。在眼花缭乱后，可以买到最新的造型和最流行的款式，到了玩具的源头，自然也会有最心动的价格，可不要心动后拿不动哦。

实用信息

危险和麻烦

作为优秀旅游城市，扬州还是很安全的。当然了，在人员流动性很强的车站等地，还是需要注意一些。不要在车站外跟着拉客的上车，免得出了问题难以投诉。另外，如果有购物消费最好保留票据，防止在交涉时没有证据。

医疗服务

扬州苏北人民医院（见216页地图；☎8737 3012；南通西路98号）

扬州市第一人民医院（见216页地图；☎8298 1199；泰州路45号）

邮局

广陵路邮局（见216页地图；广陵路283号；⏲8:30～17:30）

四望亭路邮局（见216页地图；四望亭路49号；⏲8:30～17:30）

旅游信息

从扬州客运西站一下车，就可以在出口处看到对游客服务的**扬州旅游集散中心**（www.yztour.cn；☎8789 4000）。如果自己没有预约好相关的住宿和旅游，也不妨在这里拿一些介绍的小册子，从中寻得帮助。这里还可以介绍住宿点，从经济的招待所到舒适的宾馆一应俱全，在这里也可以报名参加扬州的一日游和二日游。

如果想找一家更加放心的旅行社，可以到**中国国旅**（☎8582 7555；汶河北路30号）去参加一日游，这家旅行社承诺不进店购物和市内宾馆免费接送。

扬州旅游局咨询电话（☎8988 7070）

扬州旅游投诉电话（☎8732 5601）

网络资源

扬州旅游局官网（lyj.yangzhou.gov.cn）游食购行宿娱，样样都有。

扬州旅游网（www.yztour.net）内容较多，吃住玩游都包括了。

扬州晚报网（www.yzwb.com）作为一个古老的文化城市，扬州也有自己的一份报纸，讲述着扬州的方方面面，当然也会有关于旅游的最新消息报道。

到达和离开

飞机

扬州泰州机场（见216页地图；www.yztzairport.net）位于扬州市江都区丁沟镇。毕竟这是支线机场，目前只与国内的北京、成都、广州、哈尔滨等10个城市有航班来往。要想有更多的选择，就需要到南京的**禄口国际机场**（见93页）。

航空售票处

扬州中国青年旅行社（四望亭路6号；☎8735 5111），也有火车票代售。

车次时刻表

扬州客运东站

站点	发车时间/班次	票价（元）	行程（小时）
上海	8:20～18:25，约40分钟1班	100	3.5
泰州	6:50～18:30，约20分钟1班	18	1.5
南通	7:20～18:00，约30分钟1班	61	2.5
高邮	6:30～18:30，20分钟1班	13	1.5
宝应	6:30～18:30，20分钟1班	39	2.5
淮安	7:05～18:25，约30分钟1班	56	3
兴化	6:30～18:30，约30分钟1班	32	1.5

扬州客运西站

站点	发车时间/班次	票价（元）	行程（小时）
苏州	6:50～18:40，共12班，约1小时1班	80	2.5
无锡	6:50～18:00，共16班，约40分钟1班	65	2
上海火车站	7:45～17:50，共10班，约1小时1班	98	4
杭州	7:15、9:00、10:40、12:20、13:40、15:10、17:00	125	3.5
南京客运东站	6:00～19:30，约20分钟1班	37	1.5
镇江	6:30～19:20，约15分钟1班	17	1
仪征	6:30～19:30，约10分钟1班	7	1
宝应	6:20～17:20，共9班，约1小时1班	44	2.5
徐州	7:15、9:00、11:00、13:00、14:30、16:30	125	4.5
滁州	7:25、10:10、13:15、16:20	41	2.5

扬州中国旅行社（汶河北路18号；☎8735 4706），也有火车票代售。

机场服务热线（☎8999 9999）

机场问讯处（☎8610 0323）

长途汽车

扬州市有三个客运站，分别是客运西站、客运东站和客运北站，除了主要的客运西站外，东站和北站都距离城市较远。

现在，扬州汽车运输集团公司已经开通了网上购票（☎8796 3658；www.yqjtgs.com/enquiry/），可以网购这三个客运站的车票。

扬州客运西站（见216页地图；☎8097 5100；邗江中路302号）也是最大的客运站，担负了开往主要城市的客运路线，可以前往其他的旅游城市。**扬州客运东站**（见216页地图；☎8097 5207；运河东路800号）有开往安徽、浙江很多县城的班车，还有开往福建、湖北、河南、河北、山东和北京的长途卧铺车。**扬州客运北站**（见216页地图；☎8097 5312；位于扬子江北路与荷叶西路交会处）是个较为偏远的客运站，班次不多，去向也是苏北和皖北的一些县市。

客运西站还有开往福建、广东、湖南、湖北、山东、河南、河北、山西和北京的长途卧铺班车。

火车

当年的铁路线没有经过扬州，也让这个古城长时间地离开了经济的中心，2004年开通的南京到启东的铁路给扬州带来了汽笛声。**扬州火车站**（见216页地图；☎8554 6222）位于文昌西路的西端，目前有始发去北京、西安、青岛、成都、南昌的列车，另外还有一些过路列车。

当地交通

抵离机场

扬州泰州机场距离扬州30公里，打的要150元（包括所有费用）。好在还有机场大巴专线，票价25元，行程45分钟，上午8:30至下午17:30有8班车。在扬州的发车点为友好会馆南侧（见216页地图；丰乐上街1号；☎8720 6666）。

南京禄口国际机场的扬州城市候机楼（见216页地图；文汇东路201号；☎8733 3398），与禄口机场每天有24班大巴来往，扬州的发车时间从5:30～17:30，票价65元，路上时间约2小时。

公交车

扬州现在有数十条公交线路，覆盖了城区和郊区。已经全部无人售票，票价1元。除了通常的公交线路外，还有两条旅游专线。

扬州旅游专线（1元；6:10～18:10；间隔10～13分钟），从客运西站到鉴真图书馆，途经何园、东关古渡、工艺美术馆、个园、史公祠、瘦西湖、观音山、大明寺这些景点。

润扬旅游专线（全程13元，6:30～18:30；间隔20～30分钟），从扬州迎宾馆到镇江焦山公园，途经扬州高旻寺、镇江金山公园、北固山公园、焦山公园这些景点。

另外，由于江都区是新并入扬州市区的，所以江都区还有当地的公交线路系统。如果到了江都，当说到几路车时需要加上扬州还是江都的区分，比如扬州与江都之间来回开行的就是扬州的4路车。

出租车

起步价8元3公里，以后2.4元1公里。出租车客管处电话8787 1669。

三轮车

在老城区里，由于街巷路窄，只有三轮车可以来往。起步价是5元1公里，以后就是每公里3元，半天3小时60元。虽然在三轮车的座椅下方，皆贴有明示的价格，但因为没有计价器，所以还是先商量好了价格再上车。

自行车

自游单车俱乐部（见222页地图；☎13358128351；泰州路59号宋城名都1栋121室；⏲8:00～20:00）押金200元，并记录身份证信息。这里车子新，有公路车和变速车，均30元1天。还可以给予骑行的路线建议。

租车点（见222页地图）位于东关街的西头路口，一字排开了十几辆自行车，租车时间9:00～20:30，5元1小时，25元全天，押金200元。车况较旧，要注意挑选。

邵伯

这是一个大运河边的古镇，镇子的西面就是大运河。眼下的大运河上，并排建起了3座**船闸**，来往的船队在闸外排着长队等待过闸。看着过闸的场面，便可以感受到运河的作用。船闸旁有一处**斗野园**，里面安放了一尊从前镇水的铁牛。而斗野园的东边，就是明清时期的**运河故道**，那里有大石条砌成的古运河堤防。古镇上有条现在很难看到的**石板街**，长约1500米，南北向贯穿全镇。在石板路往运河的方向，伸出去几条小巷，小巷到了河边，就成为码头。邵伯镇上的从前，有**大码头**、大饭店、大戏院和大浴室。当邵伯的新街出现后，这条老石板街也就寂寞起来，店铺的门板始终上着，无人居住的老屋开始坍塌。在作者

扬州周边

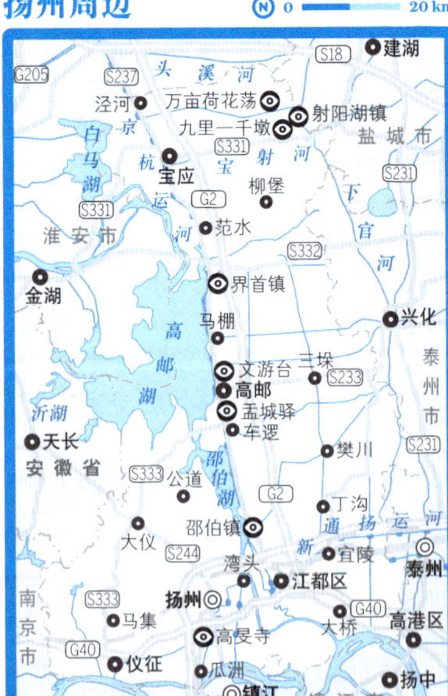

当地知识

小牌子

邵伯镇上保留下来的，除了那条石板路和几座老屋外，还有无形的遗产。这里的**锣鼓小牌子**，被列入国家级非物质文化遗产的目录。这锣鼓小牌子属于一种丝竹与锣鼓相间的民间器乐种类，流布于江都邵伯镇及其毗邻的地区。

据介绍，锣鼓小牌子源于道教音乐，丝竹乐和锣鼓打击乐交替演奏，由多支曲牌连缀而成，既有江南丝竹的韵味，也有北方锣鼓的雄浑。演奏间，浓郁的水乡气息扑面而来，让人感受到古老的风情。

这支由民间爱好者组织起来的小乐队，每周五的下午，在镇文化馆(在派出所的对面)里进行排练。难得有外地人去看他们排练，如果去了，不但可以欣赏演奏，还可以聊聊当地的风土人情。

调研期间，镇上正在给沿运河故道的房屋披上外表装饰，显出统一的古镇民居风格，以迎接运河申遗的评审。那条石板街上，也被挖了一条沟，准备将所有的电线埋入地下的管路。老街上还有几处**明清时期的老屋**，也将修复开发，以吸引大运河申遗成功后的游客。

邵伯镇新的大街上，有很多饭店，这里每到5月，就有吸引众多食客的龙虾节开场，整条街上都弥漫着小龙虾的香味，而车辆也塞满了街道。

从扬州去邵伯镇，最方便的就是乘坐公交车了。在扬州坐4路车到最后一站江都水泥厂下车，票价3元，车子间隔5分钟。在那里等江都5路车，到最后一站下车，就是邵伯镇，票价5元，车子间隔10分钟。全程约1.5小时。

高邮

位于大运河边的高邮，与扬州很有些类似，包括市民们悠闲地生活和习惯性地出门去吃早茶，可是小城市的氛围却更多了些恬静。

早在秦代就有邮路经过这里，也带来了"秦邮"这个古名。从秦邮到高邮，朝代换了一轮又一轮，而古时的驿站却一直保留到了今天，也成为这里最著名的景点。

京杭大运河，被两条有着绿树的长堤牵引，由南向北，从城市的西边通过。那两条长堤，一条隔开了运河与城市，另一条则将运河与高邮湖分开。就在城市近旁的高邮湖，湖底的高度却在城市之上，古时曾经给这里带来过多次洪水的侵袭，城乡变成了泽国。如今稳固的堤防，让运河畅通，而湖水养育的水产和鸭子，也给今天的高邮带来了名气，热销的双黄咸鸭蛋也让很多人知道了高邮。

除了看看高邮的几处景观外，还可以到大堤上走走。尤其在夏日里，那习习的河风，远比空调更让人感到舒适。到了傍晚时分，经过运河上的大桥，去看高邮湖的落日。落入湖水的金灿灿的夕阳，也不免让人联想到那蛋黄的形状和色泽。

景点

高邮有4处全国重点文物保护单位，除了一处交通不便的遗迹外，另外三处都在城区，盂城驿和文游台成为景点，而**清代当铺**则隐在老街里。还有**净土寺塔**(见236页地图)、**奎楼**、**宋城墙遗迹**(见236页地图)和**镇国寺塔**，同盂城驿相靠得很近，东西向地分布在城南一带。

盂城驿 古建筑

(见236页地图；☎8468 5320；馆驿巷13号；门票30元；⏲8:30~17:30)盂城驿就在运河的河堤旁，周围皆是老街巷。大运河的河堤自古也是陆路交通的主干道，来往南北的旅客们，下了河堤，就可以来到盂城驿。可是眼下到盂城驿，却没有公交车，距离最近的2路车，也在几百米外。

古时驿站的作用很多，除了作为邮局，还是政府接待的宾馆，提供餐饮、住宿和专车，还要兼顾治安。盂城驿还包括了当时官员和胥吏(领导和员工)的宿舍，蒲松龄也曾经入住于此。

高邮城区

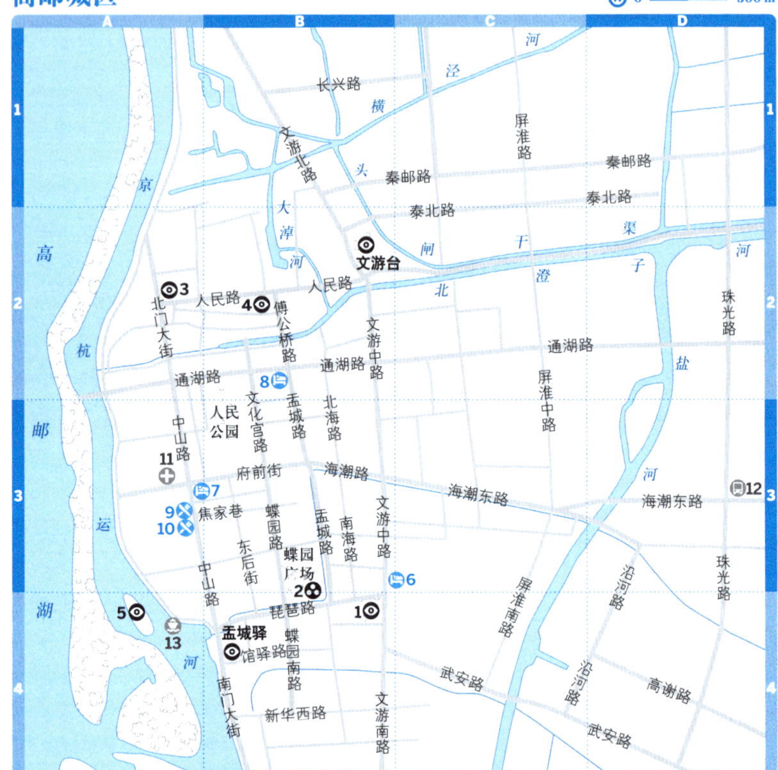

拥有这样多功能的建筑群保存基本完整，加以修复后的盂城驿，恢复了那些厅堂房间的陈设布局。尤其以第二进的大堂为最好，仰望房梁，还可以看见那些精雕的花纹。游客一进门，就有自动的语音讲解，在墙壁上还有中国驿站历史的图表文字展览。

镇国寺塔

塔

（见236页地图；免费；⏲7:00~17:00）去位于大运河中间岛上的镇国寺塔，没有公交车到达。虽然有公路，但是要绕远经过通湖路上的运河大桥。如果没有自备的交通工具，最好还是坐渡船前往。渡船在**南门渡口**（见236页地图），一般是5:00到18:00开通，船票2元。要注意的是，如果乘船人不多，可能就要等待较长的时间。

这座塔始建于唐代，曾在明清修缮，由于在城墙的西门外，所以也称"西塔"，1956年拓宽运河时，将原先的城墙和西门变成了大运河的河床，而这座塔也在领导的批示下，侥幸没有被拆毁，留在了今天新老运河环绕的河心岛上。近年来在岛上重建了规模颇大的镇国寺，这座塔就被称为"镇国寺塔"，并且在2008年再次出新。虽然眼下的古塔唐风犹存，远看很有大雁塔的风貌，可是近观表面也就是明清以降了。

文游台

古建筑

（见236页地图；☎8468 5320；人民路507号；门票30元；⏲8:30~18:00）古时的文游台，是城外的一个小山丘，原先建有东岳行宫。作为高邮人的秦观，曾在这里接待过他的好友苏轼。从此以后，文人们便也喜欢前来赏景赋诗高谈阔论，成为延续至今的很有文化的一处景点。高邮市也将文游台下的贯穿城市南北的中轴线大道命名为文游路。

高邮城区

重要景点

文游台……B2
盂城驿……B4

景点

1 净土寺塔……B4
2 奎楼、宋城墙遗迹……B3
3 清代当铺……A2
4 汪曾祺故居……B2
5 镇国寺塔……A4

住宿

6 崔记假日宾馆……B3
7 广发宾馆……A3
8 水月清华宾馆……B2

就餐

9 焦家巷面馆……A3
10 天乐园点心店……A3

实用信息

11 人民医院……A3

交通

12 客运站……D3
13 南门渡口……A4

现在的文游台，为清代建筑，近年来重修，又在东西两翼添加了高邮历史和高邮名人的展厅。来文游台，还可以看看碑刻，除了在中轴线上的**盍簪堂**与**文游楼**里保存得很好的原有碑刻外，这里还收集了很多散落在城乡里的石雕和碑刻，有好几对石狮子，表情萌态生动。

界首 古镇

（见234页地图）因为地处高邮、宝应、金湖的交界处，所以得名。古镇位于高邮以北的大运河边，是古时的重要码头，曾经商贾云集。现在的南大街、北大街和太平街还存留了一些清代和民国建筑，护国寺前还有一条百米的石板街。

界首最有名的就是茶干了，老字号的陈西楼茶干和这几年发展起来的袁氏茶干最为有名，滋味各有不同，生吃、配菜均可。

从高邮到临泽的班车经过界首，每隔15~20分钟一班，票价5元，需要40分钟。也可以在237省道上等候过路的班车，往宝应方向的约30分钟就有。

住宿

高邮的住宿选择很多，高中低档均有，分布在城区的各个部分。经济型的小宾馆标双都在百元以下，高档的也有4星级。

广发宾馆 酒店 ¥

（见236页地图；☎8464 5455、18752555391；府前街167号；标双90元；❄@Ⓟ）从客运公司出来，可以乘坐3路或者7路公交车，到中市口站下车，十字路口的东南方就是广发宾馆。这是一家小宾馆，可是房间并不算小，房价经济，所需要的也很齐全。如果愿意加10元，就可

值得一游

老街

在盂城驿的西边，是南门大街，走过大街的牌楼，就是中山路。这里远离新城的高楼大厦，两侧的低矮平房里，还有一些充满了平民生活气息的小店。

高邮的老街，还有北门大街和人民路。有些价值的民居，在门口都挂上了介绍的牌子。在人民路19号，有全国重点文保的**清代当铺**（见236页地图）。作为眼下保存较好规模较大的清代典当遗存，虽然被周围的房屋遮挡得不容易看见，可是那一栋两层的"回"形结构楼房还是很有气势，可惜无法入内参观。

这几条街上，还有分支出去的古老小巷子，有的巷口挂着牌子，介绍这巷子的来历和内容。高邮人**汪曾祺**先生的故居就在人民路的竺家巷9号（见236页地图），这条巷子的附近，还有让人想起《大淖记事》的大淖巷。

当地知识

高邮的美食家

被誉为“最后一个士大夫”的汪曾祺先生是高邮人，家乡的水土养育了他，乡土的气息不但贯穿了他的作品，也滋养了他对于美食的独到见解。先生刻画的家乡人物，可谓平实生动形象，先生写出的家乡美食，可谓入味三分。先生还善于自行创意的烹饪，用一些寻常的平民食材，就可以烹调出色香味俱佳的菜肴，让他的那些文人朋友们食指大动。

先生曾有《豆腐》一文，将这种最寻常的食材，介绍出东西南北的多种做法和多样口味。其中关于家乡的一味，现在的高邮还可以品尝到，这道菜的名称就是“汪豆腐”。

在文游台里有一间汪先生的纪念室，门前的楹联是：高邮秦观汪曾祺，大淖荸荠连枝藕。这写出了名人名篇家乡味。

以入住有电脑的房间了。这个住处的旁边是高邮的老街中山路，往西200米就是大运河，从这里沿中山路到孟城驿约1公里远。

水月清华宾馆

酒店 ¥

[见236页地图；☎8466 0888；孟城路22号（金海洋商业城楼下）；标双138元；❄📶🅿]坐3路或者7路车，到东方商厦下车。向右从孟城街走进去，右边的第一个路口里面，就可以看见宾馆了。这是一条商业街，很是热闹，开车来的要注意，孟城街是单向行驶，只能从南往北。宾馆的房间面积不小，卫生干净。一楼有8元的早餐供应。

崔记假日宾馆

酒店 ¥

（见236页地图；☎8585 9898；文游中路209号1~3；标双138元；❄@🅿）位于文游中路与万金路的十字路口，是一家开张不久的宾馆。房间也很大，设施齐全，房价含早餐。在调研时Wi-Fi还没有开通。宾馆朝向道路的房间面积比反方向的大一些，可是噪音也会稍大些。宾馆的附近，还有几家更经济的小宾馆可供选择。

餐饮

高邮城旁就有以城市命名的湖泊，所以高邮也有著名的全鸭宴和鱼宴，作为汪曾祺先生的故乡，也将汪先生自创的美食打造成了汪家宴。不过，这些宴席恐怕需要专门预订才能品尝。现在高邮城的琵琶路上有许多饭店，可是经营川味的颇多，要想品尝地道的高邮口味，在早茶中寻找则更为方便。

首选 焦家巷面馆

小吃 ¥

（见236页地图；中山路313号；人均20元；⏲5:00~19:00）从府前街走进中山路100多米后，在路右有一家门口显得很凌乱的小店。店门旁挂着被烟熏成了红黑色的锦旗，上面写着“百年老店”。店门旁还堆放着准备作为柴火的废旧木器，灶膛里的炉火红红。阳春面、鱼汤面和饺面，是这一家最有名的面点，也吸引着老顾客们常来光顾。老板说，一锅鱼汤面的汤水要3斤鱼，一直要熬到汤色发白。将鱼汤舀进搪瓷盆，再叉入面条，还要放虾子和胡椒粉。老板说到最后，又加上了一句：煸鱼一定要豆油啊。小店也有炒菜，到了中午客人很少的时光，还可以与老板商量着做出几味菜单上没有的菜肴，价格也很经济。如果提前打招呼，那老板还可以专门去河边，采购些新鲜的水产来制作。

天乐园点心店

小吃 ¥

（见236页地图；中山路299号；人均20元；⏲5:00~10:00）这家很牛气的小店只是经营早点，其余时间关门。在早晨，尤其是7点左右，店堂里的8张桌子挤得满满，可是居然还有点上几个菜喝着老酒闲聊的客人。点心有3元一个的五丁大包、8元一个的蟹黄蒸饺、2元一个的珍珠烧卖。当一口咬开青菜包子时，就会发现，极其罕见的薄薄包子皮包裹着极其大量的绿油油青菜。这里还有蒸干丝，与传统的烫干丝和煮干丝有着不同的口感。小店还有几样菜肴，如果自己带了刚从河边买来的新鲜鱼虾，那就只收取几元的加工费。

实用信息

医疗服务

高邮市人民医院（见236页地图；府前街116号；☎8464 5618）

旅游信息

高邮旅游网（www.gaoyou.cn），虽然有些信息可用，但是不符合自助游的需求；虽然也有在线服务，可只有两条信息的服务历史。万一需要的话，就试试给出的联系邮箱或者电话吧。

购物

高邮最有名的就是咸鸭蛋了，当地的品种是麻鸭，虽然走起路来同样摇摇晃晃，可是身材有线条堪称健美。这全靠了当地的湖泊河流，鸭子们每天在活水里寻些天然的活食，下出来的蛋个个硕大，腌制后蛋黄颜色泛红，还有油汁淌出。更有很多的鸭子，能下出双黄的鸭蛋，块头堪比鹅蛋。高邮其他的水产还有螃蟹、虾籽、蟹黄油，著名特产还有秦邮董糖。在过了文游路的海潮路上，有多家土特产商店。

到达和离开

高邮只有一个**客运站**（见236页地图；☎8461 5448；海潮路东段），车站的西边就是7路公交的起点站，20分钟一班。

客运站还有通往各个乡镇的班车，这样的班车间隔时间不长。

当地交通

说到公交车，这里的人有些抱怨，只有5条在城区里开行的公交车（上车2元），并且间隔时间太长，似乎与这个县级市不太相符。他们认为，在老城区里的短距离交通，眼下最合适的还是三轮车，无论大街小巷都可以去，价格起步价4元（一般约2元1公里）。

出租车则是起步价6元3公里，以后每公里1.6元。

泰州

人口 506万

泰州市

泰州的泰字拆开即有三水，泰州也正是长江、淮河、黄海的三水交汇之处，境内水系密布，滋养了大片水田，也使得湿地观光成为当地主要旅游项目。这座有2100多年历史的古城，秦称海阳，汉称海陵，南唐之后改名泰州，直到今天。泰州是物产丰富的鱼米之乡，700多年前，马可·波罗游历泰州，称赞“这城不很大，但各种尘世的幸福极多”。和不远处的邻居扬州一样，当地人颇为悠闲舒适，早上“皮包水”、晚上“水包皮”的生活方式仍然延续至今。

景点

泰州老街 街区

明清建筑风格的步行街，长约600米的街道两侧商铺林立，大多是跟当地人生活息息相关的小吃店、餐馆、地方特产。这里没有旅游景区特有的商业气氛，很多店铺是经营了很多年的老店，物美价廉，漫步其中很是悠闲放松。

高邮客运公司车次时刻表

站点	发车时间/班次	票价（元）	行程（小时）	备注
扬州	5:15~17:40，15~20分钟1班	13	1.5	沿运河，不走高速
宝应	6:30~16:10，约1小时1班	14	1.5	沿运河，不走高速
盐城	7:30、13:00	37	3	不走高速
兴化	6:20~15:10，约1小时1班	14	1.5	不走高速
南京	6:00~17:40，约1小时1班	64	1.5	走高速
上海	6:20、7:00、7:40、8:40、9:50、11:40、12:10、12:50、13:10、13:40、14:50	100	3.5	走高速

值 得 一 游

九里一千墩和万亩荷花荡

在宝应县城的东北方向，有**射阳湖镇**。在镇子的南面，大地上隆起了一个个土丘，这就是列入了省级重点文保的**九里一千墩**。这些土墩其实是汉代的墓葬，不过那些上千的土墩在自然和人为的作用后，大部分已经变为平地。现在射南村的附近，还有三个较大的祭墩、竹墩和畜墩。要想看这千墩里出土的文物，就要到**宝应博物馆**（县城安宜东路89号）。在射阳湖镇上，为了大运河的申遗，新近修复了古邗沟的码头，从写着"臧陈旧址"的巷口走进去，在老街巷内有建安七子的陈琳故居。

在射阳湖镇附近的水泗镇，有**万亩荷花荡**，有接待游客的荷园。在七八月的时光里，荷花盛开荷叶摇曳，乘船荡漾其间，可以观赏无穷碧叶别样红的荷花。

从宝应县城到射阳湖镇，有219路乡镇公交车到达。这一带盛产莲藕及其产品，也值得购买。宝应县城内还有几条老街，去看看那南门大街，就知道从前的大街居然是那样的狭窄。

另外，从**邵伯古镇**往宝应的237省道，也正好修建在大运河的大堤上，道路的绿化不错，尤其以宝应境内为最佳，两侧的杨树郁郁葱葱遮天蔽日，实为可供一路观赏的好景致。也不妨在觉得心仪的地方下车，走到大运河边，去看看那拖船拉动着一连串的驳船，将运河水激起道道的涟漪。

老街入口处往里走约200米是**桃园**（☎8699 9201；门票40元；⏲8:30~17:00）景区入口。这是2006年当地为了纪念孔尚任在泰州写作《桃花扇》而建的主题公园，园内种了数千棵桃树，3月中旬到4月下旬可以进去观赏桃花。

梅兰芳纪念馆 纪念馆

（☎8622 5286；迎春东路90号，老街对面；门票30元；⏲8:30~17:30，夏季至18:00，闭园前半小时停止售票）明清建筑风格的园林式纪念馆，三面环水。馆内以各种资料、实物、图片和电影等展示了京剧大师梅兰芳的艺术人生。

乔园（日涉园） 园林

（☎8622 1988；www.tzqiaoyuan.com；海陵北路68号；门票40元；⏲8:40~17:00）乔园始建于明万历年间，起初是太仆寺卿陈应芳的私宅，清朝时归两淮盐运使乔松年所有，因此得名。园林400年间几易其主，历经风霜，现存面积并不大，但匠心独运，处处精巧，房屋充满传统韵味的名字和砖雕等细节可窥见当时主人的品位。园中还有一棵古柏，据说树龄有上千年。

光孝寺 寺庙

（☎8623 1420；五一路近青年北路；门票20元，农历初一、十五免费开放；⏲8:00~16:30）这是泰州古城中历史最悠久的寺庙，但现存的大殿等建筑都是20世纪90年代新修建的。寺里藏有大量文物，包括董其昌、祝枝山的手书。佛教节日期间会比较热闹。市内公交游1路可到达寺院门口。

泰州博物馆 博物馆

（☎8622 2557；www.tzmuseum.com；凤凰东路58号；⏲9:00~16:00，周一闭馆）泰州博物馆收藏的古代书画以明清时期为主，刘墉、李鸿章等人物的书画对于感兴趣的人来说颇有趣味。馆藏明代服饰非常丰富，主要是民用（相对于皇家）纺织品，尤其是丝织品。仔细找一找，能看见全世界唯一的一具较完整的雄性康鹿化石，汉代神兽纹铜镜也是馆中比较精品的文物之一。

中国人民解放军海军诞生地纪念馆 纪念馆

（☎8618 1423-8002；免费；⏲8:30~17:30）这个纪念馆位于泰州市东南方向约10公里的白马镇上，是一座反映我国海军建设历程的展馆，内有舰模、航模展厅，还有一架海军赠送的**歼六战斗机**。纪念馆大门左侧四五百米处，是渡江战役第三野战军指挥部旧址，粟裕、张爱萍等曾在此指挥战斗。

纪念馆地处比较偏僻，从泰州市区搭乘16路和507路公交车到白马镇，下车后步行5~10分钟可以抵达。

活动

乘船游凤城河 游船

（☎8636 5052；www.fengchenghe.com；渡船往返10元/次，摇橹船20元/45分钟，画舫白天40元/45分钟，晚间50元；⏲8:30~17:00，19:00~22:00）凤城河是古泰州的护城河，沿河有桃园、望海楼等景区，夜景比白天好。码头在东南园10号望海楼，船票可在桃园、梅兰芳纪念馆、望海楼等处购买；关帝庙码头售夜游船票；夜游画舫19:30、20:30、21:30发船。

食宿

跟其他二线城市一样，连锁酒店是泰州住宿比较靠谱的选择。梅兰东路、南通路和青年路是连锁酒店集中的区域。

泰州餐饮的最大特点就是价格十分亲民的小吃，黄桥烧饼、鱼汤面、卤味，早餐尤其出名。

锦江之星江州南路店 快捷酒店 ¥

（☎8619 7777；江州南路129号；标间139元起；❄@Ⓟ）位于汽车客运南站和客运西站的中心点，距离两者只有5分钟车程。门口有多路公交站点可直达市内景区，附近还有交行、建行等银行。

如家南通路金鹰购物中心店 快捷酒店 ¥

（☎8628 8333；南通路111号；标间113元起；❄@Ⓟ）位于繁华市区，交通购物吃饭都十分方便，门口就有泰州至溱潼公交车。

首选 新富春大酒店 淮扬菜 ¥

（☎8622 2236；东进西路28号；人均35元；⏲7:00~14:00，17:00~21:00）富春的名号充满了老泰州人的记忆，已经有一百多年的历史，新富春据说与富春、镇江宴春分别是同门兄弟三人所开。不介意早起的话，你可以像当地人一样去那里“喝早茶”。蟹黄汤包、大煮干丝、鱼汤面、鱼汤馄饨、翡翠烧卖都很见水准。要尽可能早一点去，因为早茶的鱼汤是用鳝鱼骨油炸后再加点大筒骨一起熬出来的，第一批食客会觉得汤浓且香，越到后来加水越多，汤味就显得腥和淡了。

黄桥烧饼生产中心 小吃 ¥

（老街22号；烧饼1.5元/个起；⏲7:00~21:00）黄桥烧饼是泰州特色名小吃，这家朴实的店铺专注于黄桥烧饼的生产和制作，现做现卖，美味可口。老板甚至开设了烧饼制作培训班。烧饼一般为圆形或椭圆形，馅有甜、咸两种，定制的话老板可以根据你的要求加入火腿、肉松等辅料。你可以买几个边走边吃，还可以用黄桥烧饼的纸盒10个一盒买回去馈赠亲友，一起分享。

小腊龙 小吃 ¥

（☎130 1674 0686；泰州老街；⏲11:00~13:00，16:30~20:00）始创于清朝光绪年间的老字号卤菜，主要有特色鹅杂、水晶肴肉、桂花卤鸡、秘制扎蹄等，本地人提起都说好吃。

实用信息

市区青年路一带集中了各大银行的泰州分行，有南京银行、交通银行、建设银行、工商银行、农业银行等，可以通过泰州地区广受欢迎的本地论坛**泰无聊**（bbs.t56.net）找到吃住游娱很多信息。在**兴化旅游网**（www.xhlyw.net）找到景区动向。

到达和离开

飞机

2012年5月，扬州和泰州合资兴建的**扬州泰州机场**（☎8999 9999；www.yztzairport.net）正式通航。机场位于扬州市江都区丁沟镇，距离泰州主城区约20公里，目前已开通北京、深圳、沈阳、厦门、西安、广州、昆明、三亚、哈尔滨、成都等十条航线。

长途汽车

泰州市有**客运总站**（也称南站，☎8688 3786；青年南路2号；时刻表见下表）、**新汽车东站**（☎8629 8871；兴泰公路；主要始发村镇公交）、**汽车西站**（☎8660 1171；扬州路180号）三个汽车

泰州长途汽车车次时刻表

站点	发车时间/班次	票价(元)	行程(小时)	备注
扬州	6:20~18:10，半小时1班	17	1	汽车西站
兴化	6:20~18:20，15分钟1班	16	1	客运总站
	6:00~17:45，15分钟1班	16	1	汽车西站
上海	6:30~17:30，1小时1班	89	4.5	客运总站
南京	6:00~18:20，20~40分钟1班	58	3	客运总站
南通	7:00~17:50，1或1.5小时1班	48	2.5	客运总站
苏州	7:00~18:40，1或1.5小时1班	70	3.5	客运总站
常州	7:20~18:40，1小时1班	45	1.5	客运总站
无锡	7:10~18:00，1或1.5小时1班	52	2.5	客运总站

站，它们和泰州境内其他汽车站同属于飞鹿公司，可登录www.tzfeilu.com 查询班次及网上订票；**太灵通车票在线**（☎400 000 3455；cp.tlt.cn；⏲8:00~18:00）也提供泰州地区所有汽车站的车票预订。

火车

泰州火车站（☎8622 5134；姜堰区京泰路1号）有普速火车连接**扬州**（硬座12.5元，约50分钟）、**南通**（硬座18.5元，2~2.5小时）、**盐城**（硬座23.5元，约2小时）、**南京**（硬座24.5元，2~3小时）、杭州等地。

当地交通

抵离机场

扬州泰州机场和泰州市区间的**机场大巴**，持进出港登机牌可以免费乘坐（理论上限4折以上机票）。

南京禄口机场在泰州汽车南站设立了**泰州机场航站楼**，乘客可以在航站楼内查询订票，换领登机牌，并通过**接驳巴士**前往机场，泰州发车时间为：6:00、8:30、10:30、13:30和15:30；禄口机场返回泰州发车时间为：10:30、12:30、14:30、16:30和20:00；票价80元；行程约两个半小时。

出租车

泰州出租车起步价8元/3公里，后续1.8元/公里，5公里以上部分加收50%空驶费。在同一地点上下车的游客可提醒司机使用往返计价，免收这部分费用。

溱湖湿地公园

（☎8862 3022；www.qinlake.com；X203溱湖大道上；门票100元；⏲8:00~17:30，15:50最后一班船进入公园）溱湖位于全国著名三大洼地之一的里下河地区，这里是自然环境保持很好的国家级湿地公园，陆地和水域生态系统之间的过渡，在土壤浸泡于水中的特定条件下，生长着很多湿地的特征植物。景区内绿化茂盛，空气清新，芦苇丛生，水草丰茂。在溱湖上乘坐小船，看四周浮岛上郁郁葱葱；走在湿地精品园内的木栈道上，可以近距离亲近野生动植物，尤其是栖息在芦苇荡的各种水鸟。游览需要2~3小时。

溱潼会船节素有“溱潼会船甲天下”的美誉，是列为国家级非物质文化遗产的特大型水上民俗节日，这一习俗起源于宋朝。传说山东义军张荣、贾虎于溱潼村阻击金兵，虽然获胜，自身亦伤亡惨重。附近村庄的百姓按习俗就地安葬了阵亡将士，清明节时分集体撑船前去祭奠英魂，因此形成会船的习俗。每年清明节的第二天开始，持续到五一节后，每周六、日有表演。会船节期间，数千亩的溱湖上舟楫林立，旌旗飘飘，上千条会船、上万船民聚集在水面之上，载歌载舞，龙舟竞赛，呐喊震天，热闹非凡。如果你那个时候去泰州，一定不要错过这一年度盛会。

如果你在非会船节期间前往，也可以不买公园门票，在公园检票口向左的位置走上木栈道，步行15~20分钟去往**古寿圣寺**和**药师佛塔**（门票30元）。景点收费，步行途中的美景可是免费尽情观赏哦。

到达和离开

从泰州去溱湖湿地，需要到姜堰转车。泰州到姜堰已开通两路公交车，**姜泰北线（901）**6:00~21:30（冬季），至22:30（夏季），6~8分钟一班，19:00开始20分钟一班；姜泰南线（902）6:40~19:00，发车间隔为20分钟。车费2元，30分钟车程，泰州西站发车，姜堰汽车总站下车，随即返回。

姜堰汽车总站6:45~17:00每40分钟有一班车发往湿地公园（5元，30分钟），从泰州打车前往湿地公园需要70~80元。

溱潼古镇

（☎8862 1128；进入古镇免费，景点门票40元；⏲8:30~17:30，冬季至17:00）这里的古镇街区还保持着原有的生态，地上铺设的是由当年漕运船作为压仓石运回来的麻石，沿街铺面都是做当地人生意的行当，小巷里拐进去停放着住户自用的电瓶车。即使从没有任何游客前来，这里也依照已经延续了千百年的方式将生活继续。除了将几个有历史意义的院落圈起来做了景点，这个古镇还没有做周庄、乌镇那样的商业开发。

古镇的几个景点之中，**古契约文书馆**值得一看，里面藏有明代以来的一千多份契约，仪门处的砖雕异常精美；**绿树禅院**内有一棵1100多年树龄的**古槐**；**院士旧居**中，有无锡**荣氏集团的溱潼办事处旧址**，荣宗敬、荣德生都曾在此下榻。

到达和离开

姜堰汽车总站有人满即走的班车发往溱潼（5元，30分钟），记得要问他们是往古镇还是往湿地公园，这路车有东西线的区分。溱湖湿地公园和溱潼之间有班车连接，人满即发，票价也是5元，距离约8公里。从泰州打车前往溱潼车费大约60元。

兴化

兴化的田园风光别具一格，除了江南常见的大片稻田之外，更有小湖泊和湿地点缀其间。当地人利用这得天独厚的自然环境养鱼种藕，栽种林木和作物，不仅获得了农业收益，更无意间形成了如诗如画的美丽风景。

景点

郑板桥故居 故居

（☎8323 3259；板桥东路51号；门票10元；⏲夏季7:30~18:00，冬季8:00~17:30）郑板桥在兴化的这栋房子里度过青少年时代，后来一

值得一游

千岛菜花，水上绽放

千岛菜花风景区（门票100元，包括乘船）位于距离兴化市二十多公里的缸顾乡东旺村，从缸顾乡政府旁边的岔路开车，看到一个很大停车场的地方就是。那里总面积接近万亩的水面，被密密麻麻的水中垛田切割成渔网一样交通错联的水路。每年3月中下旬至4月中下旬，乘坐当地船娘划着的扁舟，穿行于千百个大大小小被油菜花渲染成金黄色的垛田之间，扑面而来满眼的春意盎然，扑鼻而来的油菜花香，怎能不惊叹于这花海的美丽和壮观！

油菜花季节短暂，二十多天的旺季过去之后，景区便归于沉寂，无人负责运营管理。那个时候进入景区不用买票，登上专为观景而建的小宝塔，一望无际的大片农田也颇赏心悦目。最近开发商计划在油菜花之后改种会开出橘红色花朵的波斯菊，以打造第二波的花海旅游，但波斯菊的经济价值有限，当地农民还是宁可种普通农作物。

兴化农工客运中心（6:30~17:50）有镇村公交前往缸顾乡，人满即发，油菜花盛开的季节市区会开通旅游专线直达景区。

直客居扬州，以卖画为生，过得很是贫苦。他中进士后再到扬州，因已有了“扬州八怪”领衔人物的名气，其字画旧作都被当成墨宝，于是他特地刻了一方印章盖在旧作上，印文为“二十年前旧板桥”，多少世态炎凉的感慨，都寄予这一方印文中，有兴趣的不妨在展出的书画作品中找一找。世人知道最多的郑板桥名言是“难得糊涂”，在经历年少丧母、积年贫穷、中举为官、革职返家之后，这四字中有多少真味，又有几人真正明白？

故居坐北朝南，有门楼、上下屋、小书斋、小庭院天井、厨房等，屋内陈列有关郑板桥的文物资料、书画、塑像等。

李中水上公园　　公园

（☎8386 1777；www.lzsssl.com；李中镇兴沙公路旁，靠近舜生砖瓦厂；门票50元，竹筏单买40元，联票80元；⏲8:30~17:00）这是江苏省最大的人工森林，跟溱湖湿地公园有所不同的是，水上森林的植被是高大的水杉、池杉，树上鸟窝众多，水中游鱼跳跃，形成了生机勃勃的生态环境。坐在漂流的竹筏上，林荫密布，听得见水鸟的鸣叫声，非常悠闲放松。早晨去感觉更好，空气清新且游客较少。

兴化农工客运中心（6:30~17:50）有人满即发的镇村公交前往李中镇，可告知司机在水上森林下车。

食宿

兴化市看起来比泰州和姜堰都要繁华许多，英武中路和板桥路的十字路口分别开了汉庭、如家、格林豪泰，沿板桥路步行几分钟的地方还有速8。板桥东路堪称龙虾一条街，晚上烧烤夜宵十分热闹；上点档次的饭店集中在牌楼路，被当地人称为好吃街，不过大多是连锁加盟店。

到达和离开

泰州汽车客运总站 6:20~18:20、**泰州汽车西站** 6:00~17:45都有车去兴化，每隔15分钟发车，16元，1小时。兴化到泰州的班车6:00~18:10每隔15或20分钟一班。**兴化农工客运中心**（☎8330 1996；阳山西路11号）始发兴化周边乡村的镇村公交。**兴化安达汽车客运站**（☎8332 1223；www.jsxhqcz.com可以在线订票）有去**高邮**（7:10~18:40每隔50~65分钟一班，14元，45分钟）以及去**盐城**（6:35~16:20共8班，25元，75分钟）的班车。**兴化长途汽车站**（长安南路1号）有发往上海、南京、苏州、无锡、杭州等城市的班车。

南通

人口 765万

南通市

卫星地图上看，南通就像一个绿色的楔子钉入黄褐色的长江和黄海当中。这个城市坐落在长江北岸的冲积平原上，江海际会，四通八达，脚下是长江从上游带下来泥沙沉积形成的肥沃土地，外围是适宜于航行、养殖和捕捞的水域。温和的气候和优越的自然环境使当地人轻易解决衣食之忧，从而有余心余力发展出别具特色的文化。著名的通剧（僮子戏）完全保存了原始、古朴的风貌，令人称奇。这里不是热门的旅游目的地，但也有不少地方值得经过的时候驻足一观。长江边的秀

神一样的僮子戏

僮子戏是南通特有地方剧种，所谓“僮子”即民间职业巫师，发源于楚越，其说唱舞蹈有“以舞降神”的迷信色彩，后来则演变成地方戏。僮子化妆登台，串演戏文，以南通方言把神鬼故事演唱出来。这种锣鼓伴奏、简朴得几乎简陋的戏曲因为使用方言演唱，唱词通俗易懂，特别为老年人所喜闻乐见，至今一些农村地方还有婚丧嫁娶请僮子戏班搭台唱戏的习俗。

不过，随着电视的普及，僮子戏已经很难再像过去那样大受欢迎，让人们下午两三点就去为晚上的表演占座位了。方言演出为它吸引观众的同时也限制了观众，除了社区活动，你很难在城里看到僮子戏表演，它已经成为了需要被抢救和挖掘的民间艺术。

丽狼山、环绕城区的十公里濠河，以及散布于濠河一线的众多主题博物馆，让你有充分的选择来打发在这里的空余时间。

景点

南通景点门票分淡旺季销售，淡季指1月、7至9月、11至12月，旺季指2至6月、10月，寺庙类景区的旺季还包括除夕至正月初七。

狼山风景区可以买到狼山、园艺博览园、啬园的套票，60元/张。

狼山 山

（见245页地图；☎8571 2296；www.chinalangshan.gov.cn；门票淡季/旺季 50/70元；⏲9:00~17:00）狼山列全国佛教八小名山之首，是西方三圣之一的大势至菩萨的道场，香火极旺。沿途会有无数人向你兜售香烛，几元钱就可买上一把。山上始建于公元699年的**广教寺**中供奉着东南亚唯一身披龙袍的大圣菩萨，著名的**圣严法师**当初即是在此剃度出家，寺中建有他的纪念堂。沿山路拾阶而上，山顶可俯瞰南通市区和港口。狼山山清水秀，宗教气氛虔诚，历史底蕴深厚，**北麓园**内有15处历代文人墨客的游山题刻，最早可追溯至五代时期。**骆宾王墓**就位于狼山脚下，他因写作对仗工整引经据典的骈体《讨武檄文》骂武则天而名扬天下。

步行上山约需半小时，不想徒步的话还可以乘坐**索道**（单程/双程40/50元）。

狼山大门向右走五百米左右是**剑山文殊院**（☎8570 3285；门票淡季/旺季20/30元；⏲9:00~17:00），山门前有一尊高7.8米，长13.8米的**文殊菩萨卧像**。

市内公交5、35、86、88路可直达景区，打车前往约25元。

园艺博览园 园林

（见245页地图；☎8571 1093；www.ntyby.com；临港路18号；票价10元；⏲9:00~17:00）位于狼山西侧约1公里的园艺博览园是第五届江苏园艺博览会的主会场，其中除了典型江南园林之外，更有六千多平方米的**化石林**，展示了来自多国的林木化石。园区经常举行露营烧烤、休闲垂钓、集体相亲等活动。

狼山风景区及周边

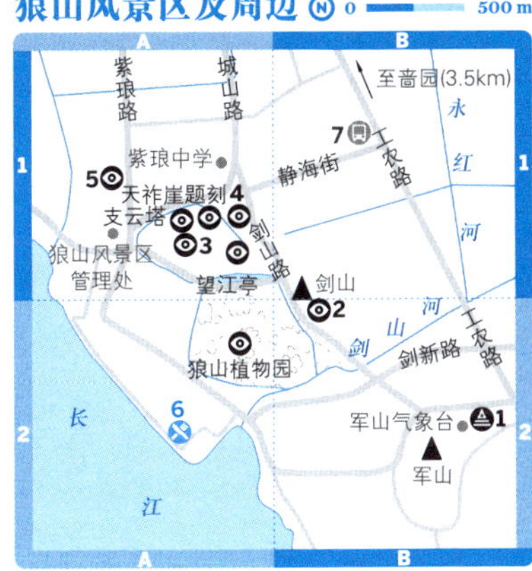

狼山风景区及周边

景点

1 翡翠观音寺 B2
2 剑山文殊院 B2
3 狼山 A1
4 狼山风景区大门 A1
5 园艺博览园 A1

餐饮

6 云顶江边阅读餐厅 A2

交通

7 狼山汽车客运站 B1

啬园 园林

（见245页地图；☎8570 5061；狼山街道南郊路150号；门票淡季/旺季15/20元；⏲9:00~17:00）啬园始建于1924年，是张謇先生的长眠之地，园内有数万株、二百多种林木，被称为“城市氧吧”。四至五月份这里会举办“春满啬园”活动，展出更多争奇斗艳的花草盆栽，活动包括鸟艺表演、户外烧烤，还有小朋友们会很喜欢的卡通人物秀。

出啬园大门左转，再右转进入园林路，几百米就可以看到南通最高学府，南通大学。

张謇纪念馆 纪念馆

（见246页地图；环城南路21号；⏲9:00~17:00）张謇（1853~1926年），清末状元，著名实业家、教育家。他在家乡进行的一系列的建

南通城区

南通城区

◎ 景点

1 蓝印花布博物馆 C2
2 南通博物苑 C3
3 张謇纪念馆 B3

活动

4 环西广场码头 A2
5 老人民公园 C3
6 文峰公园 D3
7 怡园码头 C3

住宿

8 如家快捷酒店 A2
9 威斯汀风尚酒店 A2

餐饮

10 四宜糕团店 B3
11 寺街张家臭豆腐 B2

设和发展，使南通成为我国早期的民族资本主义工业基地之一。

张謇一生推崇工业救国、教育兴国，将实业所得利润大部分用于兴办学校和教育机构。我国第一所师范学校通州自立师范，第一所盲哑学校，后来成为扬州大学和南通大学前身的医学、纺织专门学校等都出自张謇之手。南通博物苑、军山气象台也是张謇投资设立，此外他还陆续创办了多个公共图书馆。

这里是张謇先生晚年的居所，陈列了很多与他相关的实物和资料。

翡翠观音寺

寺庙

（见245页地图；☎8570 0918；军山风景名胜区；门票30元；⏲9:00~17:00）军山曾经是海上的一个岛屿，相传曾经是秦王屯兵的地方，因此得名。翡翠观音寺就位于军山脚下，供奉有一尊翡翠坐像观音。造像所用的缅甸翡翠原石重达561公斤，中国南北派玉雕名家花费五年时间联袂雕刻，是极具艺术性与观赏性的佛像杰作。

市内公交13、22、86路可直达，亦可由狼山景区乘86路到达。

南通探险王国

主题公园

（☎8902 8888；www.fangte.com；北大街1号，华强城西侧；门票160元，儿童80元；⏲9:30~17:30，节假日至18:00）一个以科幻探险为主题的游乐园，其亮点是国内第一个大型室内的**恒温水上娱乐设施**，包括水上过山车、漂流河、大型儿童水上游戏、大喇叭状滑道、高速滑梯等项目，无论严寒酷暑都可以游乐其中。

南通市区可乘坐19路车到美丽华购物广场站下车，或17、41、51、77、603、605路公交车到奥特莱斯购物广场，再下车东行500米抵达公园。

活动

自南通筑城时起，濠河就如一串项链，围绕着这个城市，一围就是一千多年。现存濠河河道全长十公里，保存完整，沿途高楼大厦、名胜古迹、亭塔桥榭、精品园林，白天可观赏岸上风光，晚上则有多彩灯火、音乐喷泉。游览濠河风景区的最佳方式就是乘坐游船，全程1~2小时，因船的类型而有所不同。濠河游船共有五个**码头**（见246页地图，⏲9:00~22:00），分别位于老人民公园、体育公园、文峰公园、**环西广场**（游船50元/小时起）和**怡园**（☎8550 7843；游船40元/小时起）。船只均为电动，价格越低，速度越慢。怡园码头是其中最大的一个，环西广场最容易到达。上下船必须是同一个码头。悠闲赏景的话，几个人包租小画舫是最佳选择。

此外，环西广场码头还有**音乐喷泉**，一般19:00左右开始表演，持续10分钟左右。你也可以让它专门为你喷发，300元/两首歌。广场每年夏天还会有大约40个夜晚举办"**濠滨夏夜**"文娱活动，具体时间可向入住的宾馆咨询。

住宿

市中心的几条大街，每隔三五百米就可以看见连锁快捷酒店，干净舒适的住宿在这里不是问题。

除了全国性的连锁酒店，南通还有个本土的连锁品牌叫**和沐霖**，是下属区县住宿的最佳选择，价格100元左右，房间质量尚可，床上用品相当不错，还可以在客房内免费拨打国内电话。

威斯汀风尚酒店 酒店 ¥¥

（见246页地图；☎6861 5999；环城西路20号；标间338元起；❄@）酒店位于濠河畔的环西广场，一半的房间正对着音乐喷泉表演，视野很好，绝大多数房间配备电脑。东南亚、地中海风格的标间面积略小，如果加22元升级到波西米亚标间，你会收获到一个惊喜。

如家快捷酒店 快捷酒店 ¥

（见246页地图；☎8026 3333；环城西路18号；标间158元起；❄@）就位于威斯汀风尚酒店隔壁，每层有两个房间可以欣赏濠河灯火，经济实惠。

金石商务酒店 酒店 ¥¥

（☎81156688；桃园路12号中南城东塔楼；

值得一游

南通的博物馆

各种各样可以免费参观的主题博物馆是南通旅游一大特色，目前为止，**环濠河博物馆群**（见246页地图）已有17座博物馆，如纺织博物馆、濠河博物馆、华侨博物馆、城市博物馆、体育博物馆等。值得参观的主要有以下这些：

南通博物苑（☎8506 2528；濠南路19号；⏲5:30~17:00，4至10月延迟至18:00；提前半小时停止入内，周一场馆关闭）是张謇先生于1905年创建的中国第一座现代意义上的博物馆，历史文物与自然标本并重，场馆与园林相结合，值得一看。

珠算博物馆（☎8550 3255；濠北路58号；⏲9:00~11:30，14:00~16:30，周一闭馆）世界上最大的珠算专题博物馆，展出与珠算相关的多种文物，配以声光电等手段展示算盘这一传统计算器的有关知识。

蓝印花布博物馆（☎8510 8771；www.cnlyhb.cn；濠东路81号；⏲9:00~11:30，14:00~16:30，周一闭馆）收藏、展示、研究、经营蓝印花布传统工艺的博物馆。

板鹞风筝艺术博物馆（☎8566 7282；外环北路通吕二桥西首；⏲9:00~11:30，14:00~16:30，周一闭馆）展示国家级非物质文化遗产板鹞风筝制作工艺的博物馆。

标间/大床房268/258元，周末价格上浮30元；❄@）位于中南城酒吧街、商业中心的交叉路口，对于热爱夜生活和逛街购物的人来说十分方便。酒店2013年1月刚刚开业，设施床品都很新，可以免费使用健身房。

餐饮

住宿方面缺乏的特色，餐饮行业负责补齐。南通人对美食的热爱通宵达旦，餐饮集中区域凌晨两三点仍然能吃到夜宵。**中南城的购物中心**里有整整两层楼的饭店，**南大街**则汇聚了大部分的传统小吃。这里也是小龙虾消费首屈一指的地区，**虹桥路、濠北路**，还有**长江中路**（可以跟当地人打听龙虾一条街）沿街都是卖小龙虾的排档，5~10月是旺季。

南通市的酒吧集中在三个区域，**中南城附近**的酒吧街因为靠近南通大学，晚上会集中很多年轻人；**青年路**一带有近二十家日式酒吧，顾客大部分是住在附近的日资企业工作人员；**长江中路靠近港口**也有些酒吧，装修一般，酒水便宜，主要顾客群是国际船只上的外国水手。

龙虾王　小吃 ¥¥

（☎8351 9777；虹桥路88号，姚港路交叉口；小龙虾小/中/大每斤45/60/98元）以小龙虾为主要菜品的餐馆，麻辣、三鲜、孜然、干煸，你能想到的口味，这里都能做出来。生意异常火爆，经常21:00左右就售罄。

四宜糕团店　小吃¥

（见246页地图；☎8552 8170；南大街99号；⏲9:00~20:00）经典的老字号小吃店，常年客满，当地人重阳节都会去那里购买糕团孝敬老人。小吃品种非常多，鸭血粉丝汤和老鸭馄饨大受欢迎。不过也有人反映说现在口味大不如从前。

寺街张家臭豆腐　小吃 ¥

（见246页地图；人民中路61号邮政大楼东侧弄堂内，靠近寺街路口；臭豆腐1元/3块，10块起卖）南通最有名的臭豆腐，店面很小，装修简陋，却顾客盈门，经常需要排队。每天只从下午三点左右开到傍晚六七点。店里还有卖市面上已经不常看见的那种老式玻璃瓶子酸奶，不少人专为怀旧而来。

云顶·江边阅读餐厅　中餐 ¥¥

（见245页地图；☎8570 0777；山水路2号，靠近鹏欣高尔夫球场；⏲10:00~22:00；人均消费约100元）离狼山景区约1公里，餐厅的大幅落地玻璃窗面朝长江，装修十分有情调。菜品以江鲜为主，也提供咖啡点心等下午茶。交通不太方便。

Miss pancake　西餐 ¥¥

（☎5508 5518；中南世纪城29号楼127商铺；⏲10:00~21:30；人均消费50元左右）气氛友好的美式西餐吧，很受在南通的外国人欢迎。蘑菇芝士汉堡、培根芝士汉堡和铁板鸡肉墨西哥卷都很热销。

静CLUB　酒吧 ¥¥

（☎8358 6168；🚇青年东路21号；⏲19:30~00:30）这家店有好几大本日本歌单，加起来大

南通汽车站车次时刻表

站点	发车时间/班次	票价（元）	行程（小时）
南京	6:00~18:50，30或40分钟1班	99/111	3.5
上海	6:40~19:40，15或20分钟1班，18:00后40分钟1班	51/57/69	1.5
苏州（北站）	6:00~19:30，30或40分钟1班，17:00后50分钟1班	48	2
常州	6:00~18:30，40或50分钟1班	56	2
泰州	6:40~17:30，1小时或1.5小时/班，最后两班车时间为15:30和17:30	47	2.5
扬州	6:20~18:05，40分钟1班	61	3

横跨长江

南通位于长江北侧，从南通地区有多种方式跨越长江天堑，到达江对岸其他地区。

苏通大桥：世界第二的大跨径斜拉桥，仅跨江大桥部分就长达八千多米，于2008年建成通车，连接南通市和苏州市的常熟。现在绝大部分去往苏南的班车都直接经过苏通大桥，而非传统的轮渡。

崇启大桥：连接启东市汇龙镇和上海崇明岛。

通常汽渡：连接南通与常熟的载车轮渡，24小时船满即发，过渡车辆绝大多数是货车。

通沙汽渡：连接南通与张家港。

海太汽渡：连接海门与太仓。

皋张汽渡：连接如皋和张家港。

距轮渡站点较近的自驾车游客可以考虑乘坐汽渡，既可以节省高速过路费，又有机会在7~8公里、约半小时的摆渡途中欣赏宽阔的长江。

约一尺那么厚！前台的酒保是个很帅的印度大学生。调研青年东路酒吧街的时候，这是唯一一家里面没看见陪唱小姐的酒吧。

实用信息

南通的公共设施便利，《**南通日报**》和《**江海晚报**》是南通当地发行量较大的报纸。可以通过**濠滨论坛**bbs.0513.org了解当地人生活，也可以在向外国人介绍南通吃喝玩乐的**英文网站**www.nantongmap.net上找寻方向。

到达和离开

飞机

南通兴东机场（☎8656 0050；www.ntcaac.com）距离南通市区约20公里，有航班往返北京、深圳、大连、广州、厦门、沈阳，每天一班；另有每周三至四班航班往返昆明、重庆、长沙、成都、武汉、珠海、海口。

长途汽车

南通汽车站（☎8351 2816；www.ntqcz.com.cn；人民西路350号）有开往全国各大城市的长途班车。网站可在线查询班次及全市前往车站的换乘公交路线，还可网上订票、手机订票。

永兴汽车站（☎8555 9023；外环北路790号）主要始发往返南通所属区县的班车，去如皋（19元，80分钟）、启东（33元，2小时）的班车6:00~18:40每20或30分钟一班。

狼山汽车客运站（☎8571 9180；长江中路99号，狼山风景区对面的支路走到底，在马路左侧）有从南通汽车站始发的过路车去往上海、苏州、昆山、杭州、宁波、嘉兴等地。

火车

南通火车站（☎8014 1711；港闸区永兴大道）有普速火车通达**南京**（硬座43.5元，4~4.5小时）、**泰州**（硬座18.5元，2~2.5小时）、**扬州**（硬座28.5元，3~3.5小时）、**苏州**（硬座117元，6.5小时）等城市。很明显，前往苏州的话，汽车是更快捷的选择。另有开往北京、杭州的列车。

从长途汽车站可以乘坐32路公交到达火车站，出租车需要大约35元，20~30分钟车程。

当地交通

抵离机场

机场大巴起点/终点站在十字街大润发超市门口，从五一路公交停车场坐60或612路可直接到兴东机场路口，从南通汽车站或市区其他地方打车去往机场大约60~70元，40分钟车程。

公交车

南通市的公交系统十分发达，上车1或2元的票价可以到达城市的任意角落。五一路和校西的公交停车场是两个最大的公交车枢纽站。

出租车

南通市的出租车起步价为8元/3公里，另加2

元燃油附加费，后续1.6元/公里，10公里以上加收50%的空驶费。

吕四

吕四是一个以海鲜著名的渔港，周末常有上海人专为大吃而来。传说八仙之一的吕洞宾在300年时间内曾经四次到此游玩，因此得名。说不定再过一两百年，这里就变成吕五甚至吕六吕七了。吕洞宾乘鹤而行，故此地又名鹤城。

吕四海港风情区本打算开发成海滨度假村，但目前为止除了大约一百米路段上的十几家卖海产品的店铺之外并没有什么旅游设施。游客较多的时候有海上观光服务，乘坐快艇大约二十分钟去海中一个叫**蛳蚜山**的小岛上观光一圈，200元/船，可乘坐5~6人。也可以租用捕鱼船只**出海**，5000元/船，可乘坐20人，1~2小时内，捕到的鱼归游客所有。但6~9月是黄海禁渔期，这项服务也就随之暂停。

关于海鲜，很多当地人推荐**杏花村大酒店**（☎8341 6678；环城北路888号；分店☎8340 8678；延寿北路188号新车站北首；⏲10:45~20:30）不要被大酒店的招牌吓到，其实价格很便宜，点几道海鲜再配点凉菜，人均100元就可以吃得很好，对服务和环境的期待不要太高。

比较好的餐馆集中在府前路一带，而来鹤路上则整条街都是海鲜排档。**金水湾夜宵**（延寿南路38号，来鹤路交叉口；⏲10:30~次日凌晨3:00）是这条路上最繁忙的一家。

吕四的三家**和沐霖连锁**，分别位于汽车站北隔壁（☎8346 9999）、大洋桥东100米路南（☎8377 3999）和来鹤路西首金三角处（☎8341 5535）。注意和沐霖没有统一的招牌，加盟店可以保留自己原有的名字，你所找到的可能是金凌丰店、凌云店和凯华店。

到达和离开

南通汽车站5:40~19:30每隔15分钟发车前往吕四新车站（延寿北路上），17:00以后发车间隔半小时，票价25元，车程1.5小时。

吕四新车站5:30~18:20每隔20分钟发车开往南通，5:50~17:10每隔30分钟发车开往启东（10元，1小时）。车站门口有很多出租车，20元/人拼车前往启东，只需半小时。

圆陀角

（☎8377 9017；门票20元；⏲8:30~16:30）这个目前还不很知名的景区位于江苏省的最东端，长江由此入海，东海和黄海在这里交界。圆陀角江边视野开阔，是江苏最早看见日出的地方，2000年世纪之交时有上千人在这里等待第一缕阳光。看日出的游客需住在最近的寅阳镇上，住宿条件不太好。景区就是把江边一片地方圈起来收费，实际可看的东西乏善可陈，里面有一座大禹雕像，两处观景台，步行游览约半小时。

距离圆陀角以东3~4公里的**黄金海滩**（☎6895 8088；恒大威尼斯围垦区东侧海堤缺口处；门票30元/人，捡拾到的文蛤8元/斤，泥螺20元/斤；⏲8:30~17:30）是观看日出的更佳地点，6~10月的海鲜季节你可以趁落潮时分在海滩和生态湿地内捡拾海产品，有烧烤摊帮你处理干净现烤现吃，十分惬意。另有海滩牛车、

海安青墩遗址

1973年，海安县青墩大队开挖新河施工中，在墩西位置发现了大量的陶、石、骨器和麋鹿角、兽骨等古代遗物。南通博物苑在后来的考古挖掘中又找到不少属于良渚文化的璧、琮、坠、环等珍贵玉器。经认定，这是一处新石器时代的遗址，说明至少在5000多年前海安所在地就已成为人类聚居活动地。遗址的泥土构成分析中找到了荨麻类花粉，同层出土物中还有陶制的纺轮，这说明，当时的人已经开始种麻织布。遗址出土的麋鹿角上有很多刻画痕迹，据分析属于易卦的早期形式，在易经研究中也属于重大考古发现。

海安县正在筹划对这一考古遗址进行旅游开发，预期2014年建成遗址公园向游客开放。

浓情蜜意的董糖

如皋现在还有一种特色食品，叫董糖，据说是董小宛亲手调配给喜吃甜食的冒辟疆的。首先将芝麻焙炒研磨，分离皮仁，再焙至浅黄。火候、时间必须恰到好处，才能使芝麻香气浓郁又不生出焦煳的口感。然后用饴糖熬制糖骨，最后将糖骨展开，均匀配以芝麻、白糖碾粉制成的糖蕊，反复包褶，压切成型。成品一寸见方，入口易化，酥松香甜，当时可是享誉江南的著名小食。现在市面上售卖的董糖以麒麟阁出产的最为正宗，各大超市都能买到，如皋的麒麟阁总店位于丰乐桥旁，百岁街与朱衣街交界处。

海上快艇等旅游项目正在开发中。景区内消费较高，停车费20元/辆，海边躺椅租金50元/小时，接受服务时一定要事先问好价格。

到达和离开

南通汽车站5:50~19:40每隔15或20分钟就有一班车发到**启东汽车站**（☎8331 8784；紫薇中路609号），票价33元，车程约2小时，17:30以后发车间隔半小时。从启东乘坐238路（2元，50分钟）可直达圆陀角景区，末班车15:30(冬季)或15:50（夏季）；汽车站另外一天有8班往返班车，票价5元，早晨5:10那班正好能赶得上看日出，但游客太少的话不会按班次开。黄金海滩目前为止没有公交线路，自驾或包车会比较方便。

如皋

如皋在古代又叫雉水，《春秋左传》中有这样一段记载："昔贾大夫恶，娶妻而美，三年不言不笑，御以如皋，射雉，获之，其妻始笑而言。"说明这是一座有数千年历史的古城。如皋地方并不大，也算不上繁华，却是长三角著名的长寿之乡，142万人口中有百岁以上老人270多位。有人说，这得益于当地悠闲自在的生活方式和健康绿色的饮食习惯。

景点

水绘园 园林

（☎6816 1666；如城镇碧霞路299号；门票50元；⏲8:00~17:30）始建于明朝万历年间，历四世传至明末四公子之一的冒辟疆时始臻完善。这处园林声名远播是因为一段传奇。1639年，"秦淮八艳"之一，能歌善舞、才色双绝的董小宛嫁给复社名士冒辟疆为妾，他们婚后就隐居在水绘园中，现在放置在水明楼上的古琴就是她当年弹奏过的。明亡战乱时期，董小宛抛弃声色犬马锦衣玉食的生活随冒家逃难，与冒辟疆同甘共苦直至去世。这个爱情故事至今还被人们传颂。

水绘园现存建筑是典型的江南园林，湖水环绕船舫式房屋错落有致，加上才子佳人的传说，游览别有一番趣味。可惜还残留着美人生活气息的水明楼是木质结构，近年来不幸被白蚁侵蚀，为了游客安全考虑已经很少对外开放了。景区内部还有**长寿博物馆**以及陈列众多盆景精品的**花园**，游览一圈约需2小时。

定慧寺 寺庙

（☎8153 5797；门票20元；⏲8:00~17:30）始建于隋开皇十一年（公元591年），距今有1400多年的历史。每逢佛教节日都有诵经，当地人习惯于除夕夜到这里来抢头香。寺庙附属的功德林素菜馆浇头面很好吃。

花木大世界 苗圃

（☎8777 0666；www.flowerschina.net；皋南镇大明村，靠近204国道）如派盆景、苗木交易集散地，有上千个摊位，展示和出售范围从几分钱一棵的小树苗，到几万元一株的迎客松。园艺爱好者不妨前去看看。

食宿

如皋也是连锁酒店的地盘，在你想要落脚的地方一定能看见如家、汉庭或格林豪泰。条件好一些的**文峰城市酒店**（☎6507 8888；中山路418号；标间268元；❄@）位于如城镇的商业中心地带，门口就有公交车站可去往火车站、汽车站、水绘园等地，交通十分方便。房间是四星标准，这个价格还算实惠。

彭氏米线

小吃 ¥

（☎8751 3277，8762 1577；米线10~18元；⏲10:00~14:00，16:30~21:00）这家米线店已经开了将近20年，在当地口碑极好。位于城市酒店出门右侧必胜客旁边的巷子里。还有一家分店在中山路167号。

孟家蟹包

小吃 ¥

（☎8761 0338；锦绣街22号；老松林饭店右侧对面巷子进去约80米；蟹包15元/个）如果你上午时分在如皋的话，一定不要错过这里。蟹包个大皮薄，料足味美，一般7:00开始有售，11:00之前就会售罄。

购物

如皋特产有萝卜干、白蒲茶干、林梓潮糕、董糖、火腿、香肠、香肚等，全城各超市卖场均有销售。其中如皋火腿与浙江金华火腿、云南宣威火腿齐名，为全国三大名腿之一。茶干、潮糕因为传统工艺现做现卖，保质期很短，只能在本地及周边几个县市买到。

到达和离开

如皋汽车站（☎8751 1699；慧政路888号）去往南通的班车6:00~18:40每20分钟一班（19元；80分钟）。**如皋火车站**（☎8714 1567）每天在8:33和15:28各有一班列车开往南京，约3小时到达。海阳路302号有开往**南通兴东机场的机场大巴**（☎8761 9856）。

苏北

包括»

徐州......256页
窑湾古镇......269页
连云港......270页
东海水晶城......280页
宿迁......281页
淮安......285页
盱眙......292页
洪泽湖大堤......296页
盐城......297页

最佳博物馆

» 徐州博物馆（见256页）

» 汉画像石艺术馆（见261页）

» 中国淮扬菜文化博物馆（见290页）

快速参考

» 徐州
电话区号：0516

» 连云港
电话区号：0518

» 宿迁
电话区号：0527

» 淮安
电话区号：0517

» 盐城
电话区号：0515

为何去

苏北这片占据全省过半面积的广袤土地，从来都不是热门的旅游地区。不过，如果你是历史人文的资深追慕者，此地厚重的文化遗存值得游走一番。

徐州是个相对热门的旅游目的地：这个“总会路过”的枢纽城市拥有经典的两汉遗存。大运河纵贯整个江苏，“运河之都”淮安提供了不同于扬、苏、杭等旅游重镇的灰白景象。古代盐运的串场河、蜿蜒东南的古黄淮同样承载着诸多往事。

苏北还拥有不算惊艳但也可观的自然风光。这里伸展出江苏省近七成的海岸线，北有连云港的礁岛沙滩，南有盐城的滩涂湿地。第四大淡水湖的洪泽湖还有草长鹭飞的天然景色。

徐州加连云港，是这里最传统也最成熟的路线，两汉三绝、山海风光是人文加自然的优良套餐。深入苏北腹地，以运河淮安为中心，向西前往盱眙开启小龙虾美食行，向东则是盐城“神鹿仙鹤”之乡。

需要注意的是，有些偏远的景区缺乏公交，自驾是最好的前往方式；相当一部分历史遗址缺乏基本保护，欣赏遗址的时间远不及在路上寻找的时间。

何时去

江苏北部拥有分明的四季。总体来说，春秋两季是旅游的最佳时间。初夏5~6月的梅雨季多少会耽误行程，阴冷的寒冬（12至次年1月）和酷热的盛夏（7~8月）更不好受，但夏天挺适合去连云港海滨度假。另外，作为以人文游为主的目的地，人文景点的观光效果受季节影响较小，一些特色节日也尽可择日前往。

春天，徐州云龙山、泰山寺、白云寺庙会连连。夏天，可在连云港洗海澡，在徐州伏羊节顶着热汗吃羊肉，在盱眙参加万人小龙虾宴。秋天，洪泽湖大闸蟹熟了，东海水晶节也开幕了。冬天，北方来的丹顶鹤等珍禽齐聚盐城沿海湿地，欢迎你加入派对。

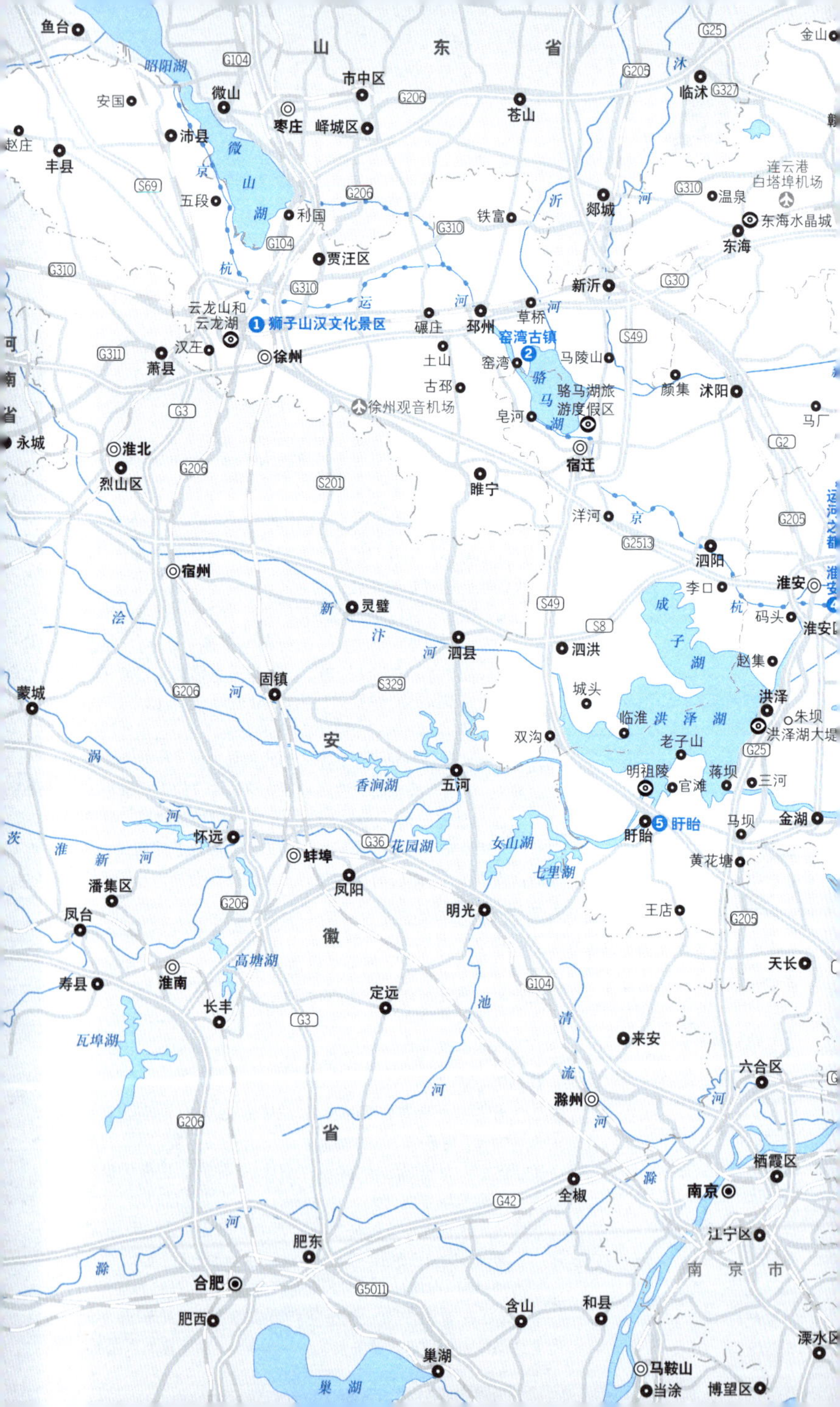

山东省
安徽省
南京市
鱼台
昭阳湖
微山湖
微山
安国
沛县
赵庄
丰县
五段
利国
枣庄
市中区
峄城区
苍山
临沭
金山
郯城
铁富
温泉
连云港白塔埠机场
东海水晶城
东海
贾汪区
新沂
草桥
邳州
碾庄
云龙山和云龙湖
1 狮子山汉文化景区
汉王
徐州
萧县
土山
古邳
窑湾
2 窑湾古镇
马陵山
骆马湖
骆马湖旅游度假区
皂河
宿迁
颜集
沭阳
马厂
徐州观音机场
永城
淮北
烈山区
睢宁
洋河
泗阳
李口
淮安
码头
淮安区
宿州
灵璧
泗县
泗洪
成子湖
赵集
洪泽
朱坝
洪泽湖大堤
城头
临淮
洪泽湖
老子山
双沟
明祖陵
官滩
蒋坝
三河
固镇
蒙城
五河
香涧湖
5 盱眙
盱眙
马坝
金湖
黄花塘
怀远
蚌埠
凤阳
花园湖
女山湖
七里湖
潘集区
凤台
明光
王店
淮南
高塘湖
寿县
长丰
定远
天长
瓦埠湖
来安
六合区
滁州
栖霞区
全椒
南京
江宁区
肥东
合肥
肥西
含山
和县
巢湖
马鞍山
当涂
博望区
溧水区
京杭运河
新汴河
淮河
茨淮新河
涡河
浍河
池河
清流河
滁河
沂河
沭河
G104
G206
G310
G311
G3
G36
G42
G5011
G25
G205
G327
G30
G2
G2513
S69
S49
S201
S329
S8

苏北亮点

1 两汉文化看徐州，在**狮子山汉文化景区**（见257页）完成两千年的历史穿越。

2 走进**窑湾古镇**（见269页），听大运河上千年不变的浪声船鸣。

3 连（岛）、云（台山）、港（口），**海上云台山**（见273页）一览无余。

4 沿着大运河，探索**“运河之都”淮安**（见285页）的繁华遗迹。

5 小龙虾、明祖陵、第一山、第四大湖、南北界河，**盱眙**（见292页）真的不简单。

6 在盐城沿海滩涂湿地寻觅**麋鹿**（见299页）和**丹顶鹤**（见298页）。

徐州

人口 978万

徐州市

许多人对徐州的印象还停留在老重工业城市的时代。坐火车出远门似乎总要经过徐州，铁路两旁依旧破败的老棚户区进一步印证了关于这座城市灰蒙蒙的印象。然而，只要你将视线移出“中国式杂乱”的铁路沿线，到徐州城区看看，你会发现这座记忆中的黑白城市，如今已经是容光焕发。

位于江苏省西北角落的徐州仿佛一个失宠的孩子，不过控守苏北、鲁南、豫东、皖北交界地带的位置更具有成为“封疆大吏”的资本。这座四省交错区域的中心城市，一直以来对周边都拥有较强的辐射力，甚至在汪伪时期还作为省会领衔新成立的“淮海省”。

如今，徐州城市转型正在如火如荼地展开。告别工矿老城的灰色基调，做生态旅游城市，徐州正在用一座座小山、一个个湖面，为自己的本性繁华做一个漂亮的正名。“不南不北”的水土气候还让这里的景致兼备了“南秀北雄”的特色。

历史仍然是徐州的重头戏。作为汉朝刘姓皇帝的故乡，徐州在两汉可谓享尽宠爱，一直享受国家一级的政策倾斜。分封于此的楚王都是位高权重的皇族世家，代代奢华穷尽，因此也留下了规格极高、规模较大、保存较好的文物遗存。其中，合称“两汉三绝”的汉墓、汉兵马俑、汉画像石更是国之粹宝，每一位来徐州的游人都不应该错过。

历史

徐州是一座雄性的城市，北国锁钥、南国门户的战略要冲让它的历史充满了战火和血性。三国时曹操、吕布、刘备围绕徐州上演过惊心动魄的故事，南北朝时这里更成为南北之争的桥头堡，“九里山前古战场”的诗句传颂千年。最有名的当然还是楚汉争霸。这场战争不仅仅在徐州周边发生过诸多轰轰烈烈的史诗战役，更由于两位主角都与徐州有着不可磨灭的关系，而堪称徐州人的内战。

徐州又总是一次次浴火重生。要知道战略要冲在和平年代，可就是商业重镇。明清两朝，大运河曾取道古黄河由此经过，徐州成为了治黄保运的中枢和商船云集的都会，享有“五省通衢”的美名。20世纪初，津浦、陇海铁路交会于此，徐州昂首跨进了老牌工商业城市的行列，金融百货业相当繁荣，到民国时还成为了全国重点建设的八大城市之一。

战争的阴影再次袭来：辛亥革命、辫帅复辟、国军北伐、军阀混战……随处都有徐州的身影，更在关乎民族存亡的抗战之徐州会战中达到巅峰。最终，一场摧枯拉朽的淮海战役为徐州的战争史画上句号。

景点

首选 徐州博物馆　博物馆

（见258页地图；☎8380 4400；www.xzmuseum.com；免费；讲解50元；⏲9:00~17:00，周一闭馆）作为一个地级市的博物馆，徐州博物馆带来的震撼远比一些省级博物馆强大。“两汉文化看徐州”，到了徐州哪里看？这座已经将狮子山、龟山、北洞山等汉墓出土的国宝级文物收罗展览的博物馆，成为了旅行单上必不可少的一节。

最值得花费时间精力游览的是位于博物馆二楼的**“天工汉玉”展厅**。汉朝人对于玉器十分偏爱，认为采撷天地灵气的玉石不仅仅是身份地位的象征，更能够帮助死者守护灵魂精气。不容错过的自然是镇馆之宝——狮子山楚王墓金缕玉衣。考古发掘时，金线已经被盗墓者抽走，玉片散落一地，好在并无缺失，考古工作者花费两年多终于复原。其他展品如玉棺、蟠龙纹玉饰、银缕玉衣、玉卮等也是熠熠生辉，关于汉朝丧葬用玉的解读更是引人入胜。

“汉室遗珍”展厅中最有故事的展品当属刘注龟钮银印。龟山汉墓发现之初，一个当地青年从现场捡走这枚印章并私藏起来。一次醉酒后他吐露自己有个宝贝，相关部门得知后终于找回这个国宝，并通过印章上的刻字断定龟山汉墓的主人是西汉第六代楚王刘注。

三楼**“偶遇华彩”展厅**展示了徐州出土的陶俑，时间跨度从汉及唐。驮篮山楚王墓乐舞俑让人有穿越回到汉朝的感觉，楚腰长袖定格了美丽的历史瞬间。北京的中国国家博

另辟蹊径

"盗墓"空间

如果你已经被狮子山楚王陵和龟山汉墓的地下王国深深吸引，那么游人罕至的**北洞山汉墓**（门票 20元）应该更合你胃口。这个尚不知主人为谁的楚王陵，最具特色的就是复式结构的附属墓室。上下穿梭在湿漉漉的石板楼梯，整个参观过程可能只有你一个人在偌大陵墓中，这种感觉尤为大胆的"盗墓迷"们所喜欢。

交通不便正是北洞山汉墓清幽的原因所在。前来这里可乘坐公交12路，到铜山焦化厂站下车，再换乘三轮车（10元）；三轮车行驶在颠簸的村间小路，拐来拐去突然出现了汉墓，侧门进去就是管理员的家院。作者调研期间，12路因修路只能开到秦洪桥，因此三轮车目前都集中于此。

物馆也有一只孤零零的乐舞俑，就是从徐州汉墓上调的。

其他展厅同样看点颇多。比如**邓永清收藏书画展厅**就拥有朱耷、齐白石、何香凝、徐悲鸿等诸多大家的墨宝，带来预料之外的惊喜。至于大门东侧的乾隆行宫，如今已变成礼品部；博物馆一楼也有礼品出售，仿制的乐舞俑售价在200多元。

前往博物馆可从徐州火车站乘坐2路、11路，中医院站下车，前行至十字路口左拐即到。

首选 狮子山汉文化景区　　陵墓

（见258页地图；☎8316 7205；www.hwhjq.com；联票 90元；⏲夏8:30~17:30，冬8:30~16:30）作为1995年全国十大考古发现之首，狮子山楚王陵的分量如此之重，在诸多出土文物已转移至博物馆之后，仍然值得旅行者深入地下探究。

如今，楚王陵强强整合了汉兵马俑博物馆等资源，并兴建了汉画像石长廊——汉墓、汉兵马俑、汉画像石，"两汉三绝"齐聚于此，旅行者可在一个景区之内全部观赏，"汉文化景区"呼之而出。

搭顺风车的自然有之：景区内的"比丘尼第一祖庭"**竹林寺**就是一座为了"汉文化"而复建的新庙。好在90元联票的复杂单项记法提供了一个精简的购票方案：汉文化景区园林5元、楚王陵30元、汉画长廊15元、汉兵马俑博物馆25元、竹林寺25元，购买前四项共75元，"两汉三绝"即可看全。如果你的行程中还要专门去**汉画像石艺术馆**（见261页），15元的汉画长廊门票也可省去。其实竹林寺门票只在进入一些殿堂时才会检查，这座开放式的庙宇随时欢迎你的参观。导游方面，讲解"两汉三绝"部分的费用为60元。

参观**狮子山楚王陵**请先沿着一旁的步道登高，俯视并感知这个工程的浩大。沿着墓道深入、参观地宫时，请留意仓促下葬的诸多痕迹：开凿粗糙的后室，棺椁竟然放在前堂，墓中没有设置卫生间……这些与宏伟框架极不相称的粗陋细节，也是考证墓主为参加"七国之乱"兵败自杀的第三代楚王刘戊（虽然还有争议）的重要凭证。

汉兵马俑博物馆及**水下兵马俑博物馆**带来的也许不是视觉震撼，而是汉代盛行的巫术之风。一号坑保存最为完好，步兵、军马、军吏、车兵……这支来自地下的"亡灵部队"由近千个面神凝重的小巧陶俑组成。与秦俑一样，这里的陶俑刚出土时也拥有鲜艳的颜色，因保护技术不到位而氧化褪色。因此，一旁的三号坑并没有正式清理发掘。

汉画像石长廊沿湖展开，展品虽不及专项艺术馆丰富大观，但也是精心挑选、颇具代表性；这里也有汉画像石拓片出售。一旁仍在兴建的**珍宝馆**很可能会在落成后从免费的徐州博物馆迎回诸多国宝文物。

从徐州火车站可乘坐92路直达楚王陵站，徐州东站过来有公交72路。

龟山汉墓　　陵墓

（☎8577 0107；联票 80元；⏲8:30~17:30）相比狮子山楚王陵，龟山汉墓在完成规模和精细程度上都要略胜一筹，甚至有"龟山归

徐州城区

1
九里山
至龟山汉墓
(2.5km)
至沛县
(65km)
平山南路
铜沛路
二环北路
黄河
黄河南路
黄河法治文化园
黄河北路
31
黄河南路
西三环路
二环西路
苏堤北路
西安北路
夹河街
矿山路
36
45
淮海西路
苏堤路
37
文亭街
苏堤南路
建国西路
淮海西路
西安南路
王陵路
47
湖滨路
韩山路
二环西路
煤建路
云龙公园
吴庄路
苏堤路
29
湖北路
湖北路
滨湖公园
2
43
16
云龙山隧道
11
24
云龙湖
湖中路
5
23
云龙湖
云龙山索道
15
云龙山
25
湖东路
9
珠山西路
珠山风景区
14
3
32
湖南路
泰山路
18
19
小南湖
10
南三环路
金山南路
泉山森林公园

0
500 m
九龙湖公园
二环北路
至北洞山汉墓
(10km)
下淀路
煤港路
广山路
至宝莲寺
(4km)
环城路
中山北路
复兴北路
大庆路
响山路
庆云桥
44
42
28
27
子房山
津浦西路
津浦东路
故
解放北路
民主北路
35
50
东三环路
至窑湾古镇(90km);
连云港(205km)
淮海东路
30
青年路
48
津浦西路
49
铜山路
中山南路
41
建国东路
51
津浦东路
34
38
33
复兴南路
40
彭城路
17
解放路
民主南路
黄河西路
道
至徐州东站(8km);
徐州博物馆
39
和平路
6
和平路
和平路
26
22
狮子山汉文化景区
20
泰山路
4
13
郭庄路
兵马俑路
黄河西路
12
解放路
奎山公园
凤鸣路
淮塔东路
东三环路
8
21
7
解放南路
至观音机场(40km);
宿迁(115km);
南京(340km)
46
金山东路

徐州城区

重要景点

狮子山汉文化景区……H5
徐州博物馆……E4
云龙湖……C5
云龙山……D6

景点

1 白云寺（九里山）……A1
2 滨湖公园……C5
3 沉水廊道……B7
4 汉兵马俑博物馆……H5
5 汉画像石艺术馆……D5
6 和平大桥……G4
7 淮海战役纪念馆新馆……F6
8 淮海战役烈士纪念塔……F6
9 季子挂剑台……C6
10 解忧桥……C7
11 刘备泉和三让亭……D5
12 彭园……E5
13 狮子山楚王陵……H5
14 苏公塔……C6
15 索道云龙湖站……D6
16 万人沙滩浴场……D5
17 戏马台（户部山）……E4
18 小南湖水街……B7
19 小泰山（泰山寺）……D7
20 兴化寺……E5
21 徐州抗日战争纪念馆……F6
徐州民俗博物馆……（见17）
22 饮鹤泉和放鹤亭……E5
23 云龙湖水上世界……C6
24 云龙山观景台……D5
25 珠山（天师岭瀑布）……B6
26 竹林寺……H5
27 子房山（东山寺）……G2

住宿

28 布丁酒店火车站朝阳市场店……F2
29 海螺村精品商务酒店……C4
30 花园饭店……E3
31 小城故事时尚宾馆……D2
32 小南湖凯莱度假酒店……B7
33 雅客达商务宾馆……F4

餐饮

34 On the way红酒咖啡吧……E4
35 大红锅地锅鸡……E3
36 地地道道烧烤城……D3
37 巨龙夜市……D3
38 两来风精品店……E4
39 刘五羊肉馆……E4
40 马市街饣它汤……E4
41 美味砂锅居……E3
42 沙左咖啡……E3

交通

43 滨湖公园东门自行车办卡点……D5
44 朝阳汽车站……F2
45 机场大巴乘车处……C3
46 汽车南站……H7
47 汽车西站（淮西客运站）……A4
48 汽车总站……F3
49 铜山汽车站……F3
50 徐州火车站……G3
51 宣武汽车站……F4

来不看墓”的说法：比如甬道里的红色激光就展示着达1/10000的开凿精度；厕所、水井等设施齐备，显然这一代楚王在阴间的生活水平要更高；穿过“开门寻夫”的壶门，你还能从楚王墓室进入王后墓室，这座夫妻合葬的双墓道陵寝让你不用走回头路。龟山汉墓中最神秘的当属棺室墙壁上的“楚王迎宾”影；王后前厅天花板上还有许多突出的乳头状石包，据说象征着夜空星宿。

联票还强制包括了**点石园石刻艺术馆**和**圣旨博物馆**；尽管这两个博物馆不是你来这里游览的初衷，但是看一看也还会有所收获。

龟山汉墓所在的区域也是历史演义中鼎鼎大名的**九里山古战场**。连绵不绝的九里山就在汉墓向南2公里处，尽管山势不高，却可看作徐州的另一条龙脉。不过这里可供凭吊的遗址不多，前些年建成的徐州汉城也已经歇业转型。位于半山腰的**白云寺**（见258页地图；门票10元）倒值得一游；寺庙师傅会给你一盏手电，让你自行深入地下，探访悠长曲折的**白云洞**。

前往龟山汉墓和白云寺，都可在彭城广场附近的彭城饭店站乘公交37路。白云寺需要在一中分校站下车，沿着襄王南路南行不远即到。

云龙湖

湖泊

（见258页地图；免费）这里有不输于江南

名城的山水风光；不过在徐州，总要添上几分雄壮吧！于是棱角分明的云龙湖，配上云龙山龙脉一样的雄伟连绵，景象大气开阖。

做过徐州知州的苏东坡曾说："若引上游丁塘之水以注，则此湖俨若西湖，徐州亦俨若杭州。"如今烟波浩渺、亭台遍布的云龙湖总算满足了千年心愿，西湖也和云龙湖结成了"姊妹湖"。

云龙湖北岸为**滨湖公园**风光带，有免费的**万人沙滩浴场**，美术馆、音乐厅等城市新地标也都在此。湖东路是一条与历史偶遇的途径：由北向南有三让亭、刘备泉、汉画像石艺术馆（见261页）、季子挂剑台、苏公塔等。**小南湖**拥有云龙湖最为精致层叠的景观；**解忧桥**为纪念汉朝远嫁乌孙和亲的解忧公主而建：勇敢聪明的公主为徐州女人立下榜样，邓文迪们恐怕永难逾越。**珠山**是重点打造的新景，有为纪念道祖张道陵（徐州丰县籍）而建的**天师岭瀑布**和**沉水廊道**。湖中路同样风景怡人，**云龙湖水上世界**（☎8571 5614；门票60元；⏲9:00~17:00）曾是亚洲最大的淡水水族馆。

滨湖公园—湖东路—小南湖—珠山—湖中路的小环湖全程约9公里，可选择徒步，骑车游览也很方便（滨湖公园东门就有公共自行车办卡及租赁处）。滨湖公园还有两条**游览观光车**（20元）线路开往南岸。也可乘船游湖，湖岸每隔不远就有一个码头，收费大约为每小时手动船30元起，电动船50元起。

游2、游3、9、22、39、55路等都可到达云龙湖沿岸。

云龙山 山

（见258页地图；免费）俯瞰云龙湖的最佳位置已建有云龙山观景台（见258页地图；免费），尽可西望碧湖，东瞰淮塔，北眺城市，南览群山。到达观景台可从汉画像石艺术馆旁的**索道云龙湖站**乘缆车上行（30元）。离开可由索道或滑道（30元）返回，也可乘坐前往彭园的索道（30元），从云龙山东面下山。

更多的人会选择步行攀登这座小山。最常走的路线是从徐州博物馆对面的**云龙山牌坊**开始登高，路上会遇到云龙山碑、铁路抗战亭等小景，之后就到达第一节山头。这里汇聚着众多古迹，是云龙山的人文精华所在。干涸的饮鹤泉旁即为放鹤亭，苏轼曾在这里挥笔写下《放鹤亭记》。继续前行就是观景台。

也可在放鹤亭这里由后门进入**兴化寺**（见258页地图；门票4元），北魏大石佛和唐宋摩崖石刻都值得一观。每年农历二月十九至廿一日的云龙山庙会也是远近驰名，如果碰上可去赶赶会场。

可先乘车到徐州博物馆，穿过马路开始游览。也可乘游2路、55路等在云龙山隧道站下车。

汉画像石艺术馆 博物馆

（见258页地图；☎8569 9628；www.xzhhxs.cn；门票30元，未成年人免费，讲解50元；⏲9:00~17:00）位于云龙山下的云龙湖东岸，分为南北紧邻的新老两馆，展出的600多件汉画像石精品会让资深人文爱好者大呼"过瘾"。最好的游览方式是租一个**电子讲解器**（20元），然后在石阵中尽情徜徉、"神游"汉朝，沉湎者甚至可能会花去整整一天的时间。当然，镇馆之宝《力士图》和《缉盗荣归图》等更值得重点关注。这里出售的汉画像石拓

另类山城

一座座小山丘散落在这座万里平川上的城市。据说，徐州每一座山头都埋葬着一个汉朝的楚王。对于旅行者而言，这些山头提供了另一个高度上旁观城市的眼光；当然，路上遇到的锻炼的市民，以及历史的遗址，也为你从更深的角度诠释着徐州的英气和古意。

除了云龙山、九里山，子房山和小泰山是这些小丘陵的代表。**子房山**（见258页地图）就在徐州火车站东面，据说是《十面埋伏》中的鸡鸣山，如今尚存东山寺和子房祠等古迹。**小泰山**（见258页地图）山巅有一座泰山寺，山门前经常见到喊山、习武的普通市民，乘坐39路、53路等在文化城站下车，沿石阶路上山即达。

海路传佛第一站

徐州在佛教史上同样不容忽视。近些年来，除了沿着丝绸之路的传统陆路传佛之说，另一条经由海上传佛的道路也已在考古发掘、史料研读中逐渐显形。毗邻海州（连云港）的徐州就是这条海路前往长安洛阳的必经之地；两汉楚王更让早期走高端路线的佛教早早扎根于此。据说中国皇室第一位信佛的就是东汉楚王刘英，他的雕像也立在汉文化景区骆驼山的“比丘尼第一祖庭”**竹林寺**（见257页）内。

竹林寺就是徐州历史上“八大寺”之一。这些寺庙大都历经战火而消沉于世，今天尚存的也多为重建。尚可一观的还有九里山**白云寺**（见260页）、小泰山**泰山寺**和子房山**东山寺**（见261页方框）、云龙山**兴化寺**（见261页）。如今，这些寺庙的庙会仍然聚集了当地的佛教信徒，云龙山庙会更是徐州民俗的天然博物馆。

徐州在佛教史上更为重要的寺庙当属**法显龙华寺**，它由中国第一位取经海归的法显和尚所建，因为是中国第一座具有印度建筑风格的寺庙，还被一些史学家认为“实中国第一佛寺矣”。旧址何处尚无定论，不过如今已在云龙湖南岸的珠山动工重建。而在市区东郊另一处相传为龙华寺旧址的蟠桃山，今天已经建成一座“不差钱”的**宝莲寺**（门票30元），规模宏大，据说创造了诸多中国第一。想去这里朝拜佛法之博大精深，可在火车站乘坐公交3路附。

片280元起，附有收藏证书。

游2、游3、47路、63路等多部公交直达门口。

户部山 民居

（见258页地图；免费；⏲24小时）户部山是古代徐州身份与财富的象征，有着声名煊赫的“八大家”，民间还流传着“穷北关、富南关，有钱人都住户部山”的说法。

如今的户部山仍旧是半座山密密麻麻地堆满了民居大院。门口的立碑、漂亮的雕花、高扬的屋角……每一个深宅大院就是一个名门望族。**徐州民俗博物馆**（☎8380 0265；门票25元，与戏马台联票 50元；⏲9:00~16:30，周一闭馆）的展览仍在完善，不过穿梭在博物馆所在地**余家大院**和**翟家大院**中的感觉挺不错。由于同为全国重点文保的李家大楼、崔焘故居等都挂出了“私人住宅谢绝参观”的牌子，博物馆也就成为品触户部山古民居的最佳选择。

想要俯瞰半座山灰压压的老宅屋顶，**戏马台**（☎8382 7740；门票 30元；⏲8:00~17:00）拥有不错的视野。当然，戏马台的真正主角是项羽，定都彭城的他在这里配享最高的位置，蜡像馆、乌骓槽等景点共同追仰霸王风范。景区还包括同样也是全国重点文保的**郑家大院**，只不过规模偏小。

环绕半山的**状元街**是一条有趣的小路。这里有好几家安静的小酒吧，周末则是一个鱼龙混杂的古玩市场。

从徐州东站乘坐32路至中国人寿北站下车。徐州火车站更为方便，19路、20路、62路等多条公交线路都能到达中国人寿（北）站。

淮海战役烈士纪念塔园林（淮塔） 纪念馆

（见258页地图；☎8384 0397；www.huaita.com.cn；免费）作为老牌的红色旅游景点，淮塔曾是徐州旅游的必到之地。这个凤凰山麓的主题纪念基地，以苍翠松柏为沉重的基调，大理石筑的纪念建筑就是激昂的高音。

淮海战役烈士纪念塔是这里的核心景观，也曾为徐州的城市标志。这座建于新中国成立十周年之际、比人民英雄纪念碑还高一些的纪念塔拥有“万众朝宗”的外形和位置。一旁的墙壁上刻满了烈士名录，让人不禁有了“一将功成万骨枯”的感念。

同时兴建的纪念馆旧馆已经完成了历史使命。如今开放的**淮海战役纪念馆新馆**（见258页地图；讲解 60元；⏲9:00~16:15，周一闭馆）是一座相当现代化的战役展示馆，被誉为世界最大陆战博物馆，再现了这场奠定了中共在江北完胜局势的战役。刚进展厅，南京总统府的作战部蜡像正对西柏坡，大战在即的氛围让你迅速进入状态。

一旁的国防教育馆即**徐州抗日战争纪念馆**（见258页地图；⏲9:00~17:00，周一闭馆）。大概因为抗战时的徐州会战属于国军的战场，内容比起淮海战役纪念馆可谓相当简单。这里更大的看点是门口陈列的各种兵器，以及展馆后门处的李宗仁雕塑。另外，园区里淮海战役总前委群雕和粟裕将军骨灰撒放处也是缅怀风云人物的好地方。

19路、39路、83路等都能到达这里。可在纪念塔站下车，也可在奎园西门站下车，由东门进入景区。

节日

每年三伏天（大约7月中下旬至8月中上旬）有**伏羊节**，大街小巷的羊肉菜馆、羊汤馆、烧烤店聚满了竞相吃羊肉的市民，可谓热天、热羊、热生意。

云龙山庙会在每年农历二月十九是正会，之后两天是偏会；尽管盛况不如往昔，却也仍是深入徐州民俗的最好时机。另外，还有平山寺庙会（农历四月初七至初九）、白云寺庙会（农历三月初五至初八）、泰山寺庙会（农历四月十五至十七）等。

住宿

作为老牌交通枢纽城市，徐州的住宿几乎从不紧张。不超过80元标间价位的小旅馆遍布全城，其中尤以火车站附近和中国矿业大学（老校区）西门为多；四五星级高档酒店聚集在主干道淮海路两侧，在云龙湖风景区和城东新区也有几家新建的。最具性价比的还是几大全国性连锁快捷酒店，请毫不犹豫地使用你手中的会员卡吧！

首选 小南湖凯莱度假酒店 精品酒店 ¥¥¥

（见258页地图；☎8337 8855；云龙湖小南湖水街；标单 508元起，标双 858元起；❄@）倒映着小南湖的山色水光，你会以为身处江南。尤其是迎着夜色中的习习湖风，水街商家传来的觥筹交错声逐渐散去，归于静谧的环境一直延续到第二天清晨，其间只有激荡的水波偶尔打扰。不用担心就餐：水街有许多精品餐厅供你挑选，从闹市区吃完饭打的回来也只要15元左右。

首选 布丁酒店火车站朝阳市场店 连锁酒店 ¥¥

（见258页地图；☎8011 6566；津浦西路228号；标单 99元起，标双 129元起；❄📶）离火车站、汽车总站距离很近，加上布丁连锁的青年风格和品质保障，这里算是徐州最接近青旅标准的住宿了。不过电视收台很少，有些房间的手机信号也很弱。

“江浙沪包邮”与“冬季集中供暖”

2012年末，随着寒潮又一次席卷南方，又一轮关于“冬季集中供暖”的争议席卷全国。一石惊起千层浪——徐州是“江浙沪包邮”和“冬季集中供暖”唯一兼得的城市！此言一出，顿时让徐州成为举国羡慕的对象。

虽然这一说法并不完全准确，徐州“不南不北”的地理人文特色却彰显无遗。军事家形象地将其比喻为中国东部的“腰眼”，历史上平均每十年就要有一次战争扫过。“南不得此，无以图冀东；北不得此，无以窥江东。是胜负转战之地”——这座几乎无险可守的城市一遍遍浴火重生。

有位学者这样说：“徐州人的有情有义，源于他的楚风汉韵。俗话说，楚人重情，燕赵重义，徐州正好是一座不南不北、不东不西的城市，它集纳了各方的优点。”户部山古民居在北方式四合院的框架上拥有厅堂式的南方风格，精巧雅致的快哉亭公园传来古朴悠扬的北方戏剧，当地小吃“烙馍卷馓子”甚至有了这样子的解读：柔软的烙馍卷着馓子，外柔内刚，外面是情，里面是义。

起点：五省通衢牌楼
终点：云龙公园
距离：约7公里
需时：4～5小时（含游览时间）

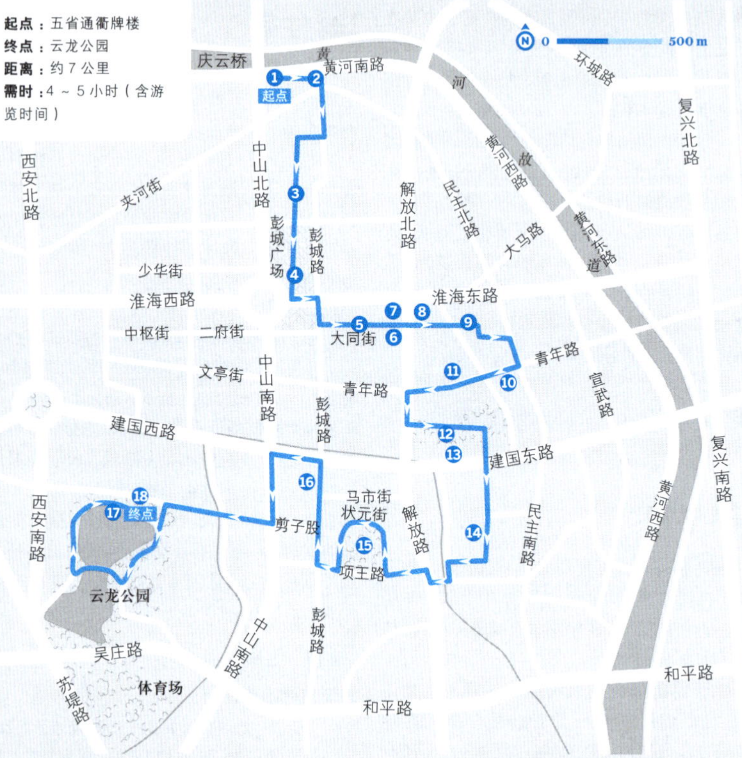

步行游览
徐州老城

徐州曾有“五楼二观八大寺七十二庵”等诸多名胜，只是历经战火、水患和拆迁所剩不多。不过仍可穿梭在新旧夹杂的老城中，一路访古，探究市井。

庆云桥东的❶**“五省通衢”牌楼**诉说着城市的显赫地位，古运河黄河畔的徐州曾是重要的码头商埠。❷**黄楼**为纪念东坡先生而建，楼下还有一只镇河铁牛。如今古黄河早已成为景观河。

黄楼往南，沿着如家酒店旁的小路进入❸**彭城壹号**——目前徐州最具人气的商街。再往前是❹**彭城广场**，城市绝对中心，广场南边还有个“徐州零公里”标志。

穿过主干道淮海路来到大同街，这里曾是徐州最早的柏油马路和商业中心，❺**大同街钟鼓楼**即为当年的全城最高楼，如今也会逢点报时。可在❻**少华街蛙鱼分店**买一杯蛙鱼，边喝边听悠扬钟声。

继续向前有❼**中山堂**和❽**花园饭店**（见266页），直行穿过门洞就到❾**老东门**。这片保存完好的民国建筑最近才对外开放。如今每栋楼前都有介绍，还有火炮等武器陈列，旁边就是灯红酒绿的时尚商业。其中10号楼是台儿庄大捷李宗仁指挥部，目前为湘鄂情饭馆使用，李宗仁指挥室、休息室等都成为包间，消费500元起。

出后门进入民主路，青年路口向西为❿**马市街饣它汤分店**，上午路过可进去喝一碗饣它汤。前行，塔尖高耸的罗马式建筑即⓫**耶稣圣心堂**（⏲9:00~11:00，14:00~16:00），对面还有无染原罪修女院。百年教堂美轮美奂，是徐州天主教圣地。

沿解放路向南不远进入⑫**快哉亭公园**。这个得名于苏轼《快哉此风赋》的公园有着荷塘假山和亭台楼阁，票友练嗓、棋友对弈……充满生活味。公园南墙是一段古城墙，墙外为⑬**花鸟古玩市场**。穿过马路对面的建国小区就能到达⑭**李可染艺术馆**（免费；⏲9:00～17:00，周一闭馆）。

之后向西穿街走巷来到⑮**户部山**（见262页）。沿状元街环山而行，一路外观民居。若想深入游览可进入购票景点。⑯**两来风精品店**（见266页）就在山下。

步入王陵路，在梧桐林荫下前往云龙公园，公园东南角有一个中国胡琴艺术博物馆。更值得驻足的是⑰**燕子楼**和⑱**王陵母墓**。前者与为情殉身的唐代名妓关盼盼有关，后者则是大义捐躯的汉丞相王陵之母的坟茔（王陵路因此得名）。徐州人"有情有义"，步行也在这两位有情有义的徐州女性面前结束。

小城故事时尚宾馆

快捷酒店 ¥¥

（见258页地图；☎8583 8555；西安北路42号；标单/双 118元；❄📶@）设施、卫生、服务在徐州同类宾馆中都算得上较好的，挂壁液晶电视用的是数字信号，还提供直饮水和免费洗衣服务。不过一楼有些房间比较潮湿，窗户也很小，建议入住时要求二楼的房间。

花园饭店

精品酒店 ¥¥¥

（见258页地图；☎8361 2777；解放路1号；标单308元，标双 298元；❄@）徐州最有历史的酒店，地位相当于上海的和平饭店，和旁边的老东门时尚街区及大同街钟鼓楼同属城市的见证者，曾接待过马歇尔、蒋介石、李宗仁、周恩来等大批名人。不过房间有些显老，位居闹市，有些房间比较吵闹。

雅客达商务酒店

快捷酒店 ¥¥

（见258页地图；☎8191 1999；民主南路景染名居2号楼；标单/双 120元；❄@）位于李可染故居的巷子，因此多少沾染了一些人文气，比如木制的中式楼梯（没有电梯）。不过房间还是典型的快捷商务模样，整洁大方，只是床垫稍微有些硬。酒店还在隔壁经营餐饮。

海螺村精品商务酒店

酒店 ¥¥

（见258页地图；☎8560 5299；湖北路39号；标单/双 148/228元起；❄@）离云龙湖北岸的万人浴场只有不到500米距离，老牌三星酒店，各方面中规中矩。148元的小单间面积较小，不过房费中包含了自助早餐。

餐饮

你也许没想到，徐州竟然也是个美食之城。这当然跟它是个交通枢纽城市有一定关系，天南地北的食物汇集于此，再加上一些本地风味的改造，就有了老堤北米线、红跑车蛋糕、徐州风味的凉皮等小吃，早已渗入到大家的日常生活。

“徐州原创”也跟它的历史一样精彩纷呈：马市街饣它汤、少华街蛙鱼、凤岐把子肉、钟记油淡鸭……当然，这其中玩得最绝的就是烙馍。这种面食薄饼除了常见的卷菜、夹肉，还滋生出烙馍卷烙馍、烙馍卷馓子等吃法——其实后两者就是面卷面，徐州人都玩出了许多花样来。还有一种有趣小吃叫卷皮，是将整张凉皮，用烙馍卷菜的方法卷起凉菜吃。

千刀肉是徐州人公认的卷烙馍的最好材料。它和烧千子都是徐州家常菜的代表。而更能体现徐州菜热情火辣、粗犷大气风格的是地锅和烧烤，黑乎乎的锅底、炉架，再配上通常是露天或者粗简天花板下的环境，地道淳朴的饮食风情会给你留下深刻的印象。

由于历史名人等原因，徐州还有吃羊肉及狗肉的传统。前者在每年的伏羊节达到高潮，光着膀子吃火热的羊肉，浑身大汗越吃越爽。总体来说，徐州饮食分量较大，口味较重，以咸辣为主（不能吃辣的人请提前声明）；就餐环境大多较差，深入街巷，特别是夜市会有更多家常美味——二院隔壁就有一个规模较大、环境嘈杂的**巨龙夜市**（见258页地图）。

首选 两来风精品店

徐州菜 ¥¥

（见258页地图；☎8390 7666；彭城路234号；小吃人均30元，正餐人均60元；🕘6:00~14:00，16:30~21:30）想在品尝徐州特色菜肴的同时，也能有精致典雅的环境？位于彭城路步行街北首的两来风精品店是不多的选择之一。辣汤、煎包是两来风的特色，烙馍卷馓子等街头小吃也在这里堂皇入盘。店里还提供淮扬菜、徐州菜等正餐，楼上的小包间最低消费500元起，可坐6人。

刘五羊肉馆

徐州菜 ¥¥

（见258页地图；☎137 0521 6545；人均30元；🕘6:00~9:00，11:00至次日2:00）同样是露天大排档的环境，早上主营羊肉汤（10元起），泡着烧饼或烙馍吃，十分浓郁（可和西安的羊肉泡馍相媲美）。其他时间也烹饪徐州风味的各种羊肉菜：鱼羊鲜、红烧羊肉及各种内脏烹炒……都挺正宗。

马市街饣它汤

小吃 ¥

（见258页地图；☎8382 7676；解放路67号；人均10元；🕘5:00~14:00）徐州另一家久负盛名的小吃店，饣它汤（饣它读啥？就读啥！）就是这

彭祖故里

徐州除了是刘氏故里，也是天下彭姓的发源地。这座历史上的古九州之一，曾存在有近800年历史的大彭氏国，首任国主即为彭祖。后世子孙以国为姓，徐州也有了"彭城"的别称。

彭祖在民间传说中活了880岁。近年来专家解读，彭祖生活的上古时期以60天为一年，因此他其实"只"活了140岁——这同样是一个了不起，但也更有可信度的年龄。

彭祖的养生之道首先是饮食，彭祖强调以"鲜"为先，食羊肉、伏羊节等传统据说就跟他有关。最富有传奇色彩的当属两道名吃：鱼羊鲜，也就是羊方藏鱼，"鲜"字即从此而生；饨汤就是雉羹，传说当年彭祖进献此汤治好了尧帝的病，因此被封到徐州为王，他也在后世被尊为厨师的祖师爷之一。千百年来，烹饪工艺自然发生了相当的改良变化，不过今天在徐州街头还是能尝到这些美食：鱼羊鲜在许多羊肉馆如**刘五羊肉馆**（见266页）都能吃到，后者则是**马市街饨汤**（见266页）的招牌。

彭祖长寿的第二个秘诀就是气功和武术。据传，彭祖创建的气功导引术是一种健身操，是中华武术和气功的雏形。后世汉代的画像石表明，气功和武术已经成为徐州地区广为流传的民间运动；华佗创作的五禽戏也是由此演变而来（华佗的家乡安徽亳州在徐州附近）。至今，徐州的习武之风依然浓烈。房中术则是彭祖养生的第三大诀窍。

云龙山西麓、淮塔北面的**彭园**（见258页地图；免费；⌚24小时）就是一个纪念彭祖的小公园，有彭祖像、彭祖祠等小景点。沿着梧桐环道散步感觉不错，这里还有一个**徐州名人馆**（免费；⌚9:20~16:20，周一闭馆）可参观。每年春天樱花季，彭园还会迎来络绎不绝的赏樱游人。

里的金字招牌。每天早晨总是排起长长的队伍，服务员阿姨忙得没空搭理你的过多要求。八股油条、素煎包……就着一碗饨汤，老徐州的经典早餐囫囵入肚。

大红锅地锅鸡

徐州菜 ¥¥

（见258页地图；✆8372 1861；解放北路5号；人均30元；⌚10:30至次日2:00）位于地税局对面的院子里，墙上挂着"徐州刁肴"的奖牌，半露天的环境每晚总是烟火缭绕，一张张摆满了地锅的桌子旁围坐着许多食客。特色菜地锅鸡一份32元，其他如茄子、鲫鱼等各种食材的地锅最高也不超过45元。

美味砂锅居

家常菜 ¥¥

（见258页地图；✆8570 5799；文亭街1号；人均30元；⌚11:15~13:45，17:00~20:30）食堂配上大方桌的简单环境，倒也十分贴合这里平价美味的砂锅。服务员同样是大开大合的北方伙计风格，招待热情中透着粗犷。排骨砂锅、肉丸砂锅、牛肉砂锅……分量都挺足，味道浓香十分下饭。

地地道道烧烤城

烧烤 ¥¥

（见258页地图；淮海西路56号；人均50元；⌚14:30至次日4:00）就在巨龙夜市对面，占据了整整一条小巷。入座点单后，服务员会用铁锹给桌上的烧烤炉先加好红碳。端上来的烧烤都是半熟的，还需要半自助地添加作料，将其烤熟。除了肉类和蔬菜，别忘了叫上一份烙馍，既可用来烧烤，也可直接卷肉。当然，伴着地道徐州味道的还有浓浓的地域风情：烟熏灰飞的环境中请和身边的徐州人一样，大口吃肉、大口喝酒、大声说笑。

On the way红酒咖啡吧

咖啡馆 ¥

（见258页地图；✆8570 5866；王陵路70号；咖啡20元起；⌚10:00~24:00）位于徐州最有情调的马路上，窗外就是齐荫的法国梧桐树。美女主人是资深旅游爱好者，店里摆设的各种饰品就是她从世界各地收罗而来，书柜里还有Lonely Planet各国指南。温馨的座位配着醇美的咖啡，就着阳光或路灯的剪影，你会感慨徐州也有这么美丽的角落。推荐醉咖啡和松饼。

徐州汽车总站车次时刻表

站点	发车时间/班次	票价(元)	行程(小时)	备注
连云港	7:30~18:00，约1小时1班	68	3	到达新浦总站
东海	8:40，11:40，16:00，18:00	50	2	
微山	6:00~18:40，约半小时1班	20	1	经停微山湖码头
沛县	24小时，流水班	19	1小时15分钟	高快班
新沂	5:10~19:20，流水班	22	2.5	普通班，经停草桥，可前往窑湾
窑湾	15:00	21	2.5	返程6:00发车

沙左咖啡

咖啡馆 ¥

（见258页地图；☎159 9699 3997；创意68园区5号楼；咖啡18元起；⏲10:00~24:00）旧仓库工厂风格的装修，坐落在园区最南边的小巷子。名字据说来自于店主夫妻俩的姓氏，不过也有“沙龙+左岸”的另类解读。咖啡也做得比较醇正，配上环境正好享受安静的歇息时光。

实用信息

危险和麻烦

作为一个交通枢纽城市，徐州火车站周边人流量很大，小偷小摸的情况时有发生，旅行者在这里应当有所提防。另外，徐州人的豪爽也体现在喝酒上，酒精上头的汉子经常能在夜市碰到，还请保持一定距离。

紧急求助

旅游质量监督电话（☎8370 9993）

网络资源

彭城社区（bbs.86516.com）人气火热的地方论坛，能了解到徐州最时兴的动态。

到达和离开

飞机

徐州观音机场（☎8306 8113；www.xzairport.com）位于距市区约40公里的睢宁境内，与东北和南方许多城市都有直飞航班。订票电话968 8991，户部山附近也有民航售票处（☎8290 8838；中山南路133号）。

长途汽车

徐州市区主要有3个长途汽车站。对于游人而言，最有用的是徐州火车站旁边的汽车总站。**徐运集团网**（www.xuyunjt.com）可查询相关班次，不过目前仍不能提供网上订票服务。

汽车总站（见258页地图；☎8372 4118）除了安徽北部和徐州南面等方向不从这里发车，其他方向的长途车都主要由此发出。前往沛县和丰县的汽车也在这里乘坐，分为高快班和普通班，其中高快班是24小时发车。前往江苏南部各个城市的汽车也从这里发出，班次不多。

汽车南站（见258页地图；☎8336 2189）主要发车前往睢宁、宿迁（33元，19:00前约每20分钟一班，约2小时）和安徽淮北、宿州等地。从火车站朝阳市场南侧的公交站台乘坐专1路，半小时即可到达汽车南站。

汽车西站（见258页地图；☎8575 8111）又称淮西客运站。前往萧县、砀山于此乘车。火车站门前乘坐公交1路，终点就是这里。

此外，还有三个运营郊区各个乡镇班车的车站，分别为**铜山汽车站**、**朝阳汽车站**和**宣武汽车站**。其中铜山汽车站位于汽车总站向南，朝阳汽车站和宣武汽车站分别位于朝阳市场和宣武市场内。

火车

乘坐火车是到达徐州这座铁路枢纽城市最常用的方式。目前徐州办理客运的火车站有两个。位于城区的**徐州站**（见258页地图），停靠的是行走京沪、陇海等线的普通列车。前往连云港的火车在这里上车，每天有10余趟，发车时间集中在一大早7:30之前和中午，18:00以后只有2趟。从济南、上海开往开封、郑州的动车也会停靠这里。

位于城东的**徐州东站**则是京沪高铁车站，由此乘坐G字头车前往北京、上海都在3小时之内。性价比更高的D字头车次较少，需要提前预订。两个火车站之间有3路和10路公交，赶时间的话更建议乘坐路途较短的10路，约需40分钟。

需要提醒的是，由于徐州站位于老城区的东面，当地人过去称之为徐州东站。虽然今天政府引导下已经改称，不过为了确认，你最好还是加上"老车站"或者"高铁站"的说明。

当地交通

目前，贯穿徐州东西的地铁1号线正在修建中，预计将于2016年投入使用。另外，走街串巷的电动三轮车也可能经常用到，5元钱起步。

抵离机场

机场大巴乘车处（☎8306 8117；淮海西路253号海天假日酒店门前）在航班起飞前2小时出车，票价20元；返回市区则停靠汽车南站、徐州火车站和海天假日酒店。

公交车

市内公交车无人售票，空调车2元，非空调车1元。数字较小的线路一般都很经典，比如1路车从徐州火车站一路向西，横穿市区繁华干道；2路车走的则是老城小环线。

徐州还有3条旅游公交线，其中游1途经淮塔、彭园、戏马台等地。更为有用的是游2和游3路。游2除了路过上述景点，还经过黄楼、云龙公园并沿云龙湖东岸行驶。迷你巴士游3则从彭城饭店发出，沿东岸和南岸绕了快半个云龙湖。

出租车

起步价8元，3公里以外1.6元/公里，酌情收取空驶费和低速行驶费。徐州出租车拼车情况比较常见。

自行车

徐州公共自行车系统 已经投入使用。外地人办卡需持有效证件并交200元押金，卡片工本费10元，办卡时间9:00~16:30。详情可查阅**徐州公共自行车网**（www.xzbicycle.com），或拨打400 0169 969咨询。

自驾车

自驾租车的话，神州租车、一嗨租车、安飞士租车等都已进驻徐州，门市店大都设在火车站或高铁站附近，可登录官网或拨打电话预订。

窑湾古镇

（☎8855 4001；www.ywgz.gov.cn；免费）窑湾人对于自己的历史总是充满自信。的确，这座千年古镇，曾随着明清大运河的黄金时期而鼎盛一时；"苏北小上海"的赞誉绝非浪得虚名。只不过如今这里早已在漕运渐弃、纷纭战火和政治运动中损失惨重，顶着"大运河最美十景"第二名和"苏北周庄"等头衔，多少会让慕名而来的游人有点失望。

作为运河古镇，窑湾最招牌的建筑就是**炮楼**。如今古镇尚有三个炮楼：**界牌楼**上镶有"宿邳交界"的横幅，这里自古就是几县交会地，一旁墙上还有淮海战役窑湾战斗留下的弹痕；**南哨门**外是运河码头，乘快艇可沿运河到骆马湖上的沙岛游玩（100元/船），还有普通轮渡（2元/人）到运河对岸；**中心炮楼**下的西大街和中宁街则是古镇风貌主要存留的街区。

古镇出售60元联票所包含的吴家大院等七个景点就位于这两条古街上。不过真正值得参观的是**赵信隆酱园店**和**窑湾民俗史话馆**，可选择单独购票进入这两个景点，共30元。绿豆烧酒厂、天主教堂、东当典等则是免费开放。

如果夕阳西下之际你还留在窑湾古镇，请马上带好"长枪短炮"，前往南哨门外的运河码头，捕捉大运河最美的黄昏景色。有时候窑湾本地的摄友还会打开门锁，爬上南哨

不 要 错 过

和平大桥

作为全国重要铁路枢纽的徐州，有一个同铁路相关的另类"中国第一"：**和平大桥**（见258页地图）跨越了37股铁路，是国内之最。桥上俯瞰往来频繁的列车，是火车迷的最爱（只是铁丝网完全阻碍了"拍车"）。

门顶楼——请跟随他们收揽更开阔的视野。

当然，你也可买一瓶窑湾当地的绿豆烧酒，坐在岸边小酌，等候一场完美的落日。相信“至今千里赖通波”的诗句会浮现眼前，大运河“活着的世界遗产”鲜艳如初。

食宿

古镇里的住宿不多。景区官方经营的**苏商客栈**（中宁街中段；☎8855 3255；标单188元；标双168元；❄📶）是这里条件最好的民居酒店，共有15间客房。中心炮楼旁的金水湾大酒店（☎8855 8800；📶；标100元）也有少量客房，不过酒店主营餐饮业务，没有专门的客房服务员。

住在新城则能兼顾到晚间餐饮。可选择古镇北门外的**窑湾圣轩商务宾馆**（☎8855 5111；标单/双100元；❄📶）。再往东会有更多的私人宾馆，条件一般，标间40~60元。

到达和离开

从新沂前往窑湾十分方便，新沂火车站向西300米的汽车北站西车场有发往窑湾的农公班车，车费9元，全程约70分钟，每10分钟一班，末班18:40。停靠的窑湾汽车站继续向前直行就是古镇北门。

目前从徐州往返窑湾的班车每天只有一趟，主要是为窑湾人往徐州办事服务，离开窑湾6:00，徐州汽车总站发车返回则是15:00，时间上并不适合旅游。可乘坐前往新沂的普通车，在草桥下车等候新沂到窑湾的过路车。当然，最好还是自驾前往窑湾，到达邳州市区后沿大运河东岸南下，不到20公里即达，一路上都在饱览运河船行的风景（正是从邳州往南，水量越发充足的大运河才真正有了河的模样）。

作者调研期间，据说徐州开往窑湾的旅游专线巴士即将开通，具体情况还请电询景区。

沛县

对于历史爱好者而言，“汉室龙兴地”沛县可谓久仰大名。其实，沛县隔壁的丰县才是刘邦的出生地“沛丰邑”，不过这里当年是沛县管辖的一个小镇，刘邦也在成年后前往县城工作（因此称其为沛县人也不算有误）。千百年来，“沛公”之名随着《史记》流传天下，沛县也成了汉朝访古的第一站——只不过古迹不多，能拜访的多是人工新景。

沛县于1995年就已建成的**汉城景区**在旅游及商业开发上很不成功，目前更是因为缺乏资金维护而尽显衰样。汉街、汉城公园、汉高祖原庙可直接路过，这里唯一值得一看的是**歌风台**（☎8962 2246；免费；🕘8:30~12:00，14:00~17:30）。尽管也是新建，登临台上却多少能空想一下“大风起兮云飞扬”的气场，成片的仿汉建筑也增添了视觉上的历史感。歌风台同时也是**沛县博物馆**，只是展品不多，内容也较为陈旧。

泗水亭公园也可一探。公园里的泗水亭和琉璃井虽然不是原版，比起汉城景区也算得上实打实的古迹。

位于城北的县城新区同样不忘“汉源”之本，开辟了新时代的人工汉文化景点。**沛公园**拥有沛公的大风歌群雕和丰沛的湿地水系。**汉之源景区**则瞄准了天下刘姓之人，这里的**世界刘氏总会会馆**（☎8963 9476；免费；🕘周末及节假日9:00~11:30，14:30~17:00）展示了刘邦及众多刘姓名人的生平风云，尚可一游。

徐州汽车总站有24小时往返**沛县汽车站**（☎8963 2850）的流水班车，只不过夜间需要等候较长时间才能发车。因此没有必要在这边住宿，返回徐州会有更多更好的选择。

连云港

人口 506万

连云港市

“连着云端的港口”，连云港的名字已经留下了美妙的幻想空间，殊不知这只是简单地将连岛、云台山和港口这三个地名取首字连起而已。许多人沿着漫长的铁路线而来，大多数却会多少带着失望而归：这里的海不是那么湛蓝，花果山也远非神话仙境。

不过，作为陇海—兰新线唯一临海的站点，相比处在广大内陆地区的各个枢纽，连云港仍然是“看一眼大海”的最佳驿站。对于生活在平原之省的江苏人来说，在这里可登上本省之巅，在624.4米高的标志牌旁留影。对

不要错过

汉代女尸凌惠平

湖南省博物馆的马王堆汉代女尸早已闻名天下，前往长沙怎么都要去“拜会”一下辛追夫人。**连云港市博物馆**（见272页地图；☎8568 1748；www.lygmuseum.com；免费；讲解 50元；⏲夏9:00~17:00，冬9:00~16:00，周一闭馆）也有一具相似的汉代千年不腐女尸，凌惠平就是她生前之名。看着复原画像，尽可对比一下南北两位“睡美人”的容颜。

另一件镇馆之宝则是位于历史文化展厅的汉黄玉猪。博物馆还有水晶矿石厅（里面主要是出售东海水晶）、西游记文化厅等。一旁的连云港市规划展示中心等也都值得一游。前来这里乘坐B12路、6路到市政府站下车。

于许多家庭来说，这里是带着孩子暑假玩海、看孙猴子的地方，孩子们的笑声总是最宝贵的。对于一些骑行者，连云港是连霍公路的开始，是横跨中国的起点。对于更多旅行者而言，这里只是一次短途旅行，不指望多么精彩，权当放松休闲。

历史

连云港由海州、新浦和连云三区组成，从西向东排列不仅仅是海岸线的扩张史，更可看成过去、现在和未来的时间轴。古城海州以海得名，“东海名郡”一直都是人文宝地和海上名港，有着孔子望海和秦东门等辉煌历史。

如今已与海州连成一片的新浦在18世纪才浮出海面，之后发展迅猛，取代了海州的中心地位，现在更是整个城市的经济、政治、文化中心，本地人称之“市区”。

海滨的连云区形成更晚，并因孙中山先生的《建国方略》而走向了“东方大港”之路。新中国成立后，三地曾合称新海连市，之后以港为名，更名为连云港市。1992年，第一列装载集装箱的火车从亚欧第二大陆桥起点的连云港港口隆隆开动。不过连云区的中心却早就从港口迁往墟沟——这将是你除了“新浦”之外接触得第二多的地名。

景点

连岛 岛屿

（见274页地图；免费；⏲24小时）连岛是江苏省最大的海岛，更因是礁石岛而山海齐聚，拥有不错的风景资质。将近7公里长的**西大堤**是进出连岛的必经之路。如今靠近内海一侧正在堆石填海，进行港区拓建。

连岛海滨浴场（☎8260 0831；门票 夏50元，冬30元，儿童半价；⏲8:00~19:00）包括大沙湾和苏马湾两大景区，这片圈起来收费的海滨集中了连岛最美的景色。正对景区大门就是**大沙湾**。这片海滩的沙质还算不错，暑假经常人满为患，每年“连云港之夏”期间还会有俄罗斯风情舞蹈等现场表演为游客助兴。

尽管沙滩面积要小很多，沙质也较为粗糙，但游人较少就是**苏马湾**最大的本钱，当然，碰到几大节假日仍旧难免沦陷。这里的海水也要干净许多，三面环山更是风光旖旎。沙滩东边的**海誓山盟石**旁，还有一块盖了保护亭的巨石即**汉代界域刻石**，半山上的**金圣禅寺**拥有俯瞰苏马湾的最佳视野。

大沙湾和苏马湾之间有大约2公里的距离，可乘坐观光车来往（5元）。更建议踏着**海滨栈道**徒步前往。栈道沿着海岸蜿蜒上下，还有索桥、凉亭、石刻等点缀其间。有些地方可

连云港旅游年卡

面向外地游客的是B版年卡（168元），可在**旅游局年票办**（☎8188 7111）或**广电旅行社**（☎8557 6000）办理。一年内能无限次进入连岛浴场、花果山等10个景区。徐州、淮安等市还有代办处。详情登录**连云港年票网**（www.lyglynp.com）。

连云港新浦区

连云港新浦区

景点

1 连云港市博物馆……F2
2 连云港市规划展示中心……F2

住宿

3 千岛假日宾馆……C2
4 云台大酒店……D2

餐饮

5 红辣椒凉皮……C2
6 丽的咖啡……E2
7 素人一家……C2
8 万润海鲜街……D1
9 西小区美食……B3
10 祥和豆腐卷……C1

实用信息

11 广电旅行社……C3
12 旅游局年票办……D2

交通

13 连云港火车站……B1
14 龙河客运站……D2
15 苏欣快客站……D2
16 新浦汽车总站……B1

沿着礁石下到海边玩耍；一定要小心跌滑，还要提防涨潮后被困在孤石之上。

作为收费沙滩，这里的遮阳伞、沙滩椅和游泳圈都是包含在门票里免费使用的，冲洗淡水则需收费10元。大沙湾和苏马湾还有很多收费的游玩项目，如快艇和摩托艇，上午及淡季可砍下一半多的价格。

海滨浴场外还有**连岛游轮码头**（☎8260 1166），每天会有几班游船载客出发，在连岛和港口之间航行游览约30分钟。这里也是前往**前三岛**（见280页）的发船码头。至于一旁的**连岛海底世界**（门票50元），内容较为老旧。

沿着东连岛的环形公路徒步、行车也是不错的选择，只不过需要从苏马湾东门进入收费的浴场，否则就只能原路返回。途中还会遇到通往山上的公路，上山即为镇海寺，继续沿小径向前也能到达金圣寺和苏马湾。

乘坐游1、游3可直接登岛。也可乘B1、B1K、游5等先到墟沟海棠路上的公交站，下车换乘游1或游3。

花果山

山

（☎8572 1000；www.huaguoshan.gov.cn；门

票 夏100元，冬50元，儿童半价）尽管624.4米的主峰海拔不算高，但也让花果山玉女峰成为了江苏最高峰。当然，真正让这里出名的是孙悟空的"老家"。为了迎合旅游发展，花果山建造了许多景点，有了"一部西游未出此山半步"的说法。

穿过雕刻有悟空大头像的花果山山门，就来到**景区公交车**山门站。这里乘车可抵达**九龙桥**（10元）、**三元宫**（15元）和**玉女峰**（20元）。也可步行登山，整个登山过程大约需要2~4小时，春夏季节一路上花香果熟，是感受花果山风光的最好方式。

从吴承恩雕像旁缓缓上行，经过十八盘、风门口，沿途常能看见云雾缭绕的茶园风光，不到半小时就可到达**九龙桥**。这里是**花果山索道**的起点站，上行抵达**水帘洞**（25元）和**玉女峰**（35元）。过九龙桥就开始了真正的登山台阶。经过**多宝佛塔**后，可继续沿登山主线，也可朝右前方进入怪石题刻区。发挥你的想象力，探寻诸如娲遗石、唐僧崖、晒经台等一系列与《西游记》相关的景点。所有一切只为说明一句话：毛公碑上那句"孙猴子的老家在新海连市云台山"！

路过自在天、罗汉堂，就到达了苏北地区三元民间信仰的神殿：**三元宫**。只不过如今三元大帝早已让位于三世佛祖而退居侧殿，这里也有了海宁禅寺的新名称。传说中三元大帝的父亲为陈光蕊：没错，《西游记》中唐僧的父亲！三元大帝也就成了唐僧的兄弟！继续前行，淙淙水声响起，会发现一片**金镶玉竹**，竹径通幽处即为**慧心泉**和**屏竹禅院**。

不远处就是**水帘洞**，瀑布之小几乎让所有人失望，其实这已经是人工放水才营造而出的！洞外有驯养的小猴子身穿大圣戏服收费照相，真正的野猴群落一般还要继续往上爬才有可能看到。瀑布后有一口小井，据说就是那口直达东海龙宫的井。

离开水帘洞，经过玉皇阁、鹿苑和花果山实证陈列馆，即将征服江苏之巅——**玉女峰**。站在"江苏省最高峰"标志牌旁俯视大地，会发现原来这座"小"山也是层峦叠翠，天气晴好时还能眺望到十几公里外的大海。

乘坐游1、游2或B11都能到达花果山景区。

海上云台山 山

（见274页地图；☎8220 0889；www.lygyts.gov.cn；门票 夏80元，冬60元；⏲8:30~17:30）紧邻海滨的**北云台山**挺拔险峻，海上云台山占据的就是这里最佳的瞭望台——二桅尖。"连"岛、"云"台山、"港"口：连云港的三大要素一览无余，这座城市不同于其他海滨的魅力尽收眼底，如此风光也是当地户外圈公认的最美所在。

景区入口位于山南面的宿城乡。可沿山南由云山乡前往，也可从山北面取道**云台山隧道**。这条最早修建的云台山隧道至今仍未安上路灯，拱洞上的山石也没有打磨光滑，长达4公里的行程就如同在黑暗的盘丝洞中探险一般。

景区包括大门到山腰的**万寿谷—悟道庵**游览区，以及山顶的**二桅尖**游览区。可乘坐观光车（20元）直达二桅尖。不过逆着溪涧缓缓上升的**万寿谷**风景清幽，一路沿着栈道穿梭在清潭飞瀑两岸和楸林竹海之中，1个多小时的徒步游览相当惬意。

到达悟道庵后，请换乘观光车（10元）上行，由此到山顶还有6公里盘山公路。候车时请转身俯瞰，看一看宿城乡三面环山、一面抱海的

连云港连云区

地理位置，你会明白它被称作“世外桃源”的原因。靠近海滨几个“大烟囱”即**田湾核电站**。

游览的高潮当然在二梳尖。漫步索桥和栈道，身下就是一幅港城的“3D地图”，耳边还会传来清晰的港口调度广播声。请留意西大堤的填海工程和连岛东面的海防大堤，直观地了解这座“东方大港”的蓝图。紧依山脚的街区就是**港口小镇**（见276页方框）。据说天朗气清之际举目远眺，百里外的**前三岛**（见280页）也能看得见。

遇到很浓的云雾，山顶很可能什么都看不见。不过海边天气变化较快，如果云雾散去甚至降低到半山腰，不仅能看到连岛的山头浮在云上，更有机会看见港口的巨型吊车从云海中露出塔尖的梦幻景象。

宿城乡还有一个开发已久的**世外桃源**景区，包括**枫树湾**、**船山飞瀑**和**保驾山**三个景点，每个景点门票在15~20元之间，通票50元。暴雨过后的船山飞瀑、深秋季节的枫树湾挺有看头。

可乘坐35路或34路到达宿城乡，沿着镇区的主街道往西一直走就到。34路公交会行经云台山隧道。

渔湾　　峡谷

（☎8594 1666；www.lygyuwan.com；门票40元；⏰6:30~18:00）沿着溪谷逆流而上，瀑布、溪流、水潭层出不穷，再加上一些人工开发，让渔湾景区充满了玩水的乐趣。还请挑好小雨天气或暴雨过后前往，否则只会毫无乐趣。

渔湾向西1.5公里是**东磊景区**（☎8594 9333；门票25元）。可在东磊村中询问前往“老庙”的路，或说去“看玉兰花”，这样就能避开售票处。老庙就是**延福观**，观内有四棵古玉兰树，每年4月中旬会有**玉兰花会**。**东磊石**

连云港连云区

重要景点

- 海上云台山 D3
- 东西连岛 E2

景点

1 310国道0公里标志 D3
2 保驾山 D4
3 大沙湾 E2
4 二桅尖 D3
5 枫树湾 D4
6 海滨栈道 E2
7 金圣禅寺 E2
8 连岛海底世界 E2
9 连岛游轮码头 E2
10 连云火车站 E3
11 旗台嘴 F3
12 桥头堡雕塑 D3
13 苏马湾 F2
14 万寿谷（海上云台山大门） D4
15 悟道庵 D4
16 西大堤 C2
17 在海一方公园 B2
18 镇海寺 E2

住宿

19 海昇阁 E1
20 连岛海之澜宾馆 E2
21 粮食宾馆 E3
22 尚客优快捷酒店在海一方店 B2
23 神州宾馆 B2

餐饮

24 海滨酒楼 B2
海棠路市场 .... （见26）
军民海鲜楼 .... （见26）
25 西小区美食 A3
26 墟沟海鲜美食城 B3

实用信息

27 东区钓具连锁连云港老毛店 B3

交通

28 港口汽车站 E3
29 海运客运站 C3
30 连云港东站 A4
31 墟沟长途站 B3

海并不是光秃秃的石林，石块上早已爬满藤蔓植物，漫步其中甚至会有点探险的感觉。

至于渔湾东北方向的**云龙涧**（门票 50元），其实就是山那边的又一处深涧，景观相似。据说里面生活着一只被赶下花果山的前猴王，能否遇到就要看你与它的缘分了。

从墟沟前往这三个景区都可乘游5路直达。新浦过来可在龙河客运站乘坐前往大岛山的班车，途经东磊和渔湾；返回新浦的末班车在17:30左右经过渔湾门口，错过的话只能乘坐游5到开发区再换车。

孔望山 山

（门票 40元；⏲7:00~18:00）位于海州南郊锦屏山脉的这座小山因孔子登临望海而得名。如今大海后退近百里，望海的视野早已不在此处。**龙洞庵**是山上一座千年古刹，西侧的龙洞刻满了各朝题字。汉朝留下的石象和石蛙都是造型独特，不远处的**摩崖造像石刻**佛道兼容，比敦煌莫高窟还要早200多年，已被列为全国重点文物保护单位。

孔望山向西是**石棚山**（门票 15元），这里的看点是一片石头的排列组合，石曼卿读书处等景点散落其间。**桃花涧**（门票30元）位于锦屏山西南麓，除了山涧景观，**将军崖岩画**被誉为"东方天书"，儿童涂鸦一般的岩画可使你在此找回童年的想象力。至于山脚的**海州古城**只是一片供当地人生活的仿古街区，经不起细看。

游1可直达孔望山、海州古城和石棚山。前往桃花涧则需乘坐3路车。

住宿

来海边玩，当然想住海景房。然而，作为不太热门的海滨旅游地，连云港目前能提供的海景住宿并不多，条件也有些单薄。同时，这些集中在连岛上的海景住宿早学会了潮汐的涨落，每逢周末或节假日就会有一次固定的涨价，涨幅多在一倍左右。同时，市区新浦的生活娱乐条件更为成熟，和墟沟的公交也很方便，住在这边也不失为聪明的选择。

从歌青年旅舍　　青年旅舍 ¥

（☎8109 8787；花果山景区大门外500米；铺40元，标单/双120元；❄📶）作者调研时是苏北唯一一家按照青旅模式经营的客栈。2013年春刚刚开业，各方面尚在继续完善。位于花果山脚下的大圣湖畔，橙色外墙格外引人注目，猛一看还以为是动画片中齐天大圣变幻而成的小庙。老板娘本身就是户外爱好者，待人热情，还会提供独到的早起登山叫醒服务。多人间空间宽敞，并且配备独立卫浴。不过住在这里远离市区，夜间交通不便；当然，好处就是可以享受清新的空气和迷人的早晨。

海昇阁　　客栈 ¥¥

（见274页地图；☎8260 0559；www.lyghotel.

值得一游

连云港的连云港

在连云港市问路，如果还告诉你在"连云港"，指的就是**港口小镇**。这片依山傍海的老街原名老窑，后来称为连云港、连云市，如今则在官方文件上唤作连云街道。

这是连云港"大港梦"的起点。孙中山《建国方略》提及四个二等港，从北到南依次为营口、海州、福州和钦州。海州港选址就在此。由于港埠区位重要，这里更设置了全国最早的市之一连云市。码头最初由荷兰人承建，60年后新陆桥终点在鹿特丹多少与这有点关系吧！

连云老街仍停留在时间影集。青石铺成的街道沿坡而上，电线杆上涂有大写英文，路旁挺立着法国梧桐，林荫遮着同样上了年纪的老房。**连云市政厅、十三道房、果城里、人民大剧院**等散落其中，大多没有标志，问一下老人才能探得一二。

这里更是富有地理意义的地标节点。隔着中山路向下即港口作业区。一个鹤立鸡群的钟楼夺人眼球，是**连云火车站**（见274页地图）。以前的连云港东站、更早的连云港站就在这里，陇海铁路最东端的列车曾经于此始发终到。

亚欧大陆桥更重要的意义在于货运，若想寻找"东方桥头堡"标志，也要前往货运码头。大松树附近的集装箱码头立着"0+000km" **桥头堡雕塑**，不过作业区不允许外人进入。好在桥头堡雕塑有好几个，较易到达的位于**旗台嘴**，从港口汽车站乘33路即达。雕塑位于背山面海的观景台上，视野开阔。

另外，**310国道0公里标志牌**就位于大松树公交站往东几百米处，连霍高速的0公里起点则在墟沟大港路附近的高速入口处。对于骑行或自驾深入中西部的人来说，这些标志显然很有纪念意义。

港口小镇住宿条件较差，一般情况请勿选择这里。错过公交末班返回墟沟，也能方便地在临海路口找到拼车（5元）。当然，对港口情有独钟者可考虑**粮食宾馆**（见274页地图；☎8542 5288；临海路；标70元起；❄@）。B13或31路都可到达"连云港"。

另辟蹊径

魅力海钓

来到连云港，你也可体验一把海钓的感觉。

连岛当然是最方便的海钓地点。不过想要钓得更有所值，最好还是乘船前往**前三岛**或**秦山岛**。这些岛屿位于海州湾渔场腹地，因此能钓到更大更多的鱼类，比如每年秋冬就是钓大鲈鱼的好季节。对于海钓经验不是很充足的人来说，出海钓鱼最好还是参加相关俱乐部的团队活动，他们对鱼类的生活习性等比较了解，一同包船前往也比较划算。

可联系**东区钓具连锁连云港老毛店**（见274页地图；www.lyghd.com.cn；☎8233 6699；墟沟中山中路369号海城广场2号楼102室），这里不仅出售专业渔具，也会组织渔友根据季节渔汛包船出海，比如前三岛一般为两日行程，交通、吃、住全包，收费约500元。

com；西连岛山后小楼区；标间 190元起；❄📶）矗立在渔村海滨的一座三层小楼，号称"连云港离海最近的宾馆"。不要对服务抱太大期望，不过这里的开阔海景、观海庭台和花园小径的确惊艳，还可一路下到海边礁石上嬉戏。直面大海的标准间220元起；三楼有跃层5人间，适合小团队入住。每天还会推出一间120元的特价房，能看见一角海景，厕所洗浴就在门口。客栈也提供海鲜、家常菜等早中晚餐。

连岛海之澜宾馆
酒店 ¥¥

（见274页地图；☎8260 1668；连岛环岛路2号金海岸度假村1号楼；标间 99元起；❄）作为一个旅游地产项目，金海岸度假村并不成功。不过如今它被许多私人老板承包，开发成宾馆对外经营，却还是为旅行者提供了比较实惠的海滨住宿。这些宾馆大多条件类似，简单的装修、简单的设施、简单的服务……分为山景、半海景、全海景等，价格依次递增50%左右。海之澜就是这里相对好的一家，老板人挺热情，有些房间因占据了度假村一线位置，足不出户就可看到海上日出（这类标间平日价格200元）。

尚客优快捷酒店在海一方店
连锁酒店 ¥¥

（见274页地图；☎8531 8666；墟沟棠梨路2号；标单/双 159/169元；❄@）在海一方公园对面。尽管这里的海是"内海"，不过公园24小时免费开放，周边还有几家不错的小饭馆，吹海风、踩沙滩、吃海鲜……比起连岛都要自由实惠太多。部分房间无窗，订房时还请注意。

神州宾馆
精品酒店 ¥¥¥

（见274页地图；☎8231 0088；墟沟海棠北路215号；标单/双 390/420元起；❄@）位于西大堤的起点，仿欧建筑背靠鹰嘴山，面朝大海，连岛遥望在即。作为老牌的四星级酒店，设施装修有些陈旧。

千岛假日宾馆
快捷酒店 ¥¥

（见272页地图；☎8570 0888；新浦海连中路145号；标间 118元起；❄@）位于主干道旁，门前就是前往墟沟的BRT站点，距离陇海路步行街也只有不到1公里路程。各方面条件还算可以，总体而言和周边的如家、汉庭等连锁酒店相差无几。

餐饮

吃海鲜似乎是海滨城市的必修课。主要面向游客的**墟沟海鲜美食城**和**新浦万润海鲜街**口碑平平，一定要先问好价格并注意还价（连云港的海鲜店几乎都没有明码标价），一般不会遇到太大问题。至于连岛浴场门外的海鲜餐馆，最好敬而远之。连云港目前不像三亚等地有专门的海鲜加工饭店，不过可在**海棠路市场**（见274页地图）买好鲜货，沿着栖霞路步行街往西，有一些排档式的小饭馆还是乐意提供加工服务的。另外，新浦和墟沟都有叫作西小区的居民生活区。这边的家常菜、小吃等都比较实惠，小饭店中一般也会有海鲜供食客挑选。

丽的咖啡

台湾菜 ¥¥

（见272页地图；☎8582 0655；绿园南路113号113号；人均40元；⊙9:30~23:30）由一家台湾夫妻经营，环境充满小资情调。蛋包饭、卤肉饭都做得精致可口，凤梨酥、奶茶等甜品也很不错。

素人一家

连云港菜 ¥¥

（见272页地图；☎8535 7666；新浦通灌南路69-2号；人均40元；⊙10:00~22:00）位于中档美食街通灌南路上，这家不算起眼的小店提供本地家常菜，食材以家禽、猪肉、河鱼、蔬菜等常见材料为主。

海滨酒楼

海鲜 ¥¥

（见274页地图；☎8232 4676；墟沟海棠北路108号；⊙8:30~21:00）在海一方公园对面，这里有一排海鲜小饭馆，比起海鲜城都要相对实惠一些，因此光顾这里的当地人也会多一些。就餐环境比较一般，不过店主的招呼挺热情，海鲜烧得也挺入味。

军民海鲜楼

海鲜 ¥¥

（见274页地图；☎8188 2710；墟沟海鲜美食城10号；⊙9:00~22:00）是海鲜城里口碑较好、人气较旺的一家，味道还算鲜美，如葱姜扇贝、辣炒花蛤、清蒸石斑鱼等菜。

红辣椒凉皮

小吃 ¥

（见272页地图；新浦海丰巷8号；人均6元；⊙9:00~19:30）连云港人对凉皮的喜爱和改造是独树一帜的。满大街可见的小武凉皮就是代表，不仅仅有凉皮凉面拌在一起的吃法，口味上也有香辣、糖醋等，尤其是后者竟然加糖，堪称一绝。位于新浦体育场西北门的红辣椒凉皮据说当年和小武凉皮同时起家，后来因经营理念不同而分道扬镳；生意虽然没有做大，不过却保留了更原本的风味。

祥和豆腐卷

小吃 ¥

（见272页地图；新浦市民路65号；人均3元）藏在小街巷的老字号小吃，又酥又脆的豆腐卷是当地人早晚餐的最爱，去得晚一些就卖完了。这一片也是新浦老城的后街，能生存下来的饭馆大都物美价廉。

到达和离开

飞机

连云港白塔埠机场（☎8552 1666；www.lygairport.com）位于新浦和东海之间，航班不多，不过和北上广每日都有航班对飞。目前和陇海—兰新铁路沿线，也是最有可能来连云港看海的城市之间暂无航班。

长途汽车

新浦和墟沟都有相应的汽车站，发到站也会标明新浦或墟沟，而不是只标明连云港。常用的几个汽车站如下。除了发农公班车的龙河客运站，其他车站都是联网售票，具体班次可登录**连云港汽车站网**（www.lygbus.com）查询并订票。

新浦汽车总站（见272页地图；☎8563 2173）位于连云港火车站附近。这里的班车主要发往徐连沿线和胶州半岛各城。前往东海和赣榆的流水班车在汽车总站和苏欣快客站都有发出。

苏欣快客站（见272页地图；☎8580 3853）前往江苏南部和中部的车次集中于此。

龙河客运站（见272页地图）农工班车场，在苏欣快客站北边，从新浦前往渔湾可在这里乘坐开往大岛山的班车。

墟沟长途站（见274页地图；☎8568 1130）可不用前往新浦，直接在这里乘车。不过班次较少，前往南京一天有9班，上海则4班。其他诸如苏州、无锡等地每天1~2班，都在一大早出发。

港口汽车站（见274页地图；☎8568 1134）住在港口可于此乘车，前往滨海、赣榆等沿海城镇。

火车

作为铁路的尽头城市，这里的火车全在**连云港东站**（见274页地图）始发或者终到。目前这里有开往徐州、上海、广州、南昌、太原、宝鸡、乌鲁木

不变的雷锋车

如今在新浦汽车总站，你仍然能见到这个源自于20世纪60年代“向雷锋同志学习”号召下的服务车组。只不过当年的木板车、三轮车……早已消失，光鲜现代化的电瓶观光车成为新一代的“雷锋车”，继续免费送旅客往返于汽车总站和隔壁的火车站之间。

车次时刻表

新浦汽车总站

站点	发车时间/班次	票价(元)	行程(小时)	备注
徐州	6:30~17:30，约1小时1班	68	3	
盐城	7:00~17:20，约40分钟1班	58	3	
青岛	6:30~15:10，共9班	98	4	
日照	6:05~17:10，约半小时1班	37	2	
东海	6:00~18:30，流水班	12	1	
赣榆	6:00~18:30，流水班	12	1	停靠南站

苏欣快客站

站点	发车时间/班次	票价(元)	行程(小时)	备注
上海	7:10、8:00、10:00、13:30、14:40、15:40	180	6	停靠北广场或南站
南京	6:15~18:30，约半小时1班	116	4	
盐城	6:20~17:50，约40分钟1班	58	2.5	
东海	5:50~18:30	12	1	
赣榆	5:50~18:30	12	1	停靠北站

齐等地的列车，发车后停靠的第一站就是**连云港站**（见272页地图），也就是以前的新浦站，车厢会马上挤满许多乘客。和苏南、上海对开的K8358/K8355、K8356/K8357列车来回都是夕发朝至，很适合作为周末游的交通方式。

船运

作为公共交通使用的船运在连云港也已基本绝迹。不过**海运客运站**（见274页地图；☎8233 8189）还有前往韩国仁川、平泽的客船。每周一、三、四、七发船，四人间舱位往返1400元，单程780元，船行24小时，船况一般，主要旅客为"跑船人"。客运站有许多标着韩文的商店，他们也提供代办签证的服务。详情可登录**连云港中韩轮渡有限公司网**（www.ckferry.com）查询。

当地交通

作为东西城区远远相隔几十公里的城市，两部分之间如何方便往来就是交通的最大考验。随着道路和公交体系的完善，连云港已经逐渐化解了这个难题。

抵离机场

机场专线巴士（☎189 6134 3339）从**云台大酒店**（见272页地图）发出，发车时间为8:30、9:30、9:50、11:00、12:00、15:20、16:20，票价20元。进城班次则依据航班到港时间安排发车。

公交车

2012年开通的**连云港BRT**不仅仅让港城成为了全省第三个开通快速公交系统的城市，2元钱车费、高频次发车……更让墟沟和新浦乃至海州真正有了同城的感觉。特别是运营到24:00的B1路，让住在新浦、玩在海滨不再有交通压力。不过除了B1，其他公交大多在19:00就收班了。另外，连云港人都在使用公交车的下车提醒按钮，因此为了确保司机能为你停站，你最好也能够入乡随俗。

出租车

连云港的出租车比较便宜，起步价6元含2公里，超出后每公里1.6元。不过和其他小城市一样，不打表和拒载的情况同样较为严重。

另辟蹊径

户外港城

拥有江苏省最高峰、最美山海的连云港，也有着江苏省难得的户外资源。徒步、爬山、骑车……连云港可玩的虽然谈不上很经典，但也足够精彩。

花果山（南云台山）最常走的线路是从猴嘴出发，经鼻尖嘴、九层顶来到玉女峰。下山可直接到朝阳，也可继续向前抵达东磊，完成南云台山的全程穿越（约15公里）。

相比而言，连云区的北云台山更具挑战性，有些地方需要绳索等工具才好攀登。从马腰或者大松树等处均可上山，最终到达二桅尖。这里的线路组合相当丰富，最为险峻的当属万丈崖—雁门关一线。

连岛则是骑行者最喜欢的休闲线路。云台山区域则有坡距较长的骑行路线，同样为当地驴友钟爱。

寻找相关信息最好前往**在海一方论坛**（bbs.lygbst.cn），基本上每项活动都会在这里发出召集令。需要格外提醒的是，千万不要对连云港的"小山"过于轻视。岩体断层的结构、倚天照海的气势还是相当刺激的。

东海水晶城

这座名为东海的小城并不在海滨。不过，这里的地层中却有浩繁星空般的矿石海洋，东海也凭借"水晶之都"这个更有分量的头衔而为人所知。如今每逢双数年，东海会在9或10月举办规模盛大的**东海国际水晶节**。

东海县城有两个水晶城，规模相差不大。对于游人来说，"老水晶城"**中国东海水晶城**（钢铁路110号；⏲8:00~18:00）距车站只有5分钟步行路程，最为方便。最好能挑农历末位逢四、逢九的日子前来，这时会有规模盛大的露天赶集市场："石头开会"的情景就像一个地质民间博物馆。不用太在乎真假，买一条不贵的链子作为纪念也算不错。

一定要买到货真价实的水晶？水晶城新楼"水晶汇"顶层有"公家"的水晶商店，价格较贵不过品质可信。楼上还有专门的**水晶检测中心**，提供有偿的水晶真假鉴定服务。需要提醒的是，由于是商业市场，水晶城各商家关门时间视人流量而定，冬季可能下午16点多就基本上打烊了。

如果农历逢三逢八到来，可前往另一个水晶城——位于奔牛广场的**东海国际珠宝城**（海陵东路297号；⏲8:00~18:00），此时这边会有集市。从车站过来约3公里，打的不到10元。

至于大部分东海人都会向你推荐的**西双湖**，只是一个风景平平的北方水库。不过，湖岸东北角的**东海水晶博物馆**已于2013年国庆开馆，乘公交3路到中华路下车即到。

作为一个贸易型小城，这里住宿选择挺多。小宾馆价位多在60~80元/间，如家、七天等全国性经济连锁酒店也有分店。也可入住**尚客优快捷水晶城店**（牛山南路32号；☎8721 2274）和**汽车站店**（站前路120号；☎8702 5999），标间119元起。

借助方便的火车、汽车班次，可在徐连两城的交通间方便地插入东海半日游。**东海汽车站**（火车站向西200米；☎8725 6106）和新浦的来往便利，流水发车到下午18点；前往西边新沂、徐州的汽车就很少，一天只有3~4班，超过下午16点只能乘坐火车。

前三岛

距连云港约50公里的前三岛是达山岛、平岛、车牛山岛三座小岛的总称，有人考证它们是神话中蓬莱等三座仙山的原型。

如今这里已经成为了海钓圈里的天堂——除了驻扎在岛屿上的部队，包船前来的海钓者就是最主要的访客。如今岛上也有了简单住宿，加上吃饭150元一天。另外，每逢候鸟迁徙季节，作为它们长途跋涉中转站的前三岛聚集了铺天盖地的鸟群——观鸟爱好者也不该错过。

前往前三岛最好能和海钓者一起包船

（见277页方框）。另外，每年7~8月期间**连岛游轮码头**也会在周日早晨有发往前三岛的固定船班，单趟船行约3小时，当天返回，船费180元；船期受天气影响较大，最好提前拨打电话8260 1166咨询。其他时间则需凑够30人，游轮码头才能发船。

秦山岛

坐落在赣榆县15公里外的海面上，秦山岛如今已有了一些断断续续的开发。不过现有开发主要集中于住宿餐饮区域，登岛游人也不是很多，这里原始生态的环境还没有发生太大变化。岛上最神奇的当属通向大海的**神路**：这条由海水冲卷多彩砾石、至此聚集而成的神路长约4公里，每天要伴随着潮汐在海里"洗一趟澡"。

非自驾游客前往秦山岛最好提前一天住在赣榆县城，第二天清晨打的去往旅游接待处。县城有**格林豪泰酒店**（☎8709 6666）和**汉庭酒店**（☎8590 9999）可选择。

秦山岛旅游景区旅游接待处（☎8631 0999；www.qinshandao.com）位于县城北2公里的宋口村，每天清晨从这里发车前往码头。前往秦山岛的船受潮汐影响很大，具体发船时间还请电询。往返船费包括上岛费共120元。

宿迁

人口 555万

宿迁市

作为江苏省最年轻的地级市之一（1996年才获批成立），宿迁的规划建设比较"先进"。然而，如果就这样认定宿迁缺少历史，可就大错特错了。这里是项羽老家"下相"所在地，霸王举鼎的城标矗立在城市要道上，区府广场一隅嵌入地下的明清古城遗址，则在诉说这座夹在古黄河与大运河之间城市的坎坷命运。大名鼎鼎的苏北酒乡"三沟一河"中最有名气的洋河、双沟就在宿迁地区，爱好美酒的乾隆皇帝就伴着醉意称赞宿迁为"第一江山春好处"。

宿迁前市委书记仇和富有争议的执政举措让宿迁及其下辖的沭阳出名一时。如今，当地走上了与常州相似的旅游开发路子：一系列主题公园纷纷建成，试图吸引越来越多的亲子游家庭。

◉ 景点

项王故里 主题公园

（见282页地图；☎8288 8507；www.xiangwangguli.com；门票 80元，周末及节假日100元，赠30元景区通用币；⏲9:00~19:00，17:30停止入场）千万不要抱着追慕霸王风范的怀古之意来到这里，否则你一定会被一波又一波的恶搞深深伤害。记住，这里是项羽主题公园。占地不大的古迹区多为"相传"而已，唯一确凿的"项王故里"石碑也只是清代产出。正因如此，更为了高昂的门票价，雄伟连绵的仿古楼群中，变形金刚模样的项羽、供游人暴打的蓝色秦二世、景区内流通的项王重宝（尽管购买实物要计为8折）……一遍遍挑战你的神经。请用逛游乐场的心态，笑纳这些"惊喜"吧！其实，你可做的事情还真不算少：让虞姬为你跳一段剑舞，KTV包厢里唱《霸王别姬》，爬上战车拉开霸王弓照相，等等。说不定你会渐渐喜欢上这里的无厘头，那时候连自己都会觉得不可思议。

公交1、51、52、53、301路等都可到达。

皂河古镇 古镇

（☎8451 1180；联票 70元；⏲夏8:00~18:00，冬8:30~17:00）进入这个小镇并不收费，不过鉴于镇区本身并无多大看点，如果要来，还请购票进入收费景点。**龙王庙行宫**价值最高，已经列为全国重点文物保护单位。这里本是"敕建安澜龙王庙"，因乾隆六下江南五次驻跸，又被称为"乾隆行宫"，至今仍保存着御碑亭、龙王殿等精美古朴的建筑。对于追寻运河风情的游客而言，**陈家大院**更有一些吸引力，甚至可在皂河只参观这个收费景点；这样的话只需购买**单项门票**（20元）即可。别忘了爬上后门旁的炮楼，从枪眼处俯瞰运河行船的忙碌场景。想要继续深入运河？由此沿堤岸往北2公里，就来到重要的运河船闸：皂河闸。这里是运河出入骆马湖的节点，也是著名的"堵点"之一。

前往皂河可乘坐91、92、93路公交。

宿迁城区

骆马湖旅游度假区

湖泊

（免费；⏲24小时）骆马湖东南岸就是宿迁市大力建设的湖滨新城。这里同时也是观赏骆马湖景的最佳地点，开发成了旅游度假区。除了免费开放的园博园和碧湖银滩，新近开张的**嬉戏谷动漫王国**（☎8258 5859；联票 100元，含7个项目，儿童票 50元；⏲9:00~17:30）是常州嬉戏谷的姊妹园，用科技制造欢乐；暑假会有开到21:30的夜公园，门票半价。**中国水城•欢乐岛**（☎8256 8899；联票 100元，含9个项目，儿童票 70元；⏲9:00~17:30）较为传统，唯一的亮点是尽览湖景的摩天轮。

前往上述景点可乘坐103路。

住宿

宿迁的最佳选择仍然是几家“天下大同”的经济型快捷连锁酒店，周末很可能会出现爆满的情景。当地的快捷酒店则首推**枫情水岸商务宾馆**（见282页地图；☎8288 8999；标单/双 120元；❄@）。另外，住在楚街也是不错的选择，这里有很多私家小宾馆，都能上网，卫生条件尚可，可选择**牵情宾馆**（见282页地图；☎8826 1516；标间 70元起；❄@）。湖滨新区可选择威尼斯假日大酒店（☎8256 8899；环湖大道8号；标单/双 488元起；❄@），门口就是沙滩碧湖摩天轮，硬件全欧式风格；不过周边配套欠缺，吃饭方面不是太尽如人意。

餐饮

宿迁的饮食受徐州影响较大，同样以

宿迁城区

◎ 景点

1 霸王举鼎 B3
2 古黄河风光带 B2
3 马陵公园 C3
4 明清古城遗址 C3
5 项王故里 C4
6 宿北大战纪念馆 C3
7 宿迁大桥 D3
8 宿迁闸 C1
9 雪枫公园 C2
10 真如禅寺 C4

住宿

11 枫情水岸商务宾馆 D3
12 牵情宾馆 B3

餐饮

13 黄狗猪头肉 D3
14 农家小院楚街店 B3

交通

15 汽车客运站 B4

咸辣为主，不过骆马湖还是为这里带来一些湖鲜美味。**农家小院楚街店**（见282页地图；☎8438 2898；人均50元）长条凳、大木桌，挺有农家风情，菜肴也是农家味十足。以当地传奇美食得名的**黄狗猪头肉**（见282页地图；☎8422 6678；人均100元）派头不小，一进门就能看见胡耀邦等人的照片，屏风上还印着乾隆的御诗。另外，宿迁人更喜欢的小吃是擀面皮，而非大多数地方所见的凉皮，可在街头找一家小店尝尝。

到达和离开

目前宿迁市区尚无火车站，汽车是前往这里必经的交通方式。**汽车客运站**（☎8436 5011）位于霸王举鼎西南400米处。这里发往徐州、新沂、泗洪的班车均为流水班，7:00、9:00、15:00还有直达徐州高铁站的车次（这里也代售火车票）。前往淮安的车则在6:00~18:00之间约半小时一班。可登录**宿迁长途汽车在线票务网**（www.96196.gov.cn）查询并订票。

据悉，未来安徽宿州到淮安的铁路将在洋河设站，宿迁无寸铁的历史即将作古。另外，徐州观音机场一天有4班往来宿迁的**机场巴士**，详情可咨询8188 8522。

当地交通

宿迁市区不大，空调公交车也只需1元钱车费。出租车5元起步含2公里，超过每公里1.6元。由于出租车便宜，当地人戏称"马自达"的电动三轮车也只要3元起步。

另辟蹊径

古黄河和大运河

翻开宿迁市地图，你会发现最明显的特征就是两条几乎平行流淌的河流——古黄河和大运河。两条河流都在城区划出了弓的形状，仿佛西楚霸王正在谈笑拉弓。

清代以前的大运河就沿着古黄河河道从骆马湖引出，为了摆脱黄河的影响才改道如今。**宿迁大桥**下总是停靠着许多船舶，在这里可与船员聊聊天。船员大都来自运河沿线的山东、江苏、浙江等地，很多时候一艘船上就是一家人。"跑江湖"的履历让他们大都比较健谈，说不定还会邀请你登上甲板参观。继续向北就是**宿迁闸**，往来船舶过闸的情形十分热闹；一旁的**雪枫公园**是为了纪念在抗日战争中牺牲的新四军最高将领彭雪枫而建。

安静的古黄河则是宿迁市的生态自留地，开辟成**古黄河风光带**。踩着栈道散步，亭台楼阁和芦苇花丛络绎不绝，一路还会遇见许多垂钓者和锻炼身体的市民。附近的**马陵公园**还有宿北大战纪念馆等红色景点。

淮安城区(清江浦)

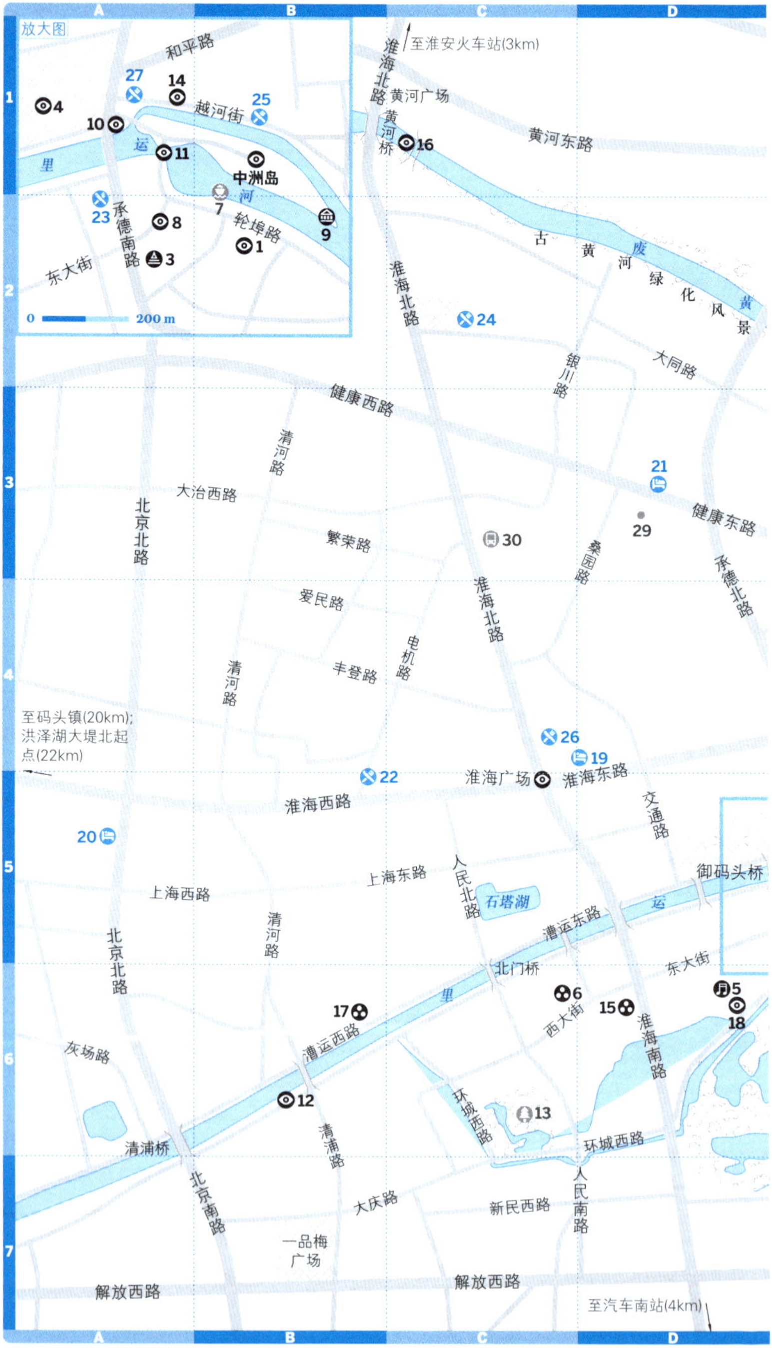

A
B
C
D
1
2
3
4
5
6
7
放大图
和平路
27
14
4
10
越河街
25
运
里
11
中洲岛
河
7
23
承德南路
8
轮埠路
9
1
东大街
3
0
200 m
淮海北路
至淮安火车站(3km)
黄河广场
黄河桥
16
黄河东路
古黄河绿化风景
废
黄
淮海北路
24
银川路
大同路
健康西路
清河路
21
大治西路
健康东路
北京北路
30
29
繁荣路
桑园路
承德北路
爱民路
淮海北路
电机路
清河路
丰登路
至码头镇(20km);
洪泽湖大堤北起
点(22km)
26
19
22
淮海广场
淮海东路
淮海西路
交通路
20
人民北路
上海东路
御码头桥
上海西路
石塔湖
运
清河路
漕运东路
北京北路
北门桥
东大街
6
5
里
17
15
18
西大街
淮海南路
灰场路
漕运西路
12
环城西路
13
清浦桥
清浦路
环城西路
北京南路
人民南路
大庆路
新民西路
一品梅
广场
解放西路
解放西路
至汽车南站(4km)

淮安

人口 543万

淮安市

也许是曾经的光辉太过耀眼，无论是运河之都还是府衙辖地，失去后的淮安始终没能找到一个合适的落脚点。倾颓的市区里运河沿线，更加倾颓的淮安区老城——换个角度看是繁华的齑粉，不过对于大多数人来说，这只是淮安尴尬现状的一个佐证。

另一个挑战在于复杂的地域：淮安、淮阴、清河、清江浦、楚州、山阳……简单说来，今天的淮安是由两座有着千丝万缕联系、却相隔几十里路的不同城市组成的。市区即当年的淮阴市，淮安区则刚从楚州区改回原名，乃当年的县级淮安市。

如今淮安就将建设重点放在了市区和淮安区之间，分别亮出了清河新区和板闸新城，并在积极对接。对于游人而言，两头的老城区仍旧是重点，特别是东边的淮安区，重点是周总理故乡。对于资深游人，也对于淮安旅游来说，趁着大运河申遗的东风，是时候来一场与运河的亲密接触了。

历史

明清两代，漕运再次成为国之大计。而当时的淮安，黄河裹挟淮河，时刻威胁着大运河的运转。于是朝廷从特派官员到设官常驻，官员从术业专攻到总理一方……淮安政治上的地位随同河道总督、漕运总督等高高在上。“南船北马舍舟登陆”带来了财富洪流，“银铸的食府流水的席”诞生了淮扬菜。淮安也成为与扬州、苏州、杭州并称的运河四大都市之一。

直到清末，漕运改由海路北上，繁华一落千丈。1905年，漕运总督被裁，淮安基于其多年政治资本的积累，在朝廷做了最后一次挣扎：成立江淮省，淮安为省会，巡抚由原漕运总督担任。这个腰斩江苏省的闹剧仅维持了短短3个月。1911年，津浦铁路贯通，遥远的火车声中，淮安走向了如今的沉默。

淮安在另外两个大一统时期同样有着惊羡天下的名声。隋唐，这里也是隋朝大运河畔的重要城邑，拥有“东南第一州”的称赞。两

淮安城区（清江浦）

重要景点

中洲岛……B1

景点

1 陈潘二公祠……B2
2 楚秀园……E6
3 慈云禅寺……A2
4 大运河文化广场……A1
5 大众剧场……D6
6 丰济仓遗址……C6
7 古运河游船码头……B1
8 花街……A2
9 淮安运河博物馆……B2
10 南船北马舍舟登陆碑……A1
11 清江大闸（若飞桥）……A1
清江古清真寺……（见14）
12 清江浦楼……B6
13 清晏园……C6
14 石码头……A1
15 苏皖边区政府旧址……D6
吴公祠……（见1）
16 中国南北地理分界线标志园……C1
17 周恩来童年读书处旧址……B6
18 周信芳故居……D6

住宿

19 布丁酒店淮海广场店……D4
20 旅居商务酒店……A5
如家快捷金鹰购物中心店……（见19）
21 幽兰都大酒店……D3

餐饮

22 电机路夜市……B5
23 丁老饭店……A2
24 淮安迎宾馆……C2
25 淮扬名菜美食街……B1
26 师专路夜市……C4
万和茶楼……（见8）
27 醉笑天大酒店……A1

交通

28 机场大巴乘车处……F4
29 南京禄口机场苏北候机楼……D3
30 汽车总站（淮安车站）……C3

汉，这里走出了韩信、枚乘等大家，今天位于淮安区的“汉淮阴侯韩信故里”石碑刻着“文官下轿，武官下马”的提醒，仍然让人肃然起敬。

景点

需要提醒的是，在淮安、盐城（曾经属于淮阴地区）等地，许多公益性故居、小型博物馆都会有午休时间。因此中午会闭门谢客，请合理安排参观时间。

免费 周恩来故里

名人故居

尽管周恩来在少小离家后再也未曾返回故乡，“总理故里”还是成为淮安近代最响亮的招牌。据说当年“两淮”合并之所以保留、共用淮安之名，很大程度上就是看中这个称呼的含金量。

位于古城老巷的**周恩来故居**（见288页地图；驸马巷7号；☎8591 2517；免费；⏲8:30~17:00，周一闭馆）是一处恬静别致的院落，在这里一边追寻总理童年的踪迹，一边欣赏老淮安的民居风貌。别忘了在院子里的老井打一桶水，婆娑的观音柳和挺拔的老榆树也值得关注——按照家居风水来说，这里能出开国总理，水和树当然都是充满灵气的。

缅怀伟人，还是来到端庄肃穆的**周恩来纪念馆**（见288页地图；☎8591 2365；免费；⏲8:30~17:30，16:30停止入馆，周一闭馆）。这个获得过国家建筑界诸多大奖的景区拥有很多赋予象征意义的设计。副馆是周恩来生平业绩陈列馆，生动地回顾了总理叱咤风云的一生。和其他伟人故里一样，这里也有铜像广场，不过1:1复制的仿中南海西花厅更能满足一下好奇心。

位于清江浦的**周恩来童年读书处旧址**（见284页地图；漕运西路174号；☎8393 4371；免费；⏲8:30~11:20，14:00~17:20，周一闭馆）并不是发出“为中华崛起而读书”志愿的地方，但也挺有故事——家道中落、彩票头奖，为防亲戚索要才迁居到清河县（即清江浦，由此也知淮安和淮阴过去并不是一个地方）。

前往故居可在镇淮楼下车（10路、69路等）步行前往，纪念馆可乘坐8路到达。从清晏园往北过运河，沿河堤西行即到童年读书处。

清江浦(市区)

街区

尽管已经和正在经历"拆"的命运,清江浦幸存的历史遗址依然值得一探究竟。

中洲岛(见284页地图)是淮安市重点打造的里运河文化长廊的中心。岛上坐落有淮安市规划展示馆、淮安戏剧博物馆、淮安名人馆和淮安运河楹联馆,合称**淮安运河博物馆**(☎8391 0115;免费;⏰8:40~11:00, 14:30~17:00,周一闭馆)。其中,位于岛屿尽头的楹联馆即清江浦楼,不过只是一座新建的地标;"正牌"**清江浦楼**(见284页地图)位于烟厂后墙的运河南岸,那座不起眼的灰砖小楼才是历史的真正主角。

连接中洲岛与南岸的若飞桥,桥下即明朝保留至今的**清江大闸**(见284页地图),是这一带最"大牌"的文物古迹,放在整条大运河也是咽喉锁钥之地。

北岸有"南船北马舍舟登陆"碑,向东有清江古清真寺,门前沿着石阶来到水边即为**石码头**(见284页地图),为清帝下江南的御码头。淮扬名菜美食街也在此处,东行还能看到一些孤零零的历史遗存,为名人故居、水龙局等。

古运河游船码头(见284页地图;☎189 5231 6018, 138 5232 9390)位于运河南岸,提供往返河下古镇的游船线路,包船500元起,散客50元每位(满10人出发)。这一片还有为纪念对河漕做出贡献的官员而建的**吴公祠**、**陈潘二公祠**,保存较好的**花街**、京剧大师**周信芳故居**也在附近。这里还有**慈云禅寺**(见284页地图;门票 2元),因清代顺治皇帝的玉琳国师在此圆寂、肉身不腐而闻名。寺中供有专门的国师殿,可惜国师肉身已经在"文化大革命"中失踪。继续向南就是**楚秀园**(见284页地图;免费;⏰5:30~19:00)。园内有开阔水面,传说明朝正德皇帝下江南,于此落水受惊,一病不起而亡,这里也得名"跃龙池"。

相比而言,**清晏园**(见284页地图;免费;⏰夏5:00~18:00,冬6:00~17:30)才是一座真正的古典式园林。这座精致的"江淮第一园"是漕运部门的官家园林,因此**河道总督署**就在亭台廊道之邻。一进门的**序园**颇有苏州园林风采,关帝庙塑像和河帅府石狮的造型也相当特别。

还记得《天下粮仓》吗?原型就是位于漕运中枢清江浦的丰济仓。西大街路北的草市口向里走,穿过一个二层楼的门洞就来到**丰济仓遗址**(见284页地图)。遗憾的是并没有留下太多痕迹,除了门楼可能就只剩"全国重点文物保护单位"的石碑了。

淮安区(楚州)

街区

如果清江浦的历史韵味已经让你沉醉,那么做了上千年苏北中心州府的"老淮安"更

不要错过

深巷老房里的淮剧

巨大的老风扇在头顶呼呼作响,一排排旧式的宽松座椅坐着三三两两的老人,昏暗的大棚屋顶下,同样有些老化的照明灯将亮点聚焦在舞台上,戏服翩翩的演员互相作揖,拉开嗓子唱起悠悠的淮剧——这幅更像是20世纪80年代怀旧画面的场景,日复一日地在清江浦都天庙街的**大众剧场**(见284页地图)循环,仿佛时空被困锁于此,不能逃散。

淮安是中国戏剧的重镇之一,沿着大运河进京的徽班从这里路过,"通天教主"王瑶卿、周信芳就是淮安走出的京剧大师。淮剧、淮海戏等地方戏种也是相当流行。今天,淮安街头许多地方还能听到票友唱戏的声音。而在时代变迁中,大众剧场作为为数不多保存下来的剧场,更因维系了原貌而备受老街坊的喜欢。

每天下午13点40分开始,只需花5元钱即可欣赏3小时的淮剧表演。大众剧场强烈的光影对比和时空落差,同样适合摄影师及怀旧者。前来这里可从**苏皖边区政府旧址**(淮海南路30号;免费;⏰8:30~11:40, 14:00~16:30,周一闭馆)对面、淮海国际商务酒店旁边的小巷进入,一直前行就能找到;或者从周信芳故居门前的小巷,寻着戏声前往。途中破败倾颓的景象,会帮你进入预热状态。

淮安区

0
500 m
至清江浦(11km);
翔宇大道
河下古镇
竹巷街
花巷
湖嘴街
城河街
城西北路
北门大街
楚州大道
长安路
华西路
至汽车东站(500m)
里
清
运
安
河
萧湖
友谊西路
友谊路
永怀路
周恩来纪念馆
勺湖
勺湖园
西长街
韩信北路
东长街
西门大街
东门大街
韩信南路
驸马巷
镇淮楼西路
镇淮楼东路
县西街
县东街
兴文街
府学街
文府路
月湖
城西南路
南门大街
堂子巷
南巽路

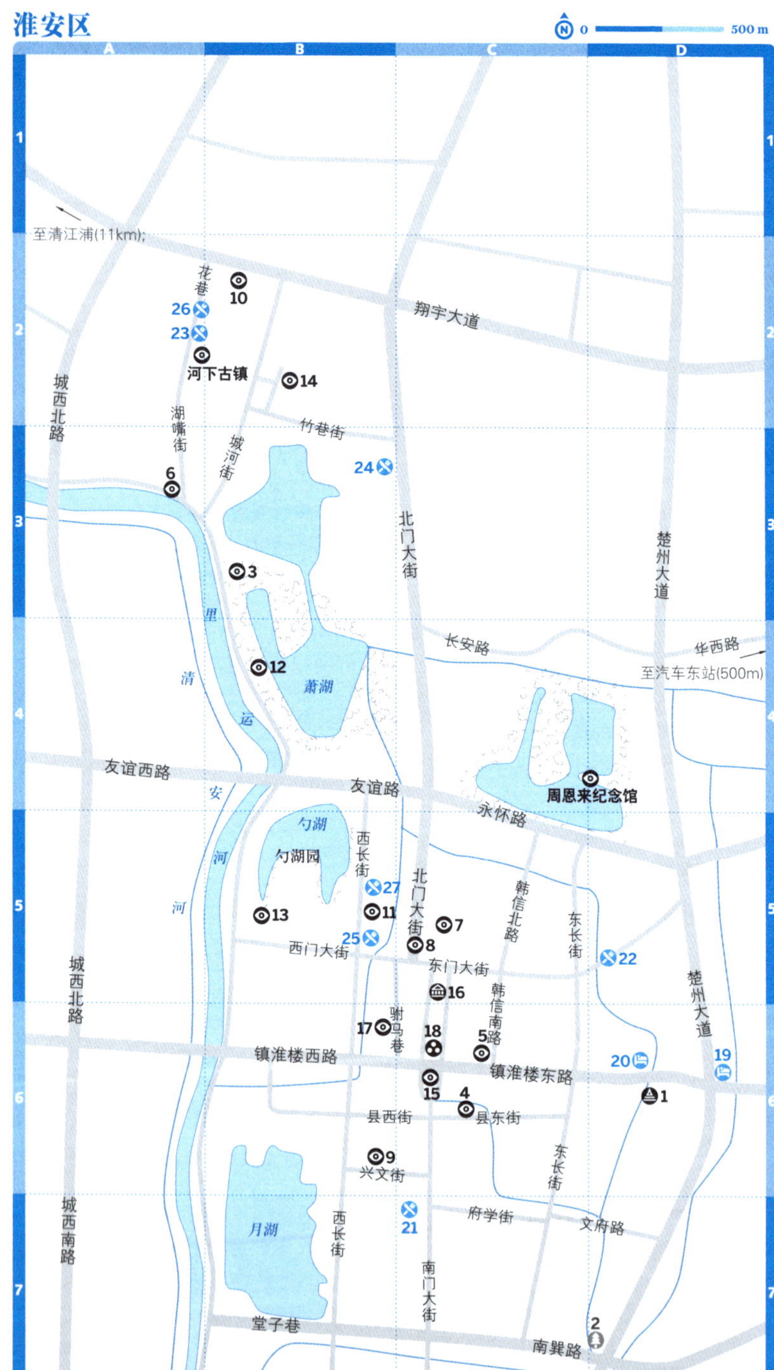

淮安区

◎ 重要景点

河下古镇……A2
周恩来纪念馆……D4

◎ 景点

1 东岳庙……D6
2 古城墙遗址公园……D7
3 古枚里……B3
4 关天培祠……C6
5 汉韩侯祠……C6
6 河下御码头……A3
7 淮安府署……C5
8 淮阴市碑（韩信故里碑）……C5
9 胯下桥……B6
10 梁红玉祠……B2
11 刘鹗故居……B5
12 漂母祠（韩侯钓台）……B4
13 勺湖文通塔……B5
14 吴承恩故居……B2
15 镇淮楼……C6
16 中国漕运博物馆……C5
17 周恩来故居……B6
18 总督漕运公署遗址……C6

住宿

19 格林豪泰楚州大道商务酒店……D6
20 新东岳宾馆……D6

餐饮

21 楚州宾馆……C7
22 东门美食街……D5
23 古文楼饭店……A2
24 文楼饭店……B3
25 西长街美食街……B5
26 岳家茶馓……A2
27 正味土菜馆……B5

应当走上一遭。除了总理故里，青瓦灰墙的老房、依水蜿蜒的旧巷、随处可遇的历史……古城风貌仍有较大范围的保留，人文爱好者会乐在其中。

这是一座典型的中国古城，城市地标和官府机构连起来就是中轴线。**镇淮楼**（见288页地图）又称鼓楼，是绝对中心。如今，镇淮楼下挤满了玩“掼蛋”的白发老人。北面正对就是**总督漕运公署遗址**（见288页地图），残存的石基莫言往日的辉煌。这里还有一座**中国漕运博物馆**（☎8583 9097；门票100元，4D电影 60元；⏲8:30~11:30，13:30~17:30，周一闭馆），由此继续北行即为淮安府署。

如果你在淮安市只打算进一个购票景点，**淮安府署**（见288页地图；☎8513 1181；www.hafs-china.cn；东门大街38号；门票 60元，讲解 60元；⏲8:30~18:00）当之无愧。它拥有全国衙署中最大的正堂，同时更是全国仅存的两座府署之一。府署前半部是办公区，正堂前建有对应朝廷六部的六科，其中科摆放着让人咋舌的古代刑具。后半部是知府一家的生活区，后花园伫立着铜制的三魁台，柱子上的铭文很有气势。

位于城西的**河下古镇**（见288页地图）曾因盐运集散、漕船修葺和“进士之乡”闻名遐迩，如今早已时过境迁。稍有眉目的旅游开发并没有带来太多游人，却也总算修缮了老房石板路、安装了照明红灯笼。漫步在**花巷**和**湖嘴街**，两旁伸出许多有着好听名字的小巷，一路大多是滴水瓦下的寻常百姓人家，还有好几家老店铺、旧行当，如**岳家茶馓**、**王兴懋酱园**、**吴鞠通中医馆**、**李记纸扎**、**程记换锅底**等。

位于河下打铜巷的**吴承恩故居**（见288页地图；☎8332 6771；门票 40元；⏲夏8:30~18:00，冬8:30~17:30）是一处富有传统文人情调的园林宅院，更是一座《西游记》文化展馆。这里还和六小龄童合作，辟有六小龄童工作室及美猴王世家艺术馆，后者展示了“猴王世家”与猴结缘的道具、艺术品等，有些看头。

除了吴承恩，淮安历史上其他风云人物也留下了诸多怀古之处。**胯下桥**、**漂母祠**、**古枚里**、**梁红玉祠**、**关天培祠**、**刘鹗故居**、**东岳庙**、**勺湖文通塔**……藏匿在市井之中，探访的过程中总会有“蓦然回首”的感觉。不过这些小景都是“到此一游”类型，只适合时间、精力、兴趣都充裕的游人。

住宿

建议住在市区（清江浦），这边选择很多。汽车总站、西大街附近就有许多便宜的小旅馆。淮汽大厦五楼的**布丁酒店淮海广场店**（见284页地图；☎8900 9888）和六楼的**如家**

另辟蹊径

南北一线间

沿着秦岭—淮河这条著名的800毫米等降水量线，信阳、淮南、蚌埠、盱眙和淮安等城都成为“南北分界线上的城市”。在这些城市，有时走过一座桥就会轻松地完成南北穿越。

如今，淮安市区的古淮河岸边就建有**中国南北地理分界线标志园**（见284页地图）：一座寓意着南北气候变化的桥梁横跨河道，造型奇特；桥南北的市民广场也分别得名淮河广场和黄河广场（古淮河水道也为古黄河所用）。公交1、7、33、34路都可到达这里。

位于清河新区的**古淮河文化生态景区**（☎8379 7628；www.guhuaihe.com）更是政府重点打造的综合性景区。除了免费开放的古淮河生态公园，这里还出售50元联票，可参观6个博物馆。其中，最有趣的是**中国西游记博览馆**和**中国淮扬菜文化博物馆**。尤其是后者，环境物产、历史发展、名人轶事、餐饮风俗等充分展现了淮安之于淮扬菜系的巨大贡献。请特别留意周总理同淮扬菜的渊源：他曾在法国勤工俭学时为欧洲人做过平桥豆腐，“恩来家乡的淮扬菜”也成为共和国的“开国第一宴”。看够了展柜中的模型，想亲口品尝美食？博物馆也经营餐饮，每客100元起，订餐电话8370 9777。需要提醒的是，这些博物馆除了周一闭馆，平日也有“午休时间”。公交23路可到景区。

快捷金鹰购物中心店（☎8399 1333）位于绝对市中心淮海广场，各方面都很方便。淮安区（楚州）住宿条件则要差一些，以中小宾馆为主。

旅居商务酒店 快捷酒店 ¥¥

（见284页地图；☎8333 0001；北京西路139号；标单/双 139元/149元；❄@）距离淮海广场1.5公里，周边落得清静。明快干练的商务风格，房费包括自助早餐。房间里还有本地的旅游杂志，可为你提供一些关于淮安这座旅游咨询并不多的城市的亮点。

幽兰都大酒店 酒店 ¥¥¥

（见284页地图；☎8375 6888；健康东路36号；标双 190元起；❄@）老牌三星涉外酒店，因此有些设施略显陈旧。不过服务和自助早餐都在当地堪称上乘。每天还会推出150元的特价标间，最好通过网络预订。

新东岳宾馆 快捷酒店 ¥

（见288页地图；☎8518 8676；淮安区镇淮楼东路102-3号；标单/双 118元/100元；❄📶）淮安区可选择住在这里，就在东岳庙背后。有些单间是圆床房，楼道有些昏暗。向东不远的**格林豪泰楚州大道商务酒店**（见288页地图；☎8532 6666；淮安区关天培路1号；标单/双 129元起/179元起）则是目前淮安区仅有的一家全国连锁酒店。

餐饮

尽管作为淮扬菜的发源地之一，淮安今天也在承受着川菜、火锅等外来餐饮的巨大冲击。淮安还是一座并不迷恋“老字号”的城市：新半斋、老半斋等淮扬菜老馆已经消失，就算好不容易重新开张，没几年又是重新关门；仅存的几家老字号也早无当年的规模气派。

不过对于美食爱好者而言，淮扬菜的根底仍然枝叶蔓延般生长在这座城市，软兜长鱼、平桥豆腐、开洋蒲菜、钦工肉圆……都是必品美食，盖浇面、水晶包、辣汤、茶馓之类的小吃同样值得尝尝。走街串巷，闻香觅食，请把重点放在市区电机路和师专路的夜市、中洲岛北面的**淮扬名菜美食街**，以及淮安区的**西长街**和**东门美食街**。特别是淮安区西长街，许多小饭馆都成为了当地大饕们的钟爱。另外，淮安迎宾馆、幽兰都大酒店、楚州宾馆等大宾馆的餐饮部也是不错的选择。

需要提醒的是，淮扬菜讲究细腻清雅，有些淮扬菜馆也深谙此道：比如没有大厅全是包间，因此不接待1~2人的散客。同时，大部分饭店只在午餐、晚餐时间经营，还请踩好饭点；点餐方式一般则有两种，可自行点单，也可按每客多少钱的标准由厨师配菜。当然，战无不胜的川菜也已经渗入大部分饭馆，酸菜鱼等菜式经过改良，也成为许多家的推荐菜肴。

首选 醉笑天大酒店 淮扬菜 ¥¥

（见284页地图；☎8377 1777；越河路2号；人均 80元；⏲11:00~13:30，17:00~20:00）位于淮扬名菜美食街的最西头，市区人气很旺的淮扬菜馆，古色古香的外观很是抢眼。这里全部是包间，不过小包房也接待1~2人的散客，并且没有最低消费。软兜长鱼、砂锅蒲菜、平桥豆腐都比较不错，不过最好早到或者预订，否则特色菜就可能卖完了，还有机会体验临时搭台用餐的感觉。

首选 文楼饭店 小吃 ¥¥

（见288页地图；☎8580 2346；淮安区北门大街819号；早点 人均5元，正餐 人均50元；⏲6:30~13:30，17:00~20:00）连当了共和国总理的周恩来都远在北京询问文楼的经营状况，吸一只文楼汤包也就成了来淮安旅游的必修课。目前汤包价格有20、30、50元/只三种，差别主要在馅里蟹黄和蟹肉的含量。除了汤包，文楼也提供早点和淮扬菜（自行点菜或60元/客）。不过这边环境平平，想要好一些可去河下古镇花巷上的古文楼饭店（见288页地图；☎8580 6560）。当然在环境提高的同时，价格也随之上涨，汤包最低30元起，淮扬菜则要100元每客。另外，淮扬名菜美食街也有文楼分店，在市区也可品尝。

丁老饭店 小吃 ¥

（见284页地图；承德南路2号；人均 5元；⏲6:00~10:00，16:00~18:00）专营小吃的"老字号"，环境一般，服务一般，就连小吃的卖相也很一般。不过想吃一定要赶早，嘈杂的人群就是小吃美鲜度的最好佐证。辣汤1.5元、水晶包1.5元、蒸饺1元，都是这里的特色。

正味土菜馆 淮扬菜 ¥¥

（见288页地图；☎159 0523 0187；淮安区西长街268号；人均 50元；⏲11:00~13:30，17:00~20:00）西长街小饭馆的一个代表，刘鹗故居隔壁，门面很小，里面还挺大，大厅环境比较亲民。提供50元、60元一客的配菜，马鞍桥烧肉等经典淮扬菜做得比较拿手。

万和茶楼 茶馆 ¥

（见284页地图；☎8078 8087；花街9号；人均 18元起；⏲13:00~24:00）位于清江浦最有味道的花街上，砖楼木窗中摆设有文房四宝、假山流水……颇有古韵。最低消费18元提供一杯茶水，每壶茶36元起。除了品茶休闲，茶楼还提供一些简餐。

到达和离开

飞机

淮安涟水机场（☎8166 6666；www.ha-airport.com）每天有飞往北京、上海、广州、西安、厦门等地的航班，择日也有客机前往深圳、香港、武汉、重庆等地，机型多为小型客机。万达广场淮安机场票务中心有**机场大巴**，票价15元，发车时间为6:00、11:00、13:30、14:00、17:00、18:00。进城班次根据航班落地时间调整。淮州宾馆还有**南京禄口机场苏北候机楼**（健康东路55号；☎8394 5111）。

汽车

由于新长铁路是单线、运力不足等原因，汽车是淮安最重要的公共交通方式。**淮汽集团网**（www.jshqjt.com）提供网上订票服务。

总体来说，前往淮安北边的连云港、徐州及东边的盐城各县市可在淮安火车站旁的**汽车北站**（☎8908 2666）上车。位于清浦区高教园区的**汽车南站**（☎8378 6528）则是发往南边各县市的主力阵地。**汽车总站**（见284页地图；☎8390 2875）位于市中心，主营车次是前往洪泽、泗阳、宿迁等邻近县市。1路公交串起了这三个车站及淮安火车站。

汽车东站（☎8590 2997）是原来的楚州区汽车站，这里有另一套发往各地的汽车班次。6:50~17:30有发往南京的班车，早上约半小时一班，下午则间隔一小时发车；车费60~64元。前往扬州则在7:20~17:20大约每小时有一班车，车费54元。

火车

淮安火车站 位于淮阴城区最北端，毗邻汽车北

车次时刻表

淮安汽车总站

站点	发车时间/班次	票价(元)	行程(小时)	备注
南京	5:40、5:55、6:15、6:35	66	3小时15分钟	停靠中央门站或南站
宿迁	6:20~16:40，约半小时1班	34	2	
盱眙	6:05、6:30、7:10、8:30、12:30、14:00、16:00	28~33	2	
洪泽	6:20~18:30，流水班	12	1	

淮安汽车南站

站点	发车时间/班次	票价(元)	行程(小时)	备注
南京	6:00~18:00，半小时1班	63~66	2小时30分钟至3小时15分钟	停靠北站、中央门站或南站
扬州	7:10~17:50，约1小时1班	60	3	
盱眙	6:30~18:30，约40分钟1班	28~33	2	
洪泽	7:05~18:55，流水班	12	1	

站。停靠车次不多，可到达盐城、泰州、南通、徐州等本省城市和北京、哈尔滨、成都、兰州等地。位于经济开发区的火车站淮安南站则在2013年夏天结束了最后的客运业务。

当地交通

往来市区和淮安区的主要公交有8路（北京新村—淮安汽车站—周恩来纪念馆—汽车东站）、10路（淮海广场—镇淮楼—汽车东站）、69路（淮师—镇淮楼—淮安商贸城），全程3元。返回市区的夜班公交18:40起从镇淮楼发出，每10~15分钟一班直到20:00；错过就只能打的，拼车也聚集在镇淮楼附近。其他公交车多为1元，空调2元。下车前最好向司机声明，否则即使你站到门口也可能不会停车。

出租车7元起步价含3公里，4~6公里1.6元/公里，再远则要2.4元/公里。另外，电动三轮车在淮安也是相当普遍，可作为近距离代步工具。

盱眙

这座淮河之滨的小城今天能够拥有极高的知名度，全托小龙虾的福气。生物舶来品的小龙虾，在“吃货”帝国自然也逃不掉宿命：盱眙十三香小龙虾火热出锅。盱眙更凭借水涨船高的小龙虾产业带动了经济腾飞。如今，“国贸”向东的新城十分不差钱，奥体中心甚至有几分“鸟巢”的模样。作为“回报”，盱眙街头随处可见红彤彤的小龙虾雕塑，或者张开虾螯，或者弯身作揖，尽管再可爱也逃不出被吃的命运，但也为这座城市添上了靓丽的风景线。

以“商贸”为中心的老城则是淮河南岸的一个普通小镇，好在几座小丘陵让这里河山兼备，颇有几分江山姿色，“坐南望北”正是盱眙的坐姿。对岸的“北方”即为清代被洪水淹没的泗州古城。随着水位的下降，沉在水底的古城遗址一点点显露出来，明祖陵就是这样重见天日的——精美绝伦的陵道石雕让人们对这座“东方水下庞贝城”充满了遐想。如今，让整座古城重现人间的宏伟计划正在进行中。不过可预见近几年中，吃小龙虾、游明祖陵仍然是盱眙旅游的必选项。

景点

作者调研时正值“盱眙乡村旅游年”：

2013年5月1日至2014年4月30日，明祖陵、第一山、铁山寺等AAAA级旅游景区对游客免收门票。

都梁公园

公园

（见294页地图；免费；⏲24小时）滨淮拱山的盱眙老城比起现代化的新城，更能讨旅行者的喜好。都梁公园就很适合饕餮小龙虾之后消食散步、登高踏青。山腰的**盱眙龙虾博物馆**（见294页地图；免费；⏲8:30~11:30，14:30~17:30）可顺带逛逛，馆后就是**龙虾节广场**。山顶的**都梁阁**（见294页地图）是一座飞檐高挑的仿古建筑，据说当年隋炀帝曾在这里建造离宫。观景平台上俯瞰城市、遥望淮河，景色迷人；别忘了抬头望望，"盱眙"的字面意思即为仰视。底层的**盱眙历史文化博物馆**（免费；⏲8:30~11:30，14:30~17:30）虽然不大，但是值得参观，相信这里的历史会让你对这个小城刮目相看。

公交1、2、4、5路都可到达，在二中站下车离龙虾博物馆就很近。县城公交和出租车（起步价7元/3公里）并不规范，从国贸和商贸步行过去也都只要十几分钟。

第一山

公园

（见294页地图；门票30元；⏲8:30~17:00）这座濒临淮河的小山并不高峻，好在淮河中下游一路平原、泗州古城又曾经繁华八方，因此在驾舟而下的文人眼中，山头就显得十分惊艳；再加上一点点讴歌祖国山河的激情和想象力，终于从米芾的笔下走出了"第一山"的诗作。逐级登高，一路会遇到许多碑刻，标志性的米芾"第一山"石碑位于快到山顶的地方。让人眼前一亮的**玻璃泉**至今依然清澈汩汩，**龙山寺**俯瞰淮河的视野多少让人失望。山脚牌坊对面还有**淮河文化会馆**（免费；⏲8:30~11:30，14:30~17:30），是一个小型的淮河主题博物馆。这里滨河的景观带也可逛逛。

乘坐1、3路公交可到。或从泗州君悦酒店沿淮河北行1.2公里。

象山国家矿山公园

公园

（见294页地图；免费；⏲24小时）位于淮河大桥东头，是全国第一批28个国家矿山公园之一。由清代百年老矿废弃后改造的这个生态公园虽然不大，却拥有典型的采石矿景观。蓝得过头的峡谷湖面、褶皱断层等地质结构、滑坡凹陷等采矿遗迹、矿车车房等矿场旧址……这里还有一座**盱眙地质博物馆**（免费；⏲8:30~11:30，14:30~17:30）可看看，普及一下地质常识。

可乘公交1路、3路到实验小学站，下车后上行到桥头。从第一山步行也只有1.2公里路程。

明祖陵

陵墓

（☎8868 6796；门票 50元；⏲8:30~17:00）即使你对历史没有太大兴趣，高大威猛又

朱元璋，盱眙人？

朱元璋是哪里人？想必你心中早有了答案。"自从出了个朱皇帝"——凤阳花鼓的唱词，道出了大部分人的想法。然而，随着"名人故里"之争席卷全国，明太祖也难以逃脱。

20世纪90年代，朱元璋是盱眙人的说法正式出现。支持者引用史料，特别是朱元璋亲自撰写的《明太祖御制朱氏世德碑》印证。其实，用现代的语言来说，朱元璋出生在当年盱眙县的太平乡，之后随着当时为流民的父母到了今天的凤阳长大成人。后来他登基为帝，以凤阳为府下辖五州，五州中的泗州就包括盱眙。

争论似乎到此为止。可是苏皖两省复杂的行政区划变更又为朱皇帝的家乡布上迷雾。自从安徽江苏两省出现，盱眙一直属于安徽，直到1955年划归江苏。不过，盱眙的太平乡却划给了安徽省的明光市。于是，关于明朝肇基的"明光说"于2008年惊天出世。

史学争论还在继续。不过，盱眙为做好"明皇故里"已经有所动作。如今，盱眙已经有洪武大道，朱元璋的塑像也立在路旁，检阅着往来的车水马龙。

盱眙城区

精致细腻的21对**神道石刻**仍然值得驻足凝望。这个埋葬着朱元璋祖父朱初一、曾祖朱四九和高祖朱百六三代夫妻衣冠的陵寝，于明初国力最强盛时修建。后世历经风吹日晒、水浸泥塞，木制建筑虽然早已消失，堪称明朝最为精美的陵园石刻还是幸运地保存下来。

由于明祖陵的神道较短，这些高大的石刻排列得相当紧凑，第一印象就十分震撼。留意一下腾云驾雾的一对天马，试着猜猜两匹天马孰公孰母（从额头配饰和马尾形状上可判断）。淹没在水中的**地下玄宫**只能站在岸边远看，不过近年来随着洪泽湖水位下降，地宫拱门已经露出水面。由于紧邻洪泽湖，天空中时不时还会飞过许多鸟儿。**东大堤**就是为了防止明祖陵再次被水吞没而筑，堤上还有渔民贩售湖鲜鱼干的摊点。

前往明祖陵最好的交通方式是自驾，从县城乘出租车则需约35元。汽车站也有前往这里的乡镇公交，大约半小时一班，上车时请告诉司机前往明祖陵景区，否则有可能会开往明祖陵镇。返程时最好先问景区售票处要来中巴调度的电话，电告后才能保证有车过来接人。等车的间隙，可到景区门前的公路上，看看明朝帝王将相共32人的塑像，对于明史比较熟悉的人尽可从中挑挑毛病。

住宿

盱眙的酒店集中在国贸附近，淮河沿岸的老城选择余地不大。另外，除了龙虾节，盱眙的住宿都还算充足，价格也比较实惠。

盱眙城区

重要景点

第一山……A2
都梁公园……B4

景点

1 都梁阁……B4
2 淮河文化会馆……A2
3 龙虾节广场……B4
4 象山国家矿山公园……B1
5 盱眙地质博物馆……B1
6 盱眙龙虾博物馆……B4

食宿

7 阿兵龙虾……D3
8 翠屏山庄……A2
9 帝豪商务宾馆……A3
10 红叶龙虾……D4
11 金泰宾馆……C4
12 泗州君悦饭店……A3
13 杨四龙虾……C4

交通

14 盱眙汽车站……D2

首选 泗州君悦饭店

酒店 ¥¥¥

（见294页地图；☎8823 0299；淮河北路188号；标双 208元起；❄@📶）尽管四星级的标准在盱眙有一些缩水，这栋最高23层的酒店仍然因窗外的一线淮河景观而备受青睐。208元的标间望见的是山景，拥有淮河景观的房间318元起。

翠屏山庄

酒店 ¥¥¥

（见294页地图；☎8259 9999；淮河北路139号；标双 368元起；❄📶）依山而建的洋房，直面开阔的淮河风景，观景露台十分惬意。因为山势的原因，有些楼层不通电梯，不过前台服务员很乐意提供搬运行李的服务。

帝豪商务宾馆

快捷酒店 ¥¥

（见294页地图；☎8844 2222；宝积山路16号；标单 100元起；❄@）同样位于淮河边，条件尚可，卫生还算不错。去河滨散步挺方便，离老县城中心的商贸也是几步之遥。

金泰宾馆

快捷酒店 ¥¥

（见294页地图；☎8827 7788；金源北路8-12号；标双 148元；❄@）位于国贸旁边，地处盱眙最热闹的商业街区，吃饭、购物、交通都很方便。房间、服务都还可。

餐饮

龙虾之都吃龙虾？当地人都推荐几家老字号：国贸附近的**杨四龙虾**（☎8822 8578）、汽车站隔壁的**阿兵龙虾**（☎8827 8787）和金源北路上的**红叶龙虾**（☎8827 6066）。这些店家生意都做得较大，在全国很多城市都有连锁加盟店。来到盱眙的老店，当然要尝一尝正宗的十三香味——由于十三香调料是由中草药熬制而成，浓郁的药味不一定所有人都能习惯，不过还有香辣、麻辣、干煸、清水、蒜泥等口味可选择。这里小龙虾的价格都不便宜，如今早已上涨到一斤70元左右了。

到达和离开

近年来落成的**盱眙汽车站**（见294页地图；☎8820 2209）规模宏大，站内左侧是发往明祖陵、铁山寺、老子山等地的农公班车，右侧则是长途车站。长途车可登录**盱眙汽车站网**（www.xuyiqichezhan.com）购票。

盱眙汽车站车次时刻表

站点	发车时间/班次	票价（元）	行程（小时）
南京	5:40~17:30，约半小时1班	47	2.5
上海	7:40，15:30	145	5.5
淮安	6:00~17:40，约40分钟1班	28~33	2
洪泽	6:45~16:20，约45分钟1班	18	1小时15分钟
泗洪	6:00~17:40，流水班	19	1小时15分钟

不要错过

盱眙龙虾节

加入万人共嚼小龙虾的壮观场面？小龙虾节上，你一定要这样做。

每年6月12日左右开始的**盱眙龙虾节**，从2001年举办至今，已经有十余个年头了。越做越大的龙虾节不仅仅每年会在开幕式上请来众多歌星明星捧场，还在南京、上海、北京、深圳、宁波等地拥有分会场，据说更将会旗插上了珠穆朗玛峰、将演出办在了悉尼歌剧院，最终走出国门，为中餐风靡世界注入了新的能量。

不过对于游人来说，最美的风情仍然在都梁公园半山的**龙虾节广场**。群山绿林环绕中，万人广场龙虾宴上，同食红色小龙虾相当带劲。万人宴在龙虾节期间连续几晚都有举办，门票200元，含一份小龙虾（3斤）。需要提醒的是，小城盱眙在龙虾节期间住宿比较紧张，而且几乎所有宾馆都会涨价1倍以上，250元以下的“经济型”住宿一定要提前预订。

洪泽湖大堤

想与中国第四大淡水湖的洪泽湖来一次亲密接触？**洪泽湖大堤**提供了一个长达60余公里的观景平台。同时，这条始建于东汉年间、后世逐渐修筑，特别在明清赢得国家重视的“水上长城”，承载的悠悠岁月更会让每一步脚印都激起历史的尘埃。

蜿蜒壮观的洪泽湖大堤共有108道弯，宛若洪泽湖在东岸冲出的波浪线，其实是为了缓冲洪水带来的压力有意为之。大堤穿行在绿色的农田与蓝色的湖面（淮河发水时就成了黄色）之间，许多地方都可下到湖边，亲手触碰这些古老的堰石。

欣赏大堤风光并不需要走完全程，享有洪泽湖“冠名权”的洪泽县是不错的选择。到达县城后请直奔**洪泽湖湾**（门票免费）。这里背靠大堤、面朝大湖，洪泽湖景十分大气。可乘坐公交98路到达；也可先到**高良涧船闸**，往南沿着大堤不远即到。船闸附近是当地的渔船码头兼渔市，每天早晚都很热闹。还可寻找一下渔市附近的两只**洪泽湖铁牛**。一只在广场上，另一只则藏在船闸管理处的花园里。这些铁牛是清代为镇压水患而造，依照五行相克共铸“九牛二虎一只鸡”，如今淮安地区仅剩五只铁牛，其中两只即在此处。今天，县城内的人民广场就重铸了这些神兽的造像。

对于自驾或骑行者而言，洪泽湖大堤可当作一条经典休闲线路，一路风景不错、车辆不多、路况挺好。五只铁牛就可作为路上追寻的线索。旅行者可从淮安市码头镇出发，从大堤北端进入，不远就是高堰街。这里得名于大堤的雏形高家堰，如今有一只尚存的铁牛。一路南行，经过高良涧船闸（两只铁牛）、湖湾……最终来到大堤南段的终点蒋坝镇，往前不远就是**三河闸**。这里是淮河入江水道的起点，水闸管理处的门口就有最后两只尚存的铁牛。

从洪泽县出发骑行大堤也很方便。**捷安特无限单车俱乐部**（建设路巴黎花园西门；☎8723 5928，1365 5150 303）提供单车出租，20元一天。从县城经过船闸往南骑行到三河闸再返回，全程约需4~6小时，所有人都能轻松完成。

一般来说，没有必要在洪泽县城过夜，这边的条件也很一般。确有需要可考虑**布丁酒店洪泽县店**（北京路巴黎花苑；☎8768 7666；标单/双129元/139元）。想住湖边还得去**洪泽湖旅游度假村**（滨湖路148号；☎8726 7589；标双 208元起，湖景单 288元），只是要做好细节上不尽如人意的准备。

新建成的**洪泽县汽车客运站**（☎8772 6107）位于县城最东边，开往淮安的汽车票价12元，6:00~18:20流水发车。前往南京（45元）、盱眙（18元）的末班车分别在16:00和15:40。车站再往东过了高架桥就能来到朱坝镇，这里有鼎鼎大名的**小鱼锅贴城**。

盐城

人口 820万

盐城市

尽管盐城拥有很长的海岸线，你却没有听过来这里观海。这里缺少礁石、海岛、蓝海等成为海景名胜地的资质。不过以湿地滩涂为主的这片海滨却长满了丰美的水草芦苇，也因此博得了动物们的喜爱，特别是丹顶鹤和麋鹿这两种带有神话色彩的"吉祥物"。不过，这片入选联合国"人与自然生物圈"的沿海湿地，更重要的功能是自然保护区和生物科研基地，前往旅游请对一些不便情况给予理解。

除了"东方湿地之都"的自然特征，以盐得名的盐城拥有的历史也和国人食用海盐同步。纵贯盐城地区的串场河就是古代盐运的主要人工河。由于串场河和大运河分别称作下河和里河，所以这里也被唤作"里下河地区"。不过，随着海岸线的东移（今天的范公路就是当年为了防止海侵的范公堤），盐场早已北迁，行业的不景气更让许多盐场纷纷转行。盐渎之城的历史已成过去，串场河畔曾经辉煌的古镇们集体失声，唯有新建的水街及中国海盐博物馆正用一种旁观者的姿态，追述着往日云烟。

景点

盐城人戏称市区的旅游资源为"新马泰"，指的是新四军纪念馆、大铜马和泰山庙。皖南事变后，重建的新四军主要活动区域就在江苏北部，因此留下了这些相关纪念景点。其中，盐城更由于新四军在这里重建军部而成为了"苏北的延安"，所谓"新马泰"也全部同这段红色历史有关。

新四军纪念馆　纪念馆

（见298页地图；☎8833 5706；免费；⏲8:30~17:00，周一闭馆）既然来到新四军的"势力范围"江苏北部，总应该挑一个地方去纪念一下这支命运多舛的军队——作为全国唯一的新四军主题馆，又位于市区交通便利，当然是我们的最佳选择。蓝白相间的"N4A"即为新四军重建后的臂章图案。

另外，伫立于盐阜人民商场对面的盐城市标大铜马就是吹响军号的新四军骑兵形象，泰山庙则是当年新四军重建军部所在地。前往纪念馆可乘坐B支5路、3路、55路。大铜马附近有盐阜人民商场站，可坐B支2路、1路、2路、3路等众多车辆。B支1路、20路、21路等直抵泰山庙。

首选 中国海盐博物馆　博物馆

（见298页地图；☎8990 2306；www.chinahymuseum.com；免费；⏲9:00~17:00，周一闭馆）坐落在串场河东岸的水街是一片小桥流水的仿古街区，反映的是古代的海盐文化。景观总有似曾相识的感觉，好在平时游人稀疏、落得清静。不会让你失望的则是位于水街南面的这座博物馆。

另类大湖

洪泽湖的来历，正如它的名字所示：洪水带来的大泽！这个中国大湖中最年轻的湖泊，在明清时期因为要保运河免受洪水侵害，一年年加固大堤才最终形成。湖底淤泥的沉积增高，也让这个半人工湖成为了地球上有名的悬湖。

如今，湖东岸的确有"洪泽"一样的大气景色；然而相比于其他几大湖，洪泽湖还是对旅行者缺乏足够的吸引力。不过这里也因地制宜，刮起了浓浓的农家生态风：大闸蟹、小龙虾、小鱼锅贴、湖鲜……吃货有福！如今，洪泽湖沿岸更是发掘出了明祖陵等惊世古迹，洪泽湖大堤也因大运河申遗而闻名遐迩——除了"吃"，洪泽湖有了更多让你前来的理由。

不过，请尽量挑一个非淮河发水的季节前来。洪泽湖就如同淮河的大型蓄水水库一般，淮河消失于此，洪泽湖在接纳它的同时，也承担起它的命运。每逢上游淮河发水或污染袭来，洪泽湖特别是南部会受到相当糟糕的影响。因此，洪泽湖的管理，不仅仅是江苏一省的问题，更是治理淮河的大难题，和上游的安徽、河南密切相关。

盐城城区

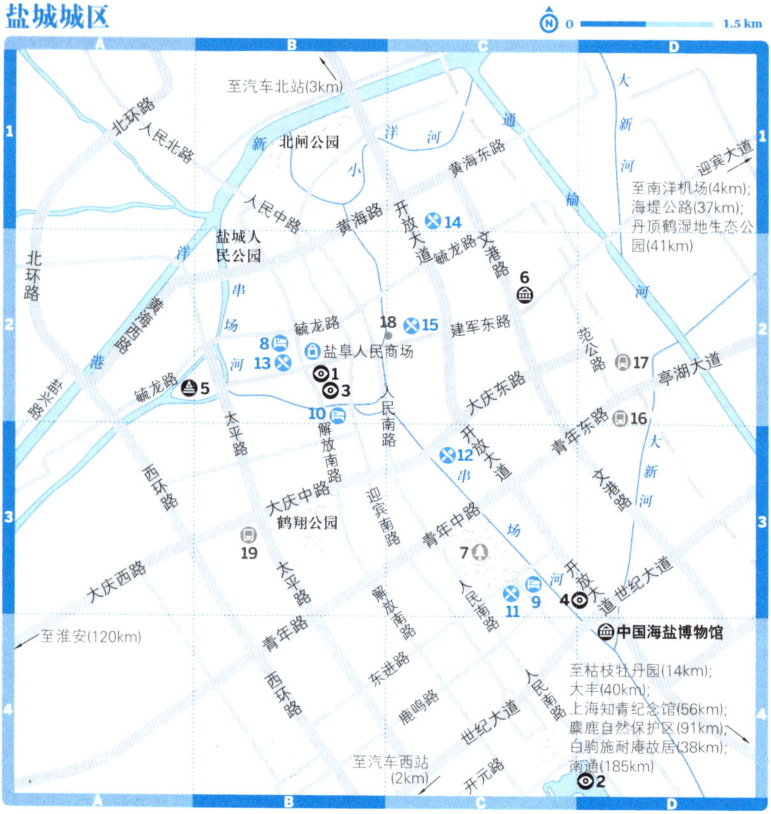

博物馆外观就是海盐晶体造型，里面的展览更是十分有趣，从文理两个方面展示了小小盐粒的洋洋大观。复原海盐生产场景的大型展厅就值得好好驻足，海盐与民俗会节的陈列精彩纷呈，明代切块盘铁则会让你对古代官府防止私盐的举措称奇。想买纪念品？博物馆二楼有专门的盐雕艺术品商店，不过盐雕价格不菲，每一尊都在200元以上。前往这里可乘B2路、12路，在水街（南）站下车。

陆秀夫祠堂 纪念馆

（见298页地图；免费；⏲8:30~11:30，14:30~17:30，周一闭馆）历史上海盐经济的繁华也让盐城成为人才辈出之地。南宋末年抗击蒙古入侵、身负末代小皇帝在崖山跳海殉国的丞相陆秀夫就是盐城建湖人。祠堂就在市中心大铜马附近，可逛街时顺带一游。

枯枝牡丹园 花园

（门票 花期25元，平时15元）位于市郊便仓镇，是另一处小有名气的历史古迹，每年谷雨前后会有枯枝牡丹等各种品种的牡丹花开。从盐阜人民商场、海盐博物馆等站乘坐12路公交到头即是。

盐城丹顶鹤湿地生态公园 自然保护区

（☎8264 2605；www.yczrbhq.com；门票 夏45元，冬30元；⏲8:30~17:00）长达400多公里的盐城沿海滩涂湿地，被誉为太平洋西岸的绿色项链。每年秋末，第一次降霜之后（大约11月底），千百只丹顶鹤（占全球总数一半以上）从北方翱翔而至，为这条项链镶上一颗颗晶莹的珍珠。其他候鸟同样扑天而至，这一大片

盐城城区

重要景点

中国海盐博物馆……D4

景点

1 大铜马……B2
2 聚龙湖……D4
3 陆秀夫祠堂……B2
4 水街……D3
5 泰山庙……A2
6 新四军纪念馆……C2
7 盐渎公园……C3

住宿

8 百时快捷酒店……B2
9 水城度假酒店……C3
10 阅读城市旅馆沿河东路店……B2

餐饮

11 东进路美食街……C3
12 洪祥大酒店……C3
13 洪祥面食家……B2
14 农民街美食街……C1
15 奇园点心店……C2

交通

16 汽车客运站（五星车站）……D2
17 盐城火车站……D2
18 盐城机场售票处……C2
19 盐都汽车站……B3

无边无际的芦苇沼泽也就热闹起来，这个唤作“鹤乐园”的保护区公园也迎来了旅游观鸟的黄金时刻（不过刻板的景区依然将冬季作为淡季）。

来这里的人都是冲着丹顶鹤的名头。为了让大家都能满足心愿，尤其是“旺季”前来者（当然冬天散落在几百万亩湿地中的上千只丹顶鹤，也远非“想见就见”），园内也有豢养驯化的丹顶鹤在笼子里供人参观。除了提供有偿的放鹤合影服务（50元），这里还有丹顶鹤放飞表演（200元），不过在禽流感疫情之时或盛夏季节因为天气太热会取消。节假日期间会有一天两次的免费放飞表演，分别在9:30和15:30。

除了丹顶鹤，园内也饲养着其他鹤类、天鹅、野鸭等禽鸟，就像一个普通的动物园。真正富有风情的是长达8公里的**环湖游道**，深入芦苇湿地、惊起一滩鸥鹭——候鸟过冬的季节自然最好，其他时候这里也能碰到相对更多的充满活力的野鸟（为了保护鸟类，请不要故意营造“惊起”的氛围）。可乘坐电瓶游览车（200元/10座）或双人三轮车（30元/小时），慢慢走走同样舒服。

自驾是前往丹顶鹤公园的最佳方式，从市区沿着建军路一直向东。玩罢景区后还可沿着海堤公路北行，3公里就能到达新洋港吃海鲜，继续往北半小时车程的黄沙港则有更多的选择。

公交最好乘坐**旅游观光专线**（☎8680 6631），可在盐阜人民商场、新四军纪念馆等车站上车，往返票价20元，平日8:00和13:30发车，周末发车时间为7:30、8:30、13:00、14:00，节假日则有8班，分别是7:00~9:00每半小时一班、13:00、14:00~15:00每半小时一班。建议上午前往，返程可坐下午的车，这样游玩时间才有保障。

大丰麋鹿自然保护区 自然保护区

（☎8339 1999；www.chinamlw.org；门票 夏50元，冬30元；⏲8:00~18:00）水草丰美的盐城海涂不仅仅为飞禽们惦记，“海归”麋鹿也十分中意。不到30年的时间，这些“四不像”们就迅猛繁殖，从1986年英国空运回国的39头到如今已有近2000头。

进入景区大门，左手边的花园里就安葬着39头麋鹿的尸骨，今天大丰保护区所有的麋鹿都是它们的子孙，墓碑两侧还刻有动情的《安魂赋》。

观鹿台可远观麋鹿。胆小的麋鹿群通常会出现在远远的几百米开外，最好带上望远镜。附近还有一个太公亭，里面供奉着骑着麋鹿的姜子牙塑像；观鹿塔（2元登高，看到麋鹿的情况比底下强不了多少）还有个名字叫封神台——也算是这个自然景区唯一的一点人文底蕴了吧。

金滩鹿鸣的麋鹿生活区不允许步行进入，必须乘坐电瓶观光车。10人座电瓶车80元/车，会在麋鹿栖息地中行驶15分钟；200元则为1小时游览整个景区。穿梭在鹿群中的感觉还算不错，有时候还会有麋鹿追车奔跑。

景区为弥补远观甚至没看到麋鹿的游客的遗憾，还建有麋鹿摄影馆、影音室之类的景点，不过当然是不尽如人意。不要抱着“神

另辟蹊径

致青春

上海光明乳业的工业园区坐落于此，穿梭在乡村公路上的豪华大巴发往上海……拥有上海农场、海丰农场、川东农场三块上海"飞地"的大丰，无疑是整个江苏北部同魔都联系最紧密的城市。

圈划给上海的"飞地"曾在一段时间内为缓解魔都的人口粮食压力作出了巨大贡献。背井离乡的上海知青更用双手的力量，将这片曾经的滩涂之地开垦成沃野良田。这里也深深镌刻着他们青春的回忆——**大丰上海知青纪念馆**（☎8326 0001；门票 30元）就有一种安静得让时间不再嘀嗒走动的魔力。这片"飞地"还走出了当今的一位国家领导人，纪念馆中就有相关展览。

纪念馆内提供三人间住宿（120元）。住在大丰市区可选择**新词大酒店**（☎8203 8888；健康西路31号；标单/双 428元）或**格林豪泰大丰店**（☎8369 5998；黄海西路85号；标单/双 113/170元）。位于大丰港区的**半岛温泉酒店**（☎8365 8888；沿湖大道9号；房间 590元起）则是这里唯一一家五星级酒店。

前来这里可在**大丰汽车站**（☎8381 3725）乘坐K1路公交（方向大丰港），中途在知青纪念馆站下车，还需步行3公里才能到达。从大丰打车前往约需50元。

鹿仙乡"的憧憬前来，是游览这里的准备事宜。

对于乘公交的游客而言，更要保持好低调的期待，换车等车的过程已经相当折磨人。由于前往偏僻的麋鹿园的游客以自驾为主（景区售票员甚至会主动搭售停车费），大丰汽车站已经取消了发往这里的班车。如今，前往大丰麋鹿园需要先到**川东**（非川东农场），盐城五星汽车总站和大丰城东桥（大丰汽车站门口坐2路公交可达）都有班车。川东离麋鹿园还有13公里路程，可在镇上包车，往返约40~60元。城东桥发往川东的班车约20分钟一趟，车资10元钱约1小时；返城末班17:00。从大丰市区包出租车往返麋鹿园则需180元左右（全程约110公里）。

如果不打算乘坐电瓶车，想看麋鹿并无必要进景区。这些年随着麋鹿种群的快速成长，保护区已经有计划地将这些半散养的鹿儿完全放归野外。川东镇的租车司机大都了解它们经常出没的地方，会提供前往滩涂观赏野生麋鹿的行程，车费也在50元上下。可联系**唐师傅**（☎137 7023 6517），不过所谓"一定能看到"也并不是百分之百。

住宿

继续发挥全国连锁快捷酒店会员卡的作用吧！比如位于浠沧商业街的**百时快捷酒店**（见298页地图；☎8816 5888；标单/双 89/109元起；❄@📶）离市中心大铜马步行只有5分钟，服务也很热情。

阅读城市旅馆沿河东路店　快捷酒店 ¥¥

（见298页地图；☎8883 3999；沿河东路8号；标单/双 138元起；❄@📶）位于安静的串场河南岸，过桥就能来到热闹的盐城市中心。房间就是一般的快捷酒店模样，不过一楼的书吧、咖啡西餐厅和桌球台增添了一些情趣。

水城度假酒店　酒店 ¥¥¥

（见298页地图；☎6966 8888；东进路1号；标双 598元起；❄@）坐落在水街斜对岸，盐渎公园和东进路美食街就在面前，异域情调的建筑也正是盐城新城区的风格。拥有健身房、游泳池等配套设施，不愧是盐城最好的酒店之一。

餐饮

盐城没有特别有名的大餐，这里的海滨也不盛产海鲜。不过，受淮扬影响颇深的盐城也有吃早茶的习惯。另外，**农民街**（榆河路）上有当地人喜欢光临的螺螺店，迎宾桥北也有一些不错的家常菜馆。**东进路美食街**则以中高档餐饮为主，缺乏当地特色。

洪祥大酒店

淮扬菜 ¥¥

（见298页地图；☎8833 7788；大庆东路3号；早点 人均20元，正餐 人均50元；⏲6:30~13:30, 17:00~21:30）每天早茶是这里最热闹的时候，8:00左右才来肯定要排队。外卖堂吃的基本上都是当地人，地道的蟹黄包、三丁包、蒸饺、鱼汤面、烫干丝……是吸引他们前来的原因。其他时间只提供正餐，不过并不乐意接待人数较少的食客。大铜马附近还有一家分店洪祥面食家（见298页地图；☎8816 0700；剧场路仁里巷26号），人数较少时可前往这边。地方不太好找，剧场路向北，右手边有个开着几家书店的巷子，进去到底就能看到。

奇园点心店

小吃 ¥

（见298页地图；工农路35号；人均 15元）也是盐城有名的早茶店。店面很小，就在建军路小学对面，环境比起洪祥更加亲民。

到达和离开

飞机

盐城南洋机场（☎8888 8088；www.yccas.com）离市区很近，只有不到半小时车程。免费的机场大巴在盐阜人民商场向东1公里的**盐城机场售票处**（见298页地图；☎8832 2667）乘坐；公交15路也能到达；打车需要20多元。

机场有飞往北京、广州、长沙、昆明、首尔、香港、台北等地的航班。

汽车

盐城的汽车站大都有富含江湖形象的民间叫法，诸如五星车站、白马车站、神龙车站，等等。在这里，有时候你需要叫它们的诨名才会让当地人明白。**盐城汽车客运站网**（www.yc5s.com）提供网络订票服务；不过作者调研期间，尚无法订购流水班及汽车西站的车次。

汽车客运站（☎8833 4973）位于火车站斜对面，当地人称“五星车站”。前往上海、南京等地的长途班车多在这里发车，大丰、东台等地的流水班车也在这里乘坐。

汽车北站（☎8991 9899）即“白马车站”，前往滨海、阜宁、响水及连云港等北面城镇的班车都在这里乘坐。从火车站和五星车站前往可乘坐公交11路。

“神龙车站”**汽车西站**（☎8385 5300）和**盐都汽车站**（☎8996 6155）也都有前往上海、南京、苏州、无锡等地的车次；后者还有农公班车场，前往大纵湖可在这里乘车。

至于新亚（奥星）车站和盐淮车站，谢天谢地它们已经消失，不用再增添盐城的车站座次表。

火车

盐城火车站（见298页地图）可算新长铁路上最有型的车站。每天有两趟始发车前往南京，全程需要4~5.5小时。南通、扬州、泰州北上的车都会经停这里，最远可达成都、兰州和哈尔滨。

值得一游

沿着海堤公路看风景

不宽的车道，稀疏的车辆，笔直的道路——长达350多公里的盐城海堤公路，从南到北连接起南通和连云港。有些路段看到大海拍打着泥滩、大风车转得正欢。有些地方则跑到了现代化的大丰港区，再不远就是又一条注入大海的小河，当地人叫做某某港，这里停泊着渔船，吃海鲜相当给劲。有些时候路旁就是漫无边际的芦苇湿地，大海逃出了视线，开车时可要注意往来的鸟儿甚至鹿儿。

对于自驾者或者骑单车的游人来说，海堤公路是一段相当惬意、仿佛只属于自己的旅途。一般而言，从盐城市区或几个县城沿主干道一路向东，30~40公里路程，直到不能再直行就是海堤公路；一路都有清晰的路标（注意并不是临海公路）。自驾者可沿着海堤公路安排方便的一日游，将大丰麋鹿保护区和盐城丹顶鹤保护区轻松游完。

盐城汽车客运站车次时刻表

站点	发车时间/班次	票价(元)	行程(小时)	备注
南京	6:40~18:30，约半小时1班	93	4	停靠中央门站或南站
上海	7:30~18:50，约50分钟1班	120	4.5	停靠北广场或南广场
大丰	6:00~18:50，流水班	16	1.2	
东台	6:00~18:00，流水班	20	1.5	经停白驹，可前往施耐庵故居
川东农场	8:40、8:45、9:20、14:45、15:20、15:50	22	2.5	经停川东，可前往麋鹿园

当地交通

盐城BRT 是全省第二个开通的快速公交系统，票价1元，可到达市内各车站、商圈和景点。普通公交车也多为投币1元。出租车7元起步(3公里)，超出部分单价1.6元。车站附近的出租车大多不打表。

门户：上海

包括»

景点……304页
住宿……309页
餐饮……310页
到达和离开……311页
当地交通……313页

快速参考

» 人口：1419万

» 电话区号：021

为何去

曾经只是传统文化和经济大省江苏的一个普通小城，上海却从19世纪中叶起，被历史推向了中西方交流碰撞的第一线舞台。由此开启了近代神奇之旅的上海，一发不可收拾，不仅仅迅速奠定了中国乃至远东地区经济翘楚的地位，同样在文化上包罗万象、容纳百家，并最终淬炼出"海派"这个独树一帜、风靡一时的经典流派。

因此，如果你从江苏进入上海，请不要把重心放在城隍庙、朱家角等"中国风"景点上，你在江苏所见的要远比这里经典和纯粹。海派风情、国际都市——才是更值得你发出惊叹的目标。另外，作为交通枢纽的上海，能提供的折扣机票或火车班次都要多很多。在你前往这里转乘之时，请留给上海至少半天时间，哪怕仅仅去外滩或滨江大道简单地坐着发呆，也将为你的旅途添上一幅最为流光溢彩的画面。

何时去

上海的气候同江苏省、特别是苏南地区十分相似。阴冷冬天和酷热夏季都因空气中较高的湿度而更加不适。因此，"烟花三月下江南"的憧憬同样适用于上海；除了3~5月份的春天，秋高气爽的9~11月份也是不错的选择（当地有些媒体将11月评为上海最美的月份）。另外，上海还会经常举办大型的节庆展会等，还有每年3月F1和10月男子网球大师赛，这时前来能有更多的惊喜。

景点

一千零一个人的眼中就有一千零一夜的上海。1419万人口的上海道尽了繁华和沧桑，街角一枝伸出墙外的美国凌霄，见过的悲欢离合或许比你多。于游人而言，你尽可以融入川流不息的地铁人群中，体验一下国际都市的节奏；然而，只要你放缓脚步，怀着一颗发现美的心踏进一条条小马路、一座座石库门……对"城市让生活更美好"这个2010年上海世博会的主题，你会有所共鸣。

下面所列只是挑选了最具代表性的经典景点，上海值得探寻的天地相当广阔。

外滩 历史建筑

（南京东路站）上海不能没有外滩。这片沿着黄浦江西岸、坐落着50多幢不同风格楼厦的"万国建筑博览群"，是这座城市永恒的象征。当年，无论是漂洋而来的外国人，还是背井离乡的外乡人，他们对上海的第一印象全都在此。

今天，漫步在新修的临江观景平台上，你尽可从《上海滩》等影视作品的回忆中，找寻每一座老楼的前世今生；每15分钟响起一回的悠扬钟声，更发出穿越时间的魔力。从外滩延伸出的诸多小马路值得深入探究，它们蜿蜒在高耸的石楼的脚下，显得渺小和安静，推荐**圆明园路**、**九江路**和**汉口路**。同样不能错过的还有外滩北端的**外白渡桥**，从这里一直往南，可以一路看尽外滩楼，然后来到**金陵路渡口**。是时候告别身后这片老上海天际线了，花2元钱乘坐轮渡东金线到达对岸——也就是那一片你刚才遥望已久的新天际线：陆家嘴。

外滩又叫中山东一路。要前来这里，可以乘坐任何一趟停靠站名含有"中山东一路"的公交。从地铁站出来后需要步行约20分钟。

滨江大道 街区

（陆家嘴站）这里可以看作上海的"新外滩"。背靠陆家嘴摩天大楼群，正面对着黄浦江和外滩万国建筑群，竟然还"躲避"了大批团队游客，显得宁和清静。这里最美的时候当属夕阳西下和华灯齐放之际，对岸的老楼房美不胜收。从星巴克滨江店里抱一杯咖啡，聆听路边歌手的唱调，以及水上轮船时不时传来的鸣声。

除了地铁，也可以从外滩金陵路渡口坐船到东昌路渡口，北行10分钟即到。

人民广场 街区

（人民广场站）作为上海绝对的城市中心，人民广场既是你换乘地铁的必经之站，也是开启旅途的一个不错的起点。从这里到**南京路步行街**（南京东路）再到外滩，就是一条相当经典的线路。

人民广场并没有开阔、大面积的一片空地（由此可见上海的寸土寸金）。这里曾是远东第一跑马场，共和国成立后则成为具有政治、文化意味的城市地标。位于广场南端的**上海博物馆**[☎9696 8686；www.shanghaimuseum.net；人民大道201号（近武胜路）；免费；⏲9:00~17:00，16:00停止进场]是中国四大博物馆之一。除了陈列其中的诸多国家级文物，上博还经常同国外文化机构、博物馆举办交流特展；如果你恰好碰到，就可以足不出国欣赏到异域珍宝。详情可登录官网查阅。

位于人民广场北端的则是钟楼耸立、绿树绕水的人民公园（⏲夏5:00~19:00，冬6:00~18:00）。这里颇具特色的当属位于北门附近常年自发举办的**相亲角**；单身经过的旅行者要准备好阿姨们的热情搭讪哦！另外，一路之隔的**黄河路**有**小杨生煎**等沪上传统小吃店，**杜莎夫人蜡像馆**（www.madametussauds.com/shanghai；南京西路2-68号10楼；150元；⏲10:00~21:00，20:00停止入场）则坐落在新世界城，通过官网订票会有八折优惠。

新天地 街区

（黄陂南路站，新天地站）最富海派特色的建筑自然首推石库门，而如今的上海新天地，就以成功的商业包装将石库门这种经典老建筑改造成高端、大气的时尚商业购物中心。

这片由北里、南里及购物中心组成的上海时尚新地标，较好地保留了原石库门弄堂精雕细琢的砖墙门楣，以及迷宫一样的廊道深巷。老上海的万种风情、柔媚情调也在这里得到了悉心的发挥：在这些老建筑中，后

值得一游

最上海，小马路

尽管上海这个“东方魔都”就如同一只魔方，每转一次都有不同的魔幻面目，不过你还是有50%的概率，将最美上海的魔方旋转出来一条条精致小马路的画面。如果说南京路、延安路、淮海路、西藏路等是上海这个美人的肢臂，举手投足间雍容华贵，那么一条条小马路就是她的削葱细指，每一下撩拨都酥人心脾。

尽管稍微有些“大”了，**衡山路**仍然是这些小马路中最具代表的一个：白天，梧桐树阴下的青春温馨，会让你在晚上遇到这里的酒精诱惑时，以为自己走错、迷了路。和衡山路多少有些相像的**愚园路**则是当年张爱玲的活动地盘，沿着这条路一直向东，到了常德路口就能看到她住过的常德公寓。文学小青年们同样不应该错过的还有**武康路**和**绍兴路**：前者能串起宋庆龄故居、武康大楼、巴金故居、丁香花园等，后者则荟萃了上海诸多知名出版社、画廊、咖啡馆、书店等，使这里的风雅气息延续至今。

除了踱步其中，偷一番“浮生半日闲”的懒儿，你还可以在游览中感觉到这些小马路因原属租界不同而带来风格差异。比如外滩附近的**九江路、汉口路**，虹口的**山阴路、溧阳路**，就和衡山路、绍兴路等“调子”不同。

不过，无论在哪条小路上，堆满了花盆的阳台，藏匿在树阴后的老虎窗，以及马路上回响的高跟鞋笃笃声，海派作家如张爱玲、王安忆等人的小说场景，将时不时浮现在你的小马路之行中。

起的画廊、主题餐厅、咖啡馆、酒吧等比比皆是。

除了消费，你也可以走到附近的**太平桥公园**，散步漫游一番，这里的夜景十分迷人。**中共一大会址纪念馆**[☎5383 2171；黄陂南路374号（近兴业路）；免费；⏲9:00~16:00，周一闭馆]也坐落此处，迷宫弄堂正是当年逃避特务追捕的好去处。

田子坊　　街区

（打浦桥站）曾是20世纪30年代典型的弄堂工厂群，因此虽然同属石库门，却与新天地呈现出完全不同的风格。如今的田子坊已是特色小铺和别致酒馆、异域食铺们的天下，越来越多的游客和小资青年挤入这里，只是为了优雅地喝上一杯下午茶，或是享受私密聚会的小时光。而当年那些弄堂里的旧厂房，只能从一家家门牌号边上钉着的小小铭牌中才能一窥痕迹。

淮海路　　街区

和人挤人的南京东路相比，这条璀璨缤纷的马路可能才是许多上海人心中名副其实的“上海第一街”。这条从前法租界的主干道曾有一个美丽的名字“霞飞路”。尽管霞飞只是法国一位将军的译名，不过这个富有表现力的名字，还是恰巧描摹出这条街道的梦幻景象。

这条长达7公里的马路，最富风情的一段当属从陕西南路路口到南北高架路路口的1.5公里路程。沿路都是保存完好、风情浓郁的洋房，法国梧桐结成林荫，即使在大夏天也是行走在婆娑光影中，两旁还接连出现**瑞金路、渔阳里、雁荡路**等电影画面般的海派美景。可乘坐地铁1号线在陕西南路站或黄陂南路站下车。

南北高架路路口往东的淮海路，以现代化的钢筋大楼和商场大厦为主；而陕西南路路口向西不远就进入淮海西路，花园别墅取代了沿街洋楼，是同静安寺一样的所谓老上海的“上支角”（高档生活区）。

世博园区　　公园

（中华艺术宫站）尽管2010年上海世博会早已结束，尽管当时兴建的一些场馆都已拆除，尽管铁丝网静静地隔开了许多场所，但这片曾在半年时间中吸引了全世界的关注的展览园区，如今正以一种别样魅力静候着你的光临。

上海中心城区

至太仓(40km);
常熟(88km);
南通(113km)
至苏州(91km);
南京(290km)
至虹桥机场1号航站楼(4km);
虹桥火车站(8km);
周庄(63km);
太湖东山(117km)
至杭州(163km)
广中路
广中西路
广中公园
沪太路
真北路
真南路
祁连山路
新村路
共和新路
父通路
桃浦路
曹杨路
西藏北路
铜川路
中山北路
武宁路
天目西路
恒丰路
大渡河路
长寿路
江宁路
成都北路
金沙江路
宁夏路
北京西路
黄陂南路
长风公园
凯旋路
万航渡路
延安中路
中山公园
吴
淞
江
长宁路
愚园路
江苏路
淮海中路
天山路
中山西路
天山公园
复兴中路
重庆南路
瑞金二路
北虹路
延安西路
仙霞路
古北路
新华路
华山路
衡山路
建国西路
肇嘉浜路
虹桥路
淮海西路
东安路
斜土路
瑞金南路
虹许路
零陵路
吴中路
中山南二路
桂林路
漕溪路
虹漕路
莲花路
漕宝路
龙吴路
虹梅路
石龙路
上海植物园

0 2 km
杨浦公园
周家嘴路
大连西路
控江路
和平公园
至崇明(85km);
启东(89km)
东江湾路
曲阳路
四平路
临平路
周家嘴路
长阳路
平凉路
杨树浦路
宁国路
江浦路
大连路
杨浦大桥
东大名路
吴淞路
外滩
陆家嘴
浦东南路
浦东大道
罗山路
张杨路
海宁路
人民大道
延安东路
人民路
黄
东方路
杨高中路
锦绣路
河南南路
中山南路
复兴中路
西藏南路
中华路
陆家浜路
浦电路
世纪公园
张
家
浜
浦建路
杨高南路
徐家汇路
斜土路
鲁班路
南浦大桥
中山南一路
龙阳路
至浦东国际机场(30km)
沪南路
卢浦大桥
世博大道
江
高科西路
打浦路隧道
浦三路
耀华路
上南路
成山路
杨
河
川
济阳路
华夏西路
康桥路

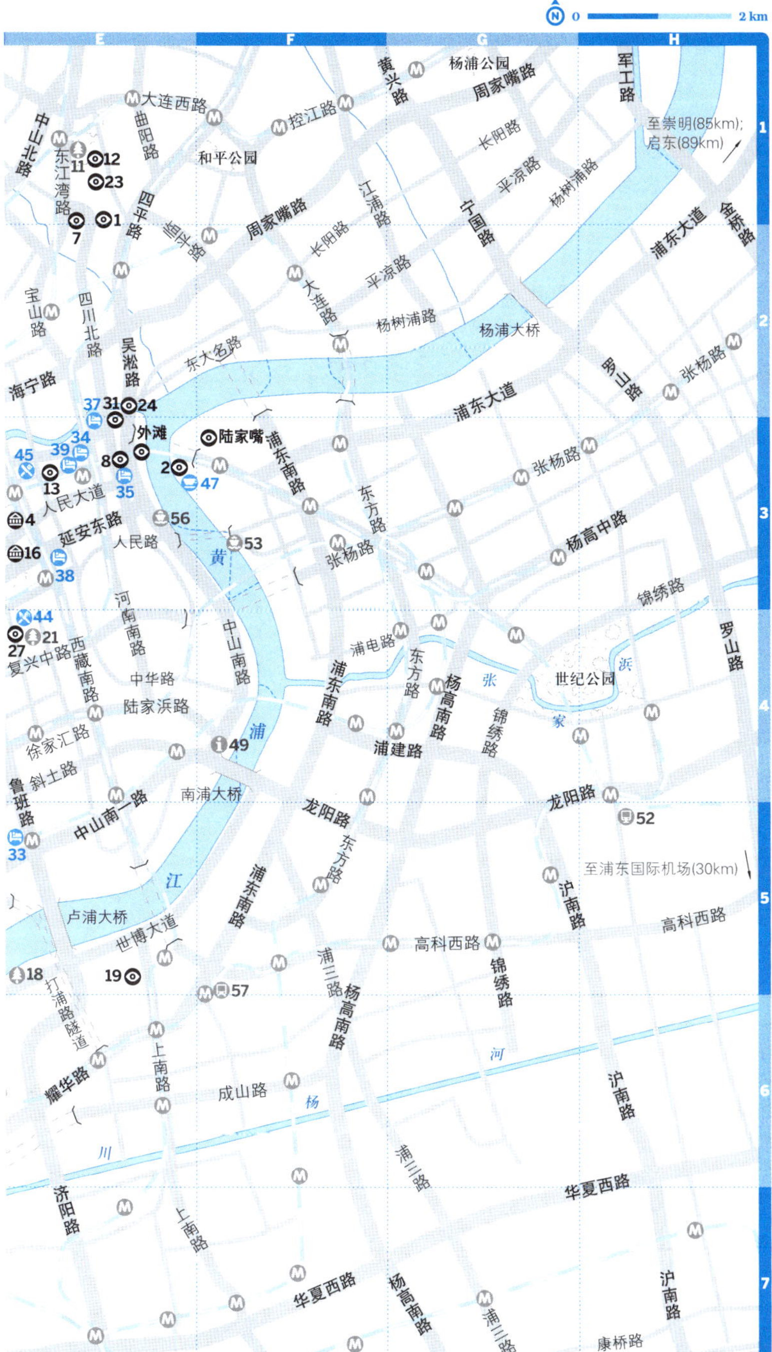

门户：上海

景点

上海中心城区

重要景点

陆家嘴 F3
外滩 E3

景点

1 爱心邮戳盖章地 E1
巴金故居 ......（见26）
2 滨江大道 E3
3 常德公寓 C3
4 城市规划馆 E3
5 丁香花园 C4
6 杜莎夫人蜡像馆 D3
7 多伦路步行街 E1
国际饭店 ......（见6）
8 汉口路 E3
9 衡山路 C4
10 淮海路 D4
九江路 ......（见8）
溧阳路 ......（见1）
11 鲁迅公园 E1
12 鲁迅故居 E1
13 南京路步行街 E3
14 人民公园 D3
15 瑞金路 D4
山阴路 ......（见12）
16 上海博物馆 E3
17 绍兴路 D4
18 世博后滩公园 E5
19 世博园区 E5
20 宋庆龄故居 C4
21 太平桥公园 E4
22 田子坊 D4
23 甜爱路 E1
24 外白渡桥 E2
25 武康大楼 C4
26 武康路 C4
27 新天地 E4
28 雁荡路 D4
29 渔阳里 D4
30 愚园路 C4
31 圆明园路 E3
中共一大会址纪念馆 ......（见27）

住宿

32 蓝山国际青年旅舍虹桥店 A4
33 蓝山国际青年旅舍卢湾店 E5
34 蓝山国际青年旅舍外滩店 E3
35 老船长青年旅舍 E3
36 老木国际青年旅舍 B4
37 旅行者国际青年旅舍 E3
38 明堂人民广场青年旅舍 E3
39 南京路青年旅舍 E3
40 苏州河畔国际青年旅舍 D3
41 新易途国际青年旅舍 D3

餐饮

42 1984bookstore C4
43 光明邨大酒家 D4
汉源书店 ......（见17）
金城酒家 ......（见28）
44 兰亭餐厅 E4
45 南京东路第一食品商店 E3
46 吴江路美食街 D3
小杨生煎黄河路店 ......（见6）
47 星巴克滨江店 E3
兴安餐厅 ......（见28）
48 荧七人间 D4
云南路美食街 ......（见38）

实用信息

49 上海黄浦旅游集散中心 F4
50 上海旅游集散中心 C6

交通

51 城市航站楼（静安寺）...... C3
52 磁悬浮龙阳路站 H5
53 东昌路渡口 F3
54 机场六线起点（银河宾馆）...... B4
55 机场五线起点（南广场）...... D2
56 金陵路渡口 E3
57 浦东长途客运总站（白莲泾站）...... F5
58 上海火车站 D2
59 上海南站 C7
60 上海南站长途客运站 C7
61 上海长途汽车客运总站 D2
62 上海中山客运站 D2

作为永久保留建筑的中国馆（如今辟为中华艺术宫）、世博中心、沙特馆、世博轴……适合作为背景出现在你的照片中，比起世博会期间的人山人海，如今的人迹寥寥才能让你更能观品出设计者的创作意图。园区沿着黄浦江南岸则已经被改造为**世博公园**，沿着栈道漫步，拥有的是一个不常见的上海视角。特别是从卢浦大桥往西进入**世博后滩公园**，这里有着黄浦江少见的湿地景观，隔着芦苇丛远眺，竟然就是这座东方大城连绵不绝的高楼天际线。

地铁出站换乘1030路到世博大道上钢路站，能直接进入后滩公园。

鲁迅公园 公园

（虹口足球场站）相比于静安、老卢湾等区弄堂洋房的精致化，虹口区的老街坊更具有淳朴的生活感。这里以鲁迅公园为中心，一旁的老房子曾有鲁迅等文学中青年“躲进小楼成一统”，如今还能见到路边理发摊、肉铺等平和实在的景象。

鲁迅公园因**鲁迅墓**在此而得名，公园里还有一个**鲁迅纪念馆**（☎5540 2288；www.luxunmuseum.com；免费；⏲9:00~16:00）。附近的山阴路则坐落有**鲁迅故居**（☎5666 2608；门票8元；⏲9:00~16:00，周一闭馆）。路边镌刻有从《诗经·关雎》到舒婷《致橡树》等爱情诗词石刻的**甜爱路**则是沪上著名的“爱情小马路”，参天杉树映着锈红砖墙，景象十分小清新；一旁还有**爱心邮戳盖章地**（溧阳路1338号四川北路街道办事处门卫室）。这里还有一条民国风情的**多伦路步行街**，最神奇的当属拐弯处插进另一条小巷——东横浜路，毫不做作的市井气息扑面而来。

住宿

从希尔顿、四季到各类经济型商务酒店，在上海很少会遇到住宿难的情况。对于首次来上海的旅行者，除了青年旅舍，一些中小型旅馆也是实惠便捷的选择。以下客栈仅为列举：

首选 **老木国际青年旅舍** 青年旅舍 ¥

（☎3360 2361；www.rockwoodhostel.com；昭化路615弄278号；铺60~65元，标间220元；❄📶；延安西路站）闹中取静的位置让人忍不住要真心称赞，推门入内，幽雅诗意的环境布设更是给旅舍加分。木制长凳、素净的纸质灯、鱼塘和小型台球桌，等等，旅舍的公共区域可谓丰富多彩，房间明亮而宽敞，公共洗浴间设计得较人性化。总体来说性价比较高。

明堂人民广场青年旅舍 青年旅舍 ¥

（☎3330 1556；永寿路35号；铺55元，标间190元；❄📶；大世界站）明堂有好几家分店，这家离人民广场和外滩比较近，交通也方便。内部装修采用了很多中国元素，被褥床套等都非常整洁清爽，最难得的是公共厕所和浴室都打扫得很干净。三楼有个供应软饮和点心的小酒吧，缺点是不少房间都没有窗。和**新易途国际青年旅舍**（☎6327 7766；江阴路55号；人民广场站）、**南京路青年旅舍**（☎6322 0939；天津路258号；南京东路站）、**旅行者国际青年旅舍**（☎6329 7889；江西中路450号；南京东路站）其实同属一家。

蓝山国际青年旅舍外滩分店 青年旅舍 ¥

（☎3366 1561；www.bmhostel.com；山西南路350号6楼；铺70~75元，标间260元；❄📶；南京东路站）另有**虹桥店**（☎6291 8386；哈密路108号；北新泾站）和**卢湾店**（☎6304 3938；瞿溪路1072弄1号甲；鲁班路站）两家分店，虹桥店对于要早起去虹桥机场赶飞机的人比较方便。外滩店应该算是三家店中环境和设施相对较好的一家，离南京东路、外滩、苏州河都很近，带有景观阳台的大床房很阔气，多人间的条件一般，还算整洁安静。

老船长青年旅舍 青年旅舍 ¥

（☎6323 5053；www.captainhostel.com.cn；福州路37号；铺75元，标间388元；❄📶；南京东路站）地理位置很好，出门走几步路就能来到外滩。旅舍开在一幢20世纪30年代的西式建筑里，可以在此体验一把上海滩式的怀旧情怀。多人间为7~10人间，空间有点逼仄。

苏州河畔国际青年旅舍 青年旅舍 ¥

（☎4006 058 817；www.yhaonline.com；南苏州路1307号；床位55~65元，标间199元起；❄📶；新闸路站）坐落在苏州河畔，曾是旧上海大亨杜月笙的私人仓库，对岸不远就是淞沪会战八百壮士保卫的四行仓库。这里也经常举办诸如密室逃生之类的活动，文艺范儿十足。

海友客栈 连锁酒店 ¥

（☎4008 121 121；www.hiinns.com；单间/大床99元起；❄📶）房间小而紧凑，除洗漱品需自备外，其余设施一应俱全。以相当于床位的价格可以睡一个独立的小型单间。官网上可直接预订。

餐饮

沪上某知名媒体评选"爱上海的理由"，名列前茅的理由为在上海能品尝到各种美食。的确，这座海纳百川的国际都市也将全球各地的美味荟萃于此，无论是精致的日本料理、豪华的法式大餐，还是浓香的北京烤鸭、麻辣的重庆火锅……上海总不会亏待你挑剔的舌尖。当然，本属于淮扬菜系的上海本帮菜以偏甜和浓油赤酱为主，因此诸如川菜、湘菜等也都进行了一些改良。

上海小吃也值得一尝。生煎、小笼包、小馄饨、锅贴、粢饭糕、鲜肉月饼、排骨年糕……和江苏尤其是苏南地区一脉相承，不过仔细品味也略有差异。如果你没有太多时间走街串巷地去寻找，那就去集合了上海诸多老牌小吃店的**南京东路第一食品商店**[☎6322 2777；南京东路720号（近贵州路）；人民广场站]的二楼、三楼一次吃尽，或者在**光明邨大酒家**[☎5306 7878；淮海中路588号（近成都南路）；陕西南路站]饱餐一顿也行。**吴江路美食街**（南京西路站）曾经一度是美食坐标，现在虽然已经过气，但几家老店还是可以尝尝的。

上海也是咖啡迷的福地。数不清的星巴克只是偷懒者的选择，藏匿在洋房弄堂里的个性小café五花八门——选一家合你第一眼印象的，静静泡上半天时间吧！

兰亭餐厅

上海菜 ¥¥

[☎5306 9650；嵩山路107号（近太仓路）；⏲11:00~24:00；黄陂南路站]坐落在新天地商圈高楼大厦下的传奇平民小餐馆，小小的门面只有六张桌子。每到中晚餐饭点，门口铁定有许多拿号等位的食客，门内则在一遍又一遍地翻台。**鸡骨酱、腐乳空心菜、油爆虾**等，本帮菜都挺家常。如果来晚了不想等位，附近还有许多同类型的小饭馆供你选择：不远处的雁荡路和长乐路就有好几家，比如**兴安餐厅**[☎5382 2786；兴安路145号（近雁荡路）]和**金城酒家**（☎5386 2334；兴安路149号），人均消费50元左右。

小杨生煎黄河路店

小吃 ¥

[☎5375 1793；黄河路97号（近凤阳路）；⏲6:30~20:00；人民广场站]咬一口**小杨生煎**，喝一口**牛肉粉丝汤**，可能是许多上海人舌尖上最经典的搭配了。尽管连年涨价，15元就能吃到的美味还是相当赞！几乎每个商圈都会有好几家分店，包括东方明珠底下。

荧七人间

创意菜 ¥¥

[☎5404 0707；巨鹿路805号（近富民路）；⏲11:30~24:00；静安寺站]作为"人间"系列之一，荧七更像是一件艺术品，而不是单纯的吃饭喝茶的地方。这里的大门"需要密码"，厅堂被巧妙地分割，每个角度都有落地玻璃窗外的摇曳翠竹可看，黑白两色在这里撞出丝丝火花，灰是调和者。只不过因为走的是概念路线，所以菜肴味道虽不差，分量却被"概念"成"精细"，饮料还不错，50元可续杯的咖啡可以一直喝到天荒地老。

1984bookstore

咖啡馆 ¥¥

[☎3428 0911；湖南路11号（近永福路）；⏲10:00~21:00；上海图书馆站]离上海图书馆、

四大金刚

"四大金刚"原本是传说里把守天门的四位天神，老上海人幽默地以此比喻自己最爱的早点组合：油条、大饼、粢饭和豆浆。意喻只要每天早上吃了这"四大金刚"，就能和神仙一样铆足了劲儿，更有力气迎接新一天的打拼。而这"四大金刚"也没有什么神仙的架子，它们食材平价、制作简便，口味却都相当地好，营养也很得当。从以往清晨街巷的早市主角，渐变为如今老上海的一个味觉回忆，这"四大金刚"的意义早已远远超过早餐本身，它们更像是这座城市某种不可缺的符号，被深深烙在了每个老上海人的心中。

赶着早餐点，前往诸如南京路、淮海路两边的弄堂小巷，在这里的小餐馆都能吃到这些平价美食。

另辟蹊径

敞篷巴士游魔都

春秋旅游上海观光巴士（☎4008 206 222；www.springtour.com/CitySight/index；30元；⏰夏9:00~20:30，冬9:00~18:00）红色敞篷双层大巴，奔跑在黄浦区经典的环线上，外滩、城隍庙、新天地、上海博物馆、南京路……都能到达。首次刷卡后24小时内可以无限次乘坐，还配有多国语言的自助式讲解系统。也可换乘观光巴士2号线经由隧道前往浦东陆家嘴。可在网上订购，沿途停靠各站点也有售票人员，如城市规划展示馆门前、国际饭店对面等。需要注意上海还有**BIG BUS TOUR**的另一家观光巴士，线路范围更远，不过票价也更贵（100元）。

武康路不远，如果恰在这一带转悠可以一来。书店不大，除独立书店的身份外还兼做餐饮，进门就会被很多复古家具和书包围，闹中取静的小院子则由三位猫大人把守，院子里花草繁茂、绿意盎然。在这里点杯饮料，看看书，安安静静享受时光就很好。

汉源书店

咖啡馆 ￥￥

（☎6473 2526；绍兴路27号；⏰10:00~23:00；陕西南路站，嘉善路站）正如名为书店，这里有好几排高大的书架堆满书籍（可以随便取阅），留声机、皮箱等古董随处可见，落地窗内摆着桌椅闲坐，玻璃外就是绍兴路的芳香韶华。主人是尔冬强，为香港演员尔冬升的兄弟，据说当年张国荣也特意光临此处。

到达和离开

飞机

由于公路、铁路等地面交通过于发达，距离也较近，上海同江苏许多有机场的城市并无航班。目前，上海只同淮安、连云港和南京三座城市通航。考虑到机场、时间、机型、折扣等各种因素，只有连云港航班对于旅行者还有些意义。

上海两个机场分别位于浦东和浦西虹桥，两个机场之间相差甚远，国内和国际的航班均有停靠（浦东机场的国际航线略多）。所以千万要仔细检查并确认航班的起飞地，别因为跑错机场而误了机。

另外，由于东方航空（含上海航空）、春秋航空和吉祥航空总部都设在上海，这几家公司运营的进出上海空港线路很多，通常也能拿到较大折扣。

上海浦东国际机场（☎96990；www.shanghaiairport.com；浦东国际机场站）和北京首都国际机场、香港国际机场并称中国三大国际航空港。这件精美的建筑艺术品同巴黎戴高乐机场一样都来自设计师安德鲁的创意，不过比起2004年顶棚发生塌陷的戴高乐机场，浦东机场的建筑质量显然要强过很多。

机场两个航站楼之间有免费穿梭巴士，6:00~24:00，间隔时间10分钟，非常方便。但即使如此，赶飞机是大事，一定要提前搞清楚自己的航班在哪个航站楼停靠。

上海虹桥国际机场（☎96990；www.shanghaiairport.com；虹桥1号航站楼站，虹桥2号航站楼站）虹桥机场多年来一直是上海空港的代名词，现有机场由原来的老机场扩建而来，规模庞大，T2航站楼除空港职能外还紧邻高铁和长途汽车站，是虹桥综合交通枢纽的一部分。

虹桥机场同样有两个航站楼，相隔挺远，之间也有免费的摆渡车，15分钟一趟（高峰时段间隔5分钟），6:30~23:00，行程约15分钟。

长途汽车

上海有许多长途客运站。由江苏乘车抵沪大多停靠的是客运总站；可向票务人员询问，终点是“北广场”即为客运总站。如果到达站为“南站”，指的是上海火车南站旁的长途南站。还有少量班次停靠“南广场”，为上海火车站南广场附近的一个车场，同样很方便。虹桥站、白莲泾站等也有如下对应。另外，由太仓进沪可以乘坐“**太嘉线”城际公交**，终点到地铁11号线嘉定北站，再换地铁进入市区。

上海长途汽车客运总站（☎6605 0000；www.kyzz.com.cn；中兴路1666号；⏰5:00~22:00；上海火车

站）位于上海火车站北广场西侧，线路多、班次密。可通过官网查询并订票（出售自购票时间起3小时以后的车票）；也可打电话或发短信至13918236722（只接受短信，短信编辑内容：目的地、乘车日期、订票数量、送票地址和联系人）购票。每天约有6班车发往周庄古镇。

地铁3号、4号线停靠的是上海火车站北广场，步行到汽车总站最为快捷。1号线到达上海火车站南广场，则需经地下通道走到北广场。

上海南站长途客运站（☎5435 3535；www.ctnz.net；石龙路666号；⏲6:00~22:00；上海南站）长途总站拥有的发往江苏各县市的车次，这里大多也有（只不过班次略少），更适合徐汇、闵行等区居民出行。乘汽车进入浙江省内也应首选南站，班次相当密集。电话和官网都提供查询、购票等相关服务。

虹桥长途西站（☎3466 1820；申虹路298号；虹桥火车站）紧邻虹桥火车站西侧，以发往江苏、浙江的一些短途线路为主，班次不是很密集，适合高铁、汽车之间的无缝转乘。**浦东长途客运总站（白莲泾站）**[☎5883 6764；浦东南路3843号（近高科西路）；云台路站，高科西路站]又称长途客运东站，主要为让浦东人民出行不过江而服务。这两个车站都可以登录**上海交运巴士网**（www.962168.com）查询并订票。

上海中山客运站[☎5655 9069；www.chengche51.com；中山北路806号（近南北高架路）；⏲6:00~20:30；中山北路站]小型长途汽车站，已开通网络订票服务。对于游人较有用途的是前往甪直古镇的车次，每天共有12班。

火车

在上海，旅客常会用到的火车站有三个：上海站、上海南站和上海虹桥站。购票时请务必留意乘车站站名，避免误车。

上海火车站（☎9510 5105；上海火车站）上海人通常称之为"新客站"。从上海始发北上的普通列车（Z、T、K等字头）全部由此驶出。另外，沪宁城际高铁（G7XXX）的部分班次也从这里始发；前往苏南的城际高铁在周末等时间段，票源有些紧张。上海站也有前往杭州的少量高铁班次，以及几趟京沪动卧车。

上海站拥有南北两个广场，都可以进出火车站（南广场更为快捷）。1号线到达南广场，3号、4号线直抵北广场。两个广场有地下通道相连。北广场有许多深入北上海（闸北、虹口、杨浦等区）的公交线路，南广场的始发公交则覆盖其他区域。

上海南站（☎9510 5105，5436 9511；上海南站）这里始发的车次大都经由沪昆铁路前往长江以南的地区。另外，经停上海的普通车也都在南站停靠办客。前往金山卫的**金山城际铁路**也从这里发车。目前，上海南站不再发出前往浙江、江西等地的动车高铁（已全部转移到虹桥站）。

从空中俯瞰如同飞碟一样的上海南站由法国人设计，内部结构有点容易让人迷路，不过只要按照标示走就不会有错。地铁1号、3号线直通站内，出地铁站后由扶梯直接上楼就是候车室。上海火车站和南站之间乘地铁约需30分钟。

上海虹桥站（☎3466 1820；虹桥火车站）上海的高铁基地：所有京沪高铁车次、绝大部分沪杭甬高铁车次和相当一部分沪宁城际车次都由此始发。前往义乌、南昌、长沙、武汉、温州、厦门等城的动车也从这里发出。

候车室非常大，内有多个售票点、自动售票机和专门的取票机。检票口一般都会打印在车票上，有些车次可以刷身份证进站。地铁2号线和10

轻松一日游

上海旅游集散中心（☎2409 5555，5351 4830；www.chinastbc.com；中山南二路2409号；⏲6:30~19:00；上海体育馆站；上海游泳馆站）专为散客提供1~3日上海周边自助游项目，如上海野生动物园、崇明岛、周庄、同里、甪直、沙家浜等。套餐通常包含由上海出发的往返车费、景区门票费，省时省心。

上海黄浦旅游集散中心（☎3376 0580；外马路1588号；⏲9:00~17:00；南浦大桥地铁站）去往嵊泗、普陀山方向的**车船联运**由此登车，送至码头后再换乘快艇等海上交通。

一卡在手，走遍上海

如果你打算在上海停留3天或更久，持一张**上海公共交通卡**（☎12319；www.sptcc.com）将为出行带来很多便利。上海公共交通卡可在地铁、公交、轮渡、出租车等使用，在大部分地铁站服务台都能买到，部分便利店也有出售。退卡也很方便。

同时，你还可以根据实际需要购买**地铁一日票**（18元/张，限24小时内无限次乘坐地铁使用）、**地铁三日票**（45元/张，限72小时内无限次乘坐地铁使用）和**上海都市旅游卡**（www.sctcd.com）等。

号线直达站内（23:00后有两班只停大站的2号线加班车由此驶入市区）。从上海火车站或南站前往虹桥站请最少留够1小时的交通时间。

当地交通

抵离机场

相比而言，**浦东国际机场**距市区更远，比如从人民广场打车约需180元（夜间约220元）。抵离浦东机场的公共交通主要有三种。

最为快捷的是**磁悬浮**。从浦东机场到龙阳路只需8分钟，龙阳路出站即为地铁2号、7号线。单程票价50元，凭机票或订票短信可享受40元的优惠票价。末班车21:40，不过最高430km/h的时速并非每个时间段都会开到。详情可在**上海磁悬浮官网**（www.smtdc.com）上查询。

最节省的是**地铁2号线**。从人民广场到浦东机场票价7元，不过耗时长达75分钟，还要在广兰路站对面站台换乘一次车。浦东机场发出的末班车时间为22:00。

机场大巴 有多条线路，分别开往虹桥机场、城市航站楼（静安寺）、银河宾馆（路过徐家汇）、鲁迅公园、上海火车站、上海南站等地，票价不超过30元。浦东机场发班时间多为7:00~23:00。另外，浦东机场还在23:00后有途经浦东大道、人民广场、静安寺等站，终到虹桥机场的**机场守航线**。

需要去浦东机场赶早班机，可考虑**机场五线**：最早一班从上海火车站南广场5:10发出，比其他机场大巴都要最少早上20分钟。

虹桥国际机场的公共交通方式主要有地铁2号线、10号线，机场一线（包括守航线），和941路、316路（夜宵）等公交车。

所有上述信息都可登录**上海机场官网**（www.shanghaiairport.com）查询。

地铁

（☎6437 0000；www.shmetro.com）如果把上海纵向切开，也许这个城市地表下所呈现的沟壑交错宛如一个巨大蚂蚁窝的切面能把人吓一跳，比肩接踵的人们每天在这地下钻来钻去，匆忙并且行动迅速。完善便捷的地下轨道交通改变了上海市民包括外来者的生活，在缓解地面交通的同时更加快了这个城市的节奏。

上海地铁现已开通了1~13、16共14条线路，票价为3~15元，互相之间可以换乘。

公交车

上海公交多为自动投币，票价2元，也有些分段售票的城郊公交。线路四通八达，站名多为"复兴中路重庆南路"的形式，如此车站就在复兴中路上和近重庆南路路口的地方。

上海还有一些有用的夜宵线路（以3开头）。除了虹桥东交通中心的316路适合凌晨离开虹桥机场时乘坐，虹桥西交通中心的320路离虹桥火车站很近，晚班高铁到达可考虑乘此进入市区。

轮渡

（☎3376 7766；www.shanghaiferry.com）上海还有一些黄浦江过江摆渡的线路，单程票价为0.5~2元不等。最常用的是外滩南端到滨江大道南端的**东金线**（2元；⏰7:00~22:00，每15分钟一班）。从北外滩过江到浦东的**泰公线**、**其秦线**则能提供观赏陆家嘴摩天楼群的侧面视野。

出租车

每天5:00~23:00，起步价14元，超过3公里后每公里2.4元，总里程超过10公里后超出部分3.6元/公里。23:00至次日5:00，起步费18元，超过3公里后每公里3.1元，总里程超10公里后超过部分4.7元/公里。

上海有多家出租车公司，均提供电话叫车服务（需另付4元电调费），**大众**（☎96822）、**强生**（☎6258 0000）、**锦江**（☎96961）、**巴士**（☎96840）、**海博**（☎96965）均是老牌正规的出租车公司，更加放心。

整体而言，上海出租车的服务在全国堪称一流。万一遇到不如意情况，尽可保留好发票，拨打6323 2150或各自公司的相关电话投诉。

了解江苏

今日江苏……316

江苏是中国的经济强省，但苏南苏北发展的不平衡，以及较严重的环境问题，是发展中的隐忧。

历史……319

江苏亲历了王朝的更迭、文化的变迁，几起几伏，站上过繁华的顶端，也曾因失去机遇而狠狠跌落。

江苏人……331

横跨南北的地理位置决定了江苏涵盖不同人群，南方人的细腻聪明和北方人的豪爽重情义这里都有。

文化……334

长江和淮河两大水系将江苏一分为三，使江苏拥有江南、江淮和中原三大区域性文化，有着从中国南方到北方的过渡转换。

苏州园林……338

苏州园林像是特意留给今人的标本一样，容我们去临摹和想象先人们创造的艺术和享受的生活。

饮食……343

美食是江苏之旅的一大主题。江苏美食就像当地清雅的碧螺春茶和江南的园林，精致优雅，往往在曲径通幽处让懂得欣赏的人眼前一亮。

环境……349

江苏是全国人口密度最高的省份，自然环境因此承受着巨大的压力，水体、空气、土壤等方面的污染问题值得重视。

人口(每平方公里)

今日江苏

“苏湖熟，天下足”，是旧时对江苏的艳羡与期许，今日的江苏拥有更多。依靠着长三角的区位优势，苏南已自争出一派欣欣向荣的场面，而清雅精致的园林建筑几经历史捶打依旧笑迎四方客，还成了江苏广纳财源的途径。彼时莺歌燕舞的秦淮河如今换了个新模样，照样娱乐到底。然而在繁华的幕布下，谁听见了民众对于生存环境的担忧之语？

经济：富省未富民，分为南北极

毋庸置疑，江苏是最发达和开放的省份之一，综合经济实力在全国一直处于前列。2012年江苏实现地区生产总值突破5万亿元，达到54058.2亿元，位列全国省份第二，同比增长10.1%。人均GDP突破1万美元达到10887美元，仅次于京、津、沪三个直辖市。从细节来看，区域创新能力连续第四年居全国首位；全省服务业增加值占GDP的比重继续按每年约1个百分点的步调递增，高新技术产业产值占规模以上工业产值比重由上年的35.6%提高到37%。2010年11月，国家统计局发布的“2010全国百强县（市）”名单，前十名中江苏占了六席，无论是产业优化升级还是城市化江苏都紧跟国家政策步伐，是标准的“好学生”省份。另外，省内的人均可支配收入与人均GDP的比值较低（一些学者将其称为“GDP含金量”），显示出经济发展过程存在的问题。

这种钱多而享受感的不足并不是江苏经济唯一的缺陷，更声名远播的弱点是苏南苏北的经济发展严重不平衡。苏南地区，经济水平长期位居全国前列，不仅仅是上海的美丽“后花园”，也得到了实实在在的发展甜头；

最佳读物

» **《老南京：旧影秦淮》**，叶兆言著，照片与文字相互辉映，生动、具象地呈现晚清和民国期间的南京风貌。三百多张老照片以不同的方式重现和再生了南京的历史。

» **《趣闻江苏》**，肖飞著，一部编写认真的关于江苏地理、历史、文化、人物的八卦小书。

» **《朱雀》**，葛亮著，以一个家族中女性的命运变迁贯穿南京百年历史。

» **《香椿树街故事》**，苏童著，逼真地再现了一条南方小街上一群少年的残酷青春，以及街坊邻居的生活百态。

2012年人均GDP（元）

85647
上海
22263
云南
70023
江苏

如果江苏有100人

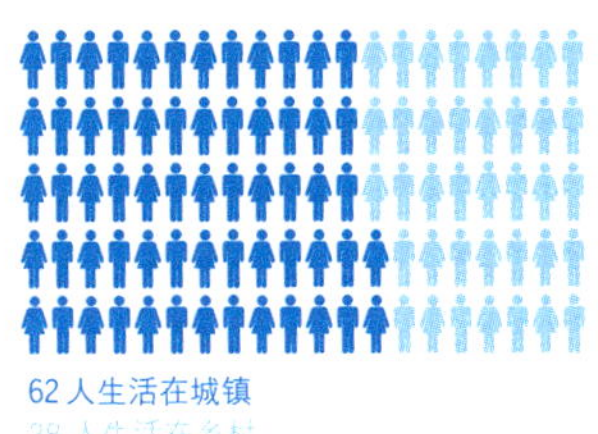

苏北地区则仅仅略高于全国平均水平，工业增加值、消费品零售额、出口额等主要指标的增速都落后于苏南。这也进一步加重了有史以来形成的省内南北分论的不健康视角。

环境：这方水土还能养这方人吗？

讲到江苏，“鱼米水乡”是首先的印象，确实，全省大部分地区水系相当发达，共有大小河流和人工河道2900多条，陆域水面面积达1.73万平方公里，水面所占比例之大，在全国各省中居首位。气候和地理上跨越南北，气候、植被也同样同时具有南方和北方的特征。雨量适中，属于温带向亚热带的过渡性气候，基本以淮河为界。

这个四季分明、依水而居的省份，想当然应该是个宜居之地，可是近年来这里却发生了一系列环境上的大事件。2007年，太湖蓝藻泛滥成灾，工业污染增加、农业面源污染扩大、城市生活污水直接排放和渔业养殖规模急速扩张都使得“太湖美，美就美在太湖水”成了一句笑话。2009年2月20日，由于自来水水源受到化工污染，盐城市市区大范围断水。在公益人士邓飞根据公开资料制作的《中国癌症村地图》中，江苏盐城、镇江、无锡等地都有因环境污染导致癌症病患比例上升的现象，除了水系污染还有工业污染。

“先发展再治理”已经被证明是个赔本的买卖，然而富裕的江苏还是甩开膀子，扯着块环保的遮羞布，在这条畸形的道路上走得越来越起劲，直到2012年“启东事件”爆发。南通市批准日本王子制纸排海工程项目，这

快速参考

» 人口（2013年）：7514万人

» 面积：10.26万平方公里

» GDP(2012年)：5.4万亿元

» GDP增长率：10.1%

» 海外入境游客（2011年）：737.3万人次

» 国内入境游客（2011年）：4.1亿人次

最佳影片

» **《乾隆下扬州》**（1978年），邵氏出品，讲的是乾隆下江南的趣事，充分体现了扬州民俗民风。

» **《南京！南京！》**（2009年），南京大屠杀的艺术再创作，资深的年轻导演陆川拍得很沉稳。

» **《清凉寺的钟声》**（1991年），讲述了一名战后日本遗孤的经历，从侧面展示了战争所造成的巨大悲剧。

» **《金陵十三钗》**（2011年），由张艺谋执导的战争史诗电影，以抗日战争时期的南京大屠杀为背景，讲述了1937年在被日军侵占的南京，一个教堂里互不相识的人们之间发生的感人故事。

一举动引发了启东市民的大规模集会和抗议，是一起社会影响广泛的环保事件。

旅游业：苏南苏北携手，共享美好江苏

“美好江苏”是江苏2010年推出的旅游宣传口号，这笼统的口号实际蕴含了如今江苏旅游业的特点和政府对它的期许，自然景观与人文景观交相辉映，从经济增长点迈向支柱产业。古镇水乡的小桥流水，千年名刹的众口相传，苏州园林的巧夺天工，太湖泛舟的烟波浩渺，帝王陵寝的规模庞大，十朝古都的沧桑遗迹，纤巧清秀与粗犷雄浑交会融合，可谓是“吴风汉韵，各擅所长”，什么玩法都能铺开，属于老少咸宜的旅游选择。

于是江苏旅游的目标设计日趋大众化，2011年至今，旅游投资主要分布在“一圈、三沿、一轴”的布局框架上，即环太湖旅游圈、沿长江旅游带、沿黄海旅游带、沿东陇海线旅游带以及古运河旅游轴，由单一的门票消费向综合消费转变，由单纯的观光旅游向休闲度假转变。这样的整体开发模式不仅愉悦了旅客，也开拓了当地人民的整体视野。最早尝到甜头的周庄通过接待国内外游客，全镇居民的精神面貌也发生了质的飞跃，镇党委书记屈玲妮说：“游客是周庄人最优秀的‘家教’，引领着周庄人移风易俗，跃上更高的精神层面。”

不过，即便是在2011年旅游总收入达到5611.38亿元，增长19.8%，居全国第一的强势成效中，江苏的旅游业空间分布仍然难以回避“南强北弱”、“沿江强沿海弱”的尴尬，苏北五市旅游总量仅占16%。究其原因，苏南地处长江三角洲核心地带，北濒黄金水道长江，沪宁铁路、高速公路横贯东西，京杭运河纵横南北，紧靠上海；而苏北地区的首要问题就是交通的落后，对此，政府也开展了一系列动作，2010年苏北中心区域淮安涟水机场正式通航就是有利的交通便利性推动。

今天，江苏旅游业已不再是“单打独斗”的时代，而更多选择“联合作战”，上海作为江苏旅游发展门户的地位将愈加显著，深厚的文脉、地脉、人脉关联和双方较大的旅游产品差异，使江苏和上海互为重要客源市场，两个区域之间的潜在合作空间巨大。这不，2013年6月，长三角旅游发展联盟在镇江京口成立，未来，江苏旅游业宾主尽欢的场面还有的看。

要和不要

» 要事先了解目的地的特色旅游节、美食节

» 要什么都尝尝，江苏全境饮食非常多元

» 要爱护古迹文物

» 不要问当地人关于苏南苏北之类的地域问题

» 不要贪图低价团队游、低价租车等小便宜

最佳音乐

» **《二泉映月》**，无锡人阿炳的传世之作。

» **《茉莉花》**，你可能不知道这是一首江苏民歌。

» **《紫竹调》**，广泛传播于吴语区的传统小调，源头可以追溯到春秋战国时期的民歌。

» **《太湖美》**，与《枫桥夜泊》同为苏州评弹最受欢迎的曲目。

» **《皂罗袍·原来姹紫嫣红开遍》**，昆曲《牡丹亭》中最脍炙人口的唱段。

历 史

自古，江浙中心区域的经济、政治、文化就交织在一起。江苏作为独立的行政概念形成于清朝康熙年间，其名取自当时江南省最大的两个府“江宁府”和“苏州府”。而实际上早在距今70万~50万年的旧石器时代，该地区就有了南京猿人活动的迹象，这便是江苏最早的史前文明遗迹。熬过上古时期的颠簸，从吴越春秋到三国鼎立，由六朝金粉至明清盛世，经民国建都至最终解放南京，6000多年来，江苏亲历了王朝的更迭、文化的变迁，几起几伏，站过繁华的制高点，也失去过机遇而狠狠跌落，迎来送走无数波澜壮阔的政治浪潮、耳鬓厮磨的才子佳人。今天，江苏成了最值得品读的中国省份之一。

失落的文明

20世纪20年代以前，人们普遍认为长江下游没有原始文化，早期文化是从黄河流域传播过来的，这种观点到1930年春天因为考古学家卫聚贤发现新石器时代遗址而得到扭转。上古时代，江苏南部远离中原文明的中心陕西、河南、山西等地，有着异于华夏文明的文化。其中黄淮、江淮地区属东夷中的分支——淮夷文化；苏锡常地区属跨湖桥—马家浜—崧泽—良渚—马桥文化；宁镇地区属湖熟文化。在良渚文化时期，玉器文明达到高潮，这也是具有鲜明中国历史特点的文明标志，至少在太湖地区应该已经形成了一个国家，有统一的宗教、一个等同于首都的权力中心和统一的礼制。

正当这个临水区域以蓬勃的生命力发展之时，距今四千年左右，一切消亡了。自然灾害无情肆虐，两三百年间，特大的洪水、持续的严寒，人们

因上海青浦崧泽遗址而得名的崧泽文化表现出两个显著的特点，一是母系氏族向父系氏族过渡；二是在距今大约5800年左右便已进入贫富分化阶段，标志着太湖地区在崧泽文化晚期已向文明时代迈进。

大事年表

约70万~50万年前

南京猿人活动于汤山一带。

约5万~4万年前

下草湾人在今宿迁市泗洪县双沟镇东南一带活动。

公元前5000年~前4000年

新石器时代，部落先民以渔猎、采集业为主，逐步向农业、家畜饲养业发展。

苦心经营的生活环境遭受灭顶之灾。战争进一步加深了痛苦,《史记•五帝本纪》中有关于黄帝大战蚩尤的记载,黄帝五战五不胜,后来与炎帝联合才将蚩尤战败并擒杀之。许多专家认为,古史传说中的蚩尤部落集团,正是创造了良渚文化的吴越先民。黄帝战败蚩尤后,蚩尤部落的成员有很多人当了俘虏。20世纪70年代,陕北延安碾庄曾经发现一批良渚式玉器,与太湖流域发现的良渚玉器有着许多共同之处,这很可能就是被黄帝迁往"有北之乡"的蚩尤部落集团的遗民所遗留下来的器物。在神话光怪陆离的表象下,是那神秘壮烈的史实真相。

中国传说历史中的华夏始祖,五帝之一帝尧,传说出生于三阿之南(今江苏淮安、高邮一带)。

蚩尤部落集团虽然彻底失败了,但他们的许多文化因素却顽强地保留了下来,并且影响了光芒万丈的中原文明。商周文化中的璧、琮、兽面纹(饕餮纹)以及某些青铜器的形制明显带有良渚文化色彩,也为未来的故事埋下伏笔。

这块土地直线跌回落后与野蛮,在漫长无垠的时间荒野里,等待两个人,反哺同为人类文明起源的长江。千年后,他们来了。

泰伯奔吴后

这个故事口传笔录说了几千年,连到底奔到哪儿了,为什么奔也没考证清楚,却真切地开启了吴文化。主流观点泰伯奔吴是为了"让位",司马迁在《史记》中记载泰伯和仲雍为了遵从父王的旨意,将继承权让给弟弟季历,然后再传位给季历的儿子昌,宁可不要王位,而去往几千里以外的荆蛮之地,与当地人一样断发文身,刀耕火种。

泰伯庙又名至德祠、让王庙,在今无锡梅村镇的伯渎河畔。其中至德殿的建筑虽在中轴线上,但向西南稍偏15°,而泰伯墓也有这个特点。说明当年修建泰伯墓时,采用了一种特殊的礼制。

两人做了几件事:首先授农耕。古代中国人将全国划分为九个区域——徐州、冀州、兖州、青州、扬州、荆州、梁州、雍州和豫州。当时江苏属于徐州和扬州,是最荒凉的地区,一年只有一熟稻米,到了冬天常挨饿。泰伯带来了麦子,实现了一年两熟。其次养家畜。饲养野鸡、野鸭和圈养野猪、野羊,保证了食物的储备,并且脱离了靠天吃饭的模式。第三传蚕桑。种桑树养蚕宝宝,吴中大地的蚕丝业得到了发展,唐代大诗人李白曰:"吴地桑叶绿,吴蚕已三眠。"第四修水利。江南水乡,梅雨洪水,经常引发水患。他们凿渎开泾,改堵为疏。开了一条河在无锡境内叫伯渎河,又称"伯渎港",今天这条河还在发挥它的作用。《江苏水利全书》确记"征诸历史,最古为泰伯渎"。第五是传《周礼》。教导人们学习中原文化,推行"谦让"、"开拓"的精神。可以说,泰伯和仲雍是吴地的先知型人物,并且在这

公元前11世纪	前585年	前485年	前221年(秦始皇二十六年)
商朝末年,周太王古公亶父长子泰伯、次子仲雍来到江南地区,建立勾吴国,筑城于梅里(今无锡市梅村)。	吴国开始有确切纪年。	吴国大夫徐承率船队从长江口出海,然后北上伐齐。这是中国有史记载的第一次海战。	秦王嬴政统一全国,称始皇帝。

个已倒退的地区再次建立了一个真正的国家——勾吴国。

这个地处东南一隅的新兴“勾吴”国逐步强盛，一直传到第十九世，史籍上出现了一句话，叫“吴始大”，这个时候古中国的苍茫大地上，已经是春秋的中后期了，中原风云变幻，大地的东南迸发出刺眼的光亮，这光亮不属于一个人，而是一个区域，一段令人闻之惊汗的历史。吴王阖闾以伍子胥为相，孙武为将军，公元前506年，从淮河流域西攻到汉水，五战五胜，逼得楚昭王出逃。公元前496年夏，阖闾兴师伐越，越王勾践派遣敢死队三次冲向吴阵，高呼口号，自杀于阵前，吴兵搞不清状况，大败，阖闾伤重而亡，临死前问太子夫差：“你能忘记勾践杀死了你的父亲吗？”夫差回答：“不敢忘！”过了三年，吴终于报复了越国。然而夫差还是忘记了，勾践卧薪尝胆后再战，夫差自杀。

最终秦国在公元前221年消灭所有对手，一统天下。

梅村镇境内有泰伯兴建的四泾一渎：泰伯渎、洋泾、西洋泾、龙泾、梅泾，这些河道为江南地区最早的运河。

两汉文明的缘由

在中国第一个黄金时代汉朝，江苏地区仍然是一个远离华北平原文明中心的水之地，并不发达，但也可以说是江苏触发了汉朝的诞生。打败了悲壮的江苏宿迁人项羽后，刘邦（今江苏徐州丰县人）带领着他的“丰沛政治集团”——萧何、曹参、周勃、王陵、樊哙，以及他在沛县娶来的结发妻子吕雉建立了汉朝（公元前202年），直接控制了社会的发展方向，刘邦之侄刘濞被封为吴王后，定都广陵（今扬州），统辖东南3郡53城，利用“东有海盐之饶，章山之铜，三江五湖之利”的有利条件，大规模铸钱，“煮海为盐”，国力强盛。刘邦还令萧何等人在长安附近建了一座新丰城，克隆丰邑城，移居了众多丰民，自然也带去了江苏的民俗。他们身后，形成了独特的两汉文化，汉高祖的孙子刘安主持编写了《淮南子》，是道家最成熟的著作，东汉时期徐州丰县人张道陵则是中国道教的创始人，所以现在还有“两汉文明看徐州”的说法。

“汉代三绝”——汉兵马俑、汉墓、汉画像石，是徐州最为夺目的历史文化遗产。其中汉画像石和苏州园林及南京六朝陵墓石雕并称为“江苏三宝”。

六朝金粉地，金陵帝王州

公元190年董卓挟汉献帝离开洛阳，开始纷乱的三国。据史载，三国鼎立局面形成前，吴国大臣张纮曾经对孙权说：秣陵（今南京）王气，宜为都邑。孙权认为他说得对，但未采纳。后来蜀国的刘备也认为秣陵有王气，孙

前206年（西汉高祖元年）	194年	222年	317年
江苏境内家畜饲养已普遍采用阉割术。	孙坚死，子孙策统领部众，开始向江东发展。	孙权接受魏国封号，称吴王，建业（今南京）是东吴的都城，淮北则属于魏国，淮河成为东吴与曹魏的分界线。	司马睿于建康(今南京)建立东晋王朝。

苏北的两汉文化遗存

- » 狮子山楚王陵
- » 龟山汉墓
- » 南山戏马台
- » 沛县泗水亭、歌风台
- » 汉王镇丁唐山拔剑泉
- » 子房山西麓子房祠
- » 王陵母墓

权这才下定决心，定都建业，意欲据此以建帝国大业。公元280年晋灭吴，结束三国。但南京作为帝王都城的历史就此打开，东晋（公元317~420年）及南朝宋、齐、梁、陈四代（公元420~589年）相继在此建都，前后长达360年，南京"六朝古都"的雅号应运而生。

六朝时期的南京城，人口超过一百万，是中国历史上第一个人口超过一百万的城市，是当时中国的第一大城市，也是世界第一大城市，与古罗马城一起被历史学家誉为"世界古典文明的两大中心"，承汉启唐，创造了极其辉煌灿烂的"六朝文明"。海东的百济（朝鲜）、大和（日本），海南的狮子（斯里兰卡）、占婆（越南）、扶南（柬埔寨）等国都先后派使者来南京访问，外国的珍奇之物则通过海外贸易运送到江南。科技、文学、艺术等诸方面均达到了空前的繁荣发达。"六朝文学"开创了我国文学的新纪元，创造了多项中国文学史上的第一：我国第一部诗文总集《昭明文选》，我国第一部文学评论专著《文心雕龙》，我国第一部笔记体小说集《世说新语》，我国最早的人物画卷顾恺之的《女史箴图》也在南京诞生。我国古代最伟大的数学家祖冲之就是在南京算出了圆周率π，领先欧洲一千多年，"书

从《三国演义》说起

三国时期在浩渺的中国历史上并不算最惊心动魄，却成为了妇孺皆知的故事，因为一部《三国演义》。后人评价这部作品是"七分事实，三分虚构"，虽有夸张还不算荒诞。江苏的长江以北地区在三国时期属于魏国，当时人口较多的有徐州等市，"刘备让徐州"的故事就发生在此地。而江南（包括现在的南京等地方）属于吴国，吴国凭长江天险固守，并且后期建都南京（当时叫石头城）。如今镇江北固山上的甘露寺便是相传吴国太设宴面相刘备之所，也引出"赔了夫人又折兵"的笑话。

孙权统治时的吴国经济有显著发展。北人南来，劳动力增多。由于河海交通的需要，造船业很兴旺，海船经常北航辽东，南通南海诸国。黄龙二年（公元230年）万人船队到达夷洲，即今台湾省，这是大陆与台湾联系的最早记录。经济的发展，与外界交往的增加，促进了江南文化的提高，出现了一批知名的经学家和文史之士，如虞翻、陆绩、韦昭。同时也出现了像吴郡的顾、陆、朱、张那样的占有大量土地和童仆，而且各有门风，世居高位的大族。他们和世袭领兵的武将同是孙吴政权的主要支柱。苏州有孙权建的北塔报恩寺，南京有孙权墓，这也是南京地区的第一座帝陵。

420年开始	505年	605年	753年
以建康为都城，中国南方先后建立了四个王朝：宋、齐、梁、陈（南朝），直到589年隋朝统一。	梁武帝指派文学侍从周光嗣编撰《千字文》。	隋炀帝开挖连接黄河、淮河的大运河，江都（今扬州）和山阳（今淮安市淮安区）因此繁荣起来。	鉴真东渡日本，后成为日本律宗始祖。他将中国的建筑、雕塑、医学、书学介绍到日本。

风水学观南京城

在科技尚未昌明的时代，“仰观天文，俯察地理，近取诸声，远取诸物”，实际上就是对山川形胜、地理位置的选择。根据卢海鸣先生的论述，从六朝都城南京的选址情况来看，恰好与风水学上的要求是一致的。在城的东面有巍峨的钟山，西面有嶙峋的石头山，南面有蜿蜒流淌的秦淮河，北面横亘着小九华山和鸡笼山，这四者构成了风水学上的“四象”，即东青龙、西白虎、南朱雀、北玄武。整座城就处在“四象”之中，并与“四象”构成了传统思想中的“五行”，即青、白、红、黑、黄，中间宫城为“黄”。

此外，在城市的中轴线上，近处有石子岗（即雨花台）、远处有牛首山，符合风水说中“负阴抱阳、背山面水”的基本原则和格局。正因为南京有如此优越的风水条件，所以才能在众多江南城市中脱颖而出，引得诸葛亮由衷发出“钟山龙盘，石头虎踞，此乃帝王之宅也”的赞叹。

圣”王羲之在南京创立了无可匹敌的书法。但由于隋炀帝的毁城之举，六朝文化在南京留下了许多难解之“谜”。

实际不仅是六朝，此后五代中的南唐、朱元璋建立的明朝、太平天国的洪秀全包括后来的国民党政府都以南京为国都，所以“十代都会”更符合历史真相。

因为一条运河

相传扬州开了一种十分绮丽的花——琼花，隋炀帝杨广听说了它的美丽，就决定坐龙舟去赏花，又说他为了遍寻江南美女，在扬州“迷楼”来金屋藏娇，这是民间对于隋朝大运河由来的解释，百姓对这个皇帝的愤恨可见一斑。在中国历史上很多皇帝都修过长城，很多皇帝都挖过运河，然而两件事都干了的只有隋炀帝一人，这涉及对中国历史与帝王的评价，可谓意味深长。

孙吴政权为了沟通南京和太湖平原而开凿江南运河，为三吴（吴、吴兴、会稽三郡）至建业的便捷水道。

隋朝建立后，政治中心在北方，但两京和边防军所需的粮食仍然要靠江淮地区供应。利用水利运输成为当时社会经济发展的客观需要。从政治上看，为了加强对东北和江南地区的控制，隋政府也需要开通一条南北向的大运河。隋炀帝强制天下15岁以上的丁男都要服役，共征发了200多万人，上万人有去无回。广通渠、通济渠、山阳渎（隋炀帝把后两者合称御河）、永济渠和江南河等渠道，虽然不是同时开凿而成，但是由于这些渠道

892年

杨行密在扬州建立吴国。

937年

徐诰接受吴帝杨溥“禅让”，即皇帝位，改元昇元，以金陵为都城，史称南唐。

1127年

宋徽、钦二帝和皇室后妃被金兵押解北上，中国北方被金统治，流经江苏北部的淮河，成为金和南宋的边界线。

1368年

朱元璋建立明朝，定都南京。今天整个江苏省、安徽省和上海市的各府和直隶州直属中央，称为直隶。

都以政治中心长安、洛阳为枢纽，向东南和东北辐射，形成完整的体系。同时，它们的规格又基本一致，都要求可以通航方舟或龙舟，而且互相连接，所以又是一条大运河。

这条从长安、洛阳向东南通到余杭、向东北通到涿郡的大运河，是古今中外最长的运河。由于它贯穿了钱塘江、长江、淮河、黄河、海河五大水系，对加强国家的统一，促进南北经济文化的交流都有重要作用。而之后经过唐、宋两代对大运河继续进行疏浚整修，航运快速发展促进商业繁荣，运河沿岸逐渐形成名城苏州和杭州，造船基地镇江和无锡，对外贸易港口扬州等重要城市，《资治通鉴》有记录："扬州富庶甲天下，时人称扬一益二。"元朝取直疏浚，利用了隋朝大运河不少河段，缩短了900多公里的航程，成为现今的京杭大运河，沟通海河、黄河、淮河、长江和钱塘江五大水系，全长1794公里。在隋、唐、元、明、清时期都有不同程度的延伸、扩宽。自清末改漕运为海运，大运河才不再是国家经济的大动脉。

唐代诗人皮日休对隋朝大运河的评价较为客观公允："尽道隋亡为此河，至今千里赖通波。若无水殿龙舟事，共禹论功不较多。"

南京六朝陵墓石雕

» 麒麟镇刘裕初宁陵石刻

» 上坊乡陈武帝万安陵石刻

» 甘家巷陈倩永宁陵石刻

» 张库村梁临川靖惠王萧宏墓

天下大计，仰于东南

靖康之难，宋室南迁，吴越由此成为中国经济文化的中心。经过元代的融合与发展，到明清时期，江苏地区在消化了外来因素后达到鼎盛、成熟状态。之前主要是中原影响吴越，至此形势逆转，吴越区域特色表现得较为纯正。苏州是它的"窗口"，《红楼梦》是它的缩影，大小市镇星罗棋布，地价之高、赋税之重名列全国之首。当时欧洲的传教士是这样形容这个区域的："耕地像花园一样井井有条，没有一块荒地，糖比欧洲白，布比欧洲美。"

明成祖朱棣在朱元璋去世后从北平发动"靖难之役"，攻占京师，夺取帝位，初时仍定都南京。后为了加强对北方的控制，实行"天子戍边"的政策，1421年2月2日明朝迁都北京，并改北京为京师，同时复原南京的名号，称为"南直隶"。明朝以较短的时间完成了手工业从官营到私营的演变，而且变化得更为彻底。这种新的生产关系，首先在江苏地区的南京、松江、上海、苏州等地出现。以丝织中心苏州为例，明末织机多达万台，工匠多达五六万人。松江是棉纺中心，民谚说："买不尽的松江布，收不尽的魏塘（今浙江嘉善）纱"，盛况空前。扬州和淮安是京杭大运河上漕运（南方粮食运往京城）和

隋炀帝陵位于扬州市邗江区槐泗镇槐二村。与众不同的是，墓门和石刻是向北的，这是因为隋文帝泰陵在南，炀帝亡国无颜面对文帝，故而背对着泰陵。

1421年	1604~1628年	1645年	1667年
明太宗朱棣迁都北京后，改南直隶。此后南北两京和两直隶并立200多年。	顾宪成等兴建东林书院，被斥为"东林党"。魏忠贤大兴党狱，东林书院夷为瓦砾，后冤案昭雪。	清军攻占扬州和南京，俘虏南明弘光皇帝，随即将南直隶改为江南省。	分江南省为江苏、安徽二省。

食盐贸易的控制点，名列中国长江以北最繁荣的城市之列。

明代早期，社会风气比较节俭。后期伴随着商品经济的发达，社会风气转向浮华与奢靡，不论士大夫或百姓，在饮食、居住、穿着、娱乐各方面都更为讲究，与过去儒家崇尚简朴的风气有很大的差别。“东南财赋地，江浙人文薮”，江南一带产生的状元人数在全国科举考试中长期稳占一个很大的比重，对全国的文化风格和审美观点带来深远的影响。才子佳人多于江鲫，丝绸、书画如花飞草长。百姓的娱乐风尚也日益发达。商人的地位也明显提高，资本主义萌芽，可统治者依然把商业和农业对立起来，实行重农抑商政策，迫使商业资本流向土地，在一定程度上加剧了土地兼并，严重影响了商业资本积累，也是中国失去世界上最发达国家地位的一个原因。

江苏的帝王陵寝

» 南京明孝陵
» 南京南唐二陵
» 南京孙权墓
» 淮安明祖陵
» 扬州隋炀帝陵

太平天国梦一场

1840年以后的中国就像一架已经行驶了几千年的破车，彻底生锈，上层阶级对民生充耳不闻，鸦片战争、政府腐败、外国资本主义的侵略，大量白银外流，经济日益衰弱，社会百病丛生。两广地区原本贫弱，外加自然灾害，洪秀全，一个典型的失意土塾师，以“拜上帝会”之名于广西聚众起义，企图建立一个梦想中的“小天堂”。在“不起来就死去”的选择下，人民旋风般地成为信徒，终至用鲜血在中国历史上写下“太平天国”这触目惊心的一段。

1853年3月20日，太平军建都南京，缔造“人间小天堂”，并改南京为天京。人口稠密的江苏地区此后便开始了被太平军和清军反复争夺烧杀的历史。江苏战前4471万人，死亡1679万人，死亡率为37.5%。苏南地区往往二三十里不见活人，有的地方人口仅存五分之一。太平天国战前吴语人口为5918万人，占全国人口4.336亿人的13.6%。1987年的这几个数字是6975万人，9亿人，8%，南京、镇江、扬州等地失去吴语。

1872年，最后一支打着太平天国旗号作战的太平军部队，翼王石达开余部李文彩，在贵州败亡。这一场由农民勾画的乌托邦式的梦想，在推行的过程中失去了控制力，以荒诞残忍的方式膨胀、消亡。

流经江苏北部的淮河，成为金和南宋的边界线。从此以后，江苏南北出现明显经济差距，文化差异也被强化。

1645年清军攻破扬州城后对城中平民进行的大屠杀共持续十日，死亡八十万人，故名“扬州十日”。

南京十年

大清政府到底是积重难返，或者说，整个中国封建社会气数已尽，太

1842年

《中英南京条约》签署，是中国被迫签署的第一个不平等条约，香港就此割让。

1851~1864年

太平天国运动，江苏是战争胶着的中心，南部受到重创。

1912年1月1日

中华民国临时政府在南京成立，孙中山在此宣誓就任临时大总统，同年废乾隆时的府、州、厅制，分辖全省为60个县。

1927年4月

蒋中正在南京建立中央政府，定南京为首都。同年7月，上海脱离江苏成为独立的院辖市。

太平天国天王府是洪秀全的王府遗址，位于南京城东的长江路。太平天国天王府即现在的“南京总统府”。

平天国运动结束仅40年，人民的力量又以一种更颠覆的方式席卷而来，1911年辛亥革命爆发，最终推倒了清王朝，翻开中国混乱、痛苦、艰难、充满希望的新局面。1912年元旦，中华民国临时政府在南京成立，孙中山宣誓就任临时大总统。经历了反袁起义、江浙战争、北伐战争，江苏也更换了几次主人，北伐战争前夕是孙传芳。这一时期，江苏的民族工商业迅速崛起，无锡、南通和常州的纺织工业得到较大发展。

民国16年（公元1927年）4月，蒋中正在南京建立中央政府，定南京为首都。民国17年（公元1928年）东北易帜后，“中华民国”在名义上完成了统一。各方面建设发展被称为“艰苦建国的十年”，西方则誉为“黄金十年”。之后十年内进行了一些现代化建设，包括修建了早期的公路网。国民政府正式定都南京后，进行了大规模的首都建设。南京和上海脱离江苏省成为独立的院辖市，江苏的省会则于民国18年（公元1929年）迁往镇江。

在此期间重工业成长有限。中国与日本重工业的差距越来越大，中国机械行业实际上不能生产一架飞机、一辆坦克、一门重火炮。在1938年失武汉之后，国统区钢产量仅为战前的3%，电力为战前的14%，水泥为战前的5%，化学为战前的1%，棉纱为战前的1%，面粉为战前的2%。所谓三大产业：机制面粉业、纺织业、火柴业，主要掌控方为民间资本和日资。因此，

苏州衰落，成全上海

阖闾元年（公元前514年）苏州城就建立了，成为世界最古老的城市之一。现在的上海地区当时还只是一片水乡泽泊。

在两千多年的时间里，苏州的吴文化登峰造极，经济也是持续的繁荣。秦朝，《史记》形容苏州为“江海间一都会也”。在唐代，它的繁荣程度仅次于长安，白居易所谓“人稠过扬府，坊闹半长安”。在元代，上海雏形出现了——吴郡（苏州）华亭县的一个叫华亭海的荒村。明清两朝，上海还是一个十分萧条的港口，而苏州已是“风物雄丽为东南冠”，成为全国的经济中心之一。

1860年5月，太平军李秀成进攻苏州，巡抚徐有壬和总兵马德昭颁布命令：“首令民装裹，次令迁徙，三令纵火。”抚军下令烧民屋，城外万户成寒灰。这是清人自毁的状况。太平天国之后，苏州人口骤降，大量资本转移上海，迅速使这个1853年开埠的城市完成原始资本积累，彻底取代苏州，成为东南最繁华的地区，从此苏州再也无力制约上海的发展。

1928年	1937年12月13日	1939～1945年	1944年
“中华民国”在名义上完成了统一。	日军攻陷南京，随后进行持续6个星期之久惨绝人寰的南京大屠杀。	南京是中国东部沦陷区汪精卫政权的首都。	江苏北部以徐州为中心建立了淮海省。

"黄金十年"也可说是一场镜花水月。

"九一八事变"是一个转折点，此时中国国民党内部已开始腐化，派系林立，而其无条件接受入党者则加重这一状况。农村社会与经济状况在军阀内战之余也没有得到改善。南京国民政府在财政上依赖海关税收，而其管辖范围也十分有限。军事开支依靠大批借款维持。国民政府法币恶性贬值，国统区通胀率创造世界纪录，导致工矿业名赚实亏，"货币税"成了压死骆驼的最后一根稻草。

1937年爆发"七七事变"后，日本对中国侵略战争全面爆发，国民政府在这十年间经营中国经济现代化的努力成为泡沫，所有建设成果几乎完全消失。随着国民政府在1937年迁都重庆，西南大后方集中全国大部分资源，南京十年这个又一次实验剧般的"辉煌梦想"宣告破灭。

英人呤唎《太平天国革命亲历记》中记述："我们的视线内除了不可胜数的坟墓、牌坊和成堆的废墟外，可以一直望到天边的尽头。原为中国的美丽花园，今已荒废不堪，好像冬天要永远留在这里似的。"

攘外安内，国民党出走台湾

西安事变后，国共双方经过谈判决定停止内战，共同抵抗外来侵略者，但仍摩擦不断。

1937年12月，日军占领南京，随后分兵北上进攻苏北地区，江苏全境沦陷。粟裕率新四军一部挺进苏南，首战韦岗取得胜利。到1940年夏天，江苏已成为华中抗战的主战场。皖南事变后，国民党围歼北上抗日的新四军军部及所属部队，共产党在盐城重建新四军军部，陈毅为代军长，刘少奇为政委，部队绝大部分战斗在江苏地域。

新四军重建军部旧址，俗称泰山庙，位于盐城市建军西路，是皖南事变后重建新四军时的军部所在地，陈列着刘少奇、陈毅等领导人的旧居、文物、史料、照片等。

1944年春，日军发动打通大陆交通线的豫湘桂战役。为钳制日军，支援正面战场作战，江苏各根据地军民抓住有利时机，向日伪军发起局部反攻。3月，新四军一师主力部队在叶飞的率领下，在淮安发起车桥战役，取得了空前胜利。车桥战役揭开了新四军在江苏局部反攻的序幕。在车桥战役胜利的鼓舞下，江苏解放区军民向敌伪发起全面进攻，解放了全省2/3以上的土地和人民，直逼南京、上海等大城市，形成"收京入沪"的大好形势。1945年9月2日，日本正式签署无条件投降书。

1945年10月10日，国共签订《双十协定》。不久后国共内战全面爆发。毛泽东凭借"农村包围城市"的策略以及苏联赠予的日军遗留在东北的武器逼得国民党军队节节败退。1949年，人民解放军渡过长江，占领南京总统府，4月23日南京解放，国民党当局被迫退至台湾。

1948年

年底在徐州附近一带进行的淮海战役导致了国民党军队的败退。

1949年4月

中国人民解放军渡过长江，解放南京，国民政府撤退到台湾。6月2日，江苏全境解放。

1952年

苏南苏北合并，成立江苏省，省会南京。

同年，为了治理洪泽湖，盱眙县和泗洪县划归江苏，萧县和砀山县划给了安徽。

1955年

江苏省人民委员会接替了原有的省人民政府。

南京大屠杀

侵华日军于1937年12月13日攻陷中国的南京之后，接到了上级“就地征收”的命令，为了掩盖抢劫强奸的暴行，除了杀死受害人，还放火烧毁村庄。在南京城区及郊区对中国平民和战俘进行的长达6个星期的大规模屠杀中，30万中国平民和战俘被日军杀害，南京城的1/3被日军纵火烧毁。

美国牧师约翰•马吉1937年拍摄记录了迄今唯一的南京大屠杀影像，共四盘放映长度达105分钟的电影胶片（2001年约翰•马吉的儿子大卫•马吉亲自将它捐赠给侵华日军南京大屠杀遇难同胞纪念馆）。约翰•马吉的书信中写道：“强奸妇女的行为已无法形容和想象”，“我能说的是，这个城市的每一个大街小巷都有死尸”。

中国文化珍品也遭到疯狂的掠夺。据查，日本侵略者占领南京以后，派出特工人员330人、士兵367人、苦工830人，从1938年3月起，花费一个月的时间，每天搬走图书文献十几卡车，共抢去图书文献88万册，超过当时日本最大的图书馆东京上野帝国图书馆85万册的藏书量。据统计，南京市共损失古物26584件，字画7720幅。

留驻南京城内的西方人建立一个“南京安全区”来保护平民，在城内外还有一些中国人和欧洲人自发组织的难民营，如城北下关的和记洋行、东北郊外的栖霞寺和江南水泥厂等，但日军并未遵守与国际委员会的约定，强行闯入安全区，劫掠财物、奸淫妇女，大肆抓捕青壮年并予杀害。

而今天，日本的教科书企图掩盖这一惨痛的事实，日本历史学界也有学者试图扭曲或淡化南京大屠杀。侵华日军南京大屠杀遇难同胞纪念馆前印有222名“历史证人的脚印”的铜版路，路长40米、宽1.6米。

“文化大革命”风雨中

1966年，江苏省的群众运动在“极左”舆论的宣传鼓动下骤然兴起。南京大学是江苏“文化大革命”的发源地，该校党委书记领导了对贴大字报师生的批判，这就是所谓的“六二事件”，刺激并助长了群众中的自发倾向。江苏省委于1966年8月初决定从各高校撤出工作队，但是没来得及撤出的工作队就成了学生们围攻批斗的对象。各单位几乎陷入无政府状态，据不完全统计，当时省级机关65个单位中有57个卷入运动，共贴出大字报40多万张，许多科研单位的科技人员被作为“反动权威”或“牛鬼蛇神”受

1958～1959年	1966年1月	1980年1月	1983年
原江苏省松江专区九县和南通的崇明县划归上海市管辖。上海面积自此扩大了10倍。	江苏省人民委员会中断。	江苏省人民政府正式恢复办公。	江苏省开始实行市管县体制，设立11个省辖市。

到批判，甚至折磨致死。

9月至11月间，江苏共有近百万人次的红卫兵涌入北京。而来江苏南京串联的外地学生人数也有数十万之多，社会各行各业的生产和工作受到严重困扰。仅在南京地区，就有1.3万户工商界、文艺界人士遭到红卫兵抄家，被抄物资达284万件，全市13处重要宗教活动场所——如鸡鸣寺、毗卢寺、栖霞寺等遭到严重冲击和破坏，许多佛教、伊斯兰教、天主教、基督教神职人员遭到批斗。数千家商业和服务业的老字号被摘下招牌、停止销售商品，许多行业被取缔。许多地名遭到随意篡改，例如六城区中玄武区改名为要武区，秦淮区改名为遵义区，白下区改名为朝阳区，鼓楼区改名为延安区，下关区改名为东方红区。

1967年8月前后，南京地区造反派掀起了一场针对南京军区和许世友的动乱风潮，后被周恩来及中央派出的调查组平息，原定9月2日举行的“10人批斗许世友大会”流产。随后，南通、常州、无锡、扬州等地的造反派组织也陆续签订了停止武斗的协议，局面被中央基本控制。

南京长江大桥是我国自行设计、施工的特大型铁路、公路双层两用桥梁，全长6772米，开工于1960年，建成于1968年，贯穿了整个“文化大革命”，总投资2.8亿元，是一座在极度困难和混乱局面中诞生的伟大建筑。

苏南苏北，难端平的一碗水

江苏在新中国的历史进程中虽然由于社会大背景而走过一段弯路，但早期修建的水利工程、兴办的大量厂矿为国民经济的发展奠定了基础。

党的十一届三中全会以后，江苏省经济迅速崛起，可省内不同地区的生活水平存在巨大差异，江南历来为富庶之地，江北历史上除了扬州，多为贫穷之地。一条长江，不仅仅造成南北冲积平原肥沃程度的差异，也自古是天然的军事屏障：江南属于吴越文化区，少受北族侵扰，早早就从“生存”向“发展”阶段跨越，而苏北主要属于江淮文化区。尤其在改革开放之后，经济收入水平较新中国成立初期相对平均的分配模式有了很大的不同，苏南苏北嫌隙加重。

20世纪80年代初，苏南人血液里精明的细胞因为外界日渐开放的空气而蠢蠢欲动。随着农村家庭联产承包责任制的推行，一大批解决了温饱问题的江苏农民开始产生强烈的致富愿望。他们依托村镇集体经济，利用农村的富余劳动力和土地，开始走上兴办集体企业的道路。这是乡镇企业的发端，因为主要以地处苏南的无锡、苏州、常州农村为代表，后来被人概括为“苏南模式”，成为江苏经济在全国最为抢眼的标记。但邓小平的经济改革起初的热点集中在南部海岸的广东省，其经济水平立刻超越了江苏。

1996年

设泰州、宿迁两个地级市。至此江苏省共管辖13个省辖市。

2007年

太湖蓝藻暴发。

2012年

江苏人均GDP超过1万美元，仅次于京、津、沪三个直辖市，达发达国家水平。

2012年7月

“启东事件”爆发，为批制江苏南通市政府批准对日本王子制纸集团的制纸排海工程项目，当地百姓占领政府大楼。

20世纪90年代初，以上海为中心的长江三角洲地区得到重视，与上海联系紧密的两个江苏南部城市苏州和无锡迅速发展，地区生产总值均超过省会南京。同一时期，外资大量涌入苏南，与前期的民营企业支撑起了苏州和无锡的下辖县经济。苏南苏北差距进一步扩大。

2003年，江苏省提出了“两个率先”——率先全面建成小康社会，率先基本实现现代化的奋斗目标，实施沿江开发战略和沿沪宁线高新技术产业带、沿东陇海线加工工业带建设。时至今日，苏北已经成为江苏的一个新兴发展区，作为承接项目转移的腹地来说条件很好。向苏北投资、转移产业，不仅破解了苏南土地、环境等瓶颈问题，对苏北来说也能带动资金流、物流、信息流的发展，是一种双赢模式。

然而，并非全是好消息，在持续多年的低成本、外包型、分工低端的竞争优势逐渐衰竭的形势下，对于加工贸易占据半壁江山的江苏而言，加快转型升级的步伐迫在眉睫。10万平方公里的湖海之间，江淮大地空前团结，联手面对新的机遇与考验。

2013年10月

中国首条跨省地铁——上海轨道交通11号线延伸至江苏昆山，长三角交通一体化正式启动。

2013年11月

两岸企业家紫金山峰会在南京召开，为苏台交流合作持续推进提供了重要契机。

2014年3月

苏州因为“兼顾经济发展与历史文化传承”，成为2014年“李光耀世界城市奖”得主。

江苏人

似乎没有个性分明的标签，可以用来描述江苏人这个群体。横跨南北的地理位置决定了江苏涵盖了“南方人”和“北方人”等不同人群，于是说起江苏人，也经常需要按地区划分。不过正因如此，兼容南北的江苏人被称作“中国人的缩影”：南方人的细腻聪明和北方人的豪爽情义这里都有，再加上安稳、中庸、善忍……

“江苏是个柔弱似水但实力坚强的男人；身上爬满蚕宝宝，手工、刺绣都非常拿手；闲暇时会到太湖采莲，有时也会跑去看昆曲；喜欢用紫砂壶泡茶，很喜欢吃大闸蟹，性情温和……你觉得这个‘苏苏’怎样？”——江苏省人民政府新闻办公室官方微博

文理官商 样样精通

融汇了南北“优质基因”，以及沿江、沿海、沿运河的地缘优势，再加上千年不衰的繁荣经济，江苏人可谓见过了各式各样的大世面。也正因如此，江苏人经常行走在中国前列；尤其在政治稳定之时，江苏人更能在各行各业都作出表率，甚至赢得了“治世看江浙、乱世看湖广”的说法。

琴棋书画等传统文化不需赘言——无论是小桥流水的苏南各地，还是运河商埠的扬淮重镇，舞文弄墨、玩物之趣早已渗入百姓的生活，各类大师自然层出不穷。

中国两院院士中，江苏人常年占据第一位置。出过10名以上院士的江苏县市就有无锡、苏州、常州、南京、宜兴、常熟、扬州、镇江和南通（其中宜兴和常熟只是县级市）。至于名满全球的科学家，江苏则有华罗庚、茅以升、钱伟长、吴健雄……

于是，江苏人特别是苏南人，似乎总以“风流才子”的面目出现，柔弱之风盛行；曼妙婀娜的江南女子，成了许多人心中最理想的江苏代言人。不过，在需要强硬风骨的政治思想领域，江苏人同样有过辉煌贡献。

“先天下之忧而忧，后天下之乐而乐”的呼声发自苏州人范仲淹，“天下兴亡，匹夫有责”的警言来自于昆山人顾炎武。明末，“柔弱”的苏州、无锡人扛起了对抗皇权、纵横政坛的大旗；而在满人铁骑南下途中，面对铡刀的江阴、扬州人更是表现了让北方诸多省份汗颜的气节。近代，作为工业化较早的省份，江苏的工人运动同样如火如荼；共和国成立后，周恩来、江泽民、胡锦涛等三位领导人更是都来自江苏。

1637年正月十九日，江阴人徐霞客开始了长达4年的长线自助游，最远抵达了丽江、腾冲等地。如今，5月19日作为徐霞客的诞辰日，已经成为了“中国旅游日”。江苏人在旅游业上也是中国翘楚。

同时，徐州还是全国有名的“帝王之乡”。而对于更加热血激情的战争来说，尽管不及其他省份那样群星璀璨，江苏体内蠢蠢欲动的雄性基因还是奉献了两位伟大的战略家——孙武、韩信，以及雄霸东方的“战神”项羽。

至于工业、商业等兴邦大业，这当然更是精明勤劳的江苏人的特长。“明清十大商帮”之一的苏商即出自苏州太湖洞庭山（东山和西山），又称

洞庭商帮。如今，江苏省的GDP早已名列全国第二位；按照增速，超越冠军广东省也只是时间上的问题。

做过启东中学的高考模拟卷吗？江苏是全国排名前列的教育大省。“985工程”中就有南京大学和东南大学两座大学；“211”学府江苏占了11座。同时，江苏诸多大学都有着相当漂亮的校园，比如《致青春》就在南京理工大学取景拍摄。

平原上的江苏 水做的江苏人

由于高达70%的省域面积都为平原（占比居全国之首），江苏人可谓在平原上土生土长，拥有典型的平原性格。富足的小农经济自然是这里人才辈出的原因之一，不过富饶安逸的生活环境，也造就了江苏人在沿海省份中相对而言的保守性格。

同时，水道河网遍布、三大湖泊分布的特点，更让江苏人具有水一般的性格（这里的水应该是“淡水”，而非浙江、福建、广东人的“海水”）。上善若水，水善利万物而不争——灵活温润，乖巧圆滑，追求细水长流，同样在江苏人身上有诸多呈现。

这些特点在苏南人身上尤其明显。他们大都含蓄斯文，做事比较稳妥、不冒险、不激进，将享受风花雪月般的人生作为真谛。哪怕外出经商、做官，水乡家园总是时刻萦绕在心头，拥有较强的故土意识。“万水千山总是家乡好”，他们多会选择回归故里，在家门口经营事业，比如通过招商为家乡引进外资，造福家乡父老。

因此，在出海经商、对外开埠、改革开放等历史关头，江苏人虽然总是位于第一方阵，但是很少当“领头羊”，第一个吃螃蟹的人大多是广东人、浙江人。而在事情发展证明可取时，江苏人总会结合自身情况，从中提炼出一条更为实用主义的发展方式，然后借助自己厚重的文化底蕴和优良的教育素质，迅速地后来居上。有人就把江苏人的这种性格总结为“亚军性格”。今天的“苏南模式”就通过华西村、昆山、苏州园区等案例，将江苏人的这种性格优势展示得淋漓尽致。

相比较而言，长江特别是淮河以北的苏北人，因为邻近北方，而增添了几分北方人的豪迈多情，徐州人甚至得到“有情有义”的赞誉。

“商胡离别下扬州，忆上西陵故驿楼。如问淮南米贵贱，老夫乘兴欲东游。”杜甫的这首诗，记载了“商胡”在四川聚会饯别、顺长江东下扬州的情景。

人口和民族

在全国各省和自治区中，江苏省面积只比台湾、海南和宁夏大。不过江苏省7500多万的人口却是排名前茅，于是平原上的江苏也就成为了全国省和自治区中，人口密度最大的省份——2011年末，江苏省每平方公里就居住有767人，是全国平均水平的5.5倍！

江苏是中原移民进入较早的省份。这里本是东夷和山越人的聚居之地，不过早在商朝末年，江苏就迎来了泰伯奔吴的移民肇始。之后，历经春

娱乐江苏

2013年《中国好声音》第二季，来自江苏徐州的“蘑菇头”李琦获得冠军。

凭借《非诚勿扰》、《一站到底》等王牌节目，江苏卫视已成为全国卫视收视率亚军，仅次于“娱乐至死”的湖南卫视。

其实，娱乐业可谓历史上江苏的传统优势。江南靡靡之地自古以来都不缺少莺歌燕舞和胭脂美女。从吴国孙武“指导”的宫女舞，到汉朝楚王宫廷的长袖善舞，到隋唐扬州的“杜郎俊赏”，再到秦淮河畔的风流韵事——如今，江苏卫视和江苏人，正在谋求属于自己的娱乐新版图。

江苏人的方言

吴语 通行于苏锡常苏南三市和南京、镇江、泰州、南通下辖的部分地区。其中，苏州话最“软”，是狭义的吴侬软语，来自上海、嘉兴等地的人较易听懂。

江淮官话 通行于南京、镇江、扬州、泰州、南通、淮安、盐城、连云港、宿迁的全部或大部分地区。南京话和扬州话是其中代表。

中原官话 通行于徐州、宿迁市区、连云港赣榆等地。为“北方话”的一种，徐州话的发音、语调就介乎山东、河南话之间。只要能听懂普通话，大部分人都能听懂七到八成的徐州方言。

秋战国时期吴、越、楚等国的经营，以及汉朝盐业的大力开发，江苏迅速发展成为全国的经济重地，人口也随之跃增。再往后，伴随着东吴开发、衣冠南渡、宋室南迁等诸多历史大事，江苏顺应历史趋势，早已成为人口大省和赋税重地。

如今，江苏99.64%的人口都为汉族。少数民族中最多的是回族，超过10万人，聚居在南京、扬州等地。回族在江苏的历史十分悠久，最早可追溯到初唐时期，经由海路来到扬州等地的阿拉伯人。

宗教信仰和民间习俗

南朝四百八十寺，多少楼台烟雨中——描写的就是以江苏南部为核心的地区在六朝时期鼎盛的佛教信仰。自从孙权之母吴国太笃信佛教开始，吴地就养成了经久不衰的佛教信仰。每逢佛陀、菩萨诞辰、出家、得道等纪念日，各方信徒（以女性居多）总是结伴进香，佛殿香炉前，吴歌调子唱起“南无观世音菩萨”。

道教在江苏延续着它在其他许多省份的式微状况。不过，关于灵魂、鬼怪、巫术的传说曾广泛流传于这片吴国楚地；位于句容、金坛交界处的茅山，就因善于捉“鬼”、捉“僵尸”的茅山道士而出名。

江苏也是天主教、基督教和伊斯兰教等西方宗教进入较早的省份之一。其中，天主教在明末随着利玛窦来到南京，基督教则在1840年以后陆续进驻。伊斯兰教更早，初唐时期就随着“商胡”漂洋过海而至。

大部分江苏普通老百姓和其他地方人一样，进庙拜神大多怀着纯朴的原始信仰。哪个教派的神祇对他们来说并不是关键，许愿祈祷才是重点。不过对于一些上了年纪的人而言，他们倒对“中国神”和“洋人神”分得很清楚，若非基督或天主教徒，一般不会迈入教堂祈福。

这种“泛神主义”的纯朴信仰也体现在民间习俗上。运河、盐河畔的百姓碰到节庆，会有不同的妈祖、盐婆、张王等大小神仙抬出来供奉朝拜。不过，和其他汉民族区域一样，最富有民俗风情的还是春节、清明、端午、中秋等传统佳节。

入选中华百寺的江苏寺庙

- 南京栖霞寺
- 南京灵谷寺
- 苏州西园戒幢律寺
- 苏州寒山寺
- 苏州灵岩山寺
- 常熟兴福寺
- 镇江定慧寺（焦山）
- 镇江金山寺
- 句容隆昌寺（宝华山）
- 常州天宁寺
- 扬州大明寺
- 扬州高旻寺
- 南通广教寺（狼山）

文化

江苏堪称中国几千年来长盛不衰的省份之一。文化的发展自然是以经济的繁华为基础，历史的多次垂青更让江苏奠定了它在中国文化版图中的鼎盛地位。几次中原文化的南移都是以江苏为桥头堡，六朝、南唐等重视文教的朝代相继以南京为都，大一统的明朝尽管迁都北京，却始终将南京作为留都。江苏也不负众望，明清两代共202名状元中，63人来自江苏，远超第二名浙江的39人；昆曲、苏州园林、淮扬菜等也在这个时期最终形成。

不过，江苏省内的文化差异也堪称巨大。长江和淮河两大水系将江苏一分为三，从南到北就差不多分布着江南文化、江淮文化和中原文化三大区域性文化——相互间的差异表现在方言、饮食、习俗等各个方面，有着从中国南方到北方的过渡转换。

江苏省的中国历史文化名城有11个，为全国最多，分别为南京、苏州、扬州、徐州、淮安、镇江、常熟、宜兴、无锡、南通、泰州。

建筑

黑瓦白墙的江南民居，枕着细流清水，步履行走在青石板街巷上，木船穿梭在一座座石桥下——这可能是提起江苏时，许多人眼前浮现的第一幅画面。

这些黑白照片一样的老房是典型的“中国式美景”，如今仍广泛分布于苏州、无锡等地老城区和附近周庄、同里、角直、锦溪等水乡古镇。由于水道密布，这些民居大都因地制宜，建在水边：后门出去走几阶石梯，就可以蹲在河畔洗衣淘米——于是有了个很好听的描述：人家尽枕河，苏州一带也得名“东方威尼斯”。前门外的街巷就成了城镇中的商业街，做生意的人家过去常将货物用船直接载到自家后门卸货，方便得紧。

这里的民居多为徽派建筑和所谓的苏派建筑。苏派即历史上大名鼎鼎的“香山帮”，据说明故宫和皇陵即为他们的代表作。苏派与徽派的建筑都

江苏符号

2013年9月，江苏省政府主办的“江苏符号”全球征集活动结束。评选出来的20名“江苏符号”如下：

南京民国建筑、总统府、《二泉映月》、东海水晶、中山陵、蓝印花布、苏州评弹、扬州漆艺、苏州古城、夫子庙、南京长江大桥、《茉莉花》、明故宫、华西村、大报恩寺、桃花坞年画、扬州评话、南京金箔、吴歌、江南丝竹。

由于这些“江苏符号”多集中在江苏南部，本次评选也多多少少引起了一些争议。

苏轼与江苏

堪称中国古代文化全才的东坡先生，与江苏有着剪不断的缘分和感情。

东坡先生对苏州有着天生的好感。他甚至还为这里写了一句很管用的旅游指南："到苏州不游虎丘，乃憾事也！"

东坡先生曾在扬州和徐州短暂为官，也在江宁（南京）、海州（连云港）、泗州（盱眙）、楚州（淮安）、润州（镇江）留下了诸多佳话。据说那首大名鼎鼎的《水调歌头·明月几时有》是在镇江创作的。

最终有幸留下东坡余生的城市是常州！他自称为官30年间"未尝一日忘"常州，流放途中还向皇帝写了《乞居常州表》，终于如愿以偿。

强调对称美，以及与周边环境的和谐共存。大户人家在房屋装饰的细节上还会下大工夫，精美的雕花艺术经常能见到。两派建筑最大的区别在于徽派多有马头墙。当然，"香山帮"更为巧夺天工的代表作是名满天下的苏州园林（见338页）。

其他地区常见的民居建筑多是青砖黛瓦，一路向北也慢慢融入北方风格，比如徐州户部山古民居就有四合院的结构。

另外，属于中国早期对外开放城市的镇江仍保留有一些原来租界的异域建筑。民国时期的大力西化建设让徐州、南通等城市都有着相应的历史街区，当然最值得探访的是民国时期的首都——南京，"中华民国国民政府"在这里开启的首都建设计划虽然几经夭折，却也为这座历史名城留下了辉煌的建筑群。

江苏的众多古桥也是一道道美丽的风景线。甪直素有"桥都"的称呼，周庄双桥、同里三桥同样是古镇桥梁的代表。而在大运河上的宝带桥、清名桥，以及瘦西湖的五亭桥也都是经典古桥，各具风情。

文学

"烟花三月下扬州"的江南，流传着许多才子佳话，以至于每一个文青都有一场江南梦。这里烟波妩媚、清丽怡人的山水风光和风土人情，早就为文学创作提供了缠绵悱恻的素材。于是，江苏文学总是婉约灵动，更在声律、辞藻方面作出了额外贡献。

江苏在几乎各种文学体裁、各个历史时期都有出色的代言人。汉赋有枚乘、陈琳。南朝首推流行于宫廷贵族的宫体诗。宋词有李煜、秦观。明清更是进入黄金时期：不仅有"明代第一散文家"归有光，"前后七子"、"唐宋派"、"复社"、"虞山诗派"等文坛领袖中也不乏苏籍大家，唐寅等江南四大才子可是影视剧取之不竭的题材；小说更是江苏人的特长：吴承恩、施耐庵、曹雪芹、冯梦龙、刘鹗……哪一个名字不是如雷贯耳！就连文学理论、编撰方面，江苏也出过刘义庆、萧统、金圣叹等大家。

等等，唐诗呢？张若虚的一首《春江花月夜》就足以震住场面，更何况争先恐后来到江苏的各大诗人，纷纷留下了"旧时王谢堂前燕"、"商女不知亡国恨"、"姑苏城外寒山寺"等诸多朗朗上口的诗句呢！就如同浙江的青山秀水让诗人们走出了一条充满理想主义的唐诗之路一样，江苏丰盛的人文资源让他们的笔下多了一些思考，以及对现实的忧伤。

近代以来，遇到革命洪流的江苏文学，尽管也在努力振臂高呼时代的口号，却总不如邻居浙江那样有着犀利独到的笔锋和目光。这时文学社团层出不穷，最有名的当属"南社"、"鸳鸯蝴蝶派"和"中国新诗社"。朱自清、柳亚子、叶圣陶、钱钟书、汪曾祺等作家各具风格，浓浓的人文关怀是他们不变的旋律。新中国成立后的江苏文学有点乏善可陈，于是有人总结出“江苏作家群实力雄厚，但尚缺乏振聋发聩的史诗性巨篇”的说法。不过六朝、晚唐、南宋、明末清初以来江苏文风的胭脂味和书卷气被苏童、叶兆言、魏微等当代作家沿承。

江苏的作家群中，还有一位美国女子——赛珍珠。她在镇江度过了18年的童年和少年时光，因此称镇江是自己的中国故乡。她的著作《大地》是“对中国农民生活史诗般的描述”，她于1938年荣获诺贝尔文学奖。

绘画和书法

尽管连云港的“东方天书”崖岩画过于缥缈，尽管神秘图腾的含义至今未能破解，不过它的确可以看作江苏绘画的起源之作。

遍观世界历史，绘画的发展和成熟在一定阶段总离不开皇室贵族；江苏也不例外。汉朝贵族坟墓里的徐州画像石，只用古朴刚劲的寥寥几笔就传神地描绘了人物的神态。之后，东吴建立、晋室南迁和南朝安定更让画家随之定居。为孙权画画的曹不平有着“误笔成蝇”的故事，在梁朝做官的张僧繇更有“画龙点睛”的传说。真正名垂青史的大画家也于此诞生，顾恺之的《洛神赋图》和顾闳中的《韩熙载夜宴图》都是百年难遇的传世名作，江苏的DNA中彻底注入了绘画风靡的因子，欲罢不能。

明朝“吴门画派”唐寅、沈周、文徵明、仇英笔下的江山多娇，“清初四王”或“清六家”的领导画坛，郑板桥等“扬州八怪”的创新进取……民间绘画的巨大创造力已经超越宫廷御画，苏州桃花坞木板年画也在此时成熟，“北有杨柳青，南有桃花坞”名不虚传。

近代，最早接受西方艺术冲击的江苏省也在国画改革上走在前列：徐悲鸿的奔马、刘海粟的黄山、李可染的漓江……都是令人心潮澎湃的大家手笔！

书法方面，由于文画相通，顾恺之、唐寅、文徵明、郑板桥等人的墨宝都堪称洛阳纸贵；“草圣”张旭更用“抽象点泼的绘画”写下书法，将盛唐气度张扬在外。

《南都繁会图》是明朝宫廷美术作品，如实地反映了留都南京、秦淮河畔的繁华景象和市井风情，一直享有“南京本土的《清明上河图》”的盛誉。如今南京溧水将耗资13亿元打造《南都繁会图》的“大明城”。

曲艺和音乐

被誉为“百戏之祖”的“昆山腔”昆曲如今享有着全球性的声誉：2001年，联合国教科文组织在巴黎宣布的第一批“人类口头和非物质遗产代表作”名单就包括它。如今，受到特别保护的昆曲已经逐渐摆脱濒危困境，苏州、周庄、上海朱家角等地都有固定的商业演出，白先勇的青春版《牡丹亭》也向更多年轻人介绍着这门古老又鲜活的美艳艺术。

拥有清朝大运河最繁华两大都市扬州、淮安的江苏，在京剧历史上同样重要。经济发达和官商会聚让扬州成为当时的戏剧中心，徽班进京即由此北上。梅兰芳、周信芳等京剧名家都跟江苏有着千丝万缕的联系。直到今天，江苏许多城市还有京剧票友团。另外，苏剧、淮剧、锡剧等地方戏剧也在民间顽强生存。

对于普通老百姓而言，更为通俗的曲艺艺术是评弹（评话）。苏州评弹和扬州评话都有着轻快爽利的曲调、诙谐生动的语言和大吊胃口的噱头。同时，扬州小调、吴歌、丝竹等江苏民歌民乐也是清脆悦耳，过耳不忘，最有名的当属几乎每个中国人都会唱的《茉莉花》，以及瞎子阿炳的传世之作《二泉映月》——这些悠扬动人又婀娜多姿的音调，正是耳根里的江南。

民间工艺

当日地陷东南，这东南一隅……最是红尘中一二等富贵风流之地：《红楼梦》开篇的赞誉实在很高，而江苏（尤其是南部）也实在担当得起！富贵了，自然就要风流倜傥——财富云集让这里发展了中国最早的市民文化，精美绝伦的民间手工艺制品更是层出不穷！

惠山泥人“大阿福”总是胖乎乎的形象，其他各种造型也是惟妙惟肖。相比而言，同样用“泥土”做成的宜兴紫砂壶，则是文人雅士乐衷于茶道艺术的见证。“小石冷泉留早味，紫泥新品泛春华”，用紫砂壶泡太湖东西山的碧螺春吧！如今，名家大师的紫砂壶十分难得，最贵者甚至拍出了1700万元的价格！

扬派盆景、苏派盆景等艺术品同样是文人雅士们的挚爱：小小方圆中的山水世界体现着中国传统世界观中的天人合一。如今，两派盆景分别可在游览瘦西湖和拙政园时看到；参观一家家深宅大院时，你也可能随时被厅堂桌案上的惊艳盆景吸引目光。

生活在江苏的女人也是幸福的。蓝印花布用简单的两色对比，勾勒出复杂的花纹图案，创造出一种简单又和谐的东方美韵。青花瓷早已令西方艳羡，蓝印花布就如同它的平面柔和版，已经从南通迈向全球。

苏绣和云锦同样是江苏柔美气质的写照。苏绣是关于江南女子心灵手巧的最好证明，也是女红之美的完美呈现，可谓落针如发、淋漓尽致。云锦则因色泽光丽灿烂，状如天上云彩而得名，在古代一直是朝廷贡品（著名的江宁织造署即管理云锦的生产和进贡）。

常州篦箕至今已有1500多年的历史。在古代，篦箕与簪、钗、步摇、金钿、珠花等并称为女子八大发饰。据说做一把篦箕需要七十二道半纯手工工序，堪称一道精美的工艺品，远非梳子所能媲美。

位于苏北大地的东海水晶蕴藏量大、质地纯正，近些年来水晶贸易更是搞得风生水起！如今，东海县城早已拥有全球最大的水晶集散市场。各色花样的水晶正为江苏戴上一顶璀璨的皇冠！

苏州列入首批《国家级非物质文化遗产代表作名录》的传统手工艺术有9项，包括苏绣、缂丝、剧装、金砖、制扇、宋锦、桃花坞木版年画、水乡服饰、明式家具。

苏州园林

若想深入描摹“江南”的样子，不妨认真走一走苏州园林。

江南，在中国文化里是一种说不清的诗性源流，江南的建筑、历史、诗歌、绘画、雕刻等种种，无不浸润在一派烟雨蒙蒙的独特文化气氛中，而苏州园林恰是各种江南文化元素的集大成者。

苏州园林尤以私家园林为主，这和北方园林中的皇家主流很不同，是江南一带“有钱人家的宅邸”。私家园林固然建立在“有钱”的基础上，但若只是“富而不贵”，也便成不了大气候。《红楼梦》称苏州城“最是红尘中一二等富贵风流之地”，可见富贵繁华之外，更重文采风流。吴越山川，江南风流，被一代代文人、士大夫、能工巧匠们精雕细琢，经千百年沉淀，都糅进了苏州园林。

苏州园林作为中国建筑和设计的典范，在1997年被列入《世界遗产名录》，于咫尺之内见乾坤的精巧绝伦，取法自然而超越自然的深远意境，早已超越建筑物本身，而涵盖了中国文化诸多方面的精髓。最精华的要数建于16世纪至18世纪之间的大放异彩的明清苏州园林。

很难见到哪一种建筑形式，像苏州园林这样巧妙地包容和囊括了历史、文化和物质的方方面面，像是特意留给今人的标本一样，容我们去临摹和想象先人们创造的艺术和享受的生活。

书籍推荐

» **《梓翁说园》**，陈从周著。大师对园林的全方位解读。

» **《苏州古典园林》**，刘敦桢著。可当作园林的百科全书来读。

» **《图说苏州园林》系列**，曹林娣著。详细介绍园林的细部。

“园”起姑苏

园林为何独秀于苏州？曰天时，曰地利，曰人和。

江南多水，承载着园林的灵动之气。若是没有引入水脉，诸如留园的林泉耆硕之馆、沧浪亭的“水一涯”，甚至网师园的“渔父钓叟之乐”可就都没了着落。苏州毗邻太湖，从地表向下挖掘数尺就有水，整个苏州城都浸润在“人家尽枕河”的情调里。而其西南部多山地，太湖边又盛产著名的太湖石，叠山取石，方便又现成，如此就有了可尽情筑造和微缩于一园中的“山”和“水”。再加上气候温润，四季分明，景色随着天时流转，每个时节都有独特的韵味，春兰夏荷，秋霜冬雪，四时颜色鲜艳，配合江南风格的粉墙黛瓦，都不会落俗。

比天时地利更难得的是苏州的文化渊源。吴越地区自古是文人渊薮，民间教化之风极盛，尤其唐宋以降，在经济和物质极丰富的基础上，文化气氛更趋浓厚。明清时期江南更是状元辈出，文风极盛，这个时期涌现出大批园林专才、建筑专家、擅长花木培植和山石雕刻能工巧匠……诸路百工都聚居江南一带，擅长诗词歌赋的文人墨客也多流连穿梭在苏杭之间，众多在朝

园林释名

苏州园林的一室一厅命名都很有讲究，不过一大堆“亭台楼阁”很难区分，以下是一些空间的“名词解释”：

厅——会客、宴请、欣赏表演的公共社交空间；

堂——正房，通常是一家之长的居所或作家族庆典用；

楼——两层以上的房屋，较高，多作卧室或藏书；

阁——类似楼但较小巧的建筑，藏书或供佛；

榭——凌驾在水边或水上，观赏水景的空间；

舫——临水的船形建筑，作游玩设宴之用；

斋——深幽的小屋，用以静修或读书；

亭和轩——小型点景式建筑，用于游园时休憩、聚谈和赏景。

为官的——尤其是文官——致仕之后都首选苏州建园而“退隐”，无不将主流文脉注入园林设计，这种种因素结合起来，才铸就了园林之城。

从“皇家”到“私家”

我国造园之始，可以上溯到商周时期的“囿”，到西汉时期发展为“苑”，两者都是供皇帝狩猎和游憩的行宫。到魏晋时期，门阀制度兴盛，寒门中人政坛失意后转而寄情于山水竹林，崇尚回归自然清淡的生活，如《兰亭序》中所描绘，这也是后世苏州园林的哲学基础所在。

盛唐时期国运昌隆，宫室讲究繁华富丽，皇家御苑也空前宏大，但园林的整体设计依然是北方民族的遗风。而唐朝的诗歌、书法、绘画风格的发展和成熟，为江南园林的文化风格打下了基础。

宋元时期的文化风格经历剧变，私家宅邸开始兴盛。诗人和画家（其时多作为富贵人家的“清客”）开始接触和参与到园林的设计建造之中。尤其是宋朝出现的文人画、山水画，强势影响了园林设计的风格。宋徽宗对绘画和花石的痴迷，虽亡国不假，却也为苏州园林“写意山水”的风格定下了基调。

明清时期的政客退避和文人隐逸，由“隐于山”转向“隐于市”，文化上的“退思”倾向，把山林之思都倾注在“园门内”。私家园林大盛，大则吞吐山水，小则精致绮丽，不再局限于达官贵族，内涵也极大扩展，方寸之地纳入山水美景，纳入诗情画意，甚至纳入禅道的修行内容。苏州园林终于成熟在这个时机，从开放的狩猎场到封闭的私家宅，从御苑到文苑，从喧闹到静思，从北到南，最终落实在了苏州。

明清时期的苏州，造园的数量和质量同时达到巅峰状态，私家园林和庭院曾达到280余处，自此“苏州园林”早已不限于苏州地区，而成为整个江南古典园林的代名词。

1979年，美国纽约大都会博物馆建“明轩”，首次将苏州园林搬到海外。此后不断有苏州园林风格的庭院作品在“墙外开花”，如加拿大温哥华的“逸园”、新加坡的“蕴秀园”、日本石川县的“荷风四面亭”、美国波特兰市的“兰苏园”，等等。

如何看园林

曲径通幽处，禅房花木深

以苏州目前开放的最著名的几个园林来看，除了大体上符合“前宅后园”或“东宅西园”的原则之外，几乎各逞奇特，且绝少斧凿生硬的痕迹。

苏州园林的结构设计讲究阴阳呼应，极少“对称”，多以曲径、漏窗、回廊等带领视线，移步换景，景色绝不直露。以布局紧凑的留园为例，完全打破进门影壁遮挡的常规，在园门处即建漏窗，营造幽深曲折的感觉；又如沧浪亭门外一泓清池，以水流带人走进园林……空间设计极其巧妙，亭台楼阁之间利用影壁、月洞门、漏窗、廊道、假山甚至植物作间隔，形成既有格局又浑然一体的效果，这是苏州园林和北方皇家园林的重要区别，抛开了“横平竖直”的设计，苏州园林更像是微型的山水迷宫。

最袖珍的苏州园林残粒园占地仅140平方米。最绝妙之处是坐榻之下有通道通往亭下石山。残粒园不对外开放。
开放参观的园林中最小的则数五峰园，仅2.5亩，也有一山一水一亭轩，设计极见章法，位于阊门西街47号。

空间感是园林艺术中最奇妙的部分，用于起居坐落的“宅”和用于观景散步的“园”之间并不完全隔绝开来，多以厅堂为核心，面对厅堂设置山（假山）水（池），以亭、轩、阁、榭连接和点缀，居住空间与观游空间错落而联动，达到“宅园一体”的境界。如拙政园的远香堂，假山缀于前，水脉掩于后，东面建亭而西面筑轩，高低之间以回廊萦绕，人在远香堂内能见四面景观，十分通透，是空间感设计的精品。

“螺蛳壳里做道场”

作为私家园林，苏州园林现存较大规模的如拙政园，也不过占地60亩（约4万平方米），而沧浪亭、网师园、怡园都在10亩（约6700平方米）上下，以结构精巧著称的曲园、环秀山庄只有4亩（2600平方米）大小，在有限的空间里要有厅堂可住，还要有湖山可赏，且不使人感到拥挤或压抑，转身移步之间都有奇妙的景致变换，学问非同小可。

苏东坡评吴地的建筑风格为“巧”，称“华堂厦屋，有吴蜀之巧”。在很小的范围内堆叠山石，挖渠凿池来表现千山万壑，也配合了以文人士大夫为主的园林主人，需要关起门来享受宁静，在有限中追求无限的心境。“一峰则太华千寻，一勺则江湖万里”，将中国传统文化中的象征性发挥到极致。

如清末文学家俞樾设计的私宅曲园，三间正宅居中，庭园呈曲尺形半包围正宅，小园面积仅200余平方米，但结构曲折多变，丝毫不显窄仄。南面种竹，称“小竹里馆”，竹下佳处可读书；北面筑轩，以花木配合太湖石，假山中开小山洞，山洞和内宅开小径相通；东设琴室，西设书斋。俞樾戏称

奇妙的鸳鸯厅

在众多亭台阁榭楼轩舫斋的名目里，厅，是园林的核心。《园冶》称“凡园圃立基，定厅堂为主”，可见其主体地位。厅一般设在园林中部，附近必然临水或近山，多用作会宴宾客、观赏花木等社交活动。鸳鸯厅是其中最特别的一种造型。

“鸳鸯厅”在意境上迎合阴阳，在一个主体建筑之下分别设计两个小厅，两厅之间以屏风、纱隔或帐罩等相隔，而风格绝不相同。如留园的“林泉耆硕之馆”，在馆外看是一个屋顶，进入馆内是两间完全不同的“男厅”和“女厅”。梁架一扁一圆，内部装饰以男厅华丽而女厅简约，连雕花、帘幕、地砖、摆饰等风格都有明显区别。两厅一面阴、一朝阳，可根据季节需要分别选择取暖或庇荫。两种设计风格相互映衬，使内部富于变化，功能上迎合不同的时节气候。鸳鸯在中国传统符号里多指夫妻和合，表达“阴阳调和”的期望，在苏州园林中如此体现“天人合一”的设计很多。拙政园的“卅六鸳鸯馆”、狮子林的“燕誉堂”也是设计极其精巧的鸳鸯厅。

不得不提的“香山帮”

香山在太湖之滨，旧属木渎，自古出能工巧匠，尤其在宋末明初，苏州云集了避祸、隐居的各路达官贵胄、文士富商，私家园林蔚然成风，使这些建筑巧匠大有用武之地。

“香山帮”的成型大约在宋朝前后，明朝时的巨匠蒯祥，曾参与了紫禁城的主体设计和建造，官至工部侍郎，他在工艺和设计上的超卓能力，史称其“能大营缮，永乐中为木工之首”，使得香山匠人闻名海内，故被奉为香山帮的祖师。

到清末出现了堪称“江南耆匠”的宗师级巧匠姚承祖，出身木匠世家，一生设计建造作品数百，怡园藕香榭、木渎严家花园、灵岩山大雄宝殿皆出自其手。著有《营造法原》十六卷，集中了历代香山工匠技艺的精华。后期曾开塾立学，不但整理教授建筑技艺，还倡导千百年来仅口传手教的工匠们识字读书，便于技术的记载和传承。

香山帮工艺经过几百年的沉淀累积，在木作、水作、砖雕、木雕、石雕、彩绘、叠（假）山等方面都精湛卓绝，作品体现出独特的“江南风”，其结构紧凑、布局机巧、色调平和协调，陈从周一字论之曰“糯”，相比北方建筑的雄壮浓重，显得灵秀、雅致、温润。木工可称香山帮的不传之秘，在明清时期，以木结构为主的房屋从设计到建造都由工匠一手操办。香山帮讲究因地制宜，灵巧善变，在有限空间内，根据既有的山水安排屋宅，最大限度统一了审美和实用，达到“一石一峰以梦万仞高山”的境界。

香山帮技艺已在2009年入选“非遗”，除了在现今的园林古建修复上大放异彩，这门技艺也走出了国门，美国的“明轩”、“寄兴园”，加拿大的“逸园”等，都出自今天的香山帮巧匠之手。

之“拳石勺水”，尺寸之地设计得灵动自在，是苏州园林“纳须弥于芥子”的典范。

“虽由人作，宛自天开”

中国文化中“天人合一”的境界，在苏州园林中不难感受到。以模仿山水的意境打开园林，如沧浪亭的“开门见山”，进入园门迎面就是一座东西横卧的假山，沿山洞中曲折蜿蜒的石路步入，出洞后就是豁然开朗的古树清泉，几乎完全复制了《桃花源记》所载“初极狭，才通人，复行数十步，豁然开朗”的境界。而网师园则“以水筑脉”，仅占地半亩的彩霞池，配合周围的引静拱桥、网师小筑、濯缨水阁、月到风来亭，将池水分隔成几个微型的“湾”和“环”，把小小一湾水打造得仿佛漫漶天地间。

苏州园林的设计在空间上模仿山水，在时间上凸显四季变换。栽种四时花卉，或摇映于池水，或配合春雨冬雪。如拙政园，除了著名的“拙政远香”可供赏荷，在西侧水域四周错落有绣绮亭、荷风亭、待霜亭和雪香云蔚亭几个“小品”。绣绮亭边栽牡丹，供三月赏春；荷风亭在荷池中央，三面环水，供夏夜观荷；待霜亭则栽橘树，看秋色满园，硕果累累；雪香云蔚亭则遍植梅花，冬景过了又入春景，循环不绝。四时变化浓缩在亭台和花木之间，使景色随着季节变换流动。

明朝的袁祖庚是较早提出“城市山林”说法的园林主人，他少年中三甲进士，入京为官，颇为清廉而仕途不顺，四十岁辞官归乡后住在醉颖堂（即现在的艺圃），他提出“以其居有池台花竹之胜，颜其楣曰‘城市山林’”，认为致仕隐居不必非得到绝尘的世外山林去，自家的园林就是山林。

山水变化辅以四时美景，苏州园林为园中人隔离出一个架空的理想小世界，不出城郭而获山林之怡，身居闹市而享林泉之乐。

诗情画意的文士情怀

相比故宫和颐和园等北方皇家园林的富丽堂皇、红墙绿瓦，苏州园林简直清淡至极，永远的粉墙黛瓦栗色柱，艳色往往只在“一角”，或几枝红梅，或几点丹桂，在这种含蓄委婉的氛围中，喧闹转为静谧，或读书，或抚琴，或静修，构成了一个禅意十足的生存空间。

石令人古，水令人远，作为文人士大夫隐逸的宅园，苏州园林是用以“退思”的绝佳空间，气韵上凸显了自宋以来雅文化强调疏野、淡然的意境。沧浪亭是“写意山水”的典范，这个由诗人苏舜钦设计的园林，无论山水、花木、碑刻匾额都满载诗情，主人在《沧浪亭记》中不无得意地写道“至则洒然忘其归。觞而浩歌，踞而仰啸，野老不至，鱼鸟共乐”，园中榭称“藕花”，轩名“锄月”，水亭观鱼处有联曰“共知心如水，安见我非鱼”——虽隔着几百年时空，也不难由此想象园中人的自在境界。

苏州园林中匾额楹联的佳作简直数不胜数，有些将眼前景色升华，有些将虚境落实于文字；如留园的“安知我不知鱼之乐”、“闻木樨香轩”、“亦不二亭”，网师园的“竹外一枝轩”，狮子林的“暗香疏影楼”，怡园的“云外筑婆娑”……都短小而精妙，更兼书法之美，真草隶篆会聚其间，将林泉自在诉诸诗文，如画龙点睛。

饮食

无论按照哪一种标准，简称苏菜的江苏菜都位列中华民族的四大菜系或八大菜系，而在扬州、苏州、无锡和南京这些地方旅游，江南美食可以说本身就是行程的一部分。

苏菜由淮扬、苏锡、徐海等地方风味组成，擅长炖、焖、蒸、炒，其影响遍及长江中下游广大地区并辐射全国。从扬州狮子头、无锡酱排骨和南京盐水鸭中，游客会发现苏菜的特点，即注重保持原汁，风味清鲜，浓而不腻，淡而不薄，菜品风格雅丽，形质均美。美食遍布高级酒楼到路边的小摊，不分贵贱。有经验的食客总是能从汤头、刀工和火候等细节品鉴出高下，讲究的老饕认厨师超过认饭店。江苏美食就像当地清雅的碧螺春茶和江南的园林，精致优雅，往往在曲径通幽处让懂得欣赏的人眼前一亮。

总体来说，苏南地区的口味偏甜，接近上海的本帮菜；而苏北地区的菜偏咸，接近于北面的鲁菜。近年来，三种主要菜系的发展都有一个关键词：融合。淮扬菜由平和而变为略甜，似受苏锡菜的影响。而苏锡菜口味由偏甜而转变为平和，又受到淮扬菜的影响。徐海菜则咸味大减，色调亦趋淡雅，向淮扬菜看齐。

盱眙小龙虾成了全国人民夏天的夜宵，阳澄湖大闸蟹驰名中外。木渎鲃肺汤和羊方藏鱼等文化名菜的背后都有鲜活的故事，历史、文化和美食在这里交融。

《吴越春秋》里记载，吴国公子光利用王僚嗜鱼，找来刺客专诸向高手太和公学做“炙鱼”三个月，最终将鱼肠剑藏于鱼腹中，将王僚刺死。据考证，当年炙鱼用的是太湖特产梅鲚鱼。

苏锡菜：太湖三白和浓油赤酱

苏锡菜流行于苏州、无锡、常州三市，主要包括苏帮菜和无锡菜。由于这两个菜系的风味和烹饪方式极为接近，统称为苏锡菜。苏帮菜擅长炖、焖、煨、焐，讲究精细，新鲜花样多，食材都是刚上市的时鲜，刀工特好，烹饪法灵活多变。

流行于苏州、无锡、常州的苏锡菜，跟太湖很有渊源。太湖可称江南之肾，单从水里就有著名的“太湖三白”——白鱼、白虾和银鱼，每年8月底9月初太湖开捕的时节，也是三白大量上市的季节，太湖沿岸的船菜馆开始热闹起来，在苏州城里的一些餐馆也能品尝到新获的湖鲜。太湖沿岸及岛屿上一年四季都有好物产，这直接让苏州人养成了“吃时令”的饮食习惯。一方面是春夏秋冬四季有不同的时鲜，另一方面一样食材的吃法也因四季而变化。如此讲究，当然也与苏州文人辈出不无关系，过去苏州大户人家还喜欢请名店大厨来园子里宴客呢。周瘦鹃先生告诉大家：不懂吃的“吃饭店”，懂吃的“吃厨师”。松鼠鳜鱼、清炒虾仁、响油鳝糊、蜜汁火方都是苏州名菜。

同在太湖之滨，无锡人其实也吃得丰富，只不过人们对无锡菜的评价更多只是一个字——“甜”。其实不尽然，无锡菜常常“咸出头，甜收口”，做菜时先咸后甜，可以吊出鲜味。“浓油赤酱”是另一个特色，苏州肉食的上色是鲜亮的红，到了无锡变成了赤褐。从早上吃的无锡小笼包里就可以瞥见无锡菜的影子，肉馅必是加了很多酱油和糖，颜色浓重，一口一包汤汁，配上碱水馄饨刚刚好。无锡名菜似乎更多与肉有关，酱排骨、面筋塞肉等，不过也有梁溪脆鳝、糟煎白鱼这样的湖鲜菜。近几年新崛起的灵山素菜和宜兴的湖鲜山珍则是无锡菜的发展和延伸。小城宜兴由于出产全国第一的紫砂，汽锅鸡和横山鱼头同样让人食指大动。

在苏南和苏中，河豚和毛蚶一直是争议的焦点，极致的美味往往需要“拼死吃河豚”的勇气和对卫生的特别关注。

常州菜并不像前两者那样旗帜鲜明，但也兼容了江南特色。由于坐拥天目湖，常州的鱼头砂锅是人们称道的美食。鱼肉肥美，鱼汤乳白，一大盆上来看看就觉得满足。

淮扬菜：从“烂猪头”到“皮包水”

淮扬菜流行于扬州、镇江、淮安、泰州、盐城、南通及其附近地域。淮扬菜的刀工为全国之最，选料严格、制作精细、清鲜平和是淮扬菜的特点，主要菜品有清炖蟹粉狮子头、大煮干丝、三套鸭和文思豆腐等。

清代的扬州盐商云集，而一般漕运或者盐商聚集的地方，就必有好吃的菜式。无论是袁枚的《随园食单》还是曹雪芹的《红楼梦》，都记载着精致的当地菜肴。扬州的特色宴叫三头宴。所谓“三头”，指的是扒烧整猪头、拆烩鲢鱼头和蟹粉狮子头。扒烧整猪头据传最早出自乾隆年间扬州法海寺的和尚，有着“江南好，法海寺闲游。湖上虚堂开对岸，水边银塔映中流，留客烂猪头”的名句。由于制作手续繁复用时较多，所以一定要事先预订。拆烩鲢鱼头的看点主要在刀工，精华在于要去掉每一根鱼骨但仍要保存鱼头的形状。扬州名菜狮子头得名早自唐代。当年的郇国公韦陟宴客，名厨韦巨元用肉团子做成的“葵花心”精美绝伦，有如雄狮之头。韦陟就把“葵花斩肉”这道菜改名“狮子头”。作为最著名的扬州菜，狮子头考验的

了解苏菜的五本书

六朝古都的金陵、诗酒风流的扬州、乾隆三下江南的掌故和一部《红楼梦》共同构成了江苏的文化底蕴。阅读正是了解美食品味文化的重要途径。

» **《美食家》**，陆文夫著。书中主人公朱自治一生的爱好就是一个“吃”字，从朱鸿兴头汤面、石家鲃肺汤到最多只能宴请八人的私房菜在小说中一一登场。

» **《味道中国·江苏浙江美食》**是一本讲述了几十道苏菜的由来和传承的工具书，最大的亮点是有每道菜的具体做法。

» **《随园食单》**，袁枚著。大学者四十年美食实践的产物，描摹了326种南北菜肴饭点。如果古文很好又有兴趣，《扬州画舫录》、《白门食谱》和《调鼎集》也值得一读。

» **《肚大能容——中国饮食文化散记》**，逯耀东著。台湾学者探访饮食的随笔，美食是他回归大陆走访各地的重要原因。

» **《品味传奇——名人与美食的前世今生》**，周芬娜著。这是一部结合了名人、历史与美食的作品，亮点是篇后的名人小传和篇中的老字号饭店的品评。

西北风一刮，蟹脚就硬了

虽然很多人会千里迢迢到上海来吃大闸蟹，但其实阳澄湖大闸蟹均来自阳澄湖，位于苏州的东北。每年秋天的吃蟹时节，苏州人、上海人都会开车到阳澄湖，直接在船上吃蟹，通常还会带一些回来分送给亲朋好友。太湖地区也出产大闸蟹，但是口感和阳澄湖大闸蟹相比差一大截，不过要是到了季节，也很肥美。

每逢金风送爽、菊花盛开之时，就是吃蟹的时节了。俗语号称“九雌十雄”，即农历九月选雌蟹（胸腹部呈圆形）吃黄，十月则选雄蟹（胸腹部呈三角形）吃膏。江南人判断吃蟹的时节有句很简单的话——“西北风一刮，蟹脚就硬了”。说到吃蟹，虽然也有蟹粉入馔的高端食品，但现蒸自然是最合时宜的，配上黄酒，更是舒坦。出名的蟹菜还有炒蟹肥、秃黄油和蟹粉鱼翅。

识别阳澄湖大闸蟹的口诀是八个字，即青背白肚黄毛金爪。其他湖区蟹爪单薄无力，爪尖上没有明显的金黄色。2011年开始阳澄湖大闸蟹带有防伪标志。不过许多蟹只是在上市前放到阳澄湖中以便获得显示身价的防伪标志，当地俗称“汰浴蟹”（洗澡蟹）。

是肉的肥瘦比例，加入蟹粉的多少和刀工。今天的扬州菜平易近人，找对人家比如许多三字的老字号，一桌“人人叫饱个个叫好”的菜只不过三四百元，相比于邻近的苏州、上海可谓价廉物美。

来扬州最不可错过的要算早茶。“早上皮包水，晚上水包皮”，一句话概括了两大独特体验：吃早茶和泡澡堂子。起个大早，赶到老巷子里的茶楼喝杯早茶，叫上一客三丁包子抑或翡翠烧卖，这才是一天的正式开始。所谓“皮包水”指的是当地人爱喝茶和爱泡茶馆。对应的“水包皮”则指去澡堂泡个澡。说起扬州的早茶，人们总会想起富春茶社（见229页），那里的包子、烧卖、虾仁浇头两面黄和火腿干丝都令人难忘。如果真为喝茶，懂茶的朋友就会去冶春茶社（见229页）了。

除了扬州，镇江菜的名品有水晶肴蹄和“金山”牌镇江香醋，两者搭配着吃味道一流。过度捕捞是当地面临的一个严重问题。许多人都知道镇江刀鱼鲜美异常是当地一绝，但是根据央视的报道，长江刀鱼由于过度捕捞10年后可能绝迹。曾几何时，刀鱼也就是寻常百姓家的一道菜，几块钱就能够买一斤，但现在刀鱼身价飞涨，最贵的时候一斤要卖到八千块钱。过度捕捞破坏了刀鱼的正常繁殖，造成产量锐减，价格飞涨。除了过度捕捞，生态环境恶化和航运增加也是造成刀鱼减产的帮凶。

一部《红楼梦》，提供了一张未穷尽的美食单。现在出名的做红楼宴的地方有扬州的西园大酒店、扬州宾馆和北京的来今雨轩。有名的红楼菜品有茄鲞、胭脂鹅脯、清蒸鲥鱼和老蚌怀珠等。

南京菜：一千年历史的鸭子

悠久的历史、便利的交通，使南京菜有吸取四方之美、收取八方之需的特点，就像南京当地人说的“没有特点就是南京菜的最大特点，因为它已经吸收了各个地方的特色”。这里的菜很像邻近的苏州和扬州，特点是选料严谨，制作精细，色泽艳丽。南京美食以鸭子和小吃著名，著名的菜品有金陵盐水鸭、白云猪手和醋椒鱼。而夫子庙等地区茶楼、小吃遍布，形成了只有秦淮特色的风味小吃，号称“秦淮八绝”。

南京地处江南，水暖鸭肥，在战国时期就有筑地养鸭的传统，六朝时期就开始制造鸭膳，足足有一千多年的历史，金陵盐水鸭更有“六朝风味，白门佳品”的美誉。南京、高邮等地出产的鸭子膘肥色白，肉质鲜嫩，肥而不腻，香鲜美味。盐水鸭一年四季都可以制作，每年中秋前后的盐水鸭色味最佳，据说肉内仿佛有桂花香。除了盐水鸭，烤鸭、咸鸭肫、香酥鸭也算当地特产，考究的饭店还会做全鸭宴。

金陵城内还有四大名菜，即美人肝、松鼠鱼、蛋烧卖和凤尾虾。用鸭胰白为原料制成的美人肝色泽乳白，柔软鲜嫩，曾深得汪精卫的喜爱。当时他宴请宾客往往在老店马祥兴做东（见88页），而这道美人肝是必点之菜。

除了夫子庙的小吃街，南京的新街口、朝天宫、长安路、山西路、马台街都有不少小吃特色店。秦淮八绝，指南京小吃馆的十六道名点，每道都是一干一稀搭配而上。比如蒋有记的牛肉汤和牛肉锅贴，莲湖糕团店的桂花夹心小元宵和五色小糕，现在许多店提供八绝的套餐，比如状元楼、贵宾楼或秦淮人家。现在这些店的很多主顾都是游客，而本地人心中的四绝是刘长兴的小笼包、马祥兴的酱牛肉、回味鸭血粉丝汤和汪家馄饨。

江苏的素食馆

» 南京的百味斋、绿野香踪

» 扬州的大明寺素食坊

» 苏州的素人记素食馆、五观堂

徐海菜：百花齐放，天下第一

除了扬州、苏州、无锡和南京等苏菜重镇，苏菜的分支还有徐海菜。徐海菜是自徐州向东沿陇海铁路至连云港一带的地方风味菜，连云港古称海州，故这一区域称为徐海。徐海菜主要流行于徐州、宿迁和连云港等地，地处江苏的北端，擅长海产和蔬菜，菜肴色调浓重，烹调技艺多用煮、煎、炸等。与口味偏甜的淮扬和苏锡菜相比，徐海菜口味偏咸，口感已经接近山东等地的鲁菜风格。

说到徐海菜，绕不过去的人物是彭铿（彭祖），相传彭祖是我国烹饪和气功养生的创始人，善烹美食，精于养气，寿高880岁（相当于今天的140岁）。他被公认为厨师界的祖师爷，留下了许多来头不小的菜肴，比如号称“天下第一汤”的雉羹，“天下第一菜”的羊方藏鱼（古汉字“鲜”字出自这

有故事的菜

众多文人吃货、三下江南的乾隆和一本《红楼梦》，使这里的很多菜品有了新的意蕴，尽管有些名菜如羊方藏鱼已经很难吃到，但茶余饭后说起这些有故事的菜和轶事有时候比直接品尝更加来劲。

» **木渎鲃肺汤**：鲃肺汤原名斑肺汤，斑鱼生长在太湖木渎一带，“斑肝汤”变成“鲃肺汤”是因为书法家于右任一首题诗“多谢石家鲃肺汤”。据说因为于先生是陕西人，当时的伙计以吴语对答，老先生没有分清斑和鲃的口音，微醺中又将肝误听为肺。于是鲃肺汤成了大家记住的名字。

» **平地一声雷**：“天下第一菜”或者“春雷惊龙”可能是最名不副实的苏锡菜了，说穿了就是虾仁锅巴。这个菜是乾隆下江南的时候在无锡无意吃到，皇帝老子大笔一挥于是有了这么霸气的名字。

» **文思豆腐**：乾隆年间（是的，又是乾隆）由扬州僧人文思和尚创制，用嫩豆腐、金针菜、木耳等原料制作的豆腐汤鲜美异常，这道名菜在《调鼎集》上被称为“什锦豆腐羹”，很适合老人和素食爱好者食用。

» **沛公狗肉**：又称鼋汁狗肉或沛公鼋汁狗肉。传说汉高祖刘邦最喜欢吃樊哙煮的狗肉，却从不给钱。有一天甚至乘着一只老鳖过河找樊哙吃狗肉。樊哙把老鳖宰杀和狗肉一同煮卖，肉味格外鲜美，人人争相仿效。

道菜）。彭祖因为善于调制味道鲜美的雉羹(野鸡汤)，献给帝尧食用，被帝尧封予彭城，也就是今天的徐州。彭祖的“雉羹之道”逐步发展成为“烹饪之道”。而雉羹是我国典籍中记载最早的名馔，被誉为天下第一羹。

除了有悠久的历史，取材广泛、兼蓄五味是徐州菜的特点，当地名菜还有沛公鼋汁狗肉、霸王别姬和彭城鱼丸。霸王别姬是用甲鱼和仔鸡蒸制而成，甲鱼为水中霸王，而鸡和姬同音，装盘时将甲鱼和鸡分别置于盘的一侧，暗合霸王别姬的意思。传说中的名菜羊方藏鱼还可以在有些饭店吃到，其取材用料十分讲究，不同季节选用不同的羊和鱼，夏秋是阉公羊配鲫鱼，冬春则选用母羊配鳜鱼。有经验的食客都会选择冬天到徐州品尝美食，除了狗肉、甲鱼、羊肉等滋补食物，早上点上一碗当地的热粥，也是一种享受。

宿迁由于邻近扬州，菜品追求醇正鲜嫩，当地名菜是有250年历史的乾隆老汤黄狗猪头肉。江苏最北的连云港一带是品尝海鲜的好地方，特产有佛手鱼、银刀鱼，名菜有蟹黄鱼肚、凤尾对虾、红烧沙光鱼和莲花海参等。

江苏的时令菜

相比其他菜系，坐拥太湖和一段长江使江苏的美食有着极强的时令性，什么季节该吃什么，似乎成了当地人约定俗成的默契。美食家会真心地抱歉，因为时令原因用了罐头里的冬笋而不是新鲜的（《美食家》）；端午节一到，服务员甚至邻桌的老先生都会转过头来说：“今日端午，正吃鲥鱼，不可不要”（《肚大能容》）；秋风起，蟹脚痒，中秋时节自然会有亲朋好友来相邀相约去阳澄湖吃蟹。即使是吃鱼一项，就有“一月塘鲤二月鳜、三月甲鱼四月鲥、五月白鱼六月鳊、七月鳗鱼八月巴、九月鲫鱼十月草、十一鲢鱼十二青”的口诀，当然口诀的时间单位是农历。过了节气有些美食就了无踪迹，于是吃遍不同节气的当地美食成为了很多人再三造访江苏的理由。

相对来说，春秋两季是江苏时令菜上桌的好时间。

春天里可以来尝尝苏州陆稿荐的酱汁肉和加入碧螺春的碧螺炒虾仁，清明时节的刀鱼是镇江-·绝，甚至只是浇了刀鱼汤的刀鱼面都异常鲜美。除了太湖特产，江鲜算是当地的亮点。“长江三鲜”的河豚、鲥鱼和刀鱼造就了清蒸鲥鱼、江阴刀鱼和刀鱼面等名品。清蒸鲥鱼已经成了江南名菜，吃鲥鱼不去鳞片，熟后鳞片化入鱼肉之中，增加了肉质的鲜美。尽管政府一直不鼓励河豚的销售上桌，但是总是有追求极致美味的人春天到江阴等地吃河豚。因为河豚肉质洁白、细嫩，肉味鲜美，享有“鱼中之王”的美誉，引得无数人“拼死吃河豚”。

夏初是品尝南通“天下第一鲜”文蛤的好时节，也是菱角上市的时节，但是最火爆的当令食品无疑是盱眙小龙虾。整个夏天，大街小巷到处都是“麻小”（麻辣小龙虾）的摊位和爱好者。原产地盱眙甚至宣布要在上海开设小龙虾旗舰店，由盱眙县专业企业定点供应，并对市场上各种山寨盱眙龙虾打假。要注意有些商家使用洗虾粉来清洗小龙虾，残留的洗虾粉对健康危害很大。

秋天的金陵盐水鸭会带有桂花的香味，是一年中品尝的最好时节；如果提前预订，还可以在木渎石家品尝鲃肺汤；中秋时节大闸蟹已经上市；水八仙（鱼、菱、藕、茭白、茨菰、水芹、鸡头果、莲蓬）都正在时令，你要是在初秋点一碗简单的鸡头米糖水，一定会令苏州人刮目相看。

江苏十大小吃

来到江苏，不可不品尝各地著名的小吃。苏州的观前街、南京的夫子庙和新街口，是名小吃汇聚的地方。

» **鸭血粉丝汤（南京）**：由鸭血、鸭胗、鸭肠、鸭肝等加入鸭汤和粉丝制成，脂肪含量低，老少咸宜。

» **扬州炒饭（扬州）**：又名扬州蛋炒饭，在蛋炒饭的基础上加入了虾仁和火腿，别具淮扬风味。

» **三丁包子（扬州）**：以鸡丁、肉丁、笋丁制成的包子，鲜、香、脆、嫩俱全，肥而不腻。

» **翡翠烧卖（扬州）**：皮薄馅绿，色如翡翠，是扬州富春茶社的招牌点心。

» **黄桥烧饼（泰兴）**：色泽金黄，外皮酥脆，一般甜味为长椭圆形，咸味为圆形。

» **蟹壳黄（常州）**：因其形圆色黄似蟹壳而得名。这种饼味美咸甜适口，皮酥香脆。

» **小笼包（无锡）**：无锡出产甜的小笼包，甜是为了吊鲜。

» **豆腐干（苏州）**：甜的，但也符合苏锡菜甜而不腻的特点，汁水较多。

» **黄天源糕团（苏州）**：一共有200多种糕团，规矩是一律现做，每天下午两点半出笼，每人限购一盒。

» **枣泥麻饼（苏州）**：以苏州稻香村和乾生元出品的最为有名。

寒冬腊月，来上一份苏州藏书羊肉或者羊汤是很惬意的事情。苏州风俗，冬至时必饮一种桂花冬酿酒，色泽金黄，绵甜清香，一年只酿一次，只在冬天出售，如果遇到不要错过。而这个时间正是去徐州吃狗肉的时候，兴致好的话还可以到附近的南京去泡温泉。

糕团是苏州人逢年过节吃的点心，比如清明节的青团、六月吃的薄荷糕、十月吃的南瓜团子等。

环境

江苏是全国地势最低的一个省，省内绝大部分地区海拔在50米以下，且顺承了我国西高东低的整体趋势。人往高处走，水往低处流，于是江苏省境内汇聚了多条河流，长江、淮河等江河辗转入海，太湖、洪泽湖等湖泊悠然延伸，形成了密布的水网，滋润了这片绿意盎然的土地，使江苏成为古往今来公认的鱼米之乡。

以长江为界，江苏被划分为苏南和苏北，长江以北的沿江城市称为苏中。既然地跨南北，此地气候、植被也同样兼具南北方的特征。江苏西南部有很多小山脉，它们对气候、植被、暖湿气流的影响都比较有限，却给旅游资源带来了一抹亮色，云台山风景区、南山竹海、宝华山风景区等都因它们而来，吸引了不少游客前往观光。江苏东部辖江临海，可游览的滩涂海岛不胜枚举。

连云港的花果山玉女峰为全省最高峰，海拔624.4米；排名第二的是宜兴的黄塔顶，最高峰海拔611.5米；第三高的是溧阳的南山，最高峰海拔508米，游览南山竹海的时候可以尝试登顶。

地理和气候

地形

江苏省的平原面积有7万平方公里，主要有苏南平原、江淮平原、黄淮平原和东部滨海平原组成，占全省面积的70%以上，比例居全国各省和自治区首位。加上水面的话，平原、水面面积占全省的90%以上，仍居全国首位。地势低平是江苏的地理特点，低山丘陵集中在西南部。据研究，北自云台山南至苏皖边界的宜溧山区，包括南京—镇江之间的宁镇山脉，这一系列低矮山体都应归属于秦岭或大别山的东延余脉。它们远不及秦岭主脉那样巍峨雄伟，山体时断时续相当零落，最长也就百余公里，而且方向呈东北或东西向的弧形，使得山区不再是横亘我国中部的天然屏障。

不要以为江苏这样的平原地带没有山地常见的溶洞景观，宜兴是我国岩溶洞穴集中发育的地区之一，岩溶景观以地下岩溶地貌为主，成因为地下水中含有的碳酸钙在过饱和条件下沉积。宜兴周边方圆不到80公里的范围内共有岩溶洞穴83个，其中已开发的有善卷洞、张公洞、玉泉洞、灵谷洞、西施洞等。

据说徐霞客曾多次到宜兴游览探索溶洞，累计进过四十多个，他对此类地貌的研究比地质学家要早200多年。目前善卷洞前还有徐霞客雕像，游览的时候不妨留心一下这位驴友祖师爷的相貌。

水文

江苏全省大部分地区水系相当发达，境内有太湖、洪泽湖、高邮湖、骆马湖、白马湖、石臼湖、微山湖等大中型湖泊，以及大运河、淮沭河、串场河、灌河、盐河、通榆运河、灌溉总渠和通扬运河等各条河流，河渠纵横，水网稠密，尤其以长江以南的太湖平原和长江以北的里下河平原河流湖泊最多。

长江是流经江苏最大的河流，呈东西向横穿江苏，经过上海后在长江口入海。其著名的支流秦淮河，见证了六朝更替的悲欢离合，在南京汇入长江。长江是我国内河，但航运方面颇具国际化，沿江遍布港口。江苏内河航运里程长度全国第一，境内以镇江、南通港口为最大，能够停靠2.5万吨级巨轮。长江南通段江面开阔，河势稳定，使得南通成为我国重要的修船基地。镇江是长江上第三大港口，年货物吞吐量上亿吨，为长江中下游地区提供大宗原材料和外贸物资的中转运输服务。

历史上，淮河曾经将江苏省分割为南北两部分，并从江苏北部注入黄海，这是中国传统的南北分界线。1194年以后黄河夺淮入海，淮河只好改道由洪泽湖、高邮湖、京杭大运河注入长江。苏北灌溉总渠利用淮河故道（也是黄河故道，黄河1855年再次改道注入渤海，那条旧河水量因而变得不那么大了）和洪泽湖水源，人工开挖修建了黄河以南苏北地区的灌溉输水干渠，兼有排涝、引水、航运、发电、泄洪等多项功能。

江苏境内十分重要的河流还有大运河，这条全长将近1800公里的人工河是人类工程史上的奇迹。

2012年，太仓港成为全国首个获准享受海港待遇的内河港口。长江江苏段正在向着“全面实现海港式管理”的目标迈进，届时国际货轮进驻停靠港口将更为便利迅捷。

气候

江苏属于温带向亚热带的过渡性气候，四季分明，冬冷夏热，各地平均气温介于13℃~16℃，由东北向西南逐渐增高。最冷月为1月份，平均气温-1.0℃~3.3℃；最热月为7月份，沿海部分地区和里下河腹地最热月在8月份，平均气温26℃~28.8℃。

光看平均气温，你也许会觉得江苏一年四季都适宜旅游，其实不然。我国中部省份往往以秦岭为界，两侧气候截然不同，最为典型的就是陕西省。但一到东部，秦岭对气候的影响力减弱，在一个宽达三四百公里的范围内出现了淮河流域过渡带。这个地带平原居多，北方的寒冷干燥气流可以长驱直入，南方暖湿气流一路上也几乎畅通无阻。在此相遇的南北气团相持不下，每年6月中旬到7月上中旬都会发育成连绵阴雨天气，形成一条持久的雨带。虽说江南雨巷别具风情，但还是会给旅行活动带来不便。而且江苏有长达上千公里的海岸线，气候较为湿润，这使得实测温度与体感温度有一定差距。也许3℃对北方人来说相当暖和，对长江中下游人民来说

江苏的观赏石

江苏省横跨中国三大地质构造单元，区内各类岩石广泛发育，加之丰富的水文条件，自古就出产多种多样的观赏石，文人雅士亦有品鉴奇石的风气。在中国传统的四大名石灵璧石、太湖石、昆石和英石中，太湖石、昆石产于苏州无锡一带（苏州园林中那些横看成岭侧成峰的异峰奇石大多为太湖石），灵璧石产地安徽省宿州市，离徐州很近。除此之外，南京栖霞山出产的栖霞石、徐州地区出产的吕梁石、溧阳一带出产的溧阳石、眼睛石等也以色彩丰富、花纹美丽广受奇石收藏者的喜爱。

如果觉得观赏奇石体积太大或不方便携带，南京雨花石、东海水晶也闻名遐迩且价格不贵，路过的话不妨带上几块。

“一定要把淮河修好”

历史上的淮河曾经是一条独流入海的河流，河道宽阔，水流通畅。“橘生淮南则为橘，生于淮北则为枳”，这个故事说明了淮河当时地理上的重要地位。受黄河侵淮夺淮的影响，淮河流域面积有所扩大，但地形和水系发生了很大变化，河床普遍淤高，也丧失了独立的入海口。中华人民共和国成立前，淮河水系紊乱，排水不畅，“小雨小灾、大雨大灾，无雨旱灾”，淮河流域的农业生产因此大受影响。

1949年毛泽东发出了“一定要把淮河修好”的号召，淮河成为新中国第一条全面系统治理的大河。治淮方法包括在上游山区修建水库，中游修建蓄洪工程，下游扩大水道，工程取得了一定成效，防洪减灾能力有了明显提高。但时至2012年，水利部专家还是说，淮河治理面临着巨大压力。1991年、2003年、2007年的三次流域性洪水中，因洪致涝现象非常严重，涝灾损失占水灾总损失七成以上。近年来随着经济发展，加之淮河流经的省份都是人口密集地区，水污染问题也越发严重。

人类文明的发展往往集中于大江大河流域，淮河流域面积27万平方公里，大小支流近500条，养育着两岸超过一亿的人口，“把淮河修好”的重要性不言而喻。可以想象，在未来的很长一段时间内，这仍然是一个艰巨的任务。

却是天寒地冻，骨头都要结出冰碴来。这催生了强烈要求跟淮河以北一样集中供暖的广大群众。不过，盛夏倒是普遍高温，35℃以上的高温天气并不罕见，室内中暑都时有发生，户外活动更是需要点勇气。

动植物

植物

江苏省的植物资源非常丰富，由于地处南北过渡地带，其地带性植被类型有中亚热带常绿阔叶林带（宜兴及其周边）、北亚热带常绿阔叶林带（宝华山、栖霞山一带）及暖温带落叶阔叶林带（主要分布在云台山一带）。但省内原生林地早被破坏，大部分都是人工植被。半野生植物主要分布在西南部山区，宜兴竹海、溧阳南山竹海都是著名风景区，上万亩的竹林中生长着几十种竹子。位于徐州市区东北40公里的大洞山，周围大小山头100余个，300多种植物分布其中。

江苏特有植物品种共4种：产于句容宝华山的宝华玉兰与南京椴蓝；产于南京牛首山的苏山梅花；产于云台山的大果豆梨。

由于江苏的地理位置和一直以来的经济文化地位，随着外乡人而来的外来树种极为丰富，初步估计有六百多种，甚至超过了本地原生植物的五百多种，其中有些还是远涉重洋而来，如刺槐是1877年由北美引栽于南京紫金山，现在成了街道遮阴树的常见树种。

由于江苏人口密集，受人类活动的影响，人工作物占了相当大比重，粮食、棉花、油料等农作物几乎遍布全省。目前全省人工种植利用的林果花卉品种260多个，蔬菜80多个种类，具有一定影响的茶叶有碧螺春、云台山云雾茶、芦蒿茶、雨花茶等。经济作物方面，苏州蚕桑闻名全国，苏北邳州地区有全国最大的银杏树种植区。

作为南北方的过渡地带，自然地理上的影响自然而然反映到了农作物方面。我国北方盛产小麦，南方主产稻米，江苏则两者兼而有之，米和面都在老百姓日常生活中占据很大比重。南方的毛竹长到连云港云台山，北方的苹果也种到了宿迁，这都体现了江苏南北过渡的地方特点。

动物

广玉兰现在看来是一种随处可见的普通作物，其实这种原产于美洲的树种清朝时还极其名贵。留心的话你可以在一些苏州园林中发现树龄上百年的广玉兰树，它们的旧主人极有可能是当年被派驻海外的外交官员。

江苏共有三个国家级自然保护区，其他级别的各类保护区30多个，但区内常住的野生动物资源较少，鸟类主要是野鸡、野鸭，沿海有丹顶鹤、白鹤、天鹅等珍稀飞禽。

盐城市周边合计45万公顷的自然保护区，有400种左右的鸟类，其中国家一级保护鸟类丹顶鹤、白头鹤、白鹤、白鹳、黑鹳、中华秋沙鸭、遗鸥、大鸨、白肩雕、金雕、白尾海雕共11种，每年有占世界近一半的野生丹顶鹤（千余只）到这里，而且数字及所占比重逐年攀升。黑脸琵鹭、大天鹅、小青脚鹬、鸳鸯、灰鹤、鹊鹞等其他二级保护鸟类也在这片区域中栖息繁衍。普通的雁、鸭类更是成千上万，飞起来黑压压一片，蔚为壮观。人工放养的麋鹿也在这片保护区中回归自然，数量逐步增加。

泗洪洪泽湖国家级湿地自然保护区位于宿迁，地处不同鸟类迁徙线交会地带，区内珍禽品种多、数量大。目前共记录鸟类194种，其中国家一级保护鸟类有4种：大鸨、白鹳、黑鹳和丹顶鹤；国家二级保护鸟类有26种，包括白鹤雁、大天鹅、小天鹅、鸳鸯、灰鹤等。每年9月下旬至次年4月上旬，每隔5天至10天就要更替一批迁徙震旦鸦雀鸟群体，近几年还发现素有“鸟中熊猫”之称的震旦鸦雀也在保护区内逗留。

江豚并不是江苏特有的动物，但南京是江豚洄游的“服务区”。近20多年来，南京沿江湿地的面积大幅度减少，可以观测到的江豚数量也越来越少。三汊河一带的渔民说：“在20世纪50年代，平日里在江边随便就能瞅见三五头江豚，涨潮时一下子能看到一二十头，如今要想看到那就难了。”水质变坏、食物减少、非法捕鱼都是江豚减少的原因。据乐观估计，长江中还有1000多头江豚，但不乐观地说，江豚种群可能只剩下1000头不到了。专家表示，这两年看到江豚的数量，每年都减少三分之一左右。

江苏的水生动物资源极为丰富。除了长江淡水鱼类以外，江苏东部著名的吕四、海州湾等面积达10万平方公里的沿海渔场内，盛产黄鱼、带鱼、鲳鱼、虾类、蟹类及贝藻类等水产品。江苏省内陆水面有2600多万亩，养殖面积达1200万亩，是全国河蟹、鳗鱼苗的主要产地。被称为长江三鲜的鲥鱼、刀鱼、河豚，太湖三白的白鱼、银鱼、白虾，以味觉向世界表现“舌尖上的江苏”；被称为“龙虾之都”的盱眙更是引领了近十年来风靡全国的小

江苏的古生物

长江三角洲的气候远古时就已经适合动物生存，这一点从各地出土的古生物化石就可以看出。泗洪境内出土古生物化石70多种，被海内外考古学家誉为“古猿化石宝库”，其中最重要的泗洪醉猿生活在200万年前，是长臂猿的祖先，但个头略矮，它们栖息在树上，善用双臂抓住树枝行走。宜兴张渚牛犊山是江苏省内至今唯一发现恐龙蛋化石的地方，它的发现对研究晚白垩纪恐龙的地理分布和生态环境有着重要的意义。

对江苏古生物感兴趣的话，可以到南京古生物博物馆（☎025 8328 2251；南京市北京东路39号）去看看，展厅里的南京地区震旦系－侏罗系地层仿真岩层剖面上，镶有许多南京地区出土的化石。

太湖蓝藻，污染敲响的警钟

2007年五六月间，太湖暴发严重蓝藻污染，造成无锡全城自来水异味无法正常使用，商店里的桶装水被抢购一空。“蓝藻”以这种方式强行进入了公众视野，其实蓝藻暴发并非偶然事件。太湖湖泊生态系统研究站的数据显示，1998年以来，水体总磷的浓度和叶绿素含量的平均值均呈现不断增加趋势；2005年以来，太湖夏季出现蓝藻水华的面积大幅南扩和东扩，至2007年突发重大污染时已基本覆盖整个太湖。当时无锡域内的太湖出现50年来最低水位，水质富营养化严重加上天气连续高温少雨，诸多因素导致蓝藻暴发性繁殖，直接影响了自来水水源地水质。

水质富营养化的原因，首先是受人类活动的影响。工业废水、生活污水未经适当处理便排入水中，岸边的土地每年都施用大量化肥，为养殖水产而向水域投放饵料，这些做法都会使水体中氨氮、磷以及有机污染物等耗氧物质的浓度升高，超过了水体自净的负荷限度。夏季到来，蓝藻在受污染的水体中大量繁殖，并在水面形成一层蓝绿色的腥臭浮沫（水华），这会加剧水质恶化，严重时会造成鱼类的死亡。

太湖蓝藻污染治理的最根本办法是减少湖水中营养盐的含量，包括工业减排、农业和水产养殖业的控制等，这涉及多省市多部门的协作。太湖水质近年来虽然引起了公众关注，也采取了不少措施，如自来水厂水质强化处理、打捞蓝藻、调水引流、人工增雨等，但其恶化状况未有明显改变。国外经验表明，解决这样较大湖泊富营养化的问题，使湖水变清，需要20年至30年时间。2013年的太湖蓝藻来得极早，从5月初开始湖水便呈深绿色，政府派出船只巡回进行打捞，一天可打捞近千吨。

龙虾风潮，大江南北每到夏天，小龙虾餐馆都是遍地开花。

环境的挑战

江苏总人口7000多万，是全国人口密度最高的省份，可想而知周边的自然环境因此承受着巨大的压力。生活需求与经济发展，无时无刻不在向自然伸出索取的手，造成水资源短缺、水体污染、空气污染、植被破坏等环境问题，“先污染后治理”仿佛是发展中国家无法回避的魔咒。

水体污染

很难想象江海汇聚的江苏会缺水，可这是事实。江苏是水质性缺水，最大的问题是水环境问题，2012年江苏省环境状况公报表明，全省地表水环境质量总体处于轻度污染。太湖近年来蓝藻频发，造成无锡自来水厂取水困难，如此丰水地区却很难找到符合饮用水卫生规定的水源。南京、无锡、徐州、连云港、南通等城市河流污染严重，部分河流河水发臭发黑，鱼虾绝迹。而且由于人口众多，江苏省人均水资源量仅为全国人均水资源量的1/5。

水污染不仅仅是环保人士的问题，它更直接地关系到每一个人的健康。健康普查结果表明，水污染区居民的肠道疾病率、癌症发病率及婴儿先天性畸变、畸胎的发生率均明显增高。除此以外，水源污染还会造成农作物减产，水产养殖受挫，工业效益降低，粮食和蔬菜中重金属含量增高。每一项都是不容忽视的大问题。

长江江苏段的鱼类已从20世纪七八十年代的161种锐减到110种左右，50余种的江鱼在二三十年里销声匿迹，鲥鱼、白鲟、松江鲈、中华鲟等如今已到了濒危地步。

长江作为沿江群众重要的自来水水源地，其水质向来得到有关部门的高度重视。但航运给它带来经济收益的同时，有时也会对水质产生意料之外的风险。2012年2月3日，镇江市发生因苯酚泄漏污染自来水事件，下游城市亦在长江取水口监测出苯酚超标。经查，这一事件是韩籍货轮“格洛里亚号”管道阀未关紧所致。2013年5月12日，山东籍海轮“海鑫8号”于南京长江大桥附近沉没，又让负责水源地检测的部门紧张了半天。

空气污染

2013年3月30日开始，江苏13个城市17个监测点的PM2.5实时数据正式上线。据悉，这是全国首个携各市PM2.5集体亮相的省份。

空气污染在整个中国都是一个重量级的环境问题。2012年的江苏省环境状况公报还显示，13个省辖城市环境的空气质量均未达到二级标准。省内酸雨的发生率达到了36%，且降水酸度和酸雨酸度比起上一年度均有不同程度加强。江苏作为工业发达地区和人口密集区域的叠加，交通尾气、工业废气、采暖燃烧废气的大量排放，无疑给大气环境造成了污染。

2013年1月13日，江苏过半数城市空气污染指数超过300，达到了严重污染水平。而那天也是南京的第9个连续污染天，最严重时达到了中重度污染。虽然空气污染指数爆表是多种原因导致的，这种极端情况也并非经常发生，但也足以说明江苏的空气质量不是非常乐观。

每到农作物收割的季节，农村居民大量焚烧秸秆就成了一个让环保部门头痛的问题。有专家声称，焚烧秸秆引发的空气质量不合格天数占江苏省全年污染天数的90%。这种说法虽未经有力考证，但秸秆燃烧散发的烟雾确实会污染空气，严重时还会造成雾霾。近几年南京市用回收秸秆制作货物运输过程中的耐磨草垫或制取沼气，可以处理掉本区域内近三成的秸秆，变废为宝卓有成效。

重金属污染

由于海产品比较容易富集水体中的重金属，在一次抽检中，江苏沿海出产的贝类产品被查出近四成重金属超标。

相比空气污染和水污染，重金属污染更具隐蔽性，而且它与其他有机化合物的污染不同，很难在环境中自然降解。重金属具有富集性，累积到一定程度会对人体造成不可逆转的伤害。日本发生的水俣病（汞污染）和骨痛病（镉污染）都是由重金属污染引起的。目前江苏的重金属污染主要由采矿、废气排放、污水灌溉等人为因素所致。2012年的一项研究表明，江苏省农用地土壤重金属含量水平总体处于安全与警戒的边缘，未来形势严峻。人为来源是江苏省农用地土壤重金属累积的主要原因，农作物系统重金属富集和污染风险的空间分布与局域产业发展密切相关。

近年来江苏境内的盐城大丰市、徐州邳州市、常州武进区等地曾先后发生多起重金属污染事件。2013年，为减少重金属排放，江苏省关闭了10家电镀、蓄电池企业。但是有需求就有生产，简单关停企业并不能解决所有问题。2013年4月，江苏沭阳又曝出重金属污染事件，受附近电池厂的影响，村民在查出血铅超标后取地表水样送检查，几乎所有的地表水样本中的铅、镉含量都超出了《地表水环境质量标准》二类标准，其中甚至有一个样本的铅、镉含量是标准限定值的近200倍。

采矿的后遗症

江苏的矿产资源不算丰富，但开发利用程度较高，徐州煤矿、宁镇山脉

幕府山“天坑”

20世纪初，南京市附近的幕府山主峰被发现蕴藏着大量优质白云石、石灰石矿，它们分别是炼钢和造水泥的好原料。1950年，幕府山上建立了白云石矿厂，对山体的开采持续了48年，将海拔205米的幕府山主峰削为199.3米。统计资料显示，48年内人们挖掉了近2亿吨石头。金陵四十八景之一的“幕燕登高”从此被抹掉，幕府山绿意不再，丑陋不堪。经过十多年的整治，山体初见绿色，可是幕府山主峰最西端的原白云石矿采石坑植被恢复异常艰难，留下了近千亩灰白色的“天坑”，成为难以抹平的伤疤。

2013年，来自于丹麦的一家公司在这里开工建设一个安徒生童话主题公园，计划结合幕府山天坑的特点灵活利用，营造出更具魔幻效果的童话场景。景区预计2014年对外开放，届时在游览童话世界的同时，别忘记“天坑”背后有过怎样的伤痛。

零星分布的铁矿、宜兴的紫砂土矿，无不早早被发现并加以开采利用，由此也带来了一系列的后遗症。

凡矿区都会面临采空区塌陷的问题，徐州煤矿区造成大量土地下方被挖空，由于周边河网密布水系发达，采煤塌陷地往往会形成塌陷积水，只有极少数土地可修复后正常耕植。采矿工作有时不得不改变地下水系状况，徐州因采煤疏干排水，使地下水水位降至地表下80多米深，周边多眼水井出水量减少。遇到同样问题的还有南京栖霞山风景区，旧银矿的开采排水使景区的泉眼几乎不再出水。采矿同时还会造成水土流失与植被破坏，南京凤凰山铁矿资源被采空后，时隔二十年仍无法恢复当初的绿色。合法开采之外，非法开采也是屡禁不止，六合马头山火山石柱林非常壮观，政府早已明令停止采石，但大规模开采仍然持续到地质美景被完全破坏为止，无法再进行科学研究和旅游开发。

生存指南

出行指南……358页
住宿……358页
证件……360页
保险……360页
银行……360页
购物……360页
邮政……361页
电话……361页
上网……361页
工作时间……361页
气候……362页
旅游信息……362页
团队游……362页
摄影和摄像……362页
危险和麻烦……362页
独自旅行者……363页
残障旅行者……363页
女性旅行者……363页
同性恋旅行者……363页
志愿服务……363页
活动……363页
健康……364页

交通指南……366页
到达和离开……366页
飞机……366页
火车……367页
长途汽车……367页
船运……368页
省内交通……368页
火车……368页
长途汽车……368页
船运……368页
搭便车……369页
自驾游……369页
当地交通……369页
公交车……369页
地铁……369页
自行车……370页
出租车……370页

出行指南

住宿

江苏是个旅游大省，从青年旅舍、民居客栈到星级宾馆、豪华度假村，还有散落在景点周边的农家乐应有尽有。周末和公众假期是江苏的旅游旺季，住宿需提前预订。假期房价上涨很普遍。南京、苏州、扬州等旅游目的地"周末效应"更为明显，诸如太湖西山、溧阳天目湖、连云港海滨之类的度假游景点也会有较大幅度的价格变化。

青年旅舍

江苏有很多服务于背包客的青年旅舍，主要分布在南京、苏州、扬州等旅游城市及周庄、同里等成熟古镇。在这类旅舍中你很容易得到旅游信息、订票服务、上网、自助洗衣及结识其他旅伴的机会，公共活动空间往往比房间还要吸引人。与宾馆相对隐私、封闭的感觉相比，背包客栈的开放环境更有"在路上"的感觉。

国际青年旅舍组织中国总部（YHA China；www.yha-china.com）在江苏已有约20家加盟旅舍，宿舍铺位通常为45~60元。持有YHA会员卡（年费50元）可以享受会员价，通常是每个铺位便宜5元，或者每个房间便宜10~20元。

还有更多未加入青年旅舍组织而风格、服务类似的客栈，除了本书列举的以外，你还可以登录青芒果旅行网（www.qmango.com）和中国古镇网（www.sozhen.com）等网站查询。

农家乐

住农家，吃农家菜，干农家活，赏农家田园，同时享受难得悠闲假期和美妙的风景，这就是江苏农家乐给你的体验。农家乐集中在太湖三山岛和西山、溧阳天目湖、连云港花果山和连岛周边，环境清幽，有的设施甚至要好于二星级的酒店，或者呈现度假村风格。

农家乐简单的房间约80~100元，个别高档的会达到200元左右。另外，如果人少，可以不点餐选择包餐，通常包早晚两顿连住宿100元/人。这些农家乐通常也有办法给你搞到打折的景点门票。有时景点也不是重点，重点是你会拥有安静的庭院、淳朴的主人、可爱的中华田园犬、小桥流水或开门见山的景致和一杯浓郁的烧酒。投缘的话，甚至可以和农家称兄道弟，常来常往。

农家乐发达的同时，也意味着旺季和节假日房源会紧张

房价范围

本书所列的住宿是按照作者推荐程度而不是价钱高低排列的，推荐度高的会排在前面。书中我们标注的价格，一般为标间价，即包含一张大床或两张小床，以及独立卫生间。青年旅舍会加标床位价格。除非特别注明，否则房价不含早餐。所有的价钱都是我们调研时了解到的实际价格。价格在旺季和节假日均有上浮的可能。

分类	价格范围
¥（经济）	50~200元
¥¥（中档）	200~400元
¥¥¥（高档）	400元以上

并且有明显的价格上涨。尤其是夏秋季通常热门的农家乐会有20%~50%的价格浮动，如果你是黄金周去“凑热闹”，至少提前一周电话预订。

连锁快捷酒店

江苏经济发达，因此连锁快捷酒店也异常发达，7天、如家等全国连锁品牌已深入到大部分小县城，同时还有众多的地方品牌供你选择。在住宿选择余地不大的小城市，或者匆匆过往的大城市，品牌连锁快捷酒店总是比较靠谱的投宿点，位置通常靠近车站或商业中心。通过官网或其他酒店预订网络会有折扣。连锁酒店均价一般在100~200元之间，南京、苏州等大城市价格则更高些。

小旅馆和招待所

在江苏的小县城或小镇，这类住宿是最常见的，价格一般在百元内，房间基本大同小异——一张普通大小的床、一个半旧不新的电视还有一个陈旧的卫生间。好在江苏地区安全性还算高，这类小旅馆或招待所也有比较好的安全保证。车站边的旅馆方便出行，但车站一带人流杂，可能有安全隐患，如果不是老江湖，可以打车直奔城镇的商业中心，一般最好的旅馆都集中在那里。

星级酒店

在江苏稍发达点的城镇都有星级酒店，尤其是在南部，星级酒店更多。二星到三星级一般在100~200元左右，大城市价格则在200元之上；

去苏南过周末

苏南旅游业非常发达，景点密度高，农家乐和度假村都挺兴盛。这都体现出长三角发达城市游客周末度假需求服务的特点。这些度假地以苏州为中心辐射，在3小时车程经济圈内非常密集。

如果预算有限，去苏南过周末最好的选择是住在紧靠山水景点的农家乐或青年旅舍，一来价钱便宜，二来有很好的风景。你可以重点搜寻一下苏州和无锡的太湖沿线，竹林深处的溧阳天目湖也是不错的选择。当然，角直、锦溪等水乡古镇的精致风情，也极适合小憩两天、偷闲半晌。

除了农家乐、青年旅舍，周末度假最好的选择当然是那些度假村或度假酒店。这类住宿价格不菲；不过一旦入住，等着你的是绝佳的观景位置、无拘无束的泳池、温柔的SPA、激情四射的鸡尾酒……物有所值是必然的。仅在苏州工业园区的金鸡湖和独墅湖沿岸，就有十多家顶级的度假酒店。比如金鸡湖凯宾斯基大酒店、金鸡湖新罗酒店、独墅湖世尊酒店等，都拥有一线湖景和璀璨梦光般的上等享受。

一般县级市里都可能找到四星级及以上档次的酒店，价位一般在300元以上；五星级酒店在南京、苏州、无锡等发达地区是随随便便就能找到的都市“必需品”，在重要的度假区如南京紫金山、苏州金鸡湖、无锡和苏州太湖沿线，五星级酒店到顶级度假村比比皆是。如果你打算住高端酒店，通常新建的总是比较好的选择，或者一些海外的老牌也比较靠谱。

通常主流的酒店预订网站都能轻松预订，并有不错的折扣。不过也不妨试试高级品牌酒店自主官网或留意他们的微博，有时会有第三方网站没有的优惠折扣或住宿套餐选择。

精品酒店

江苏的大城市比较多，其酒店通常讲究一定的私密性和设计感，地理位置闹中取静，房间也不会太多。精品酒店一般都有不错的服务品质和独特的审美情趣，有的或许有一个吸引人的故事，文艺感十足。当然精品酒店价格不菲，一般标间在400元以上，高品质的价格与五星级并无二致。预订方面许多都需要通过比较小众的预订系统，它们可能是某个单体酒店的联盟网站或者是酒店自己的官网。

度假村

江苏度假村通常都在最热门景点边，普遍紧靠江、湖、海或温泉，本土品牌和海外知名品牌都有。通常它们都有极好的景致、宽阔的房间、面积广阔的活动空间和相对闭塞的交通，一般来说住进去就不必出来。好好享受度假村的景致和服务，你唯一要准备的是度假的好心情和漂亮的泳衣。目前度假村在太湖、金鸡湖、天目湖、汤山温泉较多。价格一般在400元以上，较顶级的在2000元以上，有的甚至规定两晚起订。

露营

江苏没有热门的徒步地点，因此很少有专门的商业化宿营地和相关服务。不过环太湖骑行过程中，沿湖许多地方可以露营。三山岛、连岛海滨栈道的美妙夜晚，也是露营者心头的最爱。

长期住宿

如果你有一个悠长的假期，或许可以跟客栈谈长包房，在淡季里有机会以五六百元一个月租到一个位置稍偏的单间，比按日计价便宜多了。当然，进入旺季后，这种长包机会会大大降低，基本都要按天算。最靠谱的长租还是找农家乐。如果你有大把假期，不妨找个好风景的农家乐“包月”，价格在1500~2000元之间，且包含了日常餐饮。这种模式在江苏农家乐中普遍存在，而且即使是旺季农家乐也很乐意接待长租的客人。

证件

学生、军人和记者等可以凭证件得到折扣门票的人群，一定要带上自己的证件，它会为你省下一些费用。不过，现在研究生证已被大多数景点排除在享受优惠之外，在一些门票价格较高的景点，记者证可能也不太管用。

保险

购买保险是旅游计划的一个重要组成部分。不少保险公司都有旅游意外险的险种，能够对旅行者在旅行中因人身意外、财物丢失、医疗急救等造成的损失进行一定比例的赔偿，尽可能地降低旅行的风险承担。

如果你在旅行中需要参团游览，团费中一般都已包含旅行社为你购买的旅行社责任保险，但这个险种只承担因旅行社的过错给旅游者带来的损失，却不包括因意外或旅行者自身过错造成的损失，因此，即使在参团的时候，也别忘了自行购买旅游意外险。

喜欢户外运动的旅行者需要注意：传统的旅游意外险一般都不包括极限运动造成的损失，所以旅行者需要另行购买人身伤害险。美亚保险推出的“畅游神州”险种承保多种热门户外运动项目，如潜水、骑马、自行车、滑雪等，但滑翔翼和跳伞活动除外。另有针对短期户外活动推出的“拉磨无忧”险种，保费更低一些。华泰的“安途”系列不仅承保团队成员各项户外运动的意外风险，而且针对领队责任设计特别风险保障，很适合组团进行户外活动的驴友选择。

旅行者在购买火车票、长途汽车票的时候，不少车站在售票时会主动搭售保险，根据保险自愿的原则，旅客有权拒绝（最好购票时提前声明）。即使没有另外购买保险，但票面已经包含了承运者的保险责任，因此，如果发生意外，依然有权索赔，所以，一路上的各种票据请妥善保管，以备不时之需。另外，旅游意外险通常包括了航空意外，有时候比购买航空意外险更加优惠，而且保额更高。

至于自驾游的旅行者，建议为汽车购买车辆损失险和第三者责任险，比较昂贵的相机之类的装备也可以考虑购买财产险。

银行

在江苏的县级以上地区，只要是有银联标志的信用卡、储蓄卡，在各大银行之间都可通用，取款方便。离开了县城，较发达的镇上仍旧能找到银行，如果没有商业银行，农村信用社与邮政储蓄也可以应急取款。

购物

江苏的旅游纪念品种类丰富，其中优质土特产更让人爱不释手。

茶叶有太湖洞庭东西山采摘的碧螺春。想要买到最正宗的，最好能在明前去苏州东山、西山的碧螺春产地亲自品尝，并从农家手中直接购买新茶。当然，在苏州城里找几家品质有保证的茶叶铺购买也成，比如三万昌苏州茶叶专卖店和玉露春茶庄，在苏州口碑都不错。

丝绸和刺绣也是江苏的

特色工艺，送给女性朋友十分出彩。在苏州可去卢福英刺绣制作中心、苏州刺绣博物馆或兰莉园刺绣商品部购买高档的苏绣制品。丝绸则不要被满街小店打出的几十元一件的“丝绸”衣服所蒙蔽，去苏州丝绸博物馆、江苏省丝绸研究所商场部、缘杨裁缝铺一边参观，一边选购吧！若想购买云锦，可以去南京云锦研究所挑选，不过价格都很不菲。

同样精美绝伦的苏扇也值得带回家去。苏州檀香扇厂门市部里买一柄檀香扇，自古有“鲜花配美人”的说法，姑苏的“香扇配美人”才更风韵十足！南通的蓝印花布也具有典型的江苏气质，赞赏之余也可以考虑带回家一块，挂在墙上绝对是最炫民族风。

带给孩子老人纪念品，最好的选择就是无锡“大阿福”泥人，在锡城各景点都能看到它憨厚可爱的身影。想要带个宜兴紫砂壶送给老人，是个很好的心愿；不过要想买到上等品，那就是一门颇为深奥的学问了。建议去宜兴陶瓷商城或是周围的丁山路市场，多看多听多学习，再下手为妙。姑苏的桃花坞木刻年画曾与天津杨柳青南北并称，放在家里也够喜庆，苏州桃花坞木刻年画博物馆及其专卖店都有销售。

如果前往徐州和连云港，东海水晶城里买一块“幸运宝石”也是不容错过的活动。最好能挑农历逢四逢九的日子前往，这样子会遇到“石头开会”的集会，更加热闹。

江苏各地美味也让人垂涎三尺。湖鲜类有阳澄湖大闸蟹、洪泽湖大闸蟹和盱眙小龙虾等。在当地饱餐一顿后，都可以方便地从餐馆或商店买到一些特殊包装的带回去慢慢品尝。当然，前往太湖、洪泽湖、连岛渔船码头或鱼鲜市场都能以更实惠的价格买到活物，不过最好能够马上处理消化掉。

南京、苏州、无锡、徐州等大多数城市都有专门的户外用品店。不过小城市里的选择不多，最好能先在大城市配置好。

苏州、南京、无锡这些经济发达的城市也是奢侈品品牌扎堆的大都市。对奢侈品品牌情有独钟的，可以去南京新街口、苏州金鸡湖附近的大商场逛逛，准能满载而归。

邮政

只要是县城一级就有邮局，寄包裹不是问题。国家邮政局（www.chinapost.gov.cn）的网站上可以查到供参考的邮政资费。包裹有普包、快包、EMS等多种服务，但有时邮局不太愿意给你普包的单子，要坚持一下。

民营快递在江苏的网络也很发达，顺丰、申通、圆通等主流公司遍布江苏各个城市。

电话

无论是移动、联通还是电信，在江苏的大部分区域都有手机信号，县城一级的地方基本都有这些运营商的营业厅。因为手机太方便，公用电话和IP话吧正在不断减少。如果你是拨打报警电话，尽量使用座机，方便警方迅速定位。有些宾馆、旅馆和电信有合作，在客房有免费畅打国内长途的座机。

上网

像全国其他地方一样，江苏的城乡布满大小网吧，基本为网游爱好者而设，除了环境嘈杂外，要浏览网页或处理文件，很有可能找不到相关应用程序。目前在当地的网吧上网需要刷二代身份证，如果没有带，有可能被拒绝入内。

在青年旅舍、连锁酒店，一般都有公用电脑和有线、无线网络提供。咖啡馆中Wi-Fi也很常见。需要提醒的是，有些小旅馆只提供有线上网，如果房间内同时有两个人用电脑，最好携带一个小型无线路由器。

最近几年在江苏一线大城市的部分商场以及一些人流集中地往往有各种免费Wi-Fi存在，虽然信号不算最稳定，但可以解决一些上网的基本需求。

工作时间

江苏的绝大多数旅游景点都是全年开放的，博物馆除外，周一常为闭馆日。

各地银行和邮局的营业时间一般在9:00~17:00，中午时常会有1~2小时的休息时间。

南京

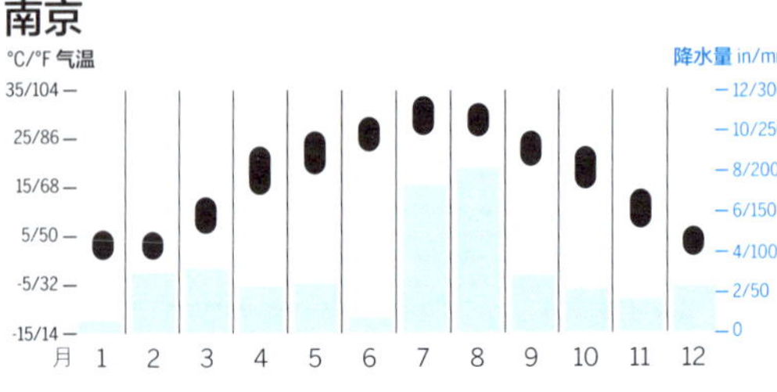

徐州

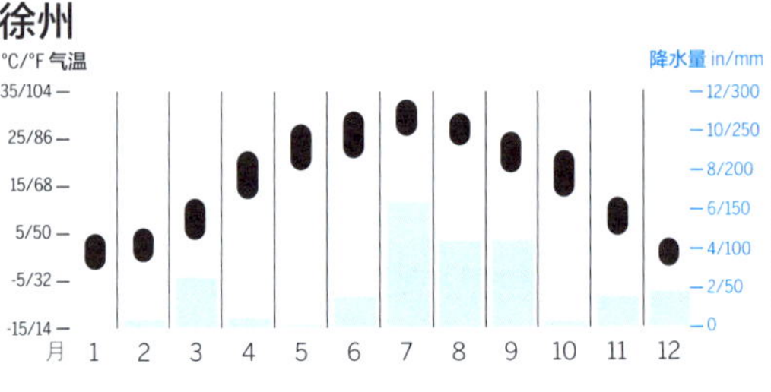

气候

请参见24页了解江苏的最佳旅行季节。中国天气网（www.weather.com.cn）与天气在线（www.t7online.com）上能查到江苏所有市县的天气情况，可预报3~7天。

旅游信息

江苏各县市的旅游局，是最权威的旅游信息来源。如今，江苏各县市都很重视旅游业的发展，到县级市层面就会有旅游局制作的旅游咨询网站，也会有比较活跃的微博。一般而言，旅游局还会下设专门的旅游咨询门市，可以亲往或电话咨询旅游信息，很多咨询门市还提供散客交通、门票等一站式服务。

一般来说，热门旅游目的地的酒店，或多或少会有一些旅游资料免费供人取阅。在开发较好的旅游景点，售票处旁边的游客信息中心常常会提供免费或收费的资料和地图，也能打听到一些实用信息。最直接的办法是跟当地人沟通，出租车司机、导游、户外向导、商贩，大都会热情地向你提供信息。不过要特别提醒你，在江苏发达的大城市，外来务工人员比较多，他们对当地资讯可能还没你了解得多。此外，青年旅舍的酒吧和布告板也是交换旅游信息的好地方。

团队游

指的是在江苏当地可以报名参加的团队，以一日游为主。这类团队游，在苏州、南京、扬州等旅游热点城市都能轻松找到，有些火车站出站口就是被这些广告所包围。团队游最大的好处是可以简单解决交通，普遍的问题是，可能浪费不少时间在购物上。所以报名前，检查口碑很重要。

有些户外俱乐部组织的活动，跟旅行社的团队游相比，活动路线更灵活，也更加投合背包客的口味。不过从官方角度看，这些俱乐部的经营资质可能会有问题。

摄影和摄像

一般来说，海关、边检站、军事禁区都严禁随意闯入和拍照，即使是媒体记者，在未经许可的情况下也不例外。很多宗教场所都禁止拍照，僧人等宗教人士一般也不允许随便拍摄，因此一定要注意遵守。此外，有些博物馆禁止拍摄展品，即使允许拍摄，也不能使用闪光灯。

拍摄人物照的时候要事先征得对方同意，拍完之后要表示感谢，答应寄照片请言出必行。

危险和麻烦

整体来说，江苏是个对旅行者非常友好的省份，不过出门在外，多个心眼总不是坏事。江苏的山虽然不高不大，不过也请抱着对自然的敬畏之情，需要做足充分的准备，并量力而行。

交通安全

江苏全省的交通状况良好。全省的主要城市都有高速公路相连，即使是省道和县乡道都比较平整。由于台风经常会扫尾扫到江苏，因此夏季有时会受其影响遭遇暴雨天气。此时驾车出行尤当谨慎。

掮客

游客模样的人（标签：探头张望，身着冲锋衣，大马路上看地图……）只要一抵达南京、苏州、无锡、扬州等城市的机场、火车站、汽车客运站等游客集散地，就难免遭到掮客的打扰。少数情况下他们是有帮助的，更多情况下，他们提供的住宿、交通、跟团游质量无法保障。面对他们，简单的谢绝是合适的处理方式。有时出租车司机会过分殷勤地向你推荐某一家宾馆或其他娱乐场所，这些推荐都是司机可以拿到回扣的地方，品质通常也一般。此外要避免让初识的本地人（比如司机、导游、客栈主人等）带你去购买昂贵的旅游纪念品，一般而言其中都有回扣。

偷窃和欺诈

不少旅行者反映，青年旅舍的多人间已经成为小偷喜欢下手的地方，所以现金与重要财物如电脑、相机等一定不要随意留在房间，在背包上加一把锁或者寄存前台都是可取的办法。

在游客众多的公共场合，尤其是人流密集的车站，记得看好你的财物，以防被扒窃。去偏僻地方行走的话，最好先打听一下那里的治安。欺诈主要是看中你兜里的钱，只要不贪小便宜，不轻易掏钱，一些人也就无从下手了。

独自旅行者

独自旅行可以和当地有更多的互动，也有更多思考和感受的时间，不过需要独自解决路上所遇到的问题。好在江苏经济较发达，各景点的开发程度非常高，交通、住宿都很便利，对独行来说难度并不大。

残障旅行者

目前来说，无人陪护的残障人士，要在江苏自助旅行，部分地区比较困难。一线城市的机场、四星级以上的酒店和4A级以上的景区无障碍设施比较齐全，但到了县级市，无障碍设施就比较少了，往来景区的公共交通也不便于残障人士乘坐，这些对残障旅行者来说都是困难。建议残障人士以南京、苏州、无锡等大都市为旅游核心，可适当扩展到周边景点，包括周庄、同里、天目湖等都可以尝试前往。同时，残障人士最好能雇请旅行社或包租车辆，尽量选择乘坐飞机和入住高级酒店，这样一路上可以有照应。

女性旅行者

整体来说，女性旅行者在江苏并没有什么特别的地方，江苏人对女性旅行者是友好、尊重的，甚至还会提供更多的关照。

同性恋旅行者

在江苏，正如其他省份，城市相对乡村而言对同性恋者的态度更为宽容，一般来说，只要不太张扬，同性恋旅行者在江苏不会遇到太多麻烦。在南京等大城市同性恋酒吧较多，那里是同性恋人群的聚集地。

志愿服务

在江苏，大城市中致力于社区服务、弱势群体帮困，以及环境保护的公益组织比较多，其中部分项目都需要大量的义工。有兴趣的旅行者可以关注这几个网站：

江苏志愿者服务（www.jszyz.org）起源于1994年开始实施的青年志愿者行动。多年组织苏北支教等志愿活动。

江苏环境（www.jshj.org）江苏省内热心于环保事业的各界人士组成，组织过秦淮河保护等相关活动。

昆山义工联合会（www.ksyg.org）昆山本土的志愿服务团体。

活动

徒步

江苏不是一个徒步资源丰富的省份。自然环境下的徒步路线不多，有一定难度的是连云港北云台山或南云台山穿越。不过由于江苏古城较多，在城市中走街探巷、寻觅古迹的人文徒步游相当精彩。南京、苏州、扬州、徐州等城都有能够自由组合的相关路线。

自行车

平原上的江苏省挺适合骑自行车游览。最出名的路线是环太湖3~4天骑行。此外，环无锡蠡湖、苏州金鸡湖、徐州云龙湖、连云港连岛的骑行悠闲惬意，所有人都能轻松完成。省内较有难度的骑行在连云港，云台山是江苏省最高山，这里有一定坡度，对骑行者体力有一定要求。南京紫金山头陀岭也很受骑友们的欢迎。

随着大运河申遗的启动，沿大运河骑行也成了新兴线路，高邮、淮安、宿迁、窑湾等地都有紧邻大运河的路。洪泽湖东岸的洪泽湖大堤也是人人适宜的骑车路线。另外，从南通经盐城到连云港的海堤公路也已经全线贯通，骑行其上也别有风情。

目前，南京、苏州、无锡、常州、淮安、徐州等城市都有了完备的公共自行车租赁系统，一般休闲骑行可以使用这一系统。如果要骑行山地，南京、苏州、无锡、扬州、盱眙、洪泽等地都有单车俱乐部或青旅提供专业山地车出租。如果所到城市没有专门的出租点，可以前往二手车交易市场，这里的自行车一般也会提供出租服务。

江苏各地也有自己本地的骑行组织、户外俱乐部，如**江苏单车网**（www.jsbike.com）等。另外，许多城市的当地论坛上也常会发出组织活动的号召令，尽可与他们取得联系。

温泉

江苏著名的温泉有南京汤山温泉（见74页）、溧阳天目湖御水温泉（见200页）、镇江韦岗温泉（见204页）、东海温泉等。

游船

江苏河道丰富，在许多地方都有独特的游船体验。

在南京玄武湖、扬州瘦西湖、徐州云龙湖等城中湖上泛舟是赏心悦目的游玩项目。而在烟波飘渺的太湖，无论是乘坐游艇的风驰电掣，还是坐班船上三山岛的飘飘何所似，再或是从鼋头渚摆渡上无锡三山岛，你会觉得自己真如陶朱公一般，做了一回五湖散人。

在江南水乡周庄、同里、锦溪等一个个古镇中，乘坐小小的手摇船，穿梭在“人家尽枕”的迷宫河道中，听一曲船娘的吴歌小调，是感受“东方威尼斯”风情的最佳方式了。

在护城河系统保存较完整的扬州、苏州、无锡、泰州、南通等城市，环城水上游是备受游客欢迎的船行项目。

京杭大运河上也有了游船。曾经走过无数漕粮赋税的千里运河，更走过了数不清的文人骚客和帝王将相。如今，常州、扬州、淮安都已开通了游船线路，一条扬州到高邮的精品游轮线更在开通倒计时中。

拥有江苏省唯一的优质天然沙滩的连云港，也有江苏省唯一的出海游船项目，目前已经开通了港口航行线、前三岛线和秦山岛线。此外，多条摆渡过长江的轮渡线路，为你提供一个感慨长江东去、俯视浪花滚滚的绝好视角！

登山

江苏的山不高不大，值得攀登的却有一些，不过大多在其他省份人眼中，只能当作“小土丘”罢了。爬上爬下很有春游的感觉，带着女性朋友来这里，应该不会落下“太高太累”的埋怨。其中最为有名的是南京的紫金山和栖霞山、苏州的天平山，以及连云港的花果山。

高尔夫

江苏省经济发达，高尔夫球场自然不少，边上还常有五星级的度假村相伴。苏州太湖国际高尔夫俱乐部、南京中山国际高尔夫俱乐部、无锡十八湾国际高尔夫俱乐部都是山水依偎，在这里挥臂击杆，更能充分体会到高尔夫运动的优雅魅力。

禅修

许多商业化不太浓的寺庙会定期举办一些禅修课程，殿堂里也摆有许多开启智慧的小读本免费赠送，比如苏州西园寺。找到当地佛教协会驻地的寺庙，是寻找禅修课程较有保证的做法。

海钓

江苏省海钓最好的地方就是前三岛，如今已成为海钓爱好者的天堂，常有团队包船前来。前三岛所在的海州湾是我国著名的渔场，连岛和秦山岛也有适合海钓的季节与地点。

健康

江苏是一个非常安全的旅游目的地。江苏城镇密集，医疗设施非常完善。省会南京是医疗条件最好的城市，到县级市层级也能找到比较好的医院等医疗机构。如需要紧急医疗救助，请拨打**医疗急救电话**（☎120）。如需要非处方药物，可在各地药店直接购买。

在江苏，霍乱、伤寒、鼠疫等高危传染病基本灭迹。不过在2010年之后爆发的禽流感有在江苏出现过的记录。在江苏乡村农民通常有饲养活禽的习俗，尤其是在农家乐中，当地的土鸡、土鸭一直是游客中意的美味。游玩时要注意与禽流感有关的新闻报道。如果有爆发的消息，且正好在乡村游览，一定要注意回避与活禽接触。乡村通常看门狗很多，一般它们都很温顺，甚至自觉地对陌生人保持距离；但难免会有几只富有攻击性。如果在乡村被狗或其他动物咬伤，一定要第一时间用清水清洗伤口并及时接受专业治疗，以免感染狂犬病等疾病。

到达和离开

江苏省是中国经济最发达的省份之一，在铁路、高铁、高速公路等现代交通方面，江苏省（尤其是苏南地区）是全国范围的领先者。

江苏共有9个民用机场，南京禄口国际机场是省内最大的空港。由于苏南离上海这个全国最大的空港城市很近，因此苏南两个机场的规模都不算大；这时借助上海虹桥机场加高铁的“空铁联运”，是进入苏锡常三市最便捷的方式。

乘坐火车进入江苏也是常见的选择，特别是沪宁沿线的城市和徐州目前都通有普速列车和高铁、动车。苏中和苏北（除徐州、连云港）的铁路通达情况都不尽如人意，这时换乘长途汽车更为方便。

飞机

机场

江苏省有南京禄口、无锡苏南硕放、盐城南洋、徐州观音、连云港白塔埠和淮安涟水共6个开通了国际（含港澳台）直飞航线的机场。另有常州奔牛、扬州泰州、南通兴东等机场，目前只提供国内航班。

由外部进入江苏的主要机场有：

南京禄口国际机场（NKG；☎025 968890）是中国重要的干线机场，江苏省第一空中门户，拥有通往54个国内主要城市、20个国际和3个地区城市的130余条航线。T2航站楼的建设已步入尾声，据称将在青奥会前投入使用。目前南京还在六合区修建第二个国际机场：南京马鞍国际机场。

无锡苏南硕放国际机场（WUX；☎0510 9688 9788）现有包括北京、广州、成都、香港、澳门、台北、东京、大阪、曼谷等在内的30多条国内和国际航线。

徐州观音国际机场（XUZ；☎0516 8306 8113）是苏北乃至淮海经济区的第一空港，与东北和南方许多城市有直飞航班，还开通了至香港、台北、高雄以及曼谷的航线。

盐城南洋国际机场（YNZ；☎0515 8888 8088）已成功晋级国家一类航空开放口岸，目前开通了至北京、广州、长沙、昆明、香港、台北、首尔等地的航班。

连云港白塔埠机场（LYG；☎0518 8552 1666）和北、上、广每日都有航班对飞，其他通航城市有香港、徐州、成都、合肥、武汉等10余个。

淮安涟水机场（HIA；☎0517 8166 6666）每天有前往北京、上海、广州、西安、厦门等地的航班，每周三、周日还有飞香港的客机，机型多为小型客机。

常州奔牛机场（CZX；☎0519 8325 6259）有往返北京、广州、哈尔滨、沈阳、深圳、重庆、成都、西安等城市的航班。

扬州泰州机场（YTY；☎0514 8999 9999）由扬泰两市合资共建，目前与北京、成都、广州、哈尔滨等10个城市有航班来往。

南通兴东机场（NTG；☎0513 8656 0050）通航城市有北京、深圳、大连、广州、厦门、沈阳、昆明、重庆、长沙、成都、武汉、珠海、海口等。

航空公司

经营江苏航线的主要航空公司：

东方航空（MU；☎95530；www.ceair.com）在江苏省建有东航江

苏有限公司。目前在省内拥有南京、无锡和淮安三个基地，是江苏省民用航空的主力军。

南方航空（CZ；☎95539；www.csair.com）

中国国航（CA；☎95583；www.airchina.com.cn）

海南航空（HU；☎950718；www.hnair.com）

深圳航空（ZH；☎95080，400 889 5080；www.shenzhenair.com）

机票

江苏各个机场目前开通的航线共有300余对。机票价格可以先查询“去哪儿”网（www.qunar.com），常有2~3折的机票，能否订到与代理商及出票环节等因素有关，不过搜到的信息还是很有参考价值的。还可以通过携程旅行网（☎400 880 3366；www.ctrip.com）预订。直接在航空公司官网上预订，通常会得到比电话预订更低的折扣。

火车

江苏省的铁路发展不太平衡。长江以北的广大区域，铁路密度和发车频率都偏低；而苏南地区的铁路交通在全国数一数二，南京和上海之间甚至有3对铁轨并行。

从外省进入江苏乘坐普通火车，主要经由京沪线、陇海线或宁芜线。省内主要铁路则有新长铁路和宁启铁路。南京站、连云港东站、南通站等是主要始发站。

乘动车或高铁进入江苏省，主要经由线路为京沪高铁、沪宁城际、宁杭高铁和沪汉蓉客专；不过目前只能到达徐州和江苏南部五市。南京南站和南京站都是重要的高铁动车始发站。

江苏重要的铁路枢纽和中转地为南京和徐州。由于两座城市都有大量的普通车和高铁停靠，在全国高铁网络尚未完善之际，“普高”换乘已经成为近年来的长途出行趋势。从北方进入江苏省，必经之地即为徐州。京沪铁路（及高铁）与陇海铁路于此相会，你可以在这里选择南下穿过安徽进入南京，或者东进深入连云港或省内腹地。

由长江中上游来江苏，传统走法是借路沪昆线，有些车次甚至绕道北方走陇海—京沪南下。如今，沪汉蓉客专的全线通行（预计2014年春）将大大缩短武汉、重庆等地前往南京、苏州的旅途时间。

紧邻的沪、浙、皖三省（市）与江苏的交通由于高铁贯通和同属上海铁路局等原因而十分便捷。乘坐沪宁城际高铁可从上海在2小时内抵达苏州、无锡、常州、镇江、南京各市。宁杭高铁于2013年开通，让“早上宁波吃猪油汤团，中午杭州吃虾爆鳝面，晚上南京吃鸭血粉丝汤”成了新的宣传口号。京沪高铁、沪汉蓉客专、宁安城际（预计2015年开通）则将皖北、皖中、皖南三地都指向了南京。

长途汽车

平原上的江苏省，公路网十分发达，有多条国道、国家高速经过省境。

由于江苏西面只有一个邻省安徽，从中西部进入江苏一般都要经过安徽地界，南京和徐州就分别是苏南和苏北的两大门户。其中，到达南京的常用道路有G104（北京—福州）、G312（霍尔果斯—上海）、沪蓉高速（G42）、沪陕高速（G40）、宁洛高速（G36）。到达徐州则有G310（天水—连云港）、连霍高速（G30）。

从北面的山东进入江苏，除了走G104、G206（烟台—汕头）、京台高速（G3）先到徐州外，借道G205（秦皇岛—深圳）或京沪高速（G2）走新沂，能更快地深入江苏腹地。也可

气候变暖与出行方式

任何使用碳基燃料的交通工具都会产生二氧化碳，这是人为导致气候变化的主要原因。空中旅行耗费的燃料，以每公里人均计算，或许比汽车来得低，但飞行的距离却遥远很多。飞机在高空所排放的气体（包括二氧化碳）和颗粒同样对气候变化造成影响。许多网站提供“碳排量计算器”让人们估量个人旅程所产生的碳排量，以及鼓励人们参与降低全球变暖的旅行计划，以抵消个人旅程对环境所造成的影响。Lonely Planet已抵消其所有员工和作者旅行所产生的碳排放影响。

以选择从江苏东北角的连云港入境，沈海高速（G15）、长深高速（G25）和G204（烟台—上海，盐城境内大部分路段沿着古老的盐运河，原为范公堤）都可以选择，继续走下去都会纵切江苏。

从南面的浙江省入境，分为太湖西岸和东岸两个方向。前者有G104和长深高速经由宜兴、溧阳到达南京，后者有常台高速（G15W）和多条穿梭在水乡中的省县公路。

至于从上海来到江苏，你实在有太多的选择了。追求速度的可走各条高速，想晃晃悠悠看江南田园美景的请选择沪青平公路，想直接跨江欣赏长江雄姿的可走上海长江隧桥和崇启大桥（G40）。

船运

随着船运的没落，上海到江苏长江北岸（南通等地）的内河轮渡早已停运多年。如今随着崇启大桥的开通，崇启汽渡也已关闭。仅存的只有一条崇海汽渡（其实南岸的出发点虽在崇明岛上，行政划分却属于南通的海门）。

海运只在连云港还有，而且是一条出境线路，目的地为韩国的仁川和平泽。

省内交通

江苏南部各大城市的交通，铁路（尤其是高铁）是最主要的工具。哪怕前往不在沪宁城际线上的宜兴、溧阳、江阴、常熟等地，先坐高铁到最近的地级市，再换乘汽车前往，仍是较为快捷舒适的方式（南京前往宜兴、溧阳请坐宁杭高铁）。而在长江以北的苏中和苏北，长途汽车就是当仁不让的交通王牌了！

当然，如果想要深入乡镇，不分长江两岸，基本上都需要利用当地的乡镇公交系统。这些公交系统有的车况比较差，班次也不稳定，要提前计划好出行方案。航班方面往返省内的航班很少而且意义不大，基本上对省内交通毫无帮助。

火车

公交化运营的沪宁城际高铁是苏南五市之间交通的福音。可以方便地从和普通火车停靠站一体的城际站（昆山除外）购票，赶赴下一个江南水乡或博爱古都。若想快速抵达徐州，则应该前往京沪高铁上的相应车站乘车，从最远的昆山南到徐州东不超过3小时。

南京是前往苏中等地的铁路中转站。这里每天有好几班普通列车开往扬州、泰州、南通和盐城。不过，从苏锡常乘火车去江北不算聪明的选择，因为火车要先绕到南京过长江大桥，实在是兜了个大圈。

前往连云港、东海水晶城则可以考虑上海经苏南、徐州开往连云港东的普通列车，夕发朝至时间挺好。

长途汽车

优质的国道、省道、县乡道、高速公路编制出江苏密如蛛网的公路网络。哪怕去再偏远的地方，大巴倒中巴，三倒两倒就能到门口。由于长江天堑的隔绝和苏北铁路的缺乏，从南京、苏州等前往江北县市应首选汽车。

江苏的长途汽车比较规范，一般车站都能查询到时刻和到达站。车上运营也比较标准，大型行李需要放在行李箱。长途汽车一般都是大巴，车况都挺好的，很少看到江苏长途有“破车”开出来。

各个地级市之间一般都有直达班车，每个地级市也有较频繁的车次抵达所辖各县。南京、苏锡常、徐州都是主要的客运枢纽。

一些县市会有两个或更多车站。其中一个以长途车为主，各方面都比较正规；另一个以农公班车为主，甚至有的地方只是一个停车场，连候车厅都没有。

船运

江苏省虽然具有较长的海岸线，但是盐城、南通海滨的地质结构和风景类型，决定了这里的海上船行（无论客运还是旅游）都没有太大吸引力。目前在连云港还有前往秦山岛和前三岛的出海轮渡，不过都是作为观光、海钓等游览项目存在。

目前长江上还有一些摆渡过江的船班，大运河上苏州到杭州的客船则早已停运多年。不过作为全国第三大淡水湖的太湖还是幸存有班船线路，即从洞庭东山到湖中的三山岛。

仅存的长江摆渡

由于江苏地处长江下游，如何渡过宽广的长江水面就成了自古以来的交通大事。如今，除了接二连三的长江大桥，尚存的几条长江摆渡路线也可以作为过江之选——在今天内河航运几乎消失的背景下，伫立船头面对大江的机会已显得愈发珍贵。

目前，江苏省内长江主要轮渡有：

» **南京市** 主要有中山码头—浦口、燕子矶—八卦洲、棉花堤—江心洲等航线，客渡票价都为2元。最有用的是第一条航线，和34路公交车串起了经典的旅行线路。

» **镇江市—扬州市** 镇扬汽渡。客渡票价3元，从润扬大桥东侧渡过了“京口瓜洲一水间”。

» **苏州市—南通市** 通常汽渡、通沙汽渡、海太汽渡、皋张汽渡。由于离长江口不远，这里的江面相当宽阔，7~8公里、约半小时的行程比较过瘾。

搭便车

从目前中国的实际状况出发，搭便车不是我们所推荐的自助游方式。但是如果去比较偏僻的乡镇，常会错过城乡公交车，在这种情况下搭便车就变得自然而然。通常搭的是村里的小面包或者其他形式的车辆，有的热门景点可能会搭到顺道游客的车。搭便车最好是在白天，而且身边有伴，或及时告知他人自己的行程方向及搭乘车辆的情况。识别、记住车辆的车牌号也是搭车的技巧之一，如南京车牌以“苏A”开头，无锡为“苏B”，徐州为“苏C”等。切记安全比时间更重要，独行者尤其是女性，最好不要在偏僻的地方搭车。需要提醒的还有，对于江苏这个东部平原省份而言，搭便车的成功几率可能要比西部或山区低出许多。

自驾游

江苏的整体路况相当不错，省内的各种路网密布，几乎覆盖主要城市。由于是平原省，且人口较为稠密，驾驶员切不可见到一望无际的路面、觉得没有什么行人就放松警惕；要知道，路边绿化丛后可能就有正在田间嬉戏的小孩子。

相比而言，苏北人民开车的风格比较泼辣，在这里更要格外留意摩托车、电瓶车等“无畏前冲”的小型座驾。如今，南京、苏州、无锡等也已经成为崭露头角的堵城，特别在马路不怎么宽的老城区，上下班高峰期自驾会相当郁闷。

租车自驾在江苏是很便利的。**神州租车**（☎400 616 6666；www.zuche.com）和**一嗨租车**（☎400 888 6608；www.1hai.cn）在江苏省内的网点比较多，除了省会南京和其他苏南四市外，徐州、南通、淮安、扬州、昆山等城市也有门店。

当地交通

到了目的地，公交车、出租车、人力或机动三轮、摩托车、自行车都有可能成为代步的工具。在苏州、扬州等旅游热门城市，以及淮安等地，人力三轮车（一部分经过改装，车座下已经加了电瓶）比较常见，良好的机动性能保证了其在古城小巷的随便穿梭，开放的敞篷具有更好的观赏视野，不过一定要记得先商量好价格。而在许多城市，机动三轮车（有些地方称之为“马自达”）也可能用到，乘坐时请一定要注意安全。

公交车

江苏各县（包括县级市）公交车一般只在市区运行，而景区大部分都在县级市周边的乡村，因此市区的普通公交车一般无法到达景区。去景区一般要坐专门汽车站里的城乡公交车。这类公交车会深入各个乡镇，有时可以直接到景点门口，有时还需要再包车或转其他公交车。这些农公班车以中巴为主，车况一般，有时会比较拥挤，还能看到当地人带着自家农副产品乘车。车费视路程长短而定，从2元到十几元不等，一般车上有售票员，可以打听各种当地资讯。

地铁

江苏省内开通地铁的城市有南京和苏州。作为国内较早拥有地铁的省会城市，南京目前开通了两条地铁线。随着2014年青奥会的日益临近，南京地铁将迎来一个集中的多条线路开通期。如今南京地铁采用2元、3元、4元的分段收费，不过作者调研期间，关于南京地铁票价的听证会正搞得沸沸扬扬。

苏州是全国第一个通地铁的非省会、直辖市、计划单列市的城市，地铁1号线的开通比同享天堂美誉的杭州还早了半年多。

除了宁、苏以外，无锡、徐州等城市的地铁已经开工建设，其他各座城市也都有自己的轨道交通建设规划。上海地铁11号线已经延伸至昆山花桥。据悉在不久的将来，只乘坐地铁，进行一些换乘，就可以从常州进入上海。不过可想而知花费的时间也将十分漫长。

自行车

自行车特别适合做城镇及周边的短途往返的交通工具。这种出行方式既环保同时又能锻炼身体，而且易于穿村走寨的游历，走走停停，可自由掌控。在苏州和无锡等地，骑行比较流行，自行车较易租到，会有专门的租车店或青年旅馆提供此项服务。在租车前，必须先检查选择车辆的刹车、车胎、变速器等部件，确保运转正常。

走长线的人需要穿骑行服、戴头盔，气筒、备胎、工具和基本的修车技能都是必需的。短途骑行，衣着宽松舒服即可。台风和雨季，最好带上一件防雨外套，以免成为“落汤鸡”，如果风力超过10级就不宜骑车了。如非要晚间骑行，请一定配备照明设备，部分乡道、省道照明设施不足。

出租车

江苏城镇都有出租车。不过出了省会和地级市，大部分县级市出租车基本都不打表，短途一般就支付起步价，并且随时要接受其他陌生乘客的拼车，同一批乘客人数超过2人就极可能被拒载，长途一般都要议价。尽管不打表，下车也可问司机索要发票。县级市出租车起步价一般在4~6元，发达的地级市起步价则在8~10元，南京起步价全省最高，为11元（含1元燃油附加费）。乘坐时要注意随身物品，不要遗落在出租车内。在中小城市，想要包出租车跑长途，建议在城市的汽车站找一下，通常那里出租车最多。

幕后

说出你的想法

我们很重视旅行者的反馈——你的评价将鼓励我们前行，把书做得更好。我们同样热爱旅行的团队会认真阅读你的来信，无论表扬还是批评都很欢迎。虽然很难一一回复，但我们保证将你的反馈信息及时交到相关作者手中，使下一版更完美。我们也会在下一版特别鸣谢来信读者。

请把你的想法发送到**china@lonelyplanet.com.au**，谢谢！

请注意：我们可能会将你的意见编辑、复制并整合到Lonely Planet的系列产品中，例如旅行指南、网站和数字产品。如果不希望书中出现自己的意见或不希望提及你的名字，请提前告知。请访问lonelyplanet.com/privacy了解我们的隐私政策。

作者致谢

钱晓艳

在调研与写作期间，正碰上江南烧烤模式横行，朋友的支持必不可少，感谢马煜骅、李玲、杨峰的陪伴，以及曾经和我一起行走在这片土地上的朋友。感谢苏州的张潮、无锡的何望若为我提供宝贵的本地信息，也感谢张夷老师和李旭东老师给我的积极配合与帮助。感谢团队中的各位，尤其是蔡老师和老胡，还要感谢老爸在我写稿的时候为我做的每一餐。如果没有你们，我便无法在海量信息中找到方向，也无法在病痛之中坚持工作，更无法顺利完成写作，再次表示由衷感谢！

蔡理

旅行多年，深深地感谢妻子和家人，有了你们的支持，才有我在路上的人生经历，才有了这本Lonely Planet《江苏》中的南京和扬州部分。感谢"南京城市记忆"团队中的诸位朋友，感谢扬州的张毅辉老师和赵立昌古建专家，他们给了我许多有益的信息、建议和解惑，使得我的调研顺利进行。谢谢Cookie和胡禅，帮助我入门和完成写稿。多年来，从网络上得到了许多旅行的知识，在此感谢那些认识或者不认识的朋友，并希望能以本书中自己的文字，回报喜爱旅行的人们。最后，还要感谢生我养我的南京和扬州，并不是坦途的过去给了我丰富的经历。

孙澍

多亏了亲爱的Nina小姐，我才能因一场义无反顾的远行，睁开了看世界的双瞳。而在这次苏北出行中，更要感谢乔靖、赵治州、张红、李桂云、孙海等为我提供过许多有用信息和建议的人，以及所有被我成功搭讪、予我热情帮助的有缘人们！愿再相逢！

沈明笃

感谢我的父亲母亲，赐予我生命和能量，去选择自己想要行走的人生道路；感谢我的爱人小扎西，陪伴我走过旅途中的每一段路；感谢在今生今世的缘分中指引和帮助过我的亲友、万物和生灵，我走过的每一步，都不是一个人在战斗。深怀感恩之心，敬谢一切！

声明

本书地图数据由中国地图出版社提供，审图号GS（2014）851号。

封面图片：苏州博物馆庭院，Gettyimages提供。

关于本书

这是Lonely Planet《江苏》的第1版。本书的作者为钱晓艳、蔡理、孙澍和沈明笃。

本书由以下人员制作完成：

项目负责 李小坚

内容统筹 叶孝忠

内容策划 胡圳 谭川遥

视觉设计 李小棠 陈斌

协调调度 崔晓丽 丁立松

责任编辑 李军 喻乐

地图编辑 马珊

制图 刘红艳

终审 朱萌

流程 张澜

排版 北京梧桐影电脑科技有限公司

感谢刘霜、赵元、罗霄山、马红治、陈书香、大可、余思南和刘云为本书提供的帮助。

记事本

记事本

索引

1865创意园 76
1912街区 86

B
宝华山 209
北固山 203
北寺塔 125
滨江大道 304
博物馆
  汉画像石艺术馆 261
  南京博物院 56
  苏州博物馆 110
  徐州博物馆 256
  扬州双博馆 221
  镇江醋文化博物馆 204
  中国古砖瓦博物馆 171
  中国淮扬菜文化博物馆 290
  中国昆曲博物馆 111
  中国宜兴陶瓷博物馆 193

C
沧浪亭 115
常州 194~201
朝天宫（南京博物馆）57
崇本堂 166

D
大丰麋鹿自然保护区 300
大明寺 218
丹阳 210
第一山 293
雕花楼 151
定慧寺 251
东海水晶城 280
东林书院 179
东山 151
动漫嬉戏谷 195
都梁公园 293

F
方山 96
翡翠观音寺 246
枫桥景区 128
夫子庙 54，**58~59**

G
甘熙故居 58
高淳 100
高淳老街 100
高邮 235
个园 219
古桥 159
古镇
  惠山古镇 182
  锦溪 171
  甪直 170
  溱潼古镇 243
  同里 164，**165**
  窑湾古镇 269
  周庄 157，**156~157**
观音山 219
光福 155
光孝寺 240
龟山汉墓 257
桂子山石柱林 99
国际抗日航空烈士公园 66

H
海上云台山 273，12
汉广陵王墓 219
汉画像石艺术馆 261
何园 220
红梅公园 196
红山森林动物园 81
洪泽湖大堤 296
虎丘 126，116
户部山 262
花果山 272
淮安 285~296，**284~285**
淮安区 287，**288**
淮海路 305
淮海战役烈士纪念塔园林（淮塔）262
环秀山庄 123
惠山古镇 182

J
鸡鸣寺 60
嘉荫堂 167
江宁 96
焦山 203
界首 257
金鸡湖地区 129
金山公园 201
锦溪 171
九里风景区 210
孔望山 275

K
枯枝牡丹园 298

L
狼山 245，245
蠡湖风景区 184
蠡园 184
李中水上公园 244
历史街区
  连云小镇 276
  民国公馆街区 78
  南长街 179
  平江路 124
  山塘街 127
  双东历史街区 220
  西津渡 203
溧阳 199
连岛 271
连云港 270~281，**272~273**，

000 地图页码
000 图片页码

274~275
林屋洞 154
灵谷寺景区 64~65
灵山胜境 182~183
留园 127~128
龙江宝船厂遗址 72
卢氏盐商大宅 220
鲁迅公园 309
甪直 170~171
陆巷古村 151
陆秀夫祠堂 298
吕四 250
罗汉寺双塔 124
骆马湖旅游度假区 282

M

茅山风景区 209
梅兰芳纪念馆 240
梅园横山风景区 182
美龄宫 65
美食 343~348，**120~121**
碧螺春 153
大闸蟹 345，**12**
南京盐水鸭 84
苏州小吃 138
太湖三白 150
天目湖鱼头 199
无锡小笼包 348
小龙虾 295
扬州早茶 230
民间抗战博物馆 75
明孝陵景区 63~68
明月湾古村 154
明祖陵 293~294
莫愁湖 61
木渎古镇 130
幕府山燕子矶滨江风光带 73

N

南长街 179~180
南京 48~102，**50**，**52**，**54~56**，**58~59**，**62**，**66**，**3**，**10**，**11**
市中心 53~59
城墙一带 59~62
东郊风景区 62~70
城南和城西 70~72
城北 72~73
节日和活动 73~75
住宿 75~84
就餐 84~89
饮品 89~90
娱乐 90
购物 90
实用信息 90~92
到达和离开 93~95
当地交通 95~96
南京博物院 56~57
南京大学 64
南京江宁博物馆 97
南京师范大学 64
南山国家森林公园 203
南山竹海 199~200
南通 244~250
南通探险王国 246~247
牛首山 96

O

耦园 115，112~113

P

盘门景区 125~126
沛县 270
缥缈峰 154
平江路 124~125
浦口和六合 97~100
浦口火车站 99
普哈丁园 220

Q

七桥瓮湿地公园 72
栖霞山 73
漆桥村 100
启园 152
千灯 172
前三岛 280~281
乔园（日涉园）240
侵华日军南京大屠杀遇难同胞纪念馆 70
秦山岛 281
溱湖湿地公园 242~243
溱潼古镇 243
清江浦 287，284
曲园 124

R

人民广场 304
如皋 251~252

S

三山岛 152~153
啬园 245
山塘街 127
善卷洞 192
邵伯 234~235，**38**
神策门 60
沈厅 159
狮子林 111~114
狮子山汉文化景区 257
石头城 61
史公祠 221
世博园区 305，308
瘦西湖 213，218，**10**
双东历史街区 220~221
水绘园 251
四方当代美术馆 97
苏州 105~150，**106~107**，**108~109**，**112~113**，**122**，**126**
古城内 110~126
古城外 126~130
活动 130~131
节日 131
住宿 131~138
就餐 139~142
饮品 142~143
娱乐 143~144
购物 144~146
实用信息 146~147
到达和离开 147~149
当地交通 149~150
苏州博物馆 110~111
宿迁 281~283，**282**

T

泰州 239~242
泰州博物馆 240
泰州老街 239
汤山温泉 74
天地石刻园 210
天目湖山水园 199
天宁禅寺 195
田子坊 305
同里 164，**165**
退思园 166

W

瓦屋山 200
外滩 304
网师园 114
韦岗温泉 204
圩墩遗址公园 196
文游台 236
无锡 176~194，**176**
无锡博物院 180
吴道台府 220
五峰园 124

X

西津渡 203，**117**
西山（金庭）154
西园戒幢律寺 128
锡惠景区 181
先锋书店 87
项王故里 281
象山国家矿山公园 293
新四军纪念馆 297
新天地 304
兴化 243，**13**
盱眙 292，**294**
徐达墓 74
徐州 256~269，**258~259**
徐州博物馆 256
玄妙观及观前街 123
玄武湖 60
薛福成故居 177

Y

淹城春秋乐园 194，**45**
淹城野生动物世界 195
盐城 297~302，**298**
盐城丹顶鹤湿地生态公园 298
扬州 213~239，**216~217**
扬州八怪纪念馆 222
扬州双博馆 221
窑湾古镇 269
冶山矿山公园 99
宜兴 192
宜兴竹海风景区 192
怡园 124
舣舟亭（东坡公园）196
艺圃 123
盂城驿 235
渔湾 274
雨花台 70
御水温泉 200
园艺博览园 245
圆陀角 250
鼋头渚 183
阅江楼 61
云湖风景区 192
云锦博物馆 70
云龙湖 260
云龙山 261
运河公园 181

Z

皂河古镇 281
瞻园 57
张公洞 192
张謇纪念馆 245
张厅 159
贞丰文化街 159
珍珠泉风景区 97
镇国寺塔 236
镇江 201~211，**202~203**
镇江博物馆 204
镇江醋文化博物馆 204
郑板桥故居 243
中国海盐博物馆 297
中国人民解放军海军诞生地纪念馆 240
中国宜兴陶瓷博物馆 193
中华恐龙园 195，**45**
中华门 59
中华孝道园 195
中山陵 63
中山植物园 65
中央电视台无锡影视基地 184
周恩来故里 286
周庄 157，**156~157**
朱自清故居 221
拙政园 110
紫金庵 152
紫金山天文台 67
总统府 53，11

000 地图页码
000 图片页码

如何使用本书

以下符号能够帮助你找到所需内容：

景点
海滩
活动
课程
团队游
节日和活动
住宿
就餐
饮品
娱乐
购物
实用信息/交通

请留心如下标志：

首选 作者的大力推荐

免费 不收取任何费用

下列符号所代表的都是重要信息：

电话号码
营业时间
停车场
禁止吸烟
空调
网络接入
无线网络
游泳池
素食菜品
英语菜单
适合家庭
允许携带宠物
公共汽车
轮渡
地铁
城铁
轻轨
铁路

地图图例

景点
佛寺
城堡
教堂
清真寺
纪念碑
孔庙
道观
世界遗产
博物馆
遗址
酒窖
动物园
温泉
剧院
一般景点

活动、课程和团队游
潜水/浮潜
划艇
滑雪
冲浪
游泳/游泳池
蹦极
徒步
帆板
其他活动、课程、团队游

住宿
酒店
露营

就餐
就餐

饮品
酒吧
咖啡

娱乐
娱乐

购物
购物

实用信息
银行
使馆
医院/药店
网吧
公安局
邮局/邮筒
公共电话
卫生间
旅游信息
无障碍通道
其他信息

交通
机场
过境处
公共汽车
渡船
地铁
停车场
加油站
自行车租赁
出租车
火车站
有轨电车
索道缆车
其他交通工具

境界
国界
未定国界
省界
未定省界
特别行政区界
地级界
县级界
海洋公园界
城墙
悬崖

行政区划
首都
省级行政中心
地级市行政中心
自治州行政中心
县级行政中心
乡、镇、街道
村

道路
高速公路
G213 国道
S203 省道
X013 县、乡道
铁路
地铁
收费公路
高速公路
一级公路
二级公路
三级公路
小路
未封闭道路
广场/商业街
台阶
隧道
步行天桥

水系
河流、小溪
间歇性河流
沼泽
礁石
运河
湖泊
干/盐/间歇性湖
冰川

地区特征
海滩/沙漠
基督教墓地
其他墓地
公园/森林
运动场所
重要景点(建筑)
一般景点(建筑)

地理
海滩
灯塔
瞭望台
山峰
栖身所、棚屋
森林公园

注：并非所有图例都在此显示。

我们的故事

一辆破旧的老汽车，一点点钱，一份冒险的感觉——1972年，当托尼（Tony Wheeler）和莫琳（Maureen Wheeler）夫妇踏上那趟决定他们人生的旅程时，这就是全部的行头。他们穿越欧亚大陆，历时数月到达澳大利亚。旅途结束时，风尘仆仆的两人灵机一闪，在厨房的餐桌上制作完成了他们的第一本旅行指南——《便宜走亚洲》（*Across Asia on the Cheap*）。仅仅一周时间，销量就达到了1500本。Lonely Planet 从此诞生。

现在，Lonely Planet在墨尔本、伦敦、奥克兰、德里和北京都设有公司，有超过600名员工和作者。在中国，Lonely Planet被称为“孤独星球”。我们恪守托尼的信条：“一本好的旅行指南应该做好三件事：有用、有意义和有趣。”

我们的作者

胡圳

内容策划 出生于上海的70后，青年时热衷于踏足祖国的山山水水，为互联网贡献了不少旅行攻略。在不旅行的日子里，他爱好阅读各种旅行资料，并从中获得类似在路上的乐趣。本书是他继《云南》、《浙江》之后，参与的第三本Lonely Planet中文旅行指南。

钱晓艳

统筹作者；苏州；无锡 很多人有云游在外的丰富经历，却未曾对自己的故乡有所探索。这一次因为参与《江苏》的调研，让生在上海的钱晓艳有了这样的机会。行走在太湖之滨的苏州与无锡，体会着当地人精致而认真的生活，让她对身边这片“最熟悉的陌生地”刮目相看。作为一个低调旅行者和自由职业者，从2009年开始，她为Lonely Planet中文旅行指南系列撰写了《陕西》、《广西》的部分章节，又参与了《云南》、《四川和重庆》的创作。

蔡理

南京；扬州 每年近百日的旅行，蔡理持续了多年。虽然是个工科男，可是他保持了对于自然的敬畏和对于民间乡土的喜爱。除了山水之间的游历外，对于正在快速消亡的古村镇，他予以更多的关注。在进行了国内外的多次旅行之后，这次写作再一次丰富了他对于身边的南京、扬州的进一步了解。他希望还可以有更多的游历，看看blog.sina.com.cn/njustcai，便会知道他的足迹。

孙澍

苏北；门户上海；江苏人；文化 和许多“行者”一样，孙澍曾多次坐车路过徐州，却很少有过深入苏北腹地游走的想法。这次加入Lonely Planet，负责苏北部分的写作，让他深深走进了这片游人较少涉足的广袤大地。对历史天生痴迷的他，在徐州和淮安与时空一次次相遇相别；而出自生物学专业的他，同样对山海河流、农田树林中普普通通的花草虫鱼着迷。他更加相信：只要能够自由自在行走在路上，就是一种莫大的幸福。

沈明笃

苏中; 苏南; 环境 出生在江苏小镇，学步于青砖瓦房，“门对千竿竹，家藏万卷书”是她幼年成长环境的真实写照。17岁离开家乡，从此读书或旅行，灵魂与身体都不可救药地爱上远方。不仅仅是走马观花，更想看到风景背后的故事。多年行走，藏区是她最为迷恋的地方，如果真的有转世轮回，她相信自己与藏地冥冥之中还有某种未尽的缘分。

罗婕

今日江苏; 历史 罗婕的人生经历很简单，25岁以前埋头在上海读万卷书，25岁以后只做过教书育人这一份工作，假期就去看世界。从不逃避也不颓废，偶尔失望但没有放弃一些天真念头。既负责任地旅行，也负责任地生活。

朱申申

饮食 朱申申儿时的理想是当考古学家、战地记者和航海家。他现在供职于一家英文报社，算是部分实现了当初想过的生活。他喜欢探索不跟团旅游的多种可能性，喜欢发掘鲜为人知的景点和非主流线路，也享受在路上邂逅人文的惊喜，此外，舌尖上的美食一直也是他背起行囊的原因。

潘兴

苏州园林 九岁从北方漂到江南，潘兴从此就再也没有消停过。最初因为实在怕热闹，要躲着人群走，渐渐习惯了一个人爬山和走路。她认为旅行未必能“遇见另一个自己”，或者发掘如何精彩的异世界，却扎实地改变了“生活的外延”，使呼吸自在，欲求简单，更容易宽容和接纳。走过的每条路都像是一肚子故事的老朋友，而自己不过是个谦卑的行者。她一直觉得能行万里路再读万卷书，能看过千百次日出日落而保有最初惊喜的心情，真是莫大的幸运。

江苏

第一版

图书在版编目（CIP）数据

江苏 / 澳大利亚 LonelyPlanet 公司编 . -- 北京：
中国地图出版社，2014.5
（中国旅行指南系列）
ISBN 978-7-5031-6700-3

Ⅰ．①江… Ⅱ．①澳… Ⅲ．①旅游指南 – 江苏省
Ⅳ．① K928.953

中国版本图书馆 CIP 数据核字（2014）第 071652 号

出版发行	中国地图出版社
社　　址	北京市白纸坊西街 3 号
邮政编码	100054
网　　址	www.sinomaps.com
印　　刷	北京华联印刷有限公司
经　　销	新华书店
成品规格	197mm × 128mm
印　　张	12
字　　数	653 千字
版　　次	2014 年 5 月第 1 版
印　　次	2014 年 5 月北京第 1 次印刷
定　　价	59.00 元
书　　号	ISBN 978-7-5031-6700-3/Z·158
审 图 号	GS（2014）851 号
图　　字	01-2014-2760

如有印装质量问题，请与我社发行部（010-83543956）联系

Lonely Planet
（公司总部）ABN 36 005 607 983
Locked Bag 1,Footscray,Victoria 3011,Australia
电话：+61 3 8379 8000
传真：+61 3 8379 8111
联系：lonelyplanet.com/contact